Beiträge zur Rechtsgeschichte des 20. Jahrhunderts

herausgegeben von
Hans-Peter Haferkamp, Joachim Rückert,
Christoph Schönberger und Jan Thiessen

121

Pauline Arndt

Oberfinanzpräsident Rolf Grabower

Jude, christlicher Preuße, Richter in Theresienstadt

Mohr Siebeck

Pauline Arndt, geboren 1994; Studium der Rechtswissenschaft an der Humboldt Universität Berlin; 2019 Erstes juristisches Examen; 2021 Promotion; Rechtsreferendariat beim Kammergericht Berlin.

Diese Arbeit wurde vom Fachbereich Rechtswissenschaften der Humboldt-Universität zu Berlin als Dissertation zur Erlangung des Doktorgrades (Dr. iur.) genehmigt.

ISBN 978-3-16-161839-0 / eISBN 978-3-16-161904-5
DOI 10.1628/978-3-16-161904-5

ISSN 0934-0955 / eISSN 2569-3875 (Beiträge zur Rechtsgeschichte des 20. Jahrhunderts)

Die Deutsche Nationalbibliothek verzeichnet diese Publikation in der Deutschen Nationalbibliographie; detaillierte bibliographische Daten sind über *http://dnb.dnb.de* abrufbar.

© 2023 Mohr Siebeck Tübingen. www.mohrsiebeck.com

Das Werk einschließlich aller seiner Teile ist urheberrechtlich geschützt. Jede Verwertung außerhalb der engen Grenzen des Urheberrechtsgesetzes ist ohne Zustimmung des Verlags unzulässig und strafbar. Das gilt insbesondere für die Verbreitung, Vervielfältigung, Übersetzung und die Einspeicherung und Verarbeitung in elektronischen Systemen.

Das Buch wurde von Gulde Druck in Tübingen aus der Stempel Garamond gesetzt, auf alterungsbeständiges Werkdruckpapier gedruckt und gebunden.

Printed in Germany.

Vorwort

Mit diesem Buch veröffentliche ich meine Dissertation an der Juristischen Fakultät der Humboldt-Universität zu Berlin.

Als mir mein Doktorvater Prof. Simon vorschlug, mich mit Rolf Grabower näher zu befassen, war mir dieser Name vor allem im steuerrechtlichen Kontext, insbesondere auch vor dem Hintergrund meiner im Steuerrecht tätigen Eltern, geläufig. Nicht ohne Grund hängt ein Foto von Grabower im Bundesfinanzhof in München. Mein Interessenschwerpunkt an der Person Grabower lag jedoch nach der Sichtung seines Nachlasses nicht im Steuerrecht. Vielmehr erregten alte Urteile aus Grabowers Zeit im Ghetto Theresienstadt meine Aufmerksamkeit, welche unabhängig von seiner Bedeutung im Steuerrecht von rechtshistorischem Interesse sind. Das Ghetto Theresienstadt ist für mich aufgrund seiner besonderen gesellschaftlichen Strukturen mit einer durch die Ghettobewohner geschaffenen Selbstverwaltung vom besonderen wissenschaftlichen Interesse, da ein eigener Rechtsapparat existierte.

Aufgrund meiner ersten Recherche stieß ich in der Bibliothek der Humboldt-Universität auf das Buch: „Wenn im Amte, arbeite, wenn entlassen, verbirg dich". Dieses wurde von der Bundesfinanzakademie im Bundesministerium der Finanzen herausgegeben. Über den in diesem Buch abgedruckten Kontakt erfuhr ich, dass Grabowers Nachlass nach der Auflösung des Steuermuseums in Brühl mittlerweile an einen anderen Ort gebracht wurde. Der zuständige Mitarbeiter der Bundesfinanzakademie in Brühl schickte mir freundlicherweise ein eigenes Exemplar des Materialbandes „Wenn im Amte, arbeite, wenn entlassen, verbirg dich" zu und unterrichtete mich über den Verbleib des Nachlasses. Dieses Buch bildet den Ausgangspunkt meiner Arbeit und meine Hauptquelle, bevor ich den Nachlass Grabowers, und damit die Originaldokumente, einsehen konnte.

Der Nachlass war zwischenzeitlich über die Bibliothek des Bundesfinanzhofs in München ins Bundesarchiv nach Koblenz verbracht worden. Einige Elemente wurden jedoch auch in der Zweigstelle in Berlin und im Archiv der Forschungsstelle für Zeitgeschichte in Hamburg aufbewahrt. Zu all diesen Fundorten, insbesondere den zahlreichen Aktenordnen im Bundesarchiv, wurde mir glücklicherweise trotz Einschränkungen im Zusammenhang mit der Covid-19 Pandemie Zugang gewährt und so eröffnete sich mir ein Füllhorn an Material.

Zitate wurden in Schreibweise und Interpunktion prinzipiell nicht verändert. Auslassungen aus Zitaten oder für die Lesbarkeit notwendige Ergänzungen stehen in eckigen Klammern. Sollten die Auslassungen bereits in der zitierten Quelle in anderer Form als solche markiert worden sein, so wurde die dort jeweils genutzte Darstellung gewählt.

Es bleibt, meinen Dank all denjenigen auszusprechen, ohne die die Erstellung dieses Buches nicht möglich gewesen wäre. Zuallererst danke ich meinem Doktorvater Prof. Dr. Dr. h. c. mult. Dieter Simon, ohne dessen Anregungen, Vertrauen und Unterstützung diese Arbeit nie zustande gekommen wäre. Er war derjenige, der mich zu diesem Thema geführt und in dieser Zeit ausgiebig betreut hat. Bei Fragen und Problemen stand er mir mit Rat und Tat zur Seite. Er hielt mich auch dazu an, kritisch zu hinterfragen sowie tiefer und von unterschiedlichen Blickwinkeln in die Materie einzudringen.

Des Weiteren gilt mein Dank auch Prof. Dr. Jan Thiessen für die Bewertung der Dissertation und die Anfertigung des Zweitgutachtens sowie die Vermittlung des Kontaktes zum Verlag Mohr Siebeck, in dem ich nun meine Arbeit veröffentlichen durfte.

Mein besonderer Dank gilt Annegret Neupert vom Bundesarchiv in Koblenz und den dortigen Mitarbeitern im Lesesaal. Aufgrund der Unterstützung von Frau Neupert wurde mir die Einsicht in Grabowers Nachlass ermöglicht. Bei meinen Besuchen vor Ort wurde ich von ihr hervorragend betreut und es ist ihr zu verdanken, dass ich den kompletten Nachlass so reibungslos durcharbeiten konnte. Auch vor und nach meinen Besuchen stand sie mir für Nachfragen zur Verfügung.

Zudem danke ich auch Astrid Seng, die mir als Leiterin der Bibliothek des Bundesfinanzhofs in München freundlicherweise ebenfalls beim Zugänglichmachen des Nachlasses Unterstützung leistete.

Ich danke auch Tomáš Fedorovič vom Museum in Theresienstadt besonders herzlich. Dieser erklärte sich bereit, sich mit mir in Theresienstadt zu treffen und nannte mir weitere hilfreiche Quellen, die meine Doktorarbeit vorangebracht haben. Auch er half mir stets bei jeglichen Nachfragen.

Mein Dank gilt auch Harald Kollhammer, dem oben erwähnten Mitarbeiter der Bundesfinanzakademie, für die Zusendung des Materialbandes „Wenn im Amte, arbeite, wenn entlassen, verbirg dich".

Kirsten Schaper von der Forschungsstelle für Zeitgeschichte in Hamburg danke ich ebenfalls für ihre Mithilfe. Sie beantwortete mir Fragen zum Verbleib der Korrespondenz zwischen Grabower und Herbert Schottelius und schickte mir schnellstmöglich die im Archiv der Forschungsstelle vorgefundenen Dokumente als Kopie zu.

Rolf Gehrmann vom Archiv des Französischen Gymnasiums war mir ebenfalls eine große Hilfe, indem er mir meine Fragen beantwortete und Kopien von relevantem Archivmaterial anfertigte.

Auch Maximilian Strnad gebührt mein Dank. Er beantwortete mir meine Fragen bzgl. der Flachsröste in Lohhof und nahm sich die Zeit für ein anregendes Telefonat über Grabower.

Ebenfalls danke ich Jason Oberlander, dem Enkel von Judy Rosenfeld, einer Zeitzeugin. Durch ihn konnte ich Kontakt zu seiner Großmutter herstellen und er machte mir den von ihm gedrehten Film „Mischling" zugänglich. Auch Judy Rosenfeld danke ich für ihre Antworten auf meine Fragen.

Insgesamt habe ich beim Erstellen dieser Arbeit durchgängig positive Erfahrungen bezüglich der Mithilfe der unterschiedlichen Personen gemacht und von jedem, den ich wegen Nachfragen kontaktierte oder um Hilfe bat, diese ohne zu zögern in einer durchweg freundlichen Weise erhalten und motivierende Worte mit auf den Weg bekommen. Dadurch wurde das Schreiben dieses Buches deutlich erleichtert, um nicht zu sagen erst möglich. Hierbei sind vor allem Florian Froese-Peeck vom Projekt Denkmal Lohhof der Stadt Unterschleißheim, Daniela Holmer-Dörk vom NS-Dokumentationszentrum München, Anja Lippe vom Kultur- & Begegnungszentrum „Ariowitsch-Haus" e.V., Anika Kreller vom U.S. Consulate General Leipzig und Jürgen Sielemann von der Hamburger Gesellschaft für jüdische Genealogie e.V. zu nennen. Ebenso danke ich Daniel Ehlers vom Corps Masovia für seine freundliche Beantwortung meiner Anfrage.

Abschließend danke ich auch meinen Helfern, die sich der Handschrift von Grabower angenommen (Grabower bezeichnete seine Handschrift selbst als schlecht) oder sich als Korrekturleser zur Verfügung gestellt haben. Wolfgang und Christine Ritter sowie Liane Filtingher nahmen sich Grabowers Handschrift an und konnten Teile von Grabowers Mitschriften aus seiner Zeit in Theresienstadt entziffern. Als Korrekturleser und tatkräftige Unterstützer sind vor allem Walter, Tobias und Claudia Ellermeyer sowie Thomas, Gudrun, Maximilian Arndt und Tabea Will zu nennen.

Inhaltsverzeichnis

Vorwort V
Abkürzungsverzeichnis XIII

I. Einleitung 1

II. Kindheit und Jugend 5

III. Studienzeit und erste Berufserfahrungen 9

IV. Tätigkeit im Ersten Weltkrieg 13

V. Arbeit zwischen Erstem Weltkrieg und Verfolgung 17
   1. Arbeit im Reichsfinanzministerium 17
   2. Grabower und Popitz 20

VI. Berufliche und private Auswirkungen des Aufstiegs
     der Nationalsozialisten 27

VII. Zwangsarbeit in Milbertshofen und Leiter des jüdischen
      Arbeitseinsatzes in Lohhof 33
   1. Zwangsarbeit in Milbertshofen 33
   2. Leiter des jüdischen Arbeitseinsatzes in der Flachsröste Lohhof . . . 36
     a) Die Flachsröste Lohhof 38
     b) Grabower als Leiter des jüdischen Arbeitseinsatzes 41
     c) Grabowers Grundsätze als Leiter des Arbeitseinsatzes 44
     d) Grabowers Arbeitsmoral 46
     e) Morgensprüche als Ablenkung und Motivation für
        die Zwangsarbeiter 52
     f) Kritik und Vorwürfe, der sich Grabower mit der Zeit ausgesetzt sah 55
     g) Boykottversuche und andere Hindernisse, mit denen Grabower
        zu kämpfen hatte 63

h) Grabowers Verantwortung 66
i) Grabowers Einstellung zur Arbeit in Lohhof 68
j) Das Ende seiner Zeit als Leiter des jüdischen Arbeitseinsatzes . . . 69
k) Zeitzeugin 72
l) Die Hilfe von Margarete Boethke 73

VIII. Grabowers Aufenthalt in Theresienstadt 75

1. Die Entstehungsgeschichte des Ghettos Theresienstadt 77
   a) Die „Kleine Festung" 78
   b) Das Ghetto 79
   c) Der Aufbau des Ghettos 81
   d) Die Jüdische Selbstverwaltung 86
2. Theresienstadts Besonderheit: Propagandainstrument der Nationalsozialisten 90
   a) Jüdische Mustersiedlung – Eine Stadtverschönerung für das Rote Kreuz 90
   b) Die Propagandafilme 94
3. Grabowers Leben und schwerer beruflicher Start im Ghetto 98
   a) Seine Lebensumstände 98
   b) Grabowers schwerer beruflicher Start – Vom Richter zum Maurergehilfen und zurück 102
4. Rechtsprechung in Theresienstadt 110
   a) Quellenlage 110
   b) Der Rechtsapparat in Theresienstadt 113
   c) Das „Schleusen" und die Korruption – Zwei besonders üble „Krankheiten" des Ghettos 130
   d) Beispiele für Straftaten und Urteile, unabhängig von Grabower . . 136
   e) Grabowers Arbeitsmoral 140
      aa) Ordnung, Pflichtbewusstsein und Unbestechlichkeit als oberste Priorität 140
      bb) Grabowers Ansprüche an sich selbst als Richter – Fairness und Rechtssicherheit als oberste Priorität 145
   f) Wochenberichte 147
   g) Analyse der Ergebnisse der Wochenberichte 156
   h) Analyse einzelner Verfahren/Urteile Grabowers 162
   i) Form der Urteile 163
   j) Verfahren als Disziplinarreferent und als Richter 164
   k) Erkenntnisse aus Grabowers überlieferten Fällen und Aktenvermerken zur Rechtsprechung und dem Rechtsapparat . . . 172
   l) Grabowers Verbesserungsvorschläge und Kritikpunkte bzgl. des Rechtssystems in Theresienstadt 176

	m) Grabowers Fazit zu seiner Tätigkeit als Disziplinarreferent und Richter	184
	n) Kampf mit der Obrigkeit und andere Hürden, die Grabower in seinem Amt begegneten	186
	o) Resonanz der Ghettobewohner auf seine Tätigkeit als Richter und Disziplinarreferent	194
	p) Grabowers selbstgeschriebene Arbeitszeugnisse aus Theresienstadt	195
5.	Freizeitgestaltung – insbesondere das Halten von Vorträgen	199
	a) Vergleich von Grabower mit Philipp Manes	199
	b) Grabowers Vorträge	205
6.	Die Befreiung Theresienstadts	209
7.	Grabowers letzte Wochen im Ghetto	212
	a) Hilfe bei den Liquidierungsarbeiten und seine Tätigkeit als Leiter des männlichen Arbeitseinsatzes	214
	b) Gefühl von innerer Ruhe und Zukunftsgedanken	217
	c) Ein Buch über Theresienstadt	219

IX. Grabowers Umgang mit den Erlebnissen 221

1.	Reflexion – Grabowers Haltung zu seinen Erlebnissen	221
2.	Grabower über den Antisemitismus	224
	a) Grabower über den Antisemitismus nach dem Kriegsende	228
	b) „Material für ein Judenbuch"	231
3.	„Persilscheine"	233
	a) Hans Heinrich Lammers	234
	b) Graf Schwerin von Krosigk	234
	c) Franz Richard Mugler	238
	aa) Muglers Tätigkeit in der NS-Zeit und seine Verurteilung	238
	bb) Grabowers Beziehung zu Mugler	239
	cc) Grabowers Bittgesuche zugunsten von Mugler	243
	dd) Muglers manipulative Art	245
	d) Franz Steiner	247
	e) Max Sesselmann	247
	f) Georg Lohner	248
	g) Franz Willuhn	248
	h) Kurt Otto Vahlensieck	249
	i) Eckhard König	249
	j) Liselotte Kueßner	250
	k) Hans Wegner	250
	l) Fritz Reinhardt	252

X. Tätigkeit nach dem Krieg 255

1. Ernennung zum Oberfinanzpräsidenten 255
2. Grabower über die Entnazifizierung des Beamtentums und seine Grundsätze als Oberfinanzpräsident 258
3. Wissenschaftliche Tätigkeit nach dem Zweiten Weltkrieg 262
4. Grabower im Ruhestand und sein Privatleben 265

XI. „Lehrmeister Grabower" – Grabowers Nachlass im Steuerrecht 269

XII. Schlussbetrachtung 273

Appendix 287

Nachwort 309

1. Lohhof heute 310
2. Theresienstadt heute 311

Anhang 313

I. Quellengrundlage 313
II. Fotografien und Bilder 319
III. Quellen- und Literaturverzeichnis 331
    1. Archive und Bestände 331
    2. Ausstellungen und Museen 331
    3. Literatur und gedruckte Quellen 331
    4. Onlinequellen und -datenbanken (Stand 03/2021) 334
    5. Ungedruckte Quellen 339

Namensverzeichnis 341
Sachregister 345

Abkürzungsverzeichnis

a. D.	außer Dienst
BArch	Bundesarchiv
BMW	Bayerische Motorenwerke
D.A.	Detektivabteilung
DV	Dienstvorschrift
FZH	Forschungsstelle für Zeitgeschichte in Hamburg
Gestapo	Geheime Staatspolizei
IHK	Industrie- und Handelskammer
IKG	Israelitische Kultusgemeinde
IKRK	Internationales Komitee vom Roten Kreuz
IRK	Internationales Rotes Kreuz
Kr.	Kronen
KZ	Konzentrationslager
Nazis	Nationalsozialisten
NL	Nachlass
NS	Nationalsozialismus
NSDAP	Nationalsozialistische Deutsche Arbeiterpartei
OFD	Oberfinanzdirektion
OFP	Oberfinanzpräsidium
Pg.	Parteigenosse
P.K.	Personalkanzlei
RFV	Reichsfinanzverwaltung
RFM	Reichsfinanzministerium
RGBl	Reichsgesetzblatt
RM	Reichsmark
RSHA	Reichssicherheitshauptamt
Spk	Spruchkammer
SA	Sturmabteilung
SS	Schutzstaffel
StadtAM	Stadtarchiv München
StAM	Staatsarchiv München
Stanw	Staatsanwaltschaft
Th.	Theresienstadt
US	United States (of America)
VN	Vernehmung
Vern.	Vernehmung
VO	Verordnung
YV	Yad Vashem

I. Einleitung

„Es ist das vierte Mal in meinem Leben, dass ich in einer Lage wie der gegenwärtigen verantwortlich tätig bin. Oktober und November 1918 als Sachbearbeiter im preussischen Kriegsministerium, 1923 während des Ruhrkampfes als Kommissar der Reichsfinanzverwaltung, 1932 und Anfang 1933 als Ministerialrat und Leiter eines der wichtigsten Referate im Reichsfinanzministerium. Wie in diesen 3 Epochen so bemühe ich mich auch jetzt so zu handeln, dass objektive Richtigkeit und menschliche Rücksicht, strengste Unterstützung des Gemeinschaftsinteresses und Vermeidung jeder kleinlichen Härte im Einzelfall in Uebereinstimmung gebracht werden, damit meine Tätigkeit nicht nur vor meinem Gewissen sondern auch später vor geschichtlicher Rückschau, die nie wohlwollend zu sein pflegt, bestehen kann. Das bringt natürlich Schwierigkeiten mit. Denn in solchen Krisenzeiten hat jeder verantwortliche Beamte überall und zu allen Zeiten, wie auch alle vernünftigen Biographien erweisen, nicht nur gegen eine Front sondern gegen fünf oder sechs zu kämpfen. Gerade darin liegt ja seine ausgleichende Tätigkeit."[1]

Diesen Leitsatz zitierte Grabower in seinen letzten beiden Wochenberichten bezüglich seiner Tätigkeit als Richter im Ghetto Theresienstadt. Für Grabower war die Gerechtigkeit die Quintessenz seiner beruflichen Tätigkeit und er sah es als Lebensaufgabe für einen Beamten an, sich jeden Abend zu fragen:

„Sind sie rein diese Hände; hast Du, Beamter, Vertragsangestellter heute gerecht gehandelt?"[2]

In Hinblick auf diesen – von Grabower selbst aufgestellten Vorsatz – sollen sein Leben und seine berufliche Tätigkeit, vor allem während der nationalsozialistischen Zeit als Zwangsarbeiter in München und Gefangener im Ghetto Theresienstadt, untersucht werden. Hierbei wird nicht nur auf die Biografie von Grabower eingegangen, sondern es soll auch vor allem seine Rechtsprechung im Ghetto Theresienstadt analysiert werden. Der Schwerpunkt liegt somit neben Grabowers Tätigkeit als Leiter des jüdischen Arbeitseinsatzes in der Flachsröste Lohhof auf seiner Tätigkeit als Disziplinarreferent und Arbeits- und Verwaltungsrichter in Theresienstadt. Grabowers Leben vor und nach seiner Verfolgung wird nur in Grundzügen erörtert. Vor allem seine Beiträge für das Steuer-

---

[1] „20. und 21. Wochenbericht vom 29.04.1945", in: BArch, N 1856/56. Die Fehler aus dem Original wurden im Zitat übernommen.
[2] „Begrüßung von Grabower als Oberfinanzpräsident vom 31.10.1945", in: BArch, N 1856/4 und BArch, N 1856/5. Vgl. auch „Einführung des neuen Herrn Oberfinanzpräsidenten Dr. Grabower am 25.10.1946", in: BArch, N 1856/5. Hier ist der Spruch etwas abgewandelt: „Sind sie rein diese Hände! Hast Du heute deine Pflicht getan!"

recht werden, auch aufgrund ihres Umfangs und ihrer Bedeutung für dieses, in dieser Arbeit nur oberflächlich angesprochen. Auf die steuerliche Entwicklung und die einzelnen angesprochenen Personen wird in dieser Arbeit deshalb ausdrücklich nicht tiefergehend eingegangen. Verweise zur weitergehenden Literatur befinden sich jedoch an den relevanten Stellen.

Grabower selbst suchte mehrfach nach Möglichkeiten sein gesammeltes Material aus der Zeit seiner Verfolgung aufzuarbeiten und zu publizieren.[3] Jedoch ohne Erfolg. Am 04.11.1946 schrieb er an den Staatskommissar für die Betreuung der Juden in München, Philipp Auerbach, einen Brief.[4] In diesem teilte er Auerbach mit, dass er aus diesen Jahren eine „unschätzbare und wohl einzigartige Dokumentensammlung" besäße, deren Bearbeitung er selbst aufgrund seines Alters und anderer Verpflichtungen jedoch möglicherweise nicht mehr leisten könne.[5] Zudem erklärte er Herbert Dorn[6] im Jahr 1953, dass er gewisse Hemmungen habe, das Erlebte aufzuarbeiten, da es ihn immer noch schwer belasten würde.[7] Drei Jahre später schrieb er an Herbert Schottelius[8] von der „Forschungsstelle für die Geschichte Hamburgs von 1933–1945":

---

[3] Beispiel: „Brief von Grabower an Marx vom 03.08.1952", abgedruckt in: „Wenn im Amte", S. 183. FZH 376–21, Schriftverkehr 1949–1956.

[4] „Brief von Grabower an Auerbach vom 04.11.1946", in: BArch, N 1856/93. Auch abgedruckt in: „Wenn im Amte", S. 179–181. Hier wird Auerbachs tragisches Ende kurz umrissen: Dieser war ebenfalls ein Überlebender der nationalsozialistischen Verfolgung, als Staatskommissar für rassisch, religiös und politisch Verfolgte in Bayern zuständig und Präsident des Landesentschädigungsamtes. Anfang 1951 wurde Auerbach verhaftet und wegen Unterschlagung, Bestechung, Meineides und Vortäuschen eines akademischen Grades zu einer Haftstrafe verurteilt. Auerbach beging zwei Tage nach der Urteilsverkündung Selbstmord. Der Prozess, in dem er verurteilt wurde, war durch Antisemitismus belastet und es befanden sich ehemalige nationalsozialistische Parteimitglieder unter den beteiligten Richtern und Staatsanwälten. Nach seinem Tod wurde Auerbach durch einen Untersuchungsausschuss des Bayrischen Landtages rehabilitiert.

[5] „Brief von Grabower an Auerbach vom 04.11.1946", in: BArch, N 1856/93. Ähnliches auch im „Brief von Grabower an Adler vom 01.10.1956", in: BArch, N 1856/7. Beide Briefe abgedruckt in: „Wenn im Amte", S. 179–181, 190.

[6] Mit Herbert Dorn scheint Grabower eine freundschaftliche Beziehung gepflegt zu haben. Dorn arbeitete u.a. an der Weimarer Reichsverfassung und der Erzbergerschen Steuerreform mit. Genau wie Grabower war er zwar christlichen Glaubens, hatte jedoch jüdische Wurzeln. Auch Herbert Dorn fiel der „Entjudung" der Finanzverwaltung zum Opfer. Er wurde als ein Wegbereiter des internationalen Steuerrechts angesehen, war Ministerialdirektor im RFM und Professor an der Berliner Universität und wurde 1931 zum Präsidenten des Reichsfinanzhofes ernannt. Faktisch war er schon 1933, offiziell jedoch erst 1934, wegen seiner jüdischen Abstammung des Amtes enthoben worden, wurde Ende 1938 von der Gestapo schwer misshandelt und schaffte es 1939 zu emigrieren. Quelle: „Wenn im Amte", S. 227 und *Mehl*, „Das Reichsfinanzministerium und die Verfolgung der deutschen Juden 1933–1943", S. 27, der auf *Pausch* 1969, S. 112 verweist.

[7] „Brief von Grabower an Dorn vom 09.09.1953", in: BArch, N 1856/61.

[8] Schottelius war bei der „Forschungsstelle für die Geschichte Hamburgs von 1933 bis 1945" tätig und fragte bei Grabower im Januar 1954 nach, ob dieser verwertbares Material für die Forschungsstelle besäße. Schottelius sichtete einige von Grabower zugeschickte Ordner und erstellte Fotokopien. Jedoch schrieb er Grabower auch, dass diese Dokumente zwar eine

I. Einleitung

„Gibt es denn in München keinen Menschen, an den ich mich mal mit dem ganzen Material wenden könnte? [...] Dabei komme ich immer mehr zu der Überzeugung, daß ich tatsächlich der einzige Mensch noch bin, der bei einiger Anstrengung allerlei aufzeichnen kann, was sonst für immer verloren ist."[9]

Bei der Aufarbeitung des Materials wollte Grabower streng objektiv vorgehen, wünschte sich einen wissenschaftlichen Bericht und keinen Roman und versicherte Auerbach sogar, dass es ihm auch egal wäre, falls er selbst bei dieser Bearbeitung vollständig anonym bleiben würde. Sein Wunsch war es daher, dass diese Materialsammlung von einem „klugen, kultivierten und innerlich vornehmen jüngeren deutsch-jüdischen Mann oder eine[r] entsprechenden deutsch-jüdische[n] Frau" bearbeitet werde und am Ende eine ernste wissenschaftliche, kulturelle Leistung entstehe.[10]

75 Jahre später werde ich mit dieser Arbeit versuchen, dem Wunsch Grabowers zu entsprechen. Zwar fehlen mir die jüdischen Wurzeln, jedoch ist mir die Wichtigkeit der Aufarbeitung der nationalsozialistischen Verbrechen, vor allem auch bei den jüngeren Generationen, in Anbetracht der Lage des immer noch existierenden und in einigen Bereichen wieder vermehrt entflammenden Antisemitismus und Rassismus bewusst. Es ist daher besonders wichtig, dass sich auch jüngere Menschen ohne jüdische Wurzeln mit dieser Thematik verstärkt auseinandersetzen, um für eine aufgeklärtere Zukunft eintreten zu können.

Genau wie Grabower bin ich in Berlin geboren, evangelischer Konfession und habe knapp 115 Jahre nach ihm an derselben Universität mein Erstes Juristisches Staatsexamen abgelegt.

---

einzigartige Quelle darstellen würden, sich das meiste jedoch nicht zur Veröffentlichung eigne. Quelle: „Brief von Schottelius an Grabower vom 11.01.1954 und 05.04.1954", in: BArch, N 1856/7 und FZH 376-21, Schriftverkehr 1949–1956. Auch abgedruckt in: „Wenn im Amte", S. 185 f.

[9] „Schreiben von Grabower an Schottelius vom 09.03.1956" und ähnlich: „Schreiben von Grabower an Schottelius vom 31.12.1955", in: FZH 376-21, Schriftverkehr 1949–1956.

[10] „Brief von Grabower an Auerbach vom 04.11.1946", in: BArch, N 1856/93. Auch abgedruckt in: „Wenn im Amte", S. 179–181.

II. Kindheit und Jugend

Rolf Walter Jakob Grabower wurde am 21.05.1883 in Berlin geboren. Seine Eltern waren Gertrud (geb. am 15.11.1858 in Bernau bei Berlin, als Tochter von Friedrich London) und Max Grabower (geb. am 13.12.1851 in Koźmin Wielkopolski in Polen, damalige Provinz Posen). Der Vater war als Justizrat, Rechtsanwalt und Notar in Berlin tätig.[1] Er legte großen Wert auf eine humanistische Ausbildung seines Sohnes und so besuchte Grabower von 1889 bis zu seinem Abitur Ostern 1901 das Französische Gymnasium in Berlin. Er erinnerte sich auch noch im hohen Alter stolz an die dortige Schulzeit und die Qualität des Unterrichtes zurück. Am Französischen Gymnasium wurden zeitweise ein Drittel, bis um 1890 und 1900 herum sogar fast zur Hälfte Schüler jüdischer Herkunft unterrichtet. Im Abiturjahr Grabowers waren von 262 Schülern 134 jüdischer Herkunft.[2]

Auch Grabower war jüdischer Abstammung. Drei seiner Großeltern waren Juden. Dennoch ließen seine Eltern ihn am 16.10.1884 in der Neuen Kirche in Berlin evangelisch taufen. Der Vater Max Grabower trat 1905 zum Christentum über. Seine Mutter Gertrud war bereits am 02.01.1859 getauft worden.[3]

---

[1] Alle Belege in: „Lebenslauf", in: BArch, N 1856/1. „Ahnentafel", „Auszug aus dem Geburtenregister der Juden für die Jahre 1847–1858", „Ernennungsurkunde für Max Grabower", „Geburts- und Tauf-Schein" und „Schreiben an den Führer und Reichskanzler vom 12.11.1940", in: BArch, N 1856/3. Letztes auch abgedruckt in: „Wenn im Amte", S. 53–56. „Schreiben von Grabower an die DANA vom 31.08.1947", in: BArch, N 1856/5. „Personalbogen", in: BArch, PERS 101/010046, fol. 1. Vgl. auch „Lebenslauf" oder „Rolf Grabower zum Gedächtnis", in: Umsatzsteuer-Rundschau, Jahrgang 1963, in: BArch, N 1856/1 und BArch, N 1856/48. *Adler/Lehmann*, „Biographisches Handbuch", S. 195.

[2] Alle Belege in: „Lebenslauf", in: BArch, N 1856/1. „Material für ein Judenbuch", Einleitung, in: BArch, N 1856/63. „Daten für Prof. Dr. Dr. Rolf Grabower, geb. am 21. Mai 1883 in Berlin", in: BArch, PERS 101/010046, fol. 1. Der Unterricht wurde zu Grabowers Zeit, außer in den Fächern Religion und Deutsch, ausschließlich in Französisch abgehalten. Im Ordner BArch, N 1856/91 befinden sich seine Zeugnisse aus der Schulzeit. Archiv des Französischen Gymnasiums Berlin-Sammlung-Velder. 131 waren evangelisch, 5 katholisch und 2 religionslos. Quelle: Ebd. „Geschichte des Französischen Gymnasiums", aufgerufen unter: https://web.archive.org/web/20151117023835/http://schulcms.fg-berlin.de/WebObjects/FranzGym.woa/wa/CMSshow/1064384 [Stand: 24.08.2020]. Vgl. bzgl. der Einstellung von Grabowers Vater: *Wallner/Birken*, „Architekt der Betriebsprüfung", aufgerufen unter: https://www.datev-magazin.de/2017-06/werte-visionen-2017-06/architekt-der-betriebspruefung/ [Stand: 07.09.2020].

[3] Alle Belege in: „Ahnentafel", „Auszug aus dem Taufregister", „Geburts- und Tauf-Schein", „Schreiben an den Führer und Reichskanzler vom 12.11.1940" und „Schreiben von

II. Kindheit und Jugend

Grabowers Vorfahren stammten aus Preußen. Für Grabower war dies wichtig und er betonte später des Öfteren, dass er sich aufgrund seines Stammbaumes, der sich 150 Jahre zurückverfolgen ließ, immer als Deutscher und nicht etwa als eingewanderter Jude gefühlt habe.[4] Das Verfolgen der preußischen Tugenden zieht sich wie ein roter Faden durch sein komplettes Leben.

Grabowers Großvater väterlicherseits, Jakob Grabower, wurde in Ostrowo im damaligen Preußen geboren, verstarb im Alter von 74 Jahren am 03.03.1876 in Breslau und war als Partikulierer[5] tätig. Seine Frau Rosalia Hamburger wurde am 04.05.1820 in Kempen in der Provinz Posen geboren und verstarb bereits am 13.08.1852 in Kozim. Der Urgroßvater väterlicherseits wurde 1794 in Glogau und die Urgroßmutter in Kempen 1796 geboren. Grabowers Ur-Ur-Großvater lebte von 1788 bis 1802 in Glogau und zog dann nach Hamburg, wo er 1807 verstarb.[6]

Mütterlicherseits stammte die am 26.03.1831 geborene Großmutter, Karoline Luise Wilke (verheiratete London), aus einer rein „arischen" Bürger- und Handwerkerfamilie aus Bernau und war als einziges rein „arisches" Großelternteil Grabowers dafür verantwortlich, dass er von den Nationalsozialisten als sogenannter „Dreivierteljude"[7] eingestuft wurde. Grabowers Großvater Friedrich London wurde am 26.06.1824 in Königsberg geboren, war Seidenwarenfabrikant und Jude, wurde allerdings als Jugendlicher im Jahre 1837 getauft. Einige Verwandte von ihm waren bereits in der ersten Hälfte des 19. Jahrhunderts zum Christentum konvertiert. Die Urgroßeltern Ludwig und Helene London (geb. Spitzer) waren beide in Königsberg geboren (er: 1797 und sie: 1794) und dort 1836 bzw. 1857 verstorben.[8]

---

der Kirche zum Heiligen Kreuz vom 16.05.1905", in: BArch, N 1856/3. Das Schreiben an den Führer ist auch in: „Wenn im Amte", S. 53–56 abgedruckt. „Material für ein Judenbuch", S. 20, in: BArch, N 1856/63.

[4] „Schreiben an den Führer und Reichskanzler vom 12.11.1940", in: BArch, N 1856/3. Auch abgedruckt in: „Wenn im Amte", S. 53–56. In dem Ordner BArch, N 1856/3 im Bundesarchiv in Koblenz befinden sich zahlreiche Tauf- und Trauscheine und ähnliche Dokumente, die Rückschlüsse auf Grabowers Ahnen geben.

[5] Ein Partikulierer ist ein selbstständiger Schiffseigentümer in der Binnenschifffahrt.

[6] Alle Belege in: „Ahnentafel", „Auszug aus dem Sterberegister der Juden für die Jahre 1847–1866", „Schreiben an den Führer und Reichskanzler vom 12.11.1940" und „Sterbeurkunde – Jakob Grabower", in: BArch, N 1856/3. Das Schreiben an den Führer auch abgedruckt in: „Wenn im Amte", S. 53–56. Nach dem Tod von Rosalia Hamburger heiratete Jakob Grabower erneut, und zwar Ernestine Fraustädter. Quelle: „Sterbeurkunde – Jakob Grabower", in: BArch, N 1856/3.

[7] Der „Dreivierteljude" war laut den Nationalsozialisten ein Mensch, der zu 75 % Jude war. Dafür mussten drei der vier Großeltern eine jüdische Herkunft haben. Gemäß der Aussage von Grabower war ein „Dreivierteljude" eine Seltenheit. So schrieb er, dass er einer derartigen „Mischung" nur vier- bis fünfmal pro 1.000 Juden begegnet sei. Quelle: „Material für ein Judenbuch", S. 27, in: BArch, N 1856/63.

[8] Alle Belege in: „Ahnentafel", „Auszug aus dem Taufregister", „Auszug aus dem Trauregister", „Kirchenbuchstelle Königsberg", „Schreiben an den Führer und Reichskanzler vom 12.11.1940" und „Schreiben vom Amtsgericht Königsberg vom 11.01.1941", in: BArch, N 1856/3.

Unter Grabowers Vorfahren befanden sich Juristen und Wissenschaftler, so war der Onkel väterlicherseits, Heinrich Grabower, Arzt und Honorarprofessor an der Universität Berlin.[9] Der Großvater seiner Großmutter (Rosalia Hamburger) väterlicherseits soll, laut Grabower, einer der bekanntesten Rabbiner des 18. Jahrhunderts gewesen sein. Dieser verstarb 1811 in Hamburg als Landesrabbiner von Hamburg, Altona und Wandsbek. Dessen Vorfahren seien auf Jahrhunderte hinaus ebenfalls angesehene Rabbiner gewesen.[10] Auf Nachfrage bei der Hamburger Gesellschaft für jüdische Genealogie e.V. wurde mir mitgeteilt, dass die Biographien der Rabbiner der Dreigemeinde Hamburg-Altona-Wandsbek in der 1903 in Krakau erschienenen Veröffentlichung „Iwo lemaushaw" von Eduard Duckesz abgehandelt wurden, jedoch ein 1811 verstorbener Rabbiner dort nicht verzeichnet ist.[11] Nach weiterer Recherche gehe ich davon aus, dass Grabower sich auf Zvi Zamoscz bzw. Zebi Hirsch Baschko bezogen haben könnte.[12]

Max Grabower starb recht früh im Jahr 1907 in Berlin und Gertrud Grabower am 26.01.1938 in München.[13] Grabowers Mutter war Halbjüdin, ein Umstand, der sich für ihren Sohn während der Zeit der Verfolgung positiv hätte auswirken können. Jedoch verstarb Gertrud schon, bevor die Repressalien gegen die Juden ihr volles Ausmaß erreicht hatten und so konnte sie ihrem Sohn als „deutsche" Frau keinen Schutz mehr bieten.[14] Gertrud Grabower wurde 1910 die Rote Kreuz-Medaille dritter Klasse und 1915 die Rote Kreuz-Medaille zweiter Klasse sowie 1918 das Verdienstkreuz für Kriegshilfe verliehen. Sie hatte den Vorsitz in der Abteilung für Haushaltungsschulen des Provinzialvereines Alt-Berlin des Vaterländischen Frauenvereins vom Roten Kreuz inne und wurde dort nach ihrem Ausscheiden zum Ehrenmitglied ernannt.[15]

„Schreiben von von Holleben vom 19.10.1940", in: BArch, N 1856/48. Die Schreiben vom 12.11.1940 und 19.10.1940 sind auch in: „Wenn im Amte", S. 51, 53–56 abgedruckt. Teilweise steht in den Dokumenten „Helena".

[9] „Schreiben an den Führer und Reichskanzler vom 12.11.1940", in: BArch, N 1856/3. Auch abgedruckt in: „Wenn im Amte", S. 53–56. „Schreiben von Grabower an die Juristische Fakultät der Universität Erlangen vom 27.06.1946", in: BArch, N 1856/49.

[10] Alle Belege in: „Schreiben von Grabower an die Juristische Fakultät der Universität Erlangen vom 27.06.1946", in: BArch, N 1856/49.

[11] Email von Herrn Sielemann von der Hamburger Gesellschaft für jüdische Genealogie e.V. vom 11.11.2019.

[12] „Zebi Hirsch Baschko", in: BArch, N 1856/3. „Zvi Hirsch Zamoscz", aufgerufen unter: https://www.wo-sie-ruhen.de/friedhoefe?stadt=5&friedhof=22 [Stand: 23.10.2020].

[13] „Schreiben an den Führer und Reichskanzler vom 12.11.1940", in: BArch, N 1856/3. Auch abgedruckt in: „Wenn im Amte", S. 53–56.

[14] „Material für ein Judenbuch", S. 2, in: BArch, N 1856/63. „Brief von Grabower an Voigt vom 02.06.1952", in: BArch, N 1856/86.

[15] Alle Belege in: „Schreiben des Vaterländischen Frauenvereins an Gertrud Grabower vom 26.10.1909, 27.03.1918, 07.05.1929 und 08.04.1930", „Verleihungsurkunde – Rote Kreuzmedaille zweiter Klasse" und „Verleihungsurkunde – Rote Kreuzmedaille dritter Klasse",

In seiner Jugend wurde Grabower Klavierunterricht erteilt, der ihm keine Freude bereitete.[16] Darüber hinaus erhielt er auch Tischlerunterricht, den er hingegen begeistert annahm.[17] Einer Jugendbewegung, wie sie damals üblich waren, schloss sich Grabower nicht an.[18]

In den 1960er-Jahren erinnerte sich Grabower gern an seine Kindheit und Jugend zurück. Vor allem die Erinnerungen an sein Elternhaus beschrieb er als wunderschön. Die Grabowers schienen vor allem die Vertrautheit im gemeinsamen Haus zu genießen, wo sie zu dritt abendlich zusammensaßen. Max zur Erholung im Zimmer wandernd, Rolf arbeitend und Gertrud lesend. Auch nach dem Tod des Vaters pflegten Grabower und seine Mutter dieses Zusammensein. Die Erinnerung an seine Jugend und die Zeit mit seinen Eltern halfen Grabower dann auch durch die dunkelsten Zeiten seines Lebens. So beschrieb er später, dass er ungefähr seit dem Jahr 1923 fast täglich die Bibel las. Zwar ging er, auch aufgrund seiner Schwerhörigkeit, nicht so häufig in die Kirche wie seine Mutter und bezeichnete sich seit 1933 selbst als menschenscheu, jedoch half ihm dieses regelmäßige Studium der Bibel auch in der Zeit seiner Verfolgung sehr. Als er dann in Theresienstadt Bücher zugesandt bekam, fand er auch Trost in der Philosophie. Manchmal sang er ganz leise „zwei alte ganz feierliche und würdige Studentenlieder" zur Beruhigung. Jedoch schrieb er, dass, wenn gar nichts mehr half und die Stunden besonders dunkel erschienen, ihm immer der Gedanke an seine Mutter weiterhalf und ihn motivierte, durchzuhalten.[19]

„Schreiben vom 22.12.1935" und „Schreiben an den Führer und Reichskanzler vom 12.11. 1940", in: BArch, N 1856/3. Letztes auch abgedruckt in: „Wenn im Amte", S. 53–56.
[16] „Material für ein Judenbuch", S. 19, in: BArch, N 1856/63.
[17] „Brief von Grabower an Dorn vom 21.08.1953", in: BArch, N 1856/61. Auch abgedruckt in: „Wenn im Amte", S. 228 f. „Material für ein Judenbuch", S. 19, in: BArch, N 1856/63.
[18] „Schreiben vom 02.03.1946", in: BArch, N 1856/61.
[19] Alle Belege in: Maschinenschriftlicher Zettel im Aktenordner Juden-Christen 15.IX. 1954, in: BArch, N 1856/7 und „Material für ein Judenbuch", S. 2, in: BArch, N 1856/63. Auf welche Lieder sich Grabower hier bezieht, konnte nicht in Erfahrung gebracht werden.

III. Studienzeit und erste Berufserfahrungen

In beruflicher Hinsicht eiferte Grabower seinem Vater nach, der sich für seinen Sohn eine Universitätslaufbahn wünschte, ihn ermutigte, einen wissenschaftlichen Beruf zu ergreifen und ihm als Lebensthema das Studium der Philosophie auftrug.[1]

Im Jahr 1901 nahm Grabower das Studium der Rechtswissenschaften in Heidelberg an der Ruprechts-Karls-Universität auf. Dort blieb er jedoch nur ein Semester und wechselte schon im 2. Semester an die Albertus-Universität in Königsberg.[2] In Königsberg schloss er sich im Wintersemester 1901/1902 dem Corps Masovia, einer im 19. Jahrhundert gegründeten Studentenverbindung im Kösener SC, an.[3] Wie Grabower später betonte, soll es sich beim Corps Masovia um eine Verbindung „frei von jeder politischen Tendenz und frei von allem Militarismus" gehandelt haben. Wert wurde vor allem auf Sitten und die Erziehung zur Menschlichkeit, Hilfsbereitschaft und Selbstdisziplin gelegt, wobei es gleichgültig war, welche Abstammung der Einzelne hatte, da es lediglich darauf ankam, ob gemäß dieser Grundsätze gehandelt wurde.[4] Bis Oktober 1935 durfte Grabower das Band seines Corps tragen.[5] Auch nach seinem Ausscheiden

---

[1] Dokument vom 09.03.1952, in: BArch, N 1856/5. „Schreiben von Grabower an die Juristische Fakultät der Universität Erlangen vom 27.06.1946", in: BArch, N 1856/49.

[2] „Lebenslauf", in: BArch, N 1856/1. „Personalbogen", in: BArch, PERS 101/010046, fol. 1.

[3] „Schreiben an den Führer und Reichskanzler vom 12.11.1940" und „Brief von Grabower an Lippold vom 20.08.1956", in: BArch, N 1856/3. Erstes auch abgedruckt in: „Wenn im Amte", S. 53–56. In dem Brief an Lippold (ehemaliger Corpsbruder von Grabower) schrieb Grabower bezüglich seiner Zeit bei dem Corps: „13 x gefochten, die letzten drei Partien vollkommen genügend und zum Teil gefallen." „Military Government of Germany-Fragebogen", in: BArch, N 1856/49. Auch abgedruckt in „Wenn im Amte", S. 197–200. „Corps Masovia Königsberg zu Potsdam", aufgerufen unter: https://de.wikipedia.org/wiki/Corps_Masovia_K%C3%B6nigsberg_zu_Potsdam#Mitglieder_des_Corps [Stand: 07.09.2020]. „Rolf Grabower", aufgerufen unter: https://de.wikipedia.org/wiki/Rolf_Grabower [Stand: 04.09.2020]. Der Wikipedia-Artikel zu Grabower wurde 2009/2010 von dem Archivar der Corps Masovia zusammen mit der Bundesfinanzakademie überarbeitet. Mir wurde im August 2020 bestätigt, dass ich diesen weiterhin vor allem auch bzgl. Grabowers Mitgliedschaft im Corps als verlässliche Quelle verwenden könnte. Quelle: E-mail vom 18.08.2020 von Herrn Ehlers vom Corps Masovia.

[4] Belege in: „Bestätigungsschreiben von Grabower für Trint vom 07.04.1948", in: BArch, N 1856/50.

[5] „Schreiben vom 22.12.1935", in: BArch, N 1856/3. Vgl. auch „Fragebogen vom Military Government of Germany", in: BArch, N 1856/49 (hier gibt Grabower das Ende seiner Mitgliedschaft mit 1936 an). Laut Herrn Ehlers vom Corps Masovia bekleidete Grabower „die

pflegte er Kontakt zu einigen Corpsbrüdern, die ihn in der Zeit der Verfolgung unterstützten.[6]

Von Königsberg zog es Grabower 1903 nach Berlin an die Friedrich-Wilhelms-Universität. Hier legte er am 13.01.1905 sein erstes Examen mit der Note „ausreichend" ab. Anschließend promovierte er in Leipzig. Der Titel seiner 1905 abgeschlossenen Promotion lautete: „Ist in den §§ 463, 480 B.G.B. Schadensersatz wegen Nichterfüllung gleichbedeutend mit Schadensersatz wegen Nichterfüllung der ganzen Verbindlichkeit des Verkäufers?" Daneben studierte er auch Volkswirtschaft.[7] In seiner zweiten Promotion 1910 in Berlin behandelte Grabower das Thema „Die finanzielle Entwicklung der Aktiengesellschaften der deutschen chemischen Industrie und ihre Beziehungen zur Bankenwelt".[8] Beide Promotionen schloss er mit der Note „cum laude" ab.[9] Als seine akademischen Lehrer zählte Grabower in seinem Lebenslauf für seine zweite Doktorarbeit unter anderen Jellinek, v. Blume, v. Schmoller, Gierke, und v. Liszt auf.[10]

Laut seiner Personalakte[11] war Grabower ab dem Jahr 1905 im preußischen Landesdienst an verschiedenen Amts-, Landgerichten und am Kammergericht tätig.[12] Als Register seiner Tätigkeitsdaten ergibt sich folgende Tabelle:

Funktion des Fuchsmajors, er war also für die Ausbildung neuer Mitglieder im Corps (sog. ‚Füchse') zuständig. In dieser Rolle hat er sich damals sehr verdient gemacht. Das Corps Masovia Königsberg suspendierte wie viele Kösener Corps 1935, reconstituierte jedoch in der Nachkriegszeit. Mit dem Corps Palaiomarchia, das ihm 1960 die Band verlieh, bestand von Seiten unseres Corps ein Doppelbetrieb in Kiel. Dem Corps blieb er im Zuge dessen bis zuletzt stets nahe." Quelle: Email vom 18.08.2020 von Herrn Ehlers vom Corps Masovia.

[6] Beispiel: „Karte von Haslinger an Grabower vom 08.10.1944", in: BArch, N 1856/7. Auch abgedruckt in: „Wenn im Amte", S. 120.

[7] Alle Belege in: „Lebenslauf", in: BArch, N 1856/1. „Personalbogen", in: BArch, PERS 101/010046, fol. 1. BArch, R 3001/57797, fol. 1. Diese Dissertation befindet sich im Ordner BArch, N 1856/48. *Adler/Lehmann*, „Biographisches Handbuch", S. 195. Die Friedrich-Wilhelms-Universität ist die heutige Humboldt-Universität.

[8] Diese Dissertation befindet sich im Ordner: BArch, N 1856/48. „Schreiben von Grabower an die Juristische Fakultät der Universität Erlangen vom 27.06.1946", in: BArch, N 1856/49.

[9] „Schreiben an den Finanzminister Lenze vom 17.03.1914", in: BArch, N 1856/48. „Personalbogen", in: BArch, PERS 101/010046, fol. 1.

[10] „Lebenslauf", in: BArch, N 1856/1.

[11] Die Daten (Tag und Monat, nicht das Jahr) zu seiner Berufslaufbahn variieren in den einzelnen Dokumenten stark, wobei Grabower bei den Datumsangaben selbst nicht konstant bleibt. Zudem bestehen Überschneidungen zwischen einigen Beschäftigungsabschnitten.

[12] „Daten für Prof. Dr. Dr. Rolf Grabower, geb. am 21. Mai 1883 in Berlin", in: BArch, PERS 101/010046, fol. 1.

III. Studienzeit und erste Berufserfahrungen

Von	Bis	Dienststelle
21.05.1905	20.10.1906	Amtsgericht Rixdorf
21.10.1906	08.11.1907	Landgericht II in Berlin
09.11.1907	20.06.1908	Staatsanwaltschaft des Landgerichts II in Berlin
21.06.1908	01.04.1909	Referendar im Vorbereitungsdienst in Berlin beim Geheimen Justizrat M. Kempner, der als Rechtsanwalt und Notar tätig war
02.04.1909	27.03.1910	Amtsgericht in Charlottenburg
28.03.1910	02.11.1910	Kammergericht (beim 18. Zivilsenat) in Berlin
1911		Volontär bei der Berliner Industrie und Handelskammer und bei der Berufsgenossenschaft der chemischen Industrie tätig
14.06.1911		Zweites Staatsexamen in Berlin, welches Grabower mit der Note „gut" bestand
04.07.1911	14.05.1915	Gerichtsassessor beim Amtsgericht in Cüstrin, welches im heutigen Polen liegt
01.04.1912	31.03.1914	Hilfsarbeiter beim Oberverwaltungsgericht in Berlin
15.05.1914	03.08.1914	Regierungsassessor bei der Einkommensteuerveranlagungskommission in Mühlheim an der Ruhr
15.05.1915		Ernennung als Regierungsassessor und endgültige Übernahme in die Verwaltung (der direkten Steuern)[13]

---

[13] Alle Belege in: „Schreiben von der Berliner Handels-Gesellschaft an Grabower vom 17.10.1911" und „Schreiben an und vom Finanzminister Lenze vom 17.03.1914 und 08.05.1914", in: BArch, N 1856/48. „Laufbahn im Staats- oder Reichsdienst" und „Personalbogen", in: BArch, PERS 101/010046, fol. 1. Im Ersten wird der 15.05.1915 statt 15.05.1914 als Beginn angegeben. In BArch, R 3001/57797, fol. 1 sind auch Grabowers Urlaubstage mit eingetragen. „Wenn im Amte", S. 12. „Ehrung Rolf Grabowers – Hörsaal nach ihm benannt", aufgerufen unter: http://www.afz-kw.brandenburg.de/sixcms/detail.php/763684 [Stand: 09.09.2020].

IV. Tätigkeit im Ersten Weltkrieg

Ab Anfang Oktober 1905 hatte Grabower seinen einjährigen Freiwilligkeitsdienst bei dem 39. Kurmärkischen Feldartillerie Regiment in Perleberg im Landkreis Prignitz in Brandenburg abgeleistet. In der preußischen Armee war es zu dieser Zeit üblich, dass der Einjährig-Freiwillige nach erfolgreichem Dienstjahr zwei achtwöchige Übungen machen musste. Nach erfolgreicher Übung A wurde er „Vicewachtmeister/Vicefeldwebel der Reserve", nach der erfolgreichen Übung B stand er zur Wahl als Reserveoffizier. Nachdem Grabower diese Übungen absolviert hatte, wurde er zum Reserveoffizier ernannt und nahm an zwei Offiziersübungen teil. Erst zehn Jahre später erfuhr er von einem Corpsbruder, dass es wegen seines Vaters und seiner jüdischen Herkunft erhebliche Probleme bei der Wahl zum Reserveoffizier gegeben hatte und er nur deshalb gewählt wurde, weil der Bezirkskommandeur Grabower kurz zuvor beim Scharfschießen in Jüterbog vor dem Offizierscorps gelobt hatte.[1]

Während des Ersten Weltkrieges arbeitete sich Grabower vom Leutnant der Reserve der Feldartillerie über den Grad des Oberleutnants der Reserve bis zum Hauptmann der Reserve hoch und diente im Preußischen Großen Generalstab.[2] Bei Beginn der zweiten Mobilmachung am 03.08.1914 wurde Grabower zum Ordonanzoffizier beim Stab der 6. Reserve-Division unter Oberst Ernst von Holleben ernannt.[3] Dort wurde er Gehilfe des Generalstabsoffiziers.[4] Als Soldat erlebte er die Belagerung von Antwerpen, die Kämpfe an der Yser und im Osten

---

[1] Alle Belege in: „Lebenslauf", in: BArch, N 1856/1. „Schreiben an den Führer und Reichskanzler vom 12.11.1940", in: BArch, N 1856/3. Auch abgedruckt in: „Wenn im Amte", S. 53–56. „Führungszeugnis" sowie weitere Zeugnisse aus dieser Zeit, in: BArch, N 1856/3 und BArch, N 1856/48. „Material für ein Judenbuch", S. 24, in: BArch, N 1856/63. „Laufbahn im Staats- oder Reichsdienst", in: BArch, PERS 101/010046, fol. 1.

[2] Leutnant der Reserve der Feldartillerie (seit dem 15.12.1908), Oberleutnant der Reserve (ab 18.04.1915) und Hauptmann der Reserve (ab 15.04.1918). „Lebenslauf" und „Skizze zu Grabowers Lebenslauf vom 15.03.1963", in: BArch, N 1856/1. „Ernennungsurkunde – Leutnant der Reserve" und „Schreiben an den Führer und Reichskanzler vom 12.11.1940", in: BArch, N 1856/3. Letztes auch abgedruckt in: „Wenn im Amte", S. 53–56. „Allerhöchste Kabinettsordre" und „Patent als Leutnant der Reserve", in: BArch, N 1856/48. „Laufbahn im Staats- oder Reichsdienst", in: BArch, PERS 101/010046, fol. 1.

[3] „Schreiben von von Holleben vom 19.10.1940", in: BArch, N 1856/48. „Laufbahn im Staats- oder Reichsdienst", in: BArch, PERS 101/010046, fol. 1.

[4] „Abschrift des Dienst-Zeugnisses für Grabower von von Below" und „Abschrift des Zeugnisses für Grabower von von Auwaerter" oder „Dienstleistungszeugnis für Grabower von von Holleben", in: BArch, N 1856/3 und BArch, N 1856/48.

die Gefechte in Polen bis zur Bzura im Januar 1915 mit.[5] Vom 06.09.1918 bis zum 31.12.1918 war er dann als Hilfsreferent in der Kriegsrohstoffabteilung tätig.[6]

Für seine Kriegsdienste wurde Grabower mit dem „Eisernen Kreuz zweiter Klasse" (29.09.1914) und dem „Kreuz für treue Dienste 1914" (Schaumburg Lippesches Kreuz für treue Dienste gestiftet von Fürst Adolf II. von Schaumburg-Lippe) (23.02.1917) ausgezeichnet. Zudem wurde ihm 1935 das „Ehrenkreuz für Frontkämpfer" verliehen.[7]

Die Teilnahme am Ersten Weltkrieg bzw. das Soldatentum war für Grabower keine unangenehme oder gar gefürchtete Pflicht, sondern ein lang gehegter Wunsch. Seit er 16 Jahre alt war, wollte er Soldat werden. Erst kurz vor seinem 18. Geburtstag vertraute er diesen Wunsch seinem Vater an, der dies bereits befürchtet hatte. Grabower begründete sein Ansinnen damit, dass er der festen Überzeugung war, dass das Soldatentum der einzige Beruf sei, in dem er etwas leisten könne. Er glaubte, dass die besondere Liebe zur Natur sowie die Beschäftigung mit militärischen Problemen ihn dazu antrieben, Soldat werden zu wollen. Auch die sozialen und soziologischen Fragen des Zusammenlebens von Kameraden und zwischen Vorgesetzten und Untergebenen interessierte ihn, da er während seiner Studentenzeit bei der Ausbildung des Nachwuchses im Corps Masovia tätig war.[8]

Auch nach Ende der beiden Weltkriege wird der Stolz, den Grabower verspürte, wenn er an seine Zeit als Soldat zurückdachte, in seinen Aufzeichnungen und Briefen immer noch deutlich. Grabowers bürgerliche Zeugnisse waren zwar gut, aber voller Stolz sprach er von seinen militärischen Belobigungen durch seine Divisionskommandeure und Generalstabsoffiziere.[9]

Generalleutnant a. D. A. Dieterichs Dienstleistungszeugnis über Grabower vom November 1919 bezeugt, dass sich dieser kameradschaftlich verhielt und sich gut mit den anderen Soldaten verstand:

„Er war der erste Mitarbeiter des 1. Generalstabsoffiziers der Division in der Bearbeitung der Operationen, führte das Kriegstagebuch und verfasste die den Truppen täglich zugehenden Mitteilungen über den Verlauf der Kämpfe. Auch wurden die Ferngespräche in allen wichtigen taktischen Angelegenheiten im Wesentlichen von ihm geführt […]. Durch seine kluge, ausgezeichnete Tätigkeit, welche ihn Tag und Nacht nicht zur Ruhe kommen ließ, durch den Ernst seiner Auffassung und seine prächtige Kameradschaft nahm Haupt-

---

[5] „Schreiben an den Führer und Reichskanzler vom 12.11.1940" und ein Kriegsranglisten-Auszug befinden sich, in: BArch, N 1856/3. Erstes auch abgedruckt in: „Wenn im Amte", S. 53–56. Vgl. auch „Material für ein Judenbuch", (keine Seitenangabe), in: BArch, N 1856/63.
[6] „Laufbahn im Staats- oder Reichsdienst", in: BArch, PERS 101/010046, fol. 1.
[7] Diverse Auszeichnungen von Grabower befinden sich in seinem Nachlass. BArch, N 1856/2. „Auszeichnung vom Fürst zu Schaumburg-Lippe" und Verleihungsurkunde für das „Ehrenkreuz für Frontkämpfer vom 07.01.1935", in: BArch, N 1856/48. „Laufbahn im Staats- oder Reichsdienst", in: BArch, PERS 101/010046, fol. 1.
[8] Alle Belege in: „Material für ein Judenbuch", S. 21 f., in: BArch, N 1856/63. Email von Herrn Ehlers vom Corps Masovia vom 18.08.2020.
[9] „Material für ein Judenbuch", S. 21 f., in: BArch, N 1856/63.

mann d.R. Grabower im Stabe der Division eine hervortretende Stelle ein und hatte mein volles unbedingtes Vertrauen. Wenn es sich darum handelte, die kämpfenden Truppen in besonders schwierigen Lagen aufzusuchen, so war Hauptmann Grabower der erste, welcher sich tags und nachts zur Verfügung stellte. So genoss er auch das vorzugsweise Vertrauen der Truppen, welche ihm gern ihre Sorgen und Wünsche anvertrauten."[10]

Auch Ernst von Holleben hatte noch zwanzig Jahre nach dem Krieg, 1938, nur Positives über Grabowers Soldatentätigkeit zu berichten:

„In kurzer Zeit arbeitete sich Grabower in das ihm bisher vollkommen fremde Arbeitsgebiet derartig ein, daß er bei Beginn der Kriegshandlungen das volle Vertrauen des Divisionskommandeurs und des Generalstabsoffiziers hatte. […] Durch seinen klaren, scharfen Verstand, seine kluge, taktische Beurteilung aller Lagen, seinen unermüdlichen Fleiß und seine unbedingte Zuverlässigkeit bei Tage und bei Nacht in allen schwierigsten Gefechtslagen wurde er sehr bald aus einem Gehilfen zu einem hervorragenden Mitarbeiter in der Generalstabsabteilung. Unerschrocken und kaltblütig in jeder Gefahr, setzte er sich rücksichtslos ein, wenn es galt, als Verbindungsoffizier der Division bis in die vordersten Linien des Kampfes Befehle zu bringen. Wie er durch diese vortrefflichen Eigenschaften das unbedingte Vertrauen seiner Vorgesetzten hatte, so wurde ihm von der Truppe ebenfalls vollstes Vertrauen geschenkt, weil sie fühlte, wie Grabower jederzeit die Sorge um das Wohl der Truppen am Herzen lag."[11]

Trotz seiner jüdischen Herkunft und der Repressalien, die er bereits hatte erleben müssen, versuchte Grabower später alles, um im Zweiten Weltkrieg als Freiwilliger teilnehmen zu dürfen. Sein erster Generalstabsoffizier hatte mit einem befreundeten Kommandeur eines Artillerieregiments vereinbart, dass Grabower als Nachschub mit falschem Pass in das Regiment eintreten sollte. Allerdings fiel der Generalstabsoffizier früh in den Beskiden und eine andere Chance tat sich für Grabower nicht mehr auf.[12]

Von dieser Zeit als Soldat blieben Grabower nicht nur wertvolle Erinnerungen, sondern auch gute Bekannte, die sich in der Zeit des Nationalsozialismus für ihn einsetzten. Beispiele hierfür sind Generalleutnant a.D. A. Dieterich und Oberst a.D. Ernst von Holleben. Beide waren Grabowers Vorgesetzte im Ersten Weltkrieg und unterstützten ihn mehrfach.[13] So schrieb Dieterich Grabower am 23.04.1942, dass er in Absprache mit Eckhart König[14] ein Schreiben an Graf

---

[10] „Abschrift vom Dienstleistungszeugnis von Dieterich für Grabower vom 28.11.1919", in: BArch, N 1856/3 und in: BArch, N 1856/48. Das d.R. steht vorliegend für „der Reserve".
[11] „Dienstleistungszeugnis von von Holleben für Grabower vom 01.12.1938", in: BArch, N 1856/3 und BArch, N 1856/48. Auch abgedruckt in: „Wenn im Amte", S. 52.
[12] Alle Belege in: Maschinenschriftlicher Zettel im Aktenordner Juden-Christen 15.IX.1954, in: BArch, N 1856/7.
[13] Siehe auch „Schreiben an den Führer und Reichskanzler vom 12.11.1940", in: BArch, N 1856/3. „Schreiben von von Holleben vom 19.10.1940" und „Brief von Dieterich an Grabower vom 23.04.1942", in: BArch, N 1856/48. Auch abgedruckt in: „Wenn im Amte", S. 51, 53–56 und 93. „Wenn im Amte", S. 40.
[14] König half Grabower in der Zeit des Nationalsozialismus und Grabower revanchierte sich bei ihm mit einem Bestätigungsschreiben. Quelle: „Schreiben von König an Grabower

Schwerin von Krosigk[15] gerichtet habe und ein hoher SS-Führer, der schon kurz vor Ostern für Grabower einstand, hoffentlich wieder helfen und ihn somit vor einer Deportation in ein Konzentrationslager bewahren würde.[16] Auch als Grabower bereits in Theresienstadt inhaftiert war, hielt Dieterich Briefkontakt mit ihm.[17]

Ernst von Holleben setzte sich beim leitenden Mitarbeiter der „Arisierungsstelle" in München, dem Hauptsturmführer Richard Westermayr, persönlich für Grabower ein und fragte an, ob Grabower nicht als „Halbarier" oder „Dreiviertelarier" eingestuft werden könnte.[18] Einen notwendigen Antrag zur Gleichstellung mit einem „Mischling" stellte Grabower am 12.11.1940 an den Führer und Reichskanzler.[19] Hierin betonte er, dass er niemals den Umgang mit Juden bevorzugt, sondern sich eher von ihnen ferngehalten habe. Dieses Gesuch hatte keinen Erfolg und wurde am 07.08.1941 abgelehnt.[20]

Grabower revanchierte sich bei Ernst von Holleben für seine Hilfe, indem er im Juli 1948 eine eidesstattliche Bestätigung zugunsten seines Sohnes abgab. Er betonte, dass Ernst von Holleben selbst aus reinstem Idealismus in die Partei eingetreten sei, diese auch alsbald wieder verlassen wollte, was er jedoch unterließ, um seine Kinder nicht zu gefährden.[21]

---

vom 25.11.1945" und „Bestätigung von Grabower für Eckhard König vom 26.11.1945", in: BArch, N 1856/50. Auch abgedruckt in: „Wenn im Amte", S. 161–163.

[15] Johann Ludwig Graf Schwerin von Krosigk hatte seit 1920 im Reichsfinanzministerium Karriere gemacht, war seit 1925 Leiter der Haushaltsabteilung und seit 1929 Etatdirektor. 1932 wurde er dann zum Reichsfinanzminister im „Kabinett der Barone" von von Papen ernannt. Er blieb bis 1945 Reichsfinanzminister und war neben dem Arbeitsminister Franz Seldte der einzige Chef eines traditionellen Ressorts, der während der gesamten Zeit des Dritten Reiches nicht von seiner Stelle abberufen oder ausgewechselt wurde. Quelle: *Mehl*, „Das Reichsfinanzministerium und die Verfolgung der Deutschen Juden", S. 11.

[16] „Brief von Dieterich an Grabower vom 23.04.1942", in: BArch, N 1856/48. Auch abgedruckt in: „Wenn im Amte", S. 93.

[17] „Postkarte von Dieterich vom 13.12.1942 an Grabower", in: BArch, N 1856/7.

[18] Vgl. „Feldpost", in: BArch, N 1856/3. „Schreiben von von Holleben vom 19.10.1940", in: BArch, N 1856/48. Auch abgedruckt in: „Wenn im Amte", S. 51. Zu Westermayr „Wenn im Amte", S. 51. Auch Max Sesselmann soll sich für die Anerkennung Grabowers als „Halbarier" eingesetzt haben. Quelle: „Brief von Sesselmann an Grabower vom 07.03.1948", in: BArch, N 1856/50. Auch abgedruckt in: „Wenn im Amte", S. 160.

[19] „Schreiben an den Führer und Reichskanzler vom 12.11.1940", in: BArch, N 1856/3. Auch abgedruckt in: „Wenn im Amte", S. 53–56. Grabower fügte dem Antrag auf Gleichstellung einige Dokumente bzgl. seiner Abstammung bei. Das wird der Grund sein, warum sich verhältnismäßig viele Dokumente bezüglich seiner Ahnen und auch Nachforschungen Grabowers über seine Vorfahren in dem Nachlass befinden. Mit einem solchen Antrag war Grabower nicht allein. *Susanna Schrafstetter* beschreibt auf S. 38 ihres Buches „Flucht und Versteck", dass viele Juden versuchten gegen ihre Einstufung innerhalb der nationalsozialistischen Rassehierarchie vorzugehen.

[20] „Schreiben von Lammers an Grabower vom 07.08.1941", in: BArch, N 1856/7 und BArch, N 1856/48. Auch abgedruckt in: „Wenn im Amte", S. 57.

[21] „Bestätigung von Grabower für Oltze von Holleben vom 28.07.1948", in: BArch, N 1856/50.

V. Arbeit zwischen Erstem Weltkrieg und Verfolgung

1. Arbeit im Reichsfinanzministerium

Wenige Monate vor der Gründung der Weimarer Republik wurde Rolf Grabower am 01.04.1918 zum Regierungsrat ernannt und war ab dem 13.06.1919 als Hilfsarbeiter im Reichsfinanzministerium in Berlin tätig. Beim Reichsfinanzministerium in Berlin arbeitete er dem eineinhalb Jahre jüngeren Johannes Popitz zu, der dort im März 1919 zum Geheimen Regierungsrat und Vortragenden Rat ernannt worden war. Am 01.04.1920 wurde Grabower zum Oberregierungsrat ernannt.[1]

Das Reichsfinanzministerium befand sich zu dieser Zeit noch im Aufbau und musste, um den Staatsschulden Herr zu werden, ein funktionierendes Steuersystem schaffen. Nach dem verlorenen Ersten Weltkrieg hatte Deutschland Reparationszahlungen zu leisten und hierfür musste eine stabile, leistungsfähige Reichssteuerverwaltung errichtet werden. Grabower gehörte damit zu der Generation von Steuerjuristen, die das Reichsfinanzministerium nach dem Ersten Weltkrieg vor dem schwierigen Hintergrund von Inflation und Weltwirtschaftskrise aufgebaut haben.[2]

Von Mitte 1919 bis zum 20.10.1926 war Grabower im Reichsfinanzministerium mit der Umsatzsteuer beschäftigt.[3] Der Sinn dieses Umsatzsteuerreferates lag für ihn darin, auf steuerlichem Gebiet dem Sprichwort entgegenzutreten, dass die großen Diebe laufen gelassen, die Kleinen aber gehängt werden.[4] Die

---

[1] Belege in: „Skizze zu Grabowers Lebenslauf" vom 15.03.1963, in: BArch, N 1856/1. „Ernennungsurkunde – Regierungsrat" und „Ernennungsurkunde – Oberregierungsrat", in: BArch, N 1856/3. Die Urkunden wurden bereits am 11.03.1918 bzw. 18.09.1920 ausgestellt. „Laufbahn im Staats- oder Reichsdienst", in: BArch, PERS 101/010046, fol. 1. *Adler/ Lehmann*, „Biographisches Handbuch", S. 195 f. *Voß*, „Johannes Popitz (1884–1945)", S. 40. „Ehrung Rolf Grabowers – Hörsaal nach ihm benannt", aufgerufen unter: http://www.afz-kw.brandenburg.de/sixcms/detail.php/763684 [Stand: 09.09.2020].

[2] Alle Belege in: „Wenn im Amte", S. 5. *Wallner/Birken*, „Architekt der Betriebsprüfung", aufgerufen unter: https://www.datev-magazin.de/2017-06/werte-visionen-2017-06/architekt-der-betriebspruefung/ [Stand: 07.09.2020].

[3] „Abschrift vom Schreiben von Grabower an das Bayrische Finanzministerium München vom 04.12.1956", in: BArch, PERS 101/010046, fol. 1.

[4] „Begrüßung von Grabower als Oberfinanzpräsident vom 31.10.1945", in: BArch, N 1856/4 und BArch, N 1856/5. „Bestätigung von Grabower für Graf Schwerin von Krosigk vom 05.02.1947", in: BArch, N 1856/50. Auch abgedruckt in: „Wenn im Amte", S. 170. Vgl.

Notwendigkeit, diesen Grundsatz anzugehen, verdeutlichte er immer wieder, sei es in Theresienstadt oder bei seinem Amtsantritt als Oberfinanzpräsident von Nürnberg 20 Jahre später.[5]

Seit dem 01.03.1922 war Grabower als Ministerialrat tätig.[6] Zu dieser Zeit trug die neu eingeführte Umsatzsteuer bereits wesentlich zur Finanzierung des Staates bei.[7] Neben Johannes Popitz wirkte Grabower gestaltend an der Umsatzsteuer mit, in dem er als Referatsleiter deren Einführung begleitete und diese maßgeblich mitgestaltet hat.[8] Die wirksame Einführung der Umsatzsteuer war besonders wichtig, da diese Steuer Wesentliches zum Gesamthaushalt der Weimarer Republik beizutragen vermochte. Grabower begleitete die Entwicklung der Umsatzsteuer nicht nur fiskalisch und steuerpolitisch, sondern verteidigte diese auch wiederholt aus steuersystematischer Sicht.[9]

Zusammen mit Popitz und Richard Kloß, dessen Tochter er nach dem Krieg heiratete, gab Grabower unter anderem einen Kommentar zum Umsatzsteuergesetz heraus.[10] 1925 erschien Grabowers Buch die „Geschichte der Umsatzsteuer und ihre gegenwärtige Gestaltung im Inland und im Ausland", zu dem Johannes Popitz ein Geleitwort verfasste.[11]

Als aufgrund der Steuerreform von 1925 eine „Totalprüfung" der Großbetriebe eingeführt werden sollte, trat Grabower als Vermittler zwischen der Reichsfinanzverwaltung und der Wirtschaft auf. Es war seine Aufgabe, einen Prüfungsdienst im Reichsgebiet aufzubauen.[12] Für diese Aufgabe wechselte er

---

auch „Klugheitsregeln der Verwaltung", in: BArch, N 1856/19. Vgl. auch bzgl. des Betriebsprüfungsreferates „Brief von Grabower an Ziemert vom 27.12.1956", in: BArch, N 1856/49 und BArch, N 1856/86.

[5] Vgl. auch „Begrüßung von Grabower als Oberfinanzpräsident vom 31.10.1945", „Dokument vom 07.10.1946" und „Einführung des neuen Herrn Oberfinanzpräsidenten Dr. Grabower am 25.10.1946", in: BArch, N 1856/5. Erstes auch in: BArch, N 1856/4. Aktenvermerk 864.) vom 23.12.1944, in: BArch, N 1856/57.

[6] „Ernennungsurkunde – Ministerialrat", in: BArch, N 1856/3. Die Urkunde wurde am 16.03.1922 ausgestellt. „Schreiben vom Reichsminister der Finanzen vom 21.03.1922", in: BArch, N 1856/48. „Laufbahn im Staats- oder Reichsdienst", in: BArch, PERS 101/010046, fol. 1.

[7] *Wallner/Birken*, „Architekt der Betriebsprüfung", aufgerufen unter: https://www.datev-magazin.de/2017-06/werte-visionen-2017-06/architekt-der-betriebspruefung/ [Stand: 07.09.2020].

[8] „Rolf Grabower zum Gedächtnis", in: Umsatzsteuer-Rundschau, Jahrgang 1963, in: BArch, N 1856/1.

[9] Belege in: „Ehrung Rolf Grabowers – Hörsaal nach ihm benannt", aufgerufen unter: http://www.afz-kw.brandenburg.de/sixcms/detail.php/763684 [Stand: 09.09.2020].

[10] BArch, N 1856/48. „Schreiben von Grabower an die Juristische Fakultät der Universität Erlangen vom 27.06.1946", in: BArch, N 1856/49. Der Name wird in unterschiedlichen Dokumenten teilweise mit „ss", teilweise mit „ß" geschrieben.

[11] „Die Schriften Rolf Grabowers", in: BArch, N 1856/1. Auszüge aus diesem Buch befinden sich im Ordner: BArch, N 1856/48. „Schreiben von Grabower an die Juristische Fakultät der Universität Erlangen vom 27.06.1946", in: BArch, N 1856/49.

[12] *Wallner/Birken*, „Architekt der Betriebsprüfung", aufgerufen unter: https://www.datev-

zum 21.10.1926 ins Buch- und Betriebsprüfungsamt im Reichsfinanzministerium und übernahm dort das gleichnamige Referat, welches er bis 1934 leitete.[13] Grabower hatte Popitz, der zu diesem Zeitpunkt Staatssekretär im Reichsfinanzministerium war,[14] um diesen Posten gebeten, da ihn unter anderem die Erfassung der größeren Steuerpflichtigen und dadurch die Berücksichtigung ethischer Gesichtspunkte im Steuerrecht besonders interessierten.[15] Sein Leitgedanke bei dieser neuen Aufgabe bestand darin, die Steuergerechtigkeit und den Schutz der ehrlichen Steuerzahler voranzubringen.[16]

Laut Irene Wallner und Tobias Birken war der erste „B. u. B. Materialerlaß" vom Juli 1927, welcher als die eigentliche Buch- und Betriebsprüfungsordnung zu jener Zeit angesehen werden kann, wohl das bedeutendste Dokument aus der „Ära Grabower". Das Ziel Grabowers war hierbei, die Besteuerung so gleichmäßig und gerecht wie möglich zu gestalten und dass die Prüfer nicht nur sachlich, sondern auch menschlich für die Arbeit geeignet waren. Er legte hierbei vor allem Wert darauf, dass sich die Prüfer taktvoll verhielten, nicht unnötig kleinlich waren und keine Prüfung zur Unzeit stattfand. Die durch die Prüfung erzielten Mehreinnahmen spielten für ihn nur eine zweitrangige Rolle.[17] In dem Materialband „Wenn im Amte, arbeite, wenn entlassen, verbirg dich" heißt es treffend:

„Maßstab einer erfolgreichen Betriebsprüfung war für ihn nicht vornehmlich die Generierung von Mehrergebnissen oder zusätzlichen Steuereinnahmen, sondern die Etablierung eines von Fairness geprägten Verhältnisses zwischen Wirtschaft und Steuerverwaltung, das längerfristig zur freiwilligen Einhaltung der steuerlichen Verpflichtungen animieren sollte."[18]

---

magazin.de/2017-06/werte-visionen-2017-06/architekt-der-betriebspruefung/ [Stand: 07.09.2020].

[13] „Rolf Grabower zum Gedächtnis", in: Umsatzsteuer-Rundschau, Jahrgang 1963, in: BArch, N 1856/1. „Abschrift vom Schreiben von Grabower an das Bayrische Finanzministerium München vom 04.12.1956", in: BArch, PERS 101/010046, fol. 1. *Wallner/Birken*, „Architekt der Betriebsprüfung", aufgerufen unter: https://www.datev-magazin.de/2017-06/werte-visionen-2017-06/architekt-der-betriebspruefung/ [Stand: 07.09.2020].

[14] *Voß*, „Johannes Popitz (1884–1945), S. 41. Gleichzeitig übernahm Popitz auch die Etat- und Reparationsabteilung im Ministerium.

[15] „Abschrift vom Schreiben von Grabower an das Bayrische Finanzministerium München vom 04.12.1956", in: BArch, PERS 101/010046, fol. 1. Vgl. auch „Brief von Grabower an Ziemert vom 27.12.1956", in: BArch, N 1856/49 und BArch, N 1856/86.

[16] *Wallner/Birken*, „Architekt der Betriebsprüfung", aufgerufen unter: https://www.datev-magazin.de/2017-06/werte-visionen-2017-06/architekt-der-betriebspruefung/ [Stand: 07.09.2020].

[17] Alle Belege in: „Wenn im Amte", S. 5. *Wallner/Birken*, „Architekt der Betriebsprüfung", aufgerufen unter: https://www.datev-magazin.de/2017-06/werte-visionen-2017-06/architekt-der-betriebspruefung/ [Stand: 07.09.2020].

[18] „Wenn im Amte", S. 5. Der Titel des Materialbandes ist treffend gewählt. Grabower selbst hatte diesen Spruch von Konfuzius in einem seiner Briefe Alfons Pausch geschickt. Quelle: „Brief von Grabower an Pausch vom 28.02.1960", in: BArch, N 1856/1 und BArch,

Enno Becker, der Schöpfer der Reichsabgabenordnung, schrieb 1927 über Grabowers Tätigkeit:

„Die Persönlichkeit, der die Leitung des ganzen Buch- und Betriebsprüfungsdienstes anvertraut ist, bietet die Gewähr dafür, daß auf diesem Gebiet nichts versäumt wird und alles geschieht, was geeignet ist, den Buch- und Betriebsprüfungsdienst zu einem einschneidend wirksamen und doch nicht verletzenden Mittel einer wirklichen Durchführung der Besteuerung zu machen."[19]

Obwohl er bereits im Januar 1930 vermutete, dass der Nationalsozialismus kommen und er selbst darüber stürzen werde, änderte diese Voraussicht nichts an Grabowers sachlichem Interesse und der „Zuneigung zu der so dringend notwendigen, zur sozialen Versöhnung geeigneten und in jeder Beziehung interessanten Einrichtung der Buch- und Betriebsprüfung und ihrer meist hoch klassifizierten Angehörigen".[20]

Nebenbei war Grabower auch als Dozent an der Verwaltungs- und Wirtschaftsakademie und an der Handelshochschule Berlin tätig.[21]

2. Grabower und Popitz

Die Beziehung zu Popitz prägte Grabower sein Leben lang. Immer wieder sind in seinen Dokumenten Verweise auf Popitz zu finden.[22]

Grabower und Popitz lernten sich im Jahr 1912 am preußischen Oberverwaltungsgericht kennen, wo sie im selben Büro arbeiteten.[23] Dort waren beide

---

N 1856/49. Hugo Fritz Berger scheint Grabower auf diesen Spruch aufmerksam gemacht zu haben. Quelle: „Brief von Grabower an Berger vom 03.07.1962", in: BArch, N 1181/46, fol. 1.
[19] Zitiert nach: „Rolf Grabower zum Gedächtnis", in: Umsatzsteuer-Rundschau, Jahrgang 1963, in: BArch, N 1856/1. Grabower verfasste nach dem Krieg ebenfalls seine Erinnerungen an Becker zusammen, siehe: „Schreiben von Grabower an Bühler von August 1947", BArch, N 1856/93. Auch abgedruckt in: „Wenn im Amte", S. 164–166.
[20] „Material für ein Judenbuch", S. 15, in: BArch, N 1856/63. Auch Popitz vertrat seit 1926/1927 dieselbe Meinung.
[21] „Belegungsnachweis", „Schreiben der Verwaltungs-Akademie an Grabower vom 14.02. 1922" und „Schreiben des preußischen Ministers für Handel und Gewerbe an Grabower vom 11.08.1929", in: BArch, N 1856/3. Bei der Industrie- und Handelskammer trug er am 30.03. 1928 zum Thema „Die Grundsätze der steuerlichen Buch- und Betriebsprüfung" vor. Quelle: BArch, N 1856/48. „Military Government of Germany – Fragebogen" und „Schreiben von Grabower an die Juristische Fakultät der Universität Erlangen vom 27.06.1946", in: BArch, N 1856/49. „Laufbahn im Staats- oder Reichsdienst", in: BArch, PERS 101/010046, fol. 1. *Adler/Lehmann*, „Biographisches Handbuch", S. 196.
[22] In Grabowers Nachlass im Bundesarchiv Koblenz befindet sich auch eine Akte (BArch, N 1856/62) mit Dokumenten, die Grabower zu Johannes Popitz gesammelt hat.
[23] „Rolf Grabower zum Gedächtnis", in: Umsatzsteuer-Rundschau, Jahrgang 1963 und „Skizze zu Grabowers Lebenslauf vom 15.03.1963", in: BArch, N 1856/1. „Johannes Popitz", in: BArch, N 1856/62. Weiteres zum Vergleich zwischen Grabower und Popitz auch: *Rakebrand*, „Grabower/Popitz: Zwei uneindeutige Deutsche", Myops 30/2017, S. 61–67.

Männer zunächst als Hilfsarbeiter tätig.[24] Nach dem Ende des Ersten Weltkriegs forderte Popitz Grabower 1919 für das Reichsfinanzministerium an.[25] Er hatte für Grabower eine bestimmte Einkommensteueraufgabe vorgesehen und Grabower wurde bei der Umsatzsteuer als erster Hilfsarbeiter von Popitz eingesetzt und nach dessen Ernennung zum Ministerialdirektor, selbst zum Referenten befördert.[26] 1922 übernahm Grabower das Umsatzsteuerreferat von Popitz.[27] Auf dessen Veranlassung wurde Grabower 1923 zum Kommissar der Reichsfinanzverwaltung für den „Ruhrkampf" ernannt.[28]

Popitz äußerte sich mehrfach anerkennend über Grabower: In seinem Vorwort zur 3. Auflage des Umsatzsteuerkommentars von 1928 schrieb er:

„Dank meinen beiden Mitarbeitern (... Kloß) und Herrn Ministerialrat Dr. Rolf Grabower, der seit 1919 mein Mitarbeiter im Referat der Umsatzsteuer gewesen ist, es als mein Nachfolger von 1921–1926 mit seiner besonderen Fähigkeit zur Erkenntnis der Bedürfnisse von Verwaltung und Wirtschaft pfleglich weitergeführt hat und der zugleich der Geschichtsschreiber der Umsatzsteuer geworden ist ...".

Popitz schrieb zudem am 09.06.1941 über Grabower: „Grabower, der die Umsatzsteuer einführte und die BP wieder einführte."[29]

Im kleinen Kreis trafen sich Popitz und Grabower alle vier Wochen, um sich gegenseitig Vorträge aus unterschiedlichen Themengebieten zu halten.[30] Grabower bezeichnete diese regelmäßigen Treffen als eine der schönsten Erinnerungen aus seiner Zeit mit Popitz.[31]

---

[24] „Johannes Popitz", in: BArch, N 1856/62. „Abschrift vom Schreiben von Grabower an das Bayrische Finanzministerium München vom 04.12.1956", in: BArch, PERS 101/010046, fol. 1.
[25] „Rolf Grabower zum Gedächtnis", in: Umsatzsteuer-Rundschau, Jahrgang 1963, in: BArch, N 1856/1. „Abschrift vom Schreiben von Grabower an das Bayrische Finanzministerium München vom 04.12.1956", in: BArch, PERS 101/010046, fol. 1.
[26] „Rolf Grabower zum Gedächtnis", in: Umsatzsteuer-Rundschau, Jahrgang 1963, in: BArch, N 1856/1. „Abschrift vom Schreiben von Grabower an das Bayrische Finanzministerium München vom 04.12.1956", in: BArch, PERS 101/010046, fol. 1. Vgl. auch „Zum Start einer ‚Umsatzsteuer-Rundschau'!", in Umsatzsteuer-Rundschau Nr. 1 vom 05.01.1952, S. 2 von Grabower, in: BArch, N 1856/48.
[27] „Skizze zu Grabowers Lebenslauf vom 15.03.1963" und „Wir denken an Grabower", DStB Nr. 5 vom Mai 1963, in: BArch, N 1856/1 und BArch, N 1856/48. „Wenn im Amte", S. 5.
[28] „Schreiben an den Führer und Reichskanzler vom 12.11.1940", in: BArch, N 1856/3. Auch abgedruckt in: „Wenn im Amte", S. 53–56. „Abschrift vom Schreiben von Grabower an das Bayrische Finanzministerium München vom 04.12.1956", in: BArch, PERS 101/010046, fol. 1.
[29] Beides zitiert nach „Skizze zu Grabowers Lebenslauf vom 15.03.1963", in: BArch, N 1856/1. In dem Schreiben von Popitz vom 09.06.1941, dass sich im Ordner BArch, N 1856/48, BArch, N 1856/62 und BArch, N 1856/86 befindet, steht dies jedoch nicht wortwörtlich so geschrieben. Grabower muss sich somit auf ein anderes Schreiben bezogen haben. Vgl. auch: „Abschrift vom Schreiben von Grabower an das Bayrische Finanzministerium München vom 04.12.1956", in: BArch, PERS 101/010046, fol. 1.
[30] „Johannes Popitz", in: BArch, N 1856/62.
[31] „Johannes Popitz", in: BArch, N 1856/62.

Es war auch Popitz, der Grabower 1932 dazu animierte, seine Studien zu „Bismarck und die Steuern" als Fortsetzung seines Buches „Preußens Steuern vor und nach den Befreiungskriegen", in deren Mittelpunkt Freiherr vom Stein stand, rasch fertigzustellen.[32] Auf Grabowers Antwort hin: „Vielleicht daß sie (die Nazis) mich vorher hängen", entgegnete Popitz: „Erst machen Sie es fertig und dann lassen Sie sich hängen."[33]

Als Grabower an den Reichsfinanzhof nach München zwangsversetzt wurde, fragte Popitz Graf Schwerin von Krosigk kritisch, wie lange dieser sich noch von dem Staatssekretär Reinhardt beherrschen lassen wolle. Auch nach der Versetzung Grabowers im Jahre 1934 nach München besuchte Popitz diesen gelegentlich, obwohl Grabower schon geächtet war und von den meisten Bekannten aufgrund seiner Abstammung gemieden wurde. Der Kontakt zwischen Popitz und Grabower wurde in der Folgezeit jedoch deutlich geringer.[34]

Johannes Popitz überlebte den Krieg nicht. Er wurde unmittelbar nach dem 20. Juli 1944 verhaftet, vor den Volksgerichtshof gestellt und am 02.02.1945 durch den Strang hingerichtet.[35] Popitz gehörte einer nationalkonservativen Opposition, zusammen mit Ulrich von Hassell, Carl Friedrich Goerdeler, Jens Jessen und Erwin Planck, an, die sich den Sturz Hitlers wünschten.[36] In der Akte im Nachlass von Grabower befindet sich auch die Anklageschrift gegen Popitz vom 25.09.1944.[37] Grabower hat in dieser für ihn wichtige Stellen hervorgehoben.

Grabower schätze vor allem Popitz' geistige Begabung, mit der dieser „turmhoch" über den anderen Hilfsarbeitern – einschließlich Grabower selbst – stand. Er beschrieb ihn als „einer der klügsten und kultiviertesten Männer Deutschlands". Für ihn war Popitz der „Vater der Umsatzsteuer". So schrieb er: „Der Siegeslauf dieses Steuergedankens über die ganze Erde wäre ohne Popitz nicht möglich gewesen."[38] Hätte Popitz die Bedeutung des Umsatzsteuergesetzes durch seinen Kommentar und seine Gesetzesbegründung hierzu nicht hervor-

---

[32] „Brief von Grabower an Pausch vom 14.02.1960", in: BArch, N 1856/1. „Bismarck und die Steuern" wurde nach Grabowers Tod 1963 im FinanzArchive veröffentlicht. Quelle: „Skizze zu Grabowers Lebenslauf vom 15.03.1963", in: BArch, N 1856/1.

[33] Zitat aus: „Brief von Grabower an Pausch vom 14.02.1960", in: BArch, N 1856/1. „Brief von Grabower an Grünbaum vom 15.02.1953", in: BArch, N 1856/86.

[34] Alle Belege in: „Johannes Popitz", in: BArch, N 1856/62. Vgl. auch „Wenn im Amte", S. 25. In „Wenn im Amte", S. 42 ist ein Brief von Popitz an Grabower abgedruckt.

[35] „Wenn im Amte", S. 25. Nagel, „Johannes Popitz", S. 186, 188, 191. Voß, „Johannes Popitz (1884–1945)", S. 307f.

[36] Nagel, „Johannes Popitz", S. 15.

[37] „Abschrift der Anklageschrift gegen Johannes Popitz vom 25.09.1944", in: BArch, N 1856/62.

[38] Alle Belege in: „Fragen von Leppig von der Nachrichtenkontrolle an Grabower vom 19.02.1946", in: BArch, N 1856/5. „Johannes Popitz", in: BArch, N 1856/62. Immer wieder sprach Grabower auch nach dem Zweiten Weltkrieg positiv über die Leistungen von Popitz für das Steuerrecht und hob dessen Rolle in diesem Gebiet hervor. Beispiel: „Schreiben von Grabower an Fischer-Menshausen vom 29.06.1947", in: BArch, N 1856/93.

gehoben, hätte sich dieses – laut Grabower – nicht so einwandfrei durchgesetzt, wie dies der Fall war.³⁹ Grabower orientierte sich bei seiner Arbeit auch an vielen Grundsätzen, die Popitz vertrat. In einem Schreiben an den Verlag Dr. Otto Schmidt KG schrieb er nach dem Krieg, dass Popitz ihn eins gelehrt habe:

„Die Umsatzsteuer, diese unsozialste aller Steuern, muß roh und einfach bleiben. Sie hat ausschließlich die Aufgabe, Geld zu schaffen und soll bewußt alle Feinheiten auf sozialem, ethischen und kulturellen Gebiet in erster Linie den Gewinnsteuern überlassen. Nur in wirtschaftlicher Beziehung müßten Vorschriften eingebaut werden, um die Gefahren der Umsatzsteuer, z. B. bei der Konkurrenz mit dem Ausland, bei dem Kampf der einzelnen Wirtschaftsgruppen, der ein- und mehrstufigen Betriebe gegeneinander zu verringern."⁴⁰

Teilweise äußerte Grabower jedoch auch Kritik an Popitz. 1922 schrieb er an seine Mutter: „Es ist doch etwas eigenartiges um einen Menschen, der eine Haupt- oder Nebenbefriedigung darin sucht, andere zu kränken und zu ärgern und desto mehr, je treuer sie ihm an sich ergeben sind".⁴¹ Er schrieb weiter, dass er sich nicht auf eine Dienstreise mit Popitz freue und bezeichnete die hohe Arbeitsbelastung unter Popitz als einer der Gründe für das Scheitern seiner ersten Ehe mit Käthe Virchow. Weiter schrieb Grabower, dass sich Popitz für ihn „dienstlich, wissenschaftlich und menschlich wie nur ein Freund zum anderen bis zur letzten Stunde" verhalten habe und dass er ihm trotzdem, aus für Grabower unbekannten Gründen, dessen Privatleben restlos zerschlug. Popitz führte seine Untergebenen streng und forderte sie bis über die Grenze der Belastbarkeit.

Nach dem Krieg erinnerte sich Grabower wie folgt an Popitz: „Es gibt Vorgesetzte, zu denen man gern hereingeht und ich glaube es gibt noch mehr Vorgesetzte, zu denen man weniger gern hereingeht. Ich weiß nicht recht, zu welcher Art von Vorgesetzten Popitz gerechnet wird." Er betonte: „Daß er trotz aller Gefahren seine schützende Hand über uns hielt, die der Nationalsozialismus verfolgte, versteht sich bei einem Mann wie ihm von selbst."⁴²

Dennoch hatte Grabower 1947 Bedenken, Popitz' in der Zeitschrift „Steuer und Wirtschaft" zu gedenken. Dies begründete er damit, dass er Popitz immer

---

³⁹ „Johannes Popitz", in: BArch, N 1856/62.
⁴⁰ „Schreiben von Grabower an den Verlag Dr. Otto Schmidt KG. vom 16.12. 1951", in: BArch, N 1856/6. UStR Nr. 1 vom 05.01.1952 S. 2 „Zum Start einer ‚Umsatzsteuer-Rundschau'!" von Grabower, in: BArch, N 1856/48.
⁴¹ Zitiert aus: „Brief von Grabower an seine Mutter vom 19.09.1922", in: BArch, N 1856/3. Vgl. auch *Nagel*, „Johannes Popitz", S. 59.
⁴² Alle Belege in: „Brief von Grabower an seine Mutter vom 19.09.1922", in: BArch, N 1856/3. „Johannes Popitz", in: BArch, N 1856/62. „Schreiben von Grabower an Bühler von August 1947", in: BArch, N 1856/93. Auch abgedruckt in: „Wenn im Amte", S. 164–166. *Nagel*, „Johannes Popitz", S. 59. Siehe z. B. auch „Popitz Schreiben für Grabower vom 09.06. 1941", in: BArch, N 1856/48. Auch abgedruckt in: „Wenn im Amte", S. 58, wobei es sich nicht um exakt das gleiche Dokument handelt, jedoch der Inhalt identisch ist.

wieder davor warnte „seine große Gabe mit den Menschen Katze und Maus zu spielen, nicht zu sehr auszunützen" und dass Popitz, wie viele mächtige Männer, eine Art Menschenverachtung in dienstlichen Dingen an den Tag gelegt habe, die ihm nur schaden konnte. Popitz scheint eine gute Beziehung zu Carl Schmitt (dem sog. „Kronjuristen des Dritten Reiches") gehabt und geglaubt zu haben, auf Göring und Himmler möglicherweise einwirken zu können. Vielleicht spielte Grabower mit seiner Aussage auf diese Beziehungen an. Er vermutete weiter, dass „der große Menschenverächter [...] in dem kleinen Menschenverächter Hitler insoweit vielleicht etwas Kongeniales" erblickte. So traf Popitz im Frühling 1933 die Aussage, dass Hitler ein Staatsmann sei und Grabower hörte ihn nie etwas Negatives über Hitler sagen und hatte auch nicht den Eindruck, dass dieser die Gefahren, die von Hitler ausgingen, rechtzeitig erfasste.[43] Anne Nagel schreibt in ihrer Biographie über Popitz, dass dieser zwar im Vergleich zu seiner Frau Cornelia, die Hitler als „einen Christus, ein Genie" betitelte, nüchterner urteilte, jedoch die politische Standhaftigkeit Hitlers schätze und ihn für beherrschbar hielt. Grabower war der Ansicht, dass die Aussage von Popitz, dass er die meisten Menschen zu gut beurteile und dann meist enttäuscht werde, auch bezüglich der Nationalsozialisten zutreffen würde. Popitz war kein Antisemit. Viele seiner Mitarbeiter auch in den leitenden Positionen im Reichsfinanzministerium waren Juden. Zudem verteidigte er seine nicht antisemitischen Ansichten auch gegenüber Carl Schmitt und sah das durch den Staat hervorgerufene Unrecht gegen die Juden als „Wermutstropfen in einer ansonsten für gelungen gehaltenen Wende der deutschen Politik."[44]

Ein weiterer Kritikpunkt für Grabower war, dass Popitz „als Minister den ganzen Nazischwindel mitgemacht" und sich auch das goldene Parteiabzeichen habe verleihen lassen, obwohl zur gleichen Zeit ein anderer Minister aus religiösen Gründen auf dieses verzichtete, was somit auch eine mögliche Option für Popitz gewesen wäre.[45] Zudem war Popitz unter anderem neben Graf

---

[43] Alle Belege in: „Schreiben von Grabower an Bühler von August 1947", in: BArch, N 1856/93. Auch abgedruckt in: „Wenn im Amte", S. 164–166. Nagel, „Johannes Popitz", S. 16 f., 111. Zur Freundschaft zwischen Popitz und Schmitt auch: *Mehl*, „Das Reichsfinanzministerium und die Verfolgung der Deutschen Juden 1933–1943", S. 15.

[44] Alle Belege in: „Johannes Popitz", in: BArch, N 1856/62. Zitat nach Nagel. *Nagel*, „Johannes Popitz", S. 100, 107 f., die u. a. auf *Köhler*, „Lebenserinnerungen", S. 196 und *Schmitt*, „Tagebücher", S. 268, 273, 278 verweist. *Voß*, „Johannes Popitz (1884–1945)", S. 268, 271, der auf das Tagebuch von Carl Schmitt vom 05.04.1933, abgedruckt bei *P. Noack*, „Carl Schmitt, eine Biographie", S. 174 verweist. Vgl. zu Popitz' Beziehungen zu Juden: *Voß*, „Johannes Popitz (1884–1945)", S. 265–270. Vgl. zu Popitz' Einstellung gegenüber Juden auch: *Mehl*, „Das Reichsfinanzministerium und die Verfolgung der Deutschen Juden 1933–1943", S. 18.

[45] „Schreiben von Grabower an Bühler von August 1947", BArch, N 1856/93. Auch abgedruckt in: „Wenn im Amte", S. 164–166. Vgl. *Voß*, „Johannes Popitz (1884–1945)", S. 271. Voß beschreibt, dass Popitz zwar auf Bildern in Zivilkleidung zu sehen ist, das goldene Parteiabzeichen jedoch ab 1937 deutlich sichtbar trug. Vgl. auch *Mehl*, „Das Reichsfinanzministerium und die Verfolgung der Deutschen Juden 1933–1943", S. 18.

2. Grabower und Popitz

Schwerin von Krosigk maßgeblich an der Ausarbeitung des „Gesetzes zur Wiederherstellung des Berufsbeamtentums" beteiligt.[46] Auch auf die Umsetzung dieses Gesetzes in seinem Arbeitsbereich legte Popitz Wert, weshalb er seine Mitarbeiter zur Abgabe einer dienstlichen Erklärung über ihre „arische" Abstammung aufforderte.[47] Für Grabower stand somit fest, dass eine Würdigung Popitz' nach dem Krieg ein falsches Zeichen setzen könnte.[48]

Anscheinend änderte Grabower jedoch seine Einstellung diesbezüglich, da er nur sieben Jahre später – im Jahr 1954 – einen Aufsatz zum Gedenken an Popitz veröffentlichte.[49] Zudem erklärte er sich bereits Ende 1951 dazu bereit, einen Vortrag über Popitz zu halten.[50] Des Weiteren befinden sich einige Erinnerungsschriften an Popitz in Grabowers Nachlass.[51]

Auch nach Popitz' Hinrichtung und nach Ende des Krieges hatte Grabower mit der Familie Popitz Kontakt und schrieb 1960, dass ein Sohn von Popitz ihn besuchen kommen wollte.[52]

---

[46] *Mehl*, „Das Reichsfinanzministerium und die Verfolgung der Deutschen Juden 1933–1943", S. 22f., welcher auf *Adam*, „Judenpolitik im Dritten Reich", Düsseldorf 1972, S. 56ff. verweist. *Nagel*, „Johannes Popitz", S. 125, 128. Vgl. auch *Goehrke*, „In den Fesseln der Pflicht", S. 42f. und *Voß*, „Johannes Popitz (1884–1945)", S. 267f.

[47] *Nagel*, „Johannes Popitz", S. 125.

[48] „Schreiben von Grabower an Bühler von August 1947", in: BArch, N 1856/93. Auch abgedruckt in: „Wenn im Amte", S. 164–166.

[49] Das Heft der Finanz-Rundschau des Deutschen Steuerblattes ist Popitz' Gedenken gewidmet und hierin befindet sich ab Seite 516 der Aufsatz „Persönliche Erinnerungen an Johannes Popitz", geschrieben von Grabower. Quelle: Finanzrundschau Deutsches Steuerblatt – Dem Gedächtnis von Johannes Popitz, 9. (36.) Jahrgang Nr. 23, Verlag Dr. Otto Schmidt, Köln, 05.12.1954, in: BArch, N 1856/62.

[50] „Wenn im Amte", S. 168.

[51] Siehe auch „Übersicht der Popitz-Handakte im Nachlaß Grabower", in: BArch, N 1856/62.

[52] „Brief von Grabower an Pausch vom 14.02.1960", in: BArch, N 1856/1. „Brief von Heinrich Popitz an Grabower vom 28.05.1961", in: BArch, N 1856/61. Auch „Brief von Grabower an Heinrich Popitz vom 17.07.1962", in: BArch, N 1856/86.

VI. Berufliche und private Auswirkungen des Aufstiegs der Nationalsozialisten

Mit dem 1933 in Kraft getretenen nationalsozialistischen „Gesetz zur Wiederherstellung des Berufsbeamtentums"[1] veränderte sich auch für Grabower die Lage zunehmend. Alle Beamten mussten ihre „arische" Abstammung nachweisen. Die Religionszugehörigkeit war uninteressant, allein die von den Nationalsozialisten definierte „Rasse" zählte. Grabower wurde aufgrund seiner drei jüdischen Großelternteile von den Nationalsozialisten als „Dreivierteljude" kategorisiert. Zunächst konnte er zwar mit gewissen Einschränkungen im Ministerium weiterarbeiten. Am 01.05.1934 wurde er dann sogar zum Reichsfinanzrat „befördert".[2] Angeblich erfolgte diese Beförderung, um ihn vor Anfeindungen zu schützen. Aufgrund dessen wurde Grabower aus dem Berliner Finanzministerium an den politisch wenig einflussreichen Reichsfinanzhof nach München abgeschoben.[3] Mit der Jahreswende 1935/1936 folgte für Gra-

---

[1] RGBl. 1933 I, S. 175–177. „Gesetz zur Wiederherstellung des Berufsbeamtentums", aufgerufen unter: http://www.documentarchiv.de/ns/beamtenges.html [Stand: 22.09.2020].

[2] Alle Belege in: „Ernennungsurkunde – Reichsfinanzrat", „Schreiben von Graf Schwerin von Krosigk an Grabower vom 27.04.1934" und „Schreiben an den Führer und Reichskanzler vom 12.11.1940", in: BArch, N 1856/3. Das Schreiben von von Krosigk befindet sich ebenfalls in: BArch, N 1856/48. Die Urkunde ist in „Wenn im Amte", S. 41 und das Schreiben an den Führer und Reichskanzler auf S. 53–56 abgedruckt. „Wenn im Amte", S. 5. *Adler/Lehmann*, „Biographisches Handbuch", S. 196. *Wallner/Birken*, „Architekt der Betriebsprüfung", aufgerufen unter: https://www.datev-magazin.de/2017-06/werte-visionen-2017-06/architekt-der-betriebspruefung/ [Stand: 07.09.2020].

[3] „Bestätigung von Grabower für Graf Schwerin von Krosigk vom 05.02.1947", in: BArch, N 1856/50. Auch abgedruckt in: „Wenn im Amte", S. 170. „Wenn im Amte", S. 39. *Adler/Lehmann*, „Biographisches Handbuch", S. 196. *Voß*, „Steuern im Dritten Reich", S. 162. *Wallner/Birken*, „Architekt der Betriebsprüfung", aufgerufen unter: https://www.datev-magazin.de/2017-06/werte-visionen-2017-06/architekt-der-betriebspruefung/ [Stand: 07.09.2020]. Vgl. *Voß*, „Johannes Popitz (1884–1945)", S. 266. In der RFV kam es zu über 100 Entlassungen, über 1.000 Versetzungen in den Ruhestand und rund 1.000 bevorzugten Beförderungen aus politischen Gründen. Quelle: *Mehl*, „Das Reichsfinanzministerium und die Verfolgung der Deutschen Juden 1933–1943", S. 27, verweist auf *Pausch*, „Von der Reichsschatzkammer zum Bundesfinanzministerium. Geschichte, Leistungen und Aufgaben eines zentralen Staatsorgans". Hrsg. im Bundesfinanzministerium. Bonn 1969, S. 115 f. *Von Krosigk* schrieb über den Reichsfinanzhof in seinem Buch „Staatsbankrott", S. 200: „Für ‚angeschossene' Beamte war meist der Reichsfinanzhof in München der Endbahnhof. Um dieses Veilchen, das im Verborgenen blühte, kümmerte sich die Partei nicht." Kritisch bewertet Schmitt in „Der Reichsfinanzhof und seine Rechtsprechung in steuerlichen Angelegenheiten jüdischer Bürger 1933–1945", S. 55 ff., diese

bower zum 01.01.1936 ein zwangsweise verordneter Ruhestand,[4] wobei er als Feldzugteilnehmer im Ersten Weltkrieg zunächst ein Ruhegehalt von 15.096 RM erhielt, welches nach Maßgabe der Gehaltskürzungsverordnungen gekürzt worden war.[5] Die Zwangspension basierte auf dem § 3 des Reichsbürgergesetzes in Verbindung mit § 4 der Ersten Verordnung zu dem Reichsbürgergesetz vom 14.11.1935.[6] Bis zum 30.06.1942 bezog Grabower Gehalt, wobei dieses ab dem 01.01.1939 auf den nach den allgemeinen versorgungsrechtlichen Vorschriften auf 13.011,60 RM gekürzt worden war.[7] Grabowers Restvermögen wurde am 15.06.1942 von der Gestapo beschlagnahmt und ab dem 01.07.1942 erhielt er bis zum 01.07.1945 keine Zahlungen mehr.[8]

Aussage und geht tiefergehend auf die Rolle des Reichsfinanzhofs in der NS-Zeit ein. Grabower wohnte bis zu seiner Versetzung an den Reichsfinanzhof am Lützowufer Nummer 32. Quelle: Vgl. u. a. „Feldpostbrief" oder „Deutsche Reichspost 040 Telegramm", in: BArch, N 1856/4 oder die Feldpost im Ordner BArch, N 1856/64. Das Gebäude lag zwischen Zoologischem Garten und Budapester Straße und wurde im 2. Weltkrieg zerstört. Heute findet sich unter der Nummer 32 kein Haus mehr. An dem Ort, an dem einmal Grabowers Wohnung gewesen sein muss, stehen heutzutage Hochhäuser mit Wohnungen und Gewerbe sowie ein Klavierladen.

[4] „Entlassungsurkunde", in: BArch, N 1856/3 und BArch, N 1856/48. „Schreiben von Graf Schwerin von Krosigk an Grabower vom 05.02.1936", in: BArch, N 1856/7 und BArch, N 1856/48. Die Entlassungsurkunde und das Schreiben von von Krosigk sind in „Wenn im Amte", S. 45 abgedruckt. „Military Government of Germany – Fragebogen", in: BArch, N 1856/49. Auch abgedruckt in: „Wenn im Amte", S. 197–200. „Laufbahn im Staats- oder Reichsdienst", in: BArch, PERS 101/010046, fol. 1. „Ehrung Rolf Grabowers – Hörsaal nach ihm benannt", aufgerufen unter: http://www.afz-kw.brandenburg.de/sixcms/detail.php/763684 [Stand: 09.09.2020].

[5] „Schreiben Betreff: Wiedergutmachung; hier Ruhegehaltsnachzahlung vom 27.02.1947", in: BArch, PERS 101/010046, fol. 1. Archiv des Französischen Gymnasiums Berlin – Sammlung-Velder. „Ehrung Rolf Grabowers – Hörsaal nach ihm benannt", aufgerufen unter: http://www.afz-kw.brandenburg.de/sixcms/detail.php/763684 [Stand: 09.09.2020].

[6] RGBl. I S. 1333. „Entlassungsurkunde", in: BArch, N 1856/3 und BArch, N 1856/48. „Schreiben von von Krosigk an Grabower vom 05.02.1936", in: BArch, N 1856/7 und BArch, N 1856/48. Die Entlassungsurkunde und das Schreiben von von Krosigk sind in „Wenn im Amte", S. 45 abgedruckt. „Schreiben Betreff: Wiedergutmachung; hier Ruhegehaltsnachzahlung vom 27.02.1947", in: BArch, PERS 101/010046, fol. 1. Die Pensionskürzung fußte auf dem § 4 II S. 2 der 1. Verordnung vom 14.11.1935 in Verbindung mit § 7 der Pensionskürzungsverordnung vom 06.10.1931 (RGBl. I. S. 546). Quelle: „Schreiben Betreff: Wiedergutmachung; hier Ruhegehaltsnachzahlung vom 27.02.1947", in: BArch, PERS 101/010046, fol. 1.

[7] „Military Government of Germany – Fragebogen", in: BArch, N 1856/49. Auch abgedruckt in: „Wenn im Amte", S. 197–200. „Schreiben Betreff: Wiedergutmachung; hier Ruhegehaltsnachzahlung vom 27.02.1947", in: BArch, PERS 101/010046, fol. 1. Die Rechtsgrundlage hierfür war die 7. VO zum Reichsbürgergesetz vom 05.12.1938 (RGBl. I S. 1751).

[8] „Zustellungsurkunde vom 16.06.1942", in: BArch, N 1856/7. „Military Government of Germany – Fragebogen", in: BArch, N 1856/49. Auch abgedruckt in: „Wenn im Amte", S. 197–200. „Schreiben Betreff: Wiedergutmachung; hier Ruhegehaltsnachzahlung vom 27.02.1947", in: BArch, PERS 101/010046, fol. 1. Die Rechtsgrundlage hierfür war der § 1 des Gesetzes über die Einziehung kommunistischen Vermögens vom 25.05.1933 (RGBl. I S. 293) i. V. m. dem Gesetz über die Einziehung volks- und staatsfeindlichen Vermögens vom 14.07.1933 (RGBl. I S. 479), der Verordnung über die Einziehung volks- und staatsfeindlichen Vermögens im Lande Österreich vom 18.11.1938 (RGBl. I S. 1620), der Verordnung über die Entziehung

VI. Berufliche und private Auswirkungen des Aufstiegs der Nationalsozialisten

Zwar wurde ihm seine Entlassungsurkunde erst im Februar 1936 ausgehändigt, er war jedoch anscheinend schon seit Herbst 1935 ohne Aufgaben im Reichsfinanzhof.[9] Seine Versuche, den vorzeitigen Ruhestand mit einem Antrag auf eine Ausnahmegenehmigung aufgrund seiner Kriegsauszeichnungen im Ersten Weltkrieg abzuwenden, scheiterten. Der am 22.12.1935 gestellte Antrag auf Weiterbeschäftigung blieb erfolglos.[10] Popitz hatte Grabower vorab in einem Brief vom 21.12.1935 dazu geraten, einen derartigen Antrag bei Graf Schwerin von Krosigk zu stellen.[11] Jedoch schrieb Popitz auch, dass, falls dieser Antrag, trotz Absprache mit von Krosigk, keinen Erfolg haben sollte, Grabower die Entlassung hinnehmen müsse. In dem Antrag beschrieb Grabower, unter anderem auf Rat von Popitz hin, dass er sich jederzeit vom jüdischen Einfluss ferngehalten habe und sich bereits in der Schulzeit auf Wunsch seiner Eltern und aus eigenem Bedürfnis der christlichen und nicht der jüdischen Gruppe von Schülern angeschlossen hatte. Er betonte, dass er sich immer als deutscher Beamter und Offizier gesehen und sich dementsprechend auch verhalten habe.[12]

Als Grabowers Nachfolger wurde Walter Blümich ernannt. Dieser war bereits Anfang Februar 1932 in die NSDAP eingetreten. Grabowers Urteil über Blümich im Jahre 1946 fällt jedoch keinesfalls negativ aus. Blümich habe sich, aus Grabowers Sicht, aus rein idealistischen Gründen der Partei angeschlossen und ihn gegen Angriffe von anderen Kollegen verteidigt, obwohl dies persönliche Repressalien für Blümich hätte bedeuten können. Des Weiteren rechnete

---

volks- und staatsfeindlichen Vermögens in den sudetendeutschen Gebieten vom 12.05.1939 (RGBl. I S. 911) und der Verordnung über die Entziehung von Vermögen im Protektorat Böhmen und Mähren vom 04.10.1939 (RGBl. I S. 1998) i.V.m dem Erlass des Führers und Reichskanzlers über die Verwertung des eingezogenen Vermögens von Reichsfeinden vom 29.05.1941 (RGBl. I S. 303).

[9] „Wenn im Amte", S. 43. Die Entlassungsurkunde ist auf S. 45 von „Wenn im Amte" abgedruckt.

[10] „Schreiben vom 22.12.1935", in: BArch, N 1856/3. „Schreiben von von Krosigk an Grabower vom 05.02.1936", in: BArch, N 1856/7 und BArch, N 1856/48. Vgl. auch „Schreiben von von Holleben vom 19.10.1940", in: BArch, N 1856/48. Grabowers Gesuch ist auch in „Wenn im Amte", S. 44 abgedruckt und von Krosigks Schreiben auf S. 45.

[11] „Schreiben von Popitz an Grabower vom 21.12.1935", abgedruckt in: „Wenn im Amte", S. 43. *Nagel*, „Johannes Popitz", S. 128. *Andreas Schöpf* beschreibt in seinem Aufsatz „Fritz Reinhardt" in: *Friedenberger/Gössel/Schönknecht*, „Die Reichsfinanzverwaltung im Nationalsozialismus", S. 254 f., dass Fritz Reinhardt neben Graf Schwerin von Krosigk zu einem einflussreichen Mann im Reichsfinanzministerium wurde und in den Steuer- und Personalangelegenheiten quasi freie Hand hatte. Graf Schwerin von Krosigk war für das Etatressort zuständig. Zudem beschreibt Schöpf, dass „obwohl in der Reichsfinanzverwaltung im Gegensatz zu vielen anderen Ressorts im Zweifel mehr Wert auf fachliche Kompetenz als auf ideologische Konformität gelegt wurde" es auch dort auf Initiative von Reinhardt zu Entlassungen aufgrund des „Gesetzes zur Wiederherstellung des Berufsbeamtentums" kam.

[12] Alle Belege in: „Schreiben vom 22.12.1935", in: BArch, N 1856/3. „Schreiben von Popitz an Grabower vom 21.12.1935" abgedruckt in: „Wenn im Amte", S. 43. Vgl. auch *Nagel*, „Johannes Popitz", S. 128 f.

Grabower Blümich hoch an, dass dieser zunächst das Amt von Grabower trotz Angebot durch den Staatssekretär Reinhardt[13] ablehnte, um Grabower nicht aus dem Amt zu verdrängen. Grabower beschrieb Blümich als einen der besten Mitarbeiter des Reichsfinanzministeriums und scheint ihn damit auch fachlich für qualifiziert genug für seine Nachfolge gehalten zu haben. Nicht nur Grabower bescheinigte Blümich positives Verhalten, sondern auch andere ehemalige Kollegen und Mitarbeiter, die betonten, dass er als Finanzbeamter ausschließlich an seinem Fach interessiert war und innerlich antisemitische Maßnahmen nicht billigte. Zudem soll er auch persönlich zu Gunsten eines anderen Juden eingeschritten sein. Dennoch zeigen etliche Amtshandlungen, wie zum Beispiel der von ihm am 11.08.1939 verfasste Aufruf (zu der Zeit war er bereits Oberfinanzpräsident in Düsseldorf), dass sich die Beamten und Angestellten aktiv an der Bewegung des Nationalsozialismus beteiligen sollten und Zuwiderhandlungen Konsequenzen nach sich ziehen würden, dass Blümich in dieser Hinsicht durchaus problematischer war, als es den Anschein erweckt. Blümich starb am 15.01.1950 in Folge eines Unfalls, bevor das Rechtsmittelverfahren gegen den erstinstanzlich abgelehnten Entnazifizierungsantrag entschieden wurde.[14]

Grabower ließ sich von diesen Repressalien und seiner Zwangspensionierung jedoch nicht davon abhalten, noch bis April 1941 private wissenschaftliche Studien auf dem Gebiet der Steuergeschichte zu betreiben. Er verbrachte seine Tage von Ende 1935 bis Ende März 1941 im Lesesaal der Bayrischen Staatsbibliothek mit den Studien über die „Steuern im alten Rom". 1946 schrieb er hierzu, dass er annehme, den Rest seiner Lebenszeit mit diesem Thema zuzubringen, da das Material, dass er zwischen 1936 bis 1941 hierzu zusammengetragen habe, sehr umfangreich sei.

Den Abend der Reichspogromnacht verbrachte Grabower in der Gesellschaft einer ehemaligen Arbeitskollegin seiner Mutter, welche sich – unwissend über

---

[13] Auf Reinhardt geht der § 1 Steueranpassungsgesetz zurück, nach dem die Steuergesetze nach nationalsozialistischer Weltanschauung auszulegen sind. „Brief Grabower an die Hauptkammer München-Stadt in München bzgl. des Verfahrens gegen Fritz Reinhardt vom 09.03. 1949", in: BArch, N 1856/50.

[14] Alle Belege in: „Bestätigung von Grabower für Blümich vom 22.06.1946", in: BArch, N 1856/50. „Material für ein Judenbuch", S. 15, in: BArch, N 1856/63. „Wenn im Amte", S. 14. *Friedenberger*, „Walter Blümich", in: *Friedenberger/Gössel/Schönknecht*, „Die Reichsfinanzverwaltung im Nationalsozialismus", S. 261 f., 264. Dieser verweist auf das Rundschreiben vom 11.08.1939 an die Vorsteher der Finanzämter und Hauptzollämter sowie die Beamten im Hause. LA-B Entnazifizierungsakte Blümich. *Prof. Regine Buchheim* kritisiert in ihrem Artikel „Leider kein Einzelfall", aufgerufen unter: https://www.sueddeutsche.de/kolumne/palandt-leider-kein-einzelfall-1.4154375 [Stand: 27.02.2021] zurecht, dass auch heute noch ein Kommentar zum EStG, KStG, GewStG nach Blümich benannt ist oder sich zumindest in diesem kein Hinweis bzgl. Blümichs Handeln im Nationalsozialismus befindet, obwohl unter anderem die Änderungen des EStG 1938 und 1939 auf ihn zurückgehen: „Kein Kinderfreibetrag mehr ‚für Kinder, die Juden sind'; kein günstiger Verheirateten-Tarif mehr, wenn einer der Ehepartner Jude ist."

VI. Berufliche und private Auswirkungen des Aufstiegs der Nationalsozialisten   31

seinen jüdischen Hintergrund – als überzeugte Antisemitin offenbarte. Am Morgen des 09.11.1938 ging Grabower, unwissend bezüglich der Ereignisse der vorangegangenen Nacht, wie gewohnt in die Staatsbibliothek. Dort wunderte er sich zwar über die Blicke, die seine Anwesenheit bei den anderen Besuchern hervorrief, erfuhr jedoch erst am Mittag, als er wieder in seiner Wohnung angekommen war, von den Geschehnissen der Nacht.[15] Im Nachgang der Reichspogromnacht wurde den Juden in München die Arbeit im Lesesaal der Bibliothek verboten. Grabower gelang es jedoch durch die Unterstützung von Vorgesetzen am Reichsfinanzministerium, Kriegskameraden und Corpsbrüdern, dass der Reichsminister Hans Heinrich Lammers Grabowers Bitte, weiterhin in der Bibliothek arbeiten zu dürfen, an den Generaldirektor Rudolf Buttmann weitergab. Buttmann erfüllte Grabower diesen Wunsch. Drei Jahre nach dem Krieg schrieb Grabower im Jahre 1948, dass er, falls er seine Studie über die „Steuern im alten Rom" in einem Werk veröffentlichen würde, in einem Vorwort die Menschenfreundlichkeit von Buttmann erwähnen würde.

Buttmann gehörte zur Zeit der Weimarer Republik zum engsten Freundeskreis Hitlers in München. Seine Mitgliedskarte der Partei trug die Nr. 4. Ab 1924 war Buttmann Fraktionsführer der NSDAP im Bayrischen Landtag. Jedoch fand ab 1934 eine Entfremdung zwischen Hitler und Buttmann statt.[16]

Grabower merkte auch in seinem persönlichen Umfeld, wie sich die Stimmung nach der Reichspogromnacht veränderte. So ließ beispielsweise die Witwe eines seiner Mitarbeiter, welcher ein überzeugter Gegner des Nationalsozialismus gewesen war, bei einem notwendig gewordenen Brief ihre Absenderadresse weg und unterschrieb den Brief unleserlich, um die Entzifferung ihres Namens zu erschweren. Auch ein Freund Grabowers, der in Berlin lebte, fragte ihn zwar, wie es ihm ergehe, erzählte dann aber in unbekümmertem Ton von gemeinsamen Bekannten, die bereits deportiert worden waren. Jedoch erhielt Grabower selbst zu dieser Zeit, als die Juden und auch ihre Helfer bereits mit erheblichen Repressalien zu kämpfen hatten, von einer Handvoll ehemaliger Mitarbeiter und Bekannten Besuch in seiner Wohnung in der Mauerkircherstraße[17] und wurde beispielsweise von Walter Hübschmann, den er aus dem

---

[15] Alle Belege in: „Schreiben von Grabower an die Juristische Fakultät der Universität Erlangen vom 27.06.1946", in: BArch, N 1856/49. „Bestätigung Grabower für Lohner vom 18.10.1945", in: BArch, N 1856/ 50. „Material für ein Judenbuch", S. 21, in: BArch, N 1856/63. „Wenn im Amte", S. 45 f. „Ehrung Rolf Grabowers – Hörsaal nach ihm benannt", aufgerufen unter: http://www.afz-kw.brandenburg.de/sixcms/detail.php/763684 [Stand: 09.09.2020]. Im Bundesarchiv Koblenz befinden sich im Nachlass Grabowers 13 Ordner (BArch, N 1856/25–37) zu den „Steuern im alten Rom". Bibliotheksausweise der Bayrischen Staatsbibliothek befinden sich im Ordner BArch, N 1856/3. Eine abgedruckter Leih- und Lesesaal-Karte befindet sich ebenfalls auf S. 46 von „Wenn im Amte".

[16] Alle Belege in: „Bestätigung von Grabower für Buttmann vom 22.11.1948" und „Eidesstattliche Erklärung von Grabower für Lammers vom 08.07.1948", in: BArch, N 1856/50. Auch abgedruckt in: „Wenn im Amte", S. 46 bzw. 174. „Wenn im Amte", S. 46.

[17] In der Mauerkircherstraße 22 in München lebte Grabower seit 1939 zur Untermiete bei

Reichsfinanzministerium kannte, trotz Stern an der Brust, öffentlich auf der Straße begrüßt. Grabower selbst war über die Besuche, aus Sorge um mögliche negative Konsequenzen für seine Besucher, nicht immer erfreut.[18]

Eine weitere Sorge plagte Grabower: Die Zukunft seiner Möbelstücke und Bücher beunruhigte ihn in Hinsicht auf eine mögliche baldige Deportation und Beschlagnahme seiner Wohnung sehr. Bei seinen bisherigen Umzügen ließ er sich von der Speditionsfirma Carl Schad unterstützen. Nur aufgrund der Bemühungen des dort arbeitenden Josef Zehetbauer besaß Grabower nach dem Krieg wieder einige seiner Besitztümer. Zehetbauer nahm, als die Verhaftung Grabowers unmittelbar bevorstand, einen Teil von dessen Möbeln unter dem Namen einer „arischen" Bekannten in das Lager der Firma auf. Später stellte sich heraus, dass Zehetbauer ein Parteigenosse war.[19] Von seinen Büchern verlor Grabower laut eigener Aussage aufgrund der Geschehnisse während der Zeit des Nationalsozialismus rund 5.000–6.000 Exemplare.[20]

Erwähnenswert ist auch, dass Grabower seit dem Jahr 1936 bis zum November 1941 den „Völkischen Beobachter" abonniert hatte. Dieser dürfte Grabower als seine Hauptinformationsquelle über das Zeitgeschehen gedient haben.[21] Zudem war Grabower langjähriger Abonnent der „Neuen Rundschau".[22] Des Weiteren befindet sich das Buch „Mein Kampf" von Adolf Hitler und der „Judenspiegel" in seinem Nachlass.[23]

---

dem jüdischen Wohnungsinhaber Ballin. Quelle: „Material für ein Judenbuch", S. 16, 22, in: BArch, N 1856/63. Vgl. auch „Untermietverhältnis vom 13.11.1939" und „Vermögenserklärung vom 29.03.1942", in: BArch, N 1856/3. Erstes auch abgedruckt in: „Wenn im Amte", S. 50. Durch das „Gesetz über Mietverhältnisse mit Juden" vom 30. April 1939 durften Juden nur noch bei anderen Juden als Untermieter wohnen und jüdischen Wohnungseigentümern konnten andere Juden als Mieter bzw. Untermieter zugeteilt werden.

[18] Alle Belege in: „Material für ein Judenbuch", S. 16, 21 f., in: BArch, N 1856/63. Beispiel: „Bestätigung von Grabower für Wagner vom 01.10.1945", „Bestätigung von Grabower für Hoffmann vom 18.10.1945", „Bestätigung von Grabower für Hübschmann vom 23.10.1945", „Bestätigung von Grabower für Hänsel vom 14.01.1946", „Bestätigung für Neuenborn vom 05.03.1946", „Bestätigung von Grabower für Deckert vom 17.08.1946" sowie „Bestätigung von Grabower für Hafke vom 30.05.1948", in: BArch, N 1856/50.

[19] Alle Belege in: „Bestätigung von Grabower für Zehetbauer vom 21.01.1946", in: BArch, N 1856/50.

[20] „Wenn im Amte", S. 50.

[21] Ein Heft mit Aufklebern zu den Gebühren für die Zeitschrift befinden sich in: BArch, N 1856/4. „Wenn im Amte", S. 49.

[22] „Brief von Grabower vom 13.01.1931 an den S. Fischer Verlag", in: BArch, N 1856/41.

[23] „Nachlaß Grabower", in: BArch, N 1856/49. „Der Judenspiegel" befindet sich im Ordner BArch, N 1856/48. Diese Bücher könnten eine nützliche Quelle für Grabowers Studien bzgl. den Antisemitismus gewesen sein. Auch Pausch berichtete hiervon in: Umsatzsteuer-Rundschau, Jahrgang 1983, Heft 05, Seite 81. Dieser Artikel befindet sich im Ordner: BArch, PERS 101/010046, fol. 1. Laut Pausch soll Grabower „Mein Kampf" mit Randbemerkungen versehen haben.

VII. Zwangsarbeit in Milbertshofen und Leiter des jüdischen Arbeitseinsatzes in Lohhof

Vor seiner Deportation in ein Konzentrationslager musste Grabower, wie viele andere Juden, Zwangsarbeit leisten.

1. Zwangsarbeit in Milbertshofen

Um die Juden auf engem Raum zu ghettoisieren und sie aus ihrem Wohnraum zu verdrängen, wurden von der „Arisierungsstelle" Wohn- und Arbeitslager geschaffen. Im Gegensatz zu den Ghettos im Osten waren diese Lager nicht vollständig abgeriegelt, sondern es war den Juden möglich, diese für die Arbeit außerhalb des Lagers oder für Behördengänge zu verlassen. Diese Maßnahmen hatten auch zum Ziel, dass sie nun doch, anders als ursprünglich vorgesehen, ihren eigenen Lebensunterhalt erarbeiten sollten. Ein genereller Arbeitseinsatz der Juden war zunächst abgelehnt worden, mit der Intention ihre Emigration zu erreichen. Zudem sollte durch diese Ghettoisierung der Kontakt zur „arischen" Bevölkerung minimiert werden.[1]

Die „Judensiedlung Milbertshofen" lag im Münchener Industrievorort Milbertshofen ca. 7 km vom damaligen Stadtzentrum. Ab März 1941 wurde das Barackenlager südlich der Ecke Knorrstr. 148/Troppauer Str. auf einem 14.500 m² großen Grundstück erbaut. Das Gelände gehörte der „arisierten" jüdischen Großhandelsfirma für Öle und Fette „Jakob Böhm".[2] Die mitarbeitenden Juden wurden vor die Wahl gestellt, beim Aufbau des Lagers unentgeltlich zu helfen oder nach Dachau transportiert zu werden.[3] Vermutlich zogen die ersten Juden

---

[1] Alle Belege in: *Hanke*, „Zur Geschichte der Juden in München zwischen 1933 und 1945", S. 282. *Modert*, „Motor der Verfolgung", in: *Baumann/Hausler*, „München arisiert", S. 167. *Strnad*, „Flachs für das Reich", S. 36, 43f.

[2] Alle Belege in: *Hanke*, „Zur Geschichte der Juden in München zwischen 1933 und 1945", S. 282. *Strnad*, „Flachs für das Reich", S. 36. *Strnad*, „Zwischenstation ‚Judensiedlung'", S. 21, 29, der auf den Abschlussbericht des Treuhänders: StadtAM. NL Meister. S. 16, verweist.

[3] *Hanke*, „Zur Geschichte der Juden in München zwischen 1933 und 1945", S. 282f. Laut Hanke wurde jeder jüdische Arbeiter gezwungen, einen Vertragsentwurf zu unterschreiben, „in dem er ausdrücklich auf jegliche Entlohnung verzichtete und sich auf eigene Gefahr freiwillig (!) an den Arbeiten zur Erstellung des Lagers beteiligte. Unterschriftverweigerung beantwortete man mit dem lapidaren Hinweis, das Konzentrationslager Dachau hätte für solche

Anfang Juni 1941 ins Lager.[4] Offiziell begann die Einweisung durch die „Arisierungsstelle" jedoch erst am 01.09.1941.[5]

Durch die Einrichtung des Lagers Milbertshofen wurde die finanzielle Ausbeutung, Kontrolle, Entmietung und Ghettoisierung der Münchener Juden beschleunigt. Es diente als Sammelpunkt und Durchgangslager für die Deportationen in Konzentrations- und Vernichtungslager, wie Theresienstadt oder Auschwitz, aber auch als ein Wohn- und Arbeitslager.[6] 450 Menschen, davon 412 Männer und 38 Frauen, wurden bis Oktober 1941 als Zwangsarbeiter in dieses Lager zwangsumgesiedelt.[7] Ihre Wohnungen, die durch diese Maßnahme vakant wurden, wurden vorrangig an verdiente Parteigenossen vergeben.[8]

Ab Mai 1940 konnten alle Juden, die in Deutschland geblieben waren, zur Zwangsarbeit verpflichtet werden.[9] Sie wurden in verschiedenen Münchner Betrieben zur Arbeit eingesetzt.[10] Die in Milbertshofen eingesetzten jüdischen Zwangsarbeiter erhielten keinerlei Lohn oder anderweitige Entschädigung für die Arbeit, die sie dort zu verrichtet hatten, da kein Anreiz bestehen sollte, sich gegen die Auswanderung zu entscheiden.[11] Anstatt Lohn zu erhalten, mussten die Bewohner sogar „Miete" in Höhe von zunächst 1,- RM pro Tag zahlen, die dann auf 50 Pfennig pro Tag gesenkt wurde.[12]

Leute noch viel Platz." Hierbei verweist Hanke auf die Spruchkammerakte Wegner. Vgl. auch *Schrafstetter*, „Flucht und Versteck", S. 41 und *Strnad*, „Zwischenstation ‚Judensiedlung'", S. 83, 85.

[4] *Behrend-Rosenfeld*, „Ich stand nicht allein", S. 97. *Strnad*, „Zwischenstation ‚Judensiedlung'", S. 56.

[5] *Strnad*, „Zwischenstation ‚Judensiedlung'", S. 56.

[6] Alle Belege in: *Hanke*, „Zur Geschichte der Juden in München zwischen 1933 und 1945", S. 290, dieser verweist auf den Abschlussbericht der „Arisierungsstelle". *Strnad*, „Zwischenstation ‚Judensiedlung'", S. 3 f., 21 ff.

[7] *Meyer*, „Tödliche Gratwanderung", S. 296. *Seidel*, „Die jüdische Gemeinde Münchens 1933–1945", in: *Baumann/Heusler*, „München arisiert", S. 51. Zur Belegungszahl auch *Strnad*, „Zwischenstation ‚Judensiedlung'", S. 60–66.

[8] *Susanna Schrafstetter* beschreibt in ihrem Buch „Flucht und Versteck" S. 33 f., dass München neben Berlin bei der „Arisierung" von Wohnraum eine Vorreiterrolle einnahm. Bereits ab 1939 wurden die Juden aus München gezwungen in sog. „Judenhäuser" zu ziehen.

[9] *Schrafstetter*, „Flucht und Versteck", S. 36.

[10] Die Juden mussten beispielsweise im Lager Milbertshofen, in der Flachsröste Lohhof, Gärtnereien, Betonbearbeitungsbetrieben und verschiedenen Betrieben wie Großdruckereien, Verlagsanstalten und Telefonfabriken Zwangsarbeiten verrichten und wurden für Schneeräumarbeiten und Aufräumarbeiten nach Fliegerangriffen eingesetzt. Quelle: *Hanke*, „Zur Geschichte der Juden in München zwischen 1933 und 1945", S. 286.

[11] *Strnad*, „Flachs für das Reich", S. 43, 46. *Strnad*, „Zwischenstation ‚Judensiedlung'", S. 83. Vgl. *Haerendel*, „Der Schutzlosigkeit preisgegeben: Die Zwangsveräußerung jüdischen Immobilienbesitzes und die Vertreibung der Juden aus ihren Wohnungen", in: *Baumann/Heusler*, „München arisiert", S. 125.

[12] *Hanke*, „Zur Geschichte der Juden in München zwischen 1933 und 1945", S. 284. *Strnad*, „Zwischenstation ‚Judensiedlung'", S. 42 f. Vgl. *Haerendel*, „Der Schutzlosigkeit preisgegeben: Die Zwangsveräußerung jüdischen Immobilienbesitzes und die Vertreibung der Juden aus ihren Wohnungen", in: *Baumann/Heusler*, „München arisiert", S. 125. Wegner hatte den

Am 20.11.1941 startete der erste Transport von 999 Juden von Milbertshofen ins litauische Kaunas. Die Transportierten fanden dort nur wenige Tage später den Tod.[13] Der letzte Transport verließ Milbertshofen am 12.08.1942.[14]

Schon am 19.08.1942 wurde das Lager geschlossen, nachdem die meisten der Juden zur Vernichtung in den Osten „evakuiert" und die Verbliebenen in das Sammellager in Berg am Laim verlegt worden waren. Dieses Lager war in einem Seitenflügel des Klosters der Barmherzigen Schwestern untergebracht und seit August 1941 der Wohnort von ca. 300 Juden. Am 13.03.1943 wurde dann auch dieses Lager aufgelöst.[15]

Das Lager in Milbertshofen wurde anschließend an die BMW AG verkauft, die in den Baracken italienische Fremdarbeiter unterbrachte. Nach Kriegsende wurden die Baracken als Flüchtlingslager durch das Rote Kreuz genutzt. Seit den 1980er-Jahren erfolgte eine Umwandlung in ein Gewerbegebiet.[16]

Auch Grabower wurde ab dem 03.04.1941 zum „Jüdischen Arbeitseinsatz" herangezogen und musste im Alter von 57 beim Bau des Barackenlagers in Milbertshofen helfen und dort Erd- und Tischlerarbeiten verrichten.[17] Er gehörte somit zu der ersten Gruppe von Arbeitern, die in Milbertshofen mit dem Auf-

---

Großteil der Kosten für den Bau des Lagers auf die Münchener Juden umgelegt und die „Arisierungsstelle" erpresste zudem „freiwillige Spenden", die sich am Ende auf mehr als eine halbe Million Reichsmark beliefen („ein Vielfaches der Baukosten"). Quelle: *Meyer*, „Tödliche Gratwanderung", S. 295, verweist auf „Aufruf an alle Haushaltungsvorstände zur Weitergabe an sämtliche Wohnungsinsassen v. 30.09.1941", abgedruckt in: Landeshauptstadt München (Hrsg.), Lesebuch zur Geschichte des Münchner Alltags, Verdunkeltes München, Geschichtswettbewerb 1985/86, Buchendorf 1987, S. 24.

[13] *Meyer*, „Tödliche Gratwanderung", S. 298f. *Schrafstetter*, „Flucht und Versteck", S. 44. *Seidel*, „Die jüdische Gemeinde Münchens 1933–1945", in: *Baumann/Heusler*, „München arisiert", S. 52, verweist auf „Jäger-Report", Institut für Zeitgeschichte München, Fb 76.

[14] *Strnad*, „Zwischenstation ‚Judensiedlung'", S. 134.

[15] Belge in: *Schrafstetter*, „Flucht und Versteck", S. 41. *Seidel*, „Die jüdische Gemeinde Münchens 1933–1945", in: *Baumann/Heusler*, „München arisiert", S. 51. *Strnad*, „Flachs für das Reich", S. 36. *Strnad* „Zwischenstation ‚Judensiedlung'", S. 21, 135, 140f. Strnad verweist auf den Abschlussbericht des Treuhänders: StadtAM. NL Meister. S. 20. Vgl. auch *Hanke*, „Zur Geschichte der Juden in München zwischen 1933 und 1945", S. 294 und *Meyer*, „Tödliche Gratwanderung", S. 295.

[16] Alle Belege in: *Strnad*, „Zwischenstation ‚Judensiedlung'", S. 135. Vgl. *Haerendel*, „Der Schutzlosigkeit preisgegeben: Die Zwangsveräußerung jüdischen Immobilienbesitzes und die Vertreibung der Juden aus ihren Wohnungen", in: *Baumann/Heusler*, „München arisiert", S. 125. *Stahleder*, „Judensiedlung Milbertshofen", aufgerufen unter: https://www.muenchen.de/rathaus/Stadtverwaltung/Direktorium/Stadtarchiv/Publikationen/Von-Allach-bis-Zamilapark/Einleitung-Geschichte/Bezirk11.html [Stand: 08.09.2020]. Vertiefungshinweis: *Hanke* bietet in seiner Dissertation „Zur Geschichte der Juden in München zwischen 1933 und 1945" einen tiefergehenden Einblick zu Milbertshofen. Auch *Strnads* Buch „Zwischenstation ‚Judensiedlung'" ist hierzu informativ.

[17] „Brief von Grabower an Mugler vom 06.08.1946" und „Bestätigung von Grabower für Sesselmann vom 14.03.1948", in: BArch, N 1856/50. „Brief von Grabower an Dorn vom 21.08.1953", in: BArch, N 1856/61. Die Schreiben sind in „Wenn im Amte" S. 159, 176f., bzw. 228f. abgedruckt. Vgl. auch „Schreiben von Grabower vom 05.06.1946 an den Staatskommissar für die Betreuung der Juden in Bayern", in: BArch, N 1856/58. Grabower befand sich mit seinen

bau des Lagers begannen.[18] Grabower schrieb in einem Brief an Herbert Dorn im Jahre 1953, dass, auch wenn es seltsam anmute, ihm die gute Kameradschaft und die manuelle Arbeit in Milbertshofen Freude bereitet habe. Insgesamt verbrachte Grabower sechs Monate in Milbertshofen.[19]

2. Leiter des jüdischen Arbeitseinsatzes in der Flachsröste Lohhof

Nach der Arbeit in Milbertshofen folgte für Grabower die Arbeit im Zwangsarbeitslager „Flachsröste Lohhof" bei Unterschleißheim.[20] Dort wurde er am 10.07.1941 durch die „Arisierungsstelle" zum Leiter des neuen „Jüdischen Arbeitseinsatzes"[21] ernannt, nachdem sich einflussreiche Bekannte (Max Sesselmann dürfte für diese Ernennung zumindest mitverantwortlich gewesen sein[22] und angeblich soll auch Franz Mugler[23] einen Beitrag hierzu geleistet haben) für ihn eingesetzt hatten. Bis zum 07.04.1942 blieb Grabower in diesem Amt.[24]

Für seine Besserstellungen und Rettungen machte Grabower in unterschiedlichen Dokumenten verschiedene Personen verantwortlich. In den von ihm ausgestellten Bestätigungsschreiben nach Kriegsende nannte er wiederholt andere Namen als Verantwortliche für die gleichen Hilfshandlungen. Diese Angaben

---

57 Jahren im Durchschnittsalter der in Milbertshofen zum Aufbau verpflichteten Männer. Quelle: Vgl. *Hanke*, „Zur Geschichte der Juden in München zwischen 1933 und 1945", S. 283.

[18] „Bestätigung von Grabower für Mugler vom 06.08.1946" in: BArch, N 1856/50. Auch abgedruckt in: „Wenn im Amte", S. 176 f.

[19] Belege in: „Brief von Grabower an Dorn vom 21.08.1953", in: BArch, N 1856/61. Auch abgedruckt in: „Wenn im Amte", S. 228 f.

[20] „Brief von Grabower an Dorn vom 21.08.1953", in: BArch, N 1856/61. Auch abgedruckt in: „Wenn im Amte", S. 228 f.

[21] Die offizielle Bezeichnung des Zwangsarbeiterkommandos lautete „Jüdischer Arbeitseinsatz Lohhof", wobei das Lager in der betriebseigenen Baracke „Jüdisches Frauenarbeitslager Lohhof" genannt wurde. Quelle: *Strnad*, „Flachs für das Reich", S. 53 und Dokument vom 29.07.1941, VI., in: BArch, N 1856/53.

[22] „Brief von Grabower an Mugler vom 28.09.1941", in: BArch, N 1856/48. „Bestätigung von Grabower für Sesselmann vom 14.03.1948", in: BArch, N 1856/50. Auch abgedruckt in: „Wenn im Amte", S. 68, 159.

[23] Franz Mugler war bei der „Arisierungsstelle" tätig und u. a. für die Aufsicht der Flachsröste zuständig. Quelle: *Strnad*, „Flachs für das Reich", S. 37. Strnad geht hier auch tiefer auf die Biografie Muglers ein.

[24] Belege in: „Bericht von Grabower an Mugler vom 17.06.1942", in: BArch, N 1856/7 und N 1856/51. „Brief von Grabower an Mugler vom 28.09.1941", in: BArch, N 1856/48. Auch abgedruckt in: „Wenn im Amte", S. 68. Vgl. auch „Brief von Grabower an Dorn vom 21.08.1953", in: BArch, N 1856/61. Auch abgedruckt in: „Wenn im Amte", S. 228 f. Grabower schrieb in dem Brief an Dorn, dass sein unmittelbarer SS-Vorgesetzter, der ihm eigenartigerweise wohlwollend gegenüber eingestellt war, sich für seine Versetzung in die Flachsröste einsetzte. Interessanterweise schrieb Grabower zunächst im Plural von mehreren SS-Männern, änderte den Plural jedoch handschriftlich in den Singular um. Laut Strnad hatte Grabower Mugler bereits zu seiner Zeit in Milbertshofen kennengelernt. Quelle: *Strnad*, „Flachs für das Reich", S. 90.

scheinen auch auf die Aussagen dieser Personen gestützt zu sein. Diese erhofften sich durch die Schilderung ihrer Teilhabe an der Rettung Grabowers einen glimpflichen Ausgang bei den Entnazifizierungsverfahren.[25] Laut den Nachkriegsdokumenten waren angeblich Franz Willuhn, der Chef der Reichskanzlei Hans Heinrich Lammers, Eckhard König, Max Sesselmann und der Ministerialrat Franz Schachinger die Hauptbeteiligten bei Grabowers Rettungen. Einige andere, wie Walter Hübschmann,[26] haben wohl ebenfalls ein Teil hierzu beigetragen. Es ist somit nicht vollständig zu klären, ob und welche dieser Menschen tatsächlich der Grund dafür waren, dass Grabower zunächst Vergünstigungen erhielt und erst zu einem späteren Zeitpunkt in den Osten transportiert wurde.

Unter den Begriff der „Arisierungsstelle" in München wurden zwei Dienststellen subsumiert: zum einen der Treuhänder gemäß des Beschlusses des Regierungspräsidenten von Oberbayern, der eine staatliche Dienststelle darstellte, zum anderen der Beauftragte des Gauleiters für die „Arisierung", die eine Parteidienststelle der NSDAP war, wobei eine Trennung kaum möglich war und eine solche von den Verfolgten auch nicht vorgenommen wurde.[27] Die „Arisierungsstelle" war bei den Juden in der Region besonders gefürchtet, mehr noch als die Gestapo.[28] Das lag mitunter daran, dass sie häufig ihre Kompetenzen überschritt und bei der Frage der Deportation der Münchener Juden und auch der Zwangsarbeit in der Region viel Einfluss besaß.[29] Die „Arisierungsstelle" ordnete unter anderem an, ausgesuchte Personen auf die Deportationslisten zu setzen und ihre Mitarbeiter waren bei der Abfertigung der Transporte anwesend.[30]

---

[25] Siehe Briefwechsel in BArch, N 1856/50.

[26] Beispiel: „Bestätigung von Grabower für Hübschmann vom 23.10.1945", in: BArch, N 1856/50.

[27] Modert, „Motor der Verfolgung", in: *Baumann/Heusler*, „München arisiert", S. 164f. Strnad, „Zwischenstation ‚Judensiedlung'", S. 7, verweist u.a. auf den Abschlussbericht des Treuhänders: StadtAM. NL Meister. S. 1–4. Vgl. auch *Hanke*, „Zur Geschichte der Juden in München zwischen 1933 und 1945", S. 238. Zum Begriff und Umfang der „Arisierung" vgl. *Baumann/Heusler*, „München arisiert", S. 10f., 18–21. „Den Begriff ‚Arisierung' haben nationalsozialistische Behörden in den 1930er-Jahren eingeführt und für einen Vorgang benutzt, der – ganz formal bürokratisch – die Überführung jüdischen Vermögens in ‚arische' Hände beschrieb." Quelle: Ebd. S. 11.

[28] *Hanke*, „Zur Geschichte der Juden in München zwischen 1933 und 1945", S. 277f. Hanke zitiert aus der Spruchkammerakte Wegner einen Augenzeugen: „Der Befehl auf der Dienststelle zu erscheinen, verbreitete mehr Schrecken als jede Berührung mit der Gestapo." *Strnad*, „Flachs für das Reich", S. 37, der auf die eidesstattliche Erklärung Dietrich Liesberger vom 26.07.1947, in: StAM: SpKA 1222 Franz Mugler verweist. Vgl. auch *Meyer*, „Tödliche Gratwanderung", S. 294, die auf YV, 033/99, Alfred Neumeyer, Tätigkeit als Gemeindevorsitzender, S. 221 verweist.

[29] *Strnad*, „Flachs für das Reich", S. 37, verweist auf: eidesstattliche Erklärung Dietrich Liesberger vom 26.07.1947, in: StAM: SpKA 1222 Franz Mugler. Vgl. auch *Hanke*, „Zur Geschichte der Juden in München zwischen 1933 und 1945", S. 238, 275. Auch *Schrafstetter* geht vertiefter auf den Einfluss der „Arisierungsstelle" ein: „Flucht und Versteck", S. 34f.

[30] *Meyer*, „Tödliche Gratwanderung", S. 292. Meyer schreibt hierzu: „Weit davon entfernt,

a) Die Flachsröste Lohhof

Die Flachsröste Lohhof war eines der größten Arbeitslager im Münchner Raum, in dem vor allem jüdischen Frauen Zwangsarbeit leisten mussten.[31] Das lag dran, dass diese Art von Arbeit mit den Flachspflanzen traditionell Frauen zukam und sie mit 36 Pfennig pro Stunde fast um die Hälfte weniger kosteten als die männlichen Arbeiter.[32] Die höheren Positionen, wie die des Vorarbeiters oder Röstmeisters, wurden jedoch ausschließlich mit Männern besetzt.[33] So wurde Rolf Grabower zum Leiter des „Jüdischen Arbeitseinsatzes" ernannt.

Lohhof wurde wegen seiner Lage für den Bau des Betriebes ausgesucht. In unmittelbarer Nähe befand sich die Bahnstrecke von München nach Landshut, mit einem nahe gelegenen Bahnhof, von dem Gleise zum Gelände der Flachsröste verlegt wurden, damit der Flachs auf Güterwagons angeliefert werden konnte.

Zunächst arbeiteten in Lohhof größtenteils Menschen aus der Region. Mit der Zeit kamen, aufgrund des durch den Krieg bedingten wachsenden Arbeitermangels, immer mehr ausländische Arbeitskräfte hinzu. Während der Herrschaft der Nationalsozialisten wurden rund 13 Millionen Menschen aus dem Ausland als Arbeitskräfte nach Deutschland geholt, um in den für die Kriegswirtschaft wichtigen Betrieben eingesetzt zu werden. In Lohhof wurden zunächst belgische Arbeiter, dann auch einige französische und vermutlich auch

---

seine Vorreiterrolle in der Judenverfolgung aufzugeben, übernahm Hauptsturmführer Wegner – immer im Auftrag des Gauleiters – nun vor allem die Aufgabe der Umsiedlung der Münchner Juden, die Verwaltung und Verwertung der restlichen Immobilien jüdischer Eigentümer, die Federführung bei der Zwangsarbeit, die Überwachung der antijüdischen Maßnahmen und wirkte schließlich auch bei der Organisation der Deportationstransporte mit." Modert, „Motor der Verfolgung", in: Baumann/Heusler, „München arisiert", S. 167. Strnad, „Flachs für das Reich", S. 37.

[31] Vgl. Strnad, „Flachs für das Reich", S. 130. Zum Flachsanbau in dieser Zeit allgemein: Strnad, „Flachs für das Reich", S. 13–17, 63, 65.

[32] Diese Summe bezieht sich auf das Jahr 1938 und mag sich im Laufe der Zeit geändert haben. Die in München wohnenden Zwangsarbeiterinnen erhielten zur Zeit von Grabower 30 bzw. 28 Pfennig Stundenlohn, während die Kapos 45 Pfennig pro Stunde erhielten. Die älteren Arbeiter erhielten weniger als die jüngeren und bei schlechter Produktionsleistung wurde auf Akkordzahlung umgestellt. Die im Lager lebenden Arbeiterinnen erhielten lediglich 20 Pfennig Taschengeld pro Arbeitstag. Quelle: Strnad, „Flachs für das Reich", S. 23, 66–68, 111 und auch Eintrag vom 11.08.1941, Tagesberichte I, S. 9, in: BArch, N 1856/51. Grabower kritisierte auch gegenüber Mugler und den anderen „Ariern" mehrfach, dass er den Lohn der Kapos als viel zu gering erachtete. Quelle: Beispiel Eintrag vom 04.08., 06.08. und 13.08.1941, Tagesberichte I, S. 5, 7, 11, in: BArch, N 1856/51. Auch Bericht vom 29.07.1941, in: BArch, N 1856/53. Grabower wurde von den jüdischen Arbeitern vorgeworfen, dass er bzgl. der Kapolöhne nicht nachdrücklich genug für sie eintrete. Quelle: Eintrag vom 11.08.1941, Tagesberichte I, S. 8, in: BArch, N 1856/51. Diesen Eindruck teile ich, gemessen an den Tagesberichten Grabowers, nicht.

[33] Strnad, „Flachs für das Reich", S. 23. Nach der Deportation der meisten männlichen Kapos im Herbst 1941 fungierten auch Frauen als „Feldgruppenführerinnen". Quelle: Strnad, „Flachs für das Reich", S. 67.

2. Leiter des jüdischen Arbeitseinsatzes in der Flachsröste Lohhof 39

polnische Kriegsgefangene beschäftigt. Ab Mitte 1941 wurden dann zunehmend jüdische Zwangsarbeiterinnen aus München in Lohhof eingesetzt.[34] Im Dezember 1941 kamen 68 jüdische Polinnen hinzu, die aus dem Ghetto Litzmannstadt stammten, zuvor in einer Fabrik in Unterdießen[35] mit Tauröste beschäftigt waren und mangels winterfester Unterkunft an die Flachsröste Lohhof abgegeben wurden.[36] Auch Ukrainerinnen wurden dort ab Frühjahr 1942 zur Arbeit verpflichtet.[37] Diese kamen als „freiwillig" angeworbene Arbeitskräfte aus ihrer Heimat. Die Frauen wurden teilweise mit falschen Versprechungen nach Deutschland gelockt, ihnen wurde sodann die Kündigung oder Rückreise in ihre Heimat verwehrt und somit wurden sie ebenfalls zu Zwangsarbeiterinnen.[38]

Diese Arbeit in kriegswichtigen Betrieben bot bis zum März 1943 noch einen gewissen Schutz vor Deportationen. Um insgesamt als ein bedeutsames Arbeitskräftepotenzial zu gelten, waren jedoch bereits 1941 nicht genügend jüdische Zwangsarbeiter in München verblieben. Zwangsarbeiter aus dem Ausland stellten dagegen ein wesentlich wichtigeres Arbeitskräftepotenzial dar.[39]

Der Plan der „Arisierungsstelle" war es, in der Flachsröste Lohhof ausschließlich Jüdinnen zur Zwangsarbeit zu verpflichten. Dazu wies die „Arisierungsstelle" die Arbeiterinnen über das Arbeitsamt ein. Im Frühjahr 1941 wurde in Lohhof eine Baracke umgebaut, um dort ca. 80 jüdische Frauen im Alter von 16 bis 23 Jahren unterzubringen. Spätestens im Juni 1941 wurden die ersten Jüdinnen in die Flachsröste Lohhof gebracht, wobei Anfang Juli die Belegung der Baracke begann. In Lohhof wurden zunächst seit dem Jahresbeginn 1942 im Durchschnitt 100 bis 110 Jüdinnen in Zwangsarbeit beschäftigt.

---

[34] Alle Belege in: *Strnad*, „Flachs für das Reich", S. 18–20, 26–28. Strnad verweist auf *Spoerer*: „Zwangsarbeit unter dem Hakenkreuz", S. 219–229. Tiefergehendes zur Zwangsarbeit im „Deutschen Reich" in: *Spoerer*: „Zwangsarbeit unter dem Hakenkreuz".

[35] Unterdießen ist eine Gemeinde im Fuchstal im oberbayrischen Landkreis Landsberg am Lech. Quelle: „Unterdießen, Oberdießen, Dornstetten" aufgerufen unter: https://www.bayregio.de/unterdiessen/ [Stand: 08.09.2020].

[36] Eintrag vom 13.12., 14.12., 16.12. und 30.12.1941, Tagesberichte II, S. 10, 12, 21, in: BArch, N 1856/51. *Strnad*, „Flachs für das Reich", S. 28.

[37] *Strnad*, „Flachs für das Reich", S. 28, 124. Vgl. Eintrag vom 17.03.1942, Tagesberichte II, S. 75, in: BArch, N 1856/51.

[38] Belege in: „Schreiben von Grabower an Mugler aufgrund der telefonischen Ermächtigung vom 24.02.1942 nachmittags 4 Uhr" und Eintrag vom 21.02.1942, Tagesberichte II, S. 62, in: BArch, N 1856/51. Mehr zur „erzwungenen Freiwilligkeit" der Arbeitskräfte auch in *Strnad*, „Flachs für das Reich", S. 24 f.

[39] Alle Belege in: *Schrafstetter*, „Flucht und Versteck", S. 48. „Zahlreiche Münchener Juden arbeiteten in als kriegswichtig eingestuften Privatbetrieben. Dazu gehörte u.a. die Flachsröste Lohhof, wo neben Flachs auch Öl aus Leinsamen produziert wurde." Quelle: Ebd., S. 36, verweist auf Strnad Flachs (ohne Seitenangabe), wohl *Strnad*, „Flachs für das Reich", S. 98 f. Vgl. bzgl. Lohhof auch „Abschrift vom Schreiben von Grabower an das Bayrische Finanzministerium München vom 04.12.1956", in: BArch, PERS 101/010046, fol. 1.

Vor dem Lager in Lohhof waren bereits die Lager Milbertshofen und Berg am Laim in Planung. Lohhof war jedoch das erste der drei Arbeitslager, in dem Jüdinnen untergebracht wurden.[40]

Auch bei der Zwangsarbeit – wie sie in Lohhof stattfand – variierten die Härte im Alltag und die Überlebenschancen stark nach der rassischen Hierarchisierung der Nationalsozialisten, wobei slawisch stämmige Menschen sowie Juden die schlechteste Stellung innehatten.[41] In Lohhof mangelte es an allem. Die Baracken waren nicht bezugsfertig, für den Winter nicht gerüstet und es fehlte vor allem an Bekleidung.[42] Lohhof war logistisch der „Judensiedlung Milbertshofen" unterstellt und stellte formal eine Einrichtung der jüdischen Gemeinde dar. Daher mussten die jüdischen Arbeiter in Lohhof finanziell durch die jüdische Gemeinde unterstützt werden. Grabower versuchte zwar, die Firmenleitung der Flachsröste zur finanziellen Unterstützung für die Fertigstellung der Baracken für den „Arbeitseinsatz" der Frauen zu bewegen, dies blieb jedoch weitestgehend erfolglos. Er sah sich somit gezwungen, für die notwendigen Ausgaben auf die Lagerkasse zurückzugreifen und die Juden mussten selbst für den Ausbau ihrer Baracke tätig werden, wobei sie hierbei Unterstützung seitens der Kriegsgefangenen erhielten.

Grabower teilte zu einem gewissen Grad gemeinsam mit dem Betriebsleiter der Flachsröste und der „Arisierungsstelle" die Ansicht, dass die jüdische Gemeinde für die Beschaffung von Schuhen, Bekleidung und Decken für die Arbeiterinnen zuständig sei.[43] Daher schrieb er der Israelitischen Kultusgemeinde am 12.03.1942 sehr nachdrücklich, dass es in Lohhof an diesen Gegenständen fehle:

„Unter Ablehnung jedweder Verantwortung vor meinem Gewissen und vor der Geschichte die dermaleinst von dritter Seite über dieses Lohhofer Lager geschrieben werden wird, mache ich mit dem grössten sittlichen Ernst auf die Gefahren aufmerksam, die aus der Nichtbeachtung dieser meiner oft vorgetragenen Bitten entstehen und die weit über die Bedeutung des Lagers hinausgehen werden."[44]

---

[40] Alle Belege in: *Strnad*, „Flachs für das Reich", S. 49, 51–53, 55. Dieser verweist auf: Abschlussbericht der „Arisierungsstelle" vom 30.06.1943, zit. nach StadtAM: unbekannt, S. 25.

[41] *Strnad*, „Flachs für das Reich", S. 26.

[42] *Strnad*, „Flachs für das Reich", S. 54. Diese Probleme werden auch von Grabower in seinen Tagesberichten thematisiert. Vgl. auch „Schreiben von Grabower an den Vorstand der Israelitischen Kultusgemeinde vom 12.03.1942", in: BArch, N 1856/3. Ab einem bestimmten Zeitpunkt scheint es unterschiedliche Baracken für bestimmte Personengruppen (Münchner Juden, Polinnen, Ukrainerinnen, Kriegsgefangene etc.) im Lager gegeben zu haben. Quelle: Vgl. Eintrag vom 09.03.1942, Tagesberichte II, S. 71, in: BArch, N 1856/51 oder *Strnad*, „Flachs für das Reich", S. 27–30, 130 f.

[43] Alle Belege in: *Strnad*, „Flachs für das Reich", S. 54 f., 114. Obwohl Grabower Mugler im August 1941 bat, in den Vertrag mit der Röste nachträglich aufzunehmen, dass der Betrieb für die Besorgung der Arbeitskleidung etc. zuständig sei, da dieser eine größere Stoßkraft besäße. Quelle: Eintrag vom 15.08.1941, Tagesberichte I, S. 12, in: BArch, N 1856/51. Vgl. auch Aufzeichnungen vom 22.08.1941, in: BArch, N 1856/53.

[44] „Schreiben von Grabower an den Vorstand der Israelitischen Kultusgemeinde vom 12.03.1942", in: BArch, N 1856/3.

Das jüdische Arbeitslager in Lohhof wurde nur gut ein Jahr nach seiner Gründung im Herbst 1942 aufgelöst. Die im Lager verbliebenen Polinnen wurden in eine andere Firma nach Augsburg versetzt. Im Vorhinein wurde der Flachsröste mitgeteilt, dass die Jüdinnen durch ausländische Zwangsarbeiterinnen ersetzt werden sollten. Es gibt nur wenige Informationen bezüglich der Flachsröste in der Folgezeit. Die Flachsröste Lohhof wurde kurz vor Kriegsende zerstört. Sie wurde durch die Gefechte zwischen der US-Armee und den SS-Verbänden in Lohhof um den 28.04.1945 herum stark beschädigt. Am 29.04.1945 befreite die US-Armee die Flachsröste, in der vermutlich bis Kriegsende ausländische Zwangsarbeiter beschäftigt waren. Diese brannte anschließend vollständig aus, wobei auch die Akten über die Arbeiter in Lohhof zum größten Teil vernichtet wurden. Von den zuständigen Sachbearbeitern des Münchener Arbeitsamtes wurden zudem gezielt belastende Dokumente zur Zwangsarbeit vernichtet. Die restlichen Unterlagen wurden, nachdem die Liquidation 1954 abgeschlossen war, noch zehn Jahre aufbewahrt und dann entsorgt. Die Gesellschaft Flachsröste Lohhof mbH wurde im Mai 1954 aufgelöst.[45]

b) Grabower als Leiter des jüdischen Arbeitseinsatzes

Mit Grabowers Ankunft in Lohhof wurde im Juli 1941 die Verwaltung im Lager errichtet. Für die Position als Lagerleiter wurde Grabower wahrscheinlich aufgrund seiner Vorkenntnisse in Bezug auf Betriebe und ähnliche verwaltungstechnische Tätigkeiten ausgesucht. Die „Arisierungsstelle" achtete bei der Besetzung von leitenden Positionen auch darauf, dass die eingesetzten Personen leicht zu lenken waren und somit der eigene Arbeitsaufwand verringert wurde. Die Lagerleitung musste gegenüber der „Arisierungsstelle" für alles einstehen und für etwaige Vorkommnisse Rechenschaft ablegen. Dies stellte auch für Grabower eine Gratwanderung zwischen Schutz und Hilfe für die ihm unterstellten Arbeiterinnen und dem eigenen Überleben dar.[46]

Das Büro der Lagerleitung, in dem Grabower arbeitete, befand sich in derselben Baracke, in der auch die Zwangsarbeiterinnen untergebracht waren und bestand aus einem kleinen Raum mit Schreibmaschine.[47]

Mit Hilfe dieser Schreibmaschine verfasste Grabower vom 15.07.1941 bis 27.03.1942 Tagesberichte über seine Tätigkeit als Leiter des Arbeitseinsatzes.

---

[45] Alle Belege in: *Strnad*, „Flachs für das Reich", S. 27, 30, 58, 121, 123–126. Dieser verweist auf *Pötsch*, „Die letzten Kriegstage in Unterschleißheim", in: Forum Unterschleißheim (Hrsg.): Stadtbuch Unterschleißheim 2012, S. 99–104 und auf Investigation Report of the IST vom 14.12.1949, in: USHMM: IST 1.1.0.7 Item 87767455–87767458 sowie auf den Abschlussbericht der „Arisierungsstelle" vom 30.06.1943. Laut Strnad ist über das genaue Schicksal der polnischen Arbeiterinnen nur wenig bekannt. Vermutlich wurden sie am 18.05.1943 nach Auschwitz deportiert.

[46] Alle Belege in: *Strnad*, „Flachs für das Reich", S. 53, 85f., 95. *Strnad*, „Zwischenstation ‚Judensiedlung'", S. 52–54.

[47] *Strnad*, „Flachs für das Reich", S. 54.

Diese befinden sich heute im Nachlass Grabowers im Bundesarchiv in Koblenz (BArch, N 1856/51; BArch, N 1856/53 und BArch, N 1856/54). Mit Ausnahmen einiger Seiten sind diese mindestens zweimal angefertigt worden. Ein Exemplar (BArch, N 1856/51) wurde von Grabower mit vielen handschriftlichen Zusätzen versehen. Eine Art überarbeitete Fassung teilt sich in die Ordner BArch, N 1856/53 (Tagesbericht I) und BArch, N 1856/54 (Tagesbericht II) auf. Daher wird im Folgenden lediglich BArch, N 1856/51 in den Fußnoten zitiert, wenn der Inhalt mit BArch N 1856/53 oder BArch, N 1856/54 identisch ist. Das Blatt, das die ersten Tagesberichte beinhaltet, versah Grabower mit der Kennzeichnung „ganz Geheim: Nur für H.[48] und meinen Nachfolger".[49] Auf dem Ordner BArch, N 1856/51 klebt ein handgeschriebener Zettel, mit der Aufschrift: „Geheim Lt. Frau Christine Grabower dürfen diese Akten erst nach ihrem Tode ausgewertet werden."[50] Dieser Zettel wurde vermutlich bei der Übergabe der Akten aus dem Privatbesitz an Pausch auf Wunsch von Grabowers Ehefrau Christine angebracht.

Neben diesen Tagesberichten, Maximilian Strnads Buch „Flachs für das Reich" und einigen anderen Berichten, gibt es verhältnismäßig wenig Dokumente, die sich mit dem Leben und den Verhältnissen in der Flachsröste Lohhof auseinandersetzen. Auch Strnad orientiert sich hierbei zumindest zum Teil an Grabowers Tagesberichten.

Grabowers Aufzeichnungen stellen eine subjektive Sicht der Geschehnisse dar, ein Faktor, der bei der Analyse stets zu bedenken ist. Allerdings sind die Seiten der überarbeiteten Fassung zum Teil mit der Unterschrift „H" versehen. Dies könnte darauf hindeuten, dass Grabowers erste Stellvertreterin – die Quäkerin Elisabeth Heims – die Tagesberichte zumindest teilweise gelesen hat und bereit war, die Richtigkeit der hierin getroffenen Aussagen mit ihrem Namen zu bestätigen. Heims wurde Mitte Juli 1941 zu Grabowers Stellvertreterin in der Flachsröste ernannt. Beide hatten ein gutes Verhältnis. Zudem befindet sich auf der ersten Seite des Ordners BArch, N 1856/53 handschriftlich schwer zu entziffern möglicherweise der Vermerk: „Fräulein Heims zur (Buchstabe nicht leserlich)", hier könnte „Hand" oder „Kontrolle" gemeint sein. Zudem wird teilweise von Grabower in der dritten Person geschrieben: „Wenn sie noch einmal die von Herrn Grabower, Dr. Spanier oder mir festgelegte[...]". An-

---

[48] Das H. stand höchstwahrscheinlich für Elisabeth Heims, der Stellvertreterin Grabowers.
[49] BArch, N 1856/53. Der Ordner „Tagesberichte II Lohhof" ist lediglich mit „Geheim" beschriftet, siehe BArch, N 1856/54. Auch andere Ordner, wie BArch, N 1856/50 (beinhaltet vor allem die Bestätigungsschreiben bzgl. der Entnazifizierungsverfahren und Nachkriegsprozesse) sind mit „Geheim" beschriftet.
[50] Christine Grabower gab einige „Geheimsachen" aus dem Nachlass ihres Mannes an Alfons Pausch zur persönlichen Verwahrung mit der Auflage, dass diese erst nach ihrem eigenen Tod ausgewertet werden dürften. Quelle: „Schreiben vom November 1966", in: BArch, N 1856/1.

scheinend stammen somit nicht alle Einträge unmittelbar von Grabower selbst und möglicherweise hat er Berichte von seinen Stellvertretern aufgeschrieben.

Auch ein „Sp" befindet sich auf mehreren Seiten der Tagesberichte. Dies könnte das Kürzel von Irmgard Spiegelberg gewesen sein. Nachdem Heims im November 1941 deportiert worden war, übernahm Irmgard Spiegelberg ihren Posten.[51] Diese wurde von den anderen Arbeitern „Baby" genannt, stand dem Judentum – genauso wie Grabower und Heims – nicht nahe und war ebenfalls christlich getauft. Ihr Vater war ein Halbjude und als Arzt tätig. Als ihre volljüdische Mutter am 04.04.1942 deportiert werden sollte, entschied sich Spiegelberg, mit ihr zu gehen, obwohl sie als „Mischling" galt und ein „Arisierungsgesuch" anhängig war.[52] Irmgard Spiegelbergs Spur endet in Piaski.[53]

Die Tagesberichte beinhalten vor allem Themen wie die Besetzung von Schichten, Krankheitsfälle, Auseinandersetzungen mit und zwischen den Arbeiterinnen, Gespräche mit Franz Mugler, den Betriebsführern der Flachsröste, das Leben im Lager und die Probleme, mit denen die Zwangsarbeiter dort zu kämpfen hatten. Daneben berichtete Grabower aber auch von der Flachsarbeit im Allgemeinen, da er den Ehrgeiz hatte, in den Tagesberichten, ähnlich wie bei der Führung des Kriegstagebuchs der 6. preußischen Reserve-Division, viel Didaktisches einzubauen, sodass nicht nur der Fachmann, sondern auch der Laie Anregungen und wertvolle Erkenntnisse über die Flachsröste ziehen könne.[54]

Grabowers eigene Meinung zu bestimmten Themen tritt hier vermehrt zum Vorschein und er setzte sich hierbei auch mit seinen eigenen Eindrücken auseinander. Es wird jedoch auch deutlich, dass er diese Berichte dazu bestimmt hat, von seinem Nachfolger gelesen zu werden und er sich anscheinend sehr wohl bewusst war, dass sie beschlagnahmt werden könnten. Persönliche Eindrücke und Wertungen vor allem bezüglich seiner „arischen Begegnungen" fin-

---

[51] Alle Belege in: Eintrag vom 10.09. und 25.09.1941, Tagesberichte I, S. 31, 39, in: BArch, N 1856/51. Strnad, „Flachs für das Reich", S. 53 f.

[52] Alle Belege in: Behrend-Rosenfeld, „Ich stand nicht allein", S. 104, 142. Jochen, „Liste der Münchener Opfer der Schoa von O bis Z", aufgerufen unter: http://www.rijo.home page.t-online.de/pdf/de_mu_ju_muelist4.pdf. [Stand: 08.09.2020].

[53] Strnad, „Flachs für das Reich", S. 124, 144. Jochen, „Liste der Münchener Opfer der Schoa von O bis Z", aufgerufen unter: http://www.rijo.homepage.t-online.de/pdf/de_mu_ju_muelist4.pdf. [Stand: 08.09.2020]. Schrafstetter schreibt in „Flucht und Versteck", S. 45, dass niemand diesen Transport überlebt hat und die Deportierten entweder in Piaski oder in einem Vernichtungslager starben. Ähnliches in Strnad, „Zwischenstation ‚Judensiedlung'", S. 122.

[54] Grabower gab sogar ein Rundschreiben heraus, um einen allgemeinen verständlichen Überblick über den Betrieb zu geben und auch den Arbeiterinnen, die nur eine Maschine oder die Feldarbeit kannten, weitere Informationen über die Flachsarbeit zu bieten. Siehe „Rundschreiben N. 7 vom 23.07.1941", in: BArch, N 1856/51. Auch abgedruckt in: „Wenn im Amte", S. 62. Eintrag vom 29.09. und 10.10.1941, Tagesberichte I, S. 40, 48, in: BArch, N 1856/51. Vgl. auch „Abschrift vom Dienstleistungszeugnis von Dieterich für Grabower vom 28.11.1919", in: BArch, N 1856/3 und in: BArch, N 1856/48 und „Bericht von Grabower an den Betriebsführer unter Bezug auf die Besprechung vom 29. Januar 1942 vom 30.01.1942", in: BArch, N 1856/51.

den sich nur eingeschränkt und er schrieb auch keine ihm anvertrauten Geheimnisse in diese Berichte. So steht an mehreren Stellen, dass der Direktor der Flachsröste, Kurt Otto Vahlensieck, ihm ein Geheimnis anvertraut oder ihm etwas im Vertrauen mitgeteilt habe, diese Geheimnisse schrieb Grabower jedoch nicht in den Berichten auf und erläuterte diese auch nicht näher.[55]

Diese Dokumente stellen somit, genauso wie seine späteren Aufzeichnungen in Theresienstadt, kein persönliches Tagebuch, sondern Tagesberichte dar. In einem Brief an Herbert Dorn im Jahr 1953 bezeichnete Grabower diese Berichte explizit als „dienstliches Tagebuch" nach Maßstab des Tagebuches, dass er auch schon als Ordonanzoffizier im Ersten Weltkrieg geführt hatte.[56]

c) Grabowers Grundsätze als Leiter des Arbeitseinsatzes

Grabower wurde von Else Behrend-Rosenfeld und Alice Bendix, die Leiterinnen des jüdischen Kinderheims in der Antonienstraße waren, zum Umgang mit den Jüdinnen beraten. Die beiden Frauen wurden von der jüdischen Gemeinde für diese Aufgabe bestimmt und sollten als Ansprechpartner für die jüdischen Arbeiterinnen dienen.[57]

Else Behrend-Rosenfeld schrieb ihre Erlebnisse, ebenso wie Grabower, vor allem für ihren im Ausland verweilenden Mann auf. Sie schilderte, wie sie kurzzeitig auch in Lohhof beim Arbeitseinsatz helfen musste. Bereits vor Beginn dieser Tätigkeit hatte sie gehört, dass die Arbeit in Lohhof als schwer galt und die Arbeiterinnen den Naturgewalten auf dem freien Feld schutzlos ausgeliefert wären.[58] Am 09.07.1941 trat Behrend-Rosenfeld ihren ersten Arbeitstag in Lohhof an. Ihren ersten Eindruck von der Fabrik schilderte sie als verwahrlost. Auch den langen Anmarschweg zuzüglich einer Bahnfahrt empfand sie als hart. Sie wurde zum Flachssortieren an einer Bündelmaschine eingeteilt und musste im Freien arbeiten, weswegen sie sogleich, trotz vorherigen Eincremens, einen Sonnenbrand erlitt. Behrend-Rosenfeld beschrieb die Kameradschaft unter den Arbeiterinnen als sehr positiv, Freundschaften entwickelten sich und auch mit den französischen Kriegsgefangenen verstanden sich die Frauen gut. Wenn ihre

---

[55] Beispiel Eintrag vom 23.09.1941, Tagesberichte I, S. 56 oder 10.03.1942, Tagesberichte II, S. 72, in: BArch, N 1856/51. Gegenbeispiel jedoch auch Eintrag vom 12.01.1942, Tagesberichte II, S. 32. Dort schrieb Grabower eine Information bzgl. Vahlensiecks Plänen die schlechten Arbeiterinnen austauschen zu lassen auf, obwohl er diese Nachricht „vertraulich und ausdrücklich mit dem Verbote darüber zu sprechen" behandeln sollte.
[56] „Brief von Grabower an Dorn vom 09.09.1953", in: BArch, N 1856/61.
[57] Eintrag vom 02.08. und Beispiel Eintrag vom 28.08.1941, Tagesberichte I, S. 4 f., 23, in: BArch, N 1856/51. Strnad, „Flachs für das Reich", S. 55.
[58] Belge in: Behrend-Rosenfeld, „Ich stand nicht allein", S. 99. Laut Strnad war sich die „Arisierungsstelle" im Klaren, dass die Arbeit in der Flachsröste „das härteste und unter den jüdischen Frauen in München gefürchtetste Zwangskommando war." Daher wurden Frauen oft strafweise dorthin versetzt. Milbertshofen war als Lager ebenfalls gefürchtet. Quelle: Strnad, „Flachs für das Reich", S. 74.

Arbeitsstelle gut zu überschauen war und die Frauen sicher sein konnten, dass sie von keinem Aufseher beobachtet wurden, wagten sie auch gegen die Gesprächsregeln zu verstoßen, tauschten sich mit den Franzosen aus und schenkten ihnen sogar Lebensmittel. Die Arbeit in Lohhof war für Behrend-Rosenfeld jedoch nur von kurzer Dauer. Aufgrund eines seit der Geburt verkürzten und bewegungseingeschränkten Armes und dieser belastenden Arbeit entwickelten sich Nervenschmerzen in ihrem Arm, weswegen sie von der Arbeit in der Flachsröste befreit wurde, die damit nur gut drei Wochen dauerte. In der Folgezeit wurde sie zur Arbeit im Lager Berg am Laim herangezogen, wo sie leitend tätig war. Behrend-Rosenfeld gelang die Flucht in die Schweiz und sie überlebte den Krieg.[59]

Alice Bendix riet Grabower zur vorbeugenden Pädagogik, um die Zwangsarbeiterinnen vor Fehlern und ihren Konsequenzen zu schützen. Gemeint war damit, dass dafür Sorge getragen werden sollte, dass die Frauen erst gar keine Fehler begehen und von vornherein ihre Pflichten erfüllen, sodass nicht eingegriffen werden müsste. Um dies zu erreichen, müsse jede nicht erfüllte Pflicht und jeder Fehler „eisern" korrigiert werden. Ein weiterer Rat von ihr war, dass die Arbeiterinnen nicht öffentlich, sondern nur unter vier Augen auf ihre Fehler hingewiesen und gerügt werden sollten. Zudem sollte Grabower versuchen, die Frauen so gut kennen zu lernen, dass er Stimmungsschwankungen erkennen und die Gründe dafür herausfinden könne.[60]

Es war sehr wichtig, die Ordnung im Lager zu halten, um harte Strafen der „Arisierungsstelle", die unangekündigt Kontrollen durchführte, zu vermeiden.[61] Die Arbeiterinnen auf diese Weise zu schützen, gelang Grabower jedoch nicht immer und stellte eine große Herausforderung für ihn dar. So wurde er beispielsweise von dem Betriebsmeister für den Fabrikeinsatz, Wilhelm Höber,[62] unter Druck gesetzt, der „Arisierungsstelle" einen Vorfall zu melden, bei dem die Jüdin Erna Lehmann sich nicht an das strikte Kontaktverbot zwischen den

---

[59] Alle Belege in: *Behrend-Rosenfeld*, „Ich stand nicht allein", S. 99, 101–103, 105–107 ff., 248 ff.
[60] Alle Belege in: Eintrag vom 02.08.1941, Tagesberichte I, S. 4 f., in: BArch, N 1856/51.
[61] *Strnad*, „Flachs für das Reich", S. 56, 85. Nicht nur die „Arisierungsstelle", sondern auch die NSDAP-Ortsgruppe und die örtliche Polizeistation führte derartige Kontrollen durch. Beispielsweise verhängte Wegner nach einer Kontrolle im März 1942 drastische Strafen. Zu den Kontrollen vgl. auch: *Modert*, „Motor der Verfolgung", in: *Baumann/Heusler*, „München arisiert", S. 167, der auf StadtAM, BuR 1738: Abschlussbericht, S. 18 verweist.
[62] Höber, der bereits 1935 in die NSDAP eingetreten war, hatte als „arischer" Vorarbeiter u. a. die Aufgabe, die Arbeitsgruppen einzuteilen, die Arbeitszeit und das -tempo vorzugeben und verhängte auch Strafen. Höber war einer der strengeren „arischen" Vorarbeiter, heiratete nach dem Krieg jedoch eine Frau, der damals „Rassenschande" vorgeworfen worden war. Seine Aussage nach dem Krieg, dass er der Partei nur deshalb beigetreten sei, weil er ansonsten seine Stellung in der Flachsröste nicht erhalten hätte, scheint unglaubwürdig, da weder sein Arbeitskollege Anton Schollweck noch die beiden Direktoren der Flachsröste Mitglieder der NSDAP waren. Quelle: *Strnad*, „Flachs für das Reich", S. 78 f.

jüdischen Zwangsarbeiterinnen und den französischen Kriegsgefangenen gehalten, sondern sich zusammen mit einem französischen Kriegsgefangenen Bilder angesehen hatte.[63] Höber drohte damit den Direktor Hermann Bachmayer über diesen Zwischenfall zu informieren, wenn Grabower diesen nicht selbst an die „Arisierungsstelle" melden würde. Grabower tat dies gezwungenermaßen noch am gleichen Abend und schlug eine Bestrafung von drei Tagen Haft vor. Daraufhin gab die „Arisierungsstelle" den Befehl, dass Lehmann sich am nächsten Morgen um 8:30 Uhr bei ihnen zu melden hatte. Auf Grabowers Rat hin räumte Lehmann den Vorfall ein, entschuldigte sich für ihr Verhalten und konnte somit einer unmittelbaren Bestrafung durch den gefürchteten Leiter der „Arisierungsstelle", Hans Wegner, entgehen.[64]

d) Grabowers Arbeitsmoral

Seine Stellung als Leiter des Arbeitseinsatzes nahm Grabower sehr ernst und setzte hierbei vor allem auf Disziplin und Organisation. Beim Appell mit den Stubenältesten am 24.01.1942 machte er deutlich, dass er unter Disziplin „Ordnung, Sauberkeit, Pünktlichkeit, Gehorsam, Treue" verstehen würde und diese einzuhalten sei. Zudem sollten die Stubenältesten erzieherisch auf die anderen einwirken.[65]

Seine Ziele versuchte Grabower möglichst ohne Gewalt zu erreichen und lehnte es ab, seine Hand gegen die Arbeiterinnen zu erheben oder grundsätzlich loszuschimpfen. Grabower war der Meinung, dass Gewalt nur ganz selten und dann auch nur in besonderen Fällen angewendet werden sollte. Eine Einstellung, die von vielen als Schwäche ausgelegt wurde. Er betonte in einem Bericht an den Betriebsführer am 11.02.1942, dass er bisher auch, ohne zuzuschlagen, seinen Willen durchgesetzt habe, zum Beispiel, indem er die Frauen aus den Betten zog. Außerdem achtete er darauf, Strafen nicht für zu lange Zeit festzusetzen, da es aus Erfahrung sonst zur Abgestumpftheit gegenüber der Strafe kommen würde und diese dadurch ihre abschreckende Wirkung verliere.[66] Er suchte daher aktiv das Gespräch mit den Arbeiterinnen und versuchte, sie mit Worten zu einer veränderten Haltung zu bewegen und zur Arbeit zu animie-

---

[63] Eintrag vom 19.08.1941, Tagesberichte I, S. 16, in: BArch, N 1856/51. Vgl. auch „Zweite Sammelverfügung vom 27.08.1941", in: BArch, N 1856/51 und *Strnad*, „Flachs für das Reich", S. 57. Lehmann beging kurz vor ihrer Deportation Suizid. Quelle: *Strnad*, „Flachs für das Reich", S. 116.

[64] Alle Belege in: Eintrag vom 19.08.1941, Tagesberichte I, S. 16, in: BArch, N 1856/51. *Strnad*, „Flachs für das Reich", S. 57. Hermann Bachmayer wehrte sich gegen die Zuweisung der jüdischen Zwangsarbeiter in die Flachsröste und schied kurz nach Beginn des Arbeitseinsatzes aus dem Betrieb aus. Quelle: *Strnad*, „Flachs für das Reich", S. 17, 82.

[65] Eintrag vom 24.01.1942, Tagesberichte II, S. 40, in: BArch, N 1856/51.

[66] Alle Belege in: „Schreiben von Grabower an den Betriebsführer ‚Im Nachgang zu meinem Berichte über Besetzung von Arbeitsplätzen' vom 11.02.1942", in: BArch, N 1856/54.

ren.⁶⁷ So schrieb Grabower folgenden Spruch von Goethe in der „Zweiten Sammelverfügung vom 27.08.1941" auf, den er auch den Arbeiterinnen vorgetragen hatte: „Sehr viel ist zu erreichen durch Strenge, mehr durch Liebe, das meiste aber durch Einsicht und eine unparteiische Gerechtigkeit, bei der kein Ansehn [sic!] der Person gilt."⁶⁸

Grabower erinnerte sich bei der Ausführung seines Amtes an einen Grundsatz, den ihm der kommandierende General seines Armeekorps gelehrt hatte, nämlich, dass bei jeder Kritik überlegt werden muss „was muss ich loben, was kann ich loben, dann erst kommt der Tadel".⁶⁹ Für die Ausrichtung seines Verhaltens nach diesen Grundsätzen erntete er viel Kritik, die ihn jedoch nicht dazu veranlasste, seine Einstellung hierüber zu verändern.

Er schrieb stolz über sich, dass er durch sein Verhalten in der Flachsröste wenigstens 200–300 Menschen helfen und vor allerlei schützen konnte. Durch seine Grundsätze verzeichnete Grabower im Februar 1942 in der Arbeitsweise und Motivation bei den inzwischen eingetroffenen Polinnen erste Erfolge. Er versuchte an ihr Ehrgefühl zu appellieren, was er zwar für den längeren und schwierigeren, jedoch für den einzigen erfolgversprechenden Weg hielt. Ihm war klar, dass er mit Schimpfen, Beschwerden und Ähnlichem bei den Frauen nicht weiterkommen würde.⁷⁰

Grabower berichtete mehrfach, dass es in seinen neun Monaten in der Flachsröste nur zu einem Zwischenfall gekommen ist, bei dem eine Frau von einem Angestellten der Firma eine Ohrfeige erhalten hatte.⁷¹ Diese Aussage stimmt jedoch nicht mit seinen Eintragungen in den Tagesberichten überein. In diesen sind weitere Gewaltakte verzeichnet: Der von Grabower als einzige Gewalttat beschriebene, war eine Ohrfeige vom Vorarbeiter Josef Finkenzeller⁷² gegen Lotte Schwarzschild am 20.01.1942. Jedoch wurden in seinen Berichten noch folgende andere Vorkommnisse erwähnt: Eine Frau hatte im Februar 1942 laut Grabower wohl zu Unrecht eine Ohrfeige von Höber bekommen. Grabower wurde auch von einer Arbeiterin darüber informiert, dass sie einer anderen Frau eine Ohrfeige gegeben hätte, da diese andauernd das Flachs falsch transportiert

---

⁶⁷ Vgl. BArch, N 1856/51.
⁶⁸ „Zweite Sammelverfügung vom 27.08.1941", in: BArch N 1856/51.
⁶⁹ „Schreiben von Grabower an den Betriebsführer ‚Im Nachgang zu meinem Berichte über Besetzung von Arbeitsplätzen' vom 11.02.1942", in: BArch, N 1856/54.
⁷⁰ Alle Belege in: „Bestätigung von Grabower für Sesselmann vom 14.03.1948", in: BArch, N 1856/50. Auch abgedruckt in: „Wenn im Amte", S. 159. Eintrag vom 13.02. oder 18.02.1942 (Grabower hatte sich vertippt und den 13.01. bzw. 18.01. angegeben), Tagesberichte II, S. 55, 59, in: BArch, N 1856/7. Vgl. auch „Bericht von Grabower an Mugler vom 17.06.1942", in: BArch, N 1856/7.
⁷¹ „Brief Grabower an Mugler vom 30.04.1950", in: BArch, N 1856/50. „Brief von Grabower an Dorn vom 21.08.1953", in: BArch, N 1856/61. Auch abgedruckt in: „Wenn im Amte", S. 228f.
⁷² Josef Finkenzeller war seit dem Jahr 1933 Mitglied in der NSDAP. Quelle: Strnad, „Flachs für das Reich", S. 80.

habe. Als ein Röstmeister einer der Arbeiterinnen das Jackett wegriss und auf die Erde warf, bezeichnete Grabower diesen Gewaltakt, der nach seinen Angaben der erste war, dem er in Lohhof beigewohnt hatte, als berechtigt, da sich die Frau „in der üblichen schnodderigen Weise" benahm.

Aber auch für Grabower war es schwierig, sich durchgehend an seine eigenen Grundsätze zu halten und so kam es vor, dass auch er hart zupackte. Laut eigener Aussage brüllte er am 21.09.1941 erstmalig in der Flachsröste. Dies geschah jedoch wohl auch nur deshalb, weil er die Arbeiterin, die unrechtmäßig weggegangen war, nicht einholen konnte. Bei einer anderen Konfrontation mit einer der Frauen ging Grabower einfach weg, um nicht unfreundlich zu werden.[73] Seines Erachtens ließen sich die Grundsätze, die er von seinem General übernommen hatte, bei der Mehrzahl der Polinnen nicht anwenden, da viele von ihnen für Freundlichkeiten kein Verständnis hätten und sich nur wohlfühlen würden, wenn sie hart angefasst würden.[74] Während er noch im September 1941 die Frage eines Vertreters des Oberbürgermeisters, was seine Strafmittel bei Arbeitsverweigerung seien, damit beantwortete, dass dies noch nicht vorgekommen sei und er sich ein derartiges Szenario auch nicht vorstellen könnte, sah die Situation ein halbes Jahr später bereits ganz anders aus. Als polnische Arbeiterinnen in den Betten blieben und sich weigerten aufzustehen, um zu arbeiten, war Grabower sogar versucht, die Polizei zu rufen. Er war dann jedoch froh, dass er dies nicht tun musste, da sich die Angelegenheit mit einem Ausgehverbot von zwei Wochen regeln ließ. Als sich am nächsten Tag ähnliche Szenen abspielten, wurde Grabower dann doch zu einer der Frauen „etwas gewalttätig". Auch als eine Frau sich bei der Arbeit unwillig zeigte und Versuche unternahm, ihren Arbeitsplatz unerlaubt zu verlassen, packte Grabower sie an der Hand, führte sie zurück und „wurde zum Dritten un [sic!] letzten Mal hier in Lohhof grob, worauf sie sagte das sei ihr noch nie vorgekommen." Jedoch bemühte sich Grabower nach diesem Vorfall und lobte diese Frau danach beim Verrichten ihrer Arbeit bewusst mehrfach.[75]

Grabower war nicht nur streng gegenüber seinen Schützlingen, sondern auch gegenüber sich selbst. In der „Ersten Sammelverfügung vom 11.08.1941" schrieb er, dass für ihn, wie auch für die anderen Arbeiter in leitenden Positionen, der Grundsatz gelte: „Vorgesetzter sein, heisst Dienst am Untergebenen."[76] Kame-

---

[73] Alle Belege in: Eintrag vom 21.09.1941, Tagesberichte I, S. 37 und Eintrag vom 20.01., 06.02., 10.02. und 18.03.1942, Tagesberichte II, S. 37, 51, 54 und 77, in: BArch, N 1856/51.

[74] „Schreiben von Grabower an den Betriebsführer ‚Im Nachgang zu meinem Berichte über Besetzung von Arbeitsplätzen' vom 11.02.1942", in: BArch, N 1856/54.

[75] Alle Belege in: Eintrag vom 19.09. und 15.10.1941, Tagesberichte I, S. 37, 50 und Eintrag vom 07.02. und 08.02.1942, Tagesberichte II, S. 51, in: BArch, N 1856/51. Die Aussage, dass er zum letzten Mal in Lohhof grob geworden ist, könnte darauf hinweisen, dass die Tagesberichte doch erst nach seiner dortigen Arbeit abgetippt wurden.

[76] „Erste Sammelverfügung vom 11.08.1941", in: BArch, N 1856/51. Bzgl. Theresienstadt auch: „16. Wochenbericht vom 29.03.1945", in: BArch, N 1856/56.

radschaft, Disziplin, Ordnung und Pünktlichkeit sei bei der Arbeit in der Röste selbstverständlich.[77] Als wichtigstes Kontrollmittel sah Grabower es an, die Arbeiterinnen bei ihrer Tätigkeit durch Mitarbeit zu überwachen. Zudem betonte Grabower, dass er auch vor Lohhof von seinen Mitarbeitern und Untergebenen nie etwas verlangt habe, was er selbst nicht versucht oder woran er nicht selbst mitgearbeitet habe. Für ihn war es somit eine selbstverständliche Pflicht, an allen Maschinen in der Fabrik mitzuarbeiten, um sich so über den Charakter und die Arbeitsleistung der jüdischen Beschäftigten sowie den Zustand der Maschinen ein Urteil bilden zu können. Deshalb verbrachte er auch – laut eigener Aussage – jede freie Minute damit, an einer Maschine oder auf dem Feld auszuhelfen, außer wenn es sich um Tätigkeiten handelte, bei denen besondere Geschicklichkeit erforderlich war.[78]

Er half an den Arbeitsplätzen nicht nur mit, wenn Frauen fehlten, sondern auch, weil er eine optimalere Arbeitsweise zeigen und den Ertrag maximieren wollte.[79] Die dadurch gesteigerte Produktion sah er als Beweis dafür, dass sich Kontrolle und Mitarbeit auch auf die unmittelbare Leistung auswirkten. Die Arbeiterin Tartüff sagte über Grabowers Arbeitsweise im Januar 1942, dass dieser schlimmer als die Nationalsozialisten sei.

Allerdings nahm Grabower beispielsweise, als M (wahrscheinlich Mugler) das unmilitärische Verhalten besonders in der Baracke rügte, die volle Verantwortung auf sich und meinte, dass dies auf falschen Instruktionen durch ihn zurückzuführen sei. Grabower gab sich zudem selbst die Schuld, dass bei einer Kontrolle die Unordentlichkeit kritisiert wurde, da er diese Unordnung bereits gesehen hatte, aber nicht energisch genug gegen sie vorgegangen war. Ein ähnlicher Vorfall fand statt, als Grabower zusammen mit den Frauen arbeitete, dabei sein Hemd aufgrund der Hitze auszog und daher einen Abstand von einigen Hundert Metern zu den Frauen hielt. Auch hier gab er sich selbst die Schuld, dass die Arbeiterinnen die Aufträge zeitlich nicht zufriedenstellend erfüllten, weil er sie nicht im Auge behalten und genügend gedrängt hatte.

Es zeigt sich an solchen Situationen, dass Grabower seine Grundsätze bzgl. der Beziehung zwischen Untergebenen und Vorgesetzten ernst nahm und für seine Schützlinge einstand. Zwar achtete er streng, vielleicht teilweise auch et-

---

[77] „Erste Sammelverfügung vom 11.08.1941", in: BArch, N 1856/51.
[78] Alle Belege in: „Bericht von Grabower an Mugler vom 17.06.1942", in: BArch, N 1856/7 und BArch, N 1856/51. „Bericht von Grabower an den Betriebsführer unter Bezug auf die Besprechung am 29. Januar 1942", vom 30.01.1942, in: BArch, N 1856/48 und BArch, N 1856/51. Eintrag vom 14.08.1941, Tagesberichte I, S. 12 und Eintrag vom 30.01.1942, Tagesberichte II, S. 45, in: BArch, N 1856/51. Beispiel im Eintrag vom 08.12.1941, Tagesberichte II, S. 8, in: BArch, N 1856/51.
[79] Eintrag vom 26.11.1941 und vom 28.01.1942, Tagesberichte II, S. 4, 43, in: BArch, N 1856/51. Vgl. auch „Bericht von Grabower an Mugler vom 17.06.1942", in: BArch, N 1856/7. Laut eigener Aussage war Grabower bei allen drei Schichten anwesend. Quelle: „Brief Grabower an Mugler vom 30.04.1950", in: BArch, N 1856/50.

was zu streng, auf die Einhaltung der richtigen Arbeitsweise und der zu erzielenden Produktionsleistung, jedoch nur, um seine Untergebenen vor Konsequenzen zu bewahren.

Die Strenge Grabowers kann zumindest größtenteils damit erklärt werden, dass ihm bewusst war, was es bedeutete, wenn Arbeiterinnen aufgrund schlechter Arbeitsleistung auffielen. Wenn die Arbeit nicht zufriedenstellend erfolgte, mussten die Frauen teilweise viele Stunden nacharbeiten.[80] Seinen Aufzeichnungen ist kein einziges Mal zu entnehmen, dass er eine Arbeiterin absichtlich an einer besonders unbeliebten Stelle arbeiten ließ, nur um seine Missgunst ihr gegenüber zu befriedigen. Die „arischen" Vorgesetzten waren hier schon deutlicher und befahlen Grabower, bestimmte Frauen an besonders übelriechenden oder kräftezehrenden Stellen einzusetzen, ihnen zu verbieten, in der Freizeit die Flachsröste zu verlassen oder sie von den anderen Frauen zu isolieren.[81] Für Grabower hingegen stand an erster Stelle immer der Erfolg des Betriebes, mit dem Wissen im Hinterkopf, dass, wenn die Produktion im Betrieb gut lief, die Aussicht der Arbeitskräfte an dem Arbeitsplatz zu bleiben stieg und die Gefahr deportiert zu werden geringer war. Daher setzte er die Zwangsarbeiterinnen an solchen Stellen in der Röste ein, an denen er das Gefühl hatte, dass sie dort am meisten für den Betrieb bewirken könnten und versuchte gezielt Frauen, die schlechtere Leistungen erbrachten, an Stellen einzusetzen, an denen sie der Kontrolle der anderen Arbeiterinnen unterlagen.[82] Er bat zudem stärkere Arbeitsgruppen, ihre Arbeitsmoral auf die schwächeren Gruppen zu übertragen, da es sein Ziel war, ein einheitliches Niveau der Arbeitsleistung zu erreichen.[83] Gelegentlich äußerte er sich zwar schlecht über die eine oder andere Arbeiterin – „Es wäre wirklich gut, wenn man die Bainberg loswerden könnte."[84] –, jedoch blieb dies, nach eigener Aussage, die Ausnahme und er versuchte die Frauen

---

[80] Alle Belege in: Eintrag vom 19.09. und Anfang Oktober 1941, Tagesberichte I, S. 36, 44 und Eintrag vom 25.01., 28.01., 06.02. und 02.03.1942, Tagesberichte II, S. 40, 42 f., 51, 67, in: BArch, N 1856/51. So drohte Höber auch damit, dass, wenn die Arbeitsleistungen nicht besser würden, er die Frauen zehn Stunden arbeiten lasse. Siehe Eintrag vom 16.09.1941, Tagesberichte I, S. 34, in: BArch, N 1856/51.

[81] Eintrag vom 05.02. und 06.02.1942 (Grabower hat fälschlicherweise 05.01. und 06.01. angegeben), Tagesberichte II, S. 50 und bzgl. kriegsgefangener Russen am 15.07.1941, Tagesberichte I, S. 1, in: BArch, N 1856/51. Zum Erzielen von besonderer Demütigung wurde den Frauen des Öfteren verboten, die Toilette während ihrer Arbeitszeit außerhalb der Mittagspause zu benutzen. Quelle: *Strnad*, „Flachs für das Reich", S. 80.

[82] Beispiele in: BArch, N 1856/51. Vgl. auch „Bericht von Grabower an Mugler vom 17.06. 1942", in: BArch, N 1856/7. Hier schrieb Grabower, dass die Polinnen ständig angespornt werden mussten und ohne ständige Kontrolle unzuverlässig und ungleichmäßig arbeiten würden.

[83] Eintrag vom 27.08.1941, Tagesberichte I, S. 20, in: BArch, N 1856/51.

[84] Eintrag vom 13.01.1942, Tagesberichte II, S. 33, in: BArch, N 1856/51. Syma Bainberg wurde in der Flachsröste von vielen Seiten oft der Faulheit bezichtigt und von Grabower auf die Liste derjenigen Frauen gesetzt, die für die Flachsröste verzichtbar und damit für die Deportation bestimmt waren. Quelle: *Strnad*, „Flachs für das Reich", S. 115 f.

trotzdem „vor Litzmannstadt und weiteren Folgen zu bewahren". Daher setzte er, wenn er selbst mitarbeitete, Frauen, die immer wieder mit ihrer schlechten Arbeit auffielen, in seine Gruppe ein, um sie besser kontrollieren zu können.

Des Weiteren bat Grabower die Arbeiterinnen, ihn über jede Einzelheit in technischer Beziehung zu unterrichten, denn nur durch den Zusammenfluss aller Meldungen könne er in die Lage versetzt werden, die Frauen dem Direktor und den Meistern gegenüber zu schützen, falls unberechtigte Vorwürfe gegen sie erhoben werden würden. Das Entkräften solcher Vorwürfe war besonders wichtig, vor dem Hintergrund von Aussagen, wie der von Höber: „Wenn die nicht aufpassen, dann sinds immer die Maschinen. Ich werde dem Direktor sagen, dass er die ganze Judenbande rausschmeisst, dann sollen sie sehen, was aus ihnen wird." Grabower ging zunächst auch auf Änderungswünsche der Frauen bei der Besetzung der Arbeitsposten ein, jedoch unterließ er dies später mit dem Hinweis, dass er das Gefühl habe, dass sie selbst nicht wüssten, was sie wollten.[85] Dennoch versuchte er nach Möglichkeit den Wünschen der Frauen zu entsprechen, auch deswegen, weil er der Ansicht war, dass sich die Beziehungen der Frauen untereinander auf deren Produktivität auswirken. Daraufhin wurde ihm vorgeworfen, dass er zu gut zu den Arbeiterinnen sei und auf alle Wünsche eingehe.[86]

Grabower ließ sich in keiner Lebenssituation bestechen oder bevorzugt behandeln. Zudem begünstigte er auch selbst niemanden, sondern versuchte immer neutral und gerecht zu bleiben. Beispielsweise wollte ihm Elisabeth Kühl[87] am 18.12.1941 zwei Kriminalromane schenken, nachdem sie stundenlang nach etwas Passendem gesucht hatte, mit dem sie Grabower eine Freude machen könnte. Auch Frau Eppstein übergab Grabower gegen seinen Willen Fleisch und Margarete Vollert einen Bonbon. Grabower schrieb solche Vorkommnisse pflichtbewusst auf und wehrte sich vehement gegen Geschenke, da er „alle sogenannten Verwöhnungen abscheulich finde". Die beiden Bücher nahm er Kühl nicht ab und Eppstein redete er ins Gewissen. Als eine der Frauen ihm eine Flasche Schnaps hinstellte, wurde Grabower zornig und schickte ihr diese um-

---

[85] Alle Belege in: Eintrag vom 16.09. und 30.09.1941, Tagesberichte I, S. 34, 41 und Eintrag vom 17.12.1941, 08.01., 21.01. und 20.03.1942, Tagesberichte II, S. 15, 29, 38, 77, in: BArch, N 1856/51.

[86] „Bericht von Grabower an den Betriebsführer unter Bezug auf die Besprechung vom 29.01.1942", in: BArch, N 1856/48 und BArch, N 1856/51. Eintrag vom 08.01. und 10.01.1942, Tagesberichte II, S. 31, in: BArch, N 1856/51.

[87] Elisabeth Kühl versuchte mehrfach zu flüchten. Auch Ende Dezember 1941 unternahm sie einen Fluchtversuch, woraufhin Grabower nach ihr fahnden ließ. Siehe: Eintrag vom 21.12., 24.12., 27.12.1941, 15.03. und 16.03.1942, Tagesberichte II, S. 18, 20, 74, in: BArch, N 1856/51. Kühl wurde am 27.12.1941 aufgegriffen und sollte bereits am 28.12.1941 wieder zur Arbeit antreten. Eintrag vom 27.12.1941, Tagesberichte II, S. 21. Elisabeth Kühl wurde nach ihrem erneuten Ergreifen im Frauenkonzentrationslager Ravensbrück inhaftiert und kurz darauf nach Auschwitz deportiert. Ihr Tod wurde auf den 11.10.1942 datiert. Quelle: *Strnad*, „Flachs für das Reich", S. 75 f. Vgl. *Schrafstetter*, „Flucht und Versteck", S. 139–141.

gehend zurück. Er wies erneut darauf hin, dass er keinerlei Geschenke annehmen würde und falls ihm jemand etwas Gutes tun wolle, eine Spende an die Gemeinschaftskasse angemessen sei. Auch als ein Herr Blumenreich Grabower bezüglich der Krankenkassensätze eine Vergünstigung zukommen lassen wollte, bat Grabower ihn stattdessen richtig und ordnungsgemäß nach normalen Sätzen zu berechnen.[88] Die Ablehnung, Geschenke im Dienst anzunehmen, zieht sich durch die unterschiedlichen Stationen von Grabowers beruflichen Lebens bis zu seinem Tod.

e) Morgensprüche als Ablenkung und Motivation für die Zwangsarbeiter

Eine weitere Konstante, die sich durch Grabowers gesamtes Leben zog, war der Dichter Johann Wolfang von Goethe. Er hatte sogar ein Bild von Goethe über den Schreibtisch in seinem Büro im Reichsfinanzministerium aufgehängt.[89] Goethe wurde als höchstes deutsches Kulturgut angesehen und war in Grabowers Generation äußerst beliebt.[90] Auch Johannes Popitz nannte Goethe und Fontane seine besten Freunde. Er beschrieb die Wirkung dieser Autoren auf ihn wie folgt: „Was ich ihnen danke, ist nicht nur Belehrung, Genuß und Unterhaltung, es ist etwas Köstliches: Trost".[91]

Immer wieder zitierte Grabower Sprüche aus Goethes Werken.[92] So auch in Lohhof. Frühmorgens trug er seinen Leidensgenossen in Lohhof Sprüche vor,

---

[88] Alle Belege in: Eintrag vom 18.12., 20.12.1941, 08.01. und 02.02.1942, Tagesberichte II, S. 15, 17, 31, 46, in: BArch, N 1856/51.

[89] Vgl. auch „Flachs für das Reich", S. 89. An der Wand über seinen Bücherregalen, wahrscheinlich in der Wohnung am Lützowufer, hing ein Bild von Friedrich dem Großen. Quelle: „Wenn im Amte", S. 20. Laut dem Ministerialrat Dengler soll der Pfarrer bei der Beerdigung von Grabower zudem gemeint haben, dass er dessen Charakter durch einen Blick in das Arbeitszimmer Grabowers durchschaut habe, da das Bild von Friedrich dem Großen hinter dessen Schreibtisch hing, was auf Grabowers Beamtentugend hinwies. Unter dem Bild befand sich ein Offiziersdegen und auf dem Schreibtisch lag eine zerlesene Bibel. Quelle: „Zum Leben Rolf Grabowers", in: BArch, N 1856/1.

[90] Nagel, „Johannes Popitz", S. 14. Interessanterweise wurde das Werk „Faust" außergewöhnlich oft aus der Ghettobibliothek in Theresienstadt ausgeliehen. Quelle: *Hájková* „Ältere deutsche Jüdinnen und Juden im Ghetto Theresienstadt", in: *Meyer*, „Deutsche Jüdinnen und Juden in Ghettos und Lagern (1941–1945)", S. 213, die auf Edmund Hadra, LBI, AR 1249 verweist. Ähnliches zum literarischen Geschmack der deutschen Ghettobewohner auch: *Hájková*, „Prisoner Society in the Terezín Ghetto 1941–1945", S. 218 f.

[91] Nagel, „Johannes Popitz", S. 10 f. Zitiert nach Nagel. Anne Nagel verweist hier auf den Text von Popitz „Meine beiden Freunde: Goethe und Fontane". Dieser befindet sich auch in BArch, N 1856/62. Popitz soll diesen Text kurz vor seiner Hinrichtung für seine Kinder aufgeschrieben haben. Quelle: „Wenn im Amte", S. 169 (Das Zitat ist dort ebenfalls zu finden.).

[92] Beispiel in „Erste Sammelverfügung vom 11.08.1941", in: BArch, N 1856/51. Neben anderen sind folgende Sprüche von Goethe in dieser Sammelverfügung aufgezählt: „Unentschlossenheit ist die grösste Krankheit." „Der Mensch, der Gewalt über sich selbst hat und behauptet, leistet das Schwerste und Grösste" und „Beurteile niemand, bis Du an seiner Stelle gestanden hast." In der „Zweiten Sammelverfügung vom 27.08.1941" waren unter anderem diese Sprüche abgedruckt: „Wie kann man sich selber kennenlernen? Durch Betrachten nie-

um sie wahrscheinlich ein wenig von dem schrecklichen Alltag abzulenken und sie auch zum Weitermachen zu motivieren. Auf die Nachfrage, warum er ihnen jeden Morgen einen Spruch vortrage, erklärte Grabower den Frauen im August 1941, dass er den Eindruck gewonnen habe, dass es ihnen gut gefalle und sie dadurch auftauen würden. Neben diesen literarischen Vorträgen plante er mit den Kameradschaftsführerinnen auch einen musikalischen Abend und eine Vorlesung mit verteilten Rollen.[93]

Im Folgenden wird nur ein Bruchteil der von Grabower ausgesuchten Sprüche aufgelistet, um einen Überblick zu geben. Hierbei wurden Sprüche ausgewählt, die für die Situation der Zwangsarbeiter besonders bezeichnend waren.

Unter den vorgetragenen Sprüchen waren folgende:[94]

Am 27.08.1941 wählte Grabower einen Spruch von Konfuzius:

„Der Edle verlangt etwas von sich selbst. Der Niedrigdenkende verlangt etwas von andren. – Der Niedrigdenkende wird immer versuchen, seine Fehler zu beschönigen."

Dieser Spruch passt besonders gut zu Grabowers Arbeitsmoral.

Am 29.08.1941 lautete der von Laotse stammende Morgenspruch:

„Beim Denken liegt die Güte in der Tiefe, beim Verkehr mit anderen in der Menschlichkeit, beim Sprechen liegt die Güte in der Wahrhaftigkeit, beim Herrschen in der Ordnung, beim Handeln im Können, beim Unternehmen in der Wahl der Zeit."

Es folgte:

„Der Edle ist stolz, aber ohne Hochmut. Der Niedrigdenkende ist hochmütig, aber ohne Stolz. Der Edle ist zufrieden und voller Ruhe. Der Niedrigdenkende ist immer in Aufregung und Bedrängnis. Der Edle versteht es, auch Unglück mit Festigkeit und Würde zu tragen."

Am 01.09.1941 wählte Grabower einen Spruch von Nestroy, der lautete:

„Die Zukunft ist eine undankbare Person, die g'rad nur die quält, die sich recht sorgsam um sie bekümmern."

Grabower scheint während seiner Verfolgung versucht zu haben, sich so wenige Gedanken wie möglich über die unmittelbare Zukunft zu machen.

---

mals, wohl aber durch Handeln. Versuche, deine Pflicht zu tun, und du weisst gleich, was an dir ist." „Man sollte alle Tage wenigstens ein kleines Lied hören, ein gutes Gedicht lesen, ein treffliches Gemälde sehen und, wenn es möglich zu machen wäre, einige vernünftige Worte sprechen." „Das Ehrgefühl stellt ein glühendes Verlangen dar, seine Pflicht besser zu leisten als andere, es ihnen durch innere Würdigkeit vorzutun. Ehrgefühl spornt, ohne Eifersucht zu erwecken, die Seele an, entreisst sie der Untätigkeit und Gleichgültigkeit; es ist der edelste Antrieb zu allen unseren Leistungen." In der „Dritten Sammelverfügung vom 12.09.1941" schrieb Grabower unter anderem auf: „Ich schweige zu vielem still, denn ich mag die Menschen nicht irre machen und bin wohl zufrieden, wenn sie sich freuen da wo ich mich ärgere."

[93] Belege in: Eintrag vom 26.08.1941, Tagesberichte I, S. 20, in: BArch, N 1856/51.
[94] Die nachfolgenden Sprüche entstammen: „Dritte Sammelverfügung vom 12.09.1941", in: BArch, N 1856/51.

Am nächsten Tag war es wieder Goethe, mit dem Grabower seine Mitarbeiter am frühen Morgen konfrontierte und zu einem sozialeren Miteinander aufrief:

„Manches habe ich gefehlt in meinem Leben, doch keinen hab ich belistet. – Kindlein liebt Euch, und wenn das nicht gehen will, lasst wenigstens einander gelten."

Im September 1941 zitierte Grabower wieder Goethe:

„Es gibt eine Höflichkeit des Herzens; sie ist der Liebe verwandt. Aus ihr entspringt die bequemste Höflichkeit des äusseren Betragens."

Diesen Spruch trug Grabower auch nach dem Krieg in das Gästebuch der Bundesfinanzakademie Siegburg ein.[95]

Ein weiterer Spruch lautete:

„Gerade bei widerstrebenden Naturen muss man sich zusammennehmen, um mit ihnen durchzukommen, und dadurch werden alle die verschiedenen Seiten in uns angeregt und zur Entwicklung und Ausbildung gebracht, sodass man sich dann bald jedem vis a vis gewachsen fühlt. Wenn etwas ist gewaltiger als das Schicksal, so ist's der Mut, der's unerschüttert trägt."

Am 10.09.1941 zitierte Grabower einen altchinesischen Spruch:

„Wer sich über Menschen eine Meinung bilden will, der beurteile Menschen in Not nach den Dingen, die sie sich nicht gefallen lassen."

Es ist interessant, dass Grabower gerade diesen Spruch vortrug, da die Möglichkeiten der Zwangsarbeiter sich gegen die Maßnahmen der Nationalsozialisten zu Wehr zu setzen, ohne ihr eigenes Leben zu gefährden, äußerst beschränkt bzw. nicht existent waren.

Beim Großteil der ausgesuchten Sprüche lässt sich der Inhalt auf die Situation der Zwangsarbeiter übertragen. Grabower versuchte, die Arbeiterinnen durch das Vortragen dieser Sprüche zum Nachdenken zu animieren und ihnen auch Hoffnung und Kraft in ihrer schweren Lebenssituation zu geben. Er betonte durch die Sprüche immer wieder, dass die Arbeitsmoral auch in Hinblick auf die anderen Arbeiterinnen aufrechterhalten werden müsse und jede ihr schweres Schicksal mit Würde tragen solle. Nicht nur Grabowers Belesenheit und Kenntnis von der Literatur kommt hier besonders gut zum Ausdruck, sondern es wird auch deutlich, wie er diese immer wieder als Flucht vor der Realität bzw. als Hilfsmittel, schwierige Zeiten zu durchstehen, benutzte.

Die Reaktion auf Grabowers Vorträge war gemischt. Als er am 09.01.1942 beim Morgenappell die Barackenmädchen um die Angabe von Bibelstellen bat, die er dann hätte vorlesen können, wurde er ausgelacht. Am 27.02.1942 las Gra-

---

[95] „Skizze zu Grabowers Lebenslauf" vom 15.03.1963, in: BArch, N 1856/1. „Hessdörfer über Grabower vom 15.03.1963", in: BArch, N 1856/49. Umsatzsteuer-Rundschau, Jahrgang 1983, Heft 05, Seite 81. Dieser Artikel befindet sich im Ordner: BArch, PERS 101/010046, fol. 1.

2. Leiter des jüdischen Arbeitseinsatzes in der Flachsröste Lohhof

bower ca. zwanzig Arbeiterinnen „Herakles am Scheideweg" vor, wobei er verzeichnete, dass zum Teil reges Verständnis, zum Teil aber auch Einschläferung der Fall war.[96]

f) Kritik und Vorwürfe, der sich Grabower mit der Zeit ausgesetzt sah

Grabower war sowohl von den „arischen Vorgesetzten" bzw. Nationalsozialisten als auch von den Juden/Zwangsarbeitern ständigen Vorwürfen ausgesetzt.

Der Oberregierungsrat Ludwig Schrott, der ebenfalls zum Personal der „Arisierungsstelle" zählte,[97] teilte Grabower im August 1941 mit, dass dieser nicht zu lasch mit den Frauen umgehen solle, da er selbst einige krankgemeldete Arbeiterinnen beim munteren Spaziergehen beobachtet habe.[98] Franz Mugler, einer der gefürchtetsten Mitarbeiter der „Arisierungsstelle",[99] sagte zudem nach einer Kontrolle im März 1942, dass Grabower zu gut zu den Arbeitern sei und er „die Peitsche gebrauchen, kalt Wasser nehmen, die strafweise hierher versetzten Frauen, besonders streng am Trockner und am Silo behandeln" solle.[100]

Im Verlauf der Zeit kam auch immer mehr Kritik von den jüdischen Arbeiterinnen an Grabowers Vorgehen auf, die sich vermehrt über ihn beschwerten. Die Frauen warfen ihm vor, sich nicht ausreichend um ihre Belange zu kümmern, während ihn die „Arier" gleichzeitig dafür rügten, dass er den Frauen zu viel durchgehen lasse und sie zu gut behandeln würde. Eine der Frauen kritisierte Grabower wiederholt dafür, dass er es nicht verhindert hätte, dass Mugler Kranke zum Arbeiten in die Flachsröste schickte. Grabower antwortete ihr nicht und bat stattdessen eine daneben stehende Frau die tatsächlichen Verhältnisse darzulegen, wobei er sich auf seine zahlreichen Reklamationen bei Mugler bezog. Zudem hatte Höber Grabower bereits sehr erregt angefahren, als dieser ihm die Anzahl der Erkrankten an einem Tag nannte und meinte, dass dies nun aufhöre und er alle Kranken melden würde.[101] Für Grabower stand somit fest: „Dass bei nicht sehr schweren Krankheiten kein besseres Mittel ist, als die Notwendigkeit gesund zu bleiben."[102] Auch Gerty Spies – ebenfalls Jüdin und Zwangsbewohnerin des Ghettos Theresienstadt – beschrieb diese Zwangslage,

---

[96] Eintrag vom 12.01. und 27.02.1942, Tagesberichte II, S. 32, 66, in: BArch, N 1856/51.
[97] *Strnad*, „Flachs für das Reich", S. 37. Strnad schreibt, dass Hans Wegner, Ludwig Schrott, Richard Westermayr und Franz Mugler bei der „Arisierungsstelle" angestellt waren. Der Sitz der „Arisierungsstelle" befand sich in der Widenmayerstraße 27.
[98] Eintrag vom 25.08.1941, Tagesberichte I, S. 19, in: BArch, N 1856/51. Ähnlich Eintrag vom 20.10.1941, Tagesberichte I, S. 54, in: BArch, N 1856/51.
[99] *Schrafstetter*, „Flucht und Versteck", S. 35.
[100] Eintrag vom 02.03.1942, Tagesberichte II, S. 67, in: BArch, N 1856/51.
[101] Alle Belege in: Eintrag vom 06.09. und 07.10.1941, Tagesberichte I, S. 28, 46, in: BArch, N 1856/51. Auch Eintrag vom 19.11.1941, Tagesberichte II, S. 1, in: BArch, N 1856/51. Beispiel in Eintrag vom 11.08.1941, Tagesberichte I, S. 8 und vom 23.01.1942, Tagesberichte II, S. 39, in: BArch, N 1856/51.
[102] Schreiben vom 11.12.1941, in: BArch, N 1856/51.

mit der die Juden in leitenden Positionen zu kämpfen hatten. Hierbei diente ihr Julius Spanier[103] als Beispiel:

„Für diese Menschen Vertrauensarzt sein, hieß die Bürde doppelter Verantwortung tragen, zwischen der Befehlsgewalt jener Herren und dem eigenen Gewissen täglich, stündlich entscheiden müssen, selber am gefährlichsten bedroht. Schrieb man alle Kranken krank, so überstieg man sozusagen das Kontingent und verscherzte sich die Möglichkeit, wenigstens die Hinfälligsten vorübergehend vom Dienst zu befreien. Wie aber sollten die Betreuten, vorzüglich die Jungen, das ohne Bitterkeit hinnehmen?"[104]

Die Drucksituation auf die jüdischen Amtsinhaber wird auch an einem anderen Beispiel deutlich: Eine jüdische Ärztin hatte einen Mann für nicht transportfähig eingestuft, ein jüngerer jüdischer Arzt bescheinigte ihm nach gründlicher Untersuchung jedoch Transportfähigkeit. Hierauf angesprochen rechtfertigte er sich damit, dass er von den Nationalsozialisten bereits gemaßregelt worden war, weil er zu viele Kranke zurückgestellt hatte und es nun hieß „Er oder ich. Einer muß dran glauben".[105]

Von einer Frau wurde Grabower vorgeworfen, dass er alles im Interesse des Betriebes tue und nichts in ihrem Interesse und dass die anderen Frauen dasselbe denken würden.[106] Grabower sprach sich jedoch sehr wohl zugunsten der Frauen auch gegen die „Arier" aus. Als der Vorarbeiter Franz Steiner verlangte, die Arbeitszeit auf 11 ½ Stunden anzuheben, wobei lediglich eine ¾ Stunde Pause gemacht werden sollte, sprach Grabower den Direktor Vahlensieck an und meinte, dass er es nicht vor seinem Gewissen verantworten könne, unter diesen Umständen in einer solchen Stellung zu bleiben und die Verantwortung dafür zu tragen.[107] Er bat Steiner mehrfach, von der langen Arbeitszeit abzusehen, da sich auch Vahlensieck dagegen ausgesprochen hatte und betonte, nachdem dies keinen Erfolg hatte, dass es gegen das Gesetz verstoßen würde, das längere und häufigere Pausen für die Arbeiter vorsehe. Im Nachhinein wurde Grabower von

---

[103] Julius Spanier war als jüdischer Arzt für die Arbeiter in Lohhof zuständig, ebenfalls in Theresienstadt inhaftiert und von 1945 bis 1951 Präsident der jüdischen Gemeinde in München. Quelle: „Wenn im Amte", S. 35. *Strnad*, „Flachs für das Reich", S. 66.

[104] *Spies*, „Drei Jahre Theresienstadt", S. 168 f.

[105] *Adelsberger*, „Auschwitz – Ein Tatsachenbericht", S. 23. Eine Freistellung von der Deportation aufgrund ärztlicher Atteste oder Überalterung, wurde jedoch seit Frühling 1942 kaum mehr erteilt. Quelle: *Hanke*, „Zur Geschichte der Juden in München zwischen 1933 und 1945", S. 290. Dieser verweist auf die Spruchkammerakte von Koronczyk. Auch der jüdischen Ärztin Magdalena Schwarz, die die Juden in Milbertshofen und Lohhof betreute, wurde von den Nationalsozialisten vorgeworfen, zu viele und falsche Atteste auszustellen. Quelle: *Strnad*, „Flachs für das Reich", S. 119.

[106] Eintrag vom 17.12.1941, Tagesberichte II, S. 15, in: BArch, N 1856/51.

[107] Eintrag vom 11.08.1941, Tagesberichte I, S. 8, in: BArch, N 1856/51. Vgl. auch *Strnad*, „Flachs für das Reich", S. 61. Offiziell sollte die Arbeitszeit von 7–17 Uhr dauern, mit einer Dreiviertelstunde Mittagspause, allerdings arbeiteten die Frauen oft bis zu zwölf Stunden täglich.

Steiner rassistisch beschimpft und dieser betonte, dass Grabower nicht den Betrieb befehle.[108]

Dennoch wurde Grabower nicht müde, einzelne in Schutz zu nehmen und sich gegen die Generalisierung solcher Aussagen zu stellen, wenn andere die Arbeit der Frauen kritisierten.[109] Für ihn war die beste Motivation für gute Arbeit das Loben mehr als das Strafen und dieses Vorgehen versuchte er auch immer bei den deutschen Vorarbeitern anzuregen.[110] So bat er beispielsweise auch den Röstmeister Anton Schollweck, dass dieser, falls er zufrieden mit der Arbeit der Frauen sei, auch Lob aussprechen solle.[111] Er setzte sich zudem regelmäßig für seine Schützlinge ein. So versuchte er bei unterschiedlichen Stellen zu erreichen, dass eine Jugendliche ihre Mutter besuchen dürfe, die evakuiert werden sollte.[112] Grabower stand ebenfalls für eine Zwangsarbeiterin ein, als diese Lohn für Überstunden forderte. Nachdem ihr dieser von der Firma aufgrund der seit dem Entstehen des Anspruchs bereits verstrichenen Zeit verweigert wurde, zahlte ihr Grabower den Lohn aus der Gemeinschaftskasse.[113]

Im Verlaufe der Zeit veränderte sich Grabowers Beziehung zu seinen Schützlingen. Seine Stellvertreterin Irmgard Spiegelberg erklärte ihm im Februar 1942, dass er den Kontakt zu den Münchener Jüdinnen verloren und mit den polnischen Jüdinnen niemals einen guten Draht besessen habe. So klagten vor allem die Münchener Jüdinnen bei Spiegelberg, dass Grabower „früher wie ihr älterer Kamerad gewesen" sei und sie jetzt immerzu anfahren würde. Von unterschiedlichen Quellen wurde ihm wiederholt zugetragen, dass Arbeiterinnen auch außerhalb der Flachsröste schlecht über ihn sprachen. Aufgrund dieser kritischen Äußerungen teilte er den Arbeitern mit, dass ihm das egal sei, sie aber nicht auf den Betrieb schimpfen sollten, sonst würden sie bei Bekanntwerden Vergünstigungen verlieren.[114]

Dennoch kamen die Frauen weiterhin zu Grabower, um diesen um Rat zu fragen. Er betonte auch gegenüber den Arbeiterinnen wiederholt, dass sie Sachen, die sie an ihm störten, offen bei ihm ansprechen könnten, zudem hatte er auch immer ein offenes Ohr für die Frauen. Auch bei Inspektionen forderte Grabower die Frauen dazu auf, Klagen gegen ihre Behandlung und ihn vorzu-

---

[108] Belege in: Eintrag vom 12.08.1941, Tagesberichte I, S. 10, in: BArch, N 1856/51. Vgl. auch *Strnad*, „Flachs für das Reich", S. 61.
[109] Beispiel: Eintrag vom 16.09.1941, Tagesberichte I, S. 34, in: BArch, N 1856/51.
[110] *Strnad*, „Flachs für das Reich", S. 77.
[111] Eintrag vom 01.08.1941, Tagesberichte I, S. 4, in: BArch, N 1856/51. Anton Schollweck war nie Parteimitglied und behandelte die Frauen, im Gegensatz zu seinen Kollegen, öfters freundlich. Daher trauten sich die Frauen auch vermehrt ihn anzusprechen, falls sie Wünsche oder Probleme hatten. Quelle: *Strnad*, „Flachs für das Reich", S. 79, 81.
[112] Eintrag vom 21.03. und 23.03.1942, Tagesberichte II, S. 78f., in: BArch, N 1856/51.
[113] Eintrag vom 16.10.1941, Tagesberichte I, S. 51, in: BArch, N 1856/51.
[114] Alle Belege in: Eintrag vom 21.01., 15.02., 20.02. und 25.02.1942, Tagesberichte II, S. 38, 56, 61, 65, in: BArch, N 1856/51.

bringen, was sie jedoch nicht taten. Zudem bat er auch den Direktor Bachmayer, falls es Beschwerden gegen ihn geben sollte, ihm diese mitzuteilen.[115] Grabower war gewillt, Kritik an seiner Arbeit zu hören und sich auch um eine Verbesserung zu bemühen. Diejenigen, die Kritik an ihm übten, mussten anscheinend zudem mit keinen Repressalien rechnen, sondern wurden von ihm aufgefordert, sich offen und ehrlich zu äußern.

Grabower reagierte jedoch nicht immer gelassen auf Kritik. Als größte Beleidigung sah er es an, dass einer der arbeitenden Männer über ihn sagte, dass er nicht alles erreicht hätte, was ein anderer an seiner Stelle hätte erreichen können. Zwar schrieb Grabower, dass er das nicht übelnehme, regte sich jedoch auf und sagte, dass ihm weder als Soldat noch als Beamter je ein Vorgesetzter einen solchen Vorwurf gemacht habe. Der von ihm darauf angesprochene Mann hielt seine Aussage aufrecht.[116]

Grabower betonte, dass er Dinge melden musste, wie beispielsweise als eine der Frauen einer anderen ein Stück Fleisch wegaß, obwohl die Geschädigte ihn bat, dies nicht zu tun. Jedoch versuchte er auch, durch Ratschläge an die Frauen, die Konsequenzen für diese zu minimieren oder sie überhaupt von den Vergehen abzuhalten.[117]

Er legte auch selbst mit Hand an und erleichterte damit den Frauen die Arbeit. So half er freiwillig, nach der Deportation von einigen der Arbeiterinnen, an den unterschiedlichen Maschinen aus, da die Produktion nun, mangels genügender Arbeitskräfte, massiv einbrach. Auch an Jom Kippur (dem jüdischen Versöhnungstag, an dem die gläubigen Juden fasten) sprang Grabower für Frauen ein, die aufgrund des Fastens nicht fähig waren, ihrer Arbeit im Lager nachzukommen. Eine Zeit lang stand Grabower um 4:45 Uhr auf, um einigen Frauen zu ermöglichen, erst um 6:45 Uhr bei der Arbeit zu erscheinen. Seine Motivation wird auch dadurch deutlich, dass er, als eine der Arbeiterinnen ihm mitteilte, dass er nicht so oft bei den Schichten nach dem Rechten schauen und mitarbeiten müsse, schrieb, dass die Frau verkennen würde, dass er somit vielleicht noch einiges verhindern könne.[118]

Auch zu den Gefangenen, die in Lohhof arbeiten mussten, verhielt sich Grabower – laut eigener Aussage – korrekt. So bat er beispielsweise den jüdischen

---

[115] Alle Belege in: Eintrag vom 06.08. und 16.09.1941, Tagesberichte I, S. 7, 35 und Eintrag vom 27.11.1941, Tagesberichte II, S. 4, in: BArch, N 1856/51. Beispiel Eintrag vom 30.09.1941, Tagesberichte I, S. 41, in: BArch, N 1856/51. Das Schweigen bei den Inspektionen wird jedoch vor allem auf die Angst vor möglichen Repressalien zurückzuführen sein.

[116] Alle Belege in: Eintrag vom 07.01.1942, Tagesberichte II, S. 27, in: BArch, N 1856/51.

[117] Belege in: Eintrag vom 04.02.1942, Tagesberichte II, S. 48, in: BArch, N 1856/51.

[118] Alle Belege in: Eintrag vom 30.09.1941, Tagesberichte I, S. 42 und Eintrag vom 26.11., 17.12.1941 und 20.01.1942, Tagesberichte II, S. 4, 15, 37, in: BArch, N 1856/51. Vgl. auch „Bericht von Grabower an Mugler vom 17.06.1942", in: BArch, N 1856/7 und BArch, N 1856/51. Durch die Deportation von ca. 50 % der jüdischen Arbeiterinnen aus der Flachsröste im November 1941 brach die Leistung erheblich ein.

Kapo Alfred Weil freundlicher zu den Gefangenen zu sein, da er ja auch nicht wolle, dass sie so behandelt werden würden.[119]

Kritik kam auch aus den eigenen Reihen. So warf Hugo Railing Grabower vor, seine „deutschnationale Gesinnung" gegenüber den „Ariern" zu zeigen und dass er den Frauen die Kriegsberichte vorlese.[120] Railing war von Anfang September 1941 bis zu seiner Deportation nach Piaski am 04.04.1942 der Leiter des Lagers in Milbertshofen und ebenfalls Jude.[121] Dieser behauptete zudem, dass er selbst es niemals zugelassen hätte, dass die Arbeiterinnen so viel arbeiten, außerdem hätten sie einen Anspruch auf Urlaub.[122] Grabower reagierte, wie so oft, passiv zu den Vorwürfen und schwieg, da er eine Gegenargumentation für zwecklos hielt.[123]

Auch mit Julius Hechinger, dem Syndikus der israelitischen Kultusgemeinde München und Verbindungsmann zur Gestapo, der einen schlechten Ruf unter den Münchener Juden hatte, verstand sich Grabower nicht immer einwandfrei und beschrieb seine Unterhaltungen mit diesem in seinen Tagesberichten immer als deutlich negativ.[124] Mit Hechinger kam es des Öfteren zu Reibereien und

---

[119] Eintrag vom 24.09.1941, Tagesberichte I, S. 38, in: BArch, N 1856/51. Ein Kapo war ein Funktionshäftling/-zwangsarbeiter, der beispielsweise andere Häftlinge/Zwangsarbeiter bei ihrer Arbeit beaufsichtigen musste.

[120] Eintrag vom 25.08.1941, Tagesberichte I, S. 19, in: BArch, N 1856/51.

[121] *Strnad*, „Zwischenstation ‚Judensiedlung'", S. 52. Vgl. auch *Meyer*, „Tödliche Gratwanderung", S. 297. Railings Nachfolger war Curt Mezger. Meyer verweist auf: BArch, R 8150/114, Schr. Beauftragter des Gauleiters, Wegner an KG. v. 01.09.1941, pag. 110. Curt Mezger verstarb im März 1945 in einem Arbeitskommando des Mauthausener Nebenlagers Ebensee. Quelle und weiteres zu Curt Mezgers Ende in: *Strnad*, „Zwischenstation ‚Judensiedlung'", S. 55.

[122] Eintrag vom 25.08.1941, Tagesberichte I, S. 19, in: BArch, N 1856/51. In den Tagesberichten Grabowers sind durchaus Urlaube von Arbeiterinnen verzeichnet. Quelle: Beispiel Eintrag vom 15.08., 22.10. und vom 24.10.1941, Tagesberichte I, S. 12, 55f., in: BArch, N 1856/51. Vgl. auch Eintrag vom 11.08.1941, in: BArch, N 1856/53 und Aktenvermerk über den Vortrag vom 16.01.1942, in: BArch, N 1856/54.

[123] Eintrag vom 25.08.1941, Tagesberichte I, S. 19, in: BArch, N 1856/51.

[124] Beispiel in Eintrag vom 10.12.1941 oder 04.01.1942, Tagesberichte II, S. 9, 23, in: BArch, N 1856/51. Grabower fragte sogar bei Karl Stahl (Vorsitzender der IKG München) nach, ob es eine Ehrenstelle bei der Gemeinde geben würde, vor der persönliche Streitigkeiten beigelegt werden könnten. Er bezog sich hierbei auf die Probleme, die er mit Hechinger hatte. Quelle: Eintrag vom 26.02.1942, Tagesberichte II, S. 65, in: BArch, N 1856/51. Karl Stahl war Diplomingenieur und übernahm zusammen mit Julius Hechinger die Leitung der Gemeinde der Münchener Juden, nachdem Alfred Neumeyer München 1941 verlassen hatte. Stahl war für lange Zeit Vorsitzender der Münchener Ortsgruppe des Bundes jüdischer Frontsoldaten und war Präsident der Münchener Bnei Brith Loge sowie in etlichen Gemeindeinstitutionen aktiv tätig. Quelle: *Meyer*, „Tödliche Gratwanderung", S. 293f., verweist auf *Ophir/Wiesemann* (Hrsg.), „Die jüdischen Gemeinden", S. 57. Er war seit Oktober 1942 Mitglied im Ältestenrat in Theresienstadt und wurde mit den Herbsttransporten 1944 deportiert und ermordet. Quelle: „Wenn im Amte", S. 78. Grabower scheint, sowohl in München als auch in Theresienstadt, ein angespanntes Verhältnis mit Stahl gehabt zu haben. So schrieb er beispielsweise am 08.05.1944: „Herr Stahl, mit dem ich in München viel sachlichen Kummer hatte und der sich bei seiner Ankunft hier revanchierte, weiss seit der Sache mit Mager kaum noch, ob er meinen

Grabower bemängelte dessen Überheblichkeit ihm gegenüber.[125] Hechinger kritisierte Grabowers Tätigkeit als Leiter des Arbeitseinsatzes, weswegen dieser ihn mehrfach darauf hinwies, dass er und seine Begleiter, beispielsweise durch die Kritik an der Buchhaltung, ihre Zuständigkeiten überschritten.[126] Grabower dachte bei einer Unterredung mit Hechinger daran, wie er selbst sich acht Jahre bemühte, seine 2.000 Verwaltungsangestellten zu erziehen, damit sie bei ihren Prüfungen alle menschlichen Empfindlichkeiten taktvoll berücksichtigen und weder den Kriminalbeamten spielen noch kleinlich sein sollten. Seiner Meinung nach verstieß Hechinger gegen all diese Grundsätze. Ein Gespräch mit Hechinger und zwei anderen Männern bezeichnete Grabower als sachlich überheblich und ablehnend gegenüber jeder Belehrung. Er sagte in diesem Gespräch, dass die Arbeiterinnen lieber in Lohhof bleiben würden, als nach Berg am Laim oder Milbertshofen gebracht zu werden. Dies wurde, ebenso wie die Aussage, dass die Arbeit in Lohhof den Frauen einen gewissen Schutz biete, von seinen Gesprächspartnern als unglaubwürdig abgetan. Bei dieser Unterhaltung hatte Grabower das Gefühl, dass ihm nicht richtig zugehört wurde. Dieses Gefühl hatte er schon öfters in seiner Zeit in Berlin, wenn er mit großen jüdischen Autoritäten, die ihn nicht kannten, zusammentraf. Als Grabower meinte, dass er ihre Aussagen als Befehl auffasse, teilten sie ihm mit, dass es sich bloß um Ratschläge handeln würde, was Grabower als feige empfand, da sie nicht die Verantwortung für ihre kritischen Vorschläge tragen wollten. Er sagte ihnen, dass er es in seinem ganzen Leben nie gewagt hätte, einem anderen Menschen, der ein Arbeitsgebiet beherrscht, formale Ratschläge ohne tiefere Kenntnis der angewandten Praxis zu geben. Grabower bezeichnete diese Unterhaltung als eine

---

Gruss erwidern soll." Quelle: Aktenvermerk 173.) vom 08.05.1944, in: BArch, N 1856/57. Die Aussage, dass Stahl sich revanchierte, könnte womöglich im Zusammenhang mit der Verleumdung von Grabower durch einen Münchener bei dem Judenältesten Jakob Edelstein im Zusammenhang stehen. Grabower schien zu seiner Zeit in Lohhof auch generell ein angespanntes Verhältnis zu der Kultusgemeinde in München gehabt zu haben und behauptete, dass die Zwangsarbeiterinnen unter den unverständlichen Maßnahmen der Gemeinde leiden mussten. Quelle: Aktenvermerk 195a.) (Streng geheim!), in: BArch, N 1856/57.

[125] Im Gegensatz zu Grabower hatte Alfred Neumeyer durchweg Positives über Hechinger zu berichten. So schrieb er unter anderem, dass Hechingers Tätigkeit im Großen und Ganzen der jüdischen Allgemeinheit zum Guten gereichte und er sogar einige Juden vor Quälereien und der Vernichtung retten konnte. Quelle: YV, 033/99, Alfred Neumeyer, Tätigkeit als Gemeindevorsitzender, S. 227 abgedruckt in: *Meyer*, „Tödliche Gratwanderung", S. 290 f. Jedoch erinnerten sich auch andere Juden negativ an Hechinger, so beispielsweise Werner Grube. Dieser hatte Hechinger als „jüdischer Verbindungsmann der Gestapo" in Erinnerung. Charlotte Knobloch charakterisierte ihn als „Inbegriff des Bösen", relativierte später jedoch ihre Kindheitserinnerung dahingehend, dass Hechinger nur das tat, wozu er von den Nationalsozialisten gezwungen wurde. Quelle: *Meyer*, „Tödliche Gratwanderung", S. 297, die auf Landeshauptstadt München (Hrsg.), Lesebuch zur Geschichte des Münchener Alltags, Verdunkeltes München, Geschichtswettbewerb 1985/86, S. 37 sowie *Seidel*, „Jüdische Gemeinde", S. 44 verweist.

[126] Eintrag vom 25.02.1942, Tagesberichte II, S. 64, in: BArch, N 1856/51.

der erschütterndsten seines bisherigen Lebens und er war für mindestens 24 Stunden völlig aufgelöst.[127]

Zudem kritisierte er Hechinger auch dafür, dass er ihn und Elisabeth Heims nicht bei der Auswahl der Frauen für die Deportation in den Osten hinzugezogen habe, weil er diese dann objektiv nach Arbeitskraft hätte aussuchen können.[128] Zu einem späteren Zeitpunkt scheint Grabower jedoch selbst solche Deportationslisten für die Frauen in Lohhof erstellt zu haben. Es wurde eine Liste mit denjenigen Zwangsarbeitern angefertigt, die aufgrund ihrer schlechten Leistungen für die Flachsröste entbehrlich waren und damit für Deportationen vorzugsweise in Betracht kamen.[129] Zu dieser Selektion wurde Grabower gezwungen. Er sollte Vorschläge zur Evakuierung in den Osten erstellen und legte dem Direktor der Flachsröste Vahlensieck eine Liste vor, die dieser an diverse Stellen in München, unter ihnen die „Arisierungsstelle", schickte. Daraufhin wurde Grabower mitgeteilt, dass er nun derjenige sei, der diese Personen auf dem Gewissen habe; Vahlensieck selbst wolle mit der ganzen Sache nichts zu tun haben.[130] Leider befinden sich in dem Nachlass Grabowers keine weiteren Informationen hierzu, wie beispielsweise seine Gedanken bzgl. des Erstellens der Liste, Schuldgefühle oder Ähnlichem. Auf dieser Liste, die Strnad treffend als „Todesliste" bezeichnet, standen 30 Namen, wovon 26 kurz darauf deportiert wurden.[131] Wie Strnad beschreibt, teilten sich die Gestapo-Leitstelle in München mit der „Arisierungsstelle" München, der Oberfinanzdirektion in München und dem Arbeitsamt München sowie dem Ernährungsamt München die Aufgaben bei der Zusammenstellung und Durchführung der Deportationen „Die Finanzbeamten registrierten und sicherten den letzten Besitz der Depor-

---

[127] Alle Belege in: Eintrag vom 04.01.1942, Tagesberichte II, S. 24f., in: BArch, N 1856/51. Auch Eintrag vom 08.09.1941, Tagesberichte I, S. 29, in: BArch, N 1856/51.
[128] Aktenvermerk vom November 1941, in: BArch, N 1856/51. Meyer schreibt, dass die Nachkriegsaussagen bzgl. der Erstellung der Deportationslisten abwichen. Koronczyk berichtete, dass Hechinger die Listen der Gemeindemitglieder mitgebracht habe und diejenigen ankreuzen musste, die ihm die Gestapo genannt hatte. „Nach anderen Aussagen stellte eine Kommission bestehend aus Stahl, Hechinger und Spanier nach den Richtlinien der RSHA, mitgeteilt vom ‚Judenreferat', die Listen zusammen; nach wieder anderen Angaben übernahm dies eine acht- oder neunköpfige Gruppe aus dem Vorstand der Kultusgemeinde." Quelle: Meyer, „Tödliche Gratwanderung", S. 298, verweist auf: Sta München, Stanw. 29.499/1–3, I a Js 641/49, Vern. Theodor Koronczyk (o.D.), S. 1, pag. 9; Sta München, Stanw. 29.499/1–3, I a Js 67ff.//49, Vern. Theodor Koronczyk v. 26.09.1950, o.S., 2 Seite; Sta München, Spruchkammer Karton 939, Theodor Koronczyk, Zeugin Dr. Schwarz, S. 24, pag. 45; „Judenreferent" Pfeuffer hingegen schob nach dem Krieg Julius Hechinger die aktive Rolle zu: Der habe die Betroffenen danach ausgewählt, „welche Juden am leichtesten die Evakuierung auf sich nehmen könnten", vgl. Sta München, Stanw. 29.499/1–3, I a Js 641/49, Vern. Pfeuffer v. 30.12.1949, S. 3, pag. 70.
[129] Strnad, „Flachs für das Reich", S. 115.
[130] Alle Belege in: Eintrag vom 15.02.1942 (Grabower hat fälschlicherweise 15.01. angegeben), Tagesberichte II, S. 57, in: BArch, N 1856/51.
[131] Strnad, „Flachs für das Reich", S. 116. Laut Strnad überlebten wahrscheinlich nur zwei dieser Personen.

tierten. Das Ernährungsamt war für die Verpflegung der Transporte zuständig, das Arbeitsamt war wegen der Verwaltung der jüdischen Zwangsarbeiter zugezogen. Die Gestapo-Leitstellen wurden vom RSHA über die Termine, die Anzahl und die Gruppen der zu Deportierenden instruiert. Die Durchführung der Deportation organisierten dann die lokalen Stellen."[132] Die jüdischen Gemeindevertreter mussten die Gestapo bei der Erstellung der Listen für die Transporte und der Abwicklung derselben unterstützen.[133] Dadurch wurden die jüdischen Funktionäre gezwungen, als Handlanger der Nationalsozialisten zu fungieren und bei dem eigenen Vernichtungsprozess mitzuwirken.[134] Durch dieses Vorgehen konnte in den Nachkriegsprozessen eine Mitverantwortung dieser Mitarbeiter an den Deportationen konstruiert werden.[135] Auch Grabower wurde von den Nationalsozialisten wahrscheinlich nur deswegen halbwegs anständig behandelt, weil sie die Verantwortung auf ihn abschieben konnten. Als Steiner den Betrieb verließ, verabschiedete er sich von Grabower besonders freundlich und beantwortete seine selbstgestellte Frage, warum Mugler Grabower nicht mehr im Betrieb helfe, dahingehend, dass Grabower „als Bock zum Gärtner gesetzt" wurde, wobei er laut Grabower Sündenbock meinte.[136]

Es sei abschließend erwähnt, dass Julius Hechingers Leben ein besonders grausames Ende nahm, an dem auch Franz Mugler angeblich eine Mitschuld trug.[137] Hechinger wurde nach einem Fluchtversuch von den Beamten der „Arisierungsstelle", unter ihnen Mugler und Wegner, in Milbertshofen auf grausamste Weise gefoltert.[138] Am 13.07.1942 wurde er dann in einen sogenannten Straftransport mit ca. 50 Personen, die als „asozial" galten, eingereiht, vermutlich nach Auschwitz gebracht und dort ermordet.[139]

---

[132] *Strnad,* „Zwischenstation ‚Judensiedlung'", S. 108. *Schrafstetter,* „Flucht und Versteck", S. 49.

[133] *Hanke,* „Zur Geschichte der Juden in München zwischen 1933 und 1945", S. 290, 293, verweist auf die Spruchkammerakte Wegner und auf die Spruchkammerakte Koronczyk Strnad, „Zwischenstation ‚Judensiedlung'", S. 108. Vgl. *Schrafstetter,* „Flucht und Versteck", S. 49.

[134] *Feuß,* „Das Theresienstadt-Konvolut", S. 10. *Schrafstetter,* „Flucht und Versteck", S. 49f. Beate Meyer beschreibt, dass es vor allem den Institutionen in München, die in der Zeit des Nationalsozialismus mit der Entrechtung und Verfolgung der Juden betraut waren, gelang ihre Verantwortung zu verschleiern. Quelle: *Meyer,* „Tödliche Gratwanderung", S. 405.

[135] *Schrafstetter,* „Flucht und Versteck", S. 50.

[136] Belege in: Eintrag vom 09.09.1941, Tagesberichte I, S. 30, in: BArch, N 1856/51.

[137] Vgl. „Brief von Muglers Anwalt Vetter an Grabower vom 22.07.1949", in: BArch, N 1856/50. Schrafstetter, „Flucht und Versteck", S. 144ff., 246. Schrafstetter verweist auf: Zeugenaussagen von Kurt Kahn, 21.08.1950 und von Siegfried B., 25.08.19950, StAM, Stanw. 29499/1. Vgl. auch *Meyer,* „Tödliche Gratwanderung", S. 300–302.

[138] *Meyer,* „Tödliche Gratwanderung", S. 300–302. *Schrafstetter,* „Flucht und Versteck", S. 144ff., 246. Schrafstetter verweist auf: Zeugenaussagen von Kurt Kahn, 21.08.1950 und von Siegfried B., 25.08.19950, StAM, Stanw. 29499/1. Strnad, „Flachs für das Reich", S. 117–119. Dieser verweist auf eidesstattliche Erklärung Kurt Kahn o.D., in: StAM: SpKA 1222 Franz Mugler.

[139] *Meyer,* „Tödliche Gratwanderung", S. 301 f. *Strnad,* „Flachs für das Reich", S. 117, 119. Strnad, „Zwischenstation ‚Judensiedlung'", S. 131 ff.

g) Boykottversuche und andere Hindernisse, mit denen Grabower zu kämpfen hatte

Ordnung im Betrieb zu halten und das Tagessoll zu erreichen, gestaltete sich für Grabower nicht immer als einfach. Seit der Ankunft der Osteuropäerinnen hatte er auch vermehrt mit unkollegialem Verhalten der Münchnerinnen gegen die Neuankömmlinge zu kämpfen.[140] Wiederholt musste Grabower in die Streitigkeiten zwischen Münchnerinnen und Polinnen, die sich auch auf den Betrieb negativ auswirkten, eingreifen, schlichten und für Ordnung sorgen.[141] Er sprach die Frauen auf ihr Verhalten an und versuchte sie mit Worten, zu einer Besserung ihres Verhaltens zu bringen. Als Grabower die Münchnerinnen beispielsweise bat, das einzige Grammophon kurz vor dem 24. Dezember in das Gemeinschaftszimmer zu stellen, damit auch die anderen etwas davon hätten, erwiderten die Frauen, dass sie dies am Heiligen Abend machen würden. Als nichts dergleichen geschah und der Widerwillen diesbezüglich deutlich wurde, ging Grabower zu den Frauen und nahm ihnen wortlos das Grammophon weg. Zudem versuchte er sich einzuschalten, wenn eine der Arbeiterinnen von ihren Kolleginnen schlecht behandelt oder ausgegrenzt wurde.[142]

Ein weiteres Problem, dem sich die jüdische Lagerleitung unter Grabower ausgesetzt sah, war die Furcht, dass sich die Zwangsarbeiterinnen in Postkarten und Briefen negativ über die Arbeit in der Flachsröste äußern könnten und das gesamte Lager unter den Repressalien der Nationalsozialisten leiden würde.[143] Daher führte die Lagerleitung eine Vorzensur der ausgehenden Post durch. Die gesamte Post musste daher zunächst der Lagerleitung vorgelegt werden. Erst nachdem diese den Inhalt überprüft und gegebenenfalls zensiert hatte, durften die Postkarten und Briefe an die Außenwelt verschickt werden. Die Arbeiterinnen wurden sogar beim Verlassen des Lagers durchsucht, da befürchtet wurde, dass sie versuchen würden heimlich Briefe und Karten aus dem Lager herauszuschmuggeln, um diese unzensiert an die jeweiligen Adressaten zu schicken.[144] Dies stellte für die Zwangsarbeiterinnen einen erheblichen Eingriff in ihre Privatsphäre dar. Grabower nahm diese Kontrollen sehr ernst und führte sie gewissenhaft durch. So meldete er anscheinend Höber, dass er bei einer Kontrolle

---

[140] Eintrag vom 22.12.1941, Tagesberichte II, S. 19, in: BArch, N 1856/51.

[141] Beispiel: Eintrag vom 23.12.1941 oder 07.01.1942, Tagesberichte II, S. 20, 27, in: BArch, N 1856/51. Seit der Deportation vieler Zwangsarbeiterinnen im November 1941 stellten die Polinnen sogar die Mehrheit der jüdischen Arbeiterinnen dar. Quelle: *Strnad*, „Flachs für das Reich", S. 109.

[142] Alle Belege in: Eintrag vom 23.12. und 24.12.1941, Tagesberichte II, S. 20, in: BArch, N 1856/51.

[143] Eintrag vom 20.02., 21.02. und 24.02.1942, Tagesberichte II, S. 60, 62f., in: BArch, N 1856/51.

[144] Alle Belege in: Eintrag vom 20.02. und 21.02.1942, Tagesberichte II, S. 60, 63, in: BArch, N 1856/51. Aktenvermerk über den Vortrag vom 16.01.1941, in: BArch, N 1856/54. *Strnad*, „Flachs für das Reich", S. 112.

mehrere Postkarten von einer Polin gefunden hatte, in denen sie sich negativ über Lohhof äußerte und beschrieb, dass Unterdießen im Gegensatz zu Lohhof „der Himmel" gewesen sei.[145] Höber und Ludwig Thoma, der Buchhalter Vahlensiecks, drohten daraufhin der Beschuldigten damit, sie demnächst deportieren zu lassen.[146] Dieses Vorgehen Grabowers mutet streng an, jedoch hatte er die Konsequenzen die ganze Zeit im Hinterkopf, die auf die gesamte Zwangsbelegschaft zugekommen wären, falls die Betriebsleitung oder die „Arisierungsstelle" von solchen Vorkommnissen Kenntnis erlangt hätten. Zudem folgten Bestrafungen bzw. Meldungen nur, wenn Grabower das Verhalten vorher als strafbar verdeutlicht und auf mögliche Konsequenzen hingewiesen hatte. Willkür und Rechtsunsicherheit kann ihm nicht vorgehalten werden.

Des Weiteren hatte Grabower wiederholt damit zu kämpfen, dass die Frauen die Arbeitsstätte unerlaubt verließen, sich im Dorf mit Fliegersoldaten trafen und, ohne ihre „Judensterne sichtbar zu tragen, in die Stadt gingen und dort sogar beim Bäcker einkauften".[147] Das waren Vorfälle, die auch der Bevölkerung und überzeugten Nationalsozialisten nicht verborgen blieben.[148]

Die Frauen aus der Flachsröste waren jedoch nicht die einzigen, die sich gegen das Tragen des Sternes wehrten. Viele Juden nahmen ihren Stern ab und trugen diesen nicht immer pflichtbewusst in der Öffentlichkeit. Vor allem in den Verkehrsmitteln wurde er oft versteckt bzw. abgenommen. Das Aufhalten ohne Kennzeichnung in der Öffentlichkeit war nicht risikolos, denn es drohten ein Strafbefehl und eine Geldstrafe von mindestens 50 RM, oder in manchen Fällen auch eine Gefängnisstrafe. Susanna Schrafstetter berichtet von vielen Verfahren wegen des Verstoßes gegen die Judenkennzeichnungsbestimmungen, die beim Amtsgericht anhängig waren.[149]

Sabotageversuche waren ein weiteres Problem, gegen das Grabower, vor allem zum Ende seiner Tätigkeit, zunehmend kämpfen musste. Ab Ende März 1942 fand er wiederholt Eisenteile in einer Maschine.[150] Als Schrott hierfür die

---

[145] Eintrag vom 21.02., 24.02. und 25.02.1942, Tagesberichte II, S. 63 f., in: BArch, N 1856/51. Vgl. auch *Strnad*, „Flachs für das Reich", S. 112. Grabower besprach diesen Vorfall zumindest mit Höber. Ob er diesen wirklich gemeldet hat oder Höber anderweitig davon Kenntnis erlangt hat, wird nicht deutlich.

[146] Eintrag vom 24.02.1942, Tagesberichte II, S. 63, in: BArch, N 1856/51. Vgl. auch *Strnad*, „Flachs für das Reich", S. 81 (bzgl. Thoma), 112.

[147] Beispiel in Eintrag vom 22.10., 24.10.1941, Tagesberichte I, S. 55 f. oder 24.01. und 04.02.1942, Tagesberichte II, S. 40 bzw. 48. in: BArch, N 1856/51.

[148] Beispiel Eintrag vom 08.01. oder vom 19.01.1942, Tagesberichte II, S. 29, 59, in: BArch, N 1856/51. Grabower wurde von der „Arisierungsstelle" ermahnt zu kontrollieren, ob die Frauen ihre Sterne gut sichtbar trugen. Quelle: *Strnad*, „Flachs für das Reich", S. 74.

[149] Alle Belege in: *Schrafstetter*, „Flucht und Versteck", S. 37 f., 42, hierbei verweist sie u. a. auf: Strafbefehl, 28.01.1942, StAM, Stanw. 46981, Verfahren gegen Dietrich Lisberger und StAM, Stanw. 46909–46914, 46968, 46969.

[150] Eintrag vom 27.03.1942, Tagesberichte II, S. 81, in: BArch, N 1856/51. Auch in seinem Bericht an Mugler vom 17.06.1942, in: BArch, N 1856/7 und BArch, N 1856/51, beschrieb

komplette Belegschaft bestrafen wollte, konnte ihn Grabower davon überzeugen, dass diese wohl keine Schuld träfe. Schrott sah von einer Bestrafung mit dem Kommentar ab, dass er belehrungsfähig sei, zumal Grabower als Richter Erfahrung hätte. Diese Sabotagen waren jedoch kein Einzelfall. Wilhelm Höber wies Grabower darauf hin, dass eine der Arbeiterinnen eine Gabel in eine der Maschinen fallen gelassen hatte, wodurch ein Schaden entstanden sei und machte ihn persönlich dafür verantwortlich, dass das dreimonatige Ausgehverbot gegen die Arbeiterin eingehalten werde. Ansonsten würde er die Frau wegen Sabotage anzeigen. Auch dieser Fall zeigt, dass Grabower durch Strenge versuchen musste, die Frauen zu schützen.

Grabower hatte auch mit boykottierenden Polinnen zu kämpfen. So blieben zwanzig Frauen im Bett liegen, da sie nicht arbeiten wollten, und eine Resistenz machte sich breit. Die Kälte und der geringe Lohn waren die Hauptkritikpunkte der Frauen.[151] Zuvor hatte Grabower am 22.12.1941 ein Hinweisblatt an die polnischen Zwangsarbeiterinnen herausgegeben, indem er sie aufforderte, ihre ganze Kraft und ihr Bestes bei der Arbeit zu geben und auch nach der Arbeit zur Gemeinschaft und Sauberkeit beizutragen. Sie sollten sich zudem aus Rücksicht auf die anderen nicht vor der Arbeit drücken. Des Weiteren wurde ihnen verboten, ohne Erlaubnis das Feld oder die Baracke zu verlassen. Grabower ermahnte sie zudem, nicht zu stehlen und kündigte diesbezüglich eine Durchsuchung an, um zu überprüfen, ob sich bei den Frauen fremde oder unerlaubte Gegenstände befänden. Bei Zuwiderhandlungen drohte er mit einer Postsperre. Er forderte sie zudem auf, ruhig und ordentlich zu sein, Rücksicht aufeinander zu nehmen, nur in Dreierreihen über das Gelände zu laufen und eine Stubenälteste und eine Vertreterin zu wählen, die sich bei Irmgard Spiegelberg zu melden hatte. Zudem sollte jede einen kurzen Lebenslauf abgeben.[152]

Trotz Befehlen von Mugler, die polnischen Arbeiterinnen wie Vieh zu behandeln, ging Grabower mit den Polinnen dennoch nicht schlechter als mit den Jüdinnen aus München um. Jedoch übte auch er Druck auf diese aus, um ihre Arbeitsmoral anzuheben und sie dazu zu bringen, produktiver zu arbeiten. Er drohte ihnen immer wieder damit, dass sie ihre Post nicht erhalten würden, falls sie nicht gehorchten. Es blieb jedoch nicht nur bei der Drohung. Grabower setzte diese auch um. Er zwang damit unter anderem die Polinnen, eine ihrer Kolleginnen zu verraten, weil er vermutete, dass sie einen Diebstahl begangen hatte.

Grabower, dass auch die Ukrainerinnen zwar zumeist gut arbeiten würden, er jedoch mit einer Reihe kleinerer Sabotageakte zu kämpfen hätte.

[151] Alle Belege in: Eintrag vom 30.12.1941, 07.01. und 27.03.1942, Tagesberichte II, S. 21, 28, 81, in: BArch, N 1856/51. Bereits in Unterdießen soll es bei den Polinnen zu Hungerstreiks aufgrund der Arbeitsbedingungen gekommen sein. Quelle: Eintrag vom 23.12.1941, Tagesberichte II, S. 19, in: BArch, N 1856/51.

[152] Alle Belge in: „An die Arbeitskameradinnen aus Polen", vom 22.12.1941, vgl. auch Eintrag vom 21.12.1942, Tagesberichte II, S. 18, in: BArch, N 1856/51. Erstes auch abgedruckt in: „Wenn im Amte", S. 79.

Auch vor Kollektivstrafen schreckte Grabower nicht zurück und teilte die Ansicht einer der Polinnen nicht, „dass die Unschuldigen nicht mit den Schuldigen büssen dürften". Post von den Verwandten und aus der Außenwelt war ein so hohes Gut, dass die Nichtweitergabe als Erpressungsmittel wirkte. Einen Brief von ihren Liebsten zu erhalten und zu hören, wie es ihnen ging und vor allem, dass sie noch am Leben waren, war oft der einzige Hoffnungsschimmer und Antrieb der Arbeiterinnen in solchen Lagern. Grabower wusste somit, dass er mit dieser Repressalie an einem wunden Punkt ansetzte. Die Polinnen waren jedoch bereits bei ihrer Arbeit in Unterdießen Postentzug ausgesetzt gewesen, wenn sie dort keine gute Leistung erbrachten. Grabower war hierüber bereits bei ihrer Ankunft informiert.[153]

h) Grabowers Verantwortung

An seinem Verhalten ist immer wieder zu erkennen, dass sich Grabower der steigenden Transportgefahr bewusst war und sein Handeln hieran anpassen musste. Seine bisherige rechte Hand, Elisabeth Heims, war bereits abtransportiert worden und so wundert es nicht, dass er einen raueren Ton bei den Frauen anschlug, um bessere Ergebnisse zu erzielen und sie dadurch vor möglichen Abtransporten schützen zu können. Bei der Ansprache an die Zimmerältesten betonte Grabower, dass es nicht ausgeschlossen sei, dass dem Lager eine Inspektion drohe, sie daher besonders hart arbeiten müssten und die „guten Elemente auf die schlechten Elemente" einwirken sollten. Er mochte das viele Geschimpfe selbst nicht, sah sich jedoch durch das Verhalten der Frauen dazu gezwungen. Grabower betonte, dass er letzten Endes die Verantwortung trage und zu vielem schweigen würde. Diese Verantwortung könne er aber nur dann übernehmen, wenn er über alle Geschehnisse informiert werden würde:

„Es ist ein alter Grundsatz der Verwaltungswissenschaft und der Verwaltungspraxis, dass der wirklich grosse und gute Verwaltungsbeamte sich auch um die geringsten Kleinigkeiten kümmert und nur diejenigen die von all den hundertjährigen Klugheitsregeln der Verwaltungswissenschaft und der Verwaltungspraxis keine Ahnung haben können und haben, glauben man könne verwalten indem man so zu sagen über den Wassern schwebt."

Diese Verantwortung, die auf Grabowers Schultern lastete, zeigt sich auch immer wieder in den Aussagen der über ihm stehenden „Arier". Für Grabower war es auch deshalb wichtig, dass die Polinnen ihre Arbeit sorgsam und zufriedenstellend erledigten, weil er vom Betriebsführer und von der „Arisierungsstelle" persönlich dafür haftbar gemacht wurde, dass sich die Polinnen problemlos eingliedern. Schrott teilte Grabower bei einer Meldung mit, dass es bekannt sei, dass die Arbeit mit den Polinnen schwer sei, dies aber Grabowers

---

[153] Alle Belege in: Eintrag vom 16.12.1941, 31.01., 20.02. und 21.02.1942, Tagesberichte II, S. 12, 45, 59, 61, in: BArch, N 1856/51. *Strnad*, „Flachs für das Reich", S. 111.

Angelegenheit wäre und, falls es nicht klappen sollte, Grabower zur Rechenschaft gezogen werden würde. Außerdem erklärte Vahlensieck Grabower, dass er dafür verantwortlich sei, dass ein gewisser Ertrag von den Frauen in der Flachsröste geleistet werde und er in seinen Verfügungen darauf drängen müsse.[154] Er machte deutlich, dass alle jüdischen Arbeiter Grabower unterstünden und er sich um nichts kümmern wolle, denn genau aus diesem Grund habe er Grabower als Leiter angefordert.[155] Grabower wurde somit immer wieder vor Augen geführt, dass er bei abnehmender Arbeitsleistung, dafür verantwortlich gemacht werde und seinen Posten verlieren würde, was für ihn ultimativ die Deportation bedeutet hätte. Zudem hatte er auch die wiederholten Drohungen im Hinterkopf, dass die Jüdinnen ansonsten durch angeblich fleißigere Frauen aus dem Osten ausgetauscht werden würden, was unweigerlich die Deportation der jetzigen Arbeiterinnen zur Folge gehabt hätte.[156] So merkte beispielsweise Vahlensieck gegenüber Grabower an, dass er mit Mugler sprechen und die tüchtigen jüdischen Arbeiter behalten und die untüchtigen aus dem Betrieb entfernen lassen wollte. Bei dieser Drohung blieb es jedoch nicht und so fragte Vahlensieck Anfang Januar 1942 beim Arbeitsamt in München nach, ob er die schlecht arbeitenden Polinnen wieder abgeben könnte.[157]

Wie viel Grabower zu diesem Zeitpunkt über die Konzentrationslager und das Schicksal der abtransportierten Juden wusste, wird in seinen Aufzeichnungen nicht deutlich. Ihm war zumindest zu einem gewissen Grad bewusst, dass eine Deportation in den Osten eine Verschlechterung der jetzigen Lage bedeuten könnte.[158] Die Polinnen aus Litzmannstadt hatten ihren Leidensgenossen in München bereits berichtet, was in den Ghettos in Polen mit den Juden geschah.[159] Er versuchte daher immer wieder, an das Gewissen der Arbeiterinnen zu appellieren. So sagte er am 24.10.1941 zu den Münchener Frauen, dass, wenn zu viele von ihnen fehlen, sie alle sofort zusammen nach Polen kämen und jeder Einzelne verantwortlich dafür sei.[160] Jedoch versuchte er auch den Verbliebenen

---

[154] Alle Belege in: Eintrag vom 26.09., 10.10. und 24.10.1941, Tagesberichte I, S. 39, 48, 57 und Eintrag vom 07.01. und 15.02.1942, Tagesberichte II, S. 28, 56, in: BArch, N 1856/51.
[155] Eintrag vom 14.12.1941, Tagesberichte II, S. 11, in: BArch, N 1856/51. Auch hier zeigt sich, dass nicht abschließend zu klären ist, wer letztlich für Grabowers Ernennung zum Leiter des jüdischen Arbeitseinsatzes verantwortlich ist.
[156] Beispiel in Eintrag vom 16.10. oder auch Eintrag vom 29.10. und vom 01.11.1941, Tagesberichte I, S. 50 bzw. 59f. sowie 05.01.1942, Tagesberichte II, S. 26, in: BArch, N 1856/51. Vgl. auch *Strnad*, „Flachs für das Reich", S. 115–117.
[157] Belge in: Eintrag vom 09.09.1941, Tagesberichte I, S. 30 und Eintrag vom 12.01.1942, Tagesberichte II, S. 32, in: BArch, N 1856/51. *Strnad*, „Flachs für das Reich", S. 115.
[158] Vgl. Eintrag vom 04.02.1942, Tagesberichte II, S. 48, in: BArch, N 1856/51.
[159] *Schrafstetter*, „Flucht und Versteck", S. 53. Schrafstetter verweist hierbei auf *Krauss*, „Zur Einführung", in: *Behrend-Rosenfeld/Rosenfeld*, „Leben", S. 17f., die anspricht, dass auch Else Behrend-Rosenfeld berichtete, dass ihr etwa im Juli 1942 klar wurde, dass die deportierten Menschen sterben würden.
[160] Beispiel in Eintrag vom 24.10.1941, Tagesberichte I, S. 56, in: BArch, N 1856/51.

Mut zu machen und sprach abends beim Essen einige Worte zur Erinnerung an die bisher abtransportierten Arbeiterinnen. Er versuchte die Frauen damit zu trösten, dass von den Verschickten bestimmt gehört werde „jetzt oder nach Jahren irgendwo".[161]

i) Grabowers Einstellung zur Arbeit in Lohhof

Bereits am 09.09.1941 hatte Grabower Mugler angerufen, um ihn zu fragen, ob nicht ein Jude, der in einer privilegierten Mischehe lebe und daher den „Judenstern" nicht tragen müsse und auch die Kriegsauszeichnungen behalten dürfe, anstelle von Grabower als Leiter des Arbeitseinsatzes für das Interesse der Flachsröste besser geeignet sei. Mugler lehnte dies jedoch mit der Begründung ab, dass dem Dienststellenleiter und ihm die Verdienste von Grabower im Ersten Weltkrieg bekannt seien und er in dieser Position der Beste sei. Mugler machte Grabower sogar mit dem Spruch „Kopf hoch" Mut. Nur wenige Wochen später, am 28.09.1941, schrieb Grabower an Mugler, er sei der Meinung, dass Frau Heims die alleinige Leitung über die Zwangsarbeiterinnen übernehmen könne, da sich die Einarbeitung gut entwickelt habe.

Es könnte sein, dass ihm die Verantwortung als Leiter des Arbeitseinsatzes doch zu viel wurde, obwohl sich diesbezüglich keine handfesten Hinweise in den Tagesberichten finden. Daher ist es wohl wahrscheinlicher, dass sich auch hier Grabowers Mentalität als leitender Beamter zeigte, der an erster Stelle den Erfolg des Betriebes im Sinn hatte. Dies deutete er in dem Schreiben dahingehend an, dass Popitz ihn 1926 aus den gleichen Gründen das Umsatzsteuerreferat abgenommen hatte, als sich dieses gut entwickelt hatte, um ihm neue Arbeitsaufträge zu übergeben.[162] Grabower muss gewusst haben, dass er, wenn er seinen Posten aufgibt, nach Milbertshofen kommen und demnächst abtransportiert werden würde. Aufgrund der wiederholten umfangreichen Bemühungen seiner Bekannten, Grabower von den bisherigen Transporten zu schützen, ist es unwahrscheinlich, dass der Grund hinter Grabowers Äußerungen eine Art von Resignation war, da er wusste, dass er sowieso früher oder später deportiert werden würde.

Auf die Frage von Vahlensieck, warum Grabower so für die Fabrik arbeite, verwies dieser auf Philines Worte im neunten Kapitel von Goethes „Wilhelm Meisters Lehrjahre": „wenn ich dich liebe, was gehts dich an. so ich zu deutschland [sic!]."[163] Auch die Frage, ob er gerne in Lohhof sei, bejahte Grabower aufrichtig, woraufhin Vahlensieck bemerkte, dass ein Gerücht umgehe, dass

---

[161] Eintrag vom 20.11.1941, Tagesberichte II, S. 2, in: BArch, N 1856/51.
[162] Alle Belege in: „Brief von Grabower an den Obersturmführer (Mugler) vom 28.09.1941", in: BArch, N 1856/48. Auch abgedruckt in: „Wenn im Amte", S. 68. Eintrag vom 09.09.1941, Tagesberichte I, S. 30, in: BArch, N 1856/51.
[163] Eintrag vom 19.01.1942, Tagesberichte II, S. 36, in: BArch, N 1856/51. Das eigentliche Zitat in der mir vorliegenden Fassung lautet: „und wenn ich dich lieb habe, was geht's dich

Grabower wohl einen höheren Posten im Osten bekleiden solle, er sich aber dafür einsetzen wolle, dass Grabower in Lohhof bleiben könne und versprach ihm auch bei seiner Entmietung zu helfen.[164] Dass Vahlensieck selbst nicht gut über die Pläne der Nationalsozialisten mit den Zwangsarbeitern informiert war, zeigt auch seine Behauptung gegenüber Grabower am 12.09.1941, dass Mugler ihm versichert habe, dass die Barackenmädchen auch nach Kriegsende in der Fabrik weiterarbeiten würden, da die jetzt noch hier befindlichen Juden in Deutschland gelassen werden würden.[165]

Wie viel preußisches Beamtenblut in Grabower floss, zeigt auch seine Reaktion, nachdem er einen Fehler bei einer Lohnberechnung gemacht hatte: Er bat daraufhin Vahlensieck um seine Ablösung mit dem Hinweis, dass er manchen Aufgaben nicht mehr gewachsen sei. Dieser wollte von einer Ablösung jedoch nichts wissen.[166] Auf das Lob hin, dass Grabower über alle technischen und wirtschaftlichen Kennzahlen der Fabrik Bescheid wisse, antwortete dieser wiederholt bescheiden, dass er sich in der Flachsröste nur deshalb so einsetze, weil er sich selbst einrede, dass er auch hier für Deutschland arbeite, wie er es in seinem ganzen Leben schon getan habe.[167] Jedoch schrieb Grabower später, dass er sich im Vergleich mit der Flachsröste im Ghetto Theresienstadt wie im Paradies fühlte.[168] Diese Aussage begründete er nicht tiefer. Es mag sein, dass er sich in Theresienstadt wohler fühlte, da er zumindest ab einem bestimmten Zeitpunkt in gewisser Weise seinen ehemaligen Beruf als Richter wieder aufnehmen konnte. Zudem hatte er keine leitende Position im Ghetto inne, sodass er dort keine ähnliche Verantwortung wie in Lohhof trug.

j) Das Ende seiner Zeit als Leiter des jüdischen Arbeitseinsatzes

Zwischen dem 07.11.1941 und dem 18.11.1941 schrieb Grabower keine Tagesberichte. Erst am 18.11.1941 setzen die Berichte mit der Überschrift Tagesberichte

---

an?" Quelle: *Von Goethe*, „Wilhelm Meisters Lehrjahre", S. 191. Grabower schreibt statt Philine Phine.

[164] Eintrag vom 14.12.1941 und 27.03.1942, Tagesberichte II, S. 11, 80 f., in: BArch, N 1856/51. Ein interessanter Brief zu Grabowers Wohnproblemen befindet sich in BArch, N 1856/3 vom 12.03.1942 (die Unterschrift der Frau ist unleserlich, möglicherweise Linz). Grabower hatte diese anscheinend gebeten, ob er zu ihr und ihrem Mann ziehen könnte, was jedoch abgelehnt wurde. Zur Entmietung der Münchener Juden vgl. *Haerendel*, „Der Schutzlosigkeit preisgegeben: Die Zwangsveräußerung jüdischen Immobilienbesitzes und die Vertreibung der Juden aus ihren Wohnungen" in: *Baumann/Heusler*, „München arisiert", S. 118 ff.

[165] Eintrag vom 12.09.1941, Tagesberichte I, S. 32, in: BArch, N 1856/51.

[166] Beispiel in Eintrag vom 23.10.1941, Tagesberichte I, S. 55, in: BArch, N 1856/51.

[167] Eintrag in: S. 80, BArch, N 1856/54. Ähnliches auch: „Abschrift eines Schreibens von Grabower an das Bayrische Finanzministerium vom 04.12.1956", in: BArch, PERS 101/010046, fol. 1.

[168] Aktenvermerk 979 v.) vom 28.01.1945 oder ähnlich Aktenvermerk 1486.) vom 19.06. 1945, in: BArch, N 1856/57.

II. und damit einem neuen Abschnitt wieder ein.[169] Zu diesem Zeitpunkt hatte er den Gestellungsbefehl erhalten, dass er in Kürze aus Lohhof deportiert werden sollte.[170] Am 11.11.1941 sollte Grabower mit einem Transport ins Baltikum deportiert werden.[171] Angeblich wurde Grabowers Name direkt als erster von 1.000 zu nennenden Personen von der zuständigen Gestapo auf die Transportliste gesetzt.[172] Jedoch kamen ihm seine Freunde und Bekannte zur Hilfe und so wurde er nur zwei Tage vor der Abfahrt von der Liste gestrichen. Dies stellte sich als unheimliches Glück für ihn heraus, denn die 64 Deportierten aus Lohhof fanden allesamt am 25.11.1941 in Kaunas in Litauen durch ein Erschießungskommando der SS ihren Tod.[173] Angeblich hatte Grabower diese Rettung vor allem dem Ministerialrat Franz Schachinger, der Referent beim Reichsstatthalter Franz Ritter von Epp war, zu verdanken.[174] Grabower hatte somit abermals Glück und erreichte auch hier aufgrund seiner Kontakte, unter anderem wohl auch durch das Einsetzen von Vahlensieck, dass er von dieser Deportation freigestellt wurde und in Lohhof bleiben durfte.[175]

Als wieder ein Transport für die Juden in München und Umgebung angekündigt wurde, traf Grabower am 18.03.1942 vor den Münchener Jüdinnen die Aussage, dass er, falls er um 10 Uhr evakuiert werden würde, noch am gleichen Tag bis 8:30 Uhr arbeiten und damit seine Pflichten nachkommen würde, da gerade in dieser Zeit zusammengehalten werden müsse.[176] Grabower gelang es wiederum aufgrund seiner Kontakte eine Rückstellung seiner Deportation zu erreichen, als er vermutlich am 28.03.1942 seinen Gestellungsbefehl für einen Abwanderungstransport erhielt.[177] Er kehrte jedoch nicht mehr nach Lohhof zurück. Fortan musste er wieder im Barackenlager Milbertshofen leben und

---

[169] Tagesberichte II, in: BArch, N 1856/51. Ab hier beginnt die Zählung der Seitenzahlen neu.
[170] *Strnad*, „Flachs für das Reich", S. 100.
[171] Schreiben der Israelitischen Kultusgemeinde München e.V. Zweigstelle der Reichsvereinigung der Juden in Deutschland, Betreff: „Evakuierung" vom 07.11.1941, in: BArch, N 1856/51. Grabowers Wohnung wurde am 13.11.1941 beschlagnahmt und vom Gerichtsvollzieher geschlossen und versiegelt. Jedoch wurde diese Beschlagnahme am 21.11.1941 aufgehoben. Quelle: „Schreiben der Gestapo an Grabower vom 21.11.1941", in: BArch, N 1856/3. In „Wenn im Amte", S. 69–71 sind einige dazugehörige Dokumente abgedruckt.
[172] „Wenn im Amte", S. 69.
[173] Belege in: „Bestätigung von Grabower für Schachinger am 19.01.1947", in: BArch, N 1856/50. *Strnad*, „Flachs für das Reich", S. 100. Vgl. auch „Wenn im Amte", S. 69. Vgl. auch ein „Schreiben der Israelitischen Kultusgemeinde an Grabower vom 08.12.1941", in dem ihm mitgeteilt wird, dass er seine für diesen Transport abgenommene Uhr bei dem Oberfinanzpräsidenten Schroll abholen soll, in: BArch, N 1856/3. Auch abgedruckt in: „Wenn im Amte", S. 71.
[174] „Bestätigung von Grabower für Schachinger am 19.01.1947", in: BArch, N 1856/50.
[175] Eintrag vom 18.11.1941, Tagesberichte II, S. 1, in: BArch, N 1856/51.
[176] Eintrag vom 18.03.1942, Tagesberichte II, S. 76, in: BArch, N 1856/51.
[177] „Schreiben von der Gestapo Betreff: Abwanderung vom 28.03.1942", in: BArch, N 1856/7 und BArch, N 1856/48. Auch abgedruckt in: „Wenn im Amte", S. 90f.

2. Leiter des jüdischen Arbeitseinsatzes in der Flachsröste Lohhof

Erd- und Tischlerarbeiten verrichten. Hierbei nahm Grabower an, dass dies eine Bestrafung der örtlichen SS dafür war, dass er den Transporten bisher erfolgreich entgehen konnte.[178]

Der letzte Eintrag von Grabower erfolgte am 27.03.1942.[179] Grabower war vom 10.06.1941 bis zum 07.04.1942 der Leiter des jüdischen Arbeitseinsatzes.[180] Sein Nachfolger wurde Alfred Weil.[181] Grabower äußerte sich in seinen Tagesberichten durchaus kritisch über Weil.[182]

Aufgrund der sich schnell verschlechternden Zustände in der Flachsröste forderte Mugler von Grabower einen Bericht mit Verbesserungsvorschlägen. Mugler rief ihn am letzten Tag vor der Deportation noch einmal an und fragte nach seiner Meinung, warum Lohhof anfange zu verfallen, nachdem Grabower die Flachsröste verlassen hatte. Diesen Bericht fertigte Grabower am 17.06.1942, in den letzten Stunden, die er in Deutschland verbrachte, an. Obwohl er wusste, dass sein Schicksal besiegelt war und er zumindest zunächst nicht in die Flachsröste zurückkehren würde, nahm er sich pflichtbewusst die Zeit, um den Bericht anzufertigen, von dem er hoffte, dass dieser bei der Steigerung der Produktivität helfen und damit auch möglicherweise andere vor der Deportation schützen könnte. In seinem Bericht – und auch schon bei vorherigen Meldungen – merkte Grabower an, dass vor allem die technischen Geräte in einem schlechten Zustand seien und die notwendigen Reparaturen und Modernisierungen an diesen nicht vorgenommen wurden. Somit kam es des Öfteren zu stundenlangen Unterbrechungen an mehreren Maschinen des Betriebes. Um die Jahreswende von 1941/1942 musste der komplette Betrieb der Flachsröste für zehn Tage eingestellt werden, da eine Kesselanlage einen Bruch erlitten hatte. Zudem waren die Direktoren Vahlensieck und Bachmayer aufgrund anderer Tätigkeiten nur zweimal pro Woche anwesend, um nach dem Rechten zu schauen, was laut Grabower für die Führung eines Betriebes nicht ausreiche. Für ihn war es offensichtlich, dass die Betriebsleitung den Überblick über den Betrieb

---

[178] Alle Belege in: „Brief von Grabower an Dorn vom 21.08.1953", in: BArch, N 1856/61. Auch abgedruckt in: „Wenn im Amte", S. 228f. Vgl. auch „Wenn im Amte", S. 92.
[179] Tagesberichte II, S. 81, in: BArch N 1856/51 bzw. besser leserlich in: BArch, N 1856/54.
[180] „Bericht von Grabower an Mugler vom 17.06.1942", in: BArch, N 1856/7 und BArch, N 1856/51.
[181] *Strnad*, „Flachs für das Reich", S. 122. Alfred Weil war 44 Jahre alt, lebte in einer Mischehe und war zuvor schon seit Sommer 1941 in der Flachsröste tätig. Dort hatte er die Stellung eines Kapos inne. Bereits zuvor hatte er Grabower in einigen Situationen gegenüber der Leitung der Flachsröste vertreten. 1943 wurde er wegen Kritik am Regime der Nationalsozialisten denunziert und zu einer 18-monatigen Haftstrafe verurteilt. In Haft beging er am 26.06.1943 Selbstmord.
[182] Eintrag vom 10.10.1941, Tagesberichte I, S. 47, in: BArch, N 1856/51. Weitere Kritik an Weil ist auch in anderen Einträgen und nicht nur durch Grabower erkennbar. Beispiel: Eintrag vom 11.08., 07.10., 14.10. oder Dezember 1941, Tagesberichte I, S. 9f., 46, 49, Tagesberichte II, S. 15, in: BArch, N 1856/51. Ob Grabower Weil als sein Nachfolger diese Tagesberichte, in denen er auch kritisch über Weil berichtete, wie geplant überließ, ist nicht bekannt.

behalten müsse und hierfür im engsten menschlichen und dienstlichen Zusammenhang mit den Untergebenen stehen und daher über alle Einzelheiten auf das Genaueste Bescheid wissen müsse. Eine solche Leitung war gerade daher notwendig, weil sich die Innen- und Außenmeister (gemeint waren Steiner und Höber) untereinander nicht verstanden und die dadurch auftretenden Meinungsverschiedenheiten zum Nachteil der Arbeiterinnen ausgetragen wurden.[183]

Mit der Fertigstellung dieses Berichts kam auch die Deportation nach Theresienstadt auf Grabower zu.

Nach dem Krieg scheint Grabower Lohhof einen Besuch abgestattet zu haben.[184]

k) Zeitzeugin

Die heute 95-jährige Judy Rosenberg, geboren unter dem Namen Judith Hirsch, ist eine Zeitzeugin, die von den Nationalsozialisten zur Zwangsarbeit in Lohhof eingeteilt wurde. Aus diesem Grund kontaktierte ich die, nach dem Krieg emigrierte und nun in Kanada lebende, Rosenberg im Mai 2020 mit der freundlichen Unterstützung des Ariowitsch-Hauses, des US-Konsulats in Leipzig und ihrem in New York lebenden Enkel Jan Oberlander. Frau Rosenberg verarbeitete ihre Erlebnisse in dem Film „Mischling", den sie mit Oberlander drehte und der ein gutes Bild auf das Familienleben und die Eindrücke einer Jugendlichen zu der Zeit des Nationalsozialismus´ liefert. Judy Rosenberg wurde als 14-Jährige nach Lohhof zur Zwangsarbeit geschickt. Ihr Vater war Jude und ihre Mutter eine Protestantin, die jedoch zum Judentum konvertierte. Daher wuchs Rosenberg jüdisch auf. Sie wohnte in ihrer Zeit in Lohhof im Lager Berg am Laim, das mehr als 20 km von der Flachsröste entfernt war. 1942 schrieb sie an ihren Freund Erwin Weil, dass sie Lohhof als furchtbar empfand und neben der Arbeitszeit auch noch fünf bis sechs Stunden täglich für den Arbeitsweg benötigte. Auf meine Nachfrage konnte sich Frau Rosenberg nicht an Grabower erinnern. Sie erinnerte sich nur noch daran, dass sie in Lohhof nicht misshandelt wurde.

Durch Vorträge hat Rosenberg zur Aufklärung und Erinnerung der Verbrechen der Nationalsozialisten beigetragen.[185]

---

[183] Alle Belege in: „Bericht von Grabower an Mugler vom 17.06.1942", in: BArch, N 1856/7 und BArch, N 1856/51. „Brief von Grabower an Mugler vom 06.08.1946", in: BArch, N 1856/50. Auch abgedruckt in: „Wenn im Amte", S. 176f. Eintrag vom 31.07. und 04.08.1941, Tagesberichte I, S. 3, 5, in: BArch, N 1856/51. Beispiel in Eintrag vom 06.12. oder 09.12.1941, Tagesberichte II, S. 7f., in: BArch, N 1856/51. Vgl. auch Strnad, „Flachs für das Reich", S. 78.
[184] „Schreiben von Ilse Vahlensieck an Grabower vom 31.05.1946", in: BArch, N 1856/50.
[185] Alle Belege in: Email von Judy Rosenberg vom 25.05.2020. Strnad, „Flachs für das Reich", S. 71f. Film „Mischling". Die Informationen zu Rosenberg in diesem Abschnitt stammten, wenn nicht anders gekennzeichnet, aus diesem Film.

l) Die Hilfe von Margarete Boethke

Grabower lebte in seiner Zeit in Lohhof zunächst bei einer älteren Frau namens Margarete Boethke. Diese war eine gute Freundin seiner Mutter und bot Grabower als „Arierin" Schutz. Boethke war niemals Mitglied der NSDAP oder ähnlicher Gruppierungen. Ihr Bruder war Richter beim Reichsfinanzhof.[186] Grabower nannte Boethke auf ihren Wunsch hin „Tantchen" und verbrachte seine Samstagabende und Sonntage, an denen er nicht in Lohhof arbeiten musste, damit, ihr aus Klassikern vorzulesen. In der Wohnung traf er sich auch regelmäßig mit einigen anderen Bekannten. Die Treffen nutzten sie, um sich gegenseitig Vorträge zu halten. Für Grabower stellten diese Treffen die ihm angenehmste Art der Geselligkeit dar. Er versuchte derartige Zusammenkünfte in seinen jeweiligen Lebenssituationen zu organisieren oder an solchen teilzunehmen und war der Ansicht, dass sie zu seiner Widerstandsfähigkeit in den schweren Zeiten beitrugen.

Margarete Boethke besaß einen Telefonanschluss und trug damit ebenfalls dazu bei, Grabower zunächst vor der Evakuierung in den Osten zu bewahren.[187] Sie ließ nichts unversucht und setzte sich wiederholt auch bei den zuständigen Partei- und Dienststellen für Grabower ein.[188] Dadurch konnte auch eine Verbindung zu Max Sesselmann, dem Nachbarn von Hans Arlt (der von den Bemühungen rund um Grabower Bescheid wusste), hergestellt werden.[189] Dieser setzte sich ebenfalls bei diversen Dienststellen für Grabower ein, weshalb eine Deportation in letzter Sekunde verhindert werden konnte. Sesselmann selbst lernte Grabower erst nach Kriegsende persönlich kennen.[190]

Auch in seiner Zeit in Theresienstadt wurde Grabower von Boethke unterstützt.[191] Boethkes Hilfe und ununterbrochener Kontakt zu Grabower hätte gravierende Repressalien für sie bedeuten können. Zwar legte Grabower erheblichen Wert darauf, seinen „Judenstern" mit einer Aktenmappe zu verdecken, wenn er die Wohnung von Boethke betrat oder verließ. Trotzdem soll Boethke angeblich zusammen mit ihrer Haushaltshilfe auf einer Liste, die die Namen

---

[186] Belege in: „Brief von Grabower an Dorn vom 21.08.1953", in: BArch, N 1856/61. Auch abgedruckt in: „Wenn im Amte", S. 228f. „Material für ein Judenbuch", S. 12, in: BArch, N 1856/63. Strnad, „Flachs für das Reich", S. 88. Vgl. auch „Wohnungserhebung Zusätzliche Angaben für den Hauptmieter vom Jahr 1945", in: BArch, N 1856/58.
[187] Alle Belege in: „Material für ein Judenbuch", S. 12f., in: BArch, N 1856/63.
[188] „Wenn im Amte", S. 28.
[189] „Wenn im Amte", S. 28. Eine eidesstattliche Bestätigung von Grabower für Arlt befindet sich im Ordner: BArch, N 1856/50. Strnad, „Flachs für das Reich", S. 88.
[190] „Schreiben von Sesselmann an Grabower vom 07.03.1948" und „Bestätigung von Grabower für Sesselmann vom 14.03.1948", in: BArch, N 1856/50. Auch abgedruckt in: „Wenn im Amte", S. 159f.
[191] Auch abgedruckt in: „Wenn im Amte", S. 120. Es sind noch einige Briefe und Postkarten von und an Boethke aus der Zeit in Theresienstadt im Nachlass von Grabower erhalten (siehe BArch, N 1856/7).

von Helfern von Juden beinhaltete, gestanden haben, weil sie Grabower Briefe, Karten und Pakete nach Theresienstadt sandte. Diesbezüglich wurde sie auch wiederholt von Bekannten gewarnt.[192]

Boethke und Grabower pflegten auch noch nach Kriegsende Kontakt. Grabower nahm sie 1947 aus „russischem Aufenthalt" zunächst bei sich auf und besuchte die mittlerweile 88-Jährige auch noch im Jahr 1953 mehrmals die Woche.[193]

---

[192] Alle Belege in: „Material für ein Judenbuch", S. 13, in: BArch, N 1856/63. Grabower verurteilte selbst mehrfach diejenigen Juden, die den Stern verdeckten und bezeichnete dies in der „Fünften Sammelverfügung vom 08.11.1941" sogar als feige.
[193] „Brief von Grabower an Dorn vom 21.08.1953" und „Brief von Grabower an Dorn vom 09.09.1953", in: BArch, N 1856/61. Erster auch abgedruckt in: „Wenn im Amte", S. 228 f.

VIII. Grabowers Aufenthalt in Theresienstadt

Nachdem Grabower bereits im Herbst 1941 und März 1942 der Deportation entkam, legte die Gestapo Ostern 1942 Wert darauf, dass er diesmal mit abtransportiert werden würde.[1] Am frühen Morgen des 04.04.1942 sollte Grabower einer Gruppe angehören, die in das Ghetto von Piaski im Distrikt Lublin des Generalgouvernements deportiert wurde.[2] Das Ghetto Piaski lag 21 km von Lublin und Majdanek entfernt. Im Frühjahr 1940 wurde dort zunächst ein kleineres, offenes Ghetto gegründet, welches sich mit der Zeit vergrößerte und umschlossen wurde. Zunächst lebten dort die Juden aus Piaski sowie 560 Juden aus Stettin und eine Gruppe Krakauer Juden, welche dorthin zwangsumgesiedelt wurden. Im Jahr 1942 trafen die ersten Auslandstransporte in Piaski ein und das Ghetto wandelte sich zu einem Durchgangsghetto. Um Platz für die Neuankömmlinge, vor allem aus Deutschland und dem Protektorat Böhmen und Mähren, zu schaffen, wurden im März und April 1942 zwei „Aktionen" von den Nationalsozialisten durchgeführt und mehr als 3.000 der Bewohner kamen im Vernichtungslager Belzec um. Nach dieser „Platzbeschaffung" wurden um die 6.000 Juden aus dem Ausland nach Piaski gebracht. Im Laufe des Jahres starben viele Insassen an Hunger, Krankheit und Erschöpfung aufgrund der unmenschlichen Lebensverhältnisse im Ghetto. Im Juli und November wurden viele Bewohner ins Vernichtungslager Sobibor deportiert und dort umgebracht. Zudem wurden im November um die 1.000 Bewohner auf dem jüdischen Ostfriedhof erschossen. Anfang 1943 wurden die verbliebenen Inhaftierten in das Arbeitslager Trawniki, ca. 40 km südöstlich von Lublin gebracht.[3]

744 Juden aus Oberbayern und Schwaben sollten also das Sammellager Milbertshofen am 04.04.1942 mit dem Transport verlassen. Zu ihnen sollten in Regensburg weitere 213 Personen kommen. Grabowers Name stand unter Nummer 192 auf der Liste der Transportteilnehmer. Zwei der Namen wurden jedoch von dieser Liste gestrichen, der von Norbert Godlevski und der von Rolf

---

[1] „Wenn im Amte", S. 90f.
[2] *Freier*, „Statistik und Deportation", aufgerufen unter: http://www.statistik-des-holo caust.de/list_ger_bay_420404.html [Stand: 08.09.2020]. Vgl. auch „Brief der Israelitischen Kultusgemeinde München an Grabower vom 21.12.1961", in: BArch, N 1856/86.
[3] Alle Belege in: *Miedel*, „Piaski – erstes Ziel der Deportation von Menschen jüdischen Glaubens aus Regensburg im April und September 1942", aufgerufen unter: http://www.stol persteine-regensburg.de/Piaski.pdf [Stand: 08.09.2020].

Grabower.⁴ In letzter Sekunde konnte er dem Transport im April somit entgehen. Laut Grabower setzte sich wieder Schachinger, zusammen mit anderen Freunden aus dem Reichsfinanzministerium, und anscheinend auch Lammers und Willuhn für ihn ein und Minuten vor dem Abgang des Zuges wurde Grabower abermals gerettet.⁵ Sein Gepäck war jedoch verloren.⁶ Alle Menschen dieser beiden Transporte fanden den Tod.⁷

Von dem Transport nach Theresienstadt am 18.06.1942 konnte er jedoch nicht bewahrt werden und so fuhr Rolf Grabower mit dem Transport II/7–371 von München nach Theresienstadt.⁸ Laut Willuhn war es angeblich Lammers, der sich dafür einsetzte, dass Grabower nach Theresienstadt und nicht nach Polen deportiert wurde.⁹ Am 19.06.1942 traf er dort mit dem Zug ein.¹⁰ Von den 50 Personen, die mit Grabower nach Theresienstadt deportiert wurden, war er der einzige Überlebende.¹¹

---

⁴ Alle Belege: *Freier*, „Statistik und Deportation", aufgerufen unter: http://www.statistik-des-holocaust.de/list_ger_bay_420404.html [Stand: 08.09.2020]. Godlevski war laut einem Dokument „nicht als Jude zu führen" und entkam daher dem Transport.

⁵ „Brief von Willuhn an Grabower vom 31.01.1946", „Bestätigung von Grabower für Schachinger am 19.01.1947" und „Eidesstattliche Erklärung von Grabower für Lammers vom 08.07.1948", in: BArch, N 1856/50. Letzter auch abgedruckt in: „Wenn im Amte", S. 174.

⁶ „Schreiben von Stahl an Grabower vom 14.04.1942", in: BArch, N 1856/3. Auch abgedruckt in: „Wenn im Amte", S. 92.

⁷ „Bestätigung von Grabower für Schachinger am 19.01.1947", in: BArch, N 1856/50.

⁸ *Schöpf*, „Rolf Grabower", in: *Friedenberger/Gössel/Schönknecht*, „Die Reichsfinanzverwaltung im Nationalsozialismus", S. 274, 278. Laut Schöpf handelte es sich hierbei um den siebten von neun Transporten für die Münchener Juden. Vgl. auch *Freier*, „Statistik und Deportation", aufgerufen unter: http://www.statistik-des-holocaust.de/list_ger_bay_420404.html [Stand: 08.09.2020].

⁹ „Eidesstattliche Erklärung von Grabower für Lammers vom 08.07.1948", in: BArch, N 1856/50. Auch abgedruckt in: „Wenn im Amte", S. 174.

¹⁰ YV, O.64, Item ID: 3688340. Im Yad Vashem Archiv befindet sich auch eine Liste mit den deportierten Juden aus München nach Theresienstadt. Dort ist auch Grabowers Name verzeichnet. Quelle: YV, O.64, Item ID: 3688744.

¹¹ *Schöpf*, „Rolf Grabower", in: *Friedenberger/Gössel/Schönknecht*, „Die Reichsfinanzverwaltung im Nationalsozialismus", S. 274.

1. Die Entstehungsgeschichte des Ghettos[12] Theresienstadt

Terezín[13] – zu Deutsch Theresienstadt – liegt in der heutigen Tschechischen Republik und wurde zwischen 1780–1790 unter Kaiser Josef II. erbaut.[14] Der Name Theresienstadt wurde zu Ehren der Mutter des Kaisers, Maria Theresia, ausgewählt.[15] Im Jahr 1782 erhielt Terezín die Stadtrechte. Die Stadt wurde als Festung angelegt, um somit den Zugang zum böhmischen Inland zu schützen und als Bollwerk gegen Sachsen-Preußen zu dienen. Theresienstadt gehörte als Garnison der neunten Rangklasse an, von der es damals zwölf gab. Die 5.000–6.000 Zivilisten wohnten nur innerhalb der Festung in Terezín. In Friedenszeiten lebten zusätzlich noch ca. 5.500 Mann als ständige Militärbesatzung in der Stadt.[16] Terezín selbst hatte niemals einen Krieg miterleben müssen.[17] Selbst zur Zeit ihrer Gründung unter Kaiser Josef II. war die Festung nicht in Kämpfe involviert, sondern galt als gemütliche Garnisonsstadt und war auch im Jahre 1866 – wie der Ghettobewohner Philipp Manes in seinen Tagesberichten beschrieb – eine Oase des Friedens, in die die Verwundeten der Kämpfe gebracht und behandelt wurden. Nach dieser Zeit war ihr einziger Zweck als Museumsstück zu dienen, da sie ein gut erhaltenes Beispiel von früherer Baukunst auf dem Gebiet der Verteidigung darstellte.[18] Auch heute noch sind diese Festungsanlagen zu erkennen.

---

[12] Es existiert eine Debatte, ob Theresienstadt ein Konzentrationslager oder Ghetto war. Quelle und weitere Informationen: *Hájková*, „Prisoner Society in the Terezín Ghetto 1941–1945", S. 15f.
[13] „Theresienstadt (seit 1918 Terezín) zählt nach Königsgrätz, Olmütz und Josefstadt zu den vier Festungsstädten, die in der zweiten Hälfte des 18. Jahrhunderts in Böhmen und Mähren planmäßig ausgebaut bzw. neu errichtet wurden." Quelle: *Debold-Kritter/Fliessbach*, „Terezín/Theresienstadt", S. 1.
[14] Museum Theresienstadt. *Benz*, „Theresienstadt", S. 264. Benz Buch beinhaltet eine übersichtliche Chronik von Theresienstadt, die einen schnellen Überblick über die Geschichte der Stadt von 1780 bis 2010 bietet. *Debold-Kritter/Fliessbach*, „Terezín/Theresienstadt", S. V, VIII.
[15] *Murmelstein*, „Theresienstadt – Eichmanns Vorzeige-Ghetto", S. 30f. *Polák*, „Das Lager", in: „Theresienstadt" vom Rat der jüdischen Gemeinden in Böhmen und Mähren, S. 25. „Das Ghetto Museum Theresienstadt", (ohne Seitenangaben).
[16] Alle Belege in: Museum Theresienstadt. *Benz*, „Theresienstadt", S. 264. *Debold-Kritter/Fliessbach*, „Terezín/Theresienstadt", S. 1. *Manes*, „Als ob's ein Leben wär", S. 332f.
[17] *Debold-Kritter/Fliessbach*, „Terezín/Theresienstadt", S. 1. *Manes*, „Als ob's ein Leben wär", S. 333. *Polák*, „Das Lager", in: „Theresienstadt" vom Rat der jüdischen Gemeinden in Böhmen und Mähren, S. 25. Vgl. auch *Chládková*, „Ghetto Theresienstadt", S. 4.
[18] Belege in: *Manes*, „Als ob's ein Leben wär", S. 333. „‚Man kann ruhig behaupten, dass die Festung Theresienstadt, sowohl in ihrer taktischen Bedeutung, als auch Bauwerk zu den vollkommensten historischen Festungskomplexen in Europa gehört.', so die Würdigung des tschechischen Historikers und Festungsforschers Vladimír Kupka, der weitergehend präzisiert, dass im Vergleich mit anderen historischen bedeutenden Festungsstädten Europas ‚Theresienstadt ein einzigartiges Beispiel der praktischen Applikation der Ingenieurschule von Mézières' bildet." Quelle: *Debold-Kritter/Fliessbach*, „Terezín/Theresienstadt", S. 1.

Theresienstadt lag in der von den Nationalsozialisten besetzten Tschechoslowakei, im Protektorat Böhmen und Mähren. Mit dem Amtsantritt von Reinhard Heydrich am 27.09.1941, als stellvertretender Reichsprotektor in Böhmen und Mähren, nahmen auch die antisemitischen Maßnahmen im Protektorat zu und auch die Vorbereitung zur „Endlösung der Judenfrage" wurde beschleunigt.[19]

a) Die „Kleine Festung"

Zur Zeit der Habsburger Monarchie diente die „Kleine Festung" bereits als Gefängnis und Zuchthaus für militärische und politische Gefangene.[20]
Am 10.06.1940 wurde die „Kleine Festung" in Theresienstadt von der Prager Gestapo übernommen und zunächst als Notgefängnis verwendet, weil in dem Prager Polizeigefängnis Pankrác kein Platz für weitere Gefangene war.[21] In das Gestapo-Gefängnis kamen dann auch unter anderen diejenigen Ghettobewohner, die gegen die „Lagerordnung" verstoßen hatten.[22] Laut Jan Merell diente die „Kleine Festung" als Durchgangsstation zwischen Untersuchungshaft und der Deportation in ein Konzentrationslager oder Gefängnis, weswegen die meisten Inhaftierten nicht über längere Zeit dort blieben.[23] Die Sterblichkeitsrate in der „Kleinen Festung" war besonders hoch.[24] Um die 2.600 Insassen kamen aufgrund der unmenschlichen Arbeits- und Lebensbedingungen oder Krankheiten ums Leben, wobei 250–300 der Inhaftierten in der Festung hingerichtet wurden.[25] Beispielsweise soll ein 17-Jähriger in der „Kleinen Festung" gehängt worden sein, weil er eine Karte an seine Mutter mit der Aussage „Ich habe Hunger" durchgeschmuggelt hatte.[26] Josef Polák nennt noch weitere Vorfälle, wie das unerlaubte Treffen eines Bewohners mit seiner nichtjüdischen

---

[19] Museum Theresienstadt.
[20] Museum Theresienstadt. *Lagus*, „Vorspiel" und *Merell*, „Wie sie litten und starben", in: „Theresienstadt" vom Rat der jüdischen Gemeinden in Böhmen und Mähren, S. 12, 293. Vgl. auch *Chládková*, „Ghetto Theresienstadt", S. 4.
[21] *Lagus*, „Vorspiel" und *Merell*, „Wie sie litten und starben", in: „Theresienstadt" vom Rat der jüdischen Gemeinden in Böhmen und Mähren, S. 12, 293. Vgl. auch *Benešová/Blodig/Poloncarz*, „Die Kleine Festung Theresienstadt 1940–1945", S. 18, 20. Ihr Kommandant war Heinrich Jöckel.
[22] Museum Theresienstadt. *Merell*, „Wie sie litten und starben", in: „Theresienstadt" vom Rat der jüdischen Gemeinden in Böhmen und Mähren, S. 294.
[23] *Merell*, „Wie sie litten und starben", in: „Theresienstadt" vom Rat der jüdischen Gemeinden in Böhmen und Mähren, S. 293. Vgl. auch *Benešová/Blodig/Poloncarz*, „Die Kleine Festung Theresienstadt 1940–1945", S. 50.
[24] Museum Theresienstadt.
[25] *Benešová/Blodig/Poloncarz*, „Die Kleine Festung Theresienstadt 1940–1945", S. 33, 37.
[26] *Goldschmidt*, „Die Geschichte der evangelischen Gemeinde Theresienstadt 1942–1945", S. 8. Dieses Werk befindet sich auch in den Ordnern BArch, N 1856/48 und in BArch, N 1856/58. *Polák*, „Das Lager", in: „Theresienstadt" vom Rat der jüdischen Gemeinden in Böhmen und Mähren, S. 26 f.

Frau, das am Ende zu der Erhängung von neun Häftlingen am 10.01.1942 führte (sieben weitere wurden am 26.02.1942 gehängt). Diese Bestrafung sollte als Exempel dienen, erschütterte die Lagergemeinschaft und führte den Ghettobewohner wohl erstmals deutlich vor Augen, in welcher Gefahr sie sich befanden. Einige der Hingerichteten hatten einem Nationalsozialisten vertraut, der ihnen zugesichert hatte, dass sie keine Strafe erhalten würden, wenn sie Verfehlungen zugeben, was diese daraufhin taten.[27] Neben dem Polizeigefängnis beherbergte die „Kleine Festung" auch eine SS-Wache.[28]

b) Das Ghetto

Im November 1941 folgte ein Sammel- und Durchgangslager, welches zunächst vor allem für die jüdische Bevölkerung des besetzten Gebietes genutzt wurde.[29] Aufgrund des Kriegsverlaufes waren die geplanten Vernichtungslager in Polen noch nicht fertig gebaut und daher sollten die Juden zunächst in Durchgangsghettos gebracht werden.[30] Für das Protektorat Böhmen und Mähren wurde diese Rolle von Theresienstadt erfüllt.[31] Der Plan der Nationalsozialisten für Theresienstadt war folgender: Zunächst sollte die Stadt nur vorübergehend als Durchgangslager für die Juden genutzt und nach der völligen Evakuierung der Juden von „Ariern" besiedelt und zu einer vorbildlichen deutschen Siedlung ausgebaut werden.[32]

Die Nationalsozialisten wählten Terezín nicht nur aufgrund der Lage und des Aufbaus der Stadt als geeigneten Ort zur Errichtung des Ghettos aus, sondern auch, weil sie dort die bereits vorhandene Infrastruktur nutzen konnten. Aus

---

[27] *Hájková*, „Prisoner Society in the Terezín Ghetto 1941–1945", S. 47. *Polák*, „Das Lager", in: „Theresienstadt" vom Rat der jüdischen Gemeinden in Böhmen und Mähren, S. 26f.
[28] *Feuß*, „Das Theresienstadt-Konvolut", S. 10.
[29] *Hájková*, „Mutmaßungen über deutsche Juden: Alte Menschen aus Deutschland im Thesesienstädter Ghetto", in: *Löw/Bergen/Hájková*, „Alltag im Holocaust", S. 180. *Hájková* „Ältere deutsche Jüdinnen und Juden im Ghetto Theresienstadt", in: *Meyer*, „Deutsche Jüdinnen und Juden in Ghettos und Lagern (1941–1945)", S. 202. Vgl. auch *Chládková*, „Ghetto Theresienstadt", S. 4, 6.
[30] Museum Theresienstadt. Vgl. *Lagus*, „Vorspiel" oder *Springer*, „Gesundheitswesen in Theresienstadt", in: „Theresienstadt" vom Rat der jüdischen Gemeinden in Böhmen und Mähren, S. 11 ff., 127.
[31] Museum Theresienstadt.
[32] *Lagus*, „Vorspiel", in: „Theresienstadt" vom Rat der jüdischen Gemeinden in Böhmen und Mähren, S. 11 f. Lagus verweist hier auf einen Auszug aus dem amtlichen Protokoll über eine Besprechung, die am 10.10.1941 in Hradschin in den Diensträumen des SS-Obergruppenführers Reinhard Heydrich stattfand. Das Thema der Besprechung war die Lösung der Judenfrage. Weitere Teilnehmer waren der SS-Gruppenführer Karl Hermann Frank, die SS-Obersturmbannführer Böhme, Maurer und von Gregory, der SS-Sturmbannführer Adolf Eichmann und die SS-Hauptsturmführer Günther und Wolfram. Eine Woche später, am 17.10.1941, fand eine weitere Besprechung statt, in weitere Schritte für die Lösung der Judenfrage, vor allem auch in Hinblick auf die Rolle von Theresienstadt, besprochen wurden. Einzelheiten dieser Besprechung durften auf keinen Fall an die Öffentlichkeit dringen.

geografischer Sicht lag Theresienstadt in unmittelbarer Nähe zur Grenze des Protektorats zum Reich. In Leitmeritz, der nächstgelegenen Stadt, waren SS-Mannschaften und weitere Truppen stationiert, sodass diese bei einem Aufstand oder ähnlichen Problemen im Ghetto sofort hätten einschreiten können. Die nächste tschechische Stadt lag weiter entfernt und so war die Gefahr der Unterstützung für die Ghettobewohner durch die Einwohner dieser erheblich geringer. Zudem war die Stadt über den Bahnhof Bauschowitz an der Eger mit dem Bahnnetz verbunden, weswegen die Transporte nach und aus Theresienstadt leichter zu organisieren waren. Auch die unzerstörten Festungsmauern um den Ort und die große Zahl von Kasematten und unterirdischen Gängen sprachen für die Zweckentfremdung von Theresienstadt durch die Nationalsozialisten. Aufgrund der bereits vorhandenen örtlichen Gegebenheiten, wie Wälle und Festungsgräben rund um das Lager, mussten nur geringe Ressourcen eingesetzt werden, um die Häftlinge zu bewachen. Auf der anderen Seite boten die großen Kasernen genügend Platz, um eine große Zahl von Menschen aufzunehmen.[33]

90.847 registrierte Juden lebten bis zum 24.09.1939 im Protektorat, wobei sich 9.828 von diesen nicht zum jüdischen Glauben bekannten.[34] Bereits im Oktober 1939 folgten die ersten Transporte der Protektoratsjuden aus Ostrau nach Nisko am San in Südpolen.[35]

Neben Theresienstadt war noch ein zweites Lager in dem Protektorat geplant. Dieses sollte im mährischen Kyjov errichtet werden. Jedoch wurde dieser Plan aufgrund der „Effizienz" von Theresienstadt nicht mehr umgesetzt.

Bereits im Oktober 1941 wurde die Rolle der Stadt Terezín bei der „Lösung der Judenfrage" bestimmt.[36] Die Stadtgemeinde von Terezín wurde mit Erlass vom 16.02.1942 aufgelöst.[37] Den Bewohnern wurde „nahegelegt", die Stadt bis Ende Juni 1942 zu verlassen und woanders ihr Leben weiterzuführen.[38] Hier-

---

[33] Alle Belege in: *Chládková*, „Ghetto Theresienstadt", S. 6. *Feuß*, „Das Theresienstadt-Konvolut", S. 10. *Lagus*, „Vorspiel", in: „Theresienstadt" vom Rat der jüdischen Gemeinden in Böhmen und Mähren, S. 12. *Murmelstein*, „Theresienstadt – Eichmanns Vorzeige-Ghetto", S. 31.

[34] Museum Theresienstadt.

[35] Museum Theresienstadt. Auch Benjamin Murmelstein, der dritte Judenälteste von Theresienstadt, wurde in einer Gruppe jüdischer Funktionäre aus Wien und Mährisch-Ostrau nach Nisko am San geschickt. Quelle: *Murmelstein*, „Theresienstadt – Eichmanns Vorzeige-Ghetto", S. 21–25, 291.

[36] Alle Belege in: *Lagus*, „Vorspiel", in: „Theresienstadt" vom Rat der jüdischen Gemeinden in Böhmen und Mähren, S. 11 f. Vgl. auch: *Benz*, „Theresienstadt", S. 265.

[37] Museum Theresienstadt. „Verordnung des Reichsprotektors in Böhmen und Mähren betreffend Massnahmen zur Unterbringung der Juden in geschlossenen Siedlungen vom 16.02.1942", in: YV, O.64, Item ID: 3687671. *Benz*, „Theresienstadt", S. 266. *Feuß*, „Das Theresienstadt-Konvolut", S. 11.

[38] Museum Theresienstadt. *Adler*, „Theresienstadt 1941–1945", S. 103. *Lagus*, „Vorspiel", in: „Theresienstadt" vom Rat der jüdischen Gemeinden in Böhmen und Mähren, S. 11 f. Laut Karel Lagus wehrten sich viele ehemalige Bewohner von Theresienstadt nicht vehement gegen

bei wurde der Boden – falls er nicht bereits zum Reichseigentum gehörte – von der Zentralstelle für jüdische Auswanderung aufgekauft.³⁹

Am 27.06.1942 hatten die ursprünglichen Bewohner Theresienstadt vollständig verlassen.⁴⁰

c) Der Aufbau des Ghettos

Am 24.11.1941 trafen die ersten Protektoratsjuden mit dem sog. Aufbaukommando aus Prag in Theresienstadt ein.⁴¹ Dieses Aufbaukommando (AK I) bestand aus vornehmlich jüngeren Handwerkern, Ingenieuren und Facharbeitern der jüdischen Gemeinde in Prag.⁴² Ein zweites Aufbaukommando (AK II bzw. Code „J") mit tausend Arbeitern sowie Jakob Edelstein, dem Leiter der jüdischen Gemeinde in Prag, Otto Zucker⁴³, dem Leiter der jüdischen Gemeinde in Brünn, und ihre Mitarbeiter folgte dem ersten Kommando nur kurze Zeit spä-

---

den Zwangsumzug, da die Zivilbevölkerung (bestehend aus Handwerkern, Kaufleuten und Gewerbetreibenden) in ihrem Lebensunterhalt vollständig von der Garnison abhängig war und mit Verlegung der Garnison auch ihre Existenzgrundlage wegfiel. Vgl. auch: *Polák*, „Das Lager", in: „Theresienstadt" vom Rat der jüdischen Gemeinden in Böhmen und Mähren, S. 25.

³⁹ „Verordnung des Reichsprotektors in Böhmen und Mähren betreffend Massnahmen zur Unterbringung der Juden in geschlossenen Siedlungen vom 16.02.1942", in: YV, O.64, Item ID: 3687671. *Lagus*, „Vorspiel", in: „Theresienstadt" vom Rat der jüdischen Gemeinden in Böhmen und Mähren, S. 11.

⁴⁰ *Feuß*, „Das Theresienstadt-Konvolut", S. 11.

⁴¹ Museum Theresienstadt. YV, O.64, Item ID: 3690850, 3687668 und 3733343. *Adler*, „Theresienstadt 1941–1945", S. 296. *Chládková*, „Ghetto Theresienstadt", S. 25. Vgl. auch „Abschrift", in: YV, O.64, Item ID: 3687787.

⁴² YV, O.64, Item ID: 3687668 und 3690850. Vgl. bzgl. der Bezeichnung des Transportes auch „Tagesbefehl Nr. 5 vom 19.12.1941", in: YV, O.64, Item ID: 3685533. *Chládková*, „Ghetto Theresienstadt", S. 25. *Hájaková*, „Die fabelhaften Jungs aus", in: *Dieckmann/Quinkert*, „Im Ghetto 1939–1945", S. 120. *Murmelstein*, „Theresienstadt – Eichmanns Vorzeige-Ghetto", S. 32. *Polák*, „Das Lager", in: „Theresienstadt" vom Rat der jüdischen Gemeinden in Böhmen und Mähren, S. 25. Laut Karel Lagus wurden von der Kultusgemeinde in Prag „35 Kommunalverwalter, darunter zwei Polizeifachleute, einen Postfachmann, einen Verkehrsexperten, 15 Finanz- und 41 Wirtschaftsfachleute" als Aufbaukommando nach Theresienstadt geschickt. Eine Tatsache, die laut Lagus bewies, dass die Juden eine falsche Vorstellung von dem neuen Leben in Theresienstadt hatten. Es meldeten sich auch einige freiwillig zum Aufbautransport nach Theresienstadt, weil sie gehört hatten, dass sie dadurch ihre Familie vor der Deportation in den Osten schützen könnten. Seidel strich alle Spezialisten von der Liste des Aufbaukommandos und ersetzte sie durch Hilfsarbeiter. Insgesamt wurden 342 junge Männer mit dem ersten Aufbaukommando nach Theresienstadt gebracht und bildeten den Kern des Ghettos. Quelle: *Lagus*, „Vorspiel", in: „Theresienstadt" vom Rat der jüdischen Gemeinden in Böhmen und Mähren, S. 19.

⁴³ Otto Zucker war ein ehemaliger Architekt, der gemeinsam mit Edelstein in Prag Pläne für das Ghetto ausgearbeitet hatte. Er war in Mähren geboren, lebte jedoch bis zur Machtergreifung Hitlers in Deutschland. Er war überzeugter Zionist und laut Murmelstein bei manchen Ghettobewohnern verhasst, da er immer rücksichtslos gegen die „Freunderlwirtschaft" ankämpfte. Zucker wurde nach Auschwitz deportiert und verstarb dort. Quelle: *Murmelstein*, „Theresienstadt – Eichmanns Vorzeige-Ghetto", S. 125, 164.

ter am 04.12.1941.[44] Sie erhielten unter anderem den Auftrag, die Garnisonsstadt an die Nutzung als Lager anzupassen.[45]

Es folgten Transporte aus Deutschland, Österreich, den Niederlanden, Dänemark, der Slowakei und Ungarn.[46] Im Juni 1942 trafen die ersten Transporte aus Berlin, München, Köln und Wien in Theresienstadt ein.[47]

Viele der nach Theresienstadt Deportierten hofften, dass dies für sie die Endstation der Tortur sein würde und sie dort überleben könnten.[48] So beschrieb beispielsweise Philipp Manes, wie er und seine Bekannten mit dem Gefühl nach Theresienstadt kamen, dass sie im Gegensatz zu den anderen Menschen, die in den Osten deportiert wurden, bevorzugt würden. Zudem hatten sie die Hoffnung, nach der Eingewöhnungszeit in Theresienstadt eine Art Heimatgefühl entwickeln und sich dort in gewisser Weise sicher fühlen zu können.[49] Diese Hoffnung wurde jedoch schnell getrübt. Am 09.01.1942 fand der erste Transport von Theresienstadt in die Vernichtungslager statt.[50]

Insgesamt starteten bis Ende Oktober 1944 von Theresienstadt 60 Transporte in den Osten sowie zwei kleinere Transporte nach Bergen-Belsen.[51] Fast 87.000 Menschen wurden von Theresienstadt aus in die Vernichtungslager deportiert.[52]

---

[44] YV, O.64, Item ID: 3687668 und 3690850. Vgl. YV, O.64, Item ID: 3685529. *Hájaková*, „Die fabelhaften Jungs aus Theresienstadt", in: *Dieckmann/Quinkert*, „Im Ghetto 1939–1945", S. 120. *Lagus*, „Vorspiel" und *Polák*, „Das Lager", in: „Theresienstadt" vom Rat der jüdischen Gemeinden in Böhmen und Mähren, S. 19, 25 f. *Murmelstein*, „Theresienstadt – Eichmanns Vorzeige-Ghetto", S. 32. Vgl. auch: *Benz*, „Theresienstadt", S. 265.

[45] YV, O.64, Item ID: 3687668 und 3690850. Vgl. YV, O.64, Item ID: 3685529 oder 3690863. *Hájaková*, „Die fabelhaften Jungs aus Theresienstadt", in: *Dieckmann/Quinkert*, „Im Ghetto 1939–1945", S. 120. *Murmelstein*, „Theresienstadt – Eichmanns Vorzeige-Ghetto", S. 32.

[46] Museum Theresienstadt. YV, O.64, Item ID: 3733343.

[47] *Adler*, „Theresienstadt 1941–1945", S. 106.

[48] *Lagus*, „Vorspiel", in: „Theresienstadt" vom Rat der jüdischen Gemeinden in Böhmen und Mähren, S. 18.

[49] Belege: *Manes*, „Als ob's ein Leben wär", S. 226.

[50] *Chládková*, „Ghetto Theresienstadt", S. 26. *Murmelstein*, „Theresienstadt – Eichmanns Vorzeige-Ghetto", S. 36. *Polák*, „Das Lager", in: „Theresienstadt" vom Rat der jüdischen Gemeinden in Böhmen und Mähren, S. 27 f. Der erste Transport aus Theresienstadt in den Osten war der Transport „o" nach Riga. Quelle: *Benz*, „Theresienstadt", S. 266. Laut Polák stellte dieser erste Transport einen tiefen Einschnitt in das Bewusstsein der Ghettobewohner über ihre Lage dar: „Er änderte von Grund auf Zweck und Charakter des Lagers. Von diesem Tag an ist Theresienstadt nicht mehr eine letzte Zufluchtsstätte, sondern wird zu einem bloßen Umschlagplatz auf der langen Reise der Juden in den Tod. Von dieser Stunde an hängt die Deportierung nach dem Osten als dauernde Drohung über den Häftlingen und lässt sie Tag und Nacht nicht mehr zu Ruhe kommen. Das gesamte Streben und Trachten eines jeden Häftlings ist von diesem Tag an nur noch darauf gerichtet, in Theresienstadt bleiben zu können und so der Deportierung nach dem Osten zu entgehen. Dieses Streben verändert die psychologischen, sozialen, moralischen und sexuellen Beziehungen der Häftlinge zueinander sowie ihre Einstellung zur Arbeit."

[51] Museum Theresienstadt.

[52] Museum Theresienstadt. YV, O.64, Item ID: 3733343. *Polák*, „Das Lager", in: „Theresienstadt" vom Rat der jüdischen Gemeinden in Böhmen und Mähren, S. 27.

Zunächst führten die Transporte Richtung Riga, dann nach Lublin, Treblinka, Maly Trostinetz und schließlich ab Oktober 1942 nur noch nach Auschwitz-Birkenau.[53] Der letzte Transport in ein Vernichtungslager fuhr am 28.10.1944 von Theresienstadt ab.[54] In Theresienstadt selbst fanden 35.384 Menschen ihren Tod.[55]

Die Anzahl der Bewohner schwankte sehr und blieb mithin nicht konstant. Bis zum Jahresende 1941 waren bereits 7.354 Menschen in Theresienstadt inhaftiert. Um die 58.000 Menschen wurden zum Höhepunkt der Belegungszahl, im September 1942, in Theresienstadt gefangen gehalten. Die durchschnittliche Wohnfläche der Inhaftierten betrug zu dieser Zeit 1,65 m².[56]

Nach den sogenannten Herbsttransporten im Herbst 1944, welche die letzte Welle der Transporte in den Osten darstellte, waren Ende Januar 1945 nur noch um die 11.000 Ghettobewohner in Theresienstadt verblieben.[57] In den Evakuierungstransporten kamen nach dem 20.04.1945 noch 15.397 Menschen nach Theresienstadt, die aus liquidierten Konzentrationslagern in Deutschland und Polen nach Theresienstadt deportiert wurden.[58] Durch das Leben auf engstem Raum konnten sich Krankheiten (besonders die infektiöse Enteritis war so weit

---

[53] *Hájaková*, „Die fabelhaften Jungs aus Theresienstadt", in: *Dieckmann/Quinkert*, „Im Ghetto 1939–1945", S. 120 f. *Hájková*, „Prisoner Society in the Terezín Ghetto 1941–1945", S. 258. Der erste Transport von Theresienstadt nach Auschwitz fand am 26.10.1942 statt. Insgesamt gingen 25 Transporte mit über 44.000 Ghettobewohnern von Theresienstadt nach Auschwitz. Quelle: *Benz*, „Theresienstadt", S. 266.

[54] Museum Theresienstadt. YV, O.64, Item ID: 3733343. Vgl. auch: YV, O.64, Item ID: 3687834. Vgl. auch *Murmelstein*, „Theresienstadt – Eichmanns Vorzeige-Ghetto", S. 181.

[55] Museum Theresienstadt. Die Zahlen schwanken in den verschiedenen Darstellungen zu Theresienstadt leicht. Hájková nennt folgende Zahlen: Insgesamt wurden 148.000 Juden in das Ghetto gebracht. 74.000 aus dem Protektorat, mehr als 42.000 aus Deutschland und 15.000 aus Österreich sowie kleinere Gruppen aus den Niederlanden, Dänemark, der Slowakei und Ungarn. Über 33.000 Menschen starben in Theresienstadt. Quelle: *Hájková*, „Ältere deutsche Jüdinnen und Juden im Ghetto Theresienstadt", in: *Meyer*, „Deutsche Jüdinnen und Juden in Ghettos und Lagern (1941–1945)", S. 202. *Chládková*, „Ghetto Theresienstadt", S. 48 gibt 33.430 Tote in Theresienstadt an. Im Artikel „Die Verschleierung der Vernichtungsmaschinerie" von *Anette Kraus* aufgerufen unter: https://www.deutschlandfunkkultur.de/vor-75-jahren-kz-theresienstadt-errichtet-die.932.de.html?dram:article_id=372203 [Stand: 21.10.2020], werden 33.000 Todesopfer und 90.000 Weiterdeportierte angegeben.

[56] Belege in: Museum Theresienstadt. „Abschrift", in: YV, O.64, Item ID: 3687787. *Chládková*, „Ghetto Theresienstadt", S. 9.

[57] *Adler*, „Theresienstadt 1941–1945", S. 298. *Benz*, „Theresienstadt", S. 268. *Chládková*, „Ghetto Theresienstadt", S. 30. *Hájková* geht tiefer auf diese Transporte ein, in: „Prisoner Society in the Terezín Ghetto 1941–1945", S. 285–290. *Manes*, „Als ob's ein Leben wär", S. 17.

[58] Museum Theresienstadt. *Benz*, „Theresienstadt", S. 269. *Polák*, „Das Lager", in: „Theresienstadt" vom Rat der jüdischen Gemeinden in Böhmen und Mähren, S. 49. Neben den Evakuierungstransporten kamen schon Ende 1944 1.500 Menschen aus der Slowakei und im März 1945 1.150 Menschen aus Ungarn nach Theresienstadt. Quelle: „Wenn im Amte", S. 122.

verbreitet, dass sie „terezínka" getauft wurde)⁵⁹ und Ungeziefer besonders gut ausbreiten.⁶⁰

Auf der Wannseekonferenz am 20.01.1942 am Großen Wannsee Nr. 56–58 in Berlin wurde der Beschluss gefasst, dass vermehrt Juden über 65 Jahre oder prominente Juden nach Theresienstadt gebracht werden sollten.⁶¹ Tags zuvor hatte Adolf Eichmann Theresienstadt einen Besuch abgestattet, um sich von der dortigen Lage ein Bild zu machen.⁶² Auch Juden, die schwerkriegsbeschädigt waren oder Kriegsauszeichnungen besaßen sowie Personen aus aufgelösten „Mischehen" und die „Geltungsjuden" sollten nach Theresienstadt deportiert werden.⁶³ Im Gegensatz zu den anderen Lagern waren in Theresienstadt prozentual mehr Menschen, die nach dem Rassegesetz der Nationalsozialisten nicht als „Volljuden" galten, inhaftiert.⁶⁴

Zur Täuschung wurden den Juden Heimeinkaufsverträge gegen Entgelt angeboten.⁶⁵ In diesen Verträgen wurde ihnen eine angemessene Unterbringung, Verpflegung und ärztliche Versorgung in Theresienstadt zugesichert.⁶⁶ Diese Versprechungen gingen natürlich ins Leere und wurden von den Nationalsozi-

---

⁵⁹ *Hájková*, „Mutmaßungen über deutsche Juden: Alte Menschen aus Deutschland im Theresienstädter Ghetto", in: *Löw/Bergen/Hájková*, „Alltag im Holocaust", S. 181 f. Vgl. auch *Adler*, „Theresienstadt 1941–1945", S. LIV.

⁶⁰ Museum Theresienstadt. *Polák*, „Das Lager", in: „Theresienstadt" vom Rat der jüdischen Gemeinden in Böhmen und Mähren, S. 32 f. Auch Gelbsucht, Scharlach und Bauchtyphus waren Ursache für viele Todesfälle im Lager.

⁶¹ *Adler*, „Die verheimlichte Wahrheit", S. 10 f. Wobei „lästige" Juden unabhängig von Alter und sonstigen möglicherweise qualifizierende Kriterien für Theresienstadt in den Osten deportiert werden sollten. Quelle: *Meyer*, „Tödliche Gratwanderung", S. 177. Protokoll der Wannseekonferenz S. 8, online unter: Gedenk- und Bildungsstätte Haus der Wannsee-Konferenz, „Protokoll und Dokumente", aufgerufen unter: https://www.ghwk.de/de/konferenz/protokoll-und-dokumente [Stand: 12.11.2020].

⁶² Museum Theresienstadt.

⁶³ *Adler*, „Theresienstadt 1941–1945", S. 297. *Strnad*, „Zwischenstation ‚Judensiedlung'", S. 123. Verweist u.a. auf VN Theodor Koronczyk vom 29.10.1947: StAM. SpKA 939 Koronczyk und ZA Theodor Koronczyk vom 25.09.1949: StAM. StAnw 29 499/1. Als „Geltungsjuden" wurden diejenigen Personen von den Nationalsozialisten bezeichnet, die lediglich von zwei volljüdischen Großelternteilen abstammten, jedoch selbst der jüdischen Religionsgemeinschaft angehörten oder mit einem Juden verheiratet waren. Quelle: Bundeszentrale für politische Bildung, „Geltungsjude", aufgerufen unter: https://www.chotzen.de/bibliothek/glossar/geltungsjude [Stand: 24.03.2021].

⁶⁴ *Adler*, „Theresienstadt 1941–1945", S. 300.

⁶⁵ *Adler*, „Die verheimlichte Wahrheit", S. 48 ff. *Murmelstein*, „Theresienstadt – Eichmanns Vorzeige-Ghetto", S. 43 f. *Polák*, „Das Lager", in: „Theresienstadt" vom Rat der jüdischen Gemeinden in Böhmen und Mähren, S. 30. Auch Leo Baeck musste einen solchen Heimeinkaufsvertrag abschließen und 15.400 RM von seinem Vermögen abtreten sowie 200 RM für „Altersheim-Verpflegung" ansetzen. Siehe *Meyer*, „Tödliche Gratwanderung", S. 212 f. verweist auf: CJA, 2 B 1/4, AN v. 27.01.1943; BArch, R 8150, 581/1, Heimeinkaufsvertrag Baeck v. 27.01.1943, Korrespondenzen 1940–1943 zu Vermögensangelegenheiten Baecks sowie Schr. RVJD an Deutsche Bank v. 10.11.1943 wg. Einziehung des Vermögens. Vgl. auch *Hanke*, „Zur Geschichte der Juden in München zwischen 1933 und 1945", S. 291 f.

⁶⁶ *Adler*, „Die verheimlichte Wahrheit", S. 53 ff. *Murmelstein*, „Theresienstadt – Eichmanns

alisten nicht eingehalten. Auch Philipp Manes schrieb in seinen Tagesberichten, dass ihm geschildert wurde, dass Theresienstadt einem Paradies gleiche, wofür es sich lohne, sein Vermögen zu geben. Die Beamten der Gemeinde in Berlin beglückwünschten Manes und seine Mitreisenden sogar dazu, dass sie in das Paradies Theresienstadt und nicht etwa nach Lublin geschickt wurden.[67] Die finanzielle Ausbeutung durch die Heimeinkaufsverträge genügte jedoch den Verantwortlichen noch nicht. Zusätzlich galt die 11. Verordnung zum Reichsbürgergesetz vom 25.11.1941. Nach dieser Verordnung verloren die Juden mit Verlassen des Reichsgebietes die deutsche Staatsbürgerschaft und zugleich fiel ihr Vermögen an das Reich.[68] Dies galt auch dann, wenn die Juden unfreiwillig durch die Deportation das Reich verließen.[69] Auch hierdurch wurde die finanzielle Ausbeutung der Juden vorangetrieben. Jedoch lag Theresienstadt – genauso wie Auschwitz – im Reichsgebiet und damit war diese Verordnung bei den dorthin deportierten Juden nicht einschlägig.[70] Um den Deportierten dennoch ihr komplettes Vermögen zu rauben, wurden sie zu „Staatsfeinden" erklärt und damit konnte durch die „Verordnung über die Behandlung feindlichen Vermögens" das Vermögen von diesen Juden abgeschöpft werden.[71]

Vorzeige-Ghetto", S. 43. *Polák*, „Das Lager", in: „Theresienstadt" vom Rat der jüdischen Gemeinden in Böhmen und Mähren, S. 30.

[67] *Manes*, „Als ob's ein Leben wär", S. 31, 36. Ähnliches berichtete auch Spanier, der einen Tag vor seiner Abreise mit der Reichsvereinigung aus Berlin telefonierte und frohen Herzens nach Theresienstadt fahren sollte, da es sich um ein einigermaßen erträgliches Ghetto handeln würde. Quelle: *Meyer*, „Tödliche Gratwanderung", S. 303 verweist auf Sta München, Spruchkammer Karton 939, Theodor Koronczyk, Protokoll der öffentlichen Sitzung v. 29.10/30.10. 1947, S. 17, pag. 42. Viele der deutschen Juden rechneten damit, dass Theresienstadt vergleichbar zu den böhmischen Badeorten wie Karlsbad, Franzensbad und Marienbad sei. Quelle: *Hájková*, „Mutmaßungen über deutsche Juden: Alte Menschen aus Deutschland im Thesesienstädter Ghetto", in: *Löw/Bergen/Hájková*, „Alltag im Holocaust", S. 181.

[68] *Adler*, „Die verheimlichte Wahrheit", S. 50–52. *Friedenberger*, „Die Finanzverwaltung und die Vernichtung der deutschen Juden", in: *Friedenberger/Gössel/Schönknecht*, „Die Reichsfinanzverwaltung im Nationalsozialismus", S. 22, 74. *Mehl*, „Das Reichsfinanzministerium und die Verfolgung der Deutschen Juden 1933–1943", S. 92. *Murmelstein*, „Theresienstadt – Eichmanns Vorzeige-Ghetto", S. 28. *Schrafstetter*, „Flucht und Versteck", S. 50. Vgl. *Strnad*, „Zwischenstation ‚Judensiedlung'", S. 108. RGBl. 1941, S. 722. Quelle: „Elfte Verordnung zum Reichsbürgergesetz", aufgerufen unter: http://www.ns-quellen.at/gesetz_anzeigen _detail.php?gesetz_id=4410&action=B_Read [Stand: 25.09.2020].

[69] *Friedenberger*, „Die Finanzverwaltung und die Vernichtung der deutschen Juden", in: *Friedenberger/Gössel/Schönknecht*, „Die Reichsfinanzverwaltung im Nationalsozialismus", S. 22.

[70] *Friedenberger*, „Die Finanzverwaltung und die Vernichtung der deutschen Juden", in: *Friedenberger/Gössel/Schönknecht*, „Die Reichsfinanzverwaltung im Nationalsozialismus", S. 22. *Schrafstetter*, „Flucht und Versteck", S. 50. *Strnad*, „Zwischenstation ‚Judensiedlung'", S. 129, der auf *Hanke*: Geschichte, S. 291 und *Zimmermann*: Organisation, S. 361 verweist.

[71] *Schrafstetter*, „Flucht und Versteck", S. 50, verweist auf *Kuller*, „Grundsatz", S. 164f. und *Kuller*, „Bürokratie", S. 402–406. *Strnad*, „Zwischenstation ‚Judensiedlung'", S. 129. RGBl. I 1940, S. 191ff. Quelle: „Verordnung über die Behandlung feindlichen Vermögens", aufgerufen unter: http://ns-quellen.at/gesetz_anzeigen_detail.php?gesetz_id=13810&action =B_Read [Stand: 25.09.2020].

d) Die Jüdische Selbstverwaltung

Bei der Errichtung des Ghettos bezog die SS die Prager Jüdische Kultusgemeinde in die administrativen und organisatorischen Vorbereitungen für die Errichtung des Lagers in Theresienstadt mit ein, um so unter anderem die Illusion einer angeblichen Selbstverwaltung durch die Juden zu erzeugen.[72] Die jüdische Leitung in Prag hatte am Anfang noch die Hoffnung, dass die tschechischen Juden in Theresienstadt eine Art selbstversorgende Gemeinschaft bilden und somit den Krieg überstehen könnten.[73] Zwar stand das Ghetto nach außen hin unter jüdischer Selbstverwaltung und damit unter der Leitung des jüdischen Ältestenrats, jedoch war der Judenälteste intern der SS-Lagerkommandantur, welche der „Zentralstelle für jüdische Auswanderung in Prag" unter der Leitung von Hans Günther[74] unterstand, gegenüber berichtpflichtig und an deren Weisungen gebunden.[75] Dem Lagerkommandanten waren etwa 30 SS-Männer sowie etwa 100 tschechische Gendarmen unterstellt, die für die Bewachung des Lagers zuständig waren, wobei Letztere alle drei bzw. sechs Monate ausgetauscht wurden.[76]

Die Position des Lagerkommandanten wurde hintereinander von Siegfried Seidl[77], Anton Burger[78] und Karl Rahm[79] besetzt. Seidl und Rahm wurden

---

[72] Museum Theresienstadt.

[73] *Manes*, „Als ob's ein Leben wär", S. 17. Vgl. auch *Meyer*, „Tödliche Gratwanderung", S. 179: Auch Paul Eppstein erblickte in Theresienstadt „eine Möglichkeit, Menschenleben über die Zeit zu retten". Meyer verweist auf: Berthold Simonsohn, Gedenkblatt für Paul Eppstein, in: Jüdische Sozialarbeit, Jg. 4, Nr. 3 und 4 vom 18.09.1959, Sonderdruck.

[74] Polák bezeichnete Günther als den „lächelnden Henker", der der Urheber der schärfsten Maßnahmen gegen die Juden gewesen sei. Quelle: *Polák*, „Das Lager", in: „Theresienstadt" vom Rat der jüdischen Gemeinden in Böhmen und Mähren, S. 36.

[75] Museum Theresienstadt. *Benz*, „Theresienstadt", S. 45, 50.

[76] *Benz*, „Theresienstadt", S. 46. *Feuß*, „Das Theresienstadt-Konvolut", S. 12. *Hájková*, „Die fabelhaften Jungs aus Theresienstadt", in: *Dieckmann/Quinkert*, „Im Ghetto 1939–1945", S. 119, die auf *Tomáš Fedorovič*, „Neue Erkenntnisse über die SS-Angehörigen im Ghetto Theresienstadt", in: Theresienstädter Studien und Dokumente (2006), S. 234–250 verweist. *Hájková*, „Mutmaßungen über deutsche Juden: Alte Menschen aus Deutschland im Thesesienstädter Ghetto", in: *Löw/Bergen/Hájková*, „Alltag im Holocaust", S. 180. *Hájková*, „Prisoner Society in the Terezín Ghetto 1941–1945", S. 45.

[77] Seidl blieb bis zum 03.07.1943 im Amt. Quelle: *Benz*, „Theresienstadt", S. 47, 267. Murmelstein charakterisierte ihn als „Schwächling, der den Mangel an Energie fallweise mit Grausamkeit zu ersetzen versuchte", *Murmelstein*, „Theresienstadt – Eichmanns Vorzeige-Ghetto", S. 35. Auch Polák beschrieb Seidl als überaus grausam und hinterhältig. Seidl war derjenige, der im Lager die Prügelstrafe einführte. Quelle: *Polák*, „Das Lager", in: „Theresienstadt" vom Rat der jüdischen Gemeinden in Böhmen und Mähren, S. 35.

[78] Anton Burger war vom 03.07.1943 bis zum 07.02.1944 Lagerkommandant im Ghetto. Quelle: *Benz*, „Theresienstadt", S. 47, 267. Murmelstein charakterisierte ihn als „feige und grausam zugleich und schlief mit dem schussbereiten Maschinengewehr neben dem Bett". Quelle: *Murmelstein*, „Theresienstadt – Eichmanns Vorzeige-Ghetto", S. 35. Laut Polák war Burger ein „fanatischer Feind alles Tschechischen", *Polák*, „Das Lager", in: „Theresienstadt" vom Rat der jüdischen Gemeinden in Böhmen und Mähren, S. 36.

[79] Karl Rahm kam am 08.02.1944 nach Theresienstadt, war zuvor in den Zweigstellen

nach dem Krieg zum Tod verurteilt. Die Urteile wurden 1946 und 1947 vollstreckt. Auch Burger erhielt die Todesstrafe, flüchtete jedoch, tauchte in Deutschland mit falschen Namen unter und verstarb ungestraft im Jahr 1991.

Am 04.12.1941 traf die Leitung der Jüdischen Selbstverwaltung in Theresienstadt ein.[80] An der Spitze der Jüdischen Selbstverwaltung stand der Judenälteste mit seinen Stellvertretern, deren Beratungsorgan der Ältestenrat[81] war.[82] Jakob Edelstein (sein Stellvertreter war Zucker)[83], der der erste Judenälteste in Theresienstadt war, wurde von den Nationalsozialisten umgebracht.[84] Im Januar 1943 wurde er zunächst durch Paul Eppstein als Judenältester ersetzt und Ende 1943 von den Nationalsozialisten verhaftet, weil es Abweichungen zwischen den registrierten und den sich tatsächlich im Ghetto befindlichen Insassen gab.[85] Mitte Dezember 1943 erfolgte dann seine Deportation nach Auschwitz und dort war er im Block Nr. 11 des Stammlagers inhaftiert. Am 20.06.1944

Eichmanns in Wien und Holland tätig und war Stellvertreter von Sturmbannführer Hans Günther, dem Leiter des Prager Zentralamts zur Lösung der Judenfrage, gewesen. Quelle: *Murmelstein*, „Theresienstadt – Eichmanns Vorzeige-Ghetto", S.135. Bis zum 05.05.1945 blieb Rahm Lagerkommandant im Ghetto, vgl. *Murmelstein*, „Das Ende von Theresienstadt", in: *Loewy/Rauschenberger*, „Der Letzte der Ungerechten", S. 18. Laut Polák war Rahm ein „jähzorniger Gewalttäter, der zumindestens zwei Mitarbeiter der Prager Jüdischen Gemeinde umgebracht hat". Quelle: *Polák*, „Das Lager", in: „Theresienstadt" vom Rat der jüdischen Gemeinden in Böhmen und Mähren, S. 39.

[80] Alle Belege in: Museum Theresienstadt. *Benz*, „Theresienstadt", S. 47f. *Chládková*, „Ghetto Theresienstadt", S. 8. Eine Kopie des Urteils gegen Rahm befindet sich im Yad Vashem. Quelle: YV, O.64, Item ID: 3688392. *Chládková*, „Ghetto Theresienstadt", S. 25, 29.

[81] „Geschäftsordnung des Aeltestenrates" und „Statut des Ältestenrates", in: YV, O.64, Item ID: 3685529. Den Ältestenrat bildeten die fünf Abteilungsleiter der Selbstverwaltung und ihre Stellvertreter. Innere Verwaltung, Wirtschafts- und Technische- sowie Finanzabteilung und Gesundheitswesen. Später kam noch das zentrale Arbeitsamt, die Abteilung für Kultur und Jugendfürsorge hinzu. Quelle: *Polák*, „Das Lager", in: „Theresienstadt" vom Rat der jüdischen Gemeinden in Böhmen und Mähren, S. 33. Ähnlich in: *Feuß*, „Das Theresienstadt-Konvolut", S. 12: „Mitglieder des Ältestenrats waren die Leiter von Abteilungen wie der Wirtschaftsabteilung, der Gesundheits- und Sozialfürsorge, der Technischen Abteilung oder der Freizeitabteilung, die die gesamten Tätigkeiten im Lager regelten." Der Ältestenrat war keine demokratische Vertretung, sondern von der SS ernannt. Zudem trugen seine Mitglieder nicht denselben Grad an Verantwortung, wie der Judenälteste. Quelle: „Interview mit Benjamin Murmelstein", in: *Loewy/Rauschenberger*, „Der Letzte der Ungerechten", S. 29.

[82] Museum Theresienstadt. „Rundschreiben Nr. 184 vom 14.12.1944", in: YV, O.64, Item ID: 3687706.

[83] *Murmelstein*, „Theresienstadt-Eichmanns Vorzeige-Ghetto", S. 34.

[84] Museum Theresienstadt. Vgl. auch *Polák*, „Das Lager", in: „Theresienstadt" vom Rat der jüdischen Gemeinden in Böhmen und Mähren, S. 38.

[85] YV, O.64, Item ID: 3733347. „Aktenvermerk der Leitung vom Januar 1943", abgedruckt in: *Adler*, „Die verheimlichte Wahrheit", S. 131ff. *Benz*, „Theresienstadt", S. 267. *Meyer*, „Tödliche Gratwanderung", S.213. Murmelstein nennt als Grund für Edelsteins Tod, dass dieser verdächtigt wurde mit dem tschechischen Widerstand zusammenzuarbeiten. Quelle: *Murmelstein*, „Theresienstadt – Eichmanns Vorzeige-Ghetto", S. 49, 56.

wurde Edelstein erschossen, nachdem er zuvor der Erschießung seiner Ehefrau Mirjam und seines Sohnes zusehen musste.[86]

Nachdem Edelsteins Nachfolger, der zweite Judenälteste, Paul Eppstein, am 27.09.1944 in der „Kleinen Festung" erschossen worden war, wurde im Dezember 1944 der neue Ältestenrat bekanntgegeben.[87] Eppsteins Position als Judenältester wurde mit Benjamin Murmelstein besetzt und an der Spitze des Ältestenrates stand Leo Baeck[88].[89] Das zeitweise bestehende sog. Triumvirat aus Edelstein, Eppstein und Murmelstein zeichnete sich durch Uneinigkeit und Kampf um Macht aus.[90] Vor allem Benjamin Murmelstein ging ein schlechter Ruf voraus.[91] H. G. Adler[92] charakterisierte ihn als den Judenältesten mit der

---

[86] Belege in: Museum Theresienstadt. YV, O.64, Item ID: 3733347. „Wenn im Amte", S. 32. Auch *Murmelstein*, „Theresienstadt – Eichmanns Vorzeige-Ghetto", S. 122.

[87] Museum Theresienstadt. *Adler*, „Die verheimlichte Wahrheit", S. 327. *Benz*, „Theresienstadt", S. 268. *Hájková*, „Prisoner Society in the Terezín Ghetto 1941–1945", S. 54. Zu Eppsteins Schicksal auch: *Murmelstein*, „Theresienstadt-Eichmanns Vorzeige-Ghetto", S. 166 ff. Eppstein wurde ein Fluchtversuch vorgeworfen. Er war auf den Befehl Rahms, Rucksäcke aus dem Magazin auf der anderen Seite der Straße für die SS-Kommandantur zu holen, hereingefallen. Es war den Bewohnern verboten, die Straße zu betreten. Rahm hatte schon seit Längerem auf einen solchen Vorwand gewartet, um Eppstein aus dem Weg zu schaffen. Quelle: *Polák*, „Das Lager", in: „Theresienstadt" vom Rat der jüdischen Gemeinden in Böhmen und Mähren, S. 43.

[88] Leo Baeck (23.05.1873 02.11.1956) war ein Religionswissenschaftler und Rabbiner aus einer Rabbinerfamilie. Er wurde nach der Machtergreifung der NSDAP im Jahr 1933 Präsidenten der Reichsvertretung der Deutschen Juden. In diesem Amt bemühte er sich, den Zusammenhalt der Juden in Deutschland zu stärken und deren Entrechtung entgegenzutreten. 1943 kam er nach Theresienstadt und blieb dort bis zur Befreiung. Quelle: *Feuß*, „Das Theresienstadt-Konvolut", S. 17 f. Meyer schreibt, dass Baeck nie nach Ämtern gedrängt hatte, sondern sich von der alltäglichen Arbeit in der jüdischen Selbstverwaltung eher fernhielt. Er leistete in den ersten Wochen harte körperliche Arbeit und „zog einen Abfallkarren, bis er nach seinem siebzigsten Geburtstag für seelsorgerische Arbeiten freigestellt wurde." Quelle: *Meyer*, „Tödliche Gratwanderung", S. 232, verweist auf *Fritz Backhaus*, „Ein Experiment des Willens zum Bösen – Überleben in Theresienstadt", in: *Heuberger/Backhaus* (Hrsg.), Leo Baeck, S. 115. Deutlich kritischer bewertet Hájková die Behauptungen, dass Baeck zunächst die Straßen gesäubert und sich angeblich geweigert hätte, den „Prominentenstatus" anzunehmen: Quelle: *Hájková*, „Prisoner Society in the Terezín Ghetto 1941–1945", S. 83.

[89] Museum Theresienstadt. *Murmelstein*, „Theresienstadt- Eichmanns Vorzeige-Ghetto", S. 168.

[90] *Adler*, „Theresienstadt 1941–1945", S. 115–118. Vgl. auch *Hauff*, „Selbstwahrnehmung und Zuschreibung bei Murmelstein", in: *Loewy/Rauschenberger*, „Der Letzte der Ungerechten", S. 69.

[91] *Adler*, „Theresienstadt 1941–1945", S. 117. Murmelstein war bei vielen Ghettobewohnern für seine Handlungen und Auftreten als Judenältester verhasst. Vgl. auch *Loewy/Rauschenberger*, „Der Letzte der Ungerechten", S. 69, 171.

[92] H. G. Adler stammte aus Prag, war Schriftsteller und Literaturwissenschaftler und kam im Februar 1942 nach Theresienstadt. Mitte Oktober 1944 wurde er in das KZ Auschwitz und Ende Oktober 1944 nach Niederorschel (einem Außenlager vom KZ Buchenwald) deportiert. Im Februar 1945 wurde er ins KZ Lagenstein-Zwieberge verbracht, wo er Mitte April 1945 befreit wurde. Quelle: *Murmelstein*, „Das Ende von Theresienstadt", in: *Loewy/Rauschenberger*, „Der Letzte der Ungerechten", S. 16.

stärksten Persönlichkeit unter den Dreien und mit einem Auftreten, das nur als „eisig kalt und selbstsicher" beschrieben werden konnte. Er konnte derart emotional und nahezu cholerisch werden, dass so gut wie keiner ein gutes Wort über ihn verlor. Murmelstein wurde genauso gefürchtet wie gehasst und hatte keinerlei mitfühlende oder ermutigende Worte für seine Schützlinge übrig.[93]

Zum Großteil hatten die Transportabteilung, der Judenälteste und der Ältestenrat die diejenigen Unglücklichen auszuwählen, die die Transporte aus Theresienstadt in Richtung Osten antreten mussten.[94] Eichmann gab Befehle bezüglich der bevorstehenden Deportationen an die NS-Dienststelle (der ehemaligen Lagerkommandantur) im Ghetto, wobei er Anzahl der Transporte, Zahl der zu deportierenden Bewohner, Datum, allgemeine Richtlinien und besondere Anweisungen für die einzelnen Transporte vorgab. Die SS leitete die Befehle präzisiert an den Judenältesten weiter und gab Kategorien wie Alter oder Herkunftsländer an, nach denen die Transportteilnehmer ausgesucht werden mussten. Im Großen und Ganzen (mit einigen Ausnahmen) überließen sie die Auswahl der einzelnen Personen aber den Juden selbst.[95]

Die Bewohner des Ghettos hatten mit den Nationalsozialisten nur wenige Berührungspunkte und hielten sich an die Verwaltungsorgane der Jüdischen Selbstverwaltung.[96] Bereits am 15.12.1941 folgte der erste Tagesbefehl[97] des Ältestenrates. Die Tagesbefehle enthielten Anweisungen und Verordnungen.

---

[93] Alle Belege in: *Adler*, „Theresienstadt 1941–1945", S. 117.
[94] *Murmelstein*, „Theresienstadt – Eichmanns Vorzeige-Ghetto", S. 36. Murmelstein schrieb hierzu: „Endlose Sitzungen, hitzige Debatten; idealistische Motive, Rücksicht aus Gründen der Arbeitsfähigkeit und der Parteizugehörigkeit, Familienbande, Freundschaftsbeziehungen, geheime Empfehlungen der SS und der tschechischen Gendarmerie, heimliche Liebesbeziehungen – auf all das musste Rücksicht genommen werden. Natürlich war es unmöglich, eine menschliche Lösung für eine unmenschliche Aufgabe zu finden." Laut Hájková übernahm eine große Kommission, zu der auch die Leiter der einzelnen Abteilungen der Selbstverwaltung gehörten, die Zusammenstellung der Transportliste. Der Judenälteste und seine Stellvertreter nahmen an diesen Treffen, außer für Interventionen, nicht teil. Als gute Übersicht zu den Zuständigkeiten und weitere Modalitäten bei den Transporten auch: *Hájková*, „Prisoner Society in the Terezín Ghetto 1941–1945", S. 248–250 sowie Kapitel 5. „Transports from Terezín to the East".
[95] Alle Belege in: *Adler*, „Theresienstadt 1941–1945", S. 286. Bzgl. Dienststelle/Lagerkommandantur auch: „Das Recht des Jüdischen Siedlungsgebietes Theresienstadt", in: YV, O.64, Item ID: 3687734. Zu den Ausnahmen z.B. bei Weisungen oder den Herbsttransporten: *Hájková*, „Prisoner Society in the Terezín Ghetto 1941–1945", S. 248f., 287.
[96] *Goldschmidt*, „Die Geschichte der evangelischen Gemeinde Theresienstadt 1942–1945", S. 7f. *Manes*, „Als ob's ein Leben wär", S. 145.
[97] Laut Benz wurden die Tagesbefehle zunächst jeden Tag bis auf samstags herausgegeben, wobei sich im Verlaufe der Zeit die Zeitabstände zwischen den einzelnen Tagesbefehlen verlängerten. Quelle: *Benz*, „Theresienstadt", S. 265. Resi Weglein erinnerte sich in ihrem Buch an diese Tagesbefehle zurück, die anfangs täglich erfolgten. Ein immer wiederholter Befehl lautete, dass der „Judenstern" immer fest angenäht sein müsse, da sonst Strafe (wie Brotentzug oder Haft) drohte. Weglein schrieb zudem, dass täglich neue Verurteilungen wegen Kartoffel- oder Brotdiebstahl usw. in diesen Tagesberichten zu lesen gewesen seien. Quelle: *Weglein*, „Als Krankenschwester im KZ-Theresienstadt", S. 37. Vgl. *Polák*, „Das Lager", in: „Theresien-

Diese Befehle waren meist eine Weitergabe der Befehle der SS-Kommandantur.[98]

2. Theresienstadts Besonderheit: Propagandainstrument der Nationalsozialisten

Das Ghetto Theresienstadt hob sich für die Nationalsozialisten durch eine Art Sonderrolle von den anderen Konzentrationslagern und Ghettos ab. Zum einen war es ein Transitlager auf dem Weg in die großen Konzentrationslager wie Auschwitz oder Treblinka, nebenbei diente es als „Vorzugslager", zum anderen wurde es im Rahmen der Judenpolitik zur Vernichtung von Menschen und zudem zeitweise von der NS-Propaganda als angebliches „Altersghetto", genutzt.[99]

a) Jüdische Mustersiedlung – Eine Stadtverschönerung für das Rote Kreuz

Das Ghetto wurde von den Nationalsozialisten kurzzeitig als eine „jüdische Mustersiedlung", in der die Juden zwar isoliert von der restlichen Bevölkerung, aber zufrieden unter ihrer Selbstverwaltung lebten, zur Schau gestellt und in dieser Rolle einigen ausländischen Besuchern vorgeführt. Berichte über die Verhältnisse in den Konzentrationslagern waren ins Ausland gedrungen und die Nationalsozialisten versuchten, durch Propagandamaßnahmen diese Anschuldigungen zu entkräften. Der Zwangscharakter des Aufenthalts konnte zwar nicht vertuscht werden, jedoch wurde die Autonomie und die weitreichenden Rechte der Bewohner durch die Jüdische Selbstverwaltung betont.[100]

Abgesandte des „Deutschen Roten Kreuzes" und des „Internationalen Komitees vom Roten Kreuz" besuchten das Lager im Juni 1944 und im April 1945.[101] Die erste Kommission bestand aus den beiden Dänen Frants Hvass,

---

stadt" vom Rat der jüdischen Gemeinden in Böhmen und Mähren, S. 26. Es befinden sich auch im Yad Vashem Archive O.64 Theresienstadt Collection einige Tagesbefehle.

[98] Belege in: Museum Theresienstadt. YV, O.64, Item ID: 3685530. *Chládková*, „Ghetto Theresienstadt", S. 8, 26. *Polák*, „Das Lager", in: „Theresienstadt" vom Rat der jüdischen Gemeinden in Böhmen und Mähren, S. 26. Es gab neben den Tagesbefehlen auch noch die direkten Befehle, die den einzelnen Bewohnern zugestellt wurden. Quelle: *Manes*, „Als ob's ein Leben wär", S. 226.

[99] Vgl. *Hájková*, „The Last Ghetto", S. 7. *Hájková*, „Ältere deutsche Jüdinnen und Juden im Ghetto Theresienstadt", in: *Meyer*, „Deutsche Jüdinnen und Juden in Ghettos und Lagern (1941–1945)", S. 202. *Hájková*, „Prisoner Society in the Terezín Ghetto 1941–1945", S. 6, 9f., 36, 81. Vgl. auch *Benz*, „Theresienstadt", S. 35f.

[100] Alle Belege in: *Adler*, „Die verheimlichte Wahrheit", S. 5f. *Adler*, „Theresienstadt 1941–1945", S. 150. Vgl. *Felsmann/Prümm*, „Kurt Gerron", S. 88, 140. Ähnlich *Kulka*, „Theresienstadt, eine Tarnung für Auschwitz", in: „Theresienstadt" vom Rat der jüdischen Gemeinden in Böhmen und Mähren, S. 201, 205.

[101] Ausschnitte des Berichts von *Dr. Rossel* „Ghetto Theresienstadt. Besucht am 23.06.44" sind in *Adler*, „Die verheimlichte Wahrheit", S. 312f. abgedruckt. *Benz*, „Theresienstadt",

2. Theresienstadts Besonderheit: Propagandainstrument der Nationalsozialisten

dem Ministerialdirektor des Außenministeriums, und Eigil Juel Henningsen, dem Oberarzt und Beauftragten des Dänischen Roten Kreuzes und Teil des Gesundheitsamts des Innenministeriums, F. von Heydekamf, einem Vertreter des Deutschen Roten Kreuzes, und dem Schweizer M. Rossel, einem Funktionär des IRK.[102] Um diesen Besuchern ein falsches Bild von Theresienstadt und den dortigen Lebensumständen zu vermitteln, wurde das Ghetto über Monate hin verschönert.[103] Es wurden unter anderem Straßen umbenannt.[104] So wurde beispielsweise aus der Straße L1 die Seestraße, was besonders perfide wirkt, da der nächste See weit entfernt war und der Name lediglich die angebliche Idylle des „Kurortes Theresienstadt" unterstreichen sollte.[105] Nicht nur die Namen der Straßen wurden ausgetauscht:

„Die Bezeichnung ‚Ghetto' wurde durch ‚Jüdisches Siedlungsgebiet' ersetzt, die ‚Ghettowache' hieß nun ‚Gemeindewache', die ‚Transportnummer' ganz harmlos ‚Kennnummer', die Gefangenen wurden zu ‚Einwohnern', den ‚Tagesbefehl' nannte man ab jetzt ‚Mitteilung der Selbstverwaltung'."[106]

Zudem wurden „Geschäfte" in Theresienstadt eröffnet, in denen die Bewohner mit Bezugsscheinen Waren einkaufen konnten, die ihnen bei der Ankunft abgenommen worden waren.[107]

S. 268 f. *Kulka*, „Theresienstadt, eine Tarnung für Auschwitz", in: „Theresienstadt" vom Rat der jüdischen Gemeinden in Böhmen und Mähren, S. 204. Zur Besichtigung auch *Murmelstein*, „Theresienstadt – Eichmanns Vorzeige-Ghetto", S. 146 ff.

[102] *Adler*, „Theresienstadt 1941–1945", S. 173. *Benz*, „Theresienstadt", S. 188. Vgl. *Adler*, „Die verheimlichte Wahrheit", S. 312 f. Vgl. auch: YV, O.64, Item ID: 3688388.

[103] *Adler*, „Die verheimlichte Wahrheit", S. 6. *Felsmann/Prümm*, „Kurt Gerron", S. 88. Vgl. auch *Starke*, „Der Führer schenkt den Juden eine Stadt", S. 118–125.

[104] Museum in Theresienstadt. *Felsmann/Prümm*, „Kurt Gerron", S. 88. *Polák*, „Das Lager", in: „Theresienstadt" vom Rat der jüdischen Gemeinden in Böhmen und Mähren, S. 36.

[105] Museum in Theresienstadt. *Murmelstein*, „Theresienstadt – Eichmanns Vorzeige-Ghetto", S. 85 f. Vgl. YV, O.64, Item ID: 3690855. Laut Adler mussten die dort wohnenden Prominenten in ihren Briefen an die Außenwelt die Seestraße als Absenderadresse angeben, damit der Schein des idyllischen Kurortes intensiviert wurde. Quelle: *Adler*, „Theresienstadt 1941–1945", S. LI. Auch andere idyllische Namen wie Park-, Bad-, und Bergstraße wurden den Straßen im Ghetto gegeben. Quelle: *Polák*, „Das Lager", in: „Theresienstadt" vom Rat der jüdischen Gemeinden in Böhmen und Mähren, S. 36.

[106] *Felsmann/Prümm*, „Kurt Gerron", S. 89. *Murmelstein*, „Theresienstadt – Eichmanns Vorzeige-Ghetto", S. 141. Vgl. auch *Polák*, „Das Lager", in: „Theresienstadt" vom Rat der jüdischen Gemeinden in Böhmen und Mähren, S. 40. Die einzelnen Rubriken dieser „Mitteilungen" wurden mit kleinen Zeichnungen verziert, sodass eine Waage die Gerichtsurteile zierte, was laut Murmelstein äußerst grotesk anmutete: „- Diebstahl von 50 Gramm Margarine – vierzehn Tage Haft ... mit Aussicht auf Deportation." Quelle: *Murmelstein*, „Theresienstadt – Eichmanns Vorzeige-Ghetto", S. 141 f. Die Ghettowache war eine Art „jüdische Lagerpolizei". Quelle: *Adler*, „Theresienstadt 1941–1945", S. XXXIX. Karl Loewenstein war der Leiter der Ghettowache, die militärische Strukturen aufwies. Die meisten Mitglieder der Ghettowache wurden im September 1943 deportiert. Weiteres zur Ghettowache in: *Hájková*, „Prisoner Society in the Terezín Ghetto 1941–1945", S. 78.

[107] Museum in Theresienstadt. *Polák*, „Das Lager", in: „Theresienstadt" vom Rat der jüdischen Gemeinden in Böhmen und Mähren, S. 32.

Die Ghettobewohnerin Gerty Spies schrieb dazu Folgendes:

„Man konnte nun mit hungrigem Magen durch die Straßen gehn [sic!] und vor der mit Fleisch und Würsten überfüllten Schaufensterauslage des ‚Metzgerladens' stehenbleiben oder sich vom Anblick flammender Rosenbeete verzaubern lassen, ohne sie auch nur berühren oder sich darüber neigen zu dürfen, um ihren Duft zu trinken. Neue Sehnsüchte wurden geweckt, neue Tantalusqualen heraufbeschworen."

Sie resümierte: „Theresienstadt wurde Ausstellungsgegenstand, Kulisse, und wir selber waren die Schauobjekte."[108]

Den Kommissionen, die das Lager besuchten, wurden auch Kanzleien und eine Gerichtsverhandlung wegen Diebstahls vorgeführt, um die Farce der jüdischen Mustersiedlung zu verstärken. Selbstverständlich wurden keine beliebigen Verhandlungen präsentiert, sondern diese wurden sorgfältig ausgesucht und vorbereitet.[109] Zu den Gerichtsverfahren in der Zeit der „Verschönerungsaktionen" schrieb Murmelstein: Zwei Jungen wurden im Oktober 1943 aufgrund eines Diebstahls von ein paar Kilo Brot zu acht Monaten Gefängnis verurteilt und – wie Murmelstein ausführte – dank eines korrekten Gerichtsverfahrens und des von Anton Burger unterschriebenen Urteils auf die „Kleine Festung" gebracht. Hierzu kommentierte Murmelstein: „Die schlimmen Zeiten waren mittlerweile vorbei; alles war geschönt, auch die Verbrechen." Auch zwei Lagerarbeiter, die sich gegenseitig vier Zentner Brot zugeschoben haben sollen, erhielten lediglich eine Gefängnisstrafe von jeweils dreieinhalb Monaten. „Lauter harmlose Verwaltungsstrafen.", wie Murmelstein behauptete. Ein Bewohner, der unerlaubterweise seine Verpflegung aufgebessert hatte, kam mit einer Strafe von 100 Theresienstädter Kronen davon. Murmelstein resümierte: „Es herrschte Mittsommerstimmung."[110] Diese Aussagen von Murmelstein muten seltsam an, waren doch die Lebensbedingungen in der „Kleinen Festung" besonders widrig und eine Bestrafung bedeutete in den meisten Fällen eine baldige Deportation in die Vernichtungslager im Osten.[111]

Murmelstein berichtete jedoch auch von Aspekten, wie sich die Verschönerungsaktion negativ auf das Rechtswesen auswirkte: Als die Prager Gestapo befahl, dass ein Jude namens „Zdenek Herman" vom Ghetto in die „Kleine Festung" verlegt werden soll, es allerdings vier Männer mit diesem Namen im Ghetto gab, wurden kurzerhand alle vier zur „Kleinen Festung" gebracht, um keine Zeit zu verlieren. Fälle, in denen Bewohner aufgrund von versteckten Wertsachen oder Zigaretten angezeigt wurden, wurden im Schnellverfahren abgehandelt.[112]

---

[108] Belege in: *Spies*, „Drei Jahre Theresienstadt", S. 72f.
[109] *Adler*, „Die verheimlichte Wahrheit", S. 314. *Adler*, „Theresienstadt 1941–1945", S. 176, 455. Die Nationalsozialisten behaupteten gegenüber der Kommission beispielsweise, dass dem Ältestenrat ein Begnadigungsrecht zustände, was nicht der Realität entsprach.
[110] Alle Belege in: *Murmelstein*, „Theresienstadt – Eichmanns Vorzeige-Ghetto", S. 157.
[111] Vgl. Museum Theresienstadt. Vgl. *Chládková*, „Ghetto Theresienstadt", S. 9f.
[112] Belege in: *Murmelstein*, „Theresienstadt – Eichmanns Vorzeige-Ghetto", S. 134.

2. Theresienstadts Besonderheit: Propagandainstrument der Nationalsozialisten

Das Ghettogericht wurde auch im Propagandafilm gezeigt, um noch einmal ausdrücklich auf die Selbstverwaltung der Juden und die humane Art, mit der sie von den Nationalsozialisten behandelt wurden, hinzuweisen.[113]

Auch Philipp Manes berichtete in seinen Tagesberichten von der Verschönerungsaktion in Theresienstadt. Laut seinen Aufzeichnungen setzte am 01.05. 1944 die Stadtverschönerung ein. Ebenso wurde ein Termin von der Dienststelle festgesetzt, an dem die Verschönerung abgeschlossen sein sollte. Manes beschrieb, wie in deren Zuge die Mauern und Wände ausgebessert und Löcher und andere Unreinheiten behelfsmäßig retuschiert wurden. Er berichtete auch, dass sich die Bewohner des Ghettos fragten, wie sich diese Stadtverschönerung in langer Hinsicht für sie auswirken werde. Sie wussten nicht, ob sie mit dieser neu errungenen Schönheit und neuen Möglichkeiten weiter im Ghetto leben durften, wenn diese ihren Zweck erfüllt hatten oder, ob sie nach der Zweckerreichung allesamt nach Birkenau abtransportiert werden würden und andere ihre Arbeitserfolge genießen dürften.[114]

Am 23.06.1944 fand der Besuch der ersten Delegation statt.[115] Die Bewohner erfuhren von dem Besuch nur dadurch, dass die Hausältesten am Abend davor anordneten, dass am nächsten Morgen bis 8 Uhr die Betten gelüftet, das Zimmer tadellos saubergemacht, die Wände verhängt, Habseligkeiten weggeräumt und die Fenster geputzt sein mussten.[116]

Die Lage der Bewohner verbesserte sich durch die Verschönerung zumindest teilweise.[117] Allerdings sollte im Zuge dieser Aktion auch die Überbelegung des Lagers vertuscht werden und somit fanden aus diesem Grund vorab Transporte in den Osten statt.[118] In Auschwitz wurden diese Transportierten zunächst in ein Sonderlager verbracht und danach getötet.[119]

Den Nationalsozialisten gelang es, ihre Besucher mit dieser Inszenierung zu täuschen.[120] So berichteten diese unter anderem: „Es gibt sicher selten Bevölkerungen, die [medizinisch] so überwacht sind wie die von Theresienstadt." und „Wir werden sagen, daß unser Erstaunen außerordentlich war, im Ghetto eine

---

[113] Für den Propagandafilm „Theresienstadt. Ein jüdisches Siedlungsgebiet" wurde, laut Drehbericht von Kurt Gerron, am 26.08.1944 um 10:30 Uhr eine Innenaufnahme in dem Gericht gedreht. Siehe *Adler*, „Die verheimlichte Wahrheit", S. 342. *Polák*, „Das Lager", in: „Theresienstadt" vom Rat der jüdischen Gemeinden in Böhmen und Mähren, S. 32.
[114] Alle Belege in: *Manes*, „Als ob's ein Leben wär", S. 218, 260, 262.
[115] *Benz*, „Theresienstadt", S. 188, 268. *Manes*, „Als ob's ein Leben wär", S. 292.
[116] *Manes*, „Als ob's ein Leben wär", S. 292.
[117] Vgl. auch *Murmelstein*, „Theresienstadt – Eichmanns Vorzeige-Ghetto", S. 150, 162. So auch: *Weglein*, „Als Krankenschwester im KZ. Theresienstadt", S. 63 f.
[118] *Benz*, „Theresienstadt", S. 268. *Manes*, „Als ob's ein Leben wär", S. 17. *Polák*, „Das Lager", in: „Theresienstadt" vom Rat der jüdischen Gemeinden in Böhmen und Mähren, S. 39, 41.
[119] *Manes*, „Als ob's ein Leben wär", S. 17. Vgl. auch *Kulka*, „Theresienstadt, eine Tarnung für Auschwitz", in: „Theresienstadt" vom Rat der jüdischen Gemeinden in Böhmen und Mähren, S. 201 f.
[120] *Adler*, „Die verheimlichte Wahrheit", S. 6.

Stadt zu finden, die fast ein normales Leben lebt; wir haben es schlimmer erwartet."[121]

Die Vertreter des IRK, Otto Lehner und Paul Dunant, statteten als zweite ausländische Delegation am 06.04.1945 dem Ghetto einen Besuch ab.[122] Auch der begeisterte Bericht von Lehner über das Ghetto sprach dafür, dass die SS mit ihrer Propaganda Erfolg hatte.[123] Am 21.04.1945 besichtigte Dunant abermals das Lager und ließ sich ein weiteres Mal von den Nationalsozialisten täuschen.[124]

b) Die Propagandafilme

Als weiteres Propagandamittel wurden im Herbst 1942 und zwischen 1943 und 1945 unter der Leitung des Zentralamtes für die Regelung der Judenfrage in Böhmen und Mähren Filme über Theresienstadt gedreht. Die Filme verfolgten unterschiedliche Ziele:[125]

Der im September 1942 gedrehte Film „Ghetto Theresienstadt" wurde als ein „Dokumentarfilm" von der SS hergestellt und beschrieb die Deportation der Prager Juden nach Theresienstadt und die Organisation innerhalb des Ghettos, wobei der Fokus des Films auf einer jüdischen Familie lag.[126] Die Regie führte die Pragerin Irene Dodalová.[127] Dieser Film war angeblich für Himmlers Privatgebrauch bestellt worden und zeigte, laut Peter Kien, der für den Dreh verantwortlich und selbst im Ghetto inhaftiert war, viel Realität und wenig Gestelltes.[128] Dieser Film wurde (möglicherweise) nicht beendet und ist nicht mehr erhalten.[129]

---

[121] Ausschnitt von Rossels Bericht „Ghetto Theresienstadt. Besucht am 23.06.44" und Rossel über die sanitären Verhältnisse, zitiert nach: *Adler*, „Die verheimlichte Wahrheit", S. 312, 314.

[122] *Adler*, „Die verheimlichte Wahrheit", S. 6, 354. *Adler*, „Theresienstadt 1941–1945", S. 203. *Benz*, „Theresienstadt", S. 199. „Mitteilung der jüdischen Selbstverwaltung Theresienstadt Nr. 68 vom 22.04.1945", abgedruckt in: *Starke*, „Der Führer schenkt den Juden eine Stadt", S. 223.

[123] Museum Theresienstadt. „Theresienstadt. Besuch am 6. April 1945, durch Lehner und Dunant. Aus dem Bericht des IRK-Delegierten in Berlin, Dr. Lehner" abgedruckt in: *Adler*, „Die verheimlichte Wahrheit", S. 355–357. Vgl. auch *Adler*, „Theresienstadt 1941–1945", S. 203 f. und *Benz*, „Theresienstadt", S. 199.

[124] *Adler*, „Die verheimlichte Wahrheit", S. 355. *Adler*, „Theresienstadt 1941–1945", S. 208. „Mitteilung der jüdischen Selbstverwaltung Theresienstadt Nr. 68 vom 22.04.1945", abgedruckt in: *Starke*, „Der Führer schenkt den Juden eine Stadt", S. 223.

[125] Belege in: Museum in Theresienstadt. *Felsmann/Prümm*, „Kurt Gerron", S. 104 ff.

[126] Museum in Theresienstadt. *Adler*, „Theresienstadt 1941–1945", S. 181 f. *Felsmann/Prümm*, „Kurt Gerron", S. 104. *Hofer*, „Der Film über Theresienstadt", in: „Theresienstadt" vom Rat der jüdischen Gemeinden in Böhmen und Mähren, S. 195. Ausführlicher zu dem Film auch: *Strusková*, „Film Ghetto Theresienstadt", in: *Loewy/Rauschenberger*, „Der Letzte der Ungerechten", S. 125–157.

[127] *Felsmann/Prümm*, „Kurt Gerron", S. 104. *Hofer*, „Der Film über Theresienstadt", in: „Theresienstadt" vom Rat der jüdischen Gemeinden in Böhmen und Mähren, S. 195. *Strusková*, „Film Ghetto Theresienstadt", in: *Loewy/Rauschenberger*, „Der Letzte der Ungerechten", S. 130.

[128] *Adler*, „Theresienstadt 1941–1945", S. 181. *Felsmann/Prümm*, „Kurt Gerron", S. 104.

[129] Museum in Theresienstadt. Ausschnitte des gedrehten Materials sollen sich jedoch im

2. Theresienstadts Besonderheit: Propagandainstrument der Nationalsozialisten

Ende 1943 wurde der Direktor der tschechischen Wochenschau „Aktualita", Karel Pečený[130] gezwungen, einen Film über das Ghetto in Theresienstadt zu drehen. Im Januar 1944 fertigten zwei Kameramänner von „Aktualita", Josef Cepelak und Ivan Frič, eine kurze Reportage über die Ankunft eines niederländischen Transports an. Dieser kurze Film sollte als Probe für den eigentlichen Propagandafilm dienen. Das Material wurde allerdings, wohl auf Befehl Himmlers, vernichtet. Frič gelang es, einige der Fotos dieses Films aus den Negativen des Filmmaterials zu bewahren.[131]

Im Anschluss an den Besuch der IKRK-Kommission, wurde das Ghetto dazu missbraucht, einen Propagandafilm mit dem Titel „Theresienstadt. Ein Dokumentarfilm aus dem jüdischen Siedlungsgebiet" zu drehen.[132] Die Filmaufnahmen begannen am 16.08.1944 und endeten am 11.09.1944.[133] Wieder drehte „Aktualita" diesen Film, der über das „glückliche" Leben im Ghetto Theresienstadt berichtete.[134] Hierbei standen die Filmemacher unter der Aufsicht der Nationalsozialisten und in Kooperation mit Kurt Gerron[135], der ein bekannter Schauspieler und selbst ein Häftling in Theresienstadt war und von den Nationalsozialisten gezwungen wurde, bei diesem Film Regie zu führen.[136]

National Film Archive in Warschau befinden. In *Hofer*, „Der Film über Theresienstadt", in: „Theresienstadt" vom Rat der jüdischen Gemeinden in Böhmen und Mähren, S. 196, heißt es, dass der Film in Prag vorgeführt wurde und dann in „irgendeinem Archiv" verschwand. „Schließlich war der Film doch zu dilettantisch, um für Propagandazwecke verwendet werden zu können, und darum verschwand er." *Strusková*, „Film Ghetto Theresienstadt", in: *Loewy/Rauschenberger*, „Der Letzte der Ungerechten", S. 126 f. Strusková schreibt, dass es der Regisseurin Dodalová und ihrem Team gelang, das belichtete Filmmaterial im Dezember 1942 aus dem Lager herauszuschmuggeln.

[130] Pečený war laut Karel Margry der Besitzer und Leiter der tschechischen Wochenschau-Gesellschaft „Aktualita" und wurde wegen Kollaboration mit den Nationalsozialisten nach dem Krieg angeklagt, wobei der Film Teil der Anklage war. Quelle: *Margry*, „Der Nazi-Propagandafilm ‚Theresienstadt'", in: *Loewy/Rauschenberger*, „Der Letzte der Ungerechten", S. 165.

[131] Alle Belege in: Museum in Theresienstadt. *Felsmann/Prümm*, „Kurt Gerron", S. 104, 144. So Ivan Frič in einem Interview im Sommer 1990 mit Barbara Felsmann, abgedruckt in: *Felsmann/Prümm*, „Kurt Gerron", S. 144. Die Nationalsozialisten überwachten die „Aktualita". Frič habe als 22-Jähriger nur gewusst, dass Juden nach Theresienstadt deportiert wurden, konnte sich das Ausmaß des Grauens in dem Ghetto jedoch nicht vorstellen. Er war auch derjenige, der den Film geschnitten hat. So Ivan Frič in einem Interview im Sommer 1991 in Prag, in: *Felsmann/Prümm*, „Kurt Gerron", S. 140–144.

[132] *Adler*, „Die verheimlichte Wahrheit", S. 6, 325. Der Öffentlichkeit ist der Film besser unter dem Titel „Der Führer schenkt den Juden eine Stadt" bekannt. Die Geschichte wie es zu diesem Namen kam, ist nachzulesen in: *Benz*, „Theresienstadt", S. 193 f.

[133] *Adler*, „Die verheimlichte Wahrheit", S. 326. *Felsmann/Prümm*, „Kurt Gerron", S. 106 ff.

[134] Museum in Theresienstadt. *Adler*, „Die verheimlichte Wahrheit", S. 325. *Adler*, „Theresienstadt 1941–1945", S. 182. *Felsmann/Prümm*, „Kurt Gerron", S. 105.

[135] Kurt Gerron kam Ende Februar 1944 zusammen mit seiner Frau nach Theresienstadt. Als ehemaliger Frontkämpfer im 1. Weltkrieg und ehemaliger Ufa-Regisseur wurde er zu den „Prominenten" im Lager ernannt und lebte damit gegenüber den anderen Ghettobewohnern privilegiert. Quelle: *Felsmann/Prümm*, „Kurt Gerron", S. 99.

[136] Museum in Theresienstadt. *Felsmann/Prümm*, „Kurt Gerron", S. 104.

Neben Gerron waren der holländische Zeichner Jo Spier und František Zelenka, ein Bühnenarchitekt aus Prag, die Leiter dieser Produktion.[137] Mit Ende der Dreharbeiten endete auch das Leben des Regisseurs und der meisten Schauspieler mit der Deportation nach Auschwitz und der dortigen Ermordung.[138]

Aufgrund von Verzögerungen durch die Produktionsmitarbeiter, die – laut Ivan Frič – bemerkten, dass die Mitwirkenden nach und nach verschwanden und Angst hatten, dass es nach Fertigstellung des Filmes auch sie treffen könnte, wurde der Film erst Anfang April 1945 von Hans Günther in „closed screenings" in Prag und Theresienstadt gezeigt.[139] Zu der geplanten feierlichen Uraufführung kam es aufgrund der näher rückenden Front nicht mehr, jedoch wurde der Film im April 1945 der Delegation des IRK vorgeführt. Kurz vorher (im März 1945) wurde der Film im Lager mit jüdischer Musik synchronisiert, ein Fakt, der in Hinblick auf die bereits ermordeten Protagonisten besonders grausam erscheint. Angeblich wurde jedoch bereits im Herbst 1944 ein Ausschnitt des Filmes in einer deutschen Wochenschau gezeigt.[140] Erst nach dem Krieg wurde der Film mit „Der Führer schenkt den Juden eine Stadt" betitelt.[141] Nur zwei Fragmente des Filmes existieren heute noch. Insgesamt ist nur etwa ein Drittel des ursprünglich ca. 90-minütigen Films überliefert.[142] Ausschnitte dieses Films werden heutzutage unter anderem in dem Museum in Theresienstadt gezeigt.

Auch Grabower, der seit Mitte 1942 im Ghetto war und damit die Verschönerung und den großen Filmdreh miterlebte, berichtete, dass er selbst und viele andere Ghettobewohner von den Nationalsozialisten fotografiert wurde, um

---

[137] *Adler*, „Die verheimlichte Wahrheit", S. 325. *Adler*, „Theresienstadt 1941–1945", S. 182. *Felsmann/Prümm*, „Kurt Gerron", S. 105.

[138] *Adler*, „Theresienstadt 1941–1945", S. 184. *Benz*, „Theresienstadt", S. 195. *Felsmann/Prümm*, „Kurt Gerron", S. 111 f. *Hofer*, „Der Film über Theresienstadt", in: „Theresienstadt" vom Rat der jüdischen Gemeinden in Böhmen und Mähren, S. 198 f.

[139] Museum in Theresienstadt. So Frič in einem Interview mit Barbara Felsmann im Sommer 1991, abgedruckt in *Felsmann/Prümm*, „Kurt Gerron", S. 143 f. Hájková beschreibt, dass dieser Film ein eigenes Projekt von Hans Günther war und weder Hitler, Goebbels oder Ernst Kaltenbrunner hierüber informiert waren. Quelle: *Hájková*, „Prisoner Society in the Terezín Ghetto 1941–1945", S. 11.

[140] Alle Belege in: *Adler*, „Theresienstadt 1941–1945", S. 184. *Felsmann/Prümm*, „Kurt Gerron", S. 111 f. *Murmelstein*, „Theresienstadt – Eichmanns Vorzeige-Ghetto", S. 236. Laut Benz wurde der Film von Aktualita geschnitten und synchronisiert, natürlich streng überwacht von der Gestapo und Hans Günther. Es war jedoch ein dänischer Musiker, der selbst in Theresienstadt inhaftiert war, der die jüdische Musik für den Film ausgesucht, dirigiert und aufgenommen hat. Quelle: *Benz*, „Theresienstadt", S. 195.

[141] Museum in Theresienstadt. Mehr hierzu *Benz*, „Theresienstadt", S. 193 f.

[142] Museum in Theresienstadt. *Strusková*, „Film Ghetto Theresienstadt", in: *Loewy/Rauschenberger*, „Der Letzte der Ungerechten", S. 127. Laut Benz hatte der gesamte Film eine Länge von 2.400 bis 2.500 Meter. Quelle: *Benz*, „Theresienstadt", S. 196. Wichtige Informationen darüber wurden durch die Fotografien im Ivan Frič Archive und den Zeichnungen von dem niederländischen Inhaftierten Jo Spier erhalten. Quelle: Museum in Theresienstadt. Zu den Zeichnungen von Spier: *Felsmann/Prümm*, „Kurt Gerron", S. 111.

Propagandamaterial zu gewinnen. Hierbei wurden die Bewohner nach Typen ausgesucht. Grabower versuchte, sich dieser Art von Dokumentation zu entziehen, was ihm während der Arbeitszeit als Erdarbeiter zunächst gelang, jedoch wurde er Teil einer Gruppe von Juden, die von Gerron für den Dreh von Landszenen außerhalb der Ghettomauern für den Film „Theresienstadt – ein Dokumentarfilm aus dem jüdischen Siedlungsgebiet" ausgesucht wurde.[143] Grabower erscheint in der 22. Sequenz des Filmes. In dem Schnittvorschlag für den Film taucht er unter der Nummer 863. mit der Bemerkung „Groß Dr. Grabower" auf. In dieser Szene befindet er sich als Prominenter im Publikum, welches in einem Freilichtvarieté auf einer Wiese Künstlern zuschaut. Als „Prominenter" wurde Grabower von der SS vermutlich gezielt ausgewählt, um ihn der Außenwelt als lebend zu präsentieren.[144] So musste beispielsweise auch Emil Utitz[145] im Rahmen des Filmes einen Vortrag halten, bei dem die Prominenten zur Teilnahme gezwungen wurden.[146]

Der Kritik von jüdischer Seite an Gerron schloss sich Grabower nicht an. Für ihn war klar, dass Gerron menschlich sympathisch war und sich aufgrund der Bewachung durch die SS deren Befehl nicht entziehen konnte.[147]

---

[143] Belege in: „Material für ein Judenbuch", S. 27 f., in: BArch, N 1856/63. *Felsmann/Prümm*, „Kurt Gerron", S. 108 f.

[144] Alle Belege in: „Wenn im Amte arbeite", S. 17. *Felsmann/Prümm*, „Kurt Gerron", S. 108 f. In *Gerrons* „Vorschlag für den Schnitt" steht unter 863. „Groß" (für Großaufnahme) „Dr. Grabower", abgedruckt in: *Adler*, „Die verheimlichte Wahrheit", S. 335.

[145] Emil Utitz wurde 1873 in Prag geboren und war Mitschüler von Franz Kafka. Seit dem 30.07.1942 war er in Theresienstadt inhaftiert und überlebte das Kriegsende. Im Ghetto war er Leiter der Ghettobücherei und zeitweise stellvertretender Leiter der Freizeitgestaltung. Er überlebte die Gefangenschaft in Theresienstadt und beschrieb nach dem Krieg das Leben in Theresienstadt, auch aus psychologischer Sicht. Im Jahr 1956 verstarb er. Quelle: *Feuß*, „Das Theresienstadt-Konvolut", S. 74. Vgl. auch „Utitz, Prof. Dr. Emil", aufgerufen unter: http://www.ghetto-theresienstadt.de/pages/u/utitze.htm [Stand: 12.11.2020]. Vgl. Utitz über die Ghettobücherei: *Utitz*, „Die Theresienstädter Zentralbücherei", in: „Theresienstadt" vom Rat der jüdischen Gemeinden in Böhmen und Mähren, S. 286–290.

[146] *Adler*, „Theresienstadt 1941–1945", S. 183.

[147] „Material für ein Judenbuch", S. 27 f., in: BArch, N 1856/63. Adler bewertete Gerrons Mitwirkung deutlich kritischer, weist darauf hin, dass dieser das Drehbuch verfasst hat (wobei Rahm und sein Prager Vorgesetzter, Hans Günther, durchaus auch lenkend wirkten und Änderungswünsche sowie Ergänzungen einfließen ließen) und auch sein Betragen eine „psychische Anpassungskompensation für Gefügigkeit durch Zwang" zeigte. Adler betonte, dass hierbei vor allem auch das Erhoffen von persönlichen Vorteilen, Eitelkeit, Zynismus und Vergnügen an der Aufgabe mit in Gerrons Motivation für seine Mitwirkung flossen. Weiteres siehe *Adler*, „Die verheimlichte Wahrheit", S. 325. Vgl. auch *Felsmann/Prümm*, „Kurt Gerron", S. 104 ff., 141 ff. Hier wird unter anderem beschrieben, dass Gerron sich bewusst war, was es für ihn bedeuten würde, wenn er den Befehl der SS an dem Film mitzuwirken ablehne und wie er seine Sorgen mit dem Ältestenrat in Theresienstadt teilte. Gerron war es nicht erlaubt, auch nur eine der Filmeinstellungen anzusehen. Das schrieb auch der Hilfsregisseur *Hans Hofer* in: „Der Film über Theresienstadt", in: „Theresienstadt" vom Rat der jüdischen Gemeinden in Böhmen und Mähren, S. 198.

Grabower wurde von diesen Propagandamaßnahmen derart geprägt, dass er es nach seiner Befreiung aus Theresienstadt nur zuließ fotografiert zu werden, wenn es sich – beispielsweise für Passbilder – nicht vermeiden ließ. Er betonte: „Ich bin in den Hitlerjahren so oft und so schamlos fotographiert worden, daß mein Bedarf insoweit gedeckt ist."[148]

Auch Alfons Pausch[149] beschwor er im Jahr 1961, ein Foto von ihm, welches in München auf Befehl der SS angefertigt wurde, niemand anderen zu zeigen und mit dem nächsten Brief zurückzuschicken.[150]

3. Grabowers Leben und schwerer beruflicher Start im Ghetto

Auch in seiner Zeit im Ghetto Theresienstadt verfasste Grabower Tagesberichte.[151] Der erste Eintrag entstand am 07.03.1944 und damit fast zwei Jahre nach Grabowers Ankunft. Die letzte Eintragung erfolgte handschriftlich, und zwar am 26.07.1945. Bis zu dieser Ergänzung hatte Grabower 1.532 Randnummern mit Eintragungen mit Schreibmaschine geschrieben. Zum Teil benutzte Grabower, aufgrund des Mangels an Papier, auch die Rückseiten von Vordrucken und Mitteilungen der Jüdischen Selbstverwaltung als Schreibpapier. Insgesamt befand er sich knapp 37 Monate in Theresienstadt.

a) Seine Lebensumstände

Die Grundstimmung in Theresienstadt war aufgrund der Lebenssituation ohnehin schon sehr schlecht und die Mangelernährung förderte dieses Gefühl weiter.

Für Grabower war dies insoweit problematisch, da er zu Beginn seines Aufenthaltes im Ghetto Zimmerältester[152] einer Kasematte in EVII war. In dem

---

[148] Belege in: „Brief von Grabower an Pausch vom 21.02.1961", in: BArch, N 1856/49. „Material für ein Judenbuch", S. 28, in: BArch, N 1856/63.

[149] Pausch studierte nach dem Kriegsdienst im 2. Weltkrieg Rechtswissenschaften in Tübingen, promovierte dort auch und trat in die Finanzverwaltung ein. Am 01.12.1957 wechselte er nach Freudenstadt und begann mit dem Aufbau des Steuermuseums. Mehr zu Pausch in: „Bundesfinanzakademie Jahresprogramm 2013", aufgerufen unter: https://www.bundesfinanzministerium.de/Content/DE/Standardartikel/Ministerium/Geschaeftsbereich/Bundesfinanzakademie/jahresprogramm-2013.pdf?__blob=publicationFile&v=3 S. 88 f., [Stand: 19.12.2020].

[150] „Skizze zu Grabowers Lebenslauf vom 15.03.1963", in: BArch, N 1856/1. „Briefe von Grabower an Pausch vom 03.07.1961 und 08.12.1961", in: BArch, N 1856/49.

[151] Ordner BArch, N 1856/57.

[152] Jeder bewohnte Raum hatte einen Zimmerältesten und mehrere Räume zusammen bildeten eine Gruppe, die einem Gebäudeältesten unterstellt war. Quelle: *Polák*, „Das Lager", in: „Theresienstadt" vom Rat der jüdischen Gemeinden in Böhmen und Mähren, S. 26. Die Zimmerältesten waren für Ruhe, Ordnung und Sauberkeit in ihren Zimmern verantwortlich. Zudem mussten sie ihren Zimmergenossen Verfügungen der Leitung bekanntgeben und sicher-

Zimmer lebten um die 35 Männer und Grabower wurde dort als Zimmerältester mit Essensstreitigkeiten konfrontiert. Der Großteil seiner Zimmergenossen war zwischen 50 und 70 Jahre alt, jedoch wohnten auch ein paar jüngere Männer im Zimmer, die Schwierigkeiten machten, indem sie die doppelte Essensration für sich beanspruchten. Diese Ungerechtigkeit regelte Grabower unter der Hand, ohne hierbei großes Aufsehen zu erwecken (ein Umstand, der für die Bewertung späterer Aussagen Grabowers von Bedeutung ist). Er achtete fortan bei der Essensausgabe darauf, anwesend zu sein und Unregelmäßigkeiten bei derselben zu beseitigen, soweit dies in seinen Verantwortungsbereich fiel.[153]

Bei einer Körpergröße von 1,86 m wog Grabower nur noch um die 50 kg. Er hatte sich aber aufgrund von Vorahnungen bzgl. der auf ihn zukommenden schweren Zeiten schon 1933 bis 1936 von ursprünglichen 103 kg auf 58 kg herunter gehungert und seitdem ein Durchschnittsgewicht von 68 kg gehalten, um sich auf Hunger zu trainieren.[154] Damit fiel ihm das Überleben und Arbeiten mit den kargen Tagesrationen leichter als seinen Mitgefangenen.

Ein weiteres Problem in seinem Amt als Zimmerältesten stellten für Grabower Fluchtpläne dar. Er hatte miterlebt, dass aus anderen Zimmern Fluchtversuche gestartet wurden, welche allerdings nicht erfolgreich verliefen und mit schwerwiegenden Folgen für die Beteiligten endeten. Fluchtversuche aus Grabowers Baracke fanden nicht statt.

Um die schlechte Stimmung zu heben, trug Grabower, wie in Lohhof, Sprüche aus der Bibel oder von Goethe vor und veranlasste, dass seine Zimmergenossen möglichst lustige Geschichten aus ihrem Leben erzählen. Zudem legte er stets besonderen Wert auf Kameradschaft unter den Zimmergenossen aber auch den einzelnen Baracken untereinander.[155]

Dank seiner einflussreichen Freunde außerhalb des Ghettos wurde Grabower – dessen Nummer in den Ausweisen in Theresienstadt II/7–341 lautete – ohne Bemühungen seinerseits am 09.11.1943 mit ca. 20 oder 30 anderen als „Promi-

---

stellen, dass diese sie erhielten. Alle Zimmerbewohner mussten den Anordnungen des Zimmerältesten Folge leisten. Quelle: „Das Recht des Jüdischen Siedlungsgebietes Theresienstadt", in: YV, O.64, Item ID: 3687734.

[153] Alle Belege in: „Schreiben der Einsatzstelle EV II für Grabower vom 25.09.1944", in: BArch, N 1856/3. Auch abgedruckt in: „Wenn im Amte", S. 133. „Arbeitsausweis", in: BArch, N 1856/7. „Material für ein Judenbuch", S. 18 f., in: BArch, N 1856/63. Im Anhang befinden sich Abbildungen, die Grabowers Wohnsituation im Ghetto verdeutlichen.

[154] „Military Government of Germany – Fragebogen", in: BArch, N 1856/49. Auch abgedruckt in 197–200. Nach dem Krieg 1945 wog er wieder um die 68 kg. Im August 1942 wog Grabower aufgrund der Essensverteilung nur noch ca. 53 kg. Quelle: Aktenvermerk 1235.) vom 21.04.1945, in: BArch, N 1856/57. „Brief von Grabower an Dorn vom 09.09.1953", in: BArch, N 1856/61. „Material für ein Judenbuch", S. 18, in: BArch, N 1856/63. Emil Utitz verlor in seiner Zeit in Theresienstadt beispielsweise um die 27 kg. Quelle: Utitz, „Ethik nach Theresienstadt", S. 59.

[155] Alle Belege in: „Material für ein Judenbuch", S. 18, in: BArch, N 1856/63. Vgl. auch Aktenvermerk 839.) vom 18.12.1944, in: BArch, N 1856/57. Weitergehendes zu den Fluchtversuchen auch bei: Adler, „Die verheimlichte Wahrheit", S. 122.

nenter A" eingestuft, wobei er hierbei ein Mitwirken von Graf Schwerin von Krosigk vermutete.[156] Der Begriff des „Prominenten" wurde im Herbst 1942 von der SS eingeführt, die hierfür dem Judenältesten die in Frage kommenden Personen nannten.[157] Zum Teil wurden international bekannte Menschen oder Offiziere mit hohen Auszeichnungen sowie „Henkershelfer" der SS als „Prominente A" ausgesucht.[158] Unter ihnen waren Träger hoher Kriegsauszeichnungen, Wissenschaftler, Künstler, Personen, die mit Nationalsozialisten verheiratet waren sowie Personen, die Beziehungen zu hochrangigen Parteimitgliedern hatten.[159] Die „Prominenz" brachte Vorteile, wie bessere Wohn- und Lebensmittelverhältnisse, besondere Vorrechte im Krankheitsfall, Vergünstigungen beim Wäschewaschen, Heizmaterial, ein umfangreicheres Postrecht und – besonders wichtig – für lange Zeit ein Schutz vor den immer drohenden Deportationen in die Vernichtungslager im Osten.[160] Durch den „Prominentenstatus" waren auch die Familienmitglieder geschützt. Es gab „Prominentenhäuser", in denen die „Prominenten" in eigenen möblierten Zimmern mit ihren Familien

---

[156] Abbildung 2 im Anhang. „Bescheinigung Nr. 47 vom 09.11.1943", in: BArch, N 1856/7. Auch abgedruckt in: „Wenn im Amte", S. 102. „Bestätigung von Grabower für Graf Schwerin von Krosigk vom 05.02.1947", in: BArch, N 1856/50. Auch abgedruckt in: „Wenn im Amte", S. 170. „Brief von Grabower an Kueßner vom 17.04.1957", in: BArch, N 1856/86. Auch abgedruckt in: „Wenn im Amte", S. 193. In „Wenn im Amte", S. 96 sind Grabowers Ausweis und Arbeitsausweis abgedruckt. Originale befinden sich in BArch, N 1856/7. „Die Häftlinge in Theresienstadt waren anhand ihrer Nummern leicht einzuordnen. Jeder Gefangene war unter einer bestimmten Zahlen- und Buchstabenfolge bei der Zentralverwaltung registriert; mit diesem Code wurden Essen, Kleidung und Unterkunft gekennzeichnet." Die Protektoratsangehörigen erhielten Codes, die mit Buchstaben begannen, während alle anderen Regionen römische Zahlen hatten. Quelle: *Hájaková*, „Die fabelhaften Jungs aus Theresienstadt", in: *Dieckmann/Quinkert*, „Im Ghetto 1939–1945", S. 121. Vgl. auch *Hájková*, „Prisoner Society in the Terezín Ghetto 1941–1945", S. 98 f.

[157] *Adler*, „Theresienstadt 1941–1945", S. 310 f. Alle Ältestenratsmitglieder fielen in die Kategorie „Prominenter A" und die Ghettoverwaltung konnte nur mit Genehmigung der SS über die „Prominenten A" verfügen. Quelle: *Meyer*, „Tödliche Gratwanderung", S. 221, verweist auf Stadtarchiv Mannheim, Nachlass Eppstein, Bericht ohne namentlich genannten Verfasser (über Eric Warburg), Das Leben in Theresienstadt, II, Teil, S. 7.

[158] *Adler*, „Theresienstadt 1941–1945", S. 310 f. *Goldschmidt*, „Die Geschichte der evangelischen Gemeinde Theresienstadt 1942–1945", S. 9.

[159] „Wenn im Amte", S. 101. *Goldschmidt*, „Die Geschichte der evangelischen Gemeinde Theresienstadt 1942–1945", S. 9.

[160] *Adler*, „Theresienstadt 1941–1945", S. 311. Vgl. „Wenn im Amte", S. 101. Vgl. auch *Meyer*, „Tödliche Gratwanderung", S. 221, verweist auf Stadtarchiv Mannheim, Nachlass Eppstein, Bericht ohne namentlich genannten Verfasser (über Eric Warburg), Das Leben in Theresienstadt, II. Teil, S. 7. Bzgl. des Postrechts für Grabower siehe: „Schreiben des Post- und Verkehrswesens an Grabower vom 24.09.1942", in: BArch, N 1856/7. „Die ‚Prominenten' wurden beneidet und genossen einen höheren Status, hatten aber, wenn sie keine offizielle Funktion ausübten, im Vergleich mit dem Ältestenrat wenig Einfluss auf ihre Umgebung." Quelle: *Hájaková*, „Die fabelhaften Jungs aus Theresienstadt", in: *Dieckmann/Quinkert*, „Im Ghetto 1939–1945", S. 118. Auch *Hájková*, „Prisoner Society in the Terezín Ghetto 1941–1945", S. 289. Zum Postrecht vgl. auch: YV, O.64, Item ID: 3687712.

oder wenigen anderen wohnten, während die anderen Bewohner zeitweise im Durchschnitt nur 1,65 m² zum Wohnen hatten.[161]

Zudem gab es noch die Kategorie „Prominenter B". Diese konnten von dem Ältestenrat der Kommandantur vorgeschlagen werden, waren jedoch nicht transportgeschützt.[162]

Für den Ghettobewohner Emil Utitz war klar, dass während sich die Mitglieder der Aufbautransporte auf bedeutende Arbeit berufen konnten und durch ihre Erfahrungen für das Ghettoleben wertvoll waren, der Großteil der „Prominenten" aufgrund ihres bereits vorangeschrittenen Alters oder ihrer Krankheiten eine Bürde für die Gemeinschaft darstellten, weil sie nicht mehr viel zur Ghettogemeinschaft beitragen konnten und sich dennoch ein Recht auf Sonderbehandlung und Forderungen einbildeten, „im wesentlichen eine Gesellschaft von Schatten einer großen Vergangenheit, die geisterhaft in die Gegenwart spukte."[163]

Als „Prominenter A" empfing Grabower in Theresienstadt pro Monat, unter anderem von Margarete Boethke, ca. zwei bis drei Pakete, in denen häufig 10–15 Scheiben Röstbrot, manchmal auch Sacharin und immer Bücher waren.[164] Grabower erhielt auch Päckchen von seinem Corpsbruder Haslinger und auch Eckhard König soll ihm Gegenstände über die Familie Haslinger nach Theresienstadt geschickt haben.[165] Der „Prominentenstatus" hatte auch im Alltag erhebliche Vorteile für Grabower. So erhielt er beispielsweise von einer Sendung Milchkonserven, die aus der Schweiz in Theresienstadt eingetroffen waren, eine Konserve zugeteilt, wovon die meisten anderen Ghettobewohner nur träumen

---

[161] Belege in: *Adler*, „Theresienstadt 1941–1945", S. 311, 321, 325. *Goldschmidt*, „Die Geschichte der evangelischen Gemeinde Theresienstadt 1942–1945", S. 9f.

[162] „Wenn im Amte", S. 101. *Adler*, „Theresienstadt 1941–1945", S. 311. Neben den „Prominenten A" waren noch andere Kategorien wie „Beamter" (zunächst) transportgeschützt, damit das Leben im Ghetto weiterhin reibungslos funktionieren konnte. Quelle: *Manes*, „Als ob's ein Leben wär", S. 227. „Auf Vorschlag von Eppstein wurden alle Abteilungsleiter der Reichsvereinigung und Provinzialleiter der Reichsvereinigung für Prominent B erklärt, d.h. sie erhielten bessere Wohnungen, mehr Badekarten und später die Versicherung des SS-Leiters Hauptsturmführer Moes [...], nicht von Theresienstadt weitertransportiert zu werden." Quelle und zitiert nach: *Meyer*, „Tödliche Gratwanderung", S. 221, verweist auf Stadtarchiv Mannheim, Nachlass Eppstein, Bericht ohne namentlich genannten Verfasser (über Eric Warburg), Das Leben in Theresienstadt, II, Teil, S. 7. Benz beschreibt noch eine weitere Kategorie: „Prominente C". Das waren diejenigen, die als „Vorzeigeobjekte" für die Besuche des Internationalen Roten Kreuzes missbraucht wurden, da sie noch nicht allzu ungesund aussahen, und kurz vor dem Besuch in bessere Unterkünfte gebracht wurden, die sie als ihre Wohnungen präsentieren sollten. Quelle: *Benz*, „Theresienstadt", S. 186f., 268.

[163] *Utitz*, „Ethik nach Theresienstadt", S. 76.

[164] Aktenvermerk 956.) vom 09.01.1945, in: BArch, N 1856/7, auch in: BArch, N 1856/57.

[165] „Karte von Haslinger an Grabower vom 08.10.1944", in: BArch, N 1856/7. Auch abgedruckt in: „Wenn im Amte", S. 120. Margarete Haslinger schrieb, dass sie Grabower Bücher, Puddingpulver und Süßstoff in das „Oktoberpaket" gelegt hätte. „Schreiben Eckhard König an Grabower vom 25.11.1945", in: BArch, N 1856/50. Auch abgedruckt in: „Wenn im Amte", S. 161f.

konnten. Das Zentralsekretariat verteilte die Konserven nur an einen Teil von – in ihren Augen – verdienten kulturellen Arbeitern des Ghettos.[166] Ein solches „Gut" stellte im Alltag von Theresienstadt eine besondere Vergünstigung dar. Zudem wohnte Grabower, vermutlich ab Dezember 1943, in der Seestraße 28, einem „Prominentenhaus", unter deutlich besseren Bedingungen als die meisten anderen Ghettobewohner.[167] Dadurch, dass Grabower zum Bankenbeirat ernannt wurde, kamen noch weitere Vergünstigungen auf ihn zu.[168] Er wurde der Verpflegungskategorie B 2 zugeordnet und es stand ihm somit Zusatzkost zu.[169]

Grabower schrieb kaum über sein Privatleben im Ghetto. Allerdings berichtete er, dass er am Tag der berüchtigten Bewohnerzählung im Bohušovicer Kessel am 11.11.1943 im Lager an der Grippe erkrankt war[170] und scheint sich auch zumindest einmal im Krankenhaus auf der Siechenstation befunden zu haben.[171] Hiervon ist in seinen Tagesberichten jedoch nichts zu lesen.

b) Grabowers schwerer beruflicher Start – Vom Richter zum Maurergehilfen und zurück

Im Ghetto herrschte für die Bewohner ab 14 Jahren bedingt und ab 16 unbedingt bis zum 60 unbedingt und 65 bedingt Arbeitszwang (diese Altersgrenzen und auch die Arbeitszeiten verschoben sich mit der Zeit). Die SS forderte von

---

[166] „Schreiben vom Zentralsekretariat an Grabower vom 15.04.1944", in: BArch, N 1856/7. Auch abgedruckt in: „Wenn im Amte", S. 30. Zu den Aufgaben des Zentralsekretariats zählte die Kontrolle der Hausältesten, den Erlass der Tagesbefehle und weitergehende bürokratische Entscheidungen wie Beschwerden oder Bewerbungen für eine „Prominentenstellung". Leiter des Zentralsekretariats war zunächst Leo Janowitz, gefolgt vom Berliner Anwalt Kurt Levy und Robert Prochnik. Quelle: *Hájková*, „Prisoner Society in the Terezín Ghetto 1941–1945", S. 71.

[167] Siehe z. B. Grabowers Arbeitsausweis oder einen Durchlassschein in: BArch, N 1856/7. Diese Dokumente sind auch in „Wenn im Amte", S. 96 f. abgedruckt. Siehe u. a. Abbildung 2 im Anhang.

[168] „Arbeitsausweis", „Ernennung zum Stellvertreter des Vorsitzenden des Bankenbeirats am 05.03.1944", „Schreiben der Bank der Jüdischen Selbstverwaltung an Grabower vom 23.12.1944 und 17.01.1945" sowie „Einladung zur Sitzung des Bankenbeirates vom 05.01.1945", in: BArch, N 1856/7. Das Schreiben vom 17.01.1945 ist auch in: „Wenn im Amte", S. 121 abgedruckt. „Mitteilung von Eppstein an Grabower vom 13.02.1944" und „Einladung zur Sitzung des Bankenbeirats vom 05.05.1944", in: BArch, N 1856/59. Vgl. auch Aktenvermerk 166.) vom 08.05.1944, in: BArch, N 1856/57. Die „Bank der Jüdischen Selbstverwaltung" wurde am 12.05.1943 eröffnet. Quelle: *Benz*, „Theresienstadt", S. 267.

[169] „Schreiben der Bank der Jüdischen Selbstverwaltung an Grabower vom 17.01.1945", in: BArch, N 1856/7. Auch in: „Wenn im Amte", S. 121 abgedruckt. Alle Häftlinge waren in Kategorien unterteilt, die die Menge ihrer täglichen Nahrung bestimmte. Die Schwerstarbeiter erhielten am meisten Nahrung, was unweigerlich auf Kosten der Kranken und Alten ging, die am wenigsten erhielten. Quelle: *Polák*, „Das Lager", in: „Theresienstadt" vom Rat der jüdischen Gemeinden in Böhmen und Mähren, S. 30.

[170] „Material für ein Judenbuch", S. 29, BArch, N 1856/63.

[171] Siehe Abbildung 4,5 im Anhang.

der Jüdischen Selbstverwaltung die maximale Nutzung der Arbeitskraft.[172] Nach den Herbsttransporten (28.09. bis 28.10.) im Jahre 1944, musste die schwere Arbeit, aufgrund des Mangels an männlichen Arbeitskräften, durch Frauen und Minderjährige kompensiert werden.[173] In diesem Monat fanden elf Transporte statt, um 18.402 Häftlinge zu deportieren. Danach verblieben lediglich 11.068 Insassen in Theresienstadt, sodass die Selbstverwaltung es schwer hatte, das Lager weiterhin funktionstüchtig zu halten.[174] Jedoch arbeiteten auch viele Ältere freiwillig und auch die vom Arbeitszwang befreiten „Prominenten" arbeiteten teilweise.[175] Allerdings wurde das Ghetto nie ein Arbeitslager, da, aufgrund der Baufälligkeit der meisten Gebäude in Theresienstadt und der vielen Alten und Kranken im Lager, der Hauptteil der Arbeitsleistung für die Erhaltung der Infrastruktur des Ghettos verwendet werden musste.[176]

Zunächst sollte jeder Neuankömmling in einer Hundertschaft im sogenannten beweglichen oder mobilen Einsatz arbeiten, außer er war besonders handwerklich oder fachlich geschult.[177] Durch Gesuche bei den zuständigen Abteilungen oder bei dem Zentralsekretariat konnten, mit einem Lebenslauf und Referenzen zu Qualifikationen, bessere Positionen im Ghetto angestrebt werden. Meist blieben diese Gesuche jedoch unbeantwortet und es bedurfte Für-

---

[172] Belege in: Museum Theresienstadt. *Adler*, „Theresienstadt 1941–1945", S. XXXI, 377. *Hájková*, „Ältere deutsche Jüdinnen und Juden im Ghetto Theresienstadt", in: *Meyer*, „Deutsche Jüdinnen und Juden in Ghettos und Lagern (1941–1945)", S. 203. *Hájková*, „Prisoner Society in the Terezín Ghetto 1941–1945", S. 105. Zu den Arbeitsregelungen vgl. auch „Rundschreiben Nr. 154 vom 09.11.1944 vom Zentralsekretariat", in: YV, O.64, Item ID: 3687706 und 3690851.

[173] Museum Theresienstadt. Um den Schein eines Altersghettos aufrecht zu erhalten, wurden die Juden über 65 Jahre von der SS gezielt vor diesen Transporten geschützt. Ein Fakt, der sich ebenfalls auf die Arbeitsverhältnisse im Ghetto ausgewirkt hat. Quelle: *Hájková*, „Mutmaßungen über deutsche Juden: Alte Menschen aus Deutschland im Theseienstädter Ghetto", in: *Löw/Bergen/Hájková*, „Alltag im Holocaust", S. 182. Vgl. auch *Polák*, „Das Lager", in: „Theresienstadt" vom Rat der jüdischen Gemeinden in Böhmen und Mähren, S. 44. Laut Murmelstein war er es selbst, der die 70-Stunden Arbeitswoche sowie die Heranziehung der Frauen zur Schwerarbeit und Nachtschichten einführte. Diese wurden nicht von der SS befohlen. Quelle: *Murmelstein*, „Das Ende von Theresienstadt", in: *Loewy/Rauschenberger*, „Der Letzte der Ungerechten", S. 19.

[174] Belege in: Museum Theresienstadt. *Benz*, „Theresienstadt", S. 198. *Chládková*, „Ghetto Theresienstadt", S. 30. *Hájková*, „Prisoner Society in the Terezín Ghetto 1941–1945", S. 285, die auf *Miroslav Kárný*, „Die Theresienstädter Herbsttransporte 1944", in Theresienstädter Studien und Dokumente (1995): 7–37 und Lagus und Polák, Město za mřížemi, 349 verweist.

[175] *Adler*, „Theresienstadt 1941–1945", S. 377.

[176] *Hájaková*, „Die fabelhaften Jungs aus Theresienstadt", in: *Dieckmann/Quinkert*, „Im Ghetto 1939–1945", S. 120. *Hájková*, „Mutmaßungen über deutsche Juden: Alte Menschen aus Deutschland im Theresienstädter Ghetto", in: *Löw/Bergen/Hájková*, „Alltag im Holocaust", S. 180. Sie verweist auf: *Miroslav Kárný*, „Pracovní" či „zaopatřovací" Terezín? Iluze a reality tzv. produktivního ghetta, in: Litoměřicko XXV (1989), S. 95–107.

[177] *Adler*, „Theresienstadt 1941–1945", S. 377 f. *Hájková*, „Prisoner Society in the Terezín Ghetto 1941–1945", S. 106. *Polák*, „Das Lager", in: „Theresienstadt" vom Rat der jüdischen Gemeinden in Böhmen und Mähren, S. 35. Vgl. auch: YV, O.64, Item ID: 3690851.

sprecher, um eine der begehrten Positionen zu erhalten. Die höheren Positionen mussten durch die Personalkanzlei des Zentralsekretariats bestätigt werden und nach dieser Bestätigung gehörte der Arbeiter der Verwaltung an und war nun nicht mehr unmittelbar der Arbeitszentrale unterstellt, sondern der Abteilung, in der er tätig war.[178]

Obwohl Grabower vor seinem Zwangsruhestand Richter gewesen war, bekleidete er nicht direkt nach seiner Ankunft in Theresienstadt eine vergleichbare Position. Der erste Judenälteste im Ghetto, Jakob Edelstein, teilte Grabower zu Beginn seines Aufenthaltes in Theresienstadt mit, dass er, aufgrund seiner vorherigen ablehnenden Haltung gegenüber dem Judentum, im Ghetto keine Arbeit erhalten werde, die seiner ehemaligen Stellung entspräche.[179] Hierbei ist anzumerken, dass in Theresienstadt zwar eine große Minderheit an Christen und anderen Kirchen und Sekten existierte, nicht konfessionelle Juden wie Grabower es jedoch bis zum Ende des Ghettos schwer hatten, hohe Ämter zu bekleiden.[180] Ein namentlich nicht weiter gekennzeichneter Münchener hatte Edelstein zuvor Grabowers angebliche ablehnende Haltung zum Judentum mitgeteilt. Auf welche Vorfälle sich dieser Mann genau bezog, wird nicht deutlich, es scheint jedoch mit Grabowers Münchener Zeit als Zwangsarbeiter in Verbindung zu stehen.[181] Grabower widersprach dieser Anschuldigung und forderte Edelstein dazu auf, Beweise zu nennen, die diese Unterstellungen stützten, er selbst hatte ein „absolut reines Gewissen".[182] Diese blieb ihm Edelstein schuldig. Trotzdem meldete sich Grabower noch am gleichen Tag beim Arbeitseinsatz seiner Kaserne und wurde als Hilfsarbeiter bei den Maurern eingesetzt, während andere, unter anderem auch der Münchener, der ihn verleumdet hatte, eine ihnen würdige Arbeit abwarteten.[183]

---

[178] Belege in: *Adler*, „Theresienstadt 1941–1945", S. 378. Vgl. auch Vordruck für eine Bewerbung u. ä. in: YV, O.64, Item ID: 3690941.

[179] „Brief von Grabower an Dorn vom 21.08.1953", in: BArch, N 1856/61. Auch abgedruckt in: „Wenn im Amte", S. 228 f. „Material für ein Judenbuch", S. 17, in: BArch, N 1856/63.

[180] *Adler*, „Theresienstadt 1941–1945", S. 307 f. Die Religionszugehörigkeit musste bei der Bewerbung angegeben werden. Zu den religiösen Minderheiten auch *Hájková*, „The Last Ghetto", S. 70. Sie verweist auf „Chronik der r.K. Gemeinde Theresienstadt", February 1943, DAW, 8. So sollen sich auch zwölf Adventisten und drei Muslime im Ghetto befunden haben.

[181] Belege in: „Schreiben von Grabower an die Leitung vom 12.09.1944" und „Schreiben von Grabower an Baeck vom 10.05.1945", in: BArch, N 1856/7. „Material für ein Judenbuch", S. 17, in: BArch, N 1856/63.

[182] „Material für ein Judenbuch", S. 17, in: BArch, N 1856/63.

[183] Belege in: „Brief von Grabower an Dorn vom 21.08.1953", in: BArch, N 1856/61. Auch abgedruckt in: „Wenn im Amte", S. 228 f. „Material für ein Judenbuch", S. 17, in: BArch, N 1856/63. Viele Bewohner Theresienstadts hielten sich an ihren vormaligen Stand oder ihren vor der Verfolgung ausgeübten Beruf. Quelle: *Hájková*, „Mutmaßungen über deutsche Juden: Alte Menschen aus Deutschland im Theresienstädter Ghetto", in: *Löw/Bergen/Hájková*, „Alltag im Holocaust", S. 190.

Grabower arbeitete in der Hundertschaft, wobei er zuletzt als Partieführer[184] eingesetzt wurde. Das Zeugnis, das Grabower von der Einsatzstelle EVII am 25.09.1944 ausgestellt wurde, beschreibt seine dortige Tätigkeit wohl am besten:

„Grabower Rolf Israel II/7–341 wurde beim Eintreffen Zimmerältester in EVII, in einem Zimmer von 35 Männern. Gleichzeitig meldete er sich freiwillig zu jedweder manuellen Arbeit. Vom 23.6. bis 19.9.1942 arbeitete er, unter gleichzeitiger Erfüllung seiner mannigfaltigen Aufgaben als Zimmerältester, in der Hundertschaft, in letzter Zeit als Partieführer. Er war vornehmlich als Maurer tätig, z.B. beim Weissen der Wände und Decken in den Krankensälen in EVI, die bis 6 m Höhe hatten. Bei Mauerdurchbrüchen und Zumauern von Maueröffnungen. Beim Ausbau der Chefarztkanzlei EVII. (Fenster, Wände, Türeinbau, Eingangsstufen. Beim Betonieren von Gängen und Fussböden, auch vor und in Latrinen, beim Betonieren von Wasserdurchlässen (Kanälen), beim Bohren von Löchern für Tragebalken in Latrinen unter besonders erschwerenden Umständen, (in Chlorkalkluft), beim Reinigen der Müllbunker und Ladenvon [sic!] Müll auf Wagen., [sic!] beim Laden und Abladen von Brot und Kartoffeln, beim Tragen und Fahren von schweren Gegenständen aller Art (Öfen, Mörtel, Sand und Wassereimern, Matratzen), beim Tragen von Kartoffeltragen aus dem Keller, beim Tragen von Särgen, beim Schaufeln von Gräbern, beim Schaufeln vonKohle [sic!] u.dgl. Alles das tat er mit großem Fleiss, mit Ausdauer, mit nir [sic!] ermüdendem Eifer und mit der zumeist gelungenen Absicht ein gutes Beispiel zu geben."[185]

Anfangs war Grabower über seine Arbeit als Gehilfe bei den Maurern nicht begeistert. Er hatte als Sechsjähriger, durch Bestrebungen seines Vaters, angefangen, Tischlerunterricht zu nehmen. Tischlern hätte ihm in Theresienstadt sicherlich auch mehr Freude bereitet. Grabower betonte, dass ihm seine Kenntnisse im Tischlern in der Zeit seiner Inhaftierung, sowohl in Milbertshofen als auch Theresienstadt, weiterhalfen und er somit glücklich war, dies in seiner Kindheit erlernt zu haben. Positiv gefiel ihm die Kameradschaft unter den Arbeitern. Er arbeitete in dieser Zeit viel unter freiem Himmel, was dem naturliebenden Grabower gut tat. Durch die körperliche Arbeit fiel er abends müde ins Bett und schlief bis zum Morgen durch. Dadurch wurde ihm das nächtliche Grübeln über seine Lage erspart.[186]

---

[184] Der Partieführer war ein Vorarbeiter einer kleineren Gruppe von Arbeitern (zumeist in der Hundertschaft). Im Gegensatz zu den Vorarbeitern in anderen Konzentrationslagern besaßen die Partieführer in Theresienstadt keine offizielle Funktion. Quelle: Adler, „Theresienstadt 1941–1945", S. XLVII.
[185] Belege in: „Schreiben der Einsatzstelle EV II für Grabower vom 25.09.1944", in: BArch, N 1856/3 (beglaubigte Abschrift), BArch, N 1856/7 und BArch, N 1856/48. Auch abgedruckt in: „Wenn im Amte", S. 133. In der beglaubigten Abschrift wurden einige Schreibfehler vom Original verbessert. Vorliegend ist das Zitat aus dem Originaltext mitsamt Fehler übernommen. Es fehlt beispielsweise eine zweite Klammer.
[186] Alle Belege in: „Brief von Grabower an Dorn vom 21.08.1953", in: BArch, N 1856/61. Auch abgedruckt in: „Wenn im Amte", S. 228f. „Material für ein Judenbuch", S. 17–19, in: BArch, N 1856/63. Grabower deutete in seinen Aufzeichnungen jedoch an, dass er während seiner Phase der körperlichen Arbeit von anderen Ghettoinsassen unfreundlich behandelt wurde. Aktenvermerk 1128.) vom 08.03.1945, in: BArch, N 1856/57. Auch für Emil Utitz war

Nachdem Grabower ca. drei Monate in der Hundertschaft tätig war, folgte für ihn eine vierzehnmonatige Tätigkeit in der Arbeitszentrale.[187] Vom 20.09.1942 bis 31.01.1944 war er in der Arbeitszentrale in der Abteilung – Evidenz der Arbeitsleistung – tätig.[188] Zum 01.02.1944 wurde er dann als Sachbearbeiter in die Personalkanzlei versetzt, wo ihm von Beginn an die Disziplinaragenda zugeteilt wurde. Dort arbeitete er als Disziplinarreferent bis zu den Herbsttransporten 1944, wobei er nach eigenen Angaben ca. 500 Disziplinarsachen bei ca. 12–15-stündiger Arbeitszeit erledigte.[189]

Mit der Arbeit als Disziplinarreferent setzen auch seine Tagesberichte ein. Dies zeugt auch davon, dass Grabower diese Berichte als eine Art Rechenschaftsbericht bezüglich seiner Arbeit in Theresienstadt und nicht als Tagebuch benutzte. Persönliche Eindrücke zum Lager, wie Essen, Unterkunft und persönliche Beziehungen, kommen in diesen Berichten so gut wie gar nicht vor. Auch über seine Ängste bzgl. der Zukunft und Einstellung zu den Nationalsozialisten schrieb Grabower in diesen nichts, mit einer einzigen Ausnahme: Als Grabower von einem Bekannten gefragt wurde, wie er über die Zukunft denke, erwiderte er, dass er darüber nicht nachdenke, alles abwarte und an sich herantreten lasse.[190]

Die Arbeitszentrale war für alle Belange der Arbeitenden zuständig und – laut Philipp Manes – vorbildlich organisiert.[191] Zu Grabowers Tätigkeiten in der Arbeitszentrale gehörte es Arbeitsorte aufzusuchen, um dort Kontrollen durchzuführen: Er war, als Vertreter der Personalkanzlei in Disziplinarangelegenheiten, zum Betreten der Küchen, der Fleischerei, der Bäckerei und sonstiger Betriebe befugt. Bei seiner Tätigkeit achtete Grabower insbesondere auf die Einhaltung der gültigen Vorschriften für die Einstellung der Arbeiter, auf deren geordneten und pünktlichen An- und Abmarsch sowie auf die Einhaltung der Arbeitszeiten und die passende Besetzung. Im Zuge seiner Arbeit bemängelte er

---

die Arbeit die beste Ablenkung, weil sie müde machte, weswegen nicht so viel Zeit zum Nachdenken blieb und er den Hunger dadurch nicht mehr so sehr spürte. Quelle: Utitz, „Ethik nach Theresienstadt", S. 58 f.

[187] „Schreiben von Grabower an den Judenältesten über den Leiter der Rechtsabteilung vom 24.11.1944", in: BArch, N 1856/59. Auch abgedruckt in: „Wenn im Amte", S. 117. Laut Grabowers Angaben soll Baeck für seine Beförderung in die Jüdische Selbstverwaltung verantwortlich gewesen sein. Quelle: Archiv des Französischen Gymnasiums Berlin – Sammlung-Velder.

[188] „Zeugnis von Oesterreicher für Grabower vom 31.01.1944", in: BArch, N 1856/3. Auch abgedruckt in: „Wenn im Amte", S. 134.

[189] „Zeugnis von Baeck für Grabower vom 12.05.1945" und „Bescheinigung von Murmelstein für Grabower vom 11.10.1944", in: BArch, N 1856/3. „Schreiben vom Zentralsekretariat/Personalkanzlei an Grabower vom 29.01.1944", in: BArch, N 1856/7. „Schreiben von Grabower an den Judenältesten über den Leiter der Rechtsabteilung vom 24.11.1944", in: BArch, N 1856/59. Die Schreiben vom 11.10., 29.01. und 24.11.1944 sowie 12.05.1945 sind auch in: „Wenn im Amte", S. 117, 137 f., 140 abgedruckt.

[190] Aktenvermerk 639.) vom 07.09.1944 in: BArch, N 1856/57.

[191] Manes, „Als ob's ein Leben wär", S. 142.

3. Grabowers Leben und schwerer beruflicher Start im Ghetto 107

unter anderen im Mai 1944, dass das Aufschreiben der Arbeitszeiten in der Zentralwäscherei der Korrektur bedürfe und auch die An- und Abmarschzeiten aufgeschrieben werden müssten.[192]

In dieser Position wurde Grabower unter anderem im April 1944 in mehreren Sachen um Rat ersucht: Zum einen wurde er am 03.04.1944 von Ludwig Merzbach[193], dem Nachfolger von Karel Schliesser als Leiter der Wirtschaftsabteilung,[194] hinzugerufen, weil ein Prüfer in der Diätenküche EVI herausgefunden hatte, dass eine Angestellte statt 38 nur 36 dkg Kartoffeln an eine Person herausgegeben hatte. In der Küche befanden sich trotz fünf Angestellter nur eine Waage und die Kartoffeln mussten somit teilweise ungewogen ausgeteilt werden. Daraufhin wurde die Frau vor allen Anwesenden gemaßregelt und ihr wurde gesagt, dass sie die Arbeitsstelle verlassen müsse und ersetzt werde. Grabower riet dazu, sofort ein Disziplinarverfahren anzustreben.

Am gleichen Tag wurde er in einem anderen Fall um Rat gebeten, bei dem sich das Geschehen in einer Bäckerei abspielte. Ein Angestellter einer Behörde soll die Bäckerei mit Brot unter seinem Mantel verlassen haben. Es stellte sich heraus, dass er das Brot rechtmäßig erworben hatte und sich aus schlichter „Dummheit" verdächtig verhielt. Grabower empfahl den Mann wegen seiner „Dummheit" zu schelten, jedoch keinerlei Verfahren gegen ihn einzuleiten.[195]

Murmelstein führte später in seinem Buch „Theresienstadt – Eichmanns Vorzeige-Ghetto" aus, dass es nicht leicht war, unter den Umständen im Ghetto zu arbeiten, jedoch noch schwieriger, die anderen zur Arbeit zu animieren und diese zu überwachen.[196] Die Arbeitsbedingungen waren aufgrund der schlechten Lebensbedingungen, wie der mangelhaften Ernährung, Schlafstörungen durch Ungeziefer und Überbelegung sowie der schlechten Ausstattung mit Arbeitskleidung und der der Arbeitsstellen generell, besonders schlecht. Dennoch resümierte Emil Utitz nach dem Krieg: „trotz aller Mißstände war die Arbeitsmoral nicht schlecht, sogar in gerechter Abwägung aller Umstände recht hoch."

---

[192] Belege in: „Bestätigung der Personalkanzlei-Arbeitszentrale vom 08.03.1943" und „Bescheinigung Nr. 255 vom 14.07.1944", in: BArch, N 1856/7. Auch abgedruckt in: „Wenn im Amte", S. 99. Aktenvermerk 120.), 155.) und 159.) vom 24.04., 05.05. und 06.05.1944, in: BArch, N 1856/57. „Unvollständig erhaltener Zettel", in: BArch, N 1856/59. Er kontrollierte beispielsweise den Anmarsch der Arbeiter, die in den Kleiderkammern arbeiteten.
[193] Ludwig Merzbach lebte zusammen mit seiner Ehefrau und der gemeinsamen Tochter in Theresienstadt. Er arbeitete im Zentralsekretariat und wurde im Oktober 1944 Leiter der Wirtschaftsabteilung im Ghetto. Merzbach überlebte die Gefangenschaft. Quelle: *Meyer*, „Tödliche Gratwanderung", S. 221, 223, 234.
[194] *Adler*, „Theresienstadt 1941–1945", S. 252, 351, 432. Die Wirtschaftsabteilung war die größte Abteilung im Ghetto und war unter anderem für die Essensverteilung und die Produktion der Güter, die für die SS im Ghetto angefertigt wurden, zuständig. Quelle: *Hájková*, „Prisoner Society in the Terezín Ghetto 1941–1945", S. 74.
[195] Alle Belege in: Aktenvermerk 49.) und 50.) vom 03.04.1944, in: BArch, N 1856/57. 1 Dekagramm (dgk) = 10 Gramm.
[196] *Murmelstein*, „Theresienstadt – Eichmanns Vorzeige-Ghetto", S. 69.

Während sich die meisten Ghettobewohner bei der Arbeit, die der Gemeinschaft zugutekam, wirklich anstrengten, wurde in Betrieben, deren Produkte dem nationalsozialistischen Deutschland zugutekamen – wie der Glimmerbetrieb[197] – zwar darauf geachtet, dass das Maß an Produktivität zur Zufriedenstellung der „Arier" aufrechterhalten wurde, freiwillig überanstrengte sich hier jedoch niemand.[198]

Die Art der Arbeit entschied auch darüber, in welche Verpflegungskategorie (z. B. Schwer-, Normal- oder Nichtarbeiter sowie Kranke) der Ghettobewohner eingeteilt wurde und somit wie viel Essen jeder erhielt.[199] Je nach Schwere der Arbeit wurden Zubußen[200] und Sonderrationen verteilt.[201]

Anna Hájková beschreibt, dass in Theresienstadt eine Art homogene und miteinander verbundene Gemeinschaft und nicht nur eine Ansammlung von Menschen, die dasselbe Schicksal traf, entstand und sich Theresienstadt auch in dieser Hinsicht von anderen Ghettos wie Lodz oder Warschau abgrenzte. Durch diese Gemeinschaftsbildung entstand eine Art Kodex von ungeschriebenen Verhaltensregeln, unter ihnen auch, dass die Arbeit im Ghetto der Erhaltung der Gemeinschaft diene und deswegen auszuführen sei. Daher wurde die

---

[197] Glimmer ist eine Gruppe von Materialien, die zu der Zeit des Nationalsozialismus hauptsächlich für die Flugindustrie verwendet wurden. Quelle: *Spies*, „Drei Jahre Theresienstadt", S. 37 f. Vgl. auch *Starke*, „Der Führer schenkt den Juden eine Stadt", S. 34.

[198] Alle Belege in: *Utitz*, „Ethik nach Theresienstadt", S. 53, 55, 59.

[199] *Hájková*, „Mutmaßungen über deutsche Juden: Alte Menschen aus Deutschland im Theresienstädter Ghetto", in: *Löw/Bergen/Hájková*, „Alltag im Holocaust", S. 180. *Hájková*, „Ältere deutsche Jüdinnen und Juden im Ghetto Theresienstadt", in: *Meyer*, „Deutsche Jüdinnen und Juden in Ghettos und Lagern (1941–1945)", S. 203. *Hájková*, „Prisoner Society in the Terezín Ghetto 1941–1945", S. 164 f. Vgl. auch YV, O.64, Item ID: 3687822 und *Adler*, „Theresienstadt 1941–1945", S. XXXV.

[200] Zubuße = Lebensmittelprämie. Sonderzubuße = besondere Lebensmittelprämie. Quelle: *Adler*, „Theresienstadt 1941–1945", S. LIX.

[201] *Hájková*, „Ältere deutsche Jüdinnen und Juden im Ghetto Theresienstadt", in: *Meyer*, „Deutsche Jüdinnen und Juden in Ghettos und Lagern (1941–1945)", S. 203. *Hájková*, „Mutmaßungen über deutsche Juden: Alte Menschen aus Deutschland im Theresienstädter Ghetto", in: *Löw/Bergen/Hájková*, „Alltag im Holocaust", S. 180. Im Ordner BArch, N 1856/60 befindet sich die zweite Seite eines Schreibens über die Essensrationen für die jeweiligen Verpflegungskategorien. Grabower hat die Rückseite dieses Schreibens als Schreibblatt (wahrscheinlich aufgrund des Papiermangels) zweckentfremdet. Auf diesem Zettel wurden die Schwer- und Halbschwerarbeiter (S, E), Normalarbeiter (N) und Leicht- und Kurzarbeiter (L, IK) unterteilt. Die Kategorien S und E erhielten 1.500 gr Brot (1/1), N 1.125 gr Brot (3/4) und die L und IK 1.000 gr Brot. Die Brotration wurde alle drei Tage ausgegeben. Die Schwerarbeiter erhielten zudem die doppelte Mittagsessensportion. Falls sie krank waren, entfiel diese. Ein Datum ist auf dem Schreiben nicht vermerkt. Quelle: „-Seite 2-B. (unleserlich) 1. Brot", in: BArch, N 1856/60. Es befinden sich auch die nachfolgenden Seiten (Seite 3 und 4) in dem Ordner, die Erläuterungen bezüglich Sonderzubußen und der Androhung einer strafrechtlichen Verfolgung bei absichtlich falsch getroffenen Angaben, die zu Vergünstigungen in diesem Essenssystem führten, beinhalten. Es befinden sich zudem noch weitere Zettel zu diesem Thema in dem Ordner, wie die Aufzählung, welche Berufe als Leichtarbeiter anzusehen waren, z. B. Bibliothekare, Vorleser, Freizeitgestaltung etc.

Kategorisierung der Lebensmittelzuteilung allgemein, selbst von den Empfängern der niedrigsten Kategorien, als gerecht empfunden.[202] Auch die älteren Bewohner im Ghetto fügten sich zum Wohle der Gemeinschaft daher ihren Aufgaben: „Wenn auch die Zukunft in Th[eresienstadt] für mich nicht gerade rosig aussah, ließ ich den Kopf nicht hängen, und um mich zu betäuben, verrichtete ich jegliche mir gebotene Arbeit."[203]

Utitz erläuterte ähnlich:

„Der ehemalige Bankherr, Oberst, Großindustrielle, Aristokrat, Gelehrte usw. [, sie] konnten nur wehmütig ihrer Vergangenheit gedenken. In das Lager haben sie bloß das gerettet, was sie in ihrem eigenen Selbst darstellten: die Substanz ihrer Persönlichkeit. Klammerten sie sich an das Gewesene, waren sie in einem geradezu unvorstellbaren Sinne deklassiert. Das Dasein empfing aber neuen Sinn und sogar Würde, falls und soweit sie sich in die Arbeitsgemeinschaft einfügten. Jeder, der eine Hand rühren konnte, mußte doch zu stolz sein, sich von den anderen etwas schenken zu lassen. Wenn er aber etwas leistete, hatte er das Recht zu fordern."[204]

Karl Basch von der Arbeitszentrale hatte am 30.01.1945 nur Gutes über Grabower zu sagen und schrieb, dass Grabower pflichtbewusst, fleißig und gewissenhaft sei und immer mehr als seine Pflicht getan habe. Zudem habe er sich als Arbeitskamerad vorbildlich benommen und viele Lebensweisheiten vermittelt.[205]

Aufgrund seiner weitgehenden Kenntnisse wurde Grabower auch vermehrt zu anderen Arbeiten herangezogen, wie beispielsweise zu der Ausarbeitung von grundsätzlichen Bestimmungen, die das Arbeitsgericht und die Arbeiterbetreuung betrafen. Weil sich Grabower als manueller Arbeiter und als Partieführer bewährt hatte, wurde er als Beisitzer des Arbeitsgerichts nominiert und seine Berufserfahrungen vor seiner Zwangspensionierung führte dazu, dass er zum „Ältesten-Stellvertreter" des Beirats der Bank der Jüdischen Selbstverwaltung verpflichtet wurde. Ab Oktober 1944 wurde Grabower dann zum Arbeits- und Verwaltungsrichter ernannt und in Verbindung damit wurde ihm auch die Bearbeitung der Disziplinarangelegenheiten übertragen.[206]

---

[202] Alle Belege in: *Hájková*, „Mutmaßungen über deutsche Juden: Alte Menschen aus Deutschland im Theresienstädter Ghetto", in: *Löw/Bergen/Hájková*, „Alltag im Holocaust", S. 194.

[203] Jacob Plaut, YVA, MlE, 1942 entnommen und zitiert aus: *Hájková*, „Mutmaßungen über deutsche Juden: Alte Menschen aus Deutschland im Theresienstädter Ghetto", in: *Löw/Bergen/Hájková*, „Alltag im Holocaust", S. 194.

[204] *Utitz*, „Ethik nach Theresienstadt", S. 58. Das [, sie] ist so im Zitat enthalten.

[205] „Zeugnis von Basch für Grabower vom 30.01.1945", in: BArch, N 1856/3; beglaubigte Abschrift hiervon auch im Ordner BArch, N 1856/48. Auch abgedruckt in: „Wenn im Amte", S. 134. Mit Basch hielt Grabower auch nach der Befreiung aus Theresienstadt Kontakt. Siehe Briefe von und an Basch in: BArch, N 1856/58.

[206] Alle Belege in: „Zeugnis von Oesterreicher für Grabower vom 31.01.1944" und „Zeugnis von Baeck für Grabower vom 12.05.1945", in: BArch, N 1856/3. Auch abgedruckt in: „Wenn im Amte", S. 134, 137 f.

4. Rechtsprechung in Theresienstadt

a) Quellenlage

In Grabowers Nachlass befinden sich mehre Akten, deren Inhalt seine Zeit in Theresienstadt betrifft. Er selbst hat diese Aktenordner mit der Aufschrift Mappe 1–4 gekennzeichnet. Jede Mappe trägt eine von Grabower individuell ausgewählte Überschrift, wie beispielsweise die „Mappe 3: Dr. R. Grabower: Aufzeichnungen über das KZ Theresienstadt ‚Gemeinheiten u. Dummheiten', Notizen über Theresienstädter Vorkommnisse". In diesem Ordner (BArch, N 1856/57) befinden sich „Aktenvermerke über Unterredungen, die allgemeinen Charakter sind oder zu abgelegten Akten gehören, aber irgendwie von bleibender Bedeutung sein können".

Es erfolgte eine Durchnummerierung der Blätter. In allen vier Aktenordnern befinden sich jedoch auch Blätter, die nicht nummeriert sind und teilweise zwischen die nummerierten Blättern gelegt wurden. Beispielsweise sind die Blätter von 00001 bis 00079 nicht in der korrekten Reihenfolge einsortiert und einige wiederholen sich. Ob diese Nummerierung von Grabower selbst stammt oder beispielsweise erst bei der Bearbeitung seines Nachlasses vorgenommen wurde, lässt sich diesem nicht entnehmen.[207]

Größtenteils sind die Vermerke in der 1. Person Singular geschrieben, teilweise wird jedoch in der Erzählerperspektive von „Gr." oder „Grabower" berichtet. Aufgrund des Kontextes und der Form ist anzunehmen, dass die Vermerke dennoch vermutlich durchgängig von Grabower stammen, zumal er sich mehrfach über den Mangel von Hilfskräften beschwerte.[208]

Es finden sich zudem Unterstreichungen und Anmerkungen in dem Text. Einige dieser Vermerke beziehen sich auf die im Ordner BArch, N 1856/55 dokumentierten Entscheidungen.

Im Ordner BArch, N 1856/55 befinden sich einige Urteilssprüche, mit denen Grabower als Disziplinarreferent und Arbeits- und Verwaltungsrichter zu tun hatte. Diese Mappe ist mit „Mappe 1: Dr. R. Grabower: Aufzeichnungen KZ-Theresienstadt – Disziplinarsachen, März 1944 – Februar 1945" (Bl: 1–83) gekennzeichnet. Es scheinen jedoch nicht alle Urteile aus Grabowers Lagerzeit erhalten zu sein. 1954 schrieb Grabower an Herbert Schottelius, dass er „viele

---

[207] In dem Briefwechsel mit Schottelius merkte Grabower an, dass er Tagebücher aus seiner Zeit in Lohhof und Theresienstadt besäße. Diese seien jedoch aufgrund seiner Handschrift schwer zu entziffern. Am 05.04.1954 fragte Schottelius in einem Brief bei Grabower nach, ob der Plan, diese Bücher abzutippen, bereits umgesetzt worden sei. Daher ist anzunehmen, dass die Nummerierung von Grabower erfolgt sein könnte. Allerdings ist zumindest bzgl. der Tagesberichte in Lohhof fragwürdig, ob diese nicht bereits 1941/1942 abgetippt wurden, da dort handschriftlich die Kürzel seiner Stellvertreterinnen zu finden sind. Insgesamt sind hier noch einige Fragen offen. Quelle: „Brief von Schottelius an Grabower vom 11.01.1954 und 05.04.1954", in: BArch, N 1856/7 und in: FZA 376–21, Schriftverkehr 1949–1956.

[208] Vgl. Aktenvermerk 624.) vom 04.09.1944, in: BArch, N 1856/57.

hundert" Fälle aus seiner Tätigkeit als Richter im Ghetto im Privatbesitz habe.[209] Insgesamt befinden sich in der „Mappe 1" nur um die 64 Dokumente mit Urteilssprüchen oder zumindest Urteilsvorschlägen und auch Zeugenaussagen oder Aussagen der Beschuldigten (wobei die doppelten nicht gezählt wurden). In den meisten Dokumenten sind handschriftliche Ergänzungen hinzugefügt worden, die teilweise nicht zu entziffern oder zu deuten waren. Bei wenigen fehlen aber auch Seiten, sodass einige Urteile nicht vollständig erhalten sind.

Der Großteil der Dokumente in dieser Mappe sind Urteile, die Grabower zumindest handschriftlich unterschrieben hat oder auf denen teilweise sein Kürzel „Gr" maschinenschriftlich zu sehen ist. Einige dieser Schriftstücke sind jedoch auch deutlich als Vorschläge (wahrscheinlich an andere Referenten oder Stellen, die eventuell um Rat gefragt haben, oder bei Urteilen, bei denen Grabower selbst um Rat oder Bestätigung von einer höheren Stelle fragen musste) gekennzeichnet. Bei den meisten dieser Vorschläge steht handschriftlich „bleibt hier" daneben, sodass davon ausgegangen werden kann, dass Grabower diese Fälle dann selbst abgeurteilt hat.[210] Bei einigen dieser Dokumente stehen jedoch andere Kürzel als Grabowers und auch seine Unterschrift ist hier nicht zu erkennen.[211] Es scheint also so, als hätte er aus bestimmten Gründen auch Urteile und Vorschläge von anderen Richtern in dieser Mappe gesammelt, sei es, weil diese Fälle in Zusammenhang mit von ihm bearbeiteten standen oder er hier um Rat gefragt wurde.

Es sind ebenfalls eine Handvoll Zeugenaussagen in dieser Akte erhalten. Diese wurden als solche zwar nicht deutlich gekennzeichnet, ergeben sich jedoch aus dem Kontext. Hierbei werden der Vor- und Zuname sowie die Ghettonummer und teilweise Geburtsdatum und Wohnort der Zeugen genannt. Bei einem Fall wurde auch einfach nach dem Vor- und Zunamen „Personalien bekannt" hinzugefügt. Zum Teil ist auf den Seiten der Hinweis „laut diktiert" oder eine Unterschrift des Zeugen vermerkt.[212] Mit einem Datum sind diese meist nicht versehen. Das Kürzel von Grabower fehlt hier.

Ebenfalls befindet sich der Ordner (BArch, N 1856/56) im Nachlass, in dem Wochenberichte von Grabower zu finden sind, die unter anderen für den Jude-

---

[209] „Brief von Grabower an Schottelius vom 12.01.1954", in: BArch, N 1856/7 und FZH 376–21, Schriftverkehr 1949–1956. Auch abgedruckt in: „Wenn im Amte", S. 185 f.
[210] Alle Belege in: Beispiel: Vorschlag für ein Urteil gegen Frau K., vom 26.06.1944, Blatt 00001, in: BArch, N 1856/55.
[211] Beispiel: „Betrifft: Dienststrafverfahren" gegen Dr. Dsidor B. vom 05.01.1944, in: BArch, N 1856/55. Dort sind als Kürzel „Dr. N./G." angegeben. Zu diesem Zeitpunkt war Grabower noch gar nicht als Disziplinarreferent tätig. Zudem scheint es sich um ein Dienststrafverfahren zu handeln. Interessanterweise liest sich das Urteil formal und inhaltlich gleich wie die von Grabower. Vielleicht war er bei diesem Fall unterstützend tätig.
[212] Alle Belege in: Zeugenaussage von Gertrude W., Blatt 00003 und 00009 bzgl. Käthe H., auch Beispiel: Urteil gegen Siegfried T. vom 03.04.1945, Rückseite vom Blatt 00004, in: BArch, N 1856/55. Im Anhang befinden sich Beispiele zu Urteilen und Zeugenaussagen.

nältesten bestimmt waren und Auszüge aus seiner Arbeit als Richter zeigen. Grabower erstellte bei seiner Arbeit Listen, in denen er die Namen von Beschuldigten, deren Ghettonummer, den Wohnort, die Berufsbezeichnung und auch den Ausgang des Verfahrens angab.

Im Ordner BArch, N 1856/58 befindet sich die „Mappe 4: Dr. Rolf Grabower: Aufzeichnungen KZ Theresienstadt Vorgänge betreffend Theresienstadt nach 1945 (Bl: 231–308)". Dieser beinhaltet beispielsweise Schreiben an Behörden, Briefe oder das Heft von Goldschmidt „Geschichte der evangelischen Gemeinde Theresienstadt 1942–1945".

Grabower scheint dem Schiedsrichter Hugo Löwith am 21.04.1945 acht Aktenordner übergeben zu haben, in denen Arbeits- und Verwaltungsunterlagen sowie Rundschreiben[213], allgemeine Verfügungen und Einzelberichte an den Judenältesten abgelegt wurden. Zudem händigte er unter anderem zwei Kästen mit einer Kartothek, zwei Journale zu seiner Arbeit, drei Kästchen (für neue Eingänge, für das Gerichtsgebäude und erledigte Tagessachen), fünf Schnellhefter mit Kontrollmeldungen, Rundschreiben, Schreiben vom Zentralsekretariat und Dokumente mit Wochenberichten aus. Hinzu kamen Hefter mit Ablagen, „Resterzetteln", Formulare, wie Einladungen, Vorladungen und Mitteilungen an Hausverwalter. Einen Ordner mit den laufenden Sachen und einen Terminkalender, in dem er z. B. die Vorladungen notierte, übergab Grabower ebenfalls Löwith. Er empfahl diesem, diese Materialien für etwaige Rückfragen oder Ähnlichem aufzubewahren. Hierbei schrieb Grabower selbst, dass einige Seiten durch Versehen weggekommen seien.[214] Ich gehe davon aus, dass die Materialien im Nachlass, diejenigen Dokumente sind, von denen Grabower eine Abschrift angefertigt und diese selbst behalten hatte. Es sind jedoch deutlich weniger Dokumente im Nachlass erhalten, als Grabower anscheinend an Löwith abgegeben hat. Was mit diesen fehlenden Dokumenten geschehen ist, konnte bisher nicht ermittelt werden. Auch in seinem Brief an Herbert Dorn vom 09.09.1953 schrieb Grabower, dass er die Akten bzgl. seines Amtes als Arbeitsrichter in Theresienstadt mit nach München gebracht habe.[215]

Auf den oben genannten vier Mappen steht das Jahr 1957 verzeichnet. Ob die Materialien seit 1945 unberührt in diesen Ordnern lagen und diese dann 1957

---

[213] Die Rundschreiben wurden von den einzelnen Abteilungen bzw. Unterabteilungen der Jüdischen Selbstverwaltung oder Gebäudeältesten vervielfältigt und den Bewohnern in leitenden Stellungen o. ä. mitgeteilt. Quelle: *Adler*, „Theresienstadt 1941–1945", S. XLIX.

[214] Alle Belege in: „Schreiben von Grabower an Löwith vom 21.04.1945", in: BArch, N 1856/59. Löwith war 1893 geboren, Prager, religionslos, verheiratet und Gerichtsrat. Quelle: Nationalarchiv in Prag, Fond OVS (=Okkupations- und Gefängnisakten), Kartei Nr. 10, die Originalkartei der Befreiten aus dem Ghetto Theresienstadt, Schachtel Nr. 20, durch Herrn Fedorovič zugänglich gemacht. Dass Löwith Schiedsrichter war: Aktenvermerk 1209.) vom 04.04.1945, in: BArch, N 1856/57. Mit „Resterzettel" wird Grabower die Zettel mit den noch nicht abgeschlossenen oder bearbeiteten Fällen bezeichnet haben.

[215] „Brief von Grabower an Dorn vom 09.09.1953", in: BArch, N 1856/61.

von Grabower für einen bestimmten Zweck beschriftet wurden oder Grabower diese erst 1957 zusammenstellte, ist nicht ersichtlich. Zudem ist auch der Stempel des „Instituts der Zeitgeschichte München Archiv" auf den Mappen zu finden, dieser wurde allerdings durchgestrichen. Die Handschrift der Beschriftung scheint zudem nicht die von Grabower zu sein.

Auch im Jüdischen Museum in Prag sind noch einige Dokumente zu Grabowers Tätigkeit archiviert, die sich nicht im Nachlass befinden.

Bezüglich des Verbleibes vieler Dokumente und deren Reise durch die Jahre sind viele Fragen offen geblieben.

Während beispielsweise viele Aufzeichnungen über die künstlerischen Betätigungen oder andere Berufsgruppen, wie den Ärzten in Theresienstadt existieren, waren deutlich schwieriger und verhältnismäßig wenige Quellen zu der Rechtsprechung, zumindest in der deutschen Sprache, zu finden. Auch auf Nachfrage, beispielsweise bei Tomáš Fedorovič, und weiteren Nachforschungen fand ich zwar einige Anmerkungen zu der Rechtsprechung im Ghetto, und vor allem zu einzelnen Urteilen, befriedigend war das Ergebnis jedoch nicht. Das muss nicht heißen, dass derartige Dokumente nicht existieren (siehe Grabowers Nachlass), jedoch scheint ihnen – zumindest im deutschsprachigen Raum – im Verhältnis zu anderen Thematiken noch nicht die notwendige Aufmerksamkeit geschenkt worden zu sein. Im Yad Vashem Archiv konnte ich einige Dokumente zu der Rechtsprechung in Theresienstadt ausfindig machen, allen voran das Heft „Das Recht des Jüdischen Siedlungsgebietes Theresienstadt (erste Fassung: ‚Ghetto-Recht in Theresienstadt')." Dieses Dokument wurde vom ehemaligen Oberlandesgerichtsrat Ernst Rosenthal, der der Leiter der Detektivabteilung (D.A.) in Theresienstadt war, zusammengestellt, wobei der Stand auf den 15.06.1944 datiert wurde.[216] Hieraus konnte ich wichtige Informationen zu dem Aufbau des Rechtsapparates in Theresienstadt ziehen.

Aus einigen Büchern über Theresienstadt, die bei dieser Arbeit als Quelle dienten, konnten zudem weitere Hinweise zu der Rechtsprechung oder Beispiele für Urteile aus Theresienstadt gefunden und für diese Arbeit ausgewertet werden.

b) Der Rechtsapparat in Theresienstadt

Wie funktionierte ein Rechtsapparat in einer Zwangsgemeinschaft wie dem Ghetto Theresienstadt?

Wie H.G. Adler in seinem Buch „Theresienstadt 1941–1945" treffend beschrieb, gab es zwei Rechtssphären in Theresienstadt: Zum einen das Recht, das der Zwangsgemeinschaft durch die Nationalsozialisten auferlegt wurde und dem sich das ganze Ghetto zu beugen hatte, zum anderen aber auch das Recht,

---

[216] „Das Recht des Jüdischen Siedlungsgebietes Theresienstadt", in: YV, O.64, Item ID: 3687734.

welches durch die Jüdische Selbstverwaltung selbst hervorgebracht wurde, wobei dieses auf der von den Nationalsozialisten verliehenen Macht basierte.[217] Einerseits gab sich die Jüdische Selbstverwaltung eigene Rechtsnormen, um auf die Sondersituation im Ghetto zu reagieren, andererseits wurde das örtlich maßgebende Recht und somit das Recht, das im Protektorat Böhmen und Mähren galt, als Grundlage für die Rechtsprechung im Ghetto verwendet.[218]

Die SS hatte die Macht, jedes Urteil anzufechten oder abzuändern.[219] Zudem musste angeblich jedes von der Jüdischen Selbstverwaltung gefällte Urteil von der Dienststelle bestätigt werden.[220] Gemäß der Anordnung der weisungsgebenden nationalsozialistischen Behörde sollten die Personen gemeldet werden, die sich eines Vergehens schuldig gemacht hatten und gegen die seitens der Ghettowache eingeschritten werden musste.[221] Auch in Grabowers Aktenvermerken wird eine Dienststelle erwähnt, der bestimmte Fälle vorgelegt werden sollten, wobei anzunehmen ist, dass es sich hierbei um die nationalsozialistische Dienststelle handelte. Fraglich ist jedoch, ob die Meldungs- und Vorlagepflicht in der Praxis auch befolgt wurde, insbesondere ob auch die Urteile, in denen Ghettobewohner, unter anderem von Grabower, aufgrund von antisemitischen Äußerungen verurteilt wurden, ebenfalls der Dienststelle vorgelegt wurden. In Grabowers Aktenvermerken ist allerdings von einem Fall zu lesen, bei dem eine Frau antisemitische Äußerungen getätigt hatte und Murmelstein zumindest überlegte, diesen der Dienststelle vorzulegen. Er wollte damit erreichen, dass die Dienststelle das Urteil bestätigte und die Verurteilte sich nicht bei eben dieser beschweren würde. Am Ende ist die Vorlage jedoch unterblieben.[222] Damit

---

[217] *Adler*, „Theresienstadt 1941–1945", S. 455.

[218] „Das Recht des Jüdischen Siedlungsgebietes Theresienstadt", in: YV, O.64, Item ID: 3687734.

[219] *Adler*, „Theresienstadt 1941–1945", S. 455. Vgl. auch: YV, O.64, Item ID: 3688388. Dort wird berichtet, dass der Chef der Gestapo die Macht hatte, Urteile abzuändern, dies aber bisher nur ein einziges Mal vorkam, und zwar mit positivem Ausgang für den Angeklagten. Laut diesem Bericht war die höchste Strafe, die jemals im Ghetto gefällt wurde, eine Haftstrafe von sechs Monaten. Natürlich ist diesen Aussagen innerhalb des Berichtes über den Besuch in Theresienstadt durch das Rote Kreuz nicht (vollumfänglich) Glauben zu schenken.

[220] Siehe „Aktenvermerk L 645 vom 05.05.1945", abgedruckt in: *Adler*, „Die verheimlichte Wahrheit", S. 140–142. *Adler*, „Theresienstadt 1941–1945", S. 455. „Aktenvermerk L 569 von Murmelstein, über die Vorsprache bei dem Herrn SS OSTF Rahm am 3. Jänner 1945" und „Aktenvermerk L 576 von Murmelstein, über die Vorsprache bei dem Herrn SS OSTF Rahm am 11.01.1945, 9 Uhr". Der Lagerkommandantur mussten Berichte und Meldungen beispielsweise über die Evidenzen und Statistiken der Bank, des Gerichts, des Arbeitsamtes, der Finanzabteilung vorgelegt werden. Quelle: *Polák*, „Tatsachen und Zahlen", in: „Theresienstadt" vom Rat der jüdischen Gemeinden in Böhmen und Mähren, S. 53. Murmelstein legte Rahm bei seinen Meldungen im Januar 1945 auch Urteile vor. Am 03.01.1945 waren es elf Urteile und am 11.01.1945 14 Urteile. Quelle: YV, O.64, Item ID: 3688391.

[221] „Tagesbefehl Nr. 4 vom 18.12.1941", in: YV, O.64, Item ID: 3685533.

[222] Belege in: Aktenvermerk 939.) vom 04.01. und Aktenvermerk 986.) vom 30.01.1945, in: BArch, N 1856/57. Vgl. auch Aktenvermerk 983.) vom 26.01. oder Aktenvermerk 1014.) vom 09.02.1945, in: BArch, N 1856/57. Grabower erwähnt die Nationalsozialisten jedoch nicht

scheint es also nicht unmöglich gewesen zu sein, auch solche Urteile, die das Thema Antisemitismus behandelten, der nationalsozialistischen Dienststelle vorzulegen. Abweichend von Grabowers Aufzeichnungen schrieb Murmelstein nach dem Krieg jedoch, dass, bei Ghettobewohnern, für Aussagen, wie „Saujude", „typisch jüdischer Dreck" oder „Geht nach Polen, Theresienstadt wurde uns geschenkt", eine Vorladung vor Gericht nicht in Frage kam, da die Nationalsozialisten den Juden nicht das Recht zustanden, sich beleidigt zu fühlen. Laut Murmelstein wurden solche Personen jedoch aufgrund von „Eigenschutz" vor den restlichen Bewohnern in Schutzhaft genommen: „Dieses Mittel erwies sich als wirksam; die Nazis mit gelbem Stern wurden aus dem Verkehr gezogen."[223]

Anfangs mischte sich die SS deutlich mehr in die Rechtsprechung des Ghettogerichts ein und behielt sich eine Reihe von Verfahren, wie z. B. die Bestrafung von Verbrechen, vor. Die Befehle der SS waren von sich aus rechtsverbindlich. Nach und nach wurde den Gerichten der Jüdischen Selbstverwaltung mehr Freiheit gewährt.[224] Manes beschrieb, wie die Gerichtsurteile des Ghettos von den deutschen Behörden respektiert und nur in Ausnahmefällen beanstandet wurden.[225]

Die Verordnungen, die die Selbstverwaltung aufstellte, waren genehmigungsbedürftig. Anfangs existierten kaum geschriebene Rechtsgrundlagen. Erst nach und nach wurden diese vorgegeben und mehrmals verändert. Die Gesetze wurden zunächst von der SS und dem Ältestenrat formuliert und daher waren kaum Juristen an ihrer Entstehung beteiligt, diese wurden zumeist erst später zur Kodifizierung des geltenden Rechts herangezogen.

Der Ältestenrat erließ schließlich den Auftrag, dass Recht zusammenzufassen und zu hektographieren.[226]

Die Lagerordnung und erteilten Verordnungen, die von der Dienststelle erlassen wurden, dienten als eine Art Verfassung für das Ghetto. Das höchste Organ in der Jüdischen Selbstverwaltung war der Ältestenrat unter der Leitung des Judenältesten, dessen Stellung nach dem Führerprinzip geregelt war. Der Judenälteste war oberster Gerichtsherr der Selbstverwaltung und ihm oblag

---

eindeutiger. Zudem erhielt Grabower von Murmelstein den Auftrag für die Dienststelle alle Punkte, die er bei einer Vernehmung eines Ghettobewohners in Erfahrung bringen konnte, in einen kurzen Aktenvermerk ohne juristisches Beiwerk zusammenzufassen.

[223] *Murmelstein*, „Theresienstadt – Eichmanns Vorzeige-Ghetto", S. 201 f.
[224] Alle Belege in: „Das Recht des Jüdischen Siedlungsgebietes Theresienstadt", in: YV, O.64, Item ID: 3687734. *Adler*, „Theresienstadt 1941–1945", S. 455, 697. Beispielsweise wurde dem Strafgericht im Ghetto nach der Anordnung vom 04.10.1943 die Strafgerichtsbarkeit im Siedlungsgebiet auch für Verbrechen übertragen.
[225] *Manes*, „Als ob's ein Leben wär", S. 145.
[226] Alle Belege in: *Adler*, „Theresienstadt 1941–1945", S. 455, 459. Zur Gliederung der Ghettoverwaltung und dem Vorhaben, das Recht zu hektographieren auch: Židovské muzeum v Praze, „Návrh na členění židovské samosprávy v Terezíně", online unter: https://collections.jewishmuseum.cz/index.php/Detail/Object/Show/object_id/130467 [Stand: 11.03.2021].

auch die endgültige Entscheidung über die Beschwerden gegen Strafen der Detektivabteilung gem. § 6 der Strafordnung der D.A. Zudem unterstanden die Mitglieder des Ältestenrates, die ansonsten von der jüdischen Gerichtsbarkeit ausgenommen waren, gem. § 2 der Strafordnung der D.A. seiner Strafgewalt. Es kamen noch weitere Kompetenzen in dem Rechtsapparat für den Judenältesten hinzu, wie die Ernennung von Beisitzern oder die Bewilligung zur Lösung von Eheerklärungen.[227]

Das Ghettogericht wurde am 17.12.1941 gegründet.[228] Murmelstein schrieb über die Farce, dass die Jüdische Selbstverwaltung im Ghetto ein eigenes Gericht leiten sollte:

„Im Rahmen von Eichmanns Plänen war Theresienstadt als Vorstufe zu Madagaskar geplant gewesen. Deshalb wurden im Ghetto Einrichtungen gegründet, die trotz der Überbelegung auf 42 Hektar keine Daseinsberechtigung hatten; eine Bank, die wertlose Banknoten herausgab; eine Post, die Poststücke über Entfernungen von nicht mehr als 900 Meter transportierte; ein Amt, das die Produktionskosten einer inexistenten Industrie berechnete; Zivil- und Strafgerichte mit Berufungsinstanzen, die Brot- und Margarinediebstähle zu verhandeln hatten – und bei Urteilen das Wort Hunger vermeiden mussten –, und die immer einen Angeklagten bereithalten mussten, um im Falle von etwaigen Inspektionen einen Schauprozess durchführen zu können, auf die Gefahr hin, dass der arme Teufel monatelang in seiner Zelle dunstete, in Erwartung eines Urteils."[229]

Gelegentlich kam die SS, um das Publikum zu kontrollieren.[230] In Grabowers Tagesberichten befinden sich keinerlei Hinweise darauf, ob auch seine Prozesse von den Abgesandten der Dienststelle besucht wurden oder er sich auf eine mögliche Inspektion vorbereitet hat. Es ist interessant, dass Grabower die Nationalsozialisten in seinen Berichten aus Theresienstadt so gut wie gar nicht erwähnt, während sie in seinen Berichten von Lohhof durchaus Erwähnung finden. Allerdings hatte er im Ghetto – anders als in der Flachsröste – auch deutlich weniger, bis vermutlich so gut wie gar keine Berührungspunkte mit diesen, zumal er auch in seinen Berichten zu Lohhof keine Aufeinandertreffen mit Nationalsozialisten erwähnte, die nicht beruflichen Charakters waren.

---

[227] Alle Belege in: „Das Recht des Jüdischen Siedlungsgebietes Theresienstadt", in: YV, O.64, Item ID: 3687734.
[228] *Adler*, „Theresienstadt 1941–1945", S. 690. Vgl. auch *Utitz*, „Ethik nach Theresienstadt", S. 56.
[229] *Murmelstein*, „Theresienstadt – Eichmanns Vorzeige-Ghetto", S. 39. Zur Zeit des Holocausts und auch noch nach dem Kriegsende gab es tatsächlich unterschiedliche Ansichten bzgl. der Umsetzung des Madagaskarplans. Möglicherweise dachte Murmelstein zu einem Zeitpunkt wirklich, dass Theresienstadt als eine Vorstufe zu Madagaskar geplant war. Aus historischer Sicht überzeugt dies jedoch nicht, wurde dieser Plan aufgrund von Kriegsumständen wahrscheinlich schon vor der Gründung des Ghettos aufgegeben. Mehr zum Madagaskarplan unter: *Jansen*, „Der Madagaskar-Plan".
[230] *Adler*, „Theresienstadt 1941–1945", S. 488.

4. Rechtsprechung in Theresienstadt

Das Ghettogericht verhandelte öffentlich und die Amtssprache war Deutsch.[231] Die Parteien konnten selbst Zeugen benennen. Zudem konnten auch Sachverständige bestellt werden, die vor Gericht aussagen mussten.[232] Es gab eine Pflicht, bei Ladung vor dem Richter zu erscheinen, die jedoch laut Grabowers Aufzeichnungen von vielen Bewohnern nicht allzu ernst genommen wurde.[233] Wenn nicht genügend Beweise vorlagen, wurde (zumindest in den Fällen, bei denen Grabower beteiligt war) kein Verfahren eingeleitet.[234]

Die meisten Personen, die im Rechtswesen tätig waren, waren auch schon vor dem Krieg im Justizdienst beschäftigt.[235] Utitz bezeichnete es nach dem Krieg als ein Gericht mit hervorragenden Juristen.[236] Ab Herbst 1944 hatte Heinrich Klang[237] den Vorsitz des Gerichts inne. Vor ihm bekleidete Osvald Retter dieses Amt. Anfang Mai 1945 wurde Klang von dem siebzigjährigen Kantor als Leiter des Rechtswesens abgelöst.[238]

Um einen Eindruck von der Tätigkeit des Ghettogerichts zu erlangen, sind folgende Zahlen anzuführen: Vom 01.01.1944 bis zum 31.12.1944 hatte das Gericht 417 Strafsachen verhandelt, davon endeten 59 mit einem Freispruch (1943 waren es 511 Strafsachen, wobei in 332 Fällen ein Urteil erging.). 452 Dienstübertretungen wurden abgeurteilt, 661 Vormundschaften wurden übernommen, 177 Entmündigungen wurden verhängt und 4.505-mal wurden Gegenstände dem Gemeinschaftsgut zugeführt.[239]

---

[231] Hinweis von Grabower im Verfahren gegen Wilhelm M. vom 22.04.1944, Blatt 0036, in: BArch, N 1856/55. *Adler*, „Theresienstadt 1941–1945", S. 488.

[232] Beispiele für Zeugen und Sachverständige in: BArch, N 1856/55.

[233] BArch, N 1856/56.

[234] Blatt 00009 bzgl. Käthe H., in: BArch, N 1856/55.

[235] *Adler*, „Theresienstadt 1941–1945", S. 397.

[236] *Utitz*, „Ethik nach Theresienstadt", S. 56.

[237] Der Senatspräsident, Hofrat Heinrich Klang (15.04.1875–22.01.1954), war seit dem 25.09.1943 in Theresienstadt inhaftiert und dort Richter am Ghettogericht. Einige Bewohner aus Theresienstadt bescheinigten Klang „menschliche Größe und Haltung, durch die er den anderen Vorbild und Trost war, aber auch echte Hilfe brachte, wodurch ihm seine Funktion als ‚Ghettorichter' beschränkte Möglichkeiten bot." Nach dem Ende des 2. Weltkrieges wurde Klang zum Senatspräsidenten in Österreich ernannt und war in dieser Position auch Vorsitzender der „Obersten Rückstellungskommission", die mit Wiedergutmachungsfragen betraut war. Hierbei übte er das Amt „mit unbeirrbarer Objektivität" aus. Er publizierte unter anderem einen Kommentar zum österreichischen Allgemeinen Bürgerlichen Gesetzbuch. Quelle: *Feuß*, „Das Theresienstadt-Konvolut", S. 42 f.

[238] Belege in: *Utitz*, „Ethik nach Theresienstadt", S. 56. Quelle: Aktenvermerk 1290.) vom 07.05.1945, in: BArch, N 1856/57. Retter (1884–1944) wurde am 16.10.1944 nach Auschwitz deportiert und dort ermordet. Památník Terezín, „Osvald Retter", aufgerufen unter: https://www.pamatnik-terezin.cz/vezen/te-retter-osvald und „Členění židovské samosprávy v Terezíně a jména osob zodpovědných za jednotlivé úseky v roce 1942", aufgerufen unter: https://collections.jewishmuseum.cz/index.php/Detail/Object/Show/object_id/138160 [Stand: 11.03.2021]. Möglicherweise handelte es sich hier um Arthur Kantor.

[239] Alle Belege in: YV, O.64, Item ID: 3690856. Vgl. auch für 1943 YV, O.64, Item ID: 3687672.

Am 09.01.1943 wurde die Berufungsinstanz für das Ghettogericht und die Polizeistrafordnung ins Leben gerufen.[240] Am 20.05.1943 wurde das Arbeits- und Dienstgericht konstituiert. Es folgten am 22.05.1943 die Geldstrafen.[241]

Am 02.10.1943 wurde die Gefängnisordnung in Theresienstadt eingeführt.[242] Strafen sollten hiernach zur Ahndung der Straftat gerecht und ohne unangebrachte Milde vollstreckt werden, da eine Abschreckungswirkung für Täter und Gemeinschaft erzielt werden sollte. Grundsätzlich war Arbeitshaft zu verhängen, wobei eine der körperlichen Fähigkeit der Häftlinge entsprechende Arbeit zu wählen war (d.h. Häftlinge über 70 Jahre konnten beispielsweise zum Reinigungsdienst herangezogen werden). Die Häftlinge durften einmal in vierzehn Tagen Besuch erhalten. Um Bitten und Beschwerden Nachdruck zu verleihen, konnten die Gefangenen auch die Vorführung beim Judenältesten verlangen.[243] Haftstrafen gab es auch schon für weniger gravierende Vergehen, wie

---

[240] *Adler*, „Theresienstadt 1941–1945", S. 695. Vgl. auch YV, O.64, Item ID: 3687672. Wobei hier die Daten um einige Tage abweichen. Das könnte daran liegen, dass sich hier auf den Tag der Genehmigung durch die Nationalsozialisten und nicht auf den Tag der eigentlichen Einrichtung der Institution bezogen wird.

[241] Belege in: *Adler*, „Theresienstadt 1941–1945", S. 696. Zum Ghettogeld: *Utitz*, „Ethik nach Theresienstadt", S. 125. *Utitz*, „Die Theresienstädter Transporte", in: „Theresienstadt" vom Rat der jüdischen Gemeinden in Böhmen und Mähren, S. 166 f. Vgl. auch zur Einstellung der Bewohner zu dem Ghettogeld: *Weglein*, „Als Krankenschwester im KZ. Theresienstadt," S. 48. Vgl. auch YV, O.64, Item ID: 3733337. Vgl. auch *Goldschmidt*, „Die Geschichte der evangelischen Gemeinde Theresienstadt 1942–1945", S. 8. Ghettokronen auch abgedruckt in: „Wenn im Amte", S. 111. Im April 1943 wurden im Ghetto Banknoten im Wert von 1, 2, 5, 10, 50 und 100 Theresienstädterkronen ausgegeben. Diese sollten für die Bezahlung fiktiver Arbeitslöhne und verschiedener Gebühren dienen und den Schein der Jüdischen Selbstverwaltung unterstreichen. Einen wirklichen Wert hatte das Geld nicht. Von Anfang an verbreitete die jüdische Bank heimlich das Gerücht, dass die Geldnoten nach der Befreiung gegen richtiges Geld umgetauscht werden würden. Mit Erlaubnis der sowjetischen Armee geschah dies dann auch. Quelle: *Polák*, „Das Lager" und *Utitz*, „Die Theresienstädter Transporte", in: „Theresienstadt" vom Rat der jüdischen Gemeinden in Böhmen und Mähren, S. 33 und 166 f. Laut Murmelstein wurden Geldbußen für kleinere Vergehen eingeführt und Gebühren beim Erhalt eines Pakets von der Post erhoben, um das ausgeteilte Ghettogeld zu der Bank zurückfließen zu lassen. Quelle: *Murmelstein*, „Theresienstadt – Eichmanns Vorzeige-Ghetto", S. 80. Die arbeitende Bevölkerung von Theresienstadt war in nicht weniger als 40 verschiedene Gehaltskategorien eingestuft. „Die Gehälter und Zuschüsse wurden zur Hälfte in den wertlosen Scheinen ausgezahlt, zur anderen Hälfte 45.000 neueingerichteten Sperrkonten gutgeschrieben, für die Sparbücher ausgegeben wurden." Quelle: *Meyer*, „Tödliche Gratwanderung", S. 225. Es befinden sich auch Ghettokronen im Ordner BArch, N 1856/7 im Nachlass von Grabower.

[242] *Adler*, „Theresienstadt 1941–1945", S. 697. Mehr hierzu in: „Das Recht des Jüdische Siedlungsgebietes Theresienstadt", in: YV, O.64, Item ID: 3687734.

[243] Alle Belege in: „Das Recht des Jüdischen Siedlungsgebietes Theresienstadt", in: YV, O.64, Item ID: 3687734. Aufgrund der Unentbehrlichkeit eines Tischlers in der Tischlerei wurde seine Strafe von drei Tagen Arrest in eine Geldstrafe von 150,- ThK. umgewandelt. Quelle: Židovské muzeum v Praze, „Trestní soud v Terezíně – varia", aufgerufen unter: https://collections.jewishmuseum.cz/index.php/Detail/Object/Show/object_id/134092 [Stand: 11.03.2021].

einen unsauberen Hof der Kaserne, wofür ein Gebäudeältester zu acht Tagen Arrest verurteilt wurde.²⁴⁴

H. G. Adler hielt den Strafvollzug im Gefängnis der Jüdischen Selbstverwaltung jedoch für relativ mild, da er sich kaum von dem Leben im Ghetto, in dem die Bewohner sowieso eingesperrt lebten und somit dadurch bereits stark in ihrer Bewegungsfreiheit eingeschränkt waren, unterschied. Die Häftlinge von den anderen Lagerinsassen zu isolieren, war kaum möglich und die meisten Gefangenen mussten trotz Haft ihrer Arbeit nachgehen und standen somit sowieso während der Arbeitszeit in Kontakt mit den anderen Ghettobewohnern.²⁴⁵ Dieser Aussage kann in ihrer Vollständigkeit nicht gefolgt werden, da die Haftbedingungen stark variierten. Oft kamen weitere Sanktionen zum Eingesperrtsein, wie Dunkelhaft oder Entzug von Mahlzeiten hinzu.²⁴⁶ Auch der Aussage, dass die Häftlinge im Arrest meist mehr Essen als die übrigen Ghettobewohner – wohl aus Solidarität und Mitleid – erhielten,²⁴⁷ scheint in Hinblick auf Grabowers Tagesberichteinträge und seiner Einstellung zur Bestrafung, nicht immer zugetroffen zu haben.

Ab dem 04.10.1943 wurde der Strafgerichtsbarkeit der Selbstverwaltung die Aburteilung von Verbrechen übertragen, nachdem zuvor nur Übertretungen und Vergehen abgehandelt werden durften.²⁴⁸ Das Strafgericht im Ghetto war somit für Bestrafungen von Verbrechen, Vergehen und Übertretungen zuständig. Für das Strafrecht und Strafprozessrecht im Ghetto war im Grundsatz das österreichische Strafgesetz vom 27.05.1852 bzw. die österreichische Strafprozessordnung vom 23.05.1873 verbindlich, jedoch waren auch aufgrund der ghettospezifischen Situation die dort erlassenen Anordnungen und Vorschriften im Ghetto strafrechtlich bindend. Die Richter waren verpflichtet, den Sachverhalt gründlich festzustellen und ihre Entscheidung möglichst rasch zu treffen. Über jede Beratung und Verhandlung war ein Protokoll durch den Schriftführer anzufertigen. Die Entscheidungen mussten schriftlich ausgefertigt werden, sollten eine kurze und sachliche Begründung beinhalten und von allen beteiligten Richtern unterschrieben werden. Diese Entscheidung musste dem Beschuldig-

---

²⁴⁴ *Manes*, „Als ob's ein Leben wär", S. 157.
²⁴⁵ *Adler*, „Theresienstadt 1941–1945", S. 488. Andere Eindrücke schilderte Resi Weglein: Sie beschrieb die Gefängnissituation in Theresienstadt wie folgt: Sowohl in der Dresdner Kaserne als auch in der Magdeburger Kaserne war ein Gefängnis, in dem sehr viele Häftlinge untergebracht waren. In den Gefängnissen starben viele Menschen, da die Häftlinge nur selten ins Krankenhaus überstellt wurden. Die Häftlinge mussten die schwerste Arbeit verrichten, wie z. B. den Straßenbau. Zudem erschien die SS des Öfteren, um sicherzustellen, dass die Häftlinge nicht zu gut behandelt wurden. Laut Weglein musste auch Murmelstein selber im Mai 1945 „wegen schwereren Vergehungen als einfachen Diebstahls" im Gefängnis der Dresdener Kaserne sitzen. Quelle: *Weglein*, „Als Krankenschwester im KZ. Theresienstadt", S. 57f.
²⁴⁶ Vgl. Aktenvermerk 962.) vom 09.01.1945, in: BArch, N 1856/57.
²⁴⁷ *Adler*, „Theresienstadt 1941–1945", S. 489.
²⁴⁸ *Adler*, „Theresienstadt 1941–1945", S. 697.

ten innerhalb von fünf Tagen nach der Verkündung oder Verhandlung zugestellt werden. Beim Strafgericht entschied in erster Instanz ein Einzelrichter und in zweiter und letzter Instanz eine Kammer bestehend aus drei Personen. Gegen Urteile des Gerichts in der ersten Instanz war die Berufung zulässig, welche innerhalb von drei Tagen nach der Verkündung bzw. Zustellung des Urteils beim erkennenden Gericht schriftlich oder mündlich vorgebracht werden musste. Die Berufung gegen Urteile des Ghettostrafgerichts war allerdings nur zulässig, wenn die Strafe einen Monat überstieg. In zweiter Instanz entschied das Gericht über die Berufung ggf. nach der Ergänzung des Beweisverfahrens mit Stimmenmehrheit. Dem Gericht der zweiten Instanz stand auch das Recht über Beschwerden zu entscheiden zu. Wiederaufnahmeanträge durch den Beschuldigten als auch den öffentlichen Ankläger konnten bei dem Gericht der ersten Instanz vorgetragen werden. Ein Rechtsmittel gegen die Entscheidung hierüber gab es nicht. Das Gnadenrecht stand dem Lagerkommandanten zu. Richter und Schriftführer konnten wegen Befangenheit abgelehnt werden. Der öffentliche Ankläger unterstand dem Leiter der Rechtsabteilung und musste dessen dienstlichen Weisungen folgen. Verteidiger waren in der Haupt- und Berufungsverhandlung zulässig und durften Anträge im Namen des Beschuldigten einbringen. Für Jugendliche wurde der Verteidiger vom Gericht von Amts wegen bestellt, falls der Jugendliche keinen eigenen Verteidiger benannte. Der Strafvollzug erfolgte grundsätzlich ohne Verzug nach Rechtskraft des Urteils. Die Aufsicht über den Strafvollzug hatte die Rechtsabteilung inne.

Auch im bürgerlichen Recht diente das Allgemeine Bürgerliche Gesetzbuch als Grundlage. Das Ghetto war als soziale Gemeinschaft aufgebaut, in der das Eigentum an Nutzungs- und Verbrauchsgütern, für die in der Regel kein Privateigentum anerkannt war, der Gemeinschaft zustand. Privateigentum bestand beispielsweise an den mitgebrachten und im Lager erstandenen Sachen. Über ihr Privateigentum konnten die Ghettobewohner frei verfügen. Kauf, Leihen, Schenkungen und Tausch und Ähnliches war bezüglich des Privateigentums gestattet. Selbst Darlehen und Bürgschaften waren im Ghetto möglich. Auch Dienst- oder Werkverträge konnten abgeschlossen werden, wobei diese vor allem bzgl. der Übernahme von Haus- und Reinigungsarbeiten sowie der Reparatur von Sachen vorkamen.

Gesetze wie das Handels- und Gesellschaftsrecht wurden im Ghetto mangels Anwendungsgebietes nicht angewandt. Zwar gab es Bankgeschäfte bei der Ghettobank, diese waren jedoch nur einfacher Art, wie beispielsweise in Form von Spareinlagen, möglich. Ein Erbrecht war im Ghetto nicht anerkannt, da der bewegliche Nachlass einer Person, mit einigen Ausnahmen, der Ghettogemeinschaft zufiel. Dagegen kamen durchaus Rechtsvorgänge im Familienrecht wie Streitigkeiten um Vormundschaften oder uneheliche Kinder vor.

Des Weiteren existierten Vorschriften zum Eherecht und zu Schicksalsgemeinschaften. Eine Zivilgerichtsbarkeit gab es in Theresienstadt jedoch nicht.

Die zivilrechtlichen Rechtsgeschäfte basierten somit auf dem Vertrauen der Bewohner untereinander. Zivilrechtliche Streitigkeiten konnten jedoch zu einer vergleichsweisen Beilegung vor das Ghettogericht oder die Detektivabteilung gebracht werden.[249]

Das Ghettogericht war auch für die Nachlässe der verstorbenen Ghettobewohner zuständig. Nachlässe fielen grundsätzlich der Gemeinschaft zu. Die nächsten Verwandten konnten binnen zehn Tagen nach dem Tod die Herausgabe von aufgezählten Gegenständen beim Ghettogericht beantragen, auch wenn sie kein Testament vorzeigen konnten. Jedoch bezog sich dieses Anrecht nur auf persönliche Andenken und auf dringend benötigte Sachen wie Kleidung. Abgesehen von Andenken wurde oft abschlägig entschieden. Jedoch half dem Antragsteller auch ein positiver Bescheid häufig nicht weiter, weil bis dahin viele Sachen gestohlen worden waren. Sämtliche Gegenstände der Verstorbenen sollten dem Ghettogericht übergeben werden, jedoch wurde vieles vorher illegal weggeschafft, von Angehörigen des Toten oder Fremden, die sich bereichern wollten. Auch beim Ghettogericht waren die Sachen nicht immer sicher, denn auch dort verschwand einiges.[250]

Vor dem Arbeitsgericht wurden vor allem Verstöße gegen die Meldevorschriften[251] zum Arbeitseinsatz, Verstöße gegen die Einhaltung der Arbeitszeit, wie der Nichtantritt zur Arbeit, Verspätungen, vorzeitiger Abbruch der Arbeit, unberechtigte Pausen oder ungenaue oder unrichtige Angaben in den Meldungen verhandelt. Auch nicht zu rechtfertigende Minderleistungen, Verstöße gegen die Arbeitsdisziplin und -kameradschaft sowie das Unterlassen der pfleg-

---

[249] Alle Belege in: „Das Recht des Jüdischen Siedlungsgebietes Theresienstadt", in: YV, O.64, Item ID: 3687734. Vgl. auch *Adler*, „Theresienstadt 1941–1945", S. XXXVI. Beispiele für Vormundschaftsangelegenheiten in: Židovské muzeum v Praze, „Poručenský soud v Terezíně – varia", aufgerufen unter: https://collections.jewishmuseum.cz/index.php/Detail/Object/Show/object_id/134091 [Stand: 11.03.2021].

[250] Alle Belege in: „Das Recht des Jüdischen Siedlungsgebietes Theresienstadt", in: YV, O.64, Item ID: 3687734. Weitere Informationen zu dem Verfahren bzgl. des Nachlasses Verstorbener befinden sich ebenfalls unter dieser Fundstelle. *Adler*, „Die verheimlichte Wahrheit", S. 202. *Goldschmidt*, „Die Geschichte der evangelischen Gemeinde Theresienstadt 1942–1945", S. 8. In „Databáze listinného materiálu Památníku Terezín" ist ein Vorgang bzgl. eines Erbfalles beschrieben. Ein Sohn erbte von seinem Vater einen Wintermantel und ein paar Schuhe. Siehe auch „Schreiben vom 10.09.1943 an Grabower bzgl. einer Verlassenschaftssache", in: BArch, N 1856/7. Ein interessantes Dokument hierzu befindet sich im Ordner BArch, N 1856/7. Leider ist dies nicht weiter gekennzeichnet (beginnt mit Frau Klepetar bejaht ferner …). Dort geht es um einen Fall mit dem Grabower als Richter in Theresienstadt konfrontiert wurde. Das Thema war die letztwillige Verfügung einer Schwiegermutter an ihre Schwiegertochter in Theresienstadt.

[251] Alle Ghettobewohner sollten ausschließlich auf den ihnen durch die Raumwirtschaft zugeteilten Plätzen wohnen und die Gebäude- und Hausältesten hatten Kontrollen durchzuführen, um zu prüfen, ob alle im Haus wohnenden Menschen dort auch ordnungsgemäß gemeldet seien und die Vorschriften eingehalten wurden. Quelle: „Tagesbefehl Nr. 350 vom 11.08.1943", in: YV, O.64, Item ID: 3685533.

lichen Behandlung von Werkzeug, Material und Inventar fiel unter die Zuständigkeit des Arbeitsgerichtes.

In erster Instanz war der Einzelrichter und in zweiter Instanz die Arbeitsstrafkammer zuständig, die aus einem rechtskundigen Vorsitzenden und zwei Beisitzern bestand. Die Ernennung der Richter sowie Beisitzer erfolgte nach Vorschlag von der Arbeitszentrale durch den Ältestenrat. Die Beisitzer wurden auf drei Monate ernannt. Die Voraussetzungen für das Amt des Arbeitsrichters waren: Eignung zum Richteramt, Sprachkenntnisse, um eine rasche Durchführung des Verfahrens zu gewährleisten, sechs Monate im Ghetto lebend und im manuellen Arbeitseinsatz tätig gewesen sein. Auf Grabower trafen all diese Kriterien zu. Vor dem Antritt seines Richteramtes musste er vor Murmelstein folgenden Eid ablegen: „Ich schwöre, dass ich das Richteramt nach bestem Wissen und Gewissen uneigennützig, furchtlos und treu der Gemeinschaft ausüben werde."

Sämtliche Dienststellen der Verwaltung hatten dem Arbeitsgericht Rechtshilfe zu leisten.[252] Dies geschah – laut Grabowers Einträgen – nicht immer (zuverlässig). Er schrieb zu seiner Tätigkeit als Arbeitsrichter: „Die Meldungen an den Arbeitsrichter sind leider oft von momentanem Zorn diktiert, halten der Prüfung nicht stand oder werden, was vielleicht noch schlimmer ist, obwohl sie berechtigt sind, nachher zurückgenommen."[253] Seinen Berichten lässt sich entnehmen, dass Grabower bzgl. der Arbeitsweise seiner Kollegen auch durchaus kritisch eingestellt war.

Als Strafen für das Arbeitsgericht waren vorgesehen:
- der strenge Verweis,
- die Auflage einer Ersatzleistung durch zusätzliche Arbeit nach Beendigung der betriebsüblichen Arbeitszeit für die Dauer von höchstens je vier Stunden und höchstens an drei Tagen,
- der Entzug der Tagesbrotration (TBR),
- der Entzug von Prämien in Nahrungszubußen und Geld für 1–2 Dekaden,
- der Entzug der Ausgeherlaubnis nach Beendigung der betriebsüblichen Arbeitszeit bis zu 14 Tagen, gegebenenfalls unter Entzug von Nahrungszubußen,
- Haft nach der Tagesarbeit bis zu höchstens acht Tagen auch in Kombination mit dem Entzug von Nahrungszubußen oder
- Haft bis zur Dauer von höchstens 14 Tagen in Kombination mit dem Entzug einer TBR.

---

[252] Alle Belege in: „Das Recht des Jüdischen Siedlungsgebietes Theresienstadt", in: YV, O.64, Item ID: 3687734.
[253] „Schreiben von Grabower an Löwith vom 21.04.1945", in: BArch, N 1856/59. Der Begriff „Ubikation" kommt aus der österreichischen und tschechischen Militärsprache: Quartier, Unterkunft. Quelle: *Manes*, „Als ob's ein Leben wär", S. 472. Vgl. auch *Adler*, „Theresienstadt 1941–1945", S. LVI.

Das Arbeitsgericht musste, sobald es von einem Verstoß, der in seinen Zuständigkeitsbereich fiel, Kenntnis erlangt hatte, das Verfahren in erster Instanz binnen drei Tagen und zweiter Instanz innerhalb von acht Tagen durchführen und das Urteil sollte innerhalb von weiteren 48 Stunden erfolgen und zugestellt werden. Der Arbeitsrichter war bei Verdacht auf eine gerichtlich strafbare Handlung dazu verpflichtet, die Akten unverzüglich an das Ghettogericht abzugeben. Um der Verdunklungsgefahr entgegenzutreten, konnte der Arbeitsrichter auch die Verwahrungshaft (Untersuchungshaft) verhängen.

Die Verhandlungen vor dem Arbeitsgericht waren öffentlich. Verteidiger waren bei den Verhandlungen in beiden Instanzen zugelassen. Als Verteidiger konnte jeder volljährige, unbescholtene Ghettoinsasse auftreten. Richter und Schriftführer konnten wegen Befangenheit abgelehnt werden. Eine solche Ablehnung scheint in Bezug auf Grabower nicht erfolgt zu sein.

Über jede Verhandlung war ein Protokoll zu führen, das von den beteiligten Amtspersonen unterzeichnet werden sollte. Das Verfahren musste eingestellt werden, wenn kein hinreichender Grund für die Durchführung eines solchen bestand oder wenn die Strafbarkeit, der dem Beschuldigten zur Last gelegten Handlung durch Verjährung erloschen war. Die Verjährung trat drei Monate nach der Tathandlung ein, wenn in der Zwischenzeit kein Verfahren gegen den Beschuldigten eingeleitet oder eine sonstige hierauf bezügliche Amtshandlung vorgenommen wurde. Die Entscheidungen des Arbeitsgerichts waren schriftlich anzufertigen, zu begründen und von den beteiligten Richtern zu unterschreiben. Grabowers erhaltene Urteile entsprechen diesen Anforderungen.

Eine bedingte Verurteilung war zulässig und die Bewährungsfrist betrug bis zu drei Monaten. Gegen die Haftstrafen und die Bestrafung mit dem Ausgehverbot war in erster Instanz eine Berufung zulässig. Diese musste binnen drei Tagen nach Verkündung bzw. Zustellung des Urteils beim erkennenden Gericht schriftlich oder mündlich durch den Verurteilten oder seinen Verteidiger eingebracht werden, wobei eine einfache Erklärung genügte. Die Arbeitsstrafkammer entschied über die Berufung, gegebenenfalls nach Ergänzung des Beweisverfahrens, mit Stimmenmehrheit.[254]

Grabower schrieb, dass seine Verurteilungen zu Haftstrafen anscheinend des Öfteren von der Berufungskammer aufgehoben wurden, obwohl er generell sehr sparsam mit dieser Bestrafungsart umging (bei 400 Fällen wurden ca. 10 Haftstrafen verhängt). Leo Baeck hingegen war der Meinung, dass die Berufungsrichter eher zu einer Haftstrafe tendierten, als diese aufzuheben.[255] Das Urteil der ersten Instanz wurde nach Ablauf der Rechtsmittelfrist rechtskräftig, soweit es nicht angefochten wurde. In der zweiten Instanz wurde das Urteil

---
[254] Alle Belege in: „Das Recht des Jüdischen Siedlungsgebietes Theresienstadt", in: YV, O.64, Item ID: 3687734.
[255] Belege in: Aktenvermerk 966.) vom 09.01.1945, in: BArch, N 1856/57.

direkt mit dessen Verkündung bzw. Zustellung rechtskräftig. Der Strafvollzug erfolgte grundsätzlich unverzüglich nach Rechtskraft des Urteils und die Aufsicht hierüber stand der Rechtsabteilung zu. Die Strafen mussten nach dem Eintritt der Rechtskraft vom Arbeitsrichter in das von ihm geführte Strafregister eingetragen werden und es musste je eine Ausfertigung des Urteils sofort nach Rechtskraft der Arbeitszentrale, der Personalkanzlei und der zuständigen Abteilung zugeleitet werden.

Der Beamte in der Verwaltung der Jüdischen Selbstverwaltung dufte nach der Dienstvorschrift für die Beamten im Ghetto keine Diensthandlungen vornehmen, bei denen er sich selbst oder ihm nahestehenden Personen Vorteile verschaffen konnte. Auch die Annahme von Geschenken jeglicher Art war ihm untersagt, selbst wenn diese nur mittelbar in Verbindung mit der Amtstätigkeit standen. Eine Anordnung, an die sich Grabower eisern hielt. Der Beamte hatte Anordnungen seines Vorgesetzten zu befolgen und auf Weisung seines Vorgesetzten jede Tätigkeit zu übernehmen, die ihm nach seinen Fähigkeiten zugemutet werden konnte. Er oblag der Verschwiegenheitspflicht und schied aus dem Beamtenverhältnis durch Tod oder wenn gegen ihn ein rechtskräftiges strafgericht- oder dienstgerichtliches Urteil ergangen war aus. Dies galt auch nach ärztlicher Feststellung der körperlichen oder geistigen Unfähigkeit den Dienst weiter auszuüben. Auch wenn im Nachhinein Umstände und Tatsachen bekannt wurden, die gegen die Berufung des Ghettobewohners als Beamten sprachen, musste er sein Amt verlassen. Dienststrafen wurden durch die Personalkanzlei oder durch das Dienstgericht durchgeführt. Zu den Dienststrafen zählten:
– der einfache oder strenge Verweis,
– die teilweise oder gänzliche Ausschließung von der Möglichkeit des Bezuges von Arbeitsprämien für eine Höchstdauer von drei Monaten,
– die Entfernung aus dem Dienst, gegebenenfalls unter ausdrücklicher Aberkennung der Fähigkeit, künftig im Ghetto als Beamter bestellt werden zu können.

Wenn Tatsachen bekannt wurden, die den Verdacht eines Dienstvergehens rechtfertigten, wurden von der Personalkanzlei entweder aus eigenem Entschluss oder auf Antrag des Abteilungsleiters die zur Aufklärung notwendigen Erhebungen angeordnet, die von dem zuständigen Referenten der Personalkanzlei durchzuführen waren.

Das Dienstgericht verhandelte mit einem Vorsitzenden oder seinem Stellvertreter, zwei Beisitzern und einem Schriftführer. Der Vorsitzende und sein Stellvertreter waren Berufsrichter. Diese wurden vom Ältestenrat ernannt. Einer der Beisitzer musste dem Verwaltungszweig angehören, dem der Beschuldigte entstammte und wurde von der Personalkanzlei bestimmt. Der andere Beisitzer wurde vom Beschuldigten nominiert. Das Dienstgericht entschied nach Stimmenmehrheit. Die Verhandlungen und Entscheidungen des Dienstgerichts fanden nicht öffentlich statt. Ein Verteidiger aus der im Ghetto geführten Verteidigerliste war zulässig. Gegen den strengen Verweis der Personalkanzlei stand dem Betreffenden der Einspruch beim Dienstgericht offen, der binnen drei Tagen nach Zustellung des Verweises bei der Personalkanzlei einzubringen war. Wenn die Entscheidung bzgl. der Entfernung aus dem Dienst getroffen wurde, war die Berufung bei dem Judenältesten zulässig. Diese war binnen drei Tagen nach Zustellung der Entscheidung an den Beschuldigten, schriftlich bei der Personalkanzlei einzubringen.

Der Bezirks- oder Gebäudeälteste hatte zudem bei bestimmten Ordnungswidrigkeiten und Disziplinarverstößen die Befugnis, Ordnungsstrafen (wie strenger Verweis oder Entzug einer TBR) oder Disziplinarstrafen (wie eine Geldstrafe bis zur Höhe einer monatlichen Barauszahlung oder Entzug der Freiheit bis höchstens acht Tage mit oder ohne weitere Erschwernisse) zu verhängen. Der Entzug der TBR und des warmen Essens durfte nur für 24 Stunden erfolgen. Disziplinarstrafen wurden nach Rechtskraft in das vom Bezirks- bzw. Gebäudeältesten geführte Strafregister eingetragen, während Ordnungsstrafen nicht registriert wurden.[256] Diese Strafbefugnis ging jedoch nur soweit, wie der Schuldige wegen der gleichen Tat noch nicht durch das Ghettogericht bzw. durch den Leiter des Sicherheitswesens[257] bestraft worden war. Bevor die Strafmittel angewendet werden durften, musste die strafbare Handlung, die dem Beschuldigten vorgeworfen wurde, festgestellt werden. Gegen Ghettobewohner, gegen die bereits drei Mal disziplinarisch eingeschritten worden war (die daher vorbestraft waren), wurde strafgerichtlich vorgegangen. Gegen Ordnungsstrafen waren keine Rechtsmittel zulässig. Gegen die Verhängung einer Disziplinarstrafe war binnen drei Tagen nach Verkündung bzw. Zustellung Beschwerde an die Berufungskammer des Ghettogerichts zulässig. Wobei eine Verböserung durch das Berufungsgericht nicht ausgeschlossen war.[258]

Grabower beschrieb, wie es zu Zuständigkeitsüberschneidungen zwischen ihm als Richter und den Gebäudeältesten bzgl. der Verfolgung von Verstößen gegen die Verordnungen kam.[259]

Die Verordnung über Nebenstrafen und Versorgungsvergehen folgte am 04.05.1944.[260] Nebenstrafen wurden bei Handlungen, durch die die Interessen

---

[256] Alle Belege in: „Das Recht des Jüdischen Siedlungsgebietes Theresienstadt", in: YV, O.64, Item ID: 3687734. Vgl. auch *Manes*, „Als ob's ein Leben wär", S. 47f., 157.
[257] Laut Adler war das Sicherheitswesen eine zwischen Mitte 1942 und Mitte 1943 existierende Abteilung in der Jüdischen Selbstverwaltung, die aus der Ghettowache, Kriminalpolizei, Wirtschaftspolizei und Feuerwehr bestand. Quelle: *Adler*, „Theresienstadt 1941–1945", S. LI.
[258] Alle Belege in: „Das Recht des Jüdischen Siedlungsgebietes Theresienstadt", in: YV, O.64, Item ID: 3687734.
[259] Aktenvermerk 796.) vom 09.12.1944, in: BArch, N 1856/57.
[260] Abgedruckt in: „Das Recht des Jüdischen Siedlungsgebietes Theresienstadt", in: YV, O.64, Item ID: 3687734. *Adler*, „Theresienstadt 1941–1945", S. 699.

der Gemeinschaft vorsätzlich oder grob fahrlässig verletzt wurden, neben den Strafen aus den allgemeinen Gesetzen und sonstigen Vorschriften festgesetzt.
Als Nebenstrafen zählten:
- der Ausschluss von der Vergünstigung bevorzugten Wohnens,
- der Verlust der Fähigkeit gehobene Stellungen im Bereich der Jüdischen Selbstverwaltung zu bekleiden,
- der Ausschluss von der Beschäftigung in Betrieben, bei denen die Tätigkeit mit dem zusätzlichen Bezug von Gütern oder mit sonstigen Vergünstigungen verbunden war.

Die Nebenstrafe wurde in Form eines Zusatzbeschlusses gleichzeitig mit dem Urteilsspruch verhängt, wobei dem Angeklagten das Rechtsmittel der Beschwerde gegen diesen Zusatzbeschluss zustand. Die Verhängung der Nebenstrafen erfolgte zeitlich begrenzt, jedoch konnten auch mehrere Nebenstrafen nebeneinander verhängt werden.

Nach der Verordnung gegen Versorgungsvergehen (VVV), wurden diejenigen Ghettobewohner bestraft, die gegen Vorschriften verstießen, die die Versorgung der Ghettobewohnern mit lebenswichtigen Gütern und Leistungen sichern sollten, sofern keine höhere Strafe in den geltenden strafrechtlichen Vorschriften vorgesehen war. Zu den strafbaren Handlungen zählte auch der Handel mit Bedarfsgegenständen. Wucher und Kettenhandel von Gegenständen waren verboten. Als Strafe war ein Arrest bis zu drei Monaten und im schweren Fall bis zu sechs Monaten vorgesehen. Die Kammer für Versorgungsvergehen war in diesem Bereich zuständig und bestand aus einem vorsitzenden Richter und zwei nicht dem Richterstand angehörenden Beisitzern.[261]

Die Jugendgerichtsordnung wurde am 27.05.1943 eingeführt und am 01.06.1943 das Jugendgericht eröffnet.[262] Der Jugendrichter war für Personen, die sich zur Tatzeit zwischen dem 14. und 18. Lebensjahr befanden und sich eines Vergehens oder einer Übertretung schuldig gemacht hatten, zuständig und verhandelte kollegial, während Arbeits- und Verwaltungsrichter, wie Grabower, in erster Instanz als Einzelrichter tätig waren.[263] Grabower bat den Jugendrichter, ihn über jeden Fall, den er ihm abgeben musste, zu informieren und ihm das Strafmaß mitzuteilen, damit keine großen Diskrepanzen zwischen Jugendrichter und den anderen Richtern entstünden, was im Interesse der Gemeinschaft sei. Diese Rücksprache erfolgte – zur Unzufriedenheit Grabowers – jedoch nicht immer. Grabower war der Meinung, dass 16- und 17-Jährige aufgrund der

---

[261] Alle Belege in: „Das Recht des Jüdischen Siedlungsgebietes Theresienstadt", in: YV, O.64, Item ID: 3687734.
[262] *Adler*, „Theresienstadt 1941–1945", S. 696. Vgl. auch YV, O.64, Item ID: 3687672. Mehr zur Jugendgerichtsordnung in: YV, „Das Recht des Jüdischen Siedlungsgebietes Theresienstadt", in: YV, O.64, Item ID: 3687734.
[263] Aktenvermerk 979.) vom 21.01.1945, in: BArch, N 1856/57. „Das Recht des Jüdischen Siedlungsgebietes Theresienstadt", in: YV, O.64, Item ID: 3687734.

besonderen Situation im Ghetto nicht als Jugendliche anzusehen seien und damit auch nicht vor das Jugendgericht gehören würden. Zudem prangerte er an, dass es immer wieder zu Situationen kommen würde, in denen vor demselben Gericht Unstimmigkeiten bezüglich der Altersgrenze und dem Verfahren mit unter 18-Jährigen herrschten. Für Grabower war somit die Einheit der Rechtsprechung nicht gewahrt. Er bemühte sich generell darum, die Urteile anderer Referenten und Richter einzusehen, um sich einen Gesamteindruck zu verschaffen, an dem er sich dann bei seinen eigenen Verfahren zu orientieren versuchte.[264]

Der Detektivabteilung wurde von der nationalsozialistischen Dienststelle das Recht übertragen, Vergehen gegen die Ordnung und Disziplin zu bestrafen, bei denen es sich um strafbare Handlungen gegenüber Wachorganen oder anderen Repräsentanten der öffentlichen Ordnung handelte, wobei die auferlegte Freiheitsstrafe nicht über 30 Tage andauern durfte. Zudem wurde die Detektivabteilung ermächtigt, diejenigen zu bestrafen, die die Vorschriften über ablieferungspflichtige Gegenstände, wie Geld oder Rauchwaren, übertraten. Auch hier galt die Hafthöchstgrenze von 30 Tagen. Des Weiteren war die Detektivabteilung für die Bestrafung derjenigen Verstöße gegen die öffentliche Ruhe und Ordnung und Zuwiderhandlungen der bestehenden Ver- und Gebote zuständig, die nicht in den Zuständigkeitsbereich einer anderen Behörde fielen. Der Detektivabteilung oblag die Führung der Erhebungen bei Delikten und Feststellungen auf Veranlassung der übergeordneten Behörden, der Ghettobehörden, des Ghettostrafgerichts, der Verwaltung des jüdischen Gefängnisses, der Leitung des Fundbüros und die Recherchen für das Zentralsekretariat. Der Leiter der Detektivabteilung übte im Auftrag und im Namen des Judenältesten die Strafgewalt wegen Polizeiübertretungen im Rahmen der Polizeistrafordnung aus. Auch für kleinere Eigentumsvergehen war die Detektivabteilung zuständig, sofern es sich um einen unbescholtenen Angeklagten handelte und keine Qualifikation wie Einbruchsdiebstahl oder Gesellschaftsdiebstahl vorlag.[265] Für Anzeigen und Ermittlungen bzgl. der Verletzung von Ghettoregeln sowie Durchsuchungen von Wohnstätten und dem Körper, Kontrollen der Häuser und anderer Orte, wie Küchen und Betriebe, für Razzien und Verwaltung der Gefängnisse war die Detektivabteilung unter anderen zuständig.[266] Die Mitglieder der Detektivabteilung waren dazu berechtigt, alle zur Sicherstellung des Täters und des strafbaren Tatbestandes notwendigen Maßnahmen, insbesondere Verhaftung, Haus- und Personendurchsuchungen sowie Beschlagnahmen

---

[264] Alle Belege in: Aktenvermerk 941.) vom 05.01.1945 und Beispiel in: Aktenvermerk 782.) vom 24.11.1944, in: BArch, N 1856/57. „Schreiben von Grabower an Löwith vom 21.04.1945", in: BArch, N 1856/59.

[265] Alle Belege in: „Das Recht des Jüdischen Siedlungsgebietes Theresienstadt", in: YV, O.64, Item ID: 3687734.

[266] *Adler*, „Theresienstadt 1941–1945", S. 489.

vorzunehmen. Diese Rechte standen ihnen jedoch nicht gegen Mitglieder des Ältestenrates und die Rechte des Ältestenrates genießenden Personen zu. Bei diesem Personenkreis waren sie lediglich berechtigt, Anzeige an den Judenältesten zu erstatten. Die Angehörigen der Detektivabteilung genossen einen erhöhten strafrechtlichen Schutz.[267]

Im Rundschreiben Nr. 136 des Zentralsekretariats vom 09.07.1944 hieß es, dass die Aufklärung strafrechtlich zu ahndender Handlungen zu den Aufgaben der Detektivabteilung gehöre.

„Ergibt sich daher bei dienstlichen Feststellungen irgend einer [sic!] Stelle der Jüdischen Selbstverwaltung hinreichender Verdacht einer strafrechtlich zu ahndenden Handlung, ist der Detektivabteilung hievon [sic!] ohne Verzug Kenntnis zu geben. Die Aufklärung strafrechtlich zu ahndender Handlungen steht sodann ausschliesslich dieser Abteilung zu; andere Stellen sind nicht berechtigt, die Angelegenheit ihrerseits in irgend einer Form zu erledigen. Besteht Zweifel darüber ob Meldung an die Detektivabteilung zu erstatten ist, kann statt der Mitteilung an die Detektivabteilung der Leitung im Wege des Zentralsekretariats berichtet werden. [...] Das Unterlassen der Meldung – schriftlich oder zu Protokoll – von hinreichendem Verdacht strafrechtlich zu ahndender Handlungen an die Detektivabteilung oder an die Leitung bezw. [sic!] das Zentralsekretariat wird als dienstliche Verfehlung des unterlassenden Mitarbeiters angesehen werden müssen. [...] Soweit Tatbestände sowohl strafrechtlich, wie disziplinär zu ahnden sind, ist der Personalkanzlei neben der Detektivabteilung von dem Tatbestand zu berichten."[268]

Jedoch konnten Anzeigen anscheinend auch direkt an die rechtsprechenden Personen vorgebracht werden. So kamen des Öfteren Menschen direkt zu Grabower, um Anzeige zu erstatten. Grabower ermittelte dann selbst in der Sache und suchte auch die für den Streitfall relevanten Orte im Ghetto auf.[269]

Beispielsweise musste die Detektivabteilung im Jahr 1943 3.594-mal in Fällen einschreiten, wobei sie 783-mal eine Strafverfügung erlassen und 456-mal eine Strafanzeige an das Ghettogericht weitergeleitet hat.[270]

Auch Untersuchungsrichter gehörten der Detektivabteilung an.[271]

---

[267] Alle Belege in: „Das Recht des Jüdischen Siedlungsgebietes Theresienstadt", in: YV, O.64, Item ID: 3687734.
[268] „Auszug aus Rundschreiben Nr. 136 v. 09.07. des Zentralsekretariats", im: Aktenvermerk 564.) vom 22.08.1944, in: BArch, N 1856/57. Die Fehler im Zitat wurden übernommen.
[269] Beispiele in: BArch, N 1856/57.
[270] YV, O.64, Item ID: 3690855.
[271] Martha Mosse arbeitete bis Jahresende 1944 als Untersuchungsrichterin in der Detektivabteilung in Theresienstadt, dann im Gericht der Jüdischen Selbstverwaltung und übernahm im Mai 1945 die Leitung der Erfassungs- und Verwaltungsstelle. Quelle: *Meyer*, „Tödliche Gratwanderung", S. 401, verweist auf Entschädigungsamt Bln., Akte Mosse 11659, Zeugnis der Selbstverwaltung des ehemaligen Konzentrationslagers Theresienstadt-Stadt vom 03.07.1945 (Jiri Vogel). Vgl. auch *Hájková*, „The Last Ghetto", S. 67. Eine weitere Nebeninformation ist, dass das Ghettogericht – nach Grabowers Erinnerungen – kein Dienstsiegel benutzt hat, zumindest fand er 1955 beim Durchsuchen seines Nachlasses keinen Hinweis auf die Benutzung eines solchen Siegels. Quelle: „Brief von Friedel an Grabower vom 27.01.1955", in: BArch, N 1856/7 und „Wenn im Amte", S. 189.

Das Statut für Verteidiger trat am 01.01.1944 in Kraft; es galt in Straf- und Disziplinarsachen das Prinzip der Amtsverteidigung.[272] Demnach war der Verteidiger in Strafsachen Beamter i. S. d. „Dienstvorschrift für die Mitarbeiter der Verwaltung" (§ 1 der Dienstordnung). Die Zuteilung der Verteidigungen erfolgte turnusweise durch den Geschäftsführer der Verteidigerstelle. Der zu verteidigende Ghettoinsasse konnte unter Angabe von Gründen seinen zugeteilten Verteidiger ablehnen. Eine Zuteilung eines Verteidigers konnte auch unterbleiben, wenn der Geschäftsführer der Verteidigerstelle z. B. aufgrund der Klarheit der Sach- und Rechtslage die Bestellung eines Verteidigers für nicht förderlich hielt. Gemäß des Statutes hatten die Verteidiger ihre Verteidigung nach besten Wissen und Gewissen nach den allgemeinen für die Strafverteidiger bestehenden Normen durchzuführen und waren dazu befugt, Eingaben, Rechtsmittel und Gnadengesuche vorzubringen. Auch die Verschwiegenheitspflicht galt für die Verteidiger, selbst gegenüber ihren Vorgesetzten. Eine Vertretung in anderen Angelegenheiten als in Straf- oder Disziplinarstraffällen war den Verteidigern nicht erlaubt. Mit dem Inkrafttreten des Statutes waren nebenamtlich bestellte Verteidiger nicht mehr zur Verteidigung vor Gericht befugt.[273]

Grabower berichtete, wie sich der als Verteidiger tätige Heinrich Dessauer bei ihm beklagte, dass er früher als freier Anwalt in Wien seine Mandate selbstständig wählen konnte und nun im Ghetto als abhängiger Beamter gezwungen sei, jeden Fall, der ihm angetragen werde, zu übernehmen.[274]

Es gab auch eine Schlichtungsstelle im Ghetto. Diese war für Verhandlungen und Entscheidungen über Beleidigungen von Privatpersonen zuständig, soweit keine weiteren Straftaten in diesem Zusammenhang standen. Die Verhandlung fand in einer Kammer mit drei Mitgliedern und einem Schriftführer statt. Auf die Schlichterlisten konnten nur „ehrenhafte" Personen genommen werden und absolvierte Juristen besaßen den Vorzug. Der Beleidigte musste dem Schriftführer der Schlichtungsstelle spätestens drei Tage nach der Beleidigung einen kurzen schriftlichen Strafantrag in doppelter Ausfertigung überreichen. Er durfte einen Schlichter benennen sowie zwei Schlichter vom Vorsitz ausschließen. Der Gegner hatte das gleiche Recht. Die beiden berufenen Schlichter wählten einen Vorsitzenden aus der Schlichterliste. Bei Uneinigkeit wurde gelost. Die Entscheidung erfolgte durch Stimmenmehrheit, wobei darauf geachtet werden sollte, dass das Augenmerk der Schlichter auf der Versöhnung der Parteien lag. Falls eine Versöhnung oder ein Freispruch nicht erzielt wurde, konnte auch

---

[272] „Das Recht des Jüdischen Siedlungsgebietes Theresienstadt", in: YV, O.64, Item ID: 3687734. Adler, „Theresienstadt 1941–1945", S. 698.

[273] Alle Belege in: „Das Recht des Jüdischen Siedlungsgebietes Theresienstadt", in: YV, O.64, Item ID: 3687734.

[274] Aktenvermerk 2.) vom 07.03.1944, in: BArch, N 1856/57. „Dessauer, Dr. Heinrich", aufgerufen unter: http://www.ghetto-theresienstadt.de/pages/d/dessauerh.htm [Stand: 12.03.2021].

eine Strafe verhängt werden. Unter die zu verhängenden Strafen fielen der öffentliche Verweis, der am Schwarzen Brett der Schlichtungsstelle angeschlagen wurde und die Entziehung der warmen Kost. Die erfolgte Bestrafung musste dem Gericht vom Schriftführer gemeldet werden.[275]

Als Information der Ghettobewohner über die Veränderung oder Ergänzung des geltenden Rechts sowie aktuelle Gerichtsurteile dienten die Tagesbefehle. Diese stellten die Verbindung zwischen dem Ältestenrat und den Bewohnern her und die Gebäudeältesten mussten sicherstellen, dass diese an die Ghettobewohner verkündet wurden, sodass sich jede Person im Ghetto darüber im Klaren war, was verboten war und worauf geachtet werden musste.[276] Viele Tagesbefehle beinhalteten auch einige Urteile der Rechtsstellen im Ghetto. Die meisten davon waren Essenkartenaffären oder Diebstähle von Lebensmitteln oder Bekleidung.[277] In den ersten Tagesbefehlen wird von Stockhieben gegen Männer, die sich, um Frauen zu besuchen, von der Arbeit entfernt hatten, berichtet. Diese Strafe wurde von der Behörde bekanntgegeben und musste von der Ghettowache ausgeführt werden. Ein Bewohner, der sich von der Arbeitskolonne entfernte, um seine Familie zu treffen, wurde von den Nationalsozialisten mit einem Monat Haft und fünf Stockhieben bestraft, da er die Tat zunächst leugnete und erst nach längerer Befragung und Untersuchung gestand. Ihm wurde Irreführung der Behörden und die Übertretung des Verbotes des Besuches der Frauenkaserne vorgeworfen.[278]

c) Das „Schleusen" und die Korruption – Zwei besonders üble „Krankheiten" des Ghettos

Emil Utitz sah als Ausgangspunkt vieler Streitigkeiten und Straftaten die schlechten Lebensumstände im Ghetto, wie das dauerhafte Hungergefühl, den Mangel an Aufgaben, Schlaf und Privatsphäre sowie den konstanten Kampf gegen das Ungeziefer, die Überbelegung und auch den Wegfall von Stimulantien, wie Koffein und Nikotin.[279]

In einem Bericht von Heinrich Klang, der nach seiner Befreiung entstand, schrieb dieser, dass die meisten Straftaten Vermögensdelikte (vor allem in Form von Betrug bei der Essensausgabe oder Diebstählen aus dem Gemeinschaftslager) waren und es nur wenige Amtsehrenbeleidigungsdelikte und leichte Körperverletzungen gab. Als Grund hierfür ist unter anderem der Hunger, den die

---

[275] Alle Belege in: „Das Recht des Jüdischen Siedlungsgebietes Theresienstadt", in: YV, O.64, Item ID: 3687734.
[276] Vgl. beispielsweise „Tagesbefehl Nr. 5 vom 19.12.1941", in: YV, O.64, Item ID: 3685533.
[277] Belege in: *Manes*, „Als ob's ein Leben wär", S. 145. Die Essenkarte (ursprünglich Menagekarte) war eine monatliche Anweisung für die drei Mahlzeiten am Tag. Quelle: *Adler*, „Theresienstadt 1941–1945", S. XXXVII.
[278] Alle Belege in: „Tagesbefehl Nr. 6 vom 21.12.1941", in: YV, O.64, Item ID: 3685533.
[279] Vgl. *Utitz*, „Ethik nach Theresienstadt", S. 42 ff.

Leute aufgrund der mangelhaften Ernährung zu ertragen hatten, zu sehen. Klang schrieb, dass diese Vermögensdelikte aufgrund ihres massenhaften Auftretens besonders bedenklich waren und daher unverhältnismäßig höher bestraft werden mussten, als dies außerhalb von Theresienstadt der Fall gewesen wäre.[280]

Auch Manes beschrieb, dass die Kriminalität in den zwei Jahren, seitdem er im Ghetto lebte, gestiegen sei, wobei auch er die Grundursache der meisten Straftaten in dem Lebensmittelmangel sah.[281] So verwundert es auch nicht, dass es anscheinend viele Gerichtsverfahren bezüglich Diebstähle von Paketinhalten, die mit der Post ins Lager kamen, gab. Die Täter mussten oft lange Gefängnisstrafen absitzen und tagsüber schwer arbeiten.[282] Zudem bestand die Möglichkeit, dass sie in einem der nächsten Transporte in den Osten eingereiht wurden.

So schrieb beispielsweise Polák: „Theresienstadt wird zu einem Ort, wo Todesurteile dadurch verhängt werden, daß jemand auf die Liste eines Transports gesetzt wird. Vollzogen wird das Todesurteil dann in den Vernichtungslagern im Osten."[283]

Und Murmelstein führte hierzu aus:

„Jeder, der verurteilt worden war, weil er einen Bissen Brot, einen Löffel Margarine gestohlen oder sich das schwere Vergehen zuschulden hatte kommen lassen, einen Ghettowachmann beleidigt zu haben, musste damit rechnen, in den Osten deportiert zu werden, denn in Theresienstadt wurde ein Richterspruch erst vollstreckbar, wenn er vom Kommandanten unterzeichnet worden war. Wenn eine Gruppe Juden aus Theresienstadt deportiert wurde, wurden nicht nur die von der NSDAP und der Gestapo ausgewählten Personen, sondern auch jene deportiert, die vom Ghettogericht verurteilt und deshalb offiziell von der SS mit eingereiht worden waren."[284]

---

[280] Alle Belege in: *Adler*, „Theresienstadt 1941–1945", S. 456 f. „Heinrich Klang, the court system in the Theresienstadt ghetto", Jewish Museum in Prague, Terezín Collection, inv. no 343, aufgerufen unter: https://early-testimony.ehri-project.eu/document/EHRI-ET-JMP020 [Stand: 22.10.2020]. In einem anonymen Bericht nach dem Krieg wird dieses Problem ebenfalls aufgegriffen. Quelle: *Adler*, „Theresienstadt 1941–1945", S. 457.
[281] *Manes*, „Als ob's ein Leben wär", S. 220. Vgl. auch *Klein*, „Junge Menschen in Theresienstadt", in: „Theresienstadt" vom Rat der jüdischen Gemeinden in Böhmen und Mähren, S. 84, der ebenfalls den Hunger oder die Angst vor dem Hunger als Antrieb für die Vermögensdelikte sah.
[282] Belege in: *Manes*, „Als ob's ein Leben wär", S. 117.
[283] *Polák*, „Das Lager", in: „Theresienstadt" vom Rat der jüdischen Gemeinden in Böhmen und Mähren, S. 27. *Chládková*, „Ghetto Theresienstadt", S. 9 f., schreibt, dass leichtere Vergehen wie der Diebstahl von Lebensmitteln und Verstöße gegen die Ausgangssperre zwar vom Ghettogericht abgehandelt wurden, das die Höhe der Strafe bestimmte. Die Angeklagten wurden jedoch nach dem Verbüßen der Strafe in einen Transport eingeteilt (sog. Weisung). Öfters wurden sie jedoch angeblich direkt in die „Kleine Festung" gebracht, welche laut Chládková einem Vernichtungslager gleichkam oder wurden direkt in den nächsten Transport eingereiht. Ähnlich auch Weglein: „Die Strafen wurden abgesessen, aber unweigerlich waren die Bestraften im nächsten Transport eingereiht." Quelle: *Weglein*, „Als Krankenschwester im KZ. Theresienstadt", S. 37.
[284] *Murmelstein*, „Theresienstadt – Eichmanns Vorzeige-Ghetto", S. 94 f.

Jedoch scheint nicht jeder verurteilte Ghettobewohner kurz darauf abtransportiert worden zu sein. Auch Anna Hájková beschreibt, dass zwar manchmal die Straffälligen durch Weisungen der SS auf die Listen gesetzt wurden, dieses Schicksal jedoch nicht alle Verurteilten traf.[285]

Manes bezeichnete diese Eigensucht als die „furchtbare Krankheit des Ghettos!!!". Zudem schrieb er, dass alle Bewohner von Theresienstadt die Hälfte der Kartoffelrationen mehr erhalten könnten, wenn alle eingelagerten Vorräte tatsächlich in die Küche kämen.[286]

Auch Max Berger schrieb von ähnlichen Verhältnissen:

„Auf der einen Seite herrschte Mangel, Not und Hunger, und auf der anderen Seite gab es eine Gruppe von Ghettobewohnern, und es waren nicht wenige, die nicht nur keine Not litten, sondern alles im Überfluß hatten, Essen, Delikatessen, Wein, Spirituosen, Rauchwaren, kurzum alles, was sie sich wünschten. Es waren das in verschiedenen Gruppen der Wirtschaftsabteilung Beschäftigte, so in der Proviantur, in der Fleischerei, Bäckerei, in der Küche, in der Paketausgabe usw. Dort überall wurde in unvorstellbarem Maße gestohlen. Als dann die jüdische Leitung zur Einschränkung des Diebstahls eine besondere Aufsicht einführte, wie etwa die Kriminalpolizei und Küchenwachen, hatte das zur Folge, daß nach einigen Tagen die Anzahl der Diebstähle nur noch anstieg, denn jetzt mußte auch für die Aufsichtspersonen gesorgt werden."[287]

Selbst die Ghettowache war gegenüber den Diebstählen bei Nahrungsmitteln machtlos. Manes meinte, dass man denken würde, dass die Juden sich untereinander nur unterstützen und keinerlei Straftaten gegeneinander verüben würden, da sie das gleiche Schicksal durchlebten.[288] Dies war jedoch nicht der Fall. Die Kriminalität stieg mit Hunger und fiel mit Wohlstand.[289]

Murmelstein schrieb hierzu:

„In einer Welt mit moralischen Grundsätzen ist es nicht schwierig, Werte aufrechtzuerhalten; angesichts des absolut Bösen bestehen jedoch nur die wenigsten die Prüfung. Die Menschen im Ghetto denunzieren einander aus Gewinnsucht, in erpresserischer Absicht, in der Hoffnung, Protektion von der Lagerkommandantur zu erhalten, aus Rache oder Gedankenlosigkeit."

---

[285] *Hájková*, „Prisoner Society in the Terezín Ghetto 1941–1945", S. 193, 249, 261. Sie verweist auf *Renata Lipková*, „Právo v nuceném společenství", Terezínské listy 27, (1999): 20–38, 30 und Wögerbauer, „Kartoffeln – Ein Versuch über Erzählungen zum Ghettoalltag", in: Theresienstädter Studien und Dokumente, 2003 sowie auf Eva Roubíčková's diary, entry for August 29, 1943; Murmelstein's petition for workers of the Barackenbau, note on Anne Reisz, September 3, 1943, YVA, O64, 10; petition of Anton Rosenbaum, no date, YVA, O64, 11/I. Allerdings ließ Anton Burger – laut Hájková – diejenigen abtransportieren, die während seiner Amtszeit länger als zwei Wochen im Gefängnis saßen.

[286] *Manes*, „Als ob's ein Leben wär", S. 83, 117. Ähnliches auch *Hájková*, „Prisoner Society in the Terezín Ghetto 1941–1945", S. 193.

[287] „Bericht über das Ghetto Theresienstadt von Max Berger", abgedruckt in und zitiert nach: *Adler*, „Die verheimlichte Wahrheit", S. 164–167, Zitat auf S. 166. Zum Paketdiebstahl auch *Spies*, „Drei Jahre Theresienstadt", S. 117f.

[288] Belege in: *Manes*, „Als ob's ein Leben wär", S. 50, 83.

[289] *Adler*, „Theresienstadt 1941–1945", S. 457.

Er betonte:

„Anständige Leute, die unter anderen Umständen niemals jemanden angezeigt oder denunziert hätten, erpressten aber auch, indem sie auf die Zeit nach dem Krieg anspielten, wenn man nämlich Rechenschaft darüber ablegen würde müssen, was man unter dem Naziregime getan oder nicht getan hatte."[290]

Es entwickelte sich sogar ein eigenes Wort für die Diebstähle in Theresienstadt: „Schleusen."[291] Klein schrieb hierzu:

„Den ersten Platz unter den negativen Qualitäten des Theresienstädter Lebens und seiner Moral nimmt das ‚Schleusen' ein, die Dieberei, wie sie für das Leben in Konzentrationslagern typisch ist. In Auschwitz wurde dieselbe Erscheinung ‚Organisieren' genannt. Der Grund, warum neue Namen für alte Untugenden gefunden werden, ist klar: Die meisten Güter waren Gemeinschaftsbesitz. Der Ausdruck ‚stehlen' bezieht sich auf die Entwendung von individuellem Eigentum, ‚schleusen' aber auf das kollektive. Der zweite Grund ist psychologischer Natur: Menschen, für die die Vorstellung des Stehlens ein mit starken Unbehaglichkeitsgefühlen verbundes [sic!] Stereotyp zu sein pflegte, versuchten nun, ihre Hemmungen durch die Einführung eines neuen Wortes zu überwinden. Schleusen konnte man praktisch alles, das nach der Theresienstädter Wertskala von irgendeiner Bedeutung war: Essen aus der Küche, Brot vom Bäcker, Erdäpfel aus den Lagern, Kohle aus den Kellern, Holz vom Bauernhof, Kleider und Wäsche aus der Kleiderkammer[292]."[293]

Auch für Utitz war klar, dass die Unehrlichkeit und die ungeheure Anzahl von Diebstählen die Moral im Ghetto negativ beeinträchtigten:

„Man hat dieses Wort [sic: Diebstahl] nicht gern gehört und durch das harmlos klingende ‚Schleusen' ersetzt, u. zw.[ar] – bezeichnenderweise – in allen Sprachen. In Theresienstadt gibt es eine alte Schleusenmühle. Die Neuankömmlinge wurden ‚durchschleust': in hochnotpeinlicher Untersuchung von den Behörden fast ihres ganzen Restbesitzes beraubt. Erwägt man, daß ihr Gepäck nur ca. 50 kg betragen durfte, und daß sie in der Schleuse neuerlich ausgeplündert wurden, so kann man sich mit einiger Phantasie ungefähr vorstellen, in welchem Zustande und in welcher Stimmung die Unglücklichen ihren Einzug in das Lager hielten. Und nun begannen sie sich zu rächen. Waren sie in der Schleuse bestohlen worden, jetzt fingen sie selbst zu schleusen an, wo sich nur irgendwie eine Möglichkeit ergab. Man hatte sie an den Bettelstab gebracht. Sie schrieben sich nun das Recht zu, wenigstens einen kümmerlichen Ersatz für ihren früheren Besitz sich anzueignen. Das war so die Auffassung, aus der heraus die verheerende Epidemie der Schleuserei entstand, durch Not weiter und weiter getrieben, leider anfangs belächelt, und als eine Art Sport angesehen."[294]

---

[290] *Murmelstein*, „Theresienstadt – Eichmanns Vorzeige-Ghetto", S. 41, 66 f.
[291] *Klein*, „Junge Menschen in Theresienstadt", in: „Theresienstadt" vom Rat der jüdischen Gemeinden in Böhmen und Mähren, S. 90.
[292] Seit Mitte 1942 wurde in der Kleiderkammer das beschlagnahmte Gepäck deponiert. Die beschlagnahmten Gegenstände wurden so sortiert, dass die guten Sachen an die deutschen Stellen gingen, während der Rest zumindest zum Teil für das Ghetto verwendet wurde. Quelle: *Adler*, „Theresienstadt 1941–1945", S. XLIII.
[293] *Klein*, „Junge Menschen in Theresienstadt", in: „Theresienstadt" vom Rat der jüdischen Gemeinden in Böhmen und Mähren, S. 90.
[294] *Utitz*, „Ethik nach Theresienstadt", S. 59 f. Das Wort: „Diebstahl" wurde in das Zitat ergänzt.

Murmelstein kommentierte die Tatsache, dass Köche und Angehörige ähnlicher Berufe zum Geburtstag Kuchen verzehrten, den sie angeblich mit dem letzten Paket bekommen hatten, mit der Aussage: „Ganz eindeutig ein Diebstahl, aber niemand kümmerte sich darum, denn es galt nicht als verwerflich, ein Gesetz zu brechen oder ein Verbot zu umgehen. Schmuggel war eine Lebensnotwendigkeit."[295]

Utitz schilderte, wie das „Schleusen" zunächst recht harmlos begann und die Stehlenden meist das Gefühl hatten, denjenigen etwas wegzunehmen, die sie selbst bestohlen hatten, z. B. wenn es sich um Kleidungsstücke in der Kleiderkammer und Holz von den Bretterzäunen um das Lager herum handelte. Hier sollte der Verlust nicht die Gemeinschaft, sondern die nationalsozialistischen Deutschen treffen. Als das Schleusen anfing, sich auch gegen die Güter der Gemeinschaft zu richten, wurde dies für die Ghettogemeinde gefährlicher. Die Ältesten versuchten diese Vorgänge so lang wie möglich zu vertuschen, damit der Lagerkommandant hiervon nichts mitbekäme. Allerdings mussten immer energischere Maßnahmen gegen die Diebstähle ergriffen werden, da sie auszuarten drohten. Die vollständige Unterbindung von Diebstählen gelang nicht, jedoch wurde die Anzahl verringert, bis zu den Evakuierungstransporten: „mit der Ankunft der vollständig demoralisierten Reste der Osttransporte eine Hochflut von Diebstählen, ja Einbrüchen einsetzte, und zwar in einem geradezu phantastischen Ausmaß."[296]

Selbst die Kinder in Theresienstadt stahlen und hielten Diebstahl kollektiven Eigentums für kein Vergehen. Dies wird aus einem Auszug der Zeitschrift „Vedem", was auf deutsch „Wir führen" bedeutet und von dem Knabenheim Nr. 1 in Theresienstadt erstellt wurde, deutlich: „Über Listen und Tricks ... Ich bin zu der Ansicht gelangt, daß Listen und Tricks gar nicht etwas so Schlechtes sind und daß sie ein jeder notwendig hat wie Essen und Trinken. Viele Erwachsene lachen darüber, aber wir alle wissen, daß es so ist".

Auch ein Fünfzehnjähriger schrieb in „Vedem" über seine Erfahrungen mit dem Rechtssystem in Theresienstadt:

„Angst. Angst, gemischt mit Zorn, Mitleid und Haß, Furcht vor etwas, das immer näher kommt und das man schon um sich fühlt, etwas so Schmerzliches und Schreckliches, daß es das Herz zerreißt. Angst vor Bestrafung wegen Diebstahls. Diebstahl, Dieb, wie schrecklich das alles klingt, wie einem diese beiden Worte in den Ohren dröhnen! Aber die anderen haben doch auch gestohlen, sie sind auch Diebe, und warum war gerade ich so dumm, so blöd, warum mußte gerade ich erwischt werden? [...] All mein Mühen, alles, was ich aufs Spiel gesetzt habe, ist jetzt verloren. Nicht einmal gekostet habe ich

---

[295] *Murmelstein*, „Theresienstadt – Eichmanns Vorzeige-Ghetto", S. 65.
[296] Alle Belege in: *Utitz*, „Ethik nach Theresienstadt", S. 60. Ähnliches zum Anstieg der Kriminalität durch die Ankunft der Evakuationstransporte in: „Heinrich Klang, the court system in the Theresienstadt ghetto", Jewish Museum in Prague, Terezín Collection, inv. no 343, aufgerufen unter: https://early-testimony.ehri-project.eu/document/EHRI-ET-JMP020 [Stand: 22.10.2020].

diese teuer erkauften und noch teurer verkauften Früchte. Und ich Narr wollte doch nur jemanden ein Vergnügen machen, ich wollte sie doch meiner Mutter bringen. Habe ich wirklich geglaubt, daß ich sie ihr bringen werde? – Aber ganz egal, jetzt bin ich um eine Erfahrung reicher. Ich bin draufgekommen, wie das Leben ist. Leben heißt riskieren."

Nicht nur der Diebstahl, sondern auch die Korruption war im Ghetto weit verbreitet, durch die Not wuchs die Korruption und die Privilegienwirtschaft:

„Protektion. Viele Leute in Theresienstadt leiden an Vitaminmangel. Einem fehlt Vitamin A, ein anderer beklagt sich darüber, daß er nicht genug Gemüse bekommt, aber alle diese und andere Vitamine lassen sich durch ein einziges ersetzten: durch Vitamin B – für Beziehungen. Ohne diese Beziehungen kann man in Theresienstadt kaum durchkommen oder auch nur am Leben bleiben, selbst wenn man einen ganzen Koffer voll mit Vitamin C und anderen Präparaten mitgebracht hätte".[297]

Auch Murmelstein schrieb hierzu treffend: Ein Volksgericht wurde ins Leben gerufen, um Lebensmitteldiebstahl zu ahnden, bei dem ein Richter den Vorsitz hatte. „Doch das alles diente nur dem Schein. In Wirklichkeit war die Tochter des Staatsanwaltes in der Küche angestellt und bekam – angeblich um sie vor der Versuchung zu bewahren – ein Vielfaches der Ration, die ihr zugestanden wäre; der Sprössling des Lebensmittelkontrolleurs arbeitete in der Bäckerei und bekam regelmäßig frisches Brot geschenkt; sogar die Wachen am Ausgang der Backstuben hatten nur die Prämie im Kopf, die man ihnen zusteckte, wenn sie nicht so genau hinsahen."[298]

Ähnlich berichtete auch Goldbaum Tarabini Fracapane, dass von zehn dänischen Ghettobewohnern, die wegen „Schleusens" verurteilt worden waren, alle außer einer (Geldbuße) zu Haftstrafen verurteilt wurden. Derjenige, der lediglich eine Geldstrafe zahlen musste, hatte möglicherweise das Glück gehabt, dass sein Vater als dänischer Rabbiner Mitglied im Ältestenrat war.[299] Auch an diesem Fall zeigt sich also, wie wichtig Beziehungen im Ghettoleben waren.

Vor allem das Rauchverbot im Ghetto führte zu einem großen Schwarzmarkthandel mit Zigaretten, obwohl für den Schmuggel von Zigaretten hohe Strafen drohten. Viele Gerichtsurteile mussten sich mit diesem Thema befassen. Manes beschrieb die Sucht der Menschen nach den verbotenen Zigaretten wie folgt: „Für Zigaretten tun die Raucher alles, sie sind zumeist der Ansicht: Von Rechtens wegen. Man hat ihnen alles genommen, also sind sie berechtigt, auch zu nehmen. Und so ist im Ghetto die einzige Goldwährung die Zigarette. Sie

---

[297] Alle Belege in: „Vedem", 10. Februar 1943 und 22. Mai 1943 sowie 23. August 1943 (geschrieben von einem fünfzehnjährigen Jungen nach einer wahren Erfahrung), abgedruckt in und zitiert nach: *Klein*, „Junge Menschen in Theresienstadt", in: „Theresienstadt" vom Rat der jüdischen Gemeinden in Böhmen und Mähren, S. 91 f. „Vedem", aufgerufen unter: http://www.ghetto-theresienstadt.de/pages/v/vedem.htm [Stand: 27.09.2020].
[298] *Murmelstein*, „Theresienstadt – Eichmanns Vorzeige-Ghetto", S. 157.
[299] *Goldbaum Tarabini Fracapane*, „Wir erfuhren, was es heißt, hungrig zu sein", in: *Löw/Bergen/Hájková*, „Alltag im Holocaust", S. 208 f.

kostet zwar häufig Gefängnis weil Kontrabande –, aber das stört anscheinend Händler und Bezieher nicht."[300]

Murmelstein schrieb über den Zigarettenschmuggel:

„Der Schmuggel zieht sich wie ein roter Faden durch die Geschichte Theresienstadts. Hin und wieder flog einer auf. Festnahmen, Verhöre, Misshandlungen und Deportationen. Die Gefallenen wurden ersetzt, und der Schmuggel ging fröhlich weiter. […] Im Ghetto wurde Blut vergossen, um an Zigaretten heranzukommen. Die SS verfolgte die Schmuggler mit Feuereifer, aus Furcht, die Kontakte zwischen den Insassen Theresienstadts und den Menschen in der Umgebung könnten nicht nur geschäftlicher, sondern auch politischer Natur sein. In der Lagerkommandantur wusste man, dass der Tausch von Zigaretten gegen Brot fast offiziell vor sich ging, mit alltäglicher Routine."[301]

Schwere Verbrechen waren selten. Sie kamen jedoch auch vor, bei ihnen wurde jedoch zögerlicher Meldung erteilt und die Täter wurden oft nicht belangt. So wurde ein Raubüberfall, der den Tod einer älteren Frau forderte, trotz seines Bekanntwerdens gezielt vor der SS verschwiegen. Auch schwere Sittlichkeitsdelikte wurden nie öffentlich bekannt, obwohl vor allem sexuelle Ausbeutung in Bezug auf die herannahenden Deportationen durchaus vorkam. In der Hoffnung einer Deportation doch noch zu entkommen, verkauften sich einige Frauen an einflussreiche Männer im Ghetto. Vergehen und Übertretungen von Regeln wurden meist unverhältnismäßig höher bestraft als schwerere Straftaten, bei denen oft Milde walten gelassen wurde.[302]

d) Beispiele für Straftaten und Urteile, unabhängig von Grabower

Es folgen einige Beispiele für Straftaten und Urteilssprüche, die in Theresienstadt von der Selbstverwaltung verkündet wurden, um einen Überblick über die Straftaten im Ghetto und ihrer Bestrafung zu erlangen. Diese Beispiele entstammen fast alle dem Buch von H. G. Adler „Theresienstadt 1941–1945", Manes „Als ob's

---

[300] Belege in: *Manes*, „Als ob's ein Leben wär", S. 51, 184f. Laut Murmelstein wurden im Ghetto 30.000 Zigaretten am Tag geraucht. Die Zigaretten wurden beispielsweise im Sitz des Pferdekutschers, im Kummet des Pferdes, im Inneren eines Badeofens oder in Mehlsäcken ins Ghetto geschmuggelt. Quelle: *Murmelstein*, „Theresienstadt – Eichmanns Vorzeige-Ghetto", S. 66, 107. Auch Erna Goldschmidt berichtete nach dem Krieg, dass diejenigen, die beim Rauchen erwischt wurden, auf die „Kleine Festung" verbracht wurden, was einem Todesurteil gleichkam. Dennoch gab es einen lebhaften Handel mit Zigaretten im Lager. Dieser wurde zu bestimmten Zeiten an bestimmten Stellen im Lager „geduldet", auf dass dann plötzlich durch eine Razzia zugeschlagen wurde. Goldschmidt bezieht sich bei diesem Schreiben auch auf den aufgeschriebenen Bericht bzgl. des Besuches der ausländischen Kommission im Lager, nach dem auf Fragen bzgl. des Rauchverbotes darauf hingewiesen werden sollte, dass Tabakwaren zwar nicht frei erhältlich wären, jedoch Sonderzuteilungen erfolgen würden. Das war eine eindeutige Lüge. Quelle: YV, O.64, Item ID: 3688388. Zur Bekanntmachung des Rauchverbotes: „Tagesbefehl Nr. 6 vom 21.12.1941" in: YV, O.64, Item ID: 3685530.
[301] *Murmelstein*, „Theresienstadt – Eichmanns Vorzeige-Ghetto", S. 66.
[302] Alle Belege in: *Adler*, „Theresienstadt 1941–1945", S. 487f. *Hájková*, „Prisoner Society in the Terezín Ghetto 1941–1945", S. 110, die auf Arnošt Klein, entry for January 11, 1943 und Loewenstein, ch. VI. verweist.

ein Leben wär", Murmelsteins „Theresienstadt – Eichmanns Vorzeige-Ghetto", der Theresienstadt Collection des Yad Vashem Archivs oder sind Geschehnisse, von denen Grabower berichtete, diese jedoch nicht selbst abgeurteilt hat.

1. In der Nacht vom 24. auf den 25.03.1944 wurde in das Amtszimmer des Gerichts eingebrochen und die dort aufbewahrten Uhren und goldenen Trauringe gestohlen. Als Anreiz, um die Täter zu fassen, wurde der Bevölkerung eine Belohnung in Lebensmitteln versprochen. Dies war – laut Manes – das erste Mal, dass sich die Leitung an die Öffentlichkeit mit einem derartigen Fall wandte. Bei Lebensmitteldiebstahl aus der Proviantur wurden die Täter immer intern verfolgt.[303]
2. In der Nacht vom 28. auf den 29.06.1944 wurde Kohlrabi aus dem Garten gestohlen, wie der Hausälteste Katz Grabower mitteilte, der auf die zuständige Detektivabteilung verwies.[304]
3. Ein Ghettobewohner wurde mit Arrest von vier Wochen bestraft, weil er als landwirtschaftlicher Arbeiter Äpfel entwendete.
4. Zwei Männer und eine Frau wurden mit Arrest von 14 Tagen bestraft, weil sie Kraut stahlen.[305]
5. Nachdem ein Mann bei anderen Ghettobewohnern Lebensmittel „herauslockte", indem er ihnen vorspielte, dafür andere Lebensmittel zu beschaffen, was nicht der Wahrheit entsprach, wurde er mit drei Wochen Arrest bestraft.
6. Weil eine Bewohnerin in der Kanzlei der Freizeitgestaltung aus einem abgeschlossenen Kasten einen Teil der für die Mitglieder der Freizeitgestaltung aufbewahrten Zubußen an Margarine, Zucker und Wurst an sich nahm, wurde sie mit dreimonatigem Arrest bestraft. Zudem wurde ihr als Straffolge das Recht verlustig, einen verantwortlichen Posten in der Ghettoselbstverwaltung zu bekleiden.[306]
7. Eine Frau hatte ihren Mitbewohnerinnen verschiedene Gegenstände entwendet und erhielt dafür eine Haftstrafe von drei Tagen in Kombination mit dem Verlust, eine Dienststelle im Ghetto anzunehmen.[307]

---

[303] *Manes*, „Als ob's ein Leben wär", S. 174. Auch Grabower berichtete von diesem Vorfall. Neben den ca. 130 silbernen und zwei goldenen Uhren sowie 100 Ringen wurden auch Aufzeichnungen entwendet. Quelle: Aktenvermerk 73.) und 79.) vom 07.04. und 08.04.1944, in: BArch, N 1856/57. Allerdings wurde im Tagesbefehl Nr. 2 vom 16.12.1941 ebenfalls von Diebstählen berichtet. Beim Eintreffen oder Abfahren von Transporten wurden oft Gegenstände entwendet und auch hier wurden die Ghettobewohner aufgefordert, Hinweise zu den Dieben an die zuständigen Stellen zu melden. Quelle: „Tagesbefehl Nr. 2 vom 16.12.1941", in: YV, O.64, Item ID: 3685533.
[304] Aktenvermerk 315.) vom 29.06.1944, in: BArch, N 1856/57. Möglicherweise handelte es sich hierbei um Carl Katz.
[305] Beide Fälle in: „Tagesbefehl Nr. 350 vom 11.08.1943", in: YV, O.64, Item ID: 3685533.
[306] Beide Fälle in: *Manes*, „Als ob's ein Leben wär", S. 220.
[307] *Adler*, „Theresienstadt 1941–1945", S. 488. Laut Adler abgedruckt im Tagesbericht vom 24.03.1942.

8. Ein Mann wurde mit Arrest für 18 Tage, eine Frau und ein weiterer Mann mit 17 Tagen, eine zweite Frau mit 15 Tagen bestraft, weil sie in der Schleuse aus dem Gepäck von Transportteilnehmern verschiedene Gebrauchsgegenstände entwendetet hatten.[308]
9. Zwei Ghettobewohnerinnen wurden vor dem Ghettogericht wegen Diebstahls verurteilt. Die erste der beiden musste für acht Tage in Haft, wobei ihr Aufenthalt durch den Entzug der warmen Tageskost am vierten Tag und dem Verlust des Rechtes, eine Dienststelle im Ghetto zu bekleiden, verschärft wurde. Die zweite Frau wurde mit Freiheitsentziehung von drei Wochen, verschärft durch den Entzug der warmen Tageskost am letzten Tag und dem Verlust des Rechtes, eine Dienststelle zu bekleiden, bestraft.[309]
10. Ein Ghettobewohner wurde am 06.09.1942 mit einer Freiheitsentziehung von sieben Tagen, verschärft durch den Entzug der warmen Tageskost am vierten Tag sowie dem Verlust des Rechtes, eine Dienststelle im Ghetto zu bekleiden, bestraft. Er hatte verschiedene Lebensmittel entwendet.[310]
11. Am 13.12.1942 wurde ein Mann zu zehn Tagen Freiheitsentziehung verurteilt, da er am Bahnhof Bauschowitz einen Diebstahl begangen hatte.[311]
12. Am 21.12.1942 wurde ein Mann mit Freiheitsentzug für die Dauer von drei Monaten bestraft, verschärft mit Entzug der warmen Tageskost einmal wöchentlich und Einzelhaft in den letzten drei Tagen des Strafvollzuges sowie den Verlust des Rechtes, eine Dienststelle im Ghetto zu bekleiden. Er hatte ein paar Ohrringe aus einer Verlassenschaft entwendet.[312]
13. Eine Bewohnerin entwendete als Krankenbetreuerin im Siechenheim verschiedene Wertgegenstände, Kleidung und Wäschestücke und wurde mit Freiheitsentzug von drei Monaten, verschärft durch den Entzug der warmen Tageskost einmal in 14 Tagen, bestraft. Zudem durfte sie keine Dienststelle im Ghetto bekleiden.[313]
14. Ein Ghettobewohner wurde mit Freiheitsentziehung für 14 Tage, verschärft durch Entzug der warmen Tageskost am fünften und zwölften Tag, bestraft, zudem durfte er keine Dienststelle im Ghetto bekleiden. Sein Vergehen war es, in der Proviantur des Säuglingsheimes einen Würfel Margarine entwendet zu haben.[314]
15. Ein Diebstahl in der Kleiderkammer, bei dem mehrere Gegenstände entwendet wurden, wurde mit zwei Monaten Freiheitsentzug, verschärft durch den Entzug der warmen Tageskost einmal die Woche und Einzelhaft in den

---

[308] „Tagesbefehl Nr. 350 vom 11.08.1943", in: YV, O.64, Item ID: 3685533.
[309] „Tagesbefehl Nr. 208 vom 06.09.1942", in: YV, O.64, Item ID: 3685531.
[310] „Tagesbefehl Nr. 217 vom 22.09.1942", in: YV, O.64, Item ID: 3685531.
[311] „Tagesbefehl Nr. 266 vom 19.12.1942", in: YV, O.64, Item ID: 3685532.
[312] „Tagesbefehl Nr. 267 vom 28.12.1942", in: YV, O.64, Item ID: 3685532.
[313] „Tagesbefehl Nr. 271 vom 09.01.1943", in: YV, O.64, Item ID: 3685532.
[314] „Tagesbefehl Nr. 277 vom 18.01.1943", in: YV, O.64, Item ID: 3685532.

letzten drei Tagen des Strafvollzuges, bestraft. Zudem durfte auch dieser Verurteilte keine Dienststelle im Ghetto mehr bekleiden. Diese verhältnismäßig hohe Strafe lässt sich vermutlich damit erklären, dass ein Diebstahl in der Kleiderkammer als schädigend für die SS angesehen wurde und daher stärker als ein vergleichbarer Fall bestraft wurde, in dem „lediglich" die Bewohner des Ghettos geschädigt worden wären.

16. Ein Mann wurde für vier Tage inhaftiert, nachdem er eine gefundene, ihm nicht gehörende Essenkarte benutzt hatte.
17. Wegen des Besitzes von verbotenen Gegenständen, namentlich eines Päckchens Rauchwaren, und dem Verstoß gegen die Anordnungen betreffend der Ablieferung von Gegenständen bei der Einschleusung ins Ghetto, erhielt ein Mann sechs Monate Arrest. Straferschwerend kam hinzu, dass er Mitglied der Detektivabteilung war.[315]
18. Zudem wurden elf Ghettobewohner am 29. und 30.08.1944 wegen wiederholten Geld- und Briefschmuggels und unerlaubten Umgangs mit der Regierungsgendarmerie mit ihren Familienangehörigen in ein Konzentrationslager überstellt.[316] In der Allgemeinen Ordnung der Jüdischen Selbstverwaltung hieß es: „Briefschmuggel wird mit dem Tode bestraft. Jeder Versuch gilt als vollendete Tat."[317]
19. Für die Beleidigung eines diensthabenden Ghettowachmanns erhielt ein Mann zwei Tage Freiheitsentzug.
20. Eine Frau beleidigte den Hausältesten während seines Dienstes und erhielt hierfür eine Strafe von 48 Stunden Arrest, die in eine Geldstrafe von 100 Kr. umgewandelt wurde.[318]
21. Ein Ghettobewohner wurde mit einem strengen Verweis bestraft, weil er sich bei der Essensausgabe ungebührlich gegenüber den ausgebenden Personen verhalten hatte.[319]
22. Laut Murmelstein wurden 19 Bewohner Theresienstadts, als sie sich trotz Deportationsbefehls nicht mit ihrem Gepäck zu einem angeordneten Abtransport einfanden, vor dem Ghettogericht angeklagt und, als Anton Burger von diesem Vorfall erfuhr, in die „Kleine Festung" gebracht.[320]
23. Bezüglich Karl Löwenstein soll es Ende August 1943 zu einem von Rechtsbeugung geprägten Prozess gekommen sein. Dieser fand vor dem Ghetto-

---

[315] Diese drei Beispiele in: *Adler*, „Theresienstadt 1941–1945", S. 488. Laut Adler wurden diese in den Tagesberichten vom 09.11.1942 und 10.01.1944 abgedruckt.
[316] „Mitteilung der Selbstverwaltung vom 31.08.1944", abgedruckt in: *Murmelstein*, „Theresienstadt – Eichmanns Vorzeige-Ghetto", S. 152.
[317] §8 der Allgemeinen Ordnung der Jüdischen Selbstverwaltung, zitiert nach: *Klein*, „Junge Menschen in Theresienstadt", in: „Theresienstadt" vom Rat der jüdischen Gemeinden in Böhmen und Mähren, S. 83 f.
[318] Beide Beispiele in: *Adler*, „Theresienstadt 1941–1945", S. 488.
[319] „Rundschreiben N. 208 vom 13.08.1943", in: YV, O.64, Item ID: 3687739.
[320] *Murmelstein*, „Theresienstadt – Eichmanns Vorzeige-Ghetto", S. 109.

gericht statt. Die Leitung hatte Heinrich Klang, der laut Utitz als Jurist hoch angesehen war, sich als unnachgiebig einen Namen gemacht hatte, sich nicht bestechen ließ und rechtschaffen war. Löwenstein war der Korruption angeklagt und wurde zu vier Monaten Haft verurteilt. Viel erfuhr Utitz (wie anscheinend auch die meisten anderen Ghettobewohner) nicht über dieses Verfahren. Merkwürdig sei – laut Utitz – zudem gewesen, dass nahezu jeder, der sich in Theresienstadt etwas zu Schulden kommen ließ, ohne Reue in den nächsten Transport eingereiht wurde. Was er als grotesk empfand, weil damit jeglicher Justizvollzug verhindert wurde. Überraschenderweise wurde Löwenstein nicht von der SS in einen Transport eingeteilt und überlebte das Kriegsende in Theresienstadt. Bezüglich dieses Prozesses sind viele Fragen offengeblieben.[321] Aus juristischer Sicht sind diese Dokumente durchaus interessant. Es wurde ein Antrag auf Wiederaufnahme des Verfahrens und Haftunterbrechung gestellt und der Richter wurde wegen fehlender Unbefangenheit abgelehnt. Auch viele angebliche Verfahrensfehler und Rechtsverstöße werden in den Dokumenten aufgezählt.[322]

e) Grabowers Arbeitsmoral

„Wie in diesen 3 Epochen so bemühe ich mich auch jetzt so zu handeln, dass objektive Richtigkeit und menschliche Rücksicht, strengste Unterstützung des Gemeinschaftsinteresses und Vermeidung jeder kleinlichen Härte im Einzelfall in Uebereinstimmung gebracht werden, damit meine Tätigkeit nicht nur vor meinem Gewissen sondern auch später vor geschichtlicher Rückschau, die nie wohlwollend zu sein pflegt, bestehen kann."

Diese Worte wurden von Grabower als Leitbild seines Handelns beim Ghettogericht genutzt.[323]

aa) Ordnung, Pflichtbewusstsein und Unbestechlichkeit als oberste Priorität

Pünktlichkeit, Fleiß und Ordnung hatten bei Grabower, wie schon in Lohhof, auch in Theresienstadt oberste Priorität. Er saß oft noch nach der regulären Arbeitszeit an seinem Schreibtisch, bis er mit seiner Arbeit des Tages zufrieden war.[324] Zudem kontrollierte er regelmäßig den Inhalt seiner Schubladen. So fiel Grabower am 11.05.1944 auf, dass jemand, der anscheinend diese Angewohn-

---

[321] Utitz, „Ethik nach Theresienstadt", S. 123.
[322] Im Yad Vashem Archiv befinden sich Originaldokumente zu diesem Verfahren. YV, O.64, Item ID: 3688369. Vgl. auch *Murmelstein*, „Theresienstadt – Eichmanns Vorzeige-Ghetto", S. 108.
[323] „20. und 21. Wochenbericht vom 29.04.1945", in: BArch, N 1856/56.
[324] Vgl. z. B. „Zeugnis von Murmelstein an Grabower vom 21.04.1945", Blatt 00020, in: BArch, N 1856/55. Auch abgedruckt in: „Wenn im Amte", S. 135. In BArch, N 1856/55, Blatt 00013 befindet sich auch ein Zettel mit der Auflistung von Nachtstunden, die Grabower und seine Hilfe Käthe Levin im April 1945 geleistet hatten. Eine ähnliche Auflistung befindet sich auch in BArch, N 1856/7.

heit von ihm nicht kannte, drei verlorene Aktenstücke in eines der Schubfächer in der Hoffnung ablegte, dass Grabower dies nicht bemerken würde.[325] In Grabowers Aufzeichnungen ist mehrfach davon die Rede, dass im Ghetto des Öfteren Gerichtsakten und andere Dokumente verloren gingen und teilweise erst viel später, wenn überhaupt, wieder auftauchten.[326]

Dass sich Grabower stets ans Protokoll hielt, belegt unter anderem die Tatsache, dass er auch auf wiederholte Nachfragen keine internen Informationen über laufende Verfahren oder Beteiligte herausgab, Unbeteiligte trotz Bitten keine Akteneinsicht nehmen ließ und auch sonst keinerlei Auskunft zur Sache gab.[327] Trotz der widrigen Umstände im Ghetto ließ er sich nicht bestechen und drückte auch bei Bekannten und Freunden kein Auge zu, sondern behandelte jeden gleich und verwies bei Nachfragen außerhalb seiner Arbeit auf das Dienstgeheimnis.[328] Er verweigerte auch die Bitte, bei einem Fall Milde walten zu lassen mit dem Hinweis, dass er dann auch in allen anderen Fällen so verfahren müsse.[329]

Immer wieder versuchten Bewohner, Grabower mit Geschenken zu bestechen oder in sonstiger Weise in laufende Fälle zu intervenieren. Geschenke, wie eine Karte für ein Beethovenkonzert, lehnte Grabower rigoros ab, auch wenn nicht immer Hintergedanken beim Schenkenden deutlich erkennbar waren.[330] Die meisten Geschenke wurden Grabower jedoch im Zusammenhang mit seiner Arbeit angeboten. So lehnte er am 20.11.1944 ein Geschenk von einem Mann, der ihn wegen Angelegenheiten bezüglich Essenkarten aufsuchte und ihm einen kartonierten Notizblock schenken wollte, mit dem Hinweis ab, dass er im Dienst sei und sich dies nicht schicke. Auch ein anderer Ghettobewohner versuchte Grabower während der Vernehmung bzgl. einer Wohnungsangelegenheit einen Kalender zu schenken. Grabower überlegte lange, ob er ein Strafverfahren gegen diesen einleiten oder diesen disziplinarisch strafen sollte. Er betonte:

„Einer der Krebsschäden der internationalen Wirtschaft waren die sogenannten ‚Schmiergelder' und die ihnen entsprechenden Präsente. Sie haben den Versuch gemacht, derartige Machenschaften auf den Verkehr unter Beamten und noch dazu auf den Verkehr zwischen dem Beschuldigten und dem untersuchenden Beamten zu übertragen. Dieser Versuch ist schmutzig und eines Beamten unwürdig."

---

[325] Aktenvermerk 190.) vom 12.05.1944, in: BArch, N 1856/57.
[326] Beispiel in Aktenvermerk 220.) vom 28.05. und Aktenvermerk 288.) vom 20.06.1944, in: BArch, N 1856/57.
[327] Beispiel in Aktenvermerk 27.) vom 24.03.1944, in: BArch, N 1856/57.
[328] Beispiel zur Wahrung des Dienstgeheimnisses in Aktenvermerk 3.), 266.), 460.) und 562.) vom 08.03., 15.06., 04.08. sowie 22.08.1944, in: BArch, N 1856/57.
[329] Aktenvermerk 804.) vom 10.12.1944, in: BArch, N 1856/57.
[330] Aktenvermerk 127.) vom 27.04.1944, in: BArch, N 1856/57.

Allerdings ließ sich für Grabower nicht eindeutig feststellen, ob der Mann wirklich aus schlechter Gesinnung gehandelt hatte und er betonte, dass das Eindringen in die Grundsätze der Beamtenethik nicht leicht sei.[331] Auch als eine Ghettobewohnerin wegen einer Essenkartenangelegenheit zu Grabower kam und ihm anbot, ihm etwas aus den Paketen, die sie zugesandt bekam, abzugeben, reagierte Grabower bestimmt. Er teilte ihr mit, dass sie, wenn er dies melden würde, mehrere Monate Kerker als Strafe bekommen würde.[332]

Wenn es der Dienstvorschrift entsprach, meldete Grabower auch Angelegenheiten, die ihm in Gesprächen außerhalb seines Dienstes zugetragen wurden. Daraufhin wurde angemerkt, dass Grabower nichts mehr erzählt werden könne, worauf er zustimmend reagierte.[333]

Er versuchte sich nicht beeinflussen zu lassen und teilte dies auch den Bewohnern mit, die ihn wegen verschiedener Angelegenheiten aufsuchten und teilweise versuchten, ihn auf ihre Seite zu ziehen oder in bestimmten Hinsichten zu beeinflussen.[334] Für Grabower war klar, dass zu einer erfolgreichen Intervention immer zwei gehören würden, nämlich derjenige, der interveniert und derjenige, der bei sich intervenieren lässt.[335] Auch als eine Ghettobewohnerin Grabower zu sich einlud, um ihn dann bzgl. eines Falles auszufragen, tat Grabower, als verstehe er sie akustisch aufgrund seiner Schwerhörigkeit nicht. Er folgte ihren Einladungen anschließend nicht mehr.[336]

Selbst die „Prominenten" und Personen mit besonderen Stellungen im Ghetto erfuhren von Grabower keine Sonderbehandlung. Während seiner Dienstjahre wurde über Grabower gesagt, es sei ihm egal, ob er mit einem Putzer oder einem Prinzen rede. Nachdem Grabower dies hörte, versuchte er, diese Aussage in seinem weiteren Leben durch Taten zu unterstützen.[337] Er hatte bei seiner Beurteilung lediglich die rechtlichen Aspekte im Blick und betonte immer wie-

---

[331] Aktenvermerk 65.), 732.) und 782.) vom 05.04., 30.10. (die Aktenvermerke sind teilweise durcheinander, 30.10. kann hier nicht stimmten) und vom 20.11.1944, in: BArch, N 1856/57. Vorfall hinsichtlich eines Kalenders von einem Herrn P. am 05.04.1944, in: BArch, N 1856/7. Näheres hierzu unter Verfahren gegen Fritz. P. vom 26.05.1944, Blatt 00035, in: BArch, N 1856/55.
[332] Aktenvermerk 783.) vom 27.11.1944, in: BArch, N 1856/57.
[333] Aktenvermerk 530.) vom 18.08.1944, in: BArch, N 1856/57.
[334] Beispiel in Aktenvermerk 141.), 152.) oder 161.) vom 29.04., 03.05. sowie 07.05.1944, in: BArch, N 1856/57.
[335] Aktenvermerk 161.) vom 07.05.1944 in: BArch, N 1856/57.
[336] Aktenvermerk 1126.) vom 07.03. und Aktenvermerk 1392.) vom 04.06.1945, in: BArch, N 1856/57.
[337] „Brief von Grabower an Lippold vom 20.08.1956", in: BArch, N 1856/3. Aktenvermerk 1013.) vom 09.02.1945, in: BArch, N 1856/57. „Schreiben von Grabower an Müller vom 22.07.1947", S. 18, in: BArch, N 1856/88. Im Urteil gegen Margarete R. vom 27.04.1945, Blatt 00006, in: BArch, N 1856/55 betonte Grabower ebenfalls auf den Kommentar hin, dass die Frau ehemalige Großgrundbesitzerin war, dass er sich nie davon habe leiten lassen, ob er mit einer Kuhmagd oder einem Prinzen spreche. Er meinte sogar, dass ihre vormalige Lebensstellung sogar zu einer schärferen Beurteilung seinerseits führen müsse.

der, dass er bei seiner Arbeit absolute Objektivität walten lasse und ihm die Herkunft oder berufliche oder soziale Stellung der Parteien hierbei egal seien:[338] „Weder nach oben noch nach unten, weder čechisch noch deutsch usw."[339]
Auf einen Versuch des stellvertretenden Leiters des Referats für Gewerbebetriebe Grabower privat auszufragen, wies dieser ihn darauf hin, dass er als Beamter vollkommen unpersönlich zu sein habe und dass er sich während seines ganzen Beamtenlebens als Transportnummer gefühlt habe.[340] Als am 26.02. 1945 die Haushälterin von Baeck bei Grabower in einem Fall intervenierte, um deutlich zu machen, dass die betroffenen Personen Wohlwollen von Baeck genießen würden, machte Grabower deutlich, dass er sie trotzdem verurteilen werde und sprach Baeck daraufhin sofort an.[341] Auch als ihm der aus der Zeit in München bekannte Karl Stahl bezüglich eines Falles parteiergreifend ansprach und zugleich mitteilte, dass er Grabower nicht beeinflussen wollte, erwiderte dieser, dass dies nicht zu befürchten sei. Auch Merzbach wollte bei Grabower in demselben Fall intervenieren.[342] Zu den Interventionsversuchen betonte Grabower, dass er sich auch durch Interventionen weder in Theresienstadt noch vorher in Berlin habe beeinflussen lassen. Er erwiderte in solchen Fällen Folgendes: „wenn ich Ihnen Ihren Wunsch nicht erfülle, so können Sie Ihren Einfluss gern dazu gebrauchen, mich versetzen zu lassen." Eine solche Versetzung fand jedoch nie statt.[343]
Die Ghettobewohner kamen jedoch nicht nur zum Intervenieren zu Grabower, sondern viele wollten ihn lediglich um Rat oder seine Meinung fragen und ihm ihre Sorgen und Ängste mitteilen, da er vor Gericht Glaubwürdigkeit ausstrahlte und als gewissenhafter Mann im Ghetto bekannt war, der sich strikt an die Regeln hielt.[344] Viele Lagerbewohner vertrauten Grabower aufgrund seiner Objektivität. Eine Frau kam genau aus diesem Grund ratsuchend zu ihm, anstatt zum Ältestenrat zu gehen.[345] Allerdings erteilte Grabower den erwünschten Rat selten, sondern erklärte meist, dass er zu diesem nicht in der Lage sei und keine Erklärung zu der Angelegenheit abgeben würde.[346] Eines Tages besuchte ihn eine Ghettobewohnerin, die ihn um Hilfe bzgl. eines Be-

---

[338] Beispiel zur Objektivität in Aktenvermerk 57.) vom 04.04.1944 und Aktenvermerk 62.) vom 04.04.1944, in: BArch, N 1856/57.
[339] Aktenvermerk 62.) vom 04.04.1944, in: BArch, N 1856/57.
[340] Aktenvermerk 645.) vom 06.09.1945, in: BArch, N 1856/57.
[341] Aktenvermerk 1069.) vom 26.02.1945, in: BArch, N 1856/57.
[342] Belege in: Aktenvermerk 36.) vom 27.03.1944, in: BArch, N 1856/57.
[343] Beispiel in Aktenvermerk 161.) vom 07.05.1944, in: BArch, N 1856/57.
[344] Beispiel im Aktenvermerk 7.) vom 09.03.1944 oder Aktenvermerk 236.) vom 02.06.1944, in: BArch, N 1856/57.
[345] Aktenvermerk 482.) vom 07.08.1944, in: BArch, N 1856/57. Auch Murmelstein kam aufgrund seiner Objektivität zu Grabower, um mit ihm über eine Angelegenheit zu sprechen. Quelle: Aktenvermerk 473.) vom 07.08.1944, in: BArch, N 1856/57.
[346] Beispiel im Aktenvermerk 7.), 150.), 247.), 434.) vom 09.03., 02.05., 06.06., 28.07. sowie 20.12.1944, in: BArch, N 1856/57.

trugsverfahrens gegen sie bat. Grabower verweigerte ein Erscheinen beim Verfahren, bot ihr jedoch an, ihn als Leumund für frühere Zeiten zu nennen. Über die Betrugsangelegenheit wollte er sich jedoch nicht äußern und verweigerte ihr den Rat, ob sie zu der Verhandlung erscheinen oder sich besser ein ärztliches Attest besorgen und der Verhandlung fernbleiben sollte.[347] Er verweigerte auch den Rat gegenüber einem Bewohner, der im Auftrag einer Frau eine Uhr für 300,- RM verkauft, vom Käufer jedoch nur 250,- RM erhalten hatte. Der Käufer war nach Birkenau deportiert worden und die Frau drohte dem Mann nunmehr mit der Detektivabteilung. Von Grabower wollte er wissen, wie er sich am besten verhalten solle. Trotz mehrmaligen Drängens wies ihn Grabower jedoch mit der Aussage ab, dass er ihm keine Auskunft geben könne und das eine Sache sei, die jeder mit sich selbst ausmachen müsse.[348] Am 23.01.1945 wurde Grabower von dem Leiter des Referats der Straßenreinigung Froszt in privater Sache angesprochen und um Rat gebeten. Froszt hatte es aufgrund von einer starken dienstlichen Beanspruchung nicht geschafft, am Abend Kohle zu besorgen. Die Stelle war schon geschlossen, und so entlieh er sich Kohle aus dem Gerätelager. Gleich am frühen Morgen des nächsten Tages gab Froszt die Kohle zurück. Grabower hielt dies für tätige Reue und machte ihm energische Vorhaltungen. Er hielt sich jedoch nicht zur Eröffnung eines Disziplinarverfahrens befugt, da er dies nicht für fair halten würde, da Froszt in privater Frage zu ihm gekommen und sich der Unrechtmäßigkeit seiner Handlung nicht bewusst gewesen sei.[349]

Grabower schrieb in seinen Tagesberichten, dass er „nie so oft einem unverfälschten Hass und Bestreben, dass der andere bestraft wird, begegnet" ist, wie in Theresienstadt, er aber auf der anderen Seite auch nie so oft Interventionen pro amico ausgesetzt gewesen sei.[350]

In allen Berichten Grabowers ist lediglich ein einziger Fall vermerkt, der zeigt, dass er sich doch nicht immer so streng an die Regeln hielt und durchaus selbst zum eigenen Vorteil gegen Gesetze verstieß: Grabower hatte einem Handwerker im Jahr 1942 einen Teil eines Ledergürtels und Zucker zugesteckt, damit dieser in Schwarzarbeit seine (einzigen) Arbeitsstiefel schneller reparierte.[351] Es muss zudem bedacht werden, dass die Aufzeichnungen von Grabower selbst erstellt wurden, er sich somit in dem Licht präsentieren konnte, indem er sich selbst gerne sehen wollte. Ob er wirklich so regelkonform war und sich keine weiteren Vergehen hat zu Schulden kommen lassen, kann zum heutigen Zeitpunkt nicht mehr festgestellt werden. Die aus dem Nachlass gezogenen Erkenntnisse sprechen jedoch dafür, dass er tatsächlich so war.

---

[347] Aktenvermerk 22.) vom 19.03.1944, in: BArch, N 1856/57.
[348] Aktenvermerk 160.) vom 06.05.1944, in: BArch, N 1856/57.
[349] Aktenvermerk 979 s.) vom 23.01.1945, in: BArch, N 1856/57.
[350] Aktenvermerk 1010.) vom 03.02.1945, in: BArch, N 1856/57. Beispielsweise auch Aktenvermerk 280.) vom 18.06.1944, in: BArch, N 1856/57.
[351] Aktenvermerk 365.) vom 10.07.1944, in: BArch, N 1856/57.

bb) Grabowers Ansprüche an sich selbst als Richter – Fairness und Rechtssicherheit als oberste Priorität

Grabower erinnerte sich in der Zeit in Theresienstadt an drei Punkte, auf die Johannes Popitz während eines Dienstfrühstücks im Jahre 1933 hingewiesen hatte:

> „Auf die Torheit politische Fragen grösster Bedeutung durch den Amtsrichter entscheiden zu lassen, auf den Umstand, dass sich die Menschen nur in seltenen Fällen darüber klar werden, was eine mehrjährige Zuchthausstrafe bedeutet und auf die Unmenschlichkeit jemanden zu Tode zu verurteilen und die Entscheidung über die Durchführung des Urteils immer wieder hinauszuschieben".[352]

Grabower stand allen kriminalistischen Methoden ablehnend gegenüber, da er die Ansicht vertrat, dass derartige Vorgehensweisen dem Referat mehr Schaden als Nutzen brächten, selbst wenn dadurch im Einzelfall Ergebnisse erzielt werden würden. Er erachtete es als falsch, einen Einzelfall auf Kosten der planmäßigen Gesamthaltung eines Referates zu forcieren.[353] In einer Unterredung mit einem Herrn von der Gebäudeleitung[354] betonte Grabower, dass ihm seine „Straftätigkeiten" als Arbeits- und als Polizeirichter unsympathisch seien und er sich in seinem ganzen Leben überall vor jeder kriminalistischen Betätigung gehütet und auch seine Disziplinarbeschäftigung lediglich als Hilfe angesehen habe, nie als „Straftätigkeit". Er betonte, dass er von den 500 Disziplinarsachen etwa 200 gütlich beigelegt habe.[355] Daher erfreute es ihn, als ihm von einem Arbeitskollegen gesagt wurde, dass er gewissermaßen als Richter ausgleichend und weniger als Strafbeamter tätig sei. Dies bestätigte Grabower in seinen Bemühungen. Gleiches wurde 40 Jahre zuvor über seinen Vater gesagt. Die Aussage, dass Grabower viel mehr als Berater tätig sei, freute ihn zudem, da er das Gleiche von den Prüfern im Jahr 1926 verlangt hatte. Für ihn war diese Arbeitsweise zielführender, da dadurch das Vertrauen gewonnen werde und dies der Sache insgesamt mehr nütze als ein Einzelerfolg. Er meinte auch, dass Vergleiche immer undankbar seien und viel Arbeit bedeuten würden, da das notwendige gegenseitige Nachgeben jede Partei mit dem Verhandlungsführer unzufrieden stellen würde. Als Beispiel, dass Ausgleichsverhandlungen jedoch durchaus zielführend waren, bekam Grabower von einer Bewohnerin gesagt, dass sie durch die Ausgleichsverhandlung nun in einem guten Verhältnis zu Herrn Katz stehe.[356]

---

[352] „Material für ein Judenbuch", (keine Seitenangabe), in: BArch, N 1856/63.
[353] Aktenvermerk 62.) vom 04.04.1944, in: BArch, N 1856/57.
[354] Laut Adler war die Gebäudeleitung ein zentrales Verwaltungsamt, dem alle Bezirks-, Gebäude-, und Hausältesten unterstanden. Quelle: *Adler*, „Theresienstadt 1941–1945", S. XXXIX.
[355] Belege: Aktenvermerk 732.) vom 30.10. und Aktenvermerk 782.) vom 24.11.1944, in: BArch, N 1856/57.
[356] Alle Belege in: 206.), 219.) und 592.) vom 25.05., 31.05. und 29.08.1944, in: BArch, N 1856/57.

Daher verwundert es nicht, dass Grabower das Schild über der Eingangstür mit der Aufschrift „Rechtswesen, Strafgericht" abriss, da er es ablehnte, Strafrichter zu sein. Das neue Schild wurde mit „Strafgericht, Arbeitsrichter, Verwaltungsrichter" beschriftet.[357]

Grabower betonte zudem, dass das Wort „Verhör" in seinem Wortschatz nicht vorkomme, sondern er lediglich Fragen erörtere. Auch hielt Grabower Suggestivfragen jeder Art für unzulässig.[358]

Er erinnerte sich zu dieser Zeit auch an die Aussage seines Vaters, dass jede Verhandlung ein Kunstwerk sein müsse und dass sie es umso mehr sei, je weniger man die Absichten des Verhandlungsleiters merke und je diskreter seine Führung sei. Die Vernommenen und die Zuhörer müssten den Eindruck haben, als wickle sich alles ganz von selbst ab.[359]

Des Weiteren betonte Grabower, dass es die Pflicht des Richters und des Beamten sei, den Zeugen darauf hinzuweisen, dass er es nicht nötig hätte, sich selbst zu belasten. Je fairer der Dienst von den Beamten ausgeübt werde, desto leichter würden es die Beamten haben und desto mehr der Gesamtheit nutzen.[360]

Besonderen Wert legte Grabower bei seiner Arbeit darauf, dass bei den Verhandlungen das Gefühl obersten Rechtsschutzes bestehe.[361] Er versuchte effizient zu arbeiten und es den Vorgeladenen so einfach wie möglich zu machen, ihnen lange, in dieser Lebensweise auch zehrende, Wartezeiten zu ersparen, indem er die Vorladungen so zu takten versuchte, dass ihr Termin pünktlich beginnen konnte.[362]

Als sehr problematisch sah Grabower Protokolle an, die nicht laut diktiert oder vorgelesen wurden, da diese leicht verfälscht werden konnten und an sich somit wertlos seien.[363] Daher sind bei seinen Aufzeichnungen oft Blätter mit dem Zusatz „laut diktiert" oder Unterschriften der Beteiligten zu finden, um somit deren Echtheit zu kennzeichnen. Teilweise unterschrieb der Verurteilte auch, dass er einen Durchschlag des Urteils erhalten habe. Somit versuchte Grabower zur Rechtssicherheit beizutragen. Vorprotokolle durch eine andere Behörde hielt Grabower ebenfalls für schädlich, weil sich Zeugen und Beschuldigte vorbereiten würden: „deren Vernehmungen sind dann nicht mehr naiv und pri-

---

[357] Aktenvermerk 1015.) vom 09.02.1945, in: BArch, N 1856/57. Allerdings verwundert das Abreißen des Schildes in der Hinsicht, dass Grabower sonst zurückhaltend und nicht impulsiv handelte.
[358] Belege in: Aktenvermerk 62.) vom 04.04. und Aktenvermerk 494.) vom 11.08.1944, in: BArch, N 1856/57.
[359] Aktenvermerk 587.) vom 28./29.08.1944, in: BArch, N 1856/57.
[360] Aktenvermerk 62.) vom 04.04.1944, in: BArch, N 1856/57.
[361] Beispiel in: Aktenvermerk 635.) vom 07.09.1944, in: BArch, N 1856/57.
[362] Aktenvermerk 146.) vom 03.05.1944, in: BArch, N 1856/57.
[363] Aktenvermerk 62.) vom 04.04.1944, in: BArch, N 1856/57. Er sah es zudem als schändlich an, Protokolle zu den Akten zu nehmen, die in Wirklichkeit eher einseitige Aktenvermerke des vernehmenden Beamten darstellten.

mitiv, sondern zweckbedingt".³⁶⁴ Aus seiner bisherigen Berufserfahrung meinte Grabower, dass die Beschuldigten bei der ersten Vernehmung immer die Wahrheit sagen und diese dann bei nachfolgenden Gesprächen zu ihren Gunsten abändern würden.³⁶⁵ Auf die Frage, ob er es noch nie erlebt habe, dass er eine Zeugenaussage glauben musste, obwohl er anderer Auffassung war, verneinte Grabower dies: „Entweder ich glaube einem Zeugen oder ich glaube ihm nicht."³⁶⁶

f) Wochenberichte

Im Folgenden wurden Grabowers Bemerkungen zu den einzelnen Wochenberichten, die sich in dem Ordner BArch, N 1856/56 befinden, ausgewertet.³⁶⁷ Es handelt sich hierbei um Berichte, die er vom 07.12.1944 bis zum 29.04.1945 in seiner Funktion als Arbeits- und Verwaltungsrichter angefertigt hat. Insgesamt befinden sich 21 Wochenberichte im Nachlass, wobei der 20. und 21. zusammengefasst wurden. Dass der erste dieser Berichte erst am 07.12.1944 entstand, obwohl Grabower schon im Oktober zum Richter ernannt wurde, kann durch seine Aussage vom 24.11.1944 erklärt werden, dass er bei den beiden ihm ca. vier Wochen zuvor übertragenen Referaten – nämlich dem Arbeitsgericht und dem Disziplinarreferat – keinen einzigen Fall zu bearbeiten gehabt habe und diesbezüglich auch für die Zukunft keine große Veränderung sehe. Provisorisch hatte er die Bearbeitung von verlorengegangenen Essenkarten und Personalausweisen übertragen bekommen und war Mitglied der Berufungskammer, zu der er einmal wöchentlich hinzugezogen wurde. Jedoch sah er diese Tätigkeit als Verschwendung seiner Fähigkeiten an und bat daher um eine Aufgabe, die seinen früheren und bereits in Theresienstadt erbrachten Leistungen entsprach.³⁶⁸

An den Wochenberichten ist zu erkennen, dass Grabower ab Dezember 1944 ausreichend Fälle als Arbeits- und Verwaltungsrichter zu bearbeiten hatte.

Auffällig oft rechtfertigte Grabower in seinen Bemerkungen die hohe Zahl der Einstellungen in der jeweiligen Woche. Als Grund hierfür nannte er die Möglichkeit, sich somit gegen einen etwaigen Vorwurf allzu großer Milde zur Wehr setzen zu können. Vermutlich wollte er sich so absichern, falls von der nationalsozialistischen Dienststelle Untersuchungen durchgeführt worden wären. Er führte unter anderem an, dass sich in einer Vielzahl von Fällen, in denen die Abwesenheit von Arbeitern angezeigt wurde, im Nachhinein deren Anwesenheit herausgestellt hatte oder die Arbeiter gar nicht zur Zusatzarbeit ver-

---

[364] Aktenvermerk 279.) vom 18.06.1944, in: BArch, N 1856/57.
[365] Aktenvermerk 2.) vom 07.03.1944, in: BArch, N 1856/57.
[366] Aktenvermerk 21.) vom 19.03.1944, in: BArch, N 1856/57.
[367] Eine detaillierte Auswertung der einzelnen Wochenberichte befindet sich im Appendix.
[368] Alle Belege in: Aktenvermerk 732.) vom 30.10. und 782.) vom 24.11.1944, in: BArch, N 1856/57. „Schreiben von Grabower an den Judenältesten über den Leiter der Rechtsabteilung vom 24.11.1944", in: BArch, N 1856/59. Auch abgedruckt in: „Wenn im Amte", S. 117.

pflichtet waren. In einigen Fällen handelte es sich auch um Serienuntersuchungen, welche zum größten Teil zu Gunsten der Beschuldigten ausfielen, oder zurückliegende Sachverhalte, die eine genauere Prüfung erforderlich machten. Grabower zog diesbezüglich die Erkenntnis, dass viel überflüssige Arbeit erspart werden könnte, wenn die Meldungen, insbesondere über die Arbeitsverweigerung, vorsichtiger und gründlicher erfolgen würden. Einzelne Fälle besprach er auch in grundsätzlicher Beziehung mit den betroffenen Personen und Zimmern, damit die Arbeiter merkten, dass sie überprüft werden.

Grabower führte auch Ubikationskontrollen[369] durch oder ließ diese durchführen, wobei er schrieb:

„Die Ubikationsprüfungen am Abend ergaben manche Inkorrektheit, gerade hier zeigte sich die vollkommene Unmöglichkeit der geltenden Strafnorm. Die Mittelstufen sind unbesetzt. [...] Geschieht es nicht, so bedeutet das keine Erleichterung, sondern eine Verböserung, denn wir müssen dann viel mehr zu Haftstrafen greifen, wollen wir uns nicht lächerlich machen."

Die erwähnte Strafnorm bezeichnete er nicht weitergehend. Seine Bemerkung könnte dahingehend interpretiert werden, dass er bemängelte, dass die Spannbreite möglicher Bestrafungen für ihn als Richter zu klein war und Strafen, wie ein Verweis, für einige Taten zu milde, jedoch die Haftstrafe zu streng waren. Mangels mittelschwerer Bestrafungen konnte es dazu kommen, dass bei Überschreitungen der Vorschriften schneller zur Haftstrafe gegriffen werden musste, was eine Verböserung und keine Erleichterung für die Bewohner darstellte.

Der Vorteil dieser Art von Untersuchung war, dass es hierdurch die Möglichkeit der individuellen Belehrung gab. Daher sah Grabower diese Untersuchungen nicht als nutzlos an, auch wenn sie in Einstellungen endeten. Die hohe Anzahl an Einstellungen nahm Grabower mithin nicht als negativ wahr, da er seine Aufgabe nicht dahingehend interpretierte, die Menschen zu bestrafen, sondern, soweit es ihm möglich war, gerecht zu überwachen und in erster Linie durch diese Überwachung prophylaktisch zu wirken.

Ein immer wieder aufgegriffener Kritikpunkt Grabowers war die Unpünktlichkeit der Vorgeladenen, weswegen die Verhandlungen wellenförmig stattfanden. Einige Vorgeladene kamen zu früh oder zu spät oder hielten sich nicht an den festgesetzten Termin, wodurch Leerzeiten und Stauungen entstanden. Die Unpünktlichkeit basierte zumeist auf der schlechten Organisation der betroffenen Personen. Wenn die Vorgeladenen ihre Unpünktlichkeit oder ihr Nichterscheinen mit Zeitmangel begründeten, hielt Grabower ihnen den Spruch des Berliner Bankiers Carl Fürstenberg vor: „Da ich sehr viel zu tun habe, habe ich

---

[369] Ein Bericht von Grabower vom 16.01.1945 zu den Ubikationskontrollen befindet sich in: Židovské muzeum v Praze, „Pracovní soud v Terezíně – varia", aufgerufen unter: https://collections.jewishmuseum.cz/index.php/Detail/Object/Show/object_id/134090 [Stand: 11.03.2021].

immer Zeit."³⁷⁰ Er merkte an: „Wo passive Resistenz vorliegt, schreite ich ein." Des Weiteren bemängelte er, dass die Anzahl der Vorgeladenen, die auf die erste Ladung hin überhaupt nicht erschienen, verhältnismäßig hoch sei. Die Vorgeladenen beteuerten häufig, dass sie die Einladung nicht erhalten hätten, was Grabower zumeist für eine Ausrede hielt. Daher ließ er sich Formulare mit dem Vordruck „im Falle nicht pünktlichen Erscheinens erfolgt Vorführung" drucken und benutzte diese Formulare sowie die Hilfe der Hausverwalter und Gebäudeleiter, um die Säumigen herbeizuholen. Für den Fall, dass diese Vorgehensweise keine Erfolge bringen sollte, wollte er gegen alle derartigen Fälle in Zukunft mit Ordnungsstrafen vorgehen.

Grabower suchte auch immer wieder die zuständigen Stellen (wie die Gebäudeleitung) auf, um Unterstützung zu erlangen. Wiederholt kritisierte er, dass die Leiter der Sachgebiete Verstöße kaum meldeten: „Es fällt schwer, anzunehmen, dass die Beamtenschaft 1945 gegenüber der von 1944 aus lauter Engeln besteht." Auch nach einer Rücksprache mit Robert Prochnik³⁷¹ war Grabower davon überzeugt, dass viele Sachabteilungen die Angelegenheiten unter sich klären und sie somit der Verfolgung durch das Gericht entziehen würden.³⁷² Darüber hinaus würden Meldungen wissentlich falsch abgegeben oder aus Mitleid desavouiert, obwohl sie richtig wären. Daher sah Grabower es als zielführend an, eine systematische Überprüfung dieser Bereiche einzuleiten und darauf zu beharren, dass regelmäßige Meldungen erstattet werden würden. Er empfahl aufs Dringendste erneut ein Rundschreiben herauszugeben, in dem den einzelnen Sachgebieten die selbstständige Erledigung von Arbeits- und Verwaltungsdelikten sowie die Verhängung von Zusatzstrafen energisch verboten werde, da ansonsten die Gefahr von Willkür und Ungerechtigkeit bestehe.³⁷³

Er schrieb hierzu: „Ich darf mit aller Deutlichkeit darauf hinweisen, dass die früher so beliebten Ausgleiche innerhalb des Sachgebietes, früher Abteilung, notwendigerweise zu Ungleichmässigkeiten und daher zu groben Ungerechtigkeiten unter allgemeinen Gesichtspunkten führen müssen, und dass die Gesamtmoral notwendigerweise unter derartigen Verfahren leidet."

---

³⁷⁰ „20. und 21. Wochenbericht vom 29.04.1945", in: BArch, N 1856/56. Dieser Spruch ist mehrfach in den Dokumenten von Grabower zu finden, unter anderem auch bei seinen Ansprachen als Oberfinanzpräsident an seine neuen Mitarbeiter. „Einführung des neuen Herrn Oberfinanzpräsidenten Dr. Grabower am 25.10.1946", in: BArch, N 1856/5. Ähnlich auch: „Begrüßung von Grabower als Oberfinanzpräsident vom 31.10.1945", in: BArch, N 1856/4 und BArch, N 1856/5.
³⁷¹ Prochnik kam am 28.09.1942 nach Theresienstadt. Er hatte zuvor zusammen mit Murmelstein bei der Israelitischen Kultusgemeinde in Wien gearbeitet. Nach dem Krieg wurde er aufgrund seiner dortigen Tätigkeit der Kollaboration bezichtigt, jedoch freigesprochen. Er starb 1977. Quelle: „Robert Prochnick", aufgerufen unter: https://gedenkbuch.univie.ac.at/?id=index.php?id=435&no_cache=1&person_single_id=5428 [Stand: 26.11.2020].
³⁷² Beispiel in Aktenvermerk 376.) vom 11.07.1944, in: BArch, N 1856/57.
³⁷³ Vgl. auch Aktenvermerk 1020.) vom 12.02.1945 und Aktenvermerk 1033.) vom 14.02.1945, in: BArch, N 1856/57.

Auch Emil Utitz sprach das von Grabower immer wieder aufgegriffene Thema an, dass die verschiedenen Arbeitsgebiete die Angelegenheiten lieber unter sich klären würden, als sie an die offiziellen Stellen zu melden. Aufgrund seiner Position als Leiter der Bibliothek und damit als Vorgesetzter von Arbeitern hatte Utitz aber eine andere Sichtweise auf die Notwendigkeit der Meldungen von Überschreitungen durch seine Untergebenen an die offiziellen Stellen als Grabower. Er beschrieb, dass sich ein verantwortungsbewusster Abteilungsleiter nicht einfach dazu durchringen konnte, zu scharfen Maßnahmen zu greifen, da die Gefahr bestand, dass die Konsequenzen zu hart wurden. Für die Transporte in den Osten wurden in erster Linie jene Leute in Betracht gezogen, die sich etwas zuschulden hatten kommen lassen.[374] Dieser Schutz der eigenen Mitarbeiter durch die Vorgesetzten ist nachvollziehbar. Allerdings bestand die Gefahr, dass hierdurch Ungerechtigkeiten und Korruption Vorschub geleistet wurden. Ein weiteres Problem bestand darin, dass die Ghettobewohner sich nicht mit denjenigen schlechtstellen wollten, die in den „nahrhaften" Berufen tätig und vor allem für die Lebensmittelausgabe zuständig waren und es daher auch hier möglicherweise zu einer Hemmung der Anzeigebereitschaft kam.[375]

Grabower verstieß jedoch in bestimmten Situationen selbst gegen seine Grundsätze. In seiner Zeit als Zimmerältester regelte er eine Streitigkeit bzgl. der Essensausgabe unter der Hand.[376] Damit scheint auch er selbst die Anzeigepflicht verletzt zu haben.

Grabower kritisierte generell die Zusammenarbeit zwischen den einzelnen Abteilungen und war der Ansicht, dass manche Arbeit und Schwierigkeiten durch eine bessere Zusammenarbeit vermieden werden könnten. Zudem würden Ärzte den Arbeitern oft unrichtige Erklärungen abgeben, wodurch viel Mehrarbeit entstehen würde. Anscheinend hatten mehrere Ärzte ihren Patienten mitgeteilt, dass sie sich nicht krankzumelden bräuchten, sondern diese Krankmeldungen durch die Ärzte erfolgen würden. Diese geschah in vielen Fällen jedoch nicht.

Er hatte die Hoffnung, dass die anfängliche Unordnung in einigen Räumen durch Plakate und Aufklärung über die Verpflichtungen der einzelnen Ghettobewohner behoben werden könnte.

Für Grabower war ein Teil seiner Aufgaben als Arbeits- und Verwaltungsrichter auch, in Fällen, in denen sich der Betreffende offenbar nicht auskannte, zu helfen. Diese Hilfe konnte beispielsweise durch die Überweisung an die Arbeiterbetreuung oder an andere Stellen erfolgen. Er kümmerte sich beispielsweise darum, Arbeitern Arbeitsausweise zu beschaffen, wenn sie bisher noch keine besaßen. Bei Unwissenheit oder Unsicherheiten bzgl. ihrer Arbeitsstellen

---

[374] Alle Belege in: *Utitz*, „Ethik nach Theresienstadt", S. 56.
[375] Vgl. auch: *Murmelstein*, „Theresienstadt – Eichmanns Vorzeige-Ghetto", S. 126.
[376] „Material für ein Judenbuch", S. 18f., in: BArch, N 1856/63.

oder -zeiten kam es Grabower nicht auf Bestrafung der Bewohner, sondern viel mehr auf eine Belehrung an. Er informierte neu eingetroffene Ghettobewohner eingehend über Eintragungen im Arbeitsausweis und Entschuldigungs- und Meldepflichten, damit keine Rechtsunsicherheit bestand.

Er betonte, dass er versuche, Konflikte, wo es möglich war, zu vermeiden.

Allerdings ließ er sich von einigen „arbeitsscheuen Elementen" neben der eigentlichen Bestrafung auch die Bescheinigungen der Partieführer über Dauer und Güte der Arbeit vorlegen.

Abschließend schrieb er, dass er den Strafvollzug kontrollieren würde und dieser nur in ca. 50 % der Fälle auch durchgeführt wurde. Jedoch war er optimistisch, dass, nach der Überwindung der Anfangsschwierigkeiten, das Tempo des Strafvollzuges erhöht werden könnte.

Auch bei seiner Arbeit als Richter sah Grabower den Grundsatz bestätigt, dass „das Versagen des Untergebenen die Schuld oder zumindest die Mitschuld des Vorgesetzten"[377] sei und betonte wiederholt die Notwendigkeit, manche Vorgesetzte in Theresienstadt bezüglich des Umgangs mit ihren Untergebenen zu schulen. Er bat, dass auf dieses Problem in einem Rundschreiben hingewiesen werde. Für Grabower stand fest, dass „Vorgesetzter sein Dienst am Untergebenen bedeutet." Er hatte im Ghetto daher immer wieder auf die Relevanz der Erziehung der Vorgesetzten hingewiesen. Dieses Vorhaben wurde laut Grabower in Theresienstadt besonders schwer bekämpft, „weil wir nach Goethe ebenso wie die Deutschen Individualisten sind." Diese Erziehung sei auch erst über Generationen und nicht innerhalb von Monaten oder Jahren zu erreichen. So sei auch „die Unbestechlichkeit dem preussischen Beamten erst etwa im dritten Jahrzehnt des 19. Jahrhunderts, also nach seinem Bestehen von rund 150 Jahren oder nach 3–4 Generationen strengster Schulung in Fleisch und Blut übergegangen." Für ihn bestand eine fast unlösbare Schwierigkeit darin, „in kurzer Zeit aus tüchtigen individualistisch gesinnten Kaufleuten ebenso tüchtige im Gemeinschaftsgedanken aufgehende Beamte zu machen." Er schlug daher sowohl in München als auch in Theresienstadt vor, „den Anfang mit einer planmässigen und grosszügigen Erziehung in dieser Beziehung zu machen." Dies sollte jedoch nicht nur durch praktische Erfahrung, sondern auch durch Theorie erfolgen, da Praxis und Theorie untrennbar miteinander verbunden seien. Zudem seien diejenigen Beamten, die erst zu einem späteren Zeitpunkt in ihrem Leben in ein Beamtenverhältnis eingetreten sind, besonders gründlich zu schulen. Als Beispiel führte Grabower an, dass er bei Gesprächen mit Vorgeladenen des Öfteren bemerkte, dass die Unlust des Vorgesetzten, Lob auszusprechen, zu Missmut und schlechterer Leistung bei den Untergebenen führte. Auch wies Grabower die Vorgesetzten auf den Grundsatz hin: „wenn ich einen Menschen oder eine Sache zu beurteilen habe, dann überlege ich mir, was muss ich loben,

---

[377] Vgl. auch Aktenvermerk 224.) vom 31.05.1944, in: BArch, N 1856/57.

was kann ich loben und dann erst tadele ich." Der Vorgesetzte muss es als Pflicht auffassen, ein gutes Verhältnis zu seinem Untergebenen zu haben.

Seine Ausführungen beendete er damit, dass diese nicht als Besserwisserei oder Unbescheidenheit aufgefasst werden sollten, sondern dem aufrichtigen Wunsch entspringen würden, Theresienstadt in dieser Hinsicht „zu einem aktiven Bilanzposten in der Geschichte unserer Volkheit zu machen." Als hierfür förderlich sah Grabower Vorträge oder „ten minutes papers" an, was 1944 geplant, aber nicht umgesetzt wurde.[378]

Darüber hinaus plädierte er für eine „Höflichkeits- und Unhöflichkeitswoche". Er stellte sich diese wie folgt vor:

„dass man, die Genehmigung vorausgesetzt, diejenigen Bürger von Th. öffentlich bekannt gibt, die die grösste Stimmenzahl auf dem einen und auf dem anderen Gebiete auf sich vereinigen. Vielleicht ist es klug, die Zahl der Höflichsten auf 3 zu beschränken, die der Unhöflichen auf 10 oder 20 festzusetzen. Noch zweckmässiger erscheint es mir, sich überhaupt nur auf die Angabe der Unhöflichen zu beschränken."

Eine solche Vorgehensweise hätte jedoch Missstimmung und weitere Probleme zwischen den Bewohnern hervorrufen können und auch hier hätte Korruption und Bestechlichkeit dazu führen können, dass nicht die richtigen Namen veröffentlicht worden wären. Zudem hätte durch das Anfertigen einer öffentlichen Liste die Gefahr bestanden, dass die Nationalsozialisten hiervon Kenntnis erlangen und die Bewohner auf dieser Liste zur nächsten Deportation eingereiht hätten. Allerdings wurden auch in den Tagesberichten des Öfteren einige Urteile mitsamt den Namen der Verurteilten öffentlich gemacht.

Grabower schlug zudem vor, alle „asozialen Elemente", die immer wieder negativ in Arbeitssachen auffielen, in einer Ubikation unterzubringen, sie also quasi zu konzentrieren.

Diese Vorschläge Grabowers wurden (meines Wissens nach) nicht umgesetzt.

Während seiner Arbeit als Richter war Grabower Interventionen ausgesetzt, die er zwar prüfte, wenn sie sich auf sachliche Aspekte bezogen, jedoch war er bezüglich der Fälle pro amico weiterhin resolut. Er betonte, dass es viele Gerüchte gäbe, dass eine Protektionswirtschaft im Ghetto existiere, und diese der Gemeinschaft und dem Einzelnen geschadet habe und immer noch schade und auch im Hinblick auf die Zukunft, im geschichtlichen Rückblick, schaden könnte. Es gäbe demnach die Behauptung, dass in die Büros im Ghetto hauptsächlich die „Protektionskinder" gekommen seien. Hierzu betonte Grabower, dass er selbst die genauen Verhältnisse nicht gut genug kenne, um sich ein Urteil erlauben zu können. Er wies auf die Gefahren solcher Gerüchte hin und sah die

---

[378] Solche „ten minutes papers" ließ Grabower im Jahr 1946 bei den von ihm unterrichteten Steuerkursen anfertigen. Unter anderen mit dem Thema „Was gefällt/mißfällt mir an der Verfassung". Quelle: „Schreiben von Grabower an Terhalle vom Dezember 1946", in: BArch, N 1856/7.

Nachverfolgung dieser als genauso wichtig an wie die energische Verfolgung von Vergehen gegen die Arbeitsdisziplin.

Auch in Theresienstadt war es für Grabower im Interesse der Gemeinschaft wichtig, dass „das üble Sprichwort ad absurdum" geführt werde, dass die kleinen Diebe gehängt, die großen jedoch laufen gelassen werden.[379]

In seinen Wochenberichten sind Fälle verzeichnet, in denen Grabower Ghettobewohner aufgrund von antisemitischen Äußerungen verurteilt hat. Er bedauerte, dass diese abfälligen Bemerkungen über Juden zugenommen hätten und nur in den seltensten Fällen derartige Äußerungen gemeldet werden würden: „Auch hier dient Vertuschung nur der Untergrabung der Moral."

Auch am 06.03.1945 schrieb Grabower, dass sich die Fälle häuften, in denen die Bewohner Theresienstadts über Juden schimpften.[380] Er berichtete, dass er gerade in Theresienstadt eine Unmenge an „Volljuden" getroffen hätte, die das Judentum diffamierten.[381] So tätigte eine Bewohnerin die Aussage, dass ihr sowas mit einem „arischen" Richter nicht passiert wäre, wobei aus Grabowers Aufzeichnungen nicht deutlich wird, auf was genau sich dies bezog.

Auch am 25.05.1944 hatte Grabower als Disziplinarrichter mit einem Fall zu tun, in dem ein Mann zu einem anderen abwertend meinte, dass dieser ein Benehmen wie ein „polnischer Jude" habe. Zudem fügte der Mann auf tschechisch hinzu: „das ganze Jahr haben wir in Frieden gelebt, erst bis die Stinker kamen". Ein ähnlicher Vorfall mit demselben Mann ereignete sich ein paar Wochen später. Wieder fiel das Wort „polnischer Jude". Der Mann wurde mit einem strengen Verweis und Dekadenentzug auf die Dauer von drei Monaten bestraft. Er blieb auch während der Verhandlung bei seiner Meinung, „dass der polnische Jude in Kultur und Zivilisation unter dem Niveau des Westjuden stehe." Gegen den ihm hierauf erteilten Verweis stand dem Herrn einen Einspruch beim Dienstgericht binnen drei Tagen gem. § 20b zu.

Am 11.06.1945 (also nach der Befreiung des Ghettos) verurteilte Grabower eine 70-jährige Frau zu 24 Stunden Haft mit Bewährungsfrist, weil sie sich antisemitisch geäußert hatte.[382]

Nicht nur Grabower, sondern auch Benjamin Murmelstein berichtete, dass es im Ghetto eine antisemitische Strömung gab: „Judensau ... – Pardon, aber ich bin eine deutsche Dame, ich lasse mich nicht von einem jüdischen Arzt untersu-

---

[379] Auch Aktenvermerk 864.) vom 23.12.1944, in: BArch, N 1856/57.
[380] Aktenvermerk 1120.) vom 06.03.1945, in: BArch, N 1856/57. Weiteres Beispiel: Vorschlag bzgl. eines Verfahrens gegen eine Ärztin vom 27.07.1944, Blatt 00042, in: BArch, N 1856/55. Diese verwendete anstelle des Namens in einer Situation das Wort Jude bzw. Jüdin: „Hören Sie, was der Jude, die Jüdin sagt". Die Ärztin wiederholte zudem, dass sie mit einem „Arier" verheiratet sei und nicht nach Theresienstadt gehören würde.
[381] Aktenvermerk 979 i.) vom 21.01.1945, in: BArch, N 1856/57.
[382] Belege in: Verfahren gegen Otto W. vom 25.05.1944, Blatt 00033, in: BArch, N 1856/55. Aktenvermerk 1120.) vom 06.03. und 1437.) vom 11.06.1945, in: BArch, N 1856/57.

chen ... – Der Führer hat Theresienstadt uns Deutschen geschenkt, für die Juden hätte ein polnisches Ghetto gereicht."[383]

Zudem befindet sich in dem Ordner zwischen den Wochenberichten ein Schreiben von Grabower an Leo Baeck vom 29.03.1945. In diesem bezieht sich Grabower auf den 16. Wochenbericht und erklärt, dass er Baeck diesen Bericht zugesandt habe, da er annahm, dass diesen die in dem Bericht getroffenen Bemerkungen ebenfalls interessieren könnten:

„Ihnen darf ich sagen, dass sie von der grossen Sorge vor dem ‚zweiten Antisemitismus' diktiert sind, sie sind unpersönlich, weil diese Sorge vor einer in 20 oder 30 Jahren vielleicht zu befürchtenden Bewegung mich bei meinem Alter nicht mehr beunruhigt, sie sind höchst persönlich, denn, wie Sie wissen, habe ich auf Grund der Ihnen seinerzeits geschilderten besonderen Umstände seit 1899 unter dem Antisemitismus auf das schwerste [sic!] zu leiden gehabt".

Wie von Grabower erwartet, erhielt er keine Antwort von Baeck.[384]

In seinen letzten Bemerkungen wies er darauf hin, dass der Prozentsatz der Bestrafungen zwar außergewöhnlich hoch sei, er trotzdem der Meinung sei, dass die Mehrheit der Verurteilten zumindest innerlich die Berechtigung der Verurteilung anerkannt habe.[385] Genau das war sein Ziel. Diese Bemerkungen zu seinen letzten Wochenberichten beinhalten auch den bereits zitierten Leitsatz:

„Es ist das vierte Mal in meinem Leben, dass ich in einer Lage wie der gegenwärtigen verantwortlich tätig bin. Oktober und November 1918 als Sachbearbeiter im preussischen Kriegsministerium, 1923 während des Ruhrkampfes als Kommissar der Reichsfinanzverwaltung, 1932 und Anfang 1933 als Ministerialrat und Leiter eines der wich-

---

[383] *Murmelstein*, „Theresienstadt – Eichmanns Vorzeige-Ghetto", S. 67, 201 f. Auch bei Grabowers Aufzeichnungen ist durchaus Kritik an den Juden herauszulesen und er beschreibt diese teilweise negativ. Quelle: Beispiel Eintrag vom 30.09. oder Oktober 1941, Tagesberichte I, S. 41, 45, in: BArch, N 1856/51. Hier bezeichnete Grabower das Verhalten einer jüdischen Arbeiterin in Lohhof als einen Schulfall für die Richtigkeit des Satzes: „Wie dumm kluge Juden sein können." Oder: „Bei der ganzen höchst unsympathischen Unterhaltung hatte ich wieder das so oft gehabte Gefühl dass [sic!] Juden noch mehr als Arier ihre Macht missbrauchen, wenn sie haben, dass aus lauter Gerechtigkeitssinn der Shylockkomplex [sic!] sich überschlägt." Vgl. auch Eintrag vom 27.03.1942, Tagesberichte II, S. 81, in: BArch, N 1856/51. Hier schreibt er „[...] und dann wundern sich die Leute über den Antisemitismus." Auch bei Manes sind kritische Äußerungen über Juden zu finden. So behauptet er, dass der Jude sich nur schwer fügen würde und „eben sein eigener kleiner Tyrann" sei und nur kommandieren möchte. Er führt weiter aus: „Wie heißt es schon in der Bibel: Ein widerspenstiges und hartnäckiges Volk!" Zudem äußert Manes die Behauptung, dass Juden „nicht nur zur scharfen Kritik, mehr noch zur Beschwerdesucht" neigen würden. Quelle: *Manes*, „Als ob's ein Leben wär", S. 72, 145.

[384] Aktenvermerk 1203.) vom 30.03.1945, in: BArch, N 1856/57. Dieses Schreiben kann als Indiz dafür herangezogen werden, dass Grabower mit einer Befreiung und seinem eigenen Überleben gerechnet hat.

[385] Siehe auch „Schreiben von Grabower an Löwith vom 21.04.1945", in: BArch, N 1856/59. Dort schrieb Grabower, dass er Wert darauf legte, dass die vernünftigen Bewohner Theresienstadts mit seinen Urteilen einverstanden sein sollten, was in 95 % der Fälle geschehe.

tigsten Referate im Reichsfinanzministerium. Wie in diesen 3 Epochen so bemühe ich mich auch jetzt so zu handeln, dass objektive Richtigkeit und menschliche Rücksicht, strengste Unterstützung des Gemeinschaftsinteresses und Vermeidung jeder kleinlichen Härte im Einzelfall in Uebereinstimmung gebracht werden, damit meine Tätigkeit nicht nur vor meinem Gewissen sondern auch später vor geschichtlicher Rückschau, die nie wohlwollend zu sein pflegt, bestehen kann. Das bringt natürlich Schwierigkeiten mit. Denn in solchen Krisenzeiten hat jeder verantwortliche Beamte überall und zu allen Zeiten, wie auch alle vernünftigen Biographien erweisen, nicht nur gegen eine Front sondern gegen fünf oder sechs zu kämpfen. Gerade darin liegt ja seine ausgleichende Tätigkeit."[386]

Von unmittelbarer Bedeutung für seine eigene Tätigkeit sah Grabower zudem einen alten Verwaltungsgrundsatz an: „ein Verwaltungsbeamter darf nicht konsequent sein. Konsequenz ist zumeist mit Geistesarmut und Mangel an Wendigkeit identisch und führt dazu, dass sumum jus summa injuria wird." Aufgrund dieses Grundsatzes hatte Grabower versucht, in der 20. und 21. Woche bei seiner Tätigkeit als Richter neue Wege einzuschlagen.

Zudem schrieb er in den Bemerkungen zu den letzten beiden Wochenberichten, dass er gruppenweise Haftstrafen bisher nicht verhängt hätte, Murmelstein jedoch auf Nachfrage gegen solche nichts einzuwenden gehabt hätte. Den Wochenberichten sind solche Gruppenhaftstrafen nicht zu entnehmen. Vermutlich hatte Grabower diese für die Zukunft geplant und sich daher die Erlaubnis von Murmelstein eingeholt. Allerdings trug Grabower Ende April 1945 in einen Aktenvermerk ein, dass er mit Murmelstein über mögliche gruppenweise Haftstrafen gesprochen hatte, er diese jedoch für gefährlich halte und daher versuchen wollte, seine Ziele mit Überreden und Herausgreifen einzelner Personen zu erreichen. Murmelstein stimmte ihm zu.[387]

Diese Wochenberichte entstanden am 29.04.1945 und waren seine letzten. Einige Tage später wurde das Lager befreit. Diesen Dokumenten ist nicht zu entnehmen, dass Grabower geahnt hätte, dass diese seine Letzten sein könnten, da er auch Pläne für seine künftige Arbeit aufgestellt hatte. Beispielsweise wies er abermals auf die Notwendigkeit hin, ein neuerliches Rundschreiben herauszugeben, in dem unter anderem betont werde, dass jeder an dem ihm zugewiesenen Arbeitsplatz zu arbeiten habe.

Die Bemerkungen zum 20. und 21. Wochenbericht schloss Grabower mit der Aussage:

„Ich bin mir dessen wohl bewusst, dass diese Bemerkungen im Wesentlichen Monologe sind und nur von wenigen gelesen werden. Doch würde mir genügen, wenn auch nur einer der jüngeren Generationen diesen Bemerkungen nachdenken würde, wobei es natürlich vollkommen gleichgültig ist, ob er dies in zustimmendem oder ablehnendem Sinne tut."

[386] Die fehlenden Kommata wurden aus dem Originaltext übernommen.
[387] „20. und 21. Wochenbericht vom 29.04.1945", in: BArch, N 1856/56, Aktenvermerk 1258.) vom 27.04.1945, in: BArch, N 1856/57.

g) Analyse der Ergebnisse der Wochenberichte

Abgebildet sind zwei Tabellen mit den ausgewerteten Wochenberichten. Aufgrund der Übersichtlichkeit wurden die Sonderfälle in der Tabelle nicht gesondert aufgeführt. Details zu jedem Wochenbericht befinden sich unter den einzelnen Wochenberichten. Die Gesamtzahl der Fälle ist geringer als die Summe der aufgeschlüsselten Verfahrensausgänge, da bei einer Kombination von Stra-

Arbeitsrichter

Wochenbericht	1.	2.	3.	4.	5.	6.	7.	8.	9.	10.	11.	12.	13.	14.	15.	16.	17.	18.	19.	20.+21.	Gesamt
insgesamt	96	65	44	58	35	121	37	25	50	43	100	120	72	52	78	78	38	137	19	74	1358
Einstellung	46	38	38	42	24	94	20	21	34	35	64	98	46	31	58	38	28	119	13	43	930
TBR	39	14	3	15	7	24	11	1	11	4	16	18	19	13	11	15	5	8	2	5	248
WMK	2		1							1	3		1	5	3	4	1	2	1	9	33
Kombi	2	2	1								9	3	2	1							19
Dekade	5			1		2	5	1	4	1	1		1			2	1	2		1	27
Monade															2						4
Nahrungszubuße		3																			3
Prämienentzug								1													1
Haft	2		1			1	1	1	1	1	8		2		2	6	1	2		1	31
Ausgleich/Vergleich											1										1
Entschuldigung							1				1				2	10	2	2		6	32
Verweis		1											1								3
Krank		2								1											3
ausgesetzt	3																				3
Abgabe an andere Stelle					2												1				3
ungeklärt	1	1	1		1											4	1			1	5
Sonderfälle	1	1																3	3	5	19

fen, diese jeweils einzeln aufgeführt wurden. Wenn mit der Einstellung des Verfahrens eine Rüge ausgesprochen wurde, wurde auch dies getrennt aufgeführt.

Der 1.–4. Wochenbericht bezieht sich auf den Dezember 1944, der 5.–8. Wochenbericht auf den Januar 1945, der 9.–12. Wochenbericht auf den Februar 1945, der 13.–16. Wochenbericht auf den März 1945 und der 17.–21. Wochenbericht auf den April 1945.

Verwaltungsrichter

Wochenbericht	2.	4.	5.	6.	7.	8.	9.	10.	11.	12.	13.	14.	15.	16.	17.	18.	19.	20.+21.	Gesamt
insgesamt	25	26	28	35	5	18	18	15	21	13	21	11	29	42	15	35	19	24	400
Einstellung	14	15	8	8	2	3	3	8	5	1	11	6	7	10	6	16	8	3	134
TBR	5	8	6	3	1	3	8	1	5	4	1	1	1	10	2	4	3	7	75
WMK				2	1			1					8	5		2	2	3	24
Kombi						2		4	7	1	1								15
Dekade							1			2	1	1	3	6	1				15
Nahrungszubuße	5			9															14
Prämienentzug						1													1
Zahlung				2									1						3
Haft		1	7	3	1				1		1	1	1	1	2		1	2	22
Ausgleich/Vergleich				8		8	3	1	3	4	6	1	4	2	3	5	1	3	52
Entschuldigung			4									1							6
Verweis	2	2				1	2							4	1			2	11
Rüge																1			1
Ermahnung													5	3		2			10
Abgabe an andere Stelle							1			1				2				2	6
ungeklärt			2			1								1		2		1	7
Sonderfälle							2									3	8	2	15

Den Wochenberichten ist somit zu entnehmen, dass es folgende mögliche Ausgänge bei den Verfahren Grabowers im Arbeits- und Verwaltungsgericht gab, wobei die folgende Aufzählung auch gleichzeitig als Erklärung und Legende für die abgebildeten Tabellen genutzt wird.

1. *Einstellung*
2. *Entzug der Tagesbrotration (TBR):* Laut Grabower stellte der Entzug der TBR die niedrigste Strafe nach dem Gesetz dar.[388]
3. *Entzug der warmen Mittagskost (WMK):*[389] Grabower schrieb, dass der Entzug der WMK die zweitmildeste Strafe nach dem Ghettogesetz war.[390]
4. *Entzug der warmen Mittagskost in Kombination mit anderen Nahrungsmittelentzügen (Kombi):* Hier wurden die Verfahrensausgänge nicht einzeln gezählt, sprich: je 1 TBR + 1 WMK = 1 Kombi.
5. *Dekadenentzug (DK):* Laut Spies stellte die Dekade eine monatlich ausgezahlte Zusteuer an Zucker und Margarine für Arbeitende dar, die mindestens 22 Tage des vergangenen Monats gearbeitet hatten.[391] H. G. Adler schrieb, dass die Arbeitszentrale den Monat in drei Dekaden aufteilte und dass die Lebensmittelprämie abhängig von der Art und Dauer der Arbeit variierte.[392] Im 9. Wochenbericht merkte Grabower an, dass der Dekadenentzug weit weniger wirksam sei als die anderen Nahrungsmittelstrafen, weil es viel zu lange dauern würde. Möglicherweise meinte Grabower damit, dass zwischen der Festsetzung des Strafmaßes und dem tatsächlichen Vollzug ein zu langer Zeitraum lag, da die Dekade nur monatlich ausgezahlt wurde.
6. *Monadenentzug*
7. *Warme Tageskost:* Entweder warme Mittagskost oder Abendkost.[393] In den Tabellen wird die warme Tageskost aus Gründen der Übersichtlichkeit unter den Entzug von Nahrungszubuße gezählt. Da die TBR und WMK die mit Abstand häufigsten Fälle des Nahrungsmittelentzuges darstellten, wurden andere Varianten des Entzuges von Lebensmitteln nicht einzeln aufgeschrieben, sondern unter dem Überbegriff „Nahrungsmittelzubuße" zusammengefasst.
8. *Prämienentzug*
9. *Barzahlung*

---

[388] Aktenvermerk 853.) vom 21.12.1944, in: BArch, N 1856/57.

[389] Bei einer Unterredung mit Weiss besprach Grabower mit ihm, wie der Entzug einer Mittagsmahlzeit formal behandelt werden sollte. Weiss sagte, dass der Abschnitt vor der Herausgabe, also vor dem ersten jeden Monats entwertet werden könnte. Grabower meinte daraufhin, dass diese Strafe dann jeweils im nächsten Monat vollzogen werde. Quelle: Aktenvermerk 732.) vom 30.10.1944, in: BArch, N 1856/57.

[390] Aktenvermerk 853.) vom 21.12.1944, in: BArch, N 1856/57.

[391] Ghettobewohner, die mindestens zwölf Tage krank waren, erhielten eine Krankenzubuße an Zucker und Margarine. Wer kürzer krank war, aber doch zu lang, um die 22 Arbeitstage zu erreichen, erhielt anscheinend nichts. Quelle: *Spies*, „Drei Jahre Theresienstadt", S. 111.

[392] *Adler*, „Theresienstadt 1941–1945", S. XXXVf. Eine Dekade stand für zehn Tage. Quelle: *Starke*, „Der Führer schenkt den Juden eine Stadt", S. 127.

[393] Aktenvermerk 979.) vom 21.01.1945, in: BArch, N 1856/57.

10. *Haftstrafe*[394]
11. *Ausgleich/Vergleich*
12. *Entschuldigung*
13. *Verweis:* Laut Grabowers Aufzeichnungen stellten der einfache und strenge Verweis keine Vorstrafe im Rechtssinn dar.[395]
14. *Rüge*
15. *Ermahnung*
16. *Abgabe an eine andere Stelle:* (Arbeitszentrale, Schlichter, öffentlicher Ankläger)

Die im Rahmen der in den Ländern geltenden Gesetzbüchern vorgesehenen Strafen wurden an die Umstände des Ghettos angepasst.[396] So konnte das Gericht auf der Basis einer vom Ältestenrat gebilligten Anordnung nicht nur normale Strafen, sondern auch Nebenstrafen wie:
– den Verlust des Vorteils besserer Wohnverhältnisse,[397]
– den Verlust des Rechts, innerhalb der Jüdischen Selbstverwaltung eine höhere Stellung[398] zu bekleiden sowie
– den Ausschluss von jeder Beschäftigung, die mit einer erhöhten Lebensmittelzuteilung oder mit anderen Vorteilen verbunden war (wie z. B. das Arbeiten in der Küche), verhängen.[399]

Knapp ein Drittel (134 von 400) seiner verwaltungsrechtlichen Fälle stellte Grabower ein. Mit deutlichem Abstand, nämlich nur in 75 Fällen, erteilte er den Entzug einer TBR. 52 Ausgleiche/Vergleiche erreichte er. Erst dann folgten mit einer deutlichen Lücke die anderen Strafen: zunächst der Entzug der WMK, dann interessanterweise schon die Haftstrafe mit 22 Fällen,[400] die Kombination,

---

[394] Wobei es anscheinend zeitweise unklar war, ob Grabower dazu befugt war eine Dunkelhaft zu verhängen. Während er der Auffassung war, dass die Haftstrafe alle Arten von Haft umfasste, waren andere leitende Mitglieder der Selbstverwaltung anderer Meinung. Aktenvermerk 958.) und Aktenvermerk 962.) vom 09.01.1945, in: BArch, N 1856/57.
[395] Aktenvermerk 2.) vom 07.03.1944, in: BArch, N 1856/57.
[396] *Murmelstein*, „Theresienstadt – Eichmanns Vorzeige-Ghetto", S. 157.
[397] Als besseres Wohnen galt Wohnen mit der Familie, in Räumlichkeiten mit mehr als 3,5 m² pro Person oder mit weniger als vier Leuten in einem Zimmer. Quelle: *Klein*, „Junge Menschen in Theresienstadt", in: „Theresienstadt" vom Rat der jüdischen Gemeinden in Böhmen und Mähren, S. 84. Auch: YV, O. 64, Item ID: 3687734.
[398] Der Verlust einer guten Stellung im Ghetto wurde von den Ghettobewohnern teilweise als härter angesehen als eine Haftstrafe. Eine gute Stellung im Ghetto sicherte zumeist ein angenehmeres Arbeitsumfeld und bessere Verpflegung. Quelle: *Goldbaum Tarabini Fracapane*, „Wir erfuhren, was es heißt, hungrig zu sein", in: *Löw/Bergen/Hájková*, „Alltag im Holocaust", S. 209.
[399] YV, O. 64, Item ID: 3687734. *Klein*, „Junge Menschen in Theresienstadt", in: „Theresienstadt" vom Rat der jüdischen Gemeinden in Böhmen und Mähren, S. 84. *Murmelstein*, „Theresienstadt – Eichmanns Vorzeige-Ghetto", S. 157. Murmelstein beschrieb, dass das Gericht aufgrund einer vom Ältestenrat gebilligten Anordnung neben den normalen Strafen auf den Entzug von Begünstigungen verhängen konnte.
[400] Interessanterweise deshalb, weil Grabower mehrfach andeutete, dass er Haftstrafen

Dekadenentzug, Verweis, Ermahnung, Entzug der Nahrungszubuße, Entschuldigungen, Zahlungen, Prämienentzug und Rüge.

Ähnliches lässt sich bzgl. seiner Tätigkeit als Arbeitsrichter erkennen. 68 % und somit etwas über zwei Drittel (930 von 1.358) seiner arbeitsrechtlichen Fälle stellte Grabower ein. Als meisterteilte Strafe folgte der Entzug der TBR mit 248 Fällen. Deutlich weniger, nämlich nur 33 Fälle, wurden mit dem Entzug einer WMK bestraft. Es folgen mit ähnlichem Prozentsatz: der Verweis, die Haft, der Dekadenentzug und die Kombinationsstrafe. Selten wurde die Monadenstrafe, anderweitiger Entzug von Nahrungsmitteln, Prämienentzug oder Entschuldigung ausgesprochen.

Insgesamt ist zu erkennen, dass Grabower prozentual die meisten Fälle einstellte und als Bestrafung vor allem den Entzug von Tagesbrotrationen erteilte.

Er analysierte selbst, dass bezüglich der Art der Strafe die Tagesbrotration sowohl bei Arbeits- als auch Verwaltungssachen eine große Rolle spielte, wobei er sie in den Arbeitssachen als wichtiger einstufte als in den Verwaltungssachen.

Einen großen Unterschied zwischen den Arbeits- und Verwaltungsrechtsfällen stellen die Ausgleiche/Vergleiche dar. Während sie im Arbeitsrecht überhaupt nicht vorkamen, waren sie im Verwaltungsrecht durchaus bedeutender. Die Haftstrafe befindet sich bei beiden Bereichen im Mittelfeld. Auch die anderen Strafen sind prozentual von ihrem Auftreten vergleichbar. Tatsächlich variieren die Fallzahlen im Großen und Ganzen zwischen den Monaten nicht stark. Die Fallzahlen Grabowers beim Arbeitsrecht schwanken zwischen 313 Fällen (im Februar) bis zu 218 Fällen (im Januar).

Auch bei seiner Tätigkeit als Verwaltungsrichter scheinen die Fallzahlen nicht allzu stark zu variieren, obwohl, aufgrund der teilweise fehlenden Angaben hierzu, keine endgültige Analyse erfolgen konnte. Abgesehen vom Dezember (der 1. und 3. Wochenbericht fehlen zu den Verwaltungssachen im Dezember, daher sind die Zahlen hierzu nicht repräsentativ) hatte Grabower die meisten Fälle im März (103) und die wenigsten Fälle im Februar (67) zu bearbeiten.

Grabower selbst schrieb, dass bei den 1.288 von ihm bearbeiteten Fällen seit November, im Februar das Verhältnis von Arbeits- zu Verwaltungssachen verrückt sei. Seit November hatte er 960 Arbeitssachen und 328 Verwaltungssachen bearbeitet. Im Februar stellte sich das Verhältnis von 1/6 zu 5/6 für die Arbeitssachen heraus. Insgesamt war das Verhältnis jedoch ¼ zu ¾ für die Arbeitssachen. Grabower erklärte diese Verschiebung im Februar damit, dass 150 Sachen aus den Tagen des Schweizertransports einen außergewöhnlich hohen Hundertsatz an Einstellungen brachten. Die Zahl der „Rester" betrug 37 von 357 Sachen bzw. 10 von 68 Verfahren.[401]

---

kaum erteilte und diese dennoch im Verhältnis zu den anderen Strafen nicht allzu selten vorkamen.

[401] Alle Belege in: Aktenvermerk 1094.) vom 02.03.1945, in: BArch, N 1856/57.

4. Rechtsprechung in Theresienstadt

Der häufigste Strafgrund war das Fehlen bzw. Nichterscheinen[402] bei der Arbeit bzw. der Zusatzarbeit sowie das frühzeitige eigenmächtige Verlassen von dieser und der Verstoß gegen Melde- und Übernachtungsvorschriften.

Erstaunlich viele der aufgelisteten Verfahren waren gegen Glimmerinnen gerichtet. Vermutlich ist dies der Tatsache geschuldet, dass Grabower diese Berufsgruppe als Richter zugeteilt war. Aufgrund der Bedeutung dieses Berufes für seine Wochenberichte, folgt ein kurzer Überblick über die Glimmerarbeit in Theresienstadt:

„Glimmer gehört zu einer Gruppe gesteinsbildender, blättriger Mineralien von auffälligem Glanz und vollkommener Spaltbarkeit. […] Im September 1944 begann man in Theresienstadt aufgrund eines Befehls des Lagerkommandanten Rahm von Juni 1944 mit der Spaltung von Glimmer. […] Ursprünglich waren 800 Frauen für die Arbeit in der Glimmerspaltung vorgesehen, für die man die Südbaracken Nr. 1 und Nr. 3 ausgesucht hatte. Die Zahl der dort arbeitenden Frauen stieg jedoch bald auf 1.300, von denen 1.170 in der Produktion tätig waren."[403]

Auch Gerty Spies schrieb über die Glimmerarbeit in Theresienstadt:

„Unter dem Auftrag einer Firma in Tabor (Südböhmen) wurde im August 1942 in Theresienstadt eine Glimmerspalterei eingerichtet. Sie befand sich lange Zeit in einer großen Baracke innerhalb des Lagers und wurde später, auf zwei noch größeren Baracken erweitert, außerhalb der Festung in den sogenannten Bauschowitzer Kessel verlegt. Da der Glimmer, der hohe Wärmegrade erreichen kann, ohne zu brennen, zum Isolieren von elektrischen Geräten, und zwar hauptsächlich in der Flugindustrie, Verwendung fand, wurde unsere Werkstatt als kriegswichtiger Betrieb angesehen."[404]

Zumindest zu einer bestimmten Zeit scheint die Glimmerarbeit die Frauen vor den Transporten geschützt zu haben.[405]

---

[402] Der Unterschied zwischen Fehlen und Nichterscheinen bei der Arbeit ist aus Grabowers Dokumenten nicht eindeutig erkennbar. Jedoch verwendete er diese Begriffe nebeneinander, sodass davon auszugehen ist, dass er einen Unterschied zwischen diesen sah. Vermutlich könnte er mit Fehlen das unentschuldigte Fernbleiben von der Arbeitsstelle meinen, während das Nichterscheinen möglicherweise ein Fehlen trotz Ermahnung/Erinnerung zum Arbeitsantritt sein könnte. Neben diesen beiden Gründen gab es allerdings auch noch das „Verweigern der Arbeit".

[403] „Glimmerverarbeitung", aufgerufen unter: http://www.ghetto-theresienstadt.de/pages/g/glimmer.htm [Stand: 29.09.2020]. Vgl. Auch YV, O.64, Item ID: 3690856.

[404] *Spies*, „Drei Jahre Theresienstadt", S. 33 ff., 37 f. Spies selbst kam 1942 nach Theresienstadt und meldete sich dort zur Arbeit als Glimmerin. „Das war eine Werkstatt innerhalb einer großen Baracke, wo Glimmerschiefer ganz fein gespalten wurde, bis er hauchdünn und biegsam war. Wir saßen in Gruppen von je zwölf an langen Tischen, den ganzen Tag über die Arbeit gebeugt, und gaben her an Kräften, was in uns war." Glimmer/Mica ist schon seit Jahrhunderten eine wichtige Gruppe von Mineralien und wird auch in anderen Gebieten, wie in der Kosmetik oder für die Herstellung von Lacken, benutzt. Quelle: „Glimmergruppe", online unter: https://www.steine-und-minerale.de/atlas.php?f=2&l=G&name=Glimmergruppe [Stand: 16.02.2021].

[405] *Ernst Brenner* berichtete in „Ich überlebte in Theresienstadt", S. 30 f., wie seine Mutter zur „geschützten Beschäftigung" zum Glimmerspalten eingeteilt wurde und somit wahr-

h) Analyse einzelner Verfahren/Urteile Grabowers

Im Folgenden werden einzelne Urteile Grabowers genauer betrachtet. Hierbei wird nur auf solche Fälle näher eingegangen, die für Grabower besonders bedeutsam waren, seine Arbeitsweise oder seine Rechtsauffassungen am besten widerspiegeln oder die Rechtsprechung bzw. das Rechtssystem im Ghetto besonders gut beleuchten.

Insgesamt befinden sich 59 Urteile bzw. aufgezeichnete Verfahren, wovon 13 mit „Vorschlag" gekennzeichnet sind, im Ordner BArch, N 1856/55[406]. Von diesen 13 Vorschlägen befand sich von zwei das endgültige Dokument ebenfalls im Ordner. Zudem war ein Dokument als Entwurf gekennzeichnet und bei einem wurde die Leitung nach Weisung gefragt. Die Urteile variieren von der Ausführlichkeit und sind mit dem Umfang heutiger Urteile nicht vergleichbar. Hieran wird wohl vor allem der Papiermangel im Ghetto schuld gewesen sein. Zudem bedurfte es Kostenrechnungen, Zustellungsvermerke und dergleichen im Ghetto nicht. Einige Urteile sind ausführlicher und enthalten Aussagen des Beschuldigten und der Zeugen. Zudem befinden sich fünf Zeugenaussagen und eine Aussage einer Beschuldigten in dem Ordner. Es erfolgte 15-mal die Einstellung, wobei in sechs Fällen eine Rüge ausgesprochen wurde. 37-mal wurde ein einfacher bzw. strenger Verweis erteilt, wobei der einfache Verweis als Strafe deutlich überwog und teilweise in Kombination mit dem strengen Verweis der Entzug von Nahrungsprämien oder Dekaden festgesetzt wurde. Einmal kam es zum Entzug von Nahrungsmittelzubußen und fünfmal wurde eine Haftstrafe ausgesprochen. Letztere variierte zwischen 24 Stunden und vier Wochen und wurde teilweise mit Nahrungsmittelentzug oder Entlassung aus dem Dienst verbunden. Zudem gab es einen Sonderfall mit einer Zuständigkeitsproblematik: Die Personalkanzlei hatte einem Mann einen strengen Verweis erteilt. Dieser hatte die tägliche Meldung des Gesundheitswesens nicht ordnungsgemäß an die Leitung übergeben, sondern nur durch den Türspalt geschoben, weswegen sie verloren ging. Das Dienstgericht sah in dessen Verhalten jedoch keine Pflichtverletzung. Ein Schaden entstand durch dieses Verhalten nicht. Grabower begründete den strengen Verweis damit, dass es zur Pflicht eines Beamten gehöre, sicherzustellen, ob ein Auftrag ordnungsgemäß ausgeführt worden ist. Das Gericht sprach den Mann einstimmig frei. Grabower betonte:

„Das Dienstgericht hat durch seine Entscheidung die Absicht der P.K. gestört. Das Urteil des Dienstgerichtes geht daher in seiner Wirkung weit über den vorliegenden Einzel-

---

scheinlich der Transportation im Osten entkam. Auch sein Vater war als Leiter der Konfektionswerkstätte vor dem Transport geschützt. *Spies*, „Drei Jahre Theresienstadt", S. 83, diese schrieb, dass die Glimmerarbeit die Frauen bei den Herbsttransporten schütze, solange die verlangte Leistung von ihnen erbracht wurde. Vgl. auch *Hájková*, „The Last Ghetto", S. 229. *Hájková*, „Prisoner Society in the Terezín Ghetto 1941–1945", S. 11f. und *Weglein*, „Als Krankenschwester im KZ. Theresienstadt", S. 59.

[406] Im Anhang befinden sich zur Veranschaulichung einige dieser Urteile.

fall hinaus. Dieser Fall gibt Veranlassung die Stellung des Dienstgerichtes, als Berufungsinstanz gegenüber der Personalkanzlei, in unserem Kollektiv zu überprüfen. Im Kollektiv hat der Berufungsrichter nicht wie im liberalen Staat in erster Linie das individuelle Privatinteresse des Einzelnen zu berücksichtigen. Die Trennung von Gewalten im Sinne von Montesquieu, hier zwischen Verwaltung und Justiz ist überholt. Es kommt bei den Entscheidungen des Gerichtes nicht in erster Linie auf den Einzelfall, [...] an, sondern es kommt darauf an zu prüfen, inwieweit sich die Entscheidung im Einzelfall auf die Gesamtinteressen des Kollektivs auswirkt."[407]

Einmal wurde von einer Ahndung des Verhaltens abgesehen. Nur in acht Fällen waren Rechtsmittel zulässig, bzw. wurde auf die Zulässigkeit von Rechtsmitteln explizit hingewiesen. Von den 59 Verfahren waren 16 gegen Frauen, 42 gegen Männer gerichtet. Hinzu kam noch ein Fall, in dem nicht erkenntlich war, ob der Beschuldigte männlich oder weiblich war.

Der Zeitraum dieser Verfahren erstreckt sich vom 05.01.1944[408] bzw. 20.02. 1944 bis zum 29.06.1945, somit von der Zeit, als Grabower angefangen hatte in der Personalkanzlei tätig zu werden, bis hinein in seine Amtszeit als Leiter des männlichen Arbeitseinsatzes.

i) Form der Urteile

Die sich in den Akten befindlichen Urteile sind nicht einheitlich gestaltet, sondern variieren in Form und Umfang. Das mag am Papiermangel liegen, oder daran, dass dies die Dokumente sind, die Grabower lediglich als Abschrift in seinen Akten behalten hat. Gegen die letzte These spricht jedoch, dass des Öfteren deutlich gekennzeichnet wurde, dass von dem Dokument der Durchschlag direkt an den Beschuldigten ging.

Oben links in der Ecke befindet sich die zuständige Behörde z. B. „Zentralsekretariat/ Personalkanzlei" oder einfach nur „Der Verwaltungsrichter" oder „Der Arbeits- und Verwaltungsrichter". Zudem ist auch ein Kürzel des rechtsprechenden Richters/Disziplinarreferenten zu finden, z. B. „GR./G." Außerdem ist noch eine Bearbeitungskennziffer zu erkennen, z. B. „BV/146". Auch eine Art Überschrift ist vorhanden, die zentral die Anrede Herr/Frau, eventuell mit Titel, Vor- und Zuname und Ghettonummer sowie zum Teil die Anschrift beinhaltet. Teilweise steht auch die Überschrift „Urteil" auf dem Dokument.

Zumeist finden sich eine Einführung und der Urteilsspruch, z. B. „Die Personalkanzlei stellt das Verfahren gegen Sie ein (§ 12a DV)", mit Nennung von

---

[407] „Schreiben an die Leitung vom 30.06.1944", Blatt 00050, in: BArch, N 1856/55. Der gleiche Fall befindet sich auch in Aktenvermerk 287.) vom 19.06.1944, in: BArch, N 1856/57.
[408] Die Verfahren vom 05.01. und 25.01.1944 sind nicht eindeutig Grabower zuzuordnen. Es befinden sich andere Kürzel als Grabowers auf den Dokumenten. Auch seine Unterschrift fehlt. Zu diesem Zeitpunkt war er zudem noch nicht in der Personalkanzlei, sondern in der Arbeitszentrale tätig.

Paragraphen.⁴⁰⁹ Dann wird der streitige Sachverhalt knapp dargestellt und abschließend strafmildernde/strafschärfende Umstände oder mahnende Worte genannt. Am Ende folgt der Hinweis, ob ein Rechtsmittel gegen das Urteil zugelassen ist und, wenn das der Fall war, in welcher Zeitspanne ein solches eingelegt werden muss und bei welcher Stelle. Teilweise ist auch explizit dokumentiert, dass eine Belehrung über diese Rechtsmittel stattgefunden hat und auch, ob ein Durchschlag des Urteils an eine andere Stelle, wie z. B. an das Gesundheitswesen⁴¹⁰, die Arbeitszentrale, die innere Verwaltung⁴¹¹, Post- und Verkehrswesen oder die Wirtschaftsabteilung⁴¹², gegangen ist. Die Urteile sind vom zuständigen Bearbeiter (zumeist Grabower) unterschrieben. Teilweise hat Grabower auch bestimmte Passagen durch Unterstreichungen markiert.

Im Anhang befinden sich einige Originalurteile/-dokumente aus diesem Ordner.

j) Verfahren als Disziplinarreferent und als Richter

1. Als einen seiner interessantesten und schwierigsten Fälle in Theresienstadt, beschrieb Grabower, dass am 28.04.1945 um 11 Uhr drei Männer aus dem männlichen Einsatz nicht zur Arbeit antraten. Ihr Nichtantritt war jedoch berechtigt, da ihnen ursprünglich im Zweischichtenwechsel nach bestimmten Schichtleistungen eine Pause von 32 Stunden zugesagt wurde, die bis zum 28.04.1945 um 22 Uhr dauerte. Laut Grabower handelte es sich hierbei um ein jus quaesitum (wohlerworbenes Recht), und es würde jede Rechtssicherheit untergraben, wollte man diese Zusage nicht anerkennen. Somit wurde das Verfahren in allen drei Fällen eingestellt. Jedoch betonte er auch, dass er der Meinung sei, dass die drei Männer aus ideellen Gründen die Arbeit hätten antreten sollen und in diesem Sinne sprach er ruhig und eingehend mit den Männern.⁴¹³ Für Grabower wird der Fall schwierig und interessant gewesen sein, weil er zwar

---

⁴⁰⁹ Alle Belege in: Beispiel: Vorschlag im Verfahren gegen Frau K. vom 26.06.1944, Blatt 00001 oder Verfahren gegen Nikolaus F. vom 07.08.1944, Blatt 00002 sowie Verfahren gegen Siegfried T., vom 03.04.1945 oder Urteil gegen Hermann E. vom 07.05.1945, Blatt 00005, in: BArch, N 1856/55.

⁴¹⁰ Der Leiter des Gesundheitswesens war der Prager Zionist Erich Munk. Er war Arzt und wurde im Herbst 1944 nach Auschwitz deportiert. Sein Nachfolger wurde Richard Stein. Quelle: *Hájková*, „Prisoner Society in the Terezín Ghetto 1941–1945", S. 76 f. Sie verweist auf YVA, 064, 24.

⁴¹¹ Zur Abteilung der „Inneren Verwaltung" gehörten u. a. die Raumwirtschaft, die Gebäudeleitung, die Zentralevidenz, die Post und die Transportleitung. Quelle: *Polák*, „Das Lager", in: „Theresienstadt" vom Rat der jüdischen Gemeinden in Böhmen und Mähren, S. 34.

⁴¹² „Zur Wirtschaftsabteilung gehören die Proviantur, die Material- und Lagerverwaltung, die Produktionsverwaltung, die Landwirtschaft der SS und die Spedition." Quelle: *Polák*, „Das Lager", in: „Theresienstadt" vom Rat der jüdischen Gemeinden in Böhmen und Mähren, S. 33.

⁴¹³ „20. und 21. Wochenbericht vom 29.04.1945", in: BArch, N 1856/56. Womöglich meinte Grabower hier aus arbeitsmoralischen Gründen.

das Verhalten der Männer moralisch verurteilte, jedoch aus rechtlicher Sicht ihr Verhalten einwandfrei war. Die Männer verstießen aus seiner Sicht zwar gegen die Unterstützung der Gemeinschaftsinteressen, jedoch würde eine Bestrafung gegen die Rechtssicherheit verstoßen und kleinliche Härte im Einzelfall darstellen. Zwar scheute sich Grabower auch selbst nicht vor anstrengender körperlicher Arbeit, allerdings hatte er als „Prominenter A" möglicherweise das Gefühl für die Situation der anderen Ghettobewohner verloren, wenn er über die Arbeitsmoral anderer urteilte.

2. Am 09.05.1944 hatte Grabower mit folgendem Fall zu tun: Eine Frau Redlich weigerte sich, trotz gutem Zureden von Grabower, als Zeugin in einem Fall auszusagen. Ein Ghettobewohner hatte einen anderen abwertend als „polnischen Juden" bezeichnet und hinzugefügt: „das ganze Jahr haben wir in Frieden gelebt, erst bis die Stinker kamen".[414] Die Weigerung begründete sie damit, dass sie nicht bei Gericht sei. Das stimmte, denn Grabower war zu diesem Zeitpunkt noch Disziplinarreferent bei der Personalkanzlei und kein Richter. Daraufhin verlor Grabower die Geduld und drohte damit, gegen Redlich ein Disziplinarverfahren zu erwirken. Als Redlich hysterisch wurde, versuchte Grabower, die Lage mit sachlichen Fragen zu beruhigen. Dieser Trick funktionierte und Redlich beantwortete seine Fragen. Allerdings brach sie das Gespräch ab, nachdem sie merkte, dass sie vernommen wurde, um ihren Schwager um Rat zu fragen. Den Schwager setzte sie auch als Drohmittel gegen Grabower ein, da dieser vermutlich eine einflussreiche Stellung im Ghetto innehatte. Sie ließ das Buch „Andersens Märchen", das als Pfand dienen sollte, zurück. Jedoch fügte sie sich nach ihrer Wiederkehr problemlos der Befragung Grabowers. Laut Grabower war das der erste Fall der Zeugnisverweigerung unter ca. 1.000 von ihm vernommenen Zeugen. Zum Abschluss klärte Grabower sie auf, dass er ihren Augen ansähe, dass sie objektiv Unwahres ausgesagt habe. Als Erwiderung bezeichnete sie ihn als schlechten Menschenkenner.[415]

3. Am 16.06.1944 vernahm Grabower einen Herrn Götz. Den genauen Sachverhalt und Tatvorwurf nannte Grabower in seinen Aufzeichnungen nicht. Im Anschluss an die Vernehmung teilte er diesem mit, dass er zwischen einem ein-

---

[414] Grabower schrieb im Aktenvermerk 177.) vom 09.05.1944, in: BArch, N 1856/57, dass Frau Redlich in der Sache als Zeugin geladen war. In dem Ordner BArch, N 1856/55, befindet sich ein Urteil bzgl. eines Otto W. vom 25.05.1944. Es handelt sich um den gleichen Fall.

[415] Aktenvermerk 177.) vom 09.05.1944, in: BArch, N 1856/57. Ein Fall der Zeugnisverweigerung trotz fehlenden Zeugnisverweigerungsrechts befindet sich in: Blatt 00003, BArch, N 1856/55. Grabower wies die Zeugin explizit auf die Voraussetzungen des Zeugnisverweigerungsrechtes, nämlich aufgrund eines Verwandtschaftsverhältnisses oder wenn sie sich durch die Aussage selbst in Gefahr strafrechtlicher Verfolgung aussetzen würde, hin. Er betonte auch, dass diese Voraussetzungen in ihrem Fall nicht einschlägig waren. Dennoch verweigerte die Zeugin die Antwort auf Grabowers Fragen. Vielleicht handelte es sich bei ihrem Schwager um Egon Redlich, der der Leiter der Jugendfürsorge war. Quelle: *Adler*, „Theresienstadt 1941–1945", S. 548.

fachen Verweis und einem Monat Dekadenentzug oder einen strengen Verweis mit ebenfalls einem Monat Dekadenentzug als Maßnahme schwanke. Dies begründete er mit der Erwägung, dass Götz bei dem strengeren Verweis die Möglichkeit hätte, seine Bedenken, die er bereits schriftlich angeführt hatte, beim Dienstgericht vorzutragen. Bei einem einfachen Verweis bestünde diese Möglichkeit nicht. Götz bat Grabower, nur einen einfachen Verweis zu erteilen. Grabower war der Auffassung, dass diese Bestrafung sogar unter gewissen Umständen die strengere für Götz sein könnte, da er dann nicht die Möglichkeit habe, durch sein Vortragen das Disziplinargericht milde zu stimmen. Aufgrund der Unzuverlässigkeit von Götz, zweifelte Grabower im Nachhinein an seiner Absprache mit diesem und beschloss daher, die geschlossene Vereinbarung rückgängig zu machen und ihm einen strengen Verweis zu erteilen.[416] Zwar war Grabower zu diesem Zeitpunkt noch nicht als Richter tätig, sondern lediglich als Disziplinarreferent, dieses Rückgängigmachen könnte jedoch gegen seinen durchgängig verfolgten Grundsatz der Rechtssicherheit sprechen. Allerdings bestand die Rechtssicherheit für Grabower insbesondere darin, dass der Ghettobewohner den Verfahrensausgang erhielt, der nach dem Gesetz für seine Handlung vorgesehen war. Er widerrief zwar seine Zusage an Götz, jedoch allein deswegen, weil dies einen positiveren Verfahrensausgang für diesen bedeuten könnte.

4. Am 06.07.1944 erteilte Grabower einem Hausältesten, der dem Postboten ein Aviso nicht zurückgegeben hatte, eine Rüge, da es in Theresienstadt nicht erlaubt war, dass ein Postbevollmächtigter seine Postvollmacht an einen Dritten abgab. Dies geschah jedoch vor allem an den Transporttagen häufig. Es bestand laut Grabower die Gefahr, dass der Hausälteste, nachdem er festgestellt hatte, dass ein Abtransportierter keine Vollmacht ausgestellt hatte, sich eine Vollmacht im Beisein zweier Bekannter als Zeugen anfertigte.[417] Am gleichen Tag

---

[416] Aktenvermerk 272.) vom 16.06.1944, in: BArch, N 1856/57.
[417] Aktenvermerk 342.) vom 06.07.1944 und Grabower verweist im Aktenvermerk 523.) vom 15.08.1944 auch auf das Rundschreiben 334 vom 14.08.1944 hierzu, in: BArch, N 1856/57. Jedem Ghettobewohner, der aus Theresienstadt abtransportiert wurde, war es erlaubt zugunsten eines im Ghetto verbliebenen Bewohners eine Postvollmacht auszustellen. Durch diese Vollmacht wurde der Zurückgebliebene dazu ermächtigt, Postsendungen des Deportierten für sich zu beanspruchen. Quelle: *Adler*, „Theresienstadt 1941–1945", S. XLVIII. Murmelstein schrieb hierzu: „Im Ghetto hingegen gab es leidenschaftliche Sammler von Postvollmachten, sie besaßen eine Menge solcher Erbschaften. Damit ist nicht das alte Mütterchen gemeint, das monatelang einen Greis im Zimmer gegenüber pflegte, um hin und wieder in den Genuss eines Päckchens mit zwei Sardinendosen zu kommen. Die ‚Sammler' hingegen hatten eine richtige Genossenschaft gegründet. […]. Eine einfache Verfügung des Ältestenrats – die Abschaffung der bestehenden Vollmachten und das Verbot, weitere auszugeben – hätte diesem Handel Einhalt gebieten und verhindern können, dass die Sterbenden umgarnt und die Abreisenden belagert wurden. Der Ältestenrat hingegen erklärte, er wolle die erworbenen Rechte respektieren und ließ sich von seinem bequemen Standpunkt nicht abbringen; so manches Mitglied frönte dem Laster des Rauchens und wollte seinen Zigarettenlieferanten nicht enttäuschen; andere wiederum hielten den Sardinenhandel für eine Art Widerstand und

wurde Grabower von Ludwig Merzbach nach Durchlesen des Abendprotokolls gerügt, dass er die Deutschen generell nicht so schlecht behandeln solle.[418]

5. Im Fall eines Arztes, der trotz Verbots Geschenke entgegengenommen hatte, war Grabower der Auffassung, dass ein strenger Verweis nicht als Bestrafung ausreichen würde, sondern dass die Sache an das Dienstgericht mit dem Ziel der Amtsenthebung abzutreten sei. Er betonte, dass die Annahme von Geschenken gegen jeden gesunden Kollektivgedanken verstoßen und man in Russland dafür erschossen werden würde. Es wurde dennoch ein strenger Verweis beschlossen, was Grabower für ein Fehlurteil hielt. Er hatte bereits vor diesem Fall überlegt, Otto Zucker zu bitten, erneut ausdrücklich darauf hinzuweisen, dass Ärzte keinerlei Geschenke annehmen dürften. In einem anderen Verfahren führte Grabower aus, dass die Annahme von Geschenken zu einem der schlimmsten Amtsvergehen eines Beamten zählen und jegliches Vertrauen der anderen Ghettobewohner zu den Amtsinhabern zerrütten würde.[419]

6. In einem ähnlichen Fall, in dem ein Arzt von Patienten Holz als Geschenk angenommen hatte, wurde dieser lediglich mit einem einfachen Verweis bestraft. In der Urteilsbegründung wurde deutlich darauf hingewiesen, dass eine Geschenkannahme durch Amtspersonen gegen den Grundgedanken des Kollektivs verstieß. Zudem bestände die Sorge, dass sich ein derartiges Verhalten bei den anderen Bewohnern herumsprechen würde und diese zu einem ähnlichen Verhalten animieren könnte. Daher erfolgte die Bestrafung gem. § 9a DV mit einem einfachen Verweis aufgrund des Verstoßes gegen §§ 2, 3a DV. Ein Rechtsmittel war gegen diesen Verweis gem. § 20a DV nicht vorgesehen.[420]

7. Ein Ghettobewohner wurde mit einem einfachen Verweis nach § 9a DV bestraft, nachdem er unter Vorlage eines Paketumschlages versuchte, eine Bestätigungskarte abzugeben, die ihn vermutlich dafür legitimierte Pakete zu empfangen oder zu versenden. Der diensthabende Postbeamte gab ihm jedoch den Umschlag und die Karte zurück, weil der Absender mit frischer Tinte hin-

---

meinten deshalb, er sei über jeden Verdacht erhaben." Quelle: *Murmelstein*, „Theresienstadt – Eichmanns Vorzeige-Ghetto", S. 155 f., auch auf Seite 195 führt er das Problem der Postvollmachten an. Murmelstein beschrieb weitergehend, dass sich einige Bewohner durch echte oder falsche Vollmachtsurkunden auf Namen bereits verstorbener bzw. abtransportierter Bewohner Lebensmittel aus der Schweiz sicherten. Da sich zu diesem Zeitpunkt bereits um die 130.000 Menschen nicht mehr in dem Ghetto befanden, schafften es einige ca. 60 bis 70 Pakete im Monat zu beschaffen und den Inhalt als Tauschware, wohl auch gegen Gold und Juwelen, zu benutzen. Murmelstein setzte diesem Treiben (laut eigener Aussage) ein Ende, denn alle nicht zustellbaren Sendungen wurden beschlagnahmt und die Vollmachten kurzerhand als wertlos erklärt. Quelle: *Murmelstein*, „Das Ende von Theresienstadt", in: *Loewy/Rauschenberger*, „Der Letzte der Ungerechten", S. 20.

[418] Aktenvermerk 346.) vom 06.07.1944, in: BArch, N 1856/57.
[419] „Verfahren gegen Walter W. vom 03.03.1944", Blatt 00034, in: BArch, N 1856/55. Aktenvermerk 216.) vom 29.05.1944 und Aktenvermerk 545.) vom 21.08.1944, in: BArch, N 1856/57.
[420] Verfahren gegen Ernst S. vom 03.05.1944, Blatt 00075, in: BArch, N 1856/55. Siehe Abbildung 8 im Anhang.

zugefügt worden war. Daraufhin fragte der Mann den Postbeamten: „Sind Sie immer so genau?" Der Beamte bestätigte dies. Der Mann erwiderte entweder: „Wenn Sie so genau sind, werde ich auch so genau sein" oder „Seien Sie nicht so genau, ich arbeite im Arbeitseinsatz BIV und werde mich um Sie kümmern." Welche dieser beiden Aussagen am Ende getroffen worden war, sah die Personalkanzlei als unerheblich an, da die Beweisaufnahme ergeben hätte, dass die Äußerung und die dabei gemachte Geste eine ausgesprochene Drohung dargestellt hätte und somit ein Verstoß gegen § 2 DV[421] vorliege. Bei der Strafzumessung wurde berücksichtigt, dass die Beamtenschaft der Post gegen Beleidigungen und Drohungen besonders geschützt werden müsse und der Mann die Möglichkeit einer Wiedergutmachung am selben Tage nicht ergriffen hatte. Strafmildernd wurde der Erregungszustand des Mannes zum Zeitpunkt der Tat anerkannt, der Folge einer Krankheit sei. Zudem wurde auch die Besorgnis berücksichtigt, dass bei dem Nichtabsenden der Bestätigungskarte Pakete von Freunden ausbleiben könnten. Die Personalkanzlei prüfte bei diesem Fall auch, ob der Bewohner versucht hatte, die Drohung wahr zu machen, wofür jedoch keine Anhaltspunkte bestanden. Abschließend wurde an den Mann appelliert, einen derartigen Sachverhalt beim nächsten Mal durch eine Entschuldigung selbst beizulegen. Rechtsmittel waren nicht zulässig (wobei der § 20a DV nicht mitzitiert wurde).[422]

8. Am 25.04.1944 berichtete Grabower, dass er in einer Einspruchsache gegen seine Gewohnheit längere und nachdrücklichere Ausführungen als üblich tätigte. Für ihn sei dieser Fall nämlich ganz besonders, da es sich um eine grundsätzliche Frage handele, die für die Existenz der Lagergemeinschaft von sehr großer Bedeutung sei. Hierbei stellte er zunächst fest, dass ein Ghettobewohner acht Tage lang einen Ofen behalten hatte, wobei es sich um eine Gefälligkeit handelte (mehr ist zu dem Sachverhalt nicht bekannt). Aber auch dies entbinde ihn nicht von einer harten Strafe. Er machte tiefergehende Ausführungen über die Gefahren der Gefälligkeitshandlungen und schloss mit den Worten, dass ein Richter über viele Fälle urteilen müsse, bei denen auch teilweise sympathische Angeklagte vor ihn treten würden, diese müssten jedoch auch mit Rücksicht auf die Gemeinschaft bestraft werden, da dieser ansonsten mehr geschadet werden würde, als es dem Angeklagten Nutzen brächte.[423]

9. Als ein Mann eine Nachtmahlzubussenkarte verfälschte und versuchte, hiermit zusätzliches Essen zu erlangen, wurde er lediglich mit einem einfachen Verweis gem. § 9a DV bestraft. Es blieb aufgrund des Einschreitens eines anderen Mannes bei einem Versuch. Als Begründung für diese milde Strafe wurde

---

[421] § 2 DV lautet: „Der Beamte ist für die gewissenhafte Erfüllung seiner Amtspflichten verantwortlich und hat sich durch sein Verhalten in und außer dem Dienste des Vertrauens ... würdig zu erweisen." Quelle: *Adler*, „Theresienstadt 1941–1945", S. 479.
[422] Verfahren gegen Adolf S. vom 27.05.1944, Blatt 00071, in: BArch, N 1856/55.
[423] Aktenvermerk 121.) vom 25.04.1944, in: BArch, N 1856/57.

angeführt, dass der Mann bereits vom Strafgericht verurteilt worden war und seine frühere Tätigkeit verlassen musste. Die Möglichkeit, einen Einspruch gegen diesen Verweis einzulegen, war nicht gegeben.[424]

10. Grabower wurde von einigen Ghettobewohnern dafür kritisiert, dass er eine Frau gefragt hatte, welche von zwei Strafen sie am wenigsten treffen würde und dann die härtere der beiden Strafen verhängt hatte. Grabower bezeichnete diese Kritik als „Gipfel der Gemeinheit". Bei der Frau handelte es sich um Edith H., die sich durch die Art und Weise, wie Grabower sie vernahm, verletzt fühlte und sich daher gegenüber anderen Ghettobewohnern gegen ihn aussprach. Grabower schrieb hierzu in seinen Tagesberichten, dass Tatsachen weniger schaden würden als Gerüchte und dies typisch in Theresienstadt sei. Er lud sie sofort vor, als er von ihren Behauptungen erfuhr. Es ging um folgenden Sachverhalt: Grabower hatte Edith H. wegen Fernbleibens von der Arbeit mit der zweitniedrigsten Strafe, dem Entzug einer warmen Mittagskost, bestraft. Die niedrigste Strafe war nach dem Gesetz der Entzug einer Tagesbrotration, die darauffolgende der Entzug einer warmen Mittagskost. Bei der Vernehmung von Edith H. hatte er ihr mitgeteilt, dass er ihr nicht die mildeste Strafe erteilen könnte und sie gefragt, welche Strafe sie schwerer treffen würde, der Entzug einer Tagesbrotration oder einer warmen Mittagskost. Edith H. beantwortete diese Frage mit Letzterem. Diese Strafe wurde dann von Grabower verhängt. Seine Frage basierte darauf, dass er festgestellt hatte, dass einige den Entzug einer Tagesbrotration als schwerere Strafe empfanden. Er wollte ihr die zweitgeringste Strafe geben und verhängte damit den Entzug der Mittagskost, diese Bestrafung hätte Grabower ihr, wie er schreibt, auch unabhängig von der Nachfrage auferlegt. Er erklärte Edith H., dass er sich zu der Frage aufgrund des Gemeinwohls verpflichtet sah und wenn er mit offenen Karten gespielt hätte, sie ihn angelogen hätte. Edith H. gab dies zwar zu, fügte allerdings an, dass sie sich trotzdem über sein Verhalten und Urteil ärgerte. Grabower resümierte über diesen Fall, dass es weder das Recht noch die Pflicht eines Beamten sei, sich von einem Beschuldigten übertölpeln zu lassen.[425]

11. Am 14.06.1944 wurde eine Ghettobewohnerin dabei ertappt, wie sie drei Stück Gebäck (das ihr rechtmäßig zustand), beim Verlassen der Küche unter Arm und Brust geklemmt hinaustrug, obwohl nach Ansage von Merzbach jeder sofort entlassen werden würde, der Essen heraustrüge. Die verletzten Vorschriften waren §§ 2, 3a[426] DV. Ein einfacher Verweis wurde als angemessene Sühne angesehen, da das Verhalten der Frau nicht ehrenrührig, sondern ledig-

---

[424] Verfahren gegen Oskar S. vom 05.05.1944, Blatt 00072, in: BArch, N 1856/55.
[425] Alle Belege in: Aktenvermerk 822.), 841.) und 853.) vom 16.12., 18.12., und 21.12.1944 und Beispiel in: Aktenvermerk 979 t.) vom 23.01.1945, in: BArch, N 1856/57.
[426] § 3a DV lautete: „Der Beamte darf keine Amtshandlungen vornehmen, durch die er sich selbst, seinen Angehörigen oder dritten Personen Vorteile verschaffen könnte." Quelle: *Adler*, „Theresienstadt 1941–1945", S. 479.

lich als ungeschickt angesehen wurde. Es wurde zudem angemerkt, dass die Frau das Amt einer Beschließerin in einer Diätküche im Ghetto innehatte, eine Position, die nur von denjenigen ausgeführt werden sollte, die selbst alle Vorschriften auf das Peinlichste genau beachteten. Die Entlastungsgesichtspunkte wie Unwohlsein, Arbeiten trotz freien Tages und sonstiges einwandfreies Verhalten in ihrem Amt, wurden von Grabower gegenüber dem vorstehenden allgemeinen Gesichtspunkt als nicht gewichtig genug angesehen. Es gab nicht die Möglichkeit, ein Rechtsmittel gegen dieses Urteil einzulegen.[427]

12. Als ein junger Bewohner sich auf Bitten eines Arztes mit der Aussage, dass er gerade von der Arbeit käme und jemand anderes helfen sollte, weigerte dabei zu helfen, Patienten, die im Garten lagen, wegzutragen, wurde ihm von der Personalkanzlei zwar eine Rüge erteilt, das Disziplinarverfahren gegen ihn jedoch gem. § 12a DV eingestellt. Ihm wurde vorgehalten, dass sein Verhalten gegen die Disziplin verstoße und vor allem seine gleichgültige Antwort auf die Drohung, dass, falls er nicht helfe, er morgen dazu nicht mehr in der Lage wäre, wurde von der Personalkanzlei als besonders verwerflich empfunden. Von einer Bestrafung wurde abgesehen, weil die Personalkanzlei der Meinung war, dass diese Äußerung (das sei „auch kein großes Malheur") in jugendlicher Unbedachtheit gefallen sei und von dem Mann bedauert wurde. Die folgende Ermahnung wurde als Schlusssatz eingefügt:

„Die P. K. beschränkt sich daher auf eine Rüge und ermahnt Sie auf das Ernsteste, wie es bereits mündliche geschehen ist, an sich selbst zu arbeiten, damit Ihnen derartige Disziplinlosigkeiten nicht wieder unterlaufen. Je mehr Sie sich in der Jugend erziehen, desto leichter werden Sie es im Leben haben. Entwickeln Sie bewusst Ihre guten Anlagen dazu, Ihre Arbeitsfreudigkeit, Ihre Arbeitsfähigkeit und Ihren Witz zu steigern, aber lassen Sie sich nie wieder Disziplinwidrigkeiten zu Schulde kommen."[428]

13. Ende Juni 1945 kam es zu zwei Diebstählen bei den politischen Gefangenen, woraufhin ein jüdischer Kapo stark in „Mitleidenschaft" gezogen wurde. Grabower vernahm einen Mann. Dieser wurde daraufhin zu vier Wochen Freiheitsstrafe verurteilt, wobei er an den ersten drei Tagen jeder Woche lediglich Wasser und 100 g Brot erhalten sollte. Zudem verlor er das Recht zur Bekleidung einer gehobenen Stellung in der Selbstverwaltung des Ghettos und diese Strafe wurde auch in seine Abgangspapiere aufgenommen. Als Begründung gab Grabower an, dass der Mann sich als Kapo der jüdischen Gemeinschaft unwürdig verhalten habe. Ob sowohl Opfer als auch Täter jüdische Kapos waren oder letztendlich nach der Vernehmung der in „Mitleidenschaft" gezogene Kapo verurteilt wurde, wird ebenso wenig deutlich, wie die genauen Tatumstände. Jedoch floh

---

[427] Verfahren gegen Frau K. vom 26.06.1944, Blatt 0001, in: BArch, N 1856/55. Hierbei handelte es sich um einen Vorschlag. „Bleibt hier" steht handschriftlich auf dem Dokument. Die Kürzel Gr./L. steht oben auf dem Blatt. Grabower hat mit seinem Kürzel unterschrieben.
[428] Verfahren gegen Gerhard D. vom 30.08.1944, Blatt 00065, in: BArch, N 1856/55.

der Mann vor Vollstreckung seiner Strafe. Grabower beschlagnahmte dessen Sachen und informierte die Gendarmerie.[429]

14. Ein Ghettobewohner wurde Anfang Mai 1945 zu einer Haftstrafe von drei Tagen unter gleichzeitigem Entzug einer Tagesbrotration verurteilt, nachdem er versuchte, aus einem, mit möglichen Flecktyphus verseuchten und mit Toten beladenen, Zugwaggon lose herumliegende Kartoffeln zu entnehmen. Der Mann wurde vom Ordnungspersonal mehrfach zum Unterlassen dieser Handlung ermahnt, weigerte sich jedoch der Aufforderung, sich zu entfernen, Folge zu leisten. Mit seiner Handlung verstieß der Mann gegen §§ 22, 23 des Rundschreibens 211 vom 10. März, darüber hinaus stellte sein Handeln eine Gefährdung für die Ghettogemeinschaft dar. Nachdem mit Quarantänemaßnahmen und Ähnlichem versucht wurde, die Flecktyphusepidemie im Lager einzudämmen, musste ein solches Vorgehen hart bestraft werden. Laut Grabower konnte es dahinstehen, ob es sich um einen versuchten Diebstahl oder den Versuch eines Widerstandes gegen die öffentliche Gewalt handelte. Der Tatbestand ließ sich insoweit nicht genügend klären und daher wurde der Sachverhalt nicht an den öffentlichen Ankläger abgegeben. Die Milde seiner Bestrafung begründete Grabower damit, dass er die Hoffnung hatte, dass der Mann seinen schweren Verstoß einsehen und daher nicht wiederholen werde. Grabower betonte jedoch, dass grundsätzlich in Zukunft in ähnlichen Fällen eine deutlich schwerere Strafe verhängt werden würde, die auch mit Nachteilen beim Rücktransport nach der Befreiung des Ghettos in die (neue) Heimat verknüpft werde. Nach einer Belehrung verzichtete der Mann darauf, Berufung gegen das Urteil einzulegen.[430]

15. Als eine Frau sich im April 1945 mit dem Hinweis auf ihre kranken Hände weigerte, ihre Glimmerarbeit zu verrichten, obwohl sie noch nicht wusste, zu welchem Dienst sie genau eingeteilt war, wurde sie von Grabower mit 24 Stunden Haft in Kombination mit dem Entzug der warmen Mittagskost bestraft. Ihr wurde ein schwerer Verstoß gegen § 16d des Rundschreibens 211 vom 10.03.1945 vorgeworfen. Grabower machte in diesem Urteil deutlich, dass ein solches Verhalten gegen den Gemeinschaftsgedanken verstoße und andere Menschen ebenfalls zur Arbeitsverweigerung anhalten könne. Viele andere Ghettobewohner hatten den Sachverhalt mitbekommen und Grabower musste somit ein Exempel statuieren. Bei dem Strafmaß nahm er auf den Gesundheitszustand der Frau Rücksicht und hoffte, dass sie eine entsprechende Lehre aus ihrem Verhalten ziehen würde. Das Urteil war nicht anfechtbar. Die Frau weigerte sich, das Urteil zu unterschreiben, nahm aber eine Abschrift an sich.[431]

---

[429] „Arbeitseinsatz der deutschen politischen Häftlinge vom 29.06.1945", in: BArch, N 1856/7.
[430] Urteil gegen Hermann E. vom 07.05.1945, Blatt 00005, in: BArch, N 1856/55.
[431] Urteil gegen Margarete D. vom 26.04.1945, Blatt 00018, in: BArch, N 1856/55.

k) Erkenntnisse aus Grabowers überlieferten Fällen und Aktenvermerken zur Rechtsprechung und dem Rechtsapparat

Im Folgenden werden die Erkenntnisse, die aus Grabowers Berichten in Bezug auf die Rechtsprechung und den Rechtsapparat in Theresienstadt gezogen werden konnten, analysiert, wobei an die Auswertungen zu den Wochenberichten angeknüpft wird.

Generell ist bei Grabowers Urteilsbegründungen vor allem im Jahr 1945 zu erkennen, dass er immer wieder das Gemeinschaftsgefühl betonte. Er appellierte wiederholt an die Beschuldigten, bei ihren Handlungen vor allem die Auswirkungen auf die Gemeinschaft im Blick zu behalten. Zudem betonte Grabower bei einigen Fällen, dass er diesmal zwar Milde walten gelassen habe und die Bestrafung daher nicht so hart ausgefallen sei, in Zukunft bei einem ähnlichen Sachverhalt jedoch deutlich strenger durchgreife. Er warnte die Ghettobewohner somit häufig vor, bevor er zu harten Strafen griff.

Zudem machte er immer wieder deutlich, dass Dienstliches nicht mit Privatem vermischt werden dürfe und stellte besonders strenge Anforderungen an Personen in führenden Stellungen wie Zimmerältester, Partieführer oder Beschließer.[432]

Grabower versuchte den Bewohnern auch immer die rechtlichen Aspekte der Vorgänge zu erklären, damit diese seine Entscheidung nachvollziehen konnten. Als beispielsweise eine Zeugin eine Aussage machte, dann aber die weiteren Ausführungen auf Nachfragen Grabowers hierzu verweigerte, wies er sie darauf hin, dass ein Zeugnisverweigerungsrecht nur dann bestände, wenn eine verwandtschaftliche Beziehung oder eine mögliche Selbstbelastung vorliegen würde, die die Gefahr einer eigenen strafrechtlichen Verfolgung nach sich zöge.[433]

Grabowers Nachlass zeigt auch, dass die Rechtslage nicht immer eindeutig war und selbst der Disziplinarreferent teilweise nicht wusste, aufgrund welcher Rechtsgrundlage er Taten bewerten sollte. Am 14.04.1944 schrieb Grabower, dass er sich bezüglich eines Falls bei Osvald Retter erkundigte, ob ein Schwiegervater ohne weiteres von seinem Zeugnisverweigerungsrecht Gebrauch machen dürfe, wenn der Schwiegersohn Beschuldigter in einem Verfahren sei. Retter wies Grabower auf die damaligen §§ 151, 152 StPO hin, wonach dem Schwiegervater ein Zeugnisverweigerungsrecht zustehe. Daraufhin fragte Grabower Heinrich Klang, wie die Rechtslage diesbezüglich in Österreich-Ungarn für Disziplinarsachen aussah. Klang erwiderte, dass hiernach ebenfalls ein Zeug-

---

[432] Alle Belege in: Beispiel Urteil gegen Emil. R vom 23.02.1945, Blatt 00029, oder Urteil gegen Robert M. vom 05.02.1945, Blatt 00031 und Verfahren gegen Rudolf E. vom 03.05.1944 (siehe Abbildung 12 im Anhang), Blatt 00032, oder auch Verfahren gegen Alfred W., vom 26.01.1944, Blatt 00061, in: BArch, N 1856/55.

[433] Dokument bzgl. Gertrude W., Blatt 00003, in: BArch, N 1856/55.

nisverweigerungsrecht bestehe. Grabower selbst schrieb hierzu, dass er keinerlei Bedenken gehabt hätte, diese Grundsätze für obsolet für eine Gemeinschaft, wie die Ghettogemeinschaft in Theresienstadt, zu erklären. Gleichzeitig schrieb er jedoch auch, dass er wisse, dass er sich hiermit nicht durchsetzen würde und er sich daher bescheiden müsse.

Das Vorgehen der Richter und Referenten in Theresienstadt kennzeichnete, falls keine eindeutige Rechtsgrundlage für einen bestimmten Sachverhalt vorhanden war, folgende Rechnung, die Grabower vornahm: Es wurden fünf Tage Haft gegen einen Ghettobewohner verhängt, was umgerechnet 120 Stunden waren. Davon verbüßte dieser zehn Stunden in normaler Haft, 17 ½ Stunden in strenger Haft/Dunkelzelle (ungeheizt, Wasser u. Brot, Einzelhaft). Grabower setzte 6 ¼ Normalstunden mit 1 Stunde sehr schwerer Haft gleich. Er schrieb, dass er über die Möglichkeit dieser Anrechnung in der StPO keine Unterlagen fand, jedoch die Grundsätze, die sich aus §§ 338 und 410, 411 ergeben, sinngemäß auf die Situation angewandt habe.[434]

Aus den Dokumenten aus Grabowers Nachlass lässt sich auch auf einige Rechtsmittel schließen, die gegen das Urteil eingelegt werden konnten.[435] Auf den Dokumenten ist, mit einigen Ausnahmen, stets der Hinweis auf die Möglichkeit, Rechtsmittel einzulegen, teilweise auch unter Angabe der Frist, zu finden.[436] Grabower verzeichnete hierbei auch in einigen Fällen direkt auf dem Dokument, dass die Berufung[437] form- und fristgerecht eingelegt wurde[438] oder der Angeklagte nach der Belehrung über die Rechtsmittel erklärte, dass er auf solche verzichte.[439] Nicht immer wurde in der Urteilsschrift auf eine Möglichkeit oder die Unzulässigkeit von Rechtsmitteln verwiesen. Das kann daran liegen, dass die im Nachlass befindlichen Dokumente teilweise nicht die endgülti-

---

[434] Alle Belege in: Aktenvermerk 91.) vom 14.04. und Aktenvermerk 879.) vom 22.12.1944, in: BArch, N 1856/57.
[435] Beispiel einer Belehrung von Grabower in Aktenvermerk 320.) vom 29.06.1944, in: BArch, N 1856/57. Hierin schrieb Grabower, dass der Verurteilte von ihm über die Möglichkeit von Rechtsmitteln belehrt wurde, dieser auch erklärte, dass er keine einlegen wolle, sich hierbei jedoch so unschlüssig verhielt, dass Grabower diese Worte nicht als Verzicht auffasste und daher einen solchen auch nicht in die Akten eintrug. Weitere Beispiele befinden sich im Ordner BArch, N 1856/55.
[436] Beispiel Urteil gegen Siegfried T. vom 03.04.1945, Seite nach Blatt 00004, in: BArch, N 1856/55. Gegen das Urteil (Arbeitshaft von drei Tagen und Entlassung aus dem Dienst) war eine Beschwerde innerhalb von drei Tagen einzulegen. Diese hatte an die Berufungskammer des Gerichtes der Jüdischen Selbstverwaltung zu erfolgen.
[437] Berufungssachen, mit denen Grabower zu tun hatte, waren beispielsweise: „1 Raufhandelssache (Begriff der Notwehr, wo man evl. zustimmen kann,) 1 Diebstahl, wo man allenfalls auch einverstanden sein kann und die Beschimpfung eines Amtsträgers, wo das Urteil nach unserer Auffassung gegen § 312 StG verstösst." Quelle: Aktenvermerk 732.) vom 30.10.1944 und Aktenvermerk 782.) vom 24.11.1944, in: BArch, N 1856/57.
[438] Beispiel: Urteil gegen Siegfried T. vom 03.04.1945, Seite nach Blatt 00004, in: BArch, N 1856/55.
[439] Beispiel: Urteil gegen Hermann E. vom 07.05.1945, Blatt: 00006, in: BArch, N 1856/55.

gen waren, zudem ist nicht bekannt, ob Grabower, bevor er die Urteile aushändigte, noch Verbesserungen oder Ergänzungen an diesen vornahm. Aufgrund der Unterschrift der Beteiligten und des Papiermangels in Theresienstadt ist dies nicht wahrscheinlich, jedoch auch nicht ausgeschlossen.

Aus den Dokumenten lässt sich des Weiteren schließen, dass gem. § 20a DV gegen einen einfachen Verweis ein Rechtsmittel nicht gegeben war.[440] Größtenteils wurde der § 20a DV auf dem Dokument mitzitiert.[441] Gegen einen strengen Verweis konnte das Rechtsmittel der Beschwerde binnen drei Tagen nach Zustellung bei der Personalkanzlei gem. § 20 DV eingelegt werden oder aber ein Einspruch beim Dienstgericht, ebenfalls innerhalb von drei Tagen bei der Personalkanzlei gem. § 20b DV eingereicht werden.[442]

Ein Entzug von Nahrungsmittelzubußen für zwei Dekaden und 2/3 Monade nach einer Äußerung war unanfechtbar.[443] Das Rechtsmittel gegen eine Haftstrafe war eine Beschwerde, die binnen drei Tagen an die Berufungskammer des Gerichtes der Jüdischen Selbstverwaltung einzulegen war.[444] Jedoch war selbst bei einer Haftstrafe nicht immer ein Rechtsmittel gegeben. Nach Grabowers Dokumenten lehnte es Murmelstein nämlich ab, dass es gegen alle Haftstrafen im Arbeitsrecht Rechtsmittel geben sollte.[445] Bei einer Verfügung gegen einen Mann, der mit vier Wochen Freiheitsstrafe plus Lebensmitteleinbußen bestraft werden sollte, wurde explizit angegeben, dass die Verfügung unanfechtbar und sofort zu vollstrecken sei.[446] Auch das Urteil gegen Margarete D., die zu einem Tag Arbeitshaft in Verbindung mit Entzug einer warmen Mittagsmahlzeit verurteilt worden war, war nicht anfechtbar.[447] Aus Grabowers Dokumenten lassen sich jedoch keine allgemeinen Grundsätze oder Kontinuität bzgl. der Rechtsmittelverfahren im Ghetto entnehmen.

Wenn ein Richter ausfiel, wurde er durch einen anderen vertreten. So vertrat Grabower beispielsweise einen Herrn Hirschberger für acht Tage als Strafrich-

---

[440] Beispiel: Urteil gegen Wilhelm M. vom 22.04.1944, Blatt 00036 oder Urteil gegen Dsidor B. vom 05.01.1944, Blatt 00047, in: BArch, N 1856/55.
[441] Beispiel: Urteil gegen Anny U. vom 02.07.1944, Blatt 00081 oder Urteil gegen Adolf S., vom 27.05.1944, Blatt 00071, in: BArch, N 1856/55. Beispielsweise wird auf die Möglichkeit, ein Rechtsmittel gegen den einfachen Verweis einzulegen, bei dem Urteil gegen Kurt B. (vom 25.01.1944, Blatt 00048) nicht hingewiesen.
[442] Beispiel: Urteil gegen Rudolf E. vom 03.05.1944, Blatt 00032 (siehe Abbildung 12 im Anhang) oder Urteil gegen Oskar S. vom 03.05.1944, Blatt 00039 sowie Urteil gegen Otto W. vom 25.05.1944, Blatt 00033 oder Urteil gegen Walter W. vom 13.03.1944, Blatt 00034, in: BArch, N 1856/55.
[443] Urteil gegen Margarete R. vom 27.04.1945, Blatt 00006, in: BArch, N 1856/55.
[444] Urteil gegen Siegfried T. vom 03.04.1945, Seite nach Blatt 00004, in: BArch, N 1856/55. Anscheinend konnte gegen Haftstrafen auch eine Berufung eingelegt werden: Beispiel Urteil gegen Hermann E. vom 07.05.1945, Blatt 00005, in: BArch, N 1856/55.
[445] Aktenvermerk 1005.) vom 07.02.1945, in: BArch, N 1856/57.
[446] Verfügung gegen Mierckeslaw K. vom 29.06.1945, Blatt 00010, in: BArch, N 1856/55.
[447] Urteil gegen Margarete D. vom 26.04.1945, Blatt 00018, in: BArch, N 1856/55.

ter,[448] obwohl er selbst eigentlich als Arbeits- und Verwaltungsrichter tätig war. Leider ist in Grabowers Nachlass nicht genauer beschrieben, wie diese Vertretung ablief.

Eine Beweisaufnahme fand vor der Urteilsverkündung statt. Zeugen wurden gehört und der Beschuldigte konnte ebenfalls zur Sache aussagen und Zeugen benennen sowie entlastende Umstände vortragen.[449] Anscheinend fanden sogar nächtliche Verhandlungen und Befragungen statt.[450]

Wenn der Tatbestand nicht geklärt werden konnte, weil es beispielsweise widersprüchliche Aussagen von Zeugen gab, wurde das Verfahren eingestellt oder gar nicht erst eröffnet.[451] Jedoch wurde teilweise trotz Einstellung deutlich gemacht, dass dies nicht hieß, dass das Gericht bzw. die Personalkanzlei von der Unschuld desjenigen überzeugt war, wie folgender Fall beweist: Eine Einstellung endete mit dem Absatz:

„Immerhin stellt die P. K. ausdrücklich fest, dass Sie [sic!] von der Richtigkeit Ihrer Ausführungen in keiner Weise überzeugt ist. Der Vorgang möge Ihnen zur Lehre dienen, in Zukunft jede Verquickung von dienstlichen und persönlichen Angelegenheiten zu vermeiden und insbesondere auch den Schein zu vermeiden, als ob Sie derartiges beabsichtigen. Die P. K. ist über die zahlreichen Gerüchte, die sich mit den vorgeschilderten Vorgängen und mit Ihrer Hochzeit befassen, durchaus im Bilde, ist aber auf Grund umfangreichster Beweisaufnahme zu positiven Feststellungen, wie gesagt, nicht gekommen. Sie lehnt es aus grundsätzlicher Einstellung zu sittlichen und rechtlichen Fragen ab, auf blossen Verdacht hin zu strafen. Straflosigkeit in derartigen Fällen ist aber mit Schuldlosigkeit nicht identisch. Die Folgen aus vorstehenden Erwägungen mögen Sie mit Ihrem Gewissen abmachen."[452]

Oft belehrte Grabower die Bewohner oder hielt ihnen ihr Verhalten vor, auch wenn das Verfahren gegen sie eingestellt wurde.[453]

Des Weiteren gab es die Möglichkeit der Wiederaufnahme des Verfahrens, beispielsweise, wenn ein Zeuge noch nicht zugunsten des Verurteilten ausgesagt hatte.[454]

In seiner knappen Urteilsbegründung gab Grabower auch teilweise strafschärfende oder strafmildernde Umstände an. Zu den strafmildernden Umstän-

---

[448] Aktenvermerk 732.) vom 30.10.1944 und Aktenvermerk 782.) vom 24.11.1944, in: BArch, N 1856/57.
[449] Beispiel: Urteil gegen Siegfried T. vom 03.04.1945, Blatt 00004, Urteil gegen Robert M. vom 05.02.1945, Blatt 00030 oder Verfahren gegen Gert E. vom 22.08.1944, Blatt 00043, in: BArch, N 1856/55. Beispiel für Zeugenaussage: Dokument zu Gertrude W., Blatt 00003, in: BArch, N 1856/55.
[450] Aktenvermerk 373.) vom 11.07.1944, in: BArch, N 1856/57.
[451] Beispiel: Blatt 00009 bzgl. Käthe H., in: BArch, N 1856/55. Dort wurde vermerkt, dass nicht genügend Beweismaterial vorliegen würde, um ein Verfahren gegen H. einzuleiten. Weiteres Beispiel Verfahren gegen Friedrich S. vom 01.05.1945, Blatt 00038, in: BArch, N 1856/55.
[452] Verfahren gegen Gert E. vom 22.08.1944, Blatt 00043, in: BArch, N 1856/55.
[453] Beispiel Verfahren gegen Fritz P. vom 26.05.1944, Blatt 00035, in: BArch, N 1856/55. Siehe Abbildung 10 im Anhang.
[454] Aktenvermerk 1070.) vom 18.02. oder 1108.) vom 03.03.1945, in: BArch, N 1856/57.

den zählten bisherige Unbescholtenheit, gute Beurteilung der dienstlichen Leistungen, bisherige gute Führung, ein angeschlagener Gesundheitszustand, nicht ausreichende Aufklärung über die Pflichten als Beamter, Entschuldigung, ein Geständnis und schwere Schicksalsschläge.[455]

Als strafschärfend wurden die „hohe Kulturschicht", aus der eine Frau stammte,[456] das Leugnen oder Lügen bzw. Verschweigen der Wahrheit vor Gericht, aber auch, dass eine Bewohnerin bereits kurz zuvor wegen eines Verstoßes bestraft wurde, angesehen.[457]

l) Grabowers Verbesserungsvorschläge und Kritikpunkte bzgl. des Rechtssystems in Theresienstadt

Grabower hatte viele Verbesserungsvorschläge für das Rechtssystem in Theresienstadt. Durch seine praktischen Erfahrungen konnte er die effizientesten Methoden ausprobieren und teilte seine Analysen mit dem Ältestenrat und anderen Personen im Rechtssystem von Theresienstadt. Er erstattete dem Judenältesten Wochenberichte über die in der Woche durchgeführten Verfahren, zudem erhielten auch einige betroffene oder interessierte Abteilungen eine Abschrift dieser Berichte. Durch die Bemerkungen, die Grabower am Ende eines jeden Wochenberichts anhängte, konnte er auf Missstände und Probleme hinweisen. Zu Grabowers Bedauern fanden seine Anmerkungen jedoch kein Gehör: „Zu meinem allergrössten Bedauern sind es Monologe ohne Echo geblieben. Ich glaube auf Grund aller meiner Erfahrungen, dass manches Beachtliche dort drin steht, doch habe ich dieses Totschweigen so sehr ich es sachlich bedauere, mit heiterer Gelassenheit getragen."[458]

Aufgrund der spärlichen Quellenlage zum Rechtssystem in Theresienstadt ist nicht immer eindeutig erkennbar, ob sich die Vorschläge Grabowers letztlich durchgesetzt haben. Teilweise wurde ihm eine Umsetzung zugesagt. Oft fand Grabower im Nachhinein heraus, dass eine solche doch nicht erfolgte oder zumindest nicht in der Art und Weise, wie er sich dies vorgestellt hatte. Grabower hatte beispielsweise einige Verbesserungsvorschläge bzgl. der Arbeit der Personalkanzlei, wobei er immer die Verbesserung der Rechtspflege im Blick hatte.[459]

---

[455] Beispiel: Urteil gegen Siegfried T. vom 03.04.1945, Seite nach Blatt 00004; Urteil gegen Walter W. vom 13.03.1944, Blatt 00040; Urteil gegen Samuel H. vom 06.05.1944, Blatt 00049; Urteil gegen Anny U. vom 02.07.1944, Blatt 00081; Urteil gegen Leon L. vom 07.03.1944, Blatt 00082; Urteil gegen Otto W. vom 05.03.1944, Blatt 00060; Urteil gegen Dsidor B. vom 05.01.1944, Blatt 00047; Urteil gegen Margarete D. vom 26.04.1945, Blatt 00018, in: BArch, N 1856/55.

[456] Beispiel: Urteil gegen Anny U. vom 02.07.1944, Blatt 00081, in: BArch, N 1856/55.

[457] Beispiel Urteil gegen Oskar S. vom 03.05.1944, Blatt 00039; Verfahren gegen Walter W. vom 13.03.1944, Blatt 00040 oder Urteil gegen Robert M. vom 05.02.1945, Blatt 00031 in: BArch, N 1856/55.

[458] „Schreiben von Grabower an Löwith vom 21.04.1945", in: BArch, N 1856/59.

[459] Beispiel: Aktenvermerkt 35.), 132.) und 157.) vom 27.03., 27.04. oder 05.05.1944, in: BArch, N 1856/57.

So schlug er Ende März 1944 für die Personalkanzlei neben dem einfachen und strengen Verweis noch eine dritte Strafmöglichkeit vor und regte auch Nebenstrafen wie besseres Wohnen, Stellung im Ghetto und Ähnliches an.[460]

Am 27.04.1944 überlegte Grabower, ob er Otto Zucker nicht folgende Vorschläge unterbreiten sollte: zum einen die Ermächtigung des Disziplinarreferates, eine Sache einzustellen, auch wenn sie noch nicht abgeschlossen sei, es aber deutlich werde, dass sie ergebnislos enden werde. Dadurch könne Zeit und Papier gespart werden. Zum anderen, ob gegen einen Zeugen, der Beamter sei und der lüge oder etwas verschweige, sofort ein Disziplinarverfahren aufgrund eines hierdurch herbeigeführten Verstoßes gegen § 2 DV eröffnet werden könne.

Am 14.09.1944 wurde in einer Ressortbesprechung bei Kurt Levy über die Novelle zum Arbeitsrecht debattiert und Grabowers Vorschlag, die Kompetenzen der Abteilungen zu Gunsten des Arbeitsrichters einzuschränken, wurde angenommen. Am 17.12.1944 brachte Grabower Robert Prochnik den Entwurf einer Novellierung der Strafen. Sämtliche Vorschläge Grabowers bezüglich der neuen Strafen und Aburteilung von Jugendlichen wurden angenommen. Nur sein Vorschlag betreffend der Verweise und strengen Verweise wurde von Murmelstein und Prochnik kategorisch abgelehnt. Diesbezüglich war Grabower der Meinung, dass beide Männer durch ihr Ablehnen das Ehrgefühl der Juden unterschätzten. Als Beispiel hierfür führte er an, dass sich in den 500 Disziplinarfällen, die er während seiner siebenmonatigen Amtszeit bearbeitet hätte, zeige, dass auch der einfache Verweis in allen Schichten der Ghettogesellschaft gleichwertig zu einer gerichtlichen Strafe empfunden werden würde. Er zitierte eine von ihm oft gehörte Äußerung: „Der Entzug an Naturalien ist mir gleichgültig nur die Tatsache der Bestrafung ist mir unangenehm". Als einen Vorzug der Bestrafung durch Verweis sah Grabower auch die mögliche Graduierung von Strafen und versuchte daher, sich für diesen Standpunkt weiterhin einzusetzen. Für Grabower war die Einführung einer mittleren Bestrafung besonders erstrebenswert. Er begründete dies damit, dass er sich sorge, dass sein Amtsnachfolger vielleicht lieber härter bestrafen wolle und keine mittlere Alternative zur Verfügung hätte. Grabower betonte hierzu, dass nicht mild oder streng, sondern bedacht und gerecht im Amt gehandelt werden müsse. Daher sah er die Einführung einer zweiten und dritten Tagesbrotration quasi als Schutz für die Bevölkerung vor der Verhängung zu schwerer Strafen an. Über sich selbst sagte Grabower, dass er im Zweifelsfall die mildere Strafe wählen würde.[461]

Am 22.12.1944 kam der ehemalige Justizminister der tschechoslowakischen Republik, Alfred Meissner[462] mit dem neuen Entwurf des Zentralsekretariats

---

[460] Aktenvermerk 26.) vom 23.03.1944, in: BArch, N 1856/57.
[461] Alle Belege in: Aktenvermerk 132.), 698.), 829.), 845.), 847.) und 904.) vom 27.04., 14.09., 17.12., 19.12. und vom 29.12.1944, in: BArch, N 1856/57. Beispiel, dass ein Verweis von Ghettobewohnern ernst genommen wurde in: Aktenvermerk 150.) vom 02.05.1944, in: BArch, N 1856/57.
[462] Alfred Meissner (10.04.1871–29.09.1950) war seit dem 30.01.1942 in Theresienstadt in-

für die nächste Ältestenratssitzung zu Grabower. Abweichend von dessen Vorschlag wurde als Bestrafung eine Zusatzarbeit von täglich einigen Stunden vorgesehen. Diese Idee befürwortete Grabower nicht. Aufgrund der kalten Jahreszeit und der zehnstündigen Arbeitszeit hielt er diese Bestrafung für untragbar. Im Gespräch mit Meissner begründete Grabower seine Vorschläge bezüglich der Verweise abermals und schlug zudem vor, dass die Tagesbrotration bzw. Mittagskost nicht nur einmal entzogen werden sollte, sondern dreimal. Er begründete dies damit, dass er mit den bisherigen Strafen nicht auskommen würde. Mit Heinrich Klang, der mit der Überarbeitung der Verwaltungsstrafvorschriften beauftragt war, besprach Grabower am 25.12.1944 Reformziele, wobei sie sich hierbei auf den Verweis, dreimaligen Entzug von Tagesbrotration und einmaligen Entzug der warmen Mittagskost sowie der Angleichung von Arbeitsgerichts- und Verwaltungsverfahren, Rechtsmittel gegen Haftstrafen an die Berufungskammer und gegen Dienstentlassungen in Disziplinarsachen und die Verpflichtung der Abteilung Disziplinarvergehen zu melden einigten. Die bereits laufenden Verfahren sollten jedoch nach geltendem Recht behandelt werden. In ihrem Gespräch erzielten sie das Ergebnis, dass keine zusätzliche Hausdienststrafe verhängt und das Strafrecht des Gebäudeältesten aufgehoben werden sollte. Grabower war mit diesem Ausgang sehr zufrieden. Er bat Klang jedoch noch in den Vorschlag mit aufzunehmen, dass es dem Verwaltungsrichter erlaubt werden solle, bestimmte Lokalverbote zu erlassen und dass eine besondere Reglung für Jugendliche getroffen werde, die zusammen mit Älteren in Verwaltungs- oder Arbeitsangelegenheiten herangezogen werden. Dem letzten Begehren entsprach Klang nicht. Wenige Tage später fand Grabower heraus, dass Klang einen neuen Entwurf ausgearbeitet hatte, in dem er Grabowers Vorschläge zum größten Teil unbeachtet gelassen hatte. Auch Grabowers darauffolgender Vorschlag, bei Strafen bis zu fünf Tagen Haft keine Rechtsmittel einzulegen und das Disziplinarstrafverfahren Disziplinarverfahren zu nennen, wurde abgelehnt. Das Gleiche traf auf Grabowers Vorschlag bezüglich der Bestrafung mit dem dreitägigen Entzug der Tagesbrotration zu. Sowohl Meissner als auch Baeck hatten sich gegen eine solche Bestrafung ausgesprochen.[463]

Grabower war als Richter vom Zentralsekretariat abhängig. Dies beklagte er gegenüber Baeck am 31.12.44 und legte diesem sowie Klang einen Vorschlag

---

haftiert und dort Leiter der Verlassenschaftsabteilung beim Ghettogericht. Vor dem Krieg war er u.a. im Jahr 1920 Justizminister der tschechoslowakischen Republik gewesen sowie als Rechtsanwalt tätig. Quelle: *Feuß*, „Das Theresienstadt-Konvolut", S. 49. Vgl. auch „Drehbericht von Kurt Gerron", in: *Adler*, „Die verheimlichte Wahrheit", S. 328. Neben Alfred Meissner lebte auch ein Ludwig Meissner, der als Richter im Strafgericht tätig war, im Ghetto. Quelle zu Ludwig Meissners Tätigkeit: Židovské muzeum v Praze, „Trestní soud v Terezíně – varia", aufgerufen unter: https://collections.jewishmuseum.cz/index.php/Detail/Object/Show/object_id/134092 [Stand: 11.03.2021].

[463] Alle Belege in: Aktenvermerk 860.), 861.), 872.), 874.), 875.), 911.), 913.) und 920.) vom 22.12., 23.12., 25.12., 30.12.1944, und vom 02.01.1945, in: BArch, N 1856/57.

vor, der zum Inhalt hatte, dass der Richter nur vor seinem Gewissen verantwortlich sei und er Weisungen, außer von der vorgesetzten Dienststelle, von anderen Stellen nicht annehmen dürfe. Falls der Richter trotzdem Weisungen von anderen Seiten annehme, die mit seinem Gewissen nicht vereinbar seien, so mache er sich strafbar. Zudem war Grabower der Auffassung, dass eine Entfernung des Richters aus seinem Arbeitsbereich oder eine Änderung des Arbeitsbereichs nur durch den Beschluss des Ältestenrats geschehen dürfe. Vor diesem Beschluss müsse der Richter zudem angehört werden. Klang versprach, diesen Vorschlag von Grabower zu unterstützen.[464]

In der Ältestenratssitzung vom 21.01.1945 trug Grabower seine Ansichten über die Frage der Jugendlichen[465], den dreitägigen Entzug der Tagesbrotration und dreitägigen Entzug von warmer Tageskost, Dunkel- und Hartbetthaft als Haftstrafe, Verantwortung vor dem eigenen Gewissen und Absetzung nur durch Beschluss des Ältestenrats vor. Zudem besprach er die Fragen, warum ein Urteil zugestellt werden und ein Strafregister existieren sollte. Jedoch waren die meisten von Grabower thematisierten Punkte zu diesem Zeitpunkt bereits entschieden, sodass sein Vortrag nicht viel ausrichten konnte. Als Reaktion auf seine Vorschläge, eine größere Bandbreite von Strafen einzuführen, wurde angedeutet, dass Grabower vielleicht früher ein Gourmet gewesen sei und lange Speisekarten gerngehabt hätte, jetzt jedoch Eintopfzeit sei und das gelte eben auch für Strafnormen.[466]

Zudem hielt es Grabower für wichtig, in einem möglichst kurzen Stichworterlass bestehende Verbote alphabetisch zusammenzustellen.[467] Zur Verbesserung der Vorladungen machte er ebenfalls Vorschläge.[468] Hierbei sah er es als zweckmäßiger an, wenn die Aufforderung zum pünktlichen Erscheinen deutlicher betont und auch noch einmal ausdrücklich darauf hingewiesen werde, dass ein eigenmächtiges Erscheinen an einem anderen Termin nicht zulässig sei. Daher sei es erforderlich, ein Formular für die zweite Vorladung zu erstellen, das eine Ordnungsstrafe oder im Nichteinbringungsfalle eine Haftstrafe anordnete.[469] Als Richter schrieb Grabower die Vorladungen meist abends aus und die Frist betrug nur wenige Stunden. Als Disziplinarreferent hatte er genaue Terminstunden mit drei Tagen Frist angegeben.[470]

---

464 Alle Belege in: Aktenvermerk 914.) vom 31.12.1944, in: BArch, N 1856/57.
465 Vermutlich ging es hierbei um die Altersgrenze und die Zuständigkeit. Diese Probleme hatte Grabower bereits mehrfach angeschnitten. Siehe Abschnitt zum Jugendrichter.
466 Alle Belege in: Aktenvermerk 979 und 979 e.) vom 19.01. und 21.01.1945, in: BArch, N 1856/57.
467 Aktenvermerk 216.) vom 29.05.1944, in: BArch, N 1856/57.
468 Aktenvermerkt 31.) vom 27.03.1944, in: BArch, N 1856/57. In den Ordnern BArch, N 1856/7 und BArch, N 1856/59 befinden sich Vorladungen im Original. In „Wenn im Amte", S. 99 ist eine solche Vorladung abgedruckt.
469 Aktenvermerkt 31.) vom 27.03.1944, in: BArch, N 1856/57.
470 Belege in: „Schreiben von Grabower an Löwith vom 21.04.1945", in: BArch, N 1856/59.

Die Inkonsistenz bei der Durchführung und Bestrafung von Verstößen gegen die Ghettoregeln durch die unterschiedlichen Stellen und Amtsinhaber stellten ein weiteres Problem dar. So kritisierte Grabower beispielsweise die fehlende konsequente erzieherische Tätigkeit des Dienstgerichtes in Bezug auf die lasche Bestrafung der Ärzte, die Geschenke für ihre Dienste entgegennahmen, und fügte hinzu: „Je länger ich dessen Praxis beobachte, desto mehr verstehe ich, das schauerliche Wort meines geliebten P. über die Eignung der J. zu höchsten Richtern."[471]

Während Grabower in seinen Berichten die Problematik der bestechlichen Ärzte verhältnismäßig oft thematisierte, schrieb Murmelstein in seinen Erinnerungen: „Mit ganz wenigen Ausnahmen haben die Ärzte nie von ihrem Ansehen profitiert, um Vorteile oder Privilegien für sich herauszuschlagen."[472]

Allerdings berichtete Grabower auch von der Sonderbehandlung Murmelsteins durch die Ärzte, wodurch dessen Aussage ihre Glaubwürdigkeit zu einem gewissen Grad einbüßt.[473]

Grabower kritisierte zudem, dass teilweise unterschiedliche Stellen mit dem gleichen Fall oder der gleichen Problematik beschäftigt waren und sich somit Zuständigkeitsproblematiken ergaben sowie Informationen und Dokumente nicht immer allen Stellen zugingen.[474] Zudem bemängelte er das Fehlen von klaren Richtlinien und Befehlsverhältnissen sowie Kompetenzüberschreitungen.[475] Beispielsweise erhielt ein Ghettobewohner, der von Grabower zu drei Tagen Haft verurteilt worden war, von einer anderen Stelle – ohne Absprache mit Grabower – zusätzlich eine Bestrafung mit Entzug von S-Brot (Schwerarbeiter). Diese Kumulierung von Strafen hielt Grabower „für rechtlich unzulässig und menschlich hässlich" und er lud den Bestraften daraufhin sogar dazu ein, falls er jemals andere Schwierigkeiten haben sollte, zu ihm zu kommen.[476]

Ein weiteres Problem des Rechtsapparats im Ghetto lag auch darin, dass bestimmte Begriffe nicht einheitlich definiert waren, wie z. B. der Begriff der „Schwarzarbeit".[477]

Wie bereits mehrfach gezeigt, betonte Grabower immer wieder, dass er der Meinung sei, dass beim Versagen des Untergebenen den Vorgesetzten oft eine

---

[471] Aktenvermerk 716.) vom 20.09.1944, in: BArch, N 1856/57. P. wird hier vermutlich für Popitz stehen und das J. für die Juden.
[472] *Murmelstein*, „Theresienstadt – Eichmanns Vorzeige-Ghetto", S. 71.
[473] Aktenvermerk 467.) vom 06.08. und Aktenvermerk 480.) vom 07.08.1944, in: BArch, N 1856/57. Laut Grabower wurden eigens für Murmelstein einige Patienten in andere Räume verlegt, einer Krankenschwester der Urlaub gestrichen und eine seidene Decke sowie hübsche Möbel zu Murmelsteins Krankenhauszimmer gebracht.
[474] Beispiel in Aktenvermerk 311.) vom 28.06. oder Beispiel in Aktenvermerk 324.) vom 30.06.1944, in: BArch, N 1856/57.
[475] Aktenvermerk 298.) vom 23.06.1944, in: BArch, N 1856/57.
[476] Aktenvermerk 1189.) vom 28.03.1945, in: BArch, N 1856/57.
[477] Aktenvermerk 534.) vom 17.08.1944, in: BArch, N 1856/57.

gewisse Mitschuld treffe.[478] Er zitierte diesbezüglich einen Grundsatz, den bereits Hindenburg vertreten hatte, nämlich: „Was der Vorgesetzte richtig macht, ist Verdienst der Untergebenen. Was er falsch macht, ist seine Schuld."[479] Für Grabower hatte ein guter Vorgesetzter auch die Pflicht, sich kameradschaftlich um den Untergebenen zu kümmern. Den immer wieder aufgegriffenen Grundsatz „Wenn ich einen Menschen oder eine Sache zu beurteilen habe, dann überlege ich mir, was muss ich loben, was kann ich loben und dann erst tadele ich.", führte Grabower auch in diesem Fall wieder an und wies darauf hin, dass er bei den Unterhaltungen mit den vorgeladenen Personen auf das Problem stoße, dass diese von ihren Vorgesetzten nicht genug Lob erfahren hätten, was zu Missmut und Versagen geführt hätte.[480] Deswegen versuchte Grabower bei seiner Arbeit, den Vorgesetzten diese Grundsätze näher zu bringen.[481] Bereits in einem Aufsatz in einer Fachzeitschrift Ende der 1920er-Jahre schrieb er: „Nur der ist wahrer Vorgesetzter, der sein Verhältnis zum Untergebenen als Dienst am Untergebenen ansieht."[482] Immer wieder betonte Grabower diesen Grundsatz.

Zudem verdeutlichte er, dass er, aufgrund seiner eigenen leidigen Erfahrungen mit der Personalkanzlei, immer wieder den Segen einer aktiven Politik gegenüber den Vorgesetzen betonen wollte.[483] Auf welche leidigen Erfahrungen er sich hier bezog, wird nicht deutlich. Laut Grabower sei es daher wichtig, dass der Untergebene dem Vorgesetzten, wenn er einer anderen Meinung sei, widerspreche, da es sonst an Zivilcourage mangele, was das Schlimmste sei, was es gebe. Hierzu betonte er: „Der wahre Vorgesetzte verträgt keinen Servilismus. Nichts korrumpiert mehr als das ewige Ja- und weiter gar nichts sagen." Jedoch bestehe die Pflicht des Untergebenen auch darin, diese Meinung dem Vorgesetzten gegenüber in einer Art und Weise vorzubringen, die taktvoll und vernünftig ist. Die Zivilcourage und der taktvolle Widerspruch seien hierbei zwei zusammenhängende Größen. Wenn der Vorgesetzte danach eine Entscheidung treffe, die nicht in die gleiche Richtung gehe wie die Meinung des Untergebenen, wäre die

---

[478] 16., 17., 20. und 21. Wochenbericht vom 29.03., 04.04. und 29.04.1945, in: BArch, N 1856/56. Auch: „Begrüßung von Grabower als Oberfinanzpräsident vom 31.10.1945", in: BArch, N 1856/4 und BArch, N 1856/5. Ähnlich: Aktenvermerk 1146.) vom 10.03.1945, in: BArch, N 1856/57, wobei er hier sogar von Hauptschuld statt Mitschuld sprach.
[479] Aktenvermerk 621.) vom 03.09.1944, in: BArch, N 1856/57.
[480] Belege in: „Begrüßung von Grabower als Oberfinanzpräsident vom 31.10.1945", in: BArch, N 1856/4 und BArch, N 1856/5. „20. und 21. Wochenbericht vom 29.04.1945", in: BArch, N 1856/56.
[481] „16. Wochenbericht vom 29.03.1945", ähnlich auch „17. Wochenbericht vom 04.04.1945", in: BArch, N 1856/56.
[482] „Erste Sammelverfügung vom 11.08.1941", in: BArch, N 1856/51. „16. Wochenbericht vom 29.03.1945" und „20. und 21. Wochenbericht vom 29.04.1945", in: BArch, N 1856/56. Grabower bezeichnete das Verhältnis vom Vorgesetzten zum Untergebenen als eines der schwierigsten Probleme jeder Verwaltung. Siehe: „Begrüßung von Grabower als Oberfinanzpräsident vom 31.10.1945", in: BArch, N 1856/4 und BArch, N 1856/5.
[483] Aktenvermerk 642.) vom 07.09.1944, in: BArch, N 1856/57.

Sache geklärt und der Vorgesetzte trüge dann die alleinige Verantwortung. Einen ähnlichen Grundsatz über die Beziehung zwischen Vorgesetzten und Untergebenen predigte Grabower in der Vorkriegszeit auch schon den Buch- und Betriebsprüfern sowie den Umsatzsteuerbearbeitern: „ich will nicht wissen, wenn ich etwas getan habe, was Ihnen besonders gefällt, aber wenn ich etwas gesagt oder getan habe, was Ihnen nicht gefällt, dann bitte ich, sagt es mir."[484]

Für Grabower bestand ein gutes Verhältnis zwischen Vorgesetztem und Mitarbeitern mithin darin, dass gegenseitige Offenheit und ein soziales und menschliches Verständnis, das frei von jeder Furcht, Streberei und Schmeichelei ist, bestehe.[485] Zudem galt für ihn ein Arbeitsumfeld als gut, wenn sowohl der Vorgesetzte als auch der ihm Unterstellte gelernt hatte, für jeden Zeit zu haben, sich kurzzufassen und vor allem sich zurückzuhalten, wenn der andere noch redet, um diesen nicht zu unterbrechen.

Ein weiteres Problem bei seiner Arbeit war, dass die vorgesetzten Stellen keine klaren Verordnungen und klare Einzelbefehle gaben. In diesem Zusammenhang erinnerte sich Grabower an das Wort von Xenophon/Plato, wonach jedes Handwerk genau gelernt werde, in der Verwaltung und der Politik jedoch jeder glaube, von sich aus alles zu wissen. Als Beispiel sah Grabower es als einen schweren Verwaltungsfehler an, dass Karel Schliesser vom Judenältesten Paul Eppstein dazu aufgefordert wurde, in einer Sache „irgendeinen farblosen Ausdruck" zu wählen. Diese Anweisung stellte für Grabower ein bewusst gewählter unklarer Befehl Eppsteins dar. Von sich selbst behauptete Grabower, dass er im Generalstab auch dahingehend geschult worden sei, bei stressigen Situationen, wie einem Beschuss, die Nerven zu behalten und weiterhin klare Befehle zu geben, es vielen anderen aber gerade an dieser Lektion fehle und sie daher in Drucksituationen versagen würden. Er beklagte zudem den Mangel an Verantwortungsfreudigkeit, der, wo sie fehle, zu scheußlicher Großmannssucht umschlüge. Zudem würde den Behörden als auch ihren Mitarbeitern das Wichtigste jeder Verwaltung fehlen, nämlich die Tradition.[486] Ungeschulte Ghettobeamte, die vor ihrer Verfolgung in nicht rechtsthematischen Berufen tätig waren, zu Beamten auszubilden, die gemeinschaftsorientiert handelten, stellte sich für Grabower als fast unlösbares Problem dar.[487]

Auch Utitz vertrat eine ähnliche Ansicht:

„verschiedene Berufe kann man durch schnelle intensive Umschulung erlernen: aber nicht den Beamtencharakter. Er setzt jahrewährende Erfahrung voraus, Aufwachsen in

---

[484] Alle Belege in: „Begrüßung von Grabower als Oberfinanzpräsident vom 31.10.1945", in: BArch, N 1856/4 und BArch, N 1856/5. „Einführung des neuen Herrn Oberfinanzpräsidenten Dr. Grabower am 25.10.1946", in: BArch, N 1856/5.

[485] „Material für ein Judenbuch", S. 16, in: BArch, N 1856/63.

[486] Alle Belege in: Aktenvermerk 540.) vom 18.08. und Aktenvermerk 642.) vom 07.09.1944, in: BArch, N 1856/57.

[487] „20. und 21. Wochenbericht vom 29.04.1945", in: BArch, N 1856/56.

einer bestimmten Ueberlieferung, in einer bestimmten Atmosphäre. Man hat die alten Beamten gleich herausgefunden, schon in der Art ihres Umgangs mit dem Publikum: eben nicht als Kunden, die überfreundlich umgirrt werden, auch nicht als lästige Störenfriede, sondern mit einer gelassenen Korrektheit, die den einzelnen Fall schnell und reibungslos erledigt. Sie meistern auch die diplomatische Kunst, dort versöhnlich zu beruhigen, wo sie sachlich nichts tun können. Es sind gerade nicht die alten guten Beamten, die einer Ueberbürokratisierung huldigen, vielmehr im Gegenteil die Unkundigen, die sich in derartigen Einrichtungen nicht überbieten können."

Er resümierte:

„Was nun die Qualität der Arbeit betrifft, haben die Juden auf allen Gebieten Erstaunliches geleistet, mit Ausnahme eines Einzigen: des reinen Beamtenmäßigen. Und das ist sehr verwunderlich. Ich habe nicht erwartet [,] [sic!] so vorzügliche Handwerker, Techniker, Bauarbeiter, Elektriker, Monteure usw. anzutreffen. Aber ich glaubte auf einen Ueberfluß guter Beamter rechnen zu können – von der hohen Stufe der Aerzte und Juristen brauche ich nicht zu sprechen –, aber gute Beamte waren sehr wenige: der Unterschied eines Privatangestellten und eines öffentlichen Beamten ist eben größer, als man gemeinhin annimmt."[488]

Es stand daher für Grabower fest, dass vor allem diejenigen, die erst in einem späteren Lebensabschnitt in das Beamtenverhältnis überführt wurden, planmäßig auf das Gründlichste in die Geheimnisse einer jeden Verwaltung einzuführen seien. Insbesondere sei diese Erziehung nicht durch die Praxis allein, sondern auch durch die Theorie, die beide untrennbar miteinander verbinde, durchzuführen.[489] Daher empfand es Grabower auch als besonders wichtig, lehrreiche Vorträge gerade für diese Zielgruppen zu halten. Mit seinen Vorträgen zur Verwaltung versuchte Grabower nicht nur seine eigenen Vorstellungen hierüber zu präsentieren, sondern auch eine Diskussion über die Thematik in Gang zu setzen.[490] Er empfand das Thema als so wichtig, dass er mit Eppstein besprach, Vorträge über Verwaltungsfragen stattfinden zu lassen, „denn ein Kaufmann der Beamter werde sei ebenfalls so unmöglich, wie früher ein aktiver Offizier der Kaufmann wurde."[491] Grabower war ein Befürworter einer Art „Verwaltungsakademie" in der Verwaltungskurse stattfinden sollten.[492] Eine solche wurde jedoch bis zum Ende des Lagers 1945 nicht mehr eröffnet.

Grabower versuchte mithin nicht nur durch die Wochenberichte, sondern auch durch Gespräche mit den zuständigen Stellen und durch seine Vorträge, das Rechtssystem in Theresienstadt voranzubringen und zu verbessern. Hierbei fand er jedoch nicht immer das notwendige Gehör. Vermutlich wollte die jüdische Leitung des Ghettos den Rechtsapparat und die Rechtsfolgen übersichtlich

---

[488] Belege in: *Utitz*, „Ethik nach Theresienstadt", S. 57 f.
[489] „20. und 21. Wochenbericht vom 29.04.1945", in: BArch, N 1856/56.
[490] Vgl. auch „Wenn im Amte", S. 6.
[491] Aktenvermerk 466.) vom 04.08.1944, in: BArch, N 1856/57.
[492] Aktenvermerk 99.) vom 16.04. und Aktenvermerk 466.) vom 04.08.1944, in: BArch, N 1856/57.

und kompakt halten, um Rechtssicherheit zu fördern und das Rechtssystem im Ghetto nicht zu kompliziert werden zu lassen.

Zwar wurde Grabower erst ziemlich spät, nämlich nach und wahrscheinlich auch aufgrund der Herbsttransporte, zum Richter ernannt, weswegen anzunehmen ist, dass sein Einfluss auf die Rechtsprechung in Theresienstadt verhältnismäßig gering war. Jedoch wurde er schon zuvor zu Rechtsfragen herangezogen und konnte auch in seiner Arbeit als Disziplinarreferent auf Missstände und Probleme bezüglich Verfahren und Gesetzen hinweisen. Er besprach beispielsweise bereits mit Heinrich Klang die Wirksamkeit des geltenden Rechts, bevor er selbst zum Richter ernannt wurde.[493] Wie groß Grabowers Einfluss auf die Rechtsprechung und das Rechtssystem in Theresienstadt letztlich war, lässt sich nicht eindeutig klären. Er war somit keiner derjenigen Juristen, die lediglich stumpf Regeln befolgen, sondern setzte sich aktiv für eine Verbesserung bezüglich des Rechtssystems im Ghetto ein.

Von unmittelbarer Bedeutung für seine eigene Tätigkeit sah Grabower einen alten Verwaltungsgrundsatz an, der – laut seiner Aussage – oberflächlich betrachtet Bedenken auslösen muss: „ein Verwaltungsbeamter darf nicht konsequent sein. Konsequenz ist zumeist mit Geistesarmut und Mangel an Wendigkeit identisch und führt dazu, dass sumum jus summa injuria wird." Genau aus diesem Grund, war Grabower als Richter – laut eigener Aussage – in den Wochen 20 und 21 eine Anzahl neuer Wege gegangen. Er wollte somit, seine Rechtsprechung auch an die Gegebenheiten im Lager anzupassen und probierte unterschiedliche Methoden aus, um den Weg herauszufinden, der am besten für die Bewohner und die Selbstverwaltung funktionierte. Ebenfalls versuchte er – laut eigenem Empfinden – bei seiner Arbeit eine Mitte zwischen Pflichterfüllung und menschlicher Rücksicht zu wahren.[494] Die Starre des Rechtsapparates und der Mangel an Anpassungsfreude für die spezielle Lagersituation, wie H.G. Adler kritisierte, trifft auf Grabower allenfalls teilweise zu.[495]

m) Grabowers Fazit zu seiner Tätigkeit als Disziplinarreferent und Richter

Grabowers Resümee zu seiner Arbeit fiel gemischt aus. Zwar fasste er am 07.09. 1944 zusammen, dass er rückblickend nicht das aus dem Disziplinarreferat gemacht habe, was ihm vorschwebte. Für sein Scheitern nannte er folgende Gründe: Zum einen behinderte seine Arbeit in sachlicher Sicht, dass viele der Protektoratsangehörigen sich schon vor der Deportation kannten und daher bereits eine gewisse gegenseitige Zu- und Abneigung bestand, weswegen eine Objektivität in bestimmten Punkten nicht mehr möglich war. Für Grabower war auch eindeutig,

---

[493] Aktenvermerk 304.) vom 22.06.1944, in: BArch, N 1856/57. Ähnlich auch: Aktenvermerk 403.) vom 22.07. oder Aktenvermerk 478.) vom 07.08.1944, in: BArch, N 1856/57.
[494] Belege in: „20. und 21. Wochenbericht vom 29.04.1945", in: BArch, N 1856/56.
[495] Adler, „Theresienstadt 1941–1945", S. 456.

dass sich eine große Anzahl der Disziplinarsachen aus den verschiedenen Psychosen des Alltagslebens, des Hungers und des nicht befriedigten Geltungstriebes ergab. Gleichzeitig ließen sie sich auch aufgrund der Erinnerung an frühere, höhere Positionen oder des Gefühls, durch Vorgesetzte befehligt zu werden, denen man in vielen Beziehungen überlegen war, erklären. Psychosen entstanden aber auch wegen der unwürdigen Wohnverhältnisse, der Sorge um das Schicksal der Lieben oder der „Unerzogenheit" vieler Mitmenschen, insbesondere der Amtsträger. Er bedauerte es zudem, dass er nicht von Anfang an Klarheit über seine Verwaltungsauffassungen geschaffen hatte und empfand das Dazwischenreden von Mitarbeitern in den Verhandlungen als störend. Weiter betonte er, dass bei schlechten Vorgesetzten Vorzimmer, Sekretariat und Ähnliches allmächtig seien. Ein Kampf, den auch er selbst immer wieder führen musste. Für Grabower war spürbar, dass die Arbeitslust jeden Tag geringer wurde und „ein Referat, das nicht gibt, sondern nimmt und daher ungern gesehen wird, jeden Tag immer wieder von neuem initiativ vorgehen muss, um weiter zu kommen." Er sei infolgedessen nicht dazu gekommen, eine Fülle von Erleichterungen durchzuführen. Zu diesen hätten wöchentliche Unterredungen der Referenten aus der Personalkanzlei oder den Abteilungen untereinander, aber auch das Erstellen einer internen Umlaufmappe in der Personalkanzlei, die alle seine Bescheide und alle wichtigeren Verfügungen der anderen Referate beinhaltete, gezählt.

Für Grabower stellte es eine gewisse Belastung dar, dass aufgrund der schlechten Arbeit einiger Personen Fälle unerledigt blieben und es für ihn daher zur Mehrarbeit kam. Des Weiteren merkte Grabower an, dass das Referat zwei Sekretärinnen benötige, die kleinere Aufgaben abnehmen und damit die Arbeitslast verringern sowie die Registraturaufgaben übernehmen könnten, die Grabower täglich ein bis zwei Arbeitsstunden kosteten. Er beklagte zudem einen Mangel an Ordnung in seinem Arbeitsumfeld und trug lieber selbst die Dokumente im Haus herum, damit sie nicht verloren gingen und auch wirklich bei dem Richtigen ankamen.

All diese Punkte sprach er auch wiederholt in seinen Vorträgen an.[496]

Dennoch zog Grabower trotz der von ihm nicht erreichten Ziele insoweit ein positives Resümee, dass das, was er erreicht hatte, aufgrund der widrigen Umstände besonders hoch geschätzt werden müsse und sich nur mit dem auch von Goethe betonten Vitalitätswillen eines jeden Einzelnen erklären lasse.[497] Sein Ziel und ein wichtiger Leitsatz bei seiner Tätigkeit, dass die meisten der Verurteilten innerlich die Berechtigung für die Verurteilung anerkennen, meinte er, bei den meisten Bewohnern erreicht zu haben.[498]

---

[496] Alle Belege in: Aktenvermerk 624.), 642.) und 1144.) vom 04.09., 07.09.1944 und 09.03.1945, in: BArch, N 1856/57. Vgl. auch „Schreiben von Grabower an die Leitung vom 12.09.1944", in: BArch, N 1856/7.
[497] Aktenvermerk 642.) vom 07.09.1944, in: BArch, N 1856/57.
[498] „20. und 21. Wochenbericht vom 29.04.1945", in: BArch, N 1856/56. Hájková be-

n) Kampf mit der Obrigkeit und andere Hürden, die Grabower in seinem Amt begegneten

Grabower hatte besonders in Theresienstadt mit einem Mangel an Entscheidungsfreiheit, Kritik und Intrigen zu kämpfen. Ein weiteres großes Problem in ganz Theresienstadt war die bereits angesprochene Korruption, die sich in allen Lebensbereichen wiederfand und vor allem in der Führungsschicht herrschte.[499] Für Grabower stand generell fest, dass es im Ghetto nur wenige anständige Leute gab.[500] Utitz vertrat eine ähnliche Meinung in Bezug zu den führenden Personen im Ghetto, nämlich dass nur wenige der leitenden Persönlichkeiten die Prüfung durchs Feuer mit Ehre bestanden hätten, hierzu zählte er Baeck, Zucker und Edelstein.[501] An Edelstein kritisierte Utitz allerdings, dass dieser zu spät gegen die Diebstähle und Korruption vorgegangen sei, nannte als Rechtfertigungsgrund jedoch, dass Edelstein kein polizeiliches Regime im Lager unterstützen wollte.[502] Am 10.07.1944 schrieb Grabower: „Ich weiss aber nicht, wie man hier unter den besonderen Th. Verhältnissen ein Mitglied der Leitung veranlassen kann Zweifel so aufzuklären, wie es üblich ist."[503]

Zudem kämpfte Grabower damit, dass er in seinen Entscheidungen von den führenden Leitern der Selbstverwaltung abhängig war. Zwar betonte Murmelstein auf Grabowers Frage am 16.12.1944, ob er auch Gruppenälteste für die Unterlassung der Meldevorschriften bestrafen dürfe, dass dies der Fall sei, da es keine Privilegien geben solle und Grabower alle bestrafen dürfe, allerdings gelte dieses Prinzip mit einer Ausnahme: Murmelstein selbst.[504] Auch der Vorgänger von Murmelstein, Paul Eppstein, forderte in einem Gespräch mit Grabower und anderen Männern dazu auf, dass seine Anordnungen in Zukunft sofort zu be-

---

schreibt, wie viele Verurteilte die Autorität des Ghettogerichts nicht anerkannten und auch seine Urteile ablehnten. Quelle: *Hájková*, „Prisoner Society in the Terezín Ghetto 1941–1945", S. 192f.

[499] Beispielsweise sagte Dr. L aus: „Korrupt sind wir alleine, da brauchen wir keine Ratgeber". Quelle: Aktenvermerk 530.) vom 18.08.1944, in: BArch, N 1856/57. *Hájková*, „Prisoner Society in the Terezín Ghetto 1941–1945", S. 63.

[500] Aktenvermerk 1385.) vom 03.06.1945, in: BArch, N 1856/57.

[501] *Utitz*, „Ethik nach Theresienstadt", S. 119.

[502] *Utitz*, „Ethik nach Theresienstadt", S. 122.

[503] Aktenvermerk 368.) vom 10.07.1944, in: BArch, N 1856/57.

[504] Aktenvermerk 827.) vom 16.12.1944, in: BArch, N 1856/57. Laut Murmelstein wurde „im Entwurf eines offiziellen Dokuments […] der Judenälteste als ‚oberster Herr des Rechtswesens' beschrieben, die ‚persönliche Führerschaft' wurde als Grundlage der Verwaltung im ‚Siedlungsgebiet' definiert." Quelle: *Murmelstein*, „Theresienstadt – Eichmanns Vorzeige-Ghetto", S. 154. Bezüglich einer möglichen Bestrafung von Murmelstein ist ebenfalls zu überlegen, dass dieser von den Nationalsozialisten in seine Position eingesetzt wurde. Er war der Leiter der Selbstverwaltung und musste somit zum Appell beim Lagerleiter erscheinen. Damit hätte er zumindest nicht mit Gefängnis oder Strafmaßnahmen, die sich auf seine Amtstätigkeit ausgewirkt hätten, sanktioniert werden können. Auch eine mögliche Essensstrafe wäre aufgrund der Korruption und Vetternwirtschaft im Lager bezüglich Murmelstein sehr wahrscheinlich nicht effektiv gewesen.

folgen seien und nicht durch Gegenvorstellungen aufgeschoben werden sollten, selbst dann, wenn diese als solche begründet seien. Als Grund hierfür nannte er, dass sie froh sein sollten, dass eine klare Richtlinie existiere. Für Grabower widersprach diese Anordnung allem, was er in seiner Beamtenlaufbahn gelernt hatte und was er in seinen Vorträgen über das Verhältnis von Vorgesetzten und Untergebenen und über die Pflicht des Untergebenen zum taktvollen Widerspruch predigte. Dennoch wollte er fortan derartige Bemerkungen auch in seinen Vorträgen unterlassen.[505] Er trat somit nicht immer deutlich für die von ihm vertretenen Grundsätze ein, sondern nahm Weisungen von Vorgesetzten auch ohne den von ihm geforderten taktvollen Widerspruch hin.

Des Weiteren berichtete Grabower mehrfach, dass sich nicht an die Hierarchien gehalten wurde und Personen außerhalb von ihrer Befugnis versuchten, Befehle zu geben oder in anderer Weise zu intervenieren.[506] Es störte ihn erheblich, wenn Angehörige der Führungsschicht in seine laufenden Verfahren eingriffen oder seine Urteile abänderten und somit seinen Anspruch an ein ordnungsgemäß durchgeführtes Verfahren zunichte machten.[507] Von Herrn Kohn[508] erhielt Grabower beispielsweise die Anweisung, einen Bewohner, der einen Koffer herunter geworfen hatte, zu 24 Stunden Haft zu verurteilen, da Murmelstein diesen bereits für 24 Stunden eingesperrt hatte.[509] Als es gegen Ende des Ghettos zu Handgreiflichkeiten zwischen den Insassen kam, ließ Murmelstein einen Schläger illegal – wie er selbst schrieb – ohne Prozess und Urteilsspruch in eine Zelle einsperren. Murmelstein rechtfertigte sein Verhalten damit, dass dieser Vorfall dadurch nicht gegenüber Rahm und den anderen Nationalsozialisten bekannt wurde und schlimmere Konsequenzen nach sich zog.[510] Auch Heinrich Klang, der sich ansonsten zumindest in beruflicher Hinsicht gut mit Murmelstein zu verstehen schien, verurteilte dessen Vorgehen, weil er das Ghettogericht umging und Personen ohne Gerichtsverfahren einfach inhaftierte.[511] Als ein weiteres Beispiel, in welchem Murmelstein eigenmächtig handelte und kein ordentliches Verfahren vor dem Ghettogericht zustande kam, nannte und beschrieb er einen besonders umstrittenen Fall im Ghetto, in dem ein Mann vier Wochen lang ohne ein ordentliches Verfahren

---

[505] Alle Belege in: Aktenvermerk 361.) vom 08.07.1944, in: BArch, N 1856/57.
[506] Beispiel Aktenvermerk 494.) vom 11.08.1944, in: BArch, N 1856/57.
[507] Aktenvermerk 497.) vom 11.08. und Beispiel in Aktenvermerk 782.) vom 24.11.1944, in: BArch, N 1856/57.
[508] Vermutlich handelte es sich hierbei um Leo Kohn. Dieser war Leiter des Zentralsekretariats. Quelle: 1. Wochenbericht vom 07.12.1944, in: BArch, N 1856/56.
[509] Aktenvermerk 925.) vom 03.01.1945, in: BArch, N 1856/57.
[510] *Murmelstein*, „Theresienstadt – Eichmanns Vorzeige-Ghetto", S. 240 f.
[511] Vgl. „Interview mit Benjamin Murmelstein", in: *Loewy/Rauschenberger*, „Der Letzte der Ungerechten", S. 29 zu Murmelsteins Ausschaltung des Ghettogerichts und „Der Judenälteste und seine SS-Männer", S. 80 bzgl. seiner Einstellung zum Ältestenrat. Hier wird auf das Lanzmann-Interview, Tape 3184, Camera Roll 75 verwiesen.

inhaftiert wurde. Der Fall spielte sich angeblich – Murmelstein war vorliegend derjenige, der den Fall und seine Motive schilderte, weshalb diese besonders kritisch hinterfragt werden müssen – wie folgt ab: Die Verlobte des inhaftierten Mannes saß in Untersuchungshaft, nachdem sie einer im Ghetto neu eingetroffenen Frau 10.000 Kr. entwendet hatte. Der Mann kam daraufhin zu Murmelstein und bot ihm für die Einstellung des Verfahrens 5.000 Kr. an, woraufhin er ins Gefängnis gebracht wurde. Murmelstein begründete seine Entscheidung, den Mann nicht vor das Gericht zu bringen, sondern selbstständig zu handeln, damit, dass, wenn der Mann verurteilt worden wäre, der Dienststellenleiter auch von dem Bestechungsversuch und den anderen Beteiligten erfahren hätte und damit alle Beteiligten eine Deportation ins Konzentrationslager sicher gewesen wäre. Murmelstein sah deshalb seine Vorgehensweise ohne Gerichtsverfahren als mildere Herangehensweise an. Für diese Vorgehensweise wurde er von den anderen Mitgliedern des Ältestenrats scharf kritisiert.[512] Während Murmelstein das komplette Rechtswesen in Theresienstadt für gefährlich hielt und daher versuchte, die Anzahl der Prozesse so weit wie möglich zu beschränken, hielten die Mitglieder des Ältestenrats Strafen, die nicht von einem Richter sanktioniert waren, für illegal. Seine Einstellung gegenüber dem Ältestenrat wird in folgender Aussage besonders deutlich:

„Während Byzanz von türkischen Horden belagert wurde, unterhielten sich die Weisen über das Geschlecht der Engel ... – Während die Probleme immer größer wurden, spielte der Ältestenrat, offenbar ohne äußeren Druck, bei Eichmanns Spiel mit, sprach monatelang über Themen, die reine Augenauswischerei waren."

Murmelstein begründete seine Sichtweise damit, dass das Ghettogericht eine „Paradenummer des Theaterstücks, das die Nazis aufführten, um den Anschein von Autonomie zu erwecken" sei, auch bezogen auf die Urteile, die das Gericht gefällt hatte und die vom Kommandanten in Deportationen oder Verlegungen in ein anderes Konzentrationslager umgewandelt worden waren.[513] Auch diese Auffassung wird der Grund gewesen sein, warum Murmelstein viele Verbesserungsvorschläge Grabowers ablehnte.

Nachdem Grabower von Kohn mitgeteilt worden war, dass Murmelstein zwei seiner Fälle begnadigt und in einem anderen Fall einen zeitlichen Aufschub gewährt hatte, fragte Grabower, ob es überhaupt noch Sinn mache, stren-

---

[512] Alle Belege in: *Murmelstein*, „Theresienstadt – Eichmanns Vorzeige-Ghetto", S. 201. Murmelstein war, nach eigener Aussage, immer in Opposition zum Ältestenrat und stellte sich den zweiten Ältestenrat so zusammen, dass dieser nichts gegen ihn unternehmen konnte. Quelle: „Interview mit Benjamin Murmelstein", in: *Loewy/Rauschenberger*, „Der Letzte der Ungerechten", S. 29. Ähnliches auch: *Hájková*, „Prisoner Society in the Terezín Ghetto 1941–1945", S. 56.
[513] Alle Belege in: *Murmelstein*, „Theresienstadt – Eichmanns Vorzeige-Ghetto", S. 81, 200 f. Der Ältestenrat beschäftigte sich auch mit dem Arbeitsrecht, Dienstrecht für Verwaltungsbeamte, Gerichtsordnung für das Jugendgericht und die Normen für die Ghettowache.

ge Strafen zu verhängen. Er gelte damit als „WauWau" und Murmelstein als milder Mann. Allerdings war ihm klar, dass so immer verfahren wird, dass der König gnadenvoll und gütig sein muss und die unteren Organe streng und sachlich. Er müsse also das Persönliche tragen, aber in sachlicher Hinsicht erzeuge Murmelsteins Entgegenkommen böses Blut.[514]

Grabower war generell kein Freund der Konfrontation und es ist durchgängig zu erkennen, dass er seine Meinung nicht immer energisch genug vertrat. Oft beschränkte er sich auf ein hilfloses Lächeln.[515] Allerdings rief Grabower durch das Kritiküben an den leitenden Persönlichkeiten die Gefahr hervor, direkt auf die Liste für den nächsten Transport gesetzt zu werden. Diese Gefahr wurde auch zur Realität, als ihn angeblich Murmelstein auf eine der Deportationslisten setzte. Mit den sog. Oktobertransporten wurden viele Theresienstädter nach Auschwitz gebracht.[516] Auch Grabower sollte Teil dieser Transporte sein, als Grund nannte er selbst, dass er auf die Transportliste eingetragen wurde, weil Murmelstein eine Abneigung gegen ihn hatte. Diese Abneigung begründete er damit, dass er als Disziplinarreferent Murmelsteins Handeln kritisch hinterfragte und die Deportation die einfachste Art der Entledigung darstellte.[517] Allerdings muss Murmelstein nicht der ausschlaggebende Grund für Grabowers Transportbefehl gewesen sein. Bei den Herbsttransporten wurden auch einige der zuvor geschützten „Prominenten" eingereiht.[518] Mit dieser Deportationswelle verließ eine große Anzahl von Ghettobewohnern Theresienstadt und Grabower war als Disziplinarreferent nicht unmittelbar systemrelevant und konnte damit für die Ghettogemeinschaft entbehrt werden. Sein Transport sollte schon am 11.10.1944 erfolgen.[519] Am gleichen Tag wurde jedoch

---

[514] Alle Belege in: Aktenvermerk 1048.) vom 20.02.1945, in: BArch, N 1856/57.
[515] Beispiel: Aktenvermerk 170.) vom 07.05.1944, in: BArch, N 1856/57.
[516] Belege in: „Brief von Grabower an Dorn vom 09.09.1953", in: BArch, N 1856/61. „Brief von Grabower an Kueßner vom 17.04.1957", in: BArch, N 1856/86. Auch abgedruckt in: „Wenn im Amte", S. 193. Vgl. auch *Adler*, „Theresienstadt 1941–1945", S. 699f. *Benz*, „Theresienstadt", S. 268. Interessanterweise sollten die Vorträge direkt nach den letzten Transporten wieder beginnen, damit eine gewisse Normalität ins Lager einkehren konnte, obwohl von den ca. 50.000 Bewohnern in Theresienstadt nun 40.000 mit 40 Transporten nach Auschwitz deportiert worden waren. Der Abtransport einer solche Masse an Menschen machte sich auch bei Grabowers Arbeit bemerkbar, weswegen er statt mit richterlichen Aufgaben mit Problematiken rund um Essenkarten und Personalausweisen betraut war. Quelle: „Schreiben von Grabower an den Judenältesten über den Leiter der Rechtsabteilung vom 24.11.1944", in: BArch, N 1856/59. Auch abgedruckt in: „Wenn im Amte", S. 117.
[517] „Brief von Grabower an Dorn vom 09.09.1953", in: BArch, N 1856/61.
[518] Adler beschrieb auch, dass die SS in einigen Fällen „Prominenten A" den Deportationsschutz entzog. Quelle: *Adler*, „Theresienstadt 1941–1945", S. 311. Auch in „Wenn im Amte" wird beschrieben, dass neun der 94 im Jahr 1944 im Ghetto befindlichen „Prominenten A" den Herbsttransporten zum Opfer fielen. Quelle: „Wenn im Amte", S. 101.
[519] Abbildung 3 im Anhang. „Einberufung", in: BArch, N 1856/7. Auch abgedruckt in: „Wenn im Amte", S. 116.

auf seinen Transportbefehl handschriftlich „ausgereiht 11.10.44" eingetragen und Grabower damit gerettet.[520]

Murmelstein war nicht der einzige Judenälteste, der sich so seiner Kritiker zu entledigen suchte. Auch Paul Eppstein soll Menschen, die ihn kritisierten, auf die Transportliste gesetzt haben.[521]

Grabower hatte es vor allem Unger zu verdanken, dass er nicht abtransportiert wurde. Es könnte sich hierbei um Walter Unger gehandelt haben, da Grabower in einem Brief an Herbert Dorn andeutete, dass dieser ein „Kempinski-Mann" gewesen sei.[522] Unger, der die oberste Aufsicht über die Küchen innehatte, lernte Grabower im Januar 1944 in Theresienstadt kennen. Beide hatten eine ähnliche Herkunft und ähnliche Interessen, weswegen sie sich schnell anfreundeten. Mit Unger verband Grabower eine besondere Freundschaft und er sprach mit ihm auch oft über die Zukunft nach dem Krieg, obwohl Grabower selbst annahm, dass er in Theresienstadt sein frühes Ende finden würde.[523] Viele Bewohner des Lagers waren sich zwar sicher, dass Hitler den Krieg verlieren würde, jedoch glaubten sie, dass er, wenn alles zusammenbrach, die Lager noch vernichten würde.[524] Unger sollte im Oktober 1944 nach Auschwitz abtransportiert werden, was Grabower gelang zu verhindern.[525] Dann stand Grabowers Name auf der Liste und Unger war derjenige, der sich für Grabowers Verbleib im Ghetto einsetzte. Kurz darauf stand Unger wieder auf der Liste und es gelang Grabower trotz aller Versuche diesmal nicht, ihn von der Liste streichen zu lassen. Das Tagebuch, dass Unger Grabower vor seinem Abtransport mit der Bitte übergab, dieses einer Frau aus dem Kreis um Moltke zu übergeben, wurde

---

[520] „Einberufung", in: BArch, N 1856/7. Auch abgedruckt in: „Wenn im Amte", S. 116.

[521] *Adler*, „Theresienstadt 1941–1945", S. XIX.

[522] „Brief von Grabower an Fischer vom 14.01.1949", in: BArch, N 1856/50. Auch abgedruckt in: „Wenn im Amte", S. 158. „Brief von Grabower an Dorn vom 09.09.1953", in: BArch, N 1856/61. Grabower beschrieb Unger in seinen Berichten nicht tiefergehend und nennt nicht einmal seinen Vornamen. Kempinski ist eine Hotelgruppe mit Ursprung in Berlin. „Die Familie Kempinski", aufgerufen unter: https://www.verwobenegeschichten.de/menschen/familie-kempinski/ [Stand: 13.09.2020]. „Walter Unger", aufgerufen unter: https://www.holocaust.cz/en/database-of-victims/victim/35301-walter-unger/ [Stand: 13.09.2020].

[523] Belege in: „Brief von Grabower an Fischer vom 14.01.1949", in: BArch, N 1856/50. Auch abgedruckt in: „Wenn im Amte", S. 158. „Brief von Grabower an Dorn vom 09.09.1953", in: BArch, N 1856/61. In dem Schreiben an Dorn berichtete Grabower, dass Unger sein bester Freund im Ghetto gewesen sei. Unger war Professor der Naturwissenschaften und gehörte zum Kreisauer Moltkekreis. 1946 berichtete Grabower, dass ihm lediglich zwei oder drei Deutsche im Ghetto so nahestanden, dass er ihre ehemaligen Adressen kannte. Diese Personen wurden alle vergast. Quelle: „Schreiben von Grabower an den Central-Ausschuß für die Innere Mission der Deutschen Evangelischen Kirche vom 14.08.1946", in: BArch, N 1856/58.

[524] „Material für ein Judenbuch", (keine Seitenangabe), in: BArch, N 1856/63.

[525] „Brief von Grabower an Fischer vom 14.01.1949", in: BArch, N 1856/50. Auch abgedruckt in: „Wenn im Amte", S. 158. Allgemeines zu derartigen Bittgesuchen, die darauf abzielten, von der Transportliste entfernt zu werden: *Hájková*, „Prisoner Society in the Terezín Ghetto 1941–1945", S. 266–273.

mit anderen wertvollen Gegenständen im Rahmen einer großen Diebesaffäre gestohlen und blieb verschwunden.[526]

Für Grabower stand somit fest, dass es klüger und richtiger sei, auf Befehl des Judenältesten anders entscheiden zu müssen, als aufgrund von Eigeninitiativen umzufallen. Dass Grabower sich seines Zwiespaltes bewusst war und seine Hände in gewisser Hinsicht als gebunden ansah, zeigt folgender Fall: Als Klang einen holländischen Advokaten in der Berufungsinstanz zum Entzug der Tagesbrotration verurteilte, nachdem Grabower diesen zuvor mit drei Tagen Haft bestraft hatte, ging Grabower zu Murmelstein, der versprach, das Urteil zu kassieren und den Advokaten selbst zu verurteilen. Murmelstein hielt sein Versprechen gegenüber Grabower diesbezüglich jedoch nicht ein. Dieser ganze Fall erregte Grabower derart, dass er ihn als sehr lehrreich beschrieb und er für ihn ein Zeugnis für die Demoralisierung des Umfeldes darstellte: „Ich fürchte, ich werde später, wenn ich über diese Episode nachdenke, mich der Ehrlosigkeit zeihen, dass ich diesem Gesindel nicht den Dienst aufgesagt habe. […] Es ist beschämend, dass man nach 4 Jahren Umgang von dieser verbrecherischen Mentalität hat einwickeln lassen."[527]

Vor allem mit Ludwig Merzbach verstand sich Grabower nicht immer.[528] Mit diesem stand er seit seiner Arbeit als Disziplinarreferent im engen Kontakt und Merzbach besprach des öfteren Fälle mit Grabower und erteilte ihm Weisungen.[529] Merzbach beschuldigte Grabower in einem Bericht, dass er in mehreren Punkten ungenügende Ermittlungen angestellt und damit Pflichtverletzungen begangen habe. Dies tat Merzbach, ohne Grabower oder dessen Vorgesetzten darüber zu informieren. Während sich Zucker für ihn aussprach, verteidigte Grabower sich kaum und überlegte stattdessen, ob er vor sich selbst die Pflicht habe, die Versetzung zu beantragen. Zudem war Grabower sehr darüber betrübt, dass Eppstein ihn als Vorgesetzter nicht in angemessener Weise deckte. Letztlich kam er zum Entschluss, dass man als Verwaltungsbeamter nie etwas in eigner Sache tun, sondern abwarten sollte, was mit einem geschieht. Zudem könnte ein Antrag auf Versetzung wie eine Flucht vor Unangenehmen aussehen, was Grabower vermeiden wollte. Selbst Tage später belastete Grabower dieses Geschehen noch. Auch im Nachhinein schien Merzbach Grabower aus persönlichen Gründen angreifen zu wollen und wies auf Fehler in einem von

---

[526] Belege in: „Brief von Grabower an Fischer vom 14.01.1949", in: BArch, N 1856/50. „Brief von Grabower an Kueßner vom 17.04.1957", in: BArch, N 1856/86. Beide Briefe auch abgedruckt in: „Wenn im Amte", S. 158, 193.
[527] Alle Belege in: Aktenvermerk 103.), 1164.), 1172.) und 1177.) vom 19.04.1944, 21.03., 24.03. und vom 24.03.1945, in: BArch, N 1856/57.
[528] Siehe „Handschriftliches Schreiben von Grabower an die Leitung vom 10.08.1944", in: BArch, N 1856/7. Vgl. auch Aktenvermerk 171.) vom 07.05., Aktenvermerk 393.) vom 18.07. oder Aktenvermerk 438.) vom 30.07.1944, in: BArch, N 1856/57.
[529] Beispiel im Aktenvermerk 4.) und 6.) vom 08.03. oder Aktenvermerk 555.) vom 22.08.1944, in: BArch, N 1856/57.

dessen Protokollen hin. Grabower hatte als Bemerkung zu einer Vernehmung einer Zeugin aufgeschrieben, dass er von ihr den „Eindruck wie von Porkyas, Faust II" habe, da für ihn eine solche kurze Bemerkung eindeutiger war als lange Sätze. Zudem waren für ihn derartige psychologische Aussagen wichtig zur Untermauerung für seine Bescheide. Zumindest bezüglich des Goethezitats ist die Kritik Merzbach jedoch nachvollziehbar. Auch wenn Goethe in den Kreisen bekannt und beliebt war, ist es dennoch schwierig, wenn Grabower auf solche Beispiele in seinen Protokollen, die nicht nur von ihm selbst gelesen wurden, zurückgreift, anstatt seinen Eindruck bzgl. der Zeugin eindeutig und ohne Raum zur Interpretation zu formulieren. Durch die Interpretationsmöglichkeiten solcher Bemerkungen wurde die Rechtssicherheit untergraben, zumal Grabower nicht davon ausgehen durfte, dass alle Ghettobewohner, vor allem auch die nicht deutschstämmigen, sich mit Goethe derart auskannten, wie er selbst.

Merzbach sprach Grabower auch wegen eines Urteils an, das er als sehr schön betitelte, aber viel zu milde empfand. Als er Grabower fragte, ob dieser sich die Akten der Detektivabteilung zu diesem Fall überhaupt durchgelesen habe, erwiderte Grabower, dass er sich sehr wohl mit den Aussagen der Detektivabteilung zu dem Fall auseinandergesetzt habe.[530]

Am 01.08., 10.08., 11.08. und 12.09.1944 bat Grabower die Leitung schriftlich um seine Versetzung aus der Personalkanzlei.[531] Zwar betonte er, dass er sehr an dem Referat hänge, er jedoch trotzdem jederzeit bereit sei, seinen Posten zu verlassen.[532] Das erste Schreiben begründete er wie folgt:

„Ich bin mit meinen Leistungen als Disziplinarreferent vor meinem Gewissen nicht zufrieden. Ich habe einen Namen zu verlieren, den ich mir in langen Jahren in Deutschland erworben habe. Ich bitte daher um meine möglichst sofortige Versetzung in ein anderes Amt, falls es geht mit den gleichen Bezügen. Falls nicht möglich, habe ich es mit Gelassenheit zu tragen. Diese Bitte fällt mir schwer, denn ich habe meine Tätigkeit lieb gewonnen. Die Bitte ist keine Kritik, die mir nicht zusteht, sondern nur Selbstschutz. Ich unterliesse sie, wenn aus ihr verwaltungsmässige Schwierigkeiten entstünden. Diese bestehen nicht."[533]

---

[530] Alle Belege in: Aktenvermerk 10.), 485.), 491.) und 496.) vom 16.03., 08.08., 10.08. und vom 11.08.1944 in: BArch, N 1856/57.

[531] „Schreiben von Grabower an die Leitung vom 01.08., 11.08. und 12.09.1944" und „Handschriftliches Schreiben von Grabower an die Leitung vom 10.08.1944", in: BArch, N 1856/7. Ob er diese Schreiben wirklich alle abgeschickt hat, ist zweifelhaft. Zumindest das Schreiben vom 11.08.1944 sieht eher wie ein Entwurf als wie eine Reinschrift aus, zumal hier auch Grabowers Unterschrift fehlt. Auch beim Schreiben vom 01.08.1944 finden sich noch einige handschriftliche Anmerkungen im Text, ein Fakt, der aufgrund des Papiermangels, jedoch nicht unbedingt auf einen Entwurf hindeuten muss.

[532] „Schreiben von Grabower an die Leitung vom 12.09.1944", in: BArch, N 1856/7. Aktenvermerk 664.) vom 11.09.1944, in: BArch, N 1856/57.

[533] „Schreiben von Grabower an die Leitung vom 01.08.1944", in: BArch, N 1856/7 und BArch, N 1856/59.

Am 10.08.1944 vermerkte er als Grund: „Die Bemerkungen von Dr. Merzbach". [534]Die Begründung für das Schreiben am 11.08.1944 lautete:

„Die Verwaltungsgrundsätze der Mehrzahl meiner Herrn Vorgesetzten und Arbeitskameraden sind andere als ich es lernte. Trotz heissen Bemühens ist es mir in bald 26 Monaten nicht gelungen diese mir neuen Grundsätze mir anzueigenen. Es bleibt mir daher nichts weiter übrig, als die Leitung zu bitten mich aus der P. K. zu versetzen."[535]

Die Versetzung erfolgte erst nach den Herbsttransporten, nach denen Grabower zum Richter ernannt wurde. Ob diese Versetzung mit seinen Gesuchen im Zusammenhang steht oder damit zu begründen ist, dass durch die Herbsttransporte viele Arbeitsstellen im Ghetto frei wurden, ist nicht bekannt. Vermutlich trugen sowohl die Gesuche als auch die fast zeitgleich vakant gewordenen Stellen sowie die durch die Herbsttransporte eingetretenen Veränderungen in der sozialen Schicht des Ghettos zu Grabowers Ernennung bei.

Grabower hatte in seinem Amt also mit einigen Angriffen hinter seinem Rücken und Unterstellungen unter anderem von Murmelstein, Eppstein und Zucker zu kämpfen, die seines Erachtens in jeder Verwaltung unmöglich waren.[536] Am 12.04.1945 wurde Grabower von Kohn mitgeteilt, dass er 1942 mit einem Verweis bestraft worden sei. Der Verweis beruhte darauf, dass Grabower an einem Abend arbeitete und beim Verlassen der Arbeitsstätte einen abgelaufenen Durchlassschein vorzeigte. Diese wurden zu dem Zeitpunkt monatlich ausgestellt und Grabower hatte es übersehen, den Schein zu verlängern. Als Grabower zu dem damaligen Chef des Sicherheitswesens Löwenstein ging, erklärte dieser die Angelegenheit lachend für erledigt. Trotzdem setzte einer der Beamten einen Verweis auf Grabowers Karte, ohne diesen hierüber zu informieren.[537]

Grabower pflegte mit dem Judenältesten Murmelstein ein schwieriges Verhältnis. Als Murmelstein wegen einer Sache im August 1944 bei Grabower eintraf, redete er ununterbrochen, stellte Fragen nur, um sie selbst zu beantworten und ließ Grabower nicht zu Wort kommen. Diesen Umgang beobachtete Grabower mehrfach im Lager. Murmelstein schloss die Konversation bzw. den Monolog mit der Aussage, dass er einen Horror vor den sogenannten anständigen Leuten habe. Dennoch lobte Murmelstein Grabower in der Ältestenratssitzung am 02.01.1945 und sagte, dass das Arbeitsgericht besonders gut besetzt sei und Grabower jede Nacht die Fälle aufarbeiten würde. Dieses Lob rief eine Unter-

---

[534] „Handschriftliches Schreiben von Grabower an die Leitung vom 10.08.1944", in: BArch, N 1856/7.
[535] „Schreiben von Grabower an die Leitung vom 11.08.1944", in: BArch, N 1856/7. Das doppelte „mir" ist im Zitat so enthalten.
[536] Beispiel Aktenvermerk 485.) vom 08.08.1944, in: BArch, N 1856/57.
[537] Alle Belege in: Aktenvermerk 1226.) vom 13.04.1945, in: BArch, N 1856/57. „Schreiben an den Judenältesten vom 12.04.1945", in: BArch, N 1856/59. Ein solcher Durchlassschein ermächtigte den Besitzer zum Betreten oder Verlassen bestimmter Orte im Lager. Diese konnten für einen bestimmten Zeitabschnitt oder dauerhaft gelten. Quelle: *Adler*, „Theresienstadt 1941–1945", S. XXXVI.

redung zwischen Hans Luther und Johannes Popitz wieder in Grabowers Gedächtnis hervor, die über ihn dieselben Worte bezüglich der Umsatzsteuer geäußert hatten.[538] Auch Leo Baeck sprach sich positiv über Grabower aus und erklärte ihm am 09.03.1945, dass er nunmehr Streitigkeiten zwischen einzelnen Abteilungen über Zuständigkeitsfragen durch ihn entscheiden lassen wollte. Darüber hinaus teilte Baeck Grabower mit, dass die Theresienstädter mit größtem Respekt von Grabower sprechen und ihn als gerechten Richter ansehen würden. Zudem informierte Baeck ihn im Januar 1945 darüber, dass er zu Murmelstein meinte, dass dieser das Begnadigungsrecht nur sparsam gebrauchen solle und vor allem nur bei solchen Fällen, bei denen die Urteile gerecht und gütig seien, wie die von Grabower. Auch Merzbach äußerte sich in einem Gespräch mit Stahl positiv über Grabower und meinte, dass er als Richter weder nach rechts noch links schaue. Grabower freute sich über dieses Urteil, auch wenn es sachlich seiner Meinung nach nicht ganz zutreffen würde, da er zu diesem Zeitpunkt sehr viel nach rechts und links geschaut habe, um überhaupt zu wissen, wo eigentlich die Mitte sei.[539] Es ist also zu sehen, dass die führenden Männer im Ghetto Grabower somit auch lobten und seine Arbeit würdigten. Zudem schienen sie sich zum größten Teil auch für Grabowers Rechtsansichten und Vorschläge zu interessieren, auch wenn sie nicht immer die gleiche Meinung vertraten.

o) Resonanz der Ghettobewohner auf seine Tätigkeit als Richter und Disziplinarreferent

Die Resonanz der Ghettobewohner zu Grabowers Tätigkeit als Disziplinarreferent und Richter war gemischt.

Einige Ghettobewohner nahmen es Grabower übel, wenn er sie bestrafte.[540]

Am 04.09.1944 hörte Meissner beispielsweise, dass der stellvertretende Leiter des Referats für Gewerbebetriebe meinte, dass er zu dem „ekligen Grabower" müsse.[541]

Allerdings wurde Grabower auch von dem Elektriker Woloski angesprochen, dass seine Frau ihn immer als lobendes Beispiel genannt habe, weil er bezogen auf seine Tätigkeit als Maurergehilfe vor Theresienstadt eine hohe Stellung inne hatte und im Ghetto mehr als alle anderen arbeiten würde. Von einem anderen

---

[538] Alle Belege in: Aktenvermerk 479.) vom 07.08.1944 und Aktenvermerk 923.) vom 03.01. 1945, in: BArch, N 1856/57. Hans Luther (1879–1962) war u. a. Finanzminister, von 1925–1926 Reichskanzler, Reichsbankpräsident und Botschafter des Deutschen Reichs in der USA. Quelle: „Wenn im Amte", S. 171.

[539] Alle Belege in: Aktenvermerk 102.), 955.), 1132.), 1216.) und 1238.) vom 17.04.1944, 08.01., 09.03., 02.04. sowie vom 21.04.1945, in: BArch, N 1856/57. Ähnlich Aktenvermerk 792.) vom 07.12.1944, in: BArch, N 1856/57.

[540] Beispiel Aktenvermerk 367.) vom 10.07.1944, in: BArch, N 1856/57.

[541] Aktenvermerk 623.) vom 04.09.1944, in: BArch, N 1856/57.

Mann wurde Grabower als einzig gerechter Mensch im Ghetto bezeichnet. Am 12.06.1944 sagte ein Protektoratsangehöriger zu Grabower, dass er sein Referat mit Milde führen würde, was er als Lob meinte. Grabower jedoch erwiderte, dass das auch als ein Vorwurf aufgefasst werden könnte. Besonders stolz war Grabower, dass ein Bescheid von ihm von einem Advokaten in Theresienstadt als juristisches Meisterwerk bezeichnet wurde. Zudem wurde angeblich über ihn gesagt, dass er das Für und Wider immer sorgfältig abwägen würde.[542]

Auch darin, dass immer wieder Ghettobewohner ratsuchend zu Grabower kamen, ist zu erkennen, dass zumindest ein Grundvertrauen zu ihm bestand. Dass Ghettobewohner mit Angst auf Grabower reagierten, wird nicht ersichtlich. Allerdings wurden diese Erkenntnisse aus Grabowers Tagesberichten gezogen und er könnte bewusst weitere Kritiken an seiner Arbeit oder seiner Person verschwiegen haben.

p) Grabowers selbstgeschriebene Arbeitszeugnisse aus Theresienstadt

In Grabowers Nachlass befinden sich auch Arbeitszeugnisse aus seiner Zeit in Theresienstadt. Diese schrieb er teilweise selbst oder gab Hinweise bzw. Vorgaben, welchen Inhalt diese haben sollten, und legte sie dann seinen Vorgesetzten zur Unterzeichnung vor.[543] Es mag etwas merkwürdig anmuten, dass Grabower seine Arbeitszeugnisse in Theresienstadt selbst entwarf.[544] Jedoch war es ihm wichtig, für die Zeit nach Theresienstadt Zeugnisse zu besitzen, die seine Tätigkeit dort widerspiegelten und er bat seine Vorgesetzten und andere leitende Persönlichkeiten mehrfach um Zeugnisse. Er begründete dies damit, dass er für seine Tätigkeit als Zwangsarbeiter in München keinerlei Zeugnisse erhalten hatte und sich daher nicht gegen Verleumdungen des Müncheners bei Edelstein zu seiner Anfangszeit im Ghetto zur Wehr setzten konnte.[545] Das Vorformulieren

---

[542] Alle Belege in: Aktenvermerk 258.), 527.), 528.), 808.) und 1067.) vom 12.06., 15.08., 10.12.1944 und vom 25.02.1945, in: BArch, N 1856/57. Auch eine Frau meinte zu Grabower, dass sie keine Angst hätte, zu ihm zu kommen, da er wie ein ganz gerechter Mensch wirke. Quelle: Aktenvermerk 1115.) vom 05.03.1945, in: BArch, N 1856/57. Im Mai wurde zu Grabower gesagt, dass er einen Ruf als streng und gerecht hätte. Quelle: Aktenvermerk 1286.) vom 06.05.1945, in: BArch, N 1856/57. Ähnliches: Aktenvermerk 1446.) vom 12.06.1945, in: BArch, N 1856/57. Möglicherweise handelt es sich hierbei um Jakub oder Kurt Woloski.

[543] Beispiel „Daten für mein erbetenes Zeugnis" an Dr. Baeck vom 03.05.1945, Blatt 00011, auch Blatt 00015, in: BArch, N 1856/55. Vgl. auch „Schreiben von Grabower an Baeck vom 10.05.1945", in: BArch, N 1856/7. Auch abgedruckt in: „Wenn im Amte", S. 136. Die Zeugnisse entstanden zumeist erst nach der Befreiung des Ghettos oder mit Ende des jeweiligen Arbeitsabschnitts von Grabower. Ein Indiz dafür, dass er somit nicht mit einer Vernichtung gerechnet hat, sind diese somit nicht.

[544] Beispiel in Aktenvermerk 1236.) vom 21.04.1945, in: BArch, N 1856/57.

[545] „Schreiben von Grabower an die Leitung vom 12.09.1944" und „Schreiben von Grabower an Baeck vom 10.05.1945", in: BArch, N 1856/7. Letztes auch abgedruckt in: „Wenn im Amte", S. 136. Aktenvermerk 1291.) vom 07.05.1945, in: BArch, N 1856/57. Murmelstein beschrieb auch, dass den Juden bei der Abfahrt nach Theresienstadt alle Papiere abgenommen

der Zeugnisse war somit eine schnelle und zielführende Variante für ihn, die die Chancen erhöhte, dass er diese Zeugnisse noch vor seiner Abreise in den Händen halten würde. Zudem scheint Grabower nicht der Einzige gewesen zu sein, der sich in Theresienstadt Zeugnisse für seine Arbeit ausstellen ließ. So schreibt Beate Meyer, dass sich die Überlebenden im Ghetto gegenseitig Zeugnisse ausstellten, in denen unter anderem die Tätigkeit in der Selbstverwaltung als berufliche Qualifikation aufgeführt wurde.[546]

In seinem Zeugnis vom 05.05.1945, welches Murmelstein unterzeichnet hatte, schrieb Grabower, dass er ein gerechter und menschlicher Richter sei, der sich in den Verhandlungen stets freundlich und geduldig verhalten und bei voller Wahrung der Interessen der Gesamtheit vermieden habe, überflüssige Härte im Einzelfall zu zeigen. Auf Anraten von Murmelstein strich Grabower die Ausführung, dass er in den fünf Monaten 1.430 Arbeitsrechtsfälle und 535 Verwaltungsrechtsfälle, durchweg unter Zuhilfenahme der Nachtstunden und seiner langjährigen Erfahrungen als Verwaltungsbeamter und Richter bearbeitet hatte. Für Murmelstein stand fest, dass Grabower eine derartige Aussage nicht nötig hatte.[547]

Das Zeugnis von Leo Baeck vom 12.05.1945 fiel deutlich länger aus und fasst Grabowers Arbeitsweg in Theresienstadt gut zusammen:

„Herr Rolf Grabower, Dr. jur., Dr. phil., Reichsrichter am Reichsfinanzhof a. D., ist seit Juni 1942 in Theresienstadt. Er hat von Anfang an ununterbrochen auf jedem Platze, auf den er gestellt war, seine volle Pflicht erfüllt. Die Pflicht bedeutete ihm mehr als der Platz. In den ersten Wochen war Dr. Grabower hier als Maurergehilfe beschäftigt und versah zugleich sehr bald den Dienst eines Zimmerältesten. Von Oktober 1942 bis Januar 1944 war ihm in einem der wichtigsten Bereiche der hiesigen Selbstverwaltung, in der Arbeiterzentrale, der Posten eines Sachbearbeiters anvertraut, er hat ihn mit immer gleicher Hingebung, mit unermüdlichem Fleisse und mit lebendigem Sinn für die Aufgabe verwaltet. Diese selben Eigenschaften hat Dr. Grabower bewährt, als ihm dann von Februar – Oktober 1944 das Amt eines Disciplinarreferenten anvertraut wurde, welches bedeutungsvolle Anforderungen an ihn stellte und ihn vor eine Fülle von Problemen führte. Es war ein Beweis des Vertrauens, dass ihm dann im Oktober 1944 das Amt des Arbeits- und Verwaltungsrichters und in Verbindung damit die Bearbeitung der Disziplinar-Angelegenheiten übertragen wurde. Es war ein grosses Maß nicht nur von Arbeit, sondern vor allem auch von Urteilsfähigkeit, das hier von ihm gefordert wurde. Dr. Grabower ist seiner Aufgabe gerecht geworden; er war bemüht, nicht nur die Sache, sondern den Menschen ins Auge zu fassen, die Forderung des Rechtes mit der Würdigung des Persönlichen zu verbinden. Seit kurzem ist Dr. Grabower jetzt zum Leiter des Arbeits-

---

wurden und daher niemand beweisen konnte, dass er vorher ein gewisses Amt bekleidet oder Diplom erhalten hatte. Daher schmückten sich die Bewohner mit Verdiensten und Titeln, die sie nicht besaßen. *Murmelstein*, „Theresienstadt – Eichmanns Vorzeige-Ghetto", S. 65.

[546] *Meyer*, „Tödliche Gratwanderung", S. 234.

[547] Alle Belege in: „Zeugnis von Murmelstein für Grabower vom 05.05.1945", in: BArch, N 1856/3. „Zeugnis von Murmelstein an Grabower vom 21.04.1945", Blatt 00020, in: BArch, N 1856/55. Beide auch abgedruckt in: „Wenn im Amte", S. 135. Aktenvermerk 1236.) vom 21.04.1945, in: BArch, N 1856/57.

einsatzes der Männer bestimmt worden, der in einer Übergangszeit mit begreiflichen Schwierigkeiten zu kämpfen hat: es ist Dr. Gr schon bald gelungen, hier einen festen Weg zu finden. Zum Schluss sei auch erwähnt, dass Dr. Gr durch Vorträge aus verschiedenen Wissensgebieten zum geistigen Leben in Theresienstadt beigetragen hat. Die jüdische Selbstverwaltung ist ihm für alles aufrichtig zu Dank verpflichtet."[548]

Hierzu schrieb Grabower, dass einige seiner Vorfahren mit früheren Stadien seines Lebens wohl nicht einverstanden gewesen wären, er sich nun aber mit dem Zeugnis von Baeck vor diesen gewissensmäßig ausweisen könnte.[549] Auch hier bleibt unklar, worauf genau sich die Kritik seiner Vorfahren bezog. Da viele von ihnen ebenfalls getauft waren, ist es unwahrscheinlich, dass er hiermit seine Abkehr vom jüdischen Glauben meinte.

Das Zeugnis von Jiří Vogel[550] vom 08.07.1945 fällt ähnlich lang aus:

„Herr Dr. jur. Dr. phil. Rolf Grabower, geboren am 21.5.1883, ehemals Reichsrichter am Reichsfinanzhof in München, kam im Juni 1942 nach Theresienstadt, wo er sich trotz seines fortgeschrittenen Alters zur manuellen Arbei[t] freiwillig meldete. Er arbeitete zunächst über 6 Monate als Maurer, welcher Tätigkeit er unermüdlich und mit beispielgebender Arbeitsfreudigkeit nachging. Als sich späterhin die Notwendigkeit ergab, einen Verwaltungsapparat aufzubauen, wurde Dr. Grabower für diese Arbeiten herangezogen. Es war, bezeichnend für seinen Charakter, sein ausdrücklicher Wunsch, als untergeordnete administrative Kraft zu beginnen. Sein hierbei entfalteter Fleiss und seine Gewissenhaftigkeit erweckten die Aufmerksamkeit seiner Umgebung. Im Feber 1944 wurde Herr. Dr. Grabower zum Disziplinarreferenten und später zum Arbeitsrichter bestimmt. Dieses schwierige Amt versah er bis Mai 1945. Es kommt darauf nicht an, was für ein Amt man hat, sondern wie man es ausführt. Geleitet von seiner vornehmen Gesinnung, seiner Bescheidenheit, seinem Takt, seiner Menschenkenntnis und seiner umfassenden Arbeitskapazität, hat Herr Dr. Grabower diese Funktion mit dem Ergebnis versehen, dass er sich den Ruf eines gerechten und milden Richters und eines Freundes aller arbeitenden Menschen erwarb. Im Mai 1945 wurde Herr Dr. Grabower mit der Leitung des Männerarbeitseinsatzes betraut. In der von ihm gewohnten pflichtbewussten Weise und mit verständnisvoller Bereitschaft hat er sich auch dieser neuen Aufgabe mit Erfolg gewidmet. Abseits seines umfangreichen Tätigkeitsgebietes, welches ihn Tag und Nacht in Anspruch nahm, hat Herr Dr. Grabower Vorträge kultureller und erzieherischer Art gehalten. Er hat sich damit eine Gemeinde geschaffen, die tiefe Verehrung für ihn empfindet.

Die Verwaltung des ehemaligen Konzentrationslagers Theresienstadt-Stadt spricht Herrn Dr. Grabower für seine unschätzbaren Dienste, die er zum Wohle der Gemein-

---

[548] „Handschriftliches Zeugnis von Leo Baeck für Grabower vom 12.05.1945" sowie die beglaubigte Abschrift hiervon, in: BArch, N 1856/3. Auch abgedruckt in: „Wenn im Amte", S. 136 f. Vorliegend wurde das handschriftliche Zeugnis zitiert. Die Abschrift weicht in der Rechtschreibung einiger Wörter vom Original ab.

[549] „Dankschreiben von Grabower an Baeck vom 21.05.1945", in: BArch, N 1856/7. Auch abgedruckt in: „Wenn im Amte", S. 136.

[550] Vogel war ein Kommunist aus Prag, seit 1941 in Theresienstadt, hatte dem ersten Ältestenrat angehört und wurde Leiter der „Technischen Abteilung". Quellen: *Adler*, „Theresienstadt 1941–1945", S. 217 und „Vogel, Dr. Jiří", aufgerufen unter: http://www.ghetto-theresienstadt.de/pages/v/vogelj.htm [Stand: 03.09.2020.].

schaft in selbstloser Weise geleistet hat, für seine in jeder schwierigen Lage bewiesene Haltung Dank und Anerkennung aus."[551]

Erich Oesterreicher[552], der Leiter der Arbeitszentrale, schrieb am 31.01.1944:

„Herr Dr. jur. et. Dr. phil. Rolf Grabower, Reichsrichter u. Hochschuldozent a.D., Theresienstadt.

Anlässlich Ihres Ausscheidens aus der Arbeitszentrale spreche ich Ihnen im Namen der Mitarbeiter sowie in meinem Namen den Dank für die geleistete Arbeit aus. Sie waren seit dem 20. September 1942 bis zum heutigen Tage in der Abteilung – Evidenz der Arbeitsleistung – beschäftigt. Obwohl die Ihnen übertragenen laufenden Arbeiten rein mechanisch waren und Ihrer Vorbildung nicht im Entferntesten gerecht wurden, haben Sie sie fleissig, pünktlich und pflichtgetreu erledigt. Auch während Ihrer freien Tage und fast jeden Abend sah man Sie Überstunden leisten. Sie wurden so zum Beispiel für die jüngeren Arbeitskameraden. Sie unterstützten uns auch in unseren Bestrebungen, die Arbeitsleistung richtig zu erfassen und suchten – durch stark besuchte und gerne gehörte Vorträge – in gutem Sinne auf Ihre Arbeitskameraden einzuwirken. Auf Grund Ihrer besonderen Kenntnisse wurden Sie auch zu anderen Arbeiten herangezogen, so unter Anderem bei Ausarbeitung grundsätzlicher Bestimmungen, die das Arbeitsgericht und die Arbeiterbetreuung betreffen.

Ihre Bewährung als manueller Arbeiter und Partieführer bildete die Grundlage für Ihre Nominierung zum Beisitzer des Arbeitsgerichts, Ihre Tätigkeit vor Theresienstadt prädestinierte Sie für die Funktion des Ältesten-Stellvertreters des Beirates der Bank der jüdischen Selbstverwaltung. Auf allen diesen Gebieten erfüllten Sie mit Interesse, Eifer und sittlichem Ernst Ihre Pflicht. […]"

Oesterreicher beschrieb Grabower auch als einen guten Menschen und Kameraden, fachlich ausgezeichneten Beamten und feinsinnigen Humanisten.[553]

Grabower selbst stellte ebenfalls Zeugnisse aus und zwar für seine Sekretärin Frau Käthe Levin, die vom 22.12.1944 bis zum 22.04.1945 vier Monate mit ihm zusammengearbeitet hatte. In dem Zeugnis beschrieb Grabower, wie sie zusammen in diesen fünf Monaten 1.600 Arbeitssachen und 560 Verwaltungssachen behandelt hatten. Frau Levin sei eine ausdauernde und fleißige Mitarbeiterin gewesen, die zudem auch gewillt war, zu Nachtzeiten zu arbeiten.[554] Auch seine andere Sekretärin, Frau Grimm, die ihn in den letzten Wochen (von 01.05. bis 19.06.1945) unterstützte, erhielt von ihm ein Zeugnis.[555]

---

[551] „Zeugnis von Vogel für Grabower vom 08.07.1945", in: BArch, N 1856/3. Auch abgedruckt in: „Wenn im Amte", S. 139.

[552] Oesterreicher wurde im Herbst 1944 deportiert und von Robert Weinberger als Leiter der Arbeitszentrale ersetzt: Quelle: *Adler*, „Theresienstadt 1941–1945", S. 377 und *Hájková*, „Prisoner Society in the Terezín Ghetto 1941–1945", S. 73.

[553] Belege in: „Schreiben von Oesterreicher an Grabower vom 21.05.1943" und „Zeugnis von Oesterreicher für Grabower vom 31.01.1944", in: BArch, N 1856/3. Letztes auch abgedruckt in: „Wenn im Amte", S. 134.

[554] Alle Belege in: „Zeugnisse von Grabower für Käthe Levin vom 22.12.1944, 22.04.1945 und vom Juli 1945", in: BArch, N 1856/7 und BArch, N 1856/55.

[555] „Zeugnis von Grabower für Frau Grimm vom 19.06.1945", in: BArch, N 1856/7. Zudem befindet sich beispielsweise auch ein Zeugnis vom 30.06.1945, ausgestellt von Grabower, für

5. Freizeitgestaltung – insbesondere das Halten von Vorträgen

Trotz des Zwangscharakters fanden im Ghetto auch kulturelle, religiöse oder sportliche Aktivitäten statt. Auch eine Bücherei wurde Ende November 1942 im Ghetto als eine Wanderbibliothek eingerichtet, die aus Büchern bestand, die die Häftlinge selbst mitgebracht hatten und die ihnen abgenommen worden waren.[556] Die Ghettobücherei zählte zeitweise ca. 49.000 Bände und viele stellten jüdische Literatur dar.[557]

Antrieb des kulturellen Lebens in Theresienstadt war unter anderem der bereits erwähnte Pelzhändler Philipp Manes.[558] Er organisierte einen Teil des kulturellen Lebens, das mehr als 500 Veranstaltungen, wie die „Vortragsreihe des Ordnungsdienstes", „Vortragsreihe der Gruppe Manes", Vorlesungen über Philosophie, Musik- und Kunstveranstaltungen, Literaturveranstaltungen, Konzerte, Liederabende und Theateraufführungen für die Bewohner als erfreuliche Abwechslung zum Lageralltag bereithielt.[559] Die SS-Kommandantur ließ dies unter anderem deshalb zu, weil das kulturelle Leben von den Nationalsozialisten zu Propagandazwecken gebraucht werden konnte.[560]

a) Vergleich von Grabower mit Philipp Manes

Grabower war nicht der einzige Bewohner Theresienstadts, der seine Erlebnisse aufzeichnete. Auch Philipp Manes schrieb während seines Aufenthaltes in The-

---

einen Herrn Schrage (der u. a. als Hausmeister in der Kommandantur im Ghetto arbeitete) in BArch, N 1856/7. Möglicherweise handelte es sich hierbei um Frau Rosa Grimm und Herr Salomon Schrage. Vgl. „The Terezín Memorial – Database of politically and racially persecuted persons", aufgerufen unter: https://www.pamatnik-terezin.cz/database [Stand: 12.03.2021].

[556] *Benz*, „Theresienstadt", S. 102f. *Murmelstein*, „Theresienstadt – Eichmanns Vorzeige-Ghetto", S. 75. *Starke*, „Der Führer schenkt den Juden eine Stadt", z. B. „Rechenschaftsbericht vom 17.11.1942 bis 17.11.1943 von der Ghettozentralbücherei Theresienstadt" und „Tätigkeitsbericht für das Gründungsjahr", S. 189–194. Es befinden sich noch weitere Informationen und Dokumente zu der Bibliothek in Starkes Buch, z. B. S. 101–113. Käthe Starke (damalige Goldschmidt) war in Theresienstadt in der Ghettobücherei als Sekretärin und Leiterin der Ausleihe und später als Oberbibliothekarin tätig. Quelle: „Bestätigung vom 22.01.1945", abgedruckt in: *Starke*, „Der Führer schenkt den Juden eine Stadt", S. 151, 217.

[557] *Manes*, „Als ob's ein Leben wär", S. 154. *Starke-Goldschmidt*, „Die Zentralbücherei des Ghettos Theresienstadt", in: „Theresienstadt" vom Rat der jüdischen Gemeinden in Böhmen und Mähren, S. 185. Vgl. *Starke*, „Der Führer schenkt den Juden eine Stadt", S. 195f.

[558] „Brief von Grabower an Schottelius vom 12.01.1954", in: BArch, N 1856/7 und FZH 376–21, Schriftverkehr 1949–1956. Auch abgedruckt in: „Wenn im Amte", S. 185f. Gerty Spies bezeichnete Manes als einer der besten Erzähler, die sie je gehört hatte. „Philipp Manes erkannte hellsichtig, daß allein die geistige Abkehr vom Jammern einer niederdrückenden Gegenwart ermöglichte, die Zeit der Prüfung mit Anstand zu überdauern." Quelle: *Spies*, „Drei Jahre Theresienstadt", S. 53, 57f.

[559] „Wenn im Amte", S. 98.

[560] *Adler*, „Die verheimlichte Wahrheit", S. 242.

resienstadt von Februar 1942 bis Oktober 1944 Tatsachenberichte in insgesamt neun Heften auf.[561] Im Unterschied zu Grabower bezogen sich diese Aufzeichnungen nicht nur auf sein eigenes Leben bzw. seine Arbeit, sondern er versuchte, die unterschiedlichen Bereiche im Ghetto so gut wie möglich zu beschreiben und schrieb teilweise auch kurze Abschnitte zu Biografien von Menschen, die er im Ghetto getroffen hatte. Durch Manes Aufzeichnungen wird ein genaueres Bild vom alltäglichen Leben im Lager gezeichnet, weshalb sie besonders lesenswert sind.

Manes traf am 23.07.1942 mit dem Berliner Transport I/29 in Theresienstadt ein.[562] Genauso wie Grabower musste auch Philipp Manes vor seiner Deportation Zwangsarbeit leisten, nachdem die Nationalsozialisten ihn enteignet hatten und er somit sein Geschäft verlor.[563] Auch er führte seine Zwangsarbeit gewissenhaft aus und war stolz, wenn er sie zufriedenstellend und so effizient wie möglich verrichtete. In Theresienstadt mochte Manes es ebenso wenig wie Grabower, arbeitslos und ohne Aufgaben zu sein und diese Arbeitslosigkeit lastete schwer auf ihm. Hierbei vertrat er die gleiche Ansicht wie Grabower, dass man sich im Ghetto erst hocharbeiten und nach den kurzen Tagen der Eingewöhnung bei der Hundertschaft melden sollte, um dort körperliche Arbeit jeder Art zu leisten, egal welchen Beruf man vor dem Ghettoleben ausgeübt hatte. Er berichtete, dass es so dazu kam, dass ehemalige Direktoren und Anwälte die Höfe kehrten und berühmte Schauspieler den unbeliebten Dienst bei den Toiletten ausübten.[564]

Aufgrund der aufkommenden Langeweile in den ersten Tagen seines Lageraufenthaltes kam es dann auch zum ersten Vortrag von Manes. Er setzte sich auf eine Bank und sprach unter anderem von „Hamburg 1897–1898" und fand viele Zuhörer. Dies war der Ursprung der Vortragsreihen. Am 21.09.1942 hielt Manes zum ersten Mal im Raum 38 einen Vortrag, der nicht nur für Bekannte, sondern auch für Außenstehende frei zugänglich war, und stellte somit einen Meilenstein in der Geschichte des kulturellen Lebens in Theresienstadt dar. Zunächst erzählten sich die Anwesenden gegenseitig von ihrem Leben. Dann fing Manes an, befreundete Männer als Redner hinzuzuziehen, den Hörerkreis dadurch zu

---

[561] Manes, „Als ob's ein Leben wär", S. 15.

[562] Manes, „Als ob's ein Leben wär", S. 35. In Theresienstadt war Manes zunächst beim Orientierungsdienst/Hilfsdienst der Ghettowache tätig. Dort half er unter anderem dabei, verirrte Insassen wieder in ihre vorgesehene Unterkunft zu bringen. Quellen: Adler, „Theresienstadt 1941–1945", S. 602 und Manes, „Als ob's ein Leben wär", S. 55 ff.

[563] Er musste ab Winter 1941/1942 in einer Fabrik arbeiten. Quelle: Manes, „Als ob's ein Leben wär", S. 11.

[564] Alle Belege in: Manes, „Als ob's ein Leben wär", S. 21–23, 46, 141 f. Interessanterweise scheint Manes hierbei auch an Grabower gedacht zu haben. So schrieb er: „ein Reichsrichter, der als Personalchef der Reichsfinanzverwaltung die angesehenste Stellung einnahm und bis zuletzt am Reichsfinanzhof seines Amtes waltete, saß über ein Jahr in der Arbeitszentrale und schrieb Karteikarten aus." Vgl. auch Utitz, „Ethik nach Theresienstadt", S. 55 und Weglein, „Als Krankenschwester im KZ-Theresienstadt", S. 36.

vergrößern und eröffnete diese Vortragsreihe mit dem Thema „Aus meinem Leben". Schnell verbreitete sich die Nachricht über diese Vortragsreihen im Lager und die Anzahl der Zuhörer wuchs stetig, sodass Manes immer öfter nicht genug Platz hatte, um alle Anfragenden unterzubringen.

Er organisierte eine Vorlesungsreihe, die aus literarischen und wissenschaftlichen Vorträgen und Theaterlesungen bestand. Insgesamt leitete Manes über 500 Veranstaltungen und diese waren auch trotz Hindernissen, wie Raumwechsel, Begrenzung der Zuschauerzahl und Deportationen der Teilnehmer, immer gut besucht und heiß begehrt. Ganz gleich welcher soziale Hintergrund, viele wollten bei Manes Vorträge halten oder solche hören. So kamen Gelehrte, Dichter oder Ärzte zu ihm, um Ideen für Vorträge zu liefern, aber auch Schwestern und Schwerarbeiter kamen als Zuhörer, sodass jede soziale Schicht vertreten war. Manes hatte somit reichlich Auswahl und musste vielen Interessenten absagen. Er wählte seine Vortragenden danach aus, ob sie frei sprechen und nicht nur ablesen konnten, ob sie langweilig und einschläfernd wirkten oder die Zuhörerschaft mitreißen und in ihren Bann ziehen konnten. Hierbei versuchte er auch eine gewisse Struktur in die Vortragsreihen zu bringen und nicht alles bunt aneinanderzureihen. Viele Willige musste er zudem auf den nächsten Monat vertrösten, da der Andrang so hoch war. Die Themen der Vorträge für das Wochenprogramm musste Manes bei der Freizeitgestaltung vorlegen, die die Themen auf Zulässigkeit hin prüfte.[565] Seit Juli 1944 mussten der SS vorab genauere Themenangaben zu den Vorträgen gemacht werden und auch bei den Theaterstücken verlangten sie, dass ihnen im Vorhinein die Texte gezeigt wurden.[566] Im September kam die Anweisung, dass alle Vorträge bei der Behörde in Prag vorab eingereicht werden mussten und dies erforderte eine derartige Schreibarbeit, dass ein Teil der Veranstaltungen dadurch ausfiel.[567] Auch Emil Utitz schrieb, dass die Vorträge unaufhörlich durch Verbote bedroht waren und zahlreiche Veranstaltungen unter falschem Titel starteten und die Vortragenden bereit sein mussten, bei einer unangekündigten Inspektion sofort das Thema zu wechseln. Solche Inspektionen sollen jedoch nur selten stattgefunden haben.[568] In Grabowers Aufzeichnungen ist nichts bezüglich derartiger Kontrollen zu lesen, auch Ängste und Sorgen bzgl. eines möglichen Zusammentreffens mit den Nationalsozialisten finden sich in seinen Berichten nicht. Allerdings wurde zumindest Grabowers Vortrag mit dem Thema „Psychologie der Massen" von Murmelstein Anfang Januar 1945 bei der Dienststelle zwecks Freigabe vorgelegt.[569]

---

[565] Alle Belege in: *Manes*, „Als ob's ein Leben wär", S. 12, 46 f., 87–89, 93, 99, 307 f., 310, 408. Vgl. auch „Material für ein Judenbuch", S. 16, in: BArch, N 1856/63.
[566] *Adler*, „Theresienstadt 1941–1945", S. 589. Vgl. hierzu auch: *Hájková*, „Prisoner Society in the Terezín Ghetto 1941–1945", S. 204.
[567] *Manes*, „Als ob's ein Leben wär", S. 409.
[568] Belege in: *Utitz*, „Ethik nach Theresienstadt", S. 41.
[569] Aktenvermerk 932.) vom 04.01.1945, in: BArch, N 1856/57.

H. G. Adler kritisiert, dass oft Vorträge über Steuern und Geld oder andere Themen gehalten wurden, die im Lager sinnlos geworden waren. Auch Erinnerungen an die Welt, wie sie vor der Herrschaft der Nationalsozialisten war, weit entfernte Reiseziele und anderes Unerreichbares oder in ihrer Situation Abwegiges wie Lebensmittelchemie wurden in diesen Vorträgen behandelt.[570] Diese Inhalte entsprangen jedoch dem Interessenskreis der Vortragenden, die sich durch diese Beschäftigung vor der Wirklichkeit flüchten konnten und auch einen gewissen Grad an Normalität verspürten, wenn es um Inhalte ging, mit denen sie sich auch in ihrer Zeit vor Theresienstadt befasst hatten.[571] Viel zählte wohl auch, dass sie diese Themen selbstbestimmt auswählen konnten. Die Beschäftigung mit solchen Thematiken könnte Hilfe dabei gewesen sein, im Lageralltag nicht den Verstand zu verlieren und einer Abgestumpftheit vorzubeugen. Gerade solche Themen, die nichts mit dem Lageralltag zu tun hatten, waren prädestiniert dafür, nicht nur die Vortragenden, sondern gerade auch ihre Zuhörer von der Ghettorealität abzulenken.[572] Was derartige Veranstaltungen im Ghetto bewirkten, zeigt ein Brief einer Frau an Manes:

„Als ich am 11. September 1942 hier ankam, war ich über die Trennung von meiner Familie sehr traurig und versuchte mich mit den schönen Bergen und Wiesen, kurzum mit der Befreundung mit der Natur zu trösten, doch blieb ich weiter traurig. Da traf ich eine alte Wiener Bekannte, die mich auf Ihre Veranstaltungen aufmerksam machte. Seitdem besuchte ich fast alle von Ihnen, Herr Manes, mit so viel Umsicht und Verständnis ausgewählten Darbietungen und kann nur sagen, daß sie für mich ohne Übertreibung Lebenselixier wurden. Den ganzen Tag freue ich mich auf den Abend, und eine Freude hier ist sicher doppelt zu werten. Später werde ich stets in Dankbarkeit der schönen Stunden gedenken, die ich durch Sie, hochverehrter Herr Manes, erlebt habe."[573]

Auch Grabower fand in den Tagesberichten von Manes Erwähnung. Manes verfasste anlässlich des 200. Vortragsabends im Raum 38 der Magdeburger Kaserne einen Dankesbrief an Grabower für seine bisherige Mitwirkung.[574] Zudem ließ ihn Manes am 500. Abend der Vortragsreihe einen Vortrag halten.[575] Grabowers Vortrag „Psychologie der Massen" bezeichnete Manes als tiefschürfend.[576]

---

[570] Belege in: *Adler*, „Theresienstadt 1941–1945", S. 599.
[571] Auch Emil Utitz schloss sich Adlers Kritik nicht an, sondern berichtete, wie die Menschen durch die Vorträge Ablenkung erhielten. Quelle: *Utitz*, „Ethik nach Theresienstadt", S. 117.
[572] Vgl. auch „Brief von Grabower an Schottelius vom 12.01.1954", in: BArch, N 1856/7 und FZH 376–21, Schriftverkehr 1949–1956. Auch abgedruckt in: „Wenn im Amte", S. 185 f.
[573] Zitiert nach: *Manes*, „Als ob's ein Leben wär", S. 141.
[574] „Brief von Manes an Grabower vom 13.09.1943", in: BArch, N 1856/3. Auch abgedruckt in: „Wenn im Amte", S. 98.
[575] *Manes*, „Als ob's ein Leben wär", S. 408.
[576] Aktenvermerk 574.) vom 25.08.1944, in: BArch, N 1856/57. Stichpunkte zu diesem Vortrag sowie ein Zettel der Freizeitgestaltung bzgl. Grabowers Vortrag befinden sich in: BArch, N 1856/59. Auch abgedruckt in: „Wenn im Amte", S. 238. *Manes*, „Als ob's ein Leben wär", S. 409.

„Berlin-München, ein Vergleich", „Zielsetzung in der Geschichte", „Schattenbilder des Ungeschehenen", „Kameradschaft-Gemeinschaft"[577] und „Geschichtliche Entwicklungen" waren einige der Themen, die Grabower bei Manes Veranstaltungen vortrug.[578] Auch über die „Kultur und Zivilisation"[579] und „geschichtliche Vergleiche" hielt er Vorträge, wobei er bei letztem auf den Gedanken der Lüge, des Verrats, der Revanche, der Freiheit und der Volkserziehung einging.[580]

Manes beschrieb auch, dass Grabowers Vorträge immer den Saal füllten. Er berichtete, wie gleich zwei Herren über Faust-Probleme sprechen wollten und dafür mehr als einen Abend forderten, was Manes jedoch „nach den kristallklaren Vorträgen Dr. Rolf Grabowers über dies Thema" und nachdem er selbst Faust 50-mal gegeben hatte, ablehnen musste, um seine Zuschauer nicht zu langweilen.[581]

Manes suchte Grabower jedoch auch auf, um diesen nach Rat zu fragen. So wollte er von Grabower am 17.03.1944 wissen, ob er einen geeigneten Vortragsraum kenne und kam auch in persönlichen Sachen zu ihm. Er fragte Grabower im Vertrauen, ob er ein Disziplinarverfahren gegen sich selbst anstreben solle, nachdem ein Mann zu ihm meinte: „Sie haben mich einmal getäuscht, noch einmal täuschen Sie mich nicht wieder." Grabower riet ihm davon ab. Auch am 28.08.1944 kam Manes zu Grabower, um zu erfragen, ob er auch schlichtend tätig sein würde, da er einen Streit mit einem Schauspieler habe.[582] Weiteres hierzu ist nicht bekannt.

Wie sich zeigt, gab es einige Parallelen zwischen Manes und Grabower: Beide dienten im Ersten Weltkrieg als Soldaten und hatten bis zum Schluss ein gewisses Gefühl der Vaterlandsliebe, trotz aller Grausamkeiten, die gerade dieses Vaterland ihnen antat. Vergleichbar mit Grabower sah auch Manes seine Arbeit im Lager als Dienst im Sinne der Pflicht am Gemeinwohl an.

Es gab jedoch auch einen gravierenden Unterschied zwischen Manes und Grabower im Ghetto: Im Gegensatz zu Grabower lebte Manes nicht mit dem Privileg, als „Prominenter" im Lager kategorisiert zu sein. Das hieß, dass diese beiden Herren im Lager unterschiedliche Lebensbedingungen ertragen muss-

---

[577] *Adler*, „Theresienstadt 1941–1945", S. 602.
[578] Vgl. „Brief von Manes an Grabower vom 13.09.1943", in: BArch, N 1856/3. Auch abgedruckt in: „Wenn im Amte", S. 98. Vgl. Aktenvermerk 176.) vom 08.05.1944, in: BArch, N 1856/57.
[579] Hierzu auch Aktenvermerk 358.) vom 08.07.1944, in: BArch, N 1856/57. Zettel bzgl. dieses Vortrages am 24.07.1944 und Stichpunkte zu dem Vortrag befinden sich in BArch, N 1856/59.
[580] Am 14.08.1944 trug Grabower bei Manes über die geschichtlichen Vergleiche vor. Quelle: Aktenvermerk 522.) vom 15.08.1944, in: BArch, N 1856/57. „Zettel bzgl. des Vortrages ‚Geschichtliche Vergleiche' vom 06.08.1944", in: BArch, N 1856/59.
[581] Belege in: *Manes*, „Als ob's ein Leben wär", S. 310, 370f.
[582] Alle Belege in: Aktenvermerk 17.) vom 17.03. und Aktenvermerk 589.) vom 28.08.1944, in: BArch, N 1856/57.

ten. Während Manes sich mit vielen Männern den Schlafraum teilen und nächtlich gegen Wanzen kämpfen musste, die das Schlafen unerträglich machten, hatte Grabower es deutlich bequemer. Die „Prominentenhäuser" standen in der Seestraße mit weiten, hellen Korridoren und hohen Zimmer. Es lebten im Gegensatz zu den anderen Häusern nur wenige Bewohner in jedem Haus. Zudem durften die „Prominenten" sich über Komfort wie eiserne Betten, Tische und Stühle freuen, wovon die anderen Bewohner nur zu träumen wagten. Diese Häuser waren zudem gut instandgehalten und sauber.[583] Zumindest im Jahr 1945 war Grabower auch eine Dame zugeteilt, die sich um sein Zimmer kümmerte und dieses heizte, damit er nach der Arbeit in ein warmes Zimmer zurückkehren konnte.[584] Zudem beantragte er im Januar 1945, einen elektrischen Schalter in seinem Raum installieren zu lassen, damit er sich sein Essen nach der Arbeit aufwärmen könnte.[585] Murmelstein beschrieb, wie aufgrund der privilegierten Lebensweise der „Prominenten", immer wieder Unmut beim Rest der Bevölkerung aufkam, auf deren Kosten die „Prominenz" mehr Nahrung und Raum erhielt.[586] Als „Prominenter" hatte Grabower zudem mehr Freiheiten bzgl. des Postverkehrs und konnte ins In- und Ausland Briefe schicken und auch Päckchen erhalten.[587]

Am 28.10.1944 wurde Manes zusammen mit seiner Frau mit dem letzten Transport von Theresienstadt nach Auschwitz deportiert, wo er ermordet wurde.[588]

Auch noch Jahre nach der Befreiung Theresienstadts hatte Grabower nur Positives über Manes zu sagen und lobte dessen ausgezeichneten Spürsinn, die gro-

---

[583] Alle Belege in: *Manes*, „Als ob's ein Leben wär", S. 10, 13 f., 263, 373 ff. *Hájková*, „Prisoner Society in the Terezín Ghetto 1941–1945", S. 81. Vgl. auch *Starke*, „Der Führer schenkt den Juden eine Stadt", S. 80. Resi Weglein, die als Krankenschwester in Theresienstadt arbeitete, berichtete ebenfalls von der Ungezieferplage und der „Entwesung" sowie den unmenschlichen Umständen, unter denen die „Nichtprominenz" in Theresienstadt leben musste. Siehe *Weglein*, „Als Krankenschwester im KZ-Theresienstadt", S. 33, 51 f. Auch *Ernst Brenner* berichtete in: „Ich überlebte in Theresienstadt", S. 23 f. von der Wanzen- und Flohplage in Theresienstadt. Ähnlich auch: *Goldschmidt*, „Die Geschichte der evangelischen Gemeinde Theresienstadt 1942–1945", S. 10. Es ist daher umso absurder, dass in dem Bericht des Roten Kreuzes über den Besuch in Theresienstadt geschrieben steht, dass es keinerlei Ungeziefer im Ghetto gäbe. Quelle: YV, O.64, Item ID: 3688388.

[584] „Schreiben von Grabower an Frau von Pecci vom 19.02.1945", in: BArch, N 1856/7.

[585] „Schreiben von Grabower an das Zentralsekretariat vom 09.01.1945", in: BArch, N 1856/7.

[586] *Murmelstein*, „Theresienstadt – Eichmanns Vorzeige-Ghetto", S. 62. Murmelstein nannte als Grund, dass die „Prominenten" Vergünstigungen erhielten, auch, dass bewusst ein Keil zwischen den Judenältesten und den übrigen Bewohnern getrieben werden und der Ältestenrat zum Verrat angestiftet werden sollten. Quelle: *Murmelstein*, „Theresienstadt – Eichmanns Vorzeige-Ghetto", S. 40.

[587] „Schreiben des Post- und Verkehrswesens an Grabower vom 24.09.1942", in: BArch, N 1856/7. Als „Prominenter" unterlag er auch nicht der Abgabepflicht. Quelle: „Bescheinigung – Betrifft: Abgabepflicht", in: BArch, N 1856/7.

[588] *Manes*, „Als ob's ein Leben wär", S. 12.

ße Organisationsgabe und sein feines kulturelles Verständnis in der Auswahl seiner Vortragenden.[589]

b) Grabowers Vorträge

Nicht nur bei Manes, sondern auch bei anderen Veranstaltungen, hielt Grabower Vorträge. Laut Grabowers eigener Einschätzung trug er ca. 50 Vorträge in Theresienstadt vor.[590] Sein Augenmerk legte er vor allem auf die Thematik der Verwaltung, sprach jedoch auch über Literatur, soziale Probleme, Philosophie und Geschichte.[591]

Nach und nach wurde Grabower von der jüdischen Leitung des Lagers auch mit allgemeinen Vorträgen betraut. Hierbei sagte er über sich selbst, dass er so offen sprach, dass viele seiner 300 bis 400 Zuhörer Angst um ihn gehabt hätten.[592]

Zu seiner Vortragstätigkeit schrieb Grabower:

„Ich habe immer die Beobachtung gemacht, dass für die Hörer ein wertvoller Aktivposten und ein Erziehungsfaktor darin liegt, dass sie überhaupt von der Existenz von Problemen und von der Beschäftigung mit diesen hören die ihnen bisher nicht bekannt waren. Diese Wirkungen zeigten sich verstärkt bei jüngeren Hörern in Theresienstadt. Sie hatten einen Stoff zur Unterhaltung und zum Nachdenken und lenkten sich ab von unserem an und für sich trostlosen Tag, auch von Ernährung, Krankheiten und Ungeziefer, von Kälte und Wärme, von guten und schlechten Capos und vor allem vor den bangen Fragen nach dem nächsten Transport."[593]

Grabower versuchte mehrfach, das Thema Verwaltungsfragen als Vortragsthema festzusetzen. Dies hatte nicht immer Erfolg, so musste er sich beispielsweise bei Emil Utitz, dem Leiter der Vortragsabteilung,[594] mit dem Thema „Goethe in seinen Briefen und Gesprächen" zufriedengeben.[595]

---

[589] „Wenn im Amte", S. 98.
[590] „Schreiben von Grabower an die Juristische Fakultät der Universität Erlangen vom 27.06.1946", in: BArch, N 1856/49.
[591] Eine Liste mit Vortragsthemen befindet sich in: BArch, N 1856/7 und BArch, N 1856/60. „Schreiben von Grabower an die Juristische Fakultät der Universität Erlangen vom 27.06.1946", in: BArch, N 1856/49. Ladungen zu Vorträgen sowie Entwürfe und Aufzeichnungen zu den Vorträgen befinden sich in: BArch, N 1856/59. Vgl. auch „Wenn im Amte", S. 6.
[592] Belege in: „Brief von Grabower an Dorn vom 21.08.1953", in: BArch, N 1856/61. Auch abgedruckt in: „Wenn im Amte", S. 228 f. In Hinblick auf bestimmte Vortragsthemen Grabowers wie „Wie kam es zum Nationalsozialismus", „Deutsche und Juden" oder „Juden, Antisemitismus und mein Leben" ist die Furcht der Zuhörer nachvollziehbar. Es ist erstaunlich, dass Grabower offen über derartige Themen referierte, bestand doch nicht nur die Gefahr einer (relativ seltenen) Kontrolle durch die Nationalsozialisten, sondern auch der Verrat durch Spitzel aus den eigenen Reihen.
[593] „Material für ein Judenbuch" S. 16, in: BArch, N 1856/63.
[594] Vgl. *Adler*, „Theresienstadt 1941–1945", S. 587.
[595] Aktenvermerk 732.) vom 30.10. und Aktenvermerk 834.) vom 18.12.1944, in: BArch, N 1856/57.

Bei einer Juristenbesprechung hielt Grabower einen Vortrag über die steuerliche Wirtschaftskontrolle.[596] Diese „Juristenkränzchen" fanden wiederholt statt und es wurden beispielsweise Vorträge über Schadensersatz gehalten.[597] Der nähere Inhalt und der Ablauf dieser Zusammentreffen ist nicht tiefergehend überliefert, jedoch zeugen sie davon, dass sich die Juristen sehr wohl weiterbilden wollten und auch über Verbesserungsvorschläge für das Lagerrecht diskutierten. Diese Weiterbildung war in dem Hinblick, dass viele Juristen in Theresienstadt nicht in ihren angestammten Positionen tätig waren, sondern in neuen Bereichen arbeiteten, wichtig. Grabower war vor der Deportation im Steuerrecht beschäftigt und hatte nun über Disziplinar-, Arbeits- und Verwaltungsangelegenheiten zu entscheiden und war darüber hinaus sogar Vertretung für einen Richter im Strafrecht.

Von Karl Basch wurde Grabower im April 1944 in einen Vortragszyklus mit der Thematik rund um seine Erfahrungen als Beamter eingeteilt. Bei Eppstein sollte Grabower ebenfalls im April 1944 ein Referat über „Ethik und Politik" halten, wobei er das Thema lieber in „Ethische Anforderungen an den Beamten" umgewandelt hätte.[598] Auf Aufforderung der Post hielt Grabower einen Vortrag über Beamtenfragen mit Themen wie „den Verkehr mit dem Publikum, das Verhältnis zwischen Vorgesetzen und Untergebenen und Kameradschaftspflichten".[599] Hierbei ärgerte er sich, dass lediglich seine Stammzuhörerschaft anwesend war, während diejenigen, die seiner Meinung nach den Vortrag am dringendsten benötigt hätten, nicht erschienen waren.[600] Auch das Thema „Griechenland und Rom und ihre Ausstrahlungen auf die neuere Zeit" trug Grabower in Theresienstadt vor. Über dieses wollte er ein zweites Mal bei einer von Karl Stahl geplanten Veranstaltung referieren, änderte jedoch das Thema zur „Ethik des Beamtentums" ab, da seiner Ansicht nach, selbst die klügsten Köpfe aus Theresienstadt hier noch einiges an Nachholbedarf hätten.[601]

---

[596] „Einladung für die Juristen-Besprechung am 23.08.(keine Jahresangabe)", in: BArch, N 1856/60.

[597] Aktenvermerk 1029.) vom 14.02.1945, in: BArch, N 1856/57. Auch Heinrich Klang hielt in der Reihe der „Akademischen Vorlesungen" im Bühnensaal des Gemeinschaftshauses Westgasse 3 im Juli 1944 eine Vorlesung über „Recht und Gerechtigkeit". Ähnliche Vorlesungen sollten sich jeden Dienstagabend anschließen. Quelle: „Schreiben der Freizeitgestaltung vom 12.07.1944", abgedruckt in: *Adler*, „Die verheimlichte Wahrheit", S. 242. Utitz berichtete ebenfalls davon, wie die einzelnen Abteilungen in Theresienstadt durch Vorträge o. ä. versuchten sich fortzubilden. Quelle: *Utitz*, „Ethik nach Theresienstadt", S. 73.

[598] Alle Belege in: Aktenvermerk 60./61.) vom 04.04.1944, in: BArch, N 1856/57. Auch über das Thema „Beruf und Ethik" hielt Grabower im Juli 1943 einen Vortrag. Quelle: Zettel bzgl. dieses Vortrages, in: BArch, N 1856/59.

[599] Aktenvermerk 119.) und 238.) vom 24.04. und 03.06.1944, in: BArch, N 1856/57.

[600] Aktenvermerk 238.) vom 03.06.1944, in: BArch, N 1856/57.

[601] „Schreiben von Grabower an Stahl vom 26.12 und 29.12.1943" und die „Antwort auf dieses Schreiben von Stahl an Grabower vom 30.12.1943", in: BArch, N 1856/60. Stahl plante in einem kleinen Kreis Spezialvorträge zu halten und wollte Grabower hierbei als Vortragenden. Allerdings führte Stahl diesen Plan aus Gründen, die er Grabower persönlich nennen

5. Freizeitgestaltung – insbesondere das Halten von Vorträgen

Seine Zielsetzung bei den Vorträgen wird durch die Themenwahl somit deutlich. Er bezweckte mit seinen Vorträgen, die Bewohner in Theresienstadt zu erziehen, zum Nachdenken anzuregen und auch die Verwaltung zu verbessern.

Interessanterweise scheint er auch einen Vortrag mit dem Thema: „Der Sinn von Theresienstadt" gehalten zu haben.[602]

Grabower erklärte sich auch bereit, Vorträge in den Krankenstuben, Siechenheimen und vor Tuberkuloseerkrankten zu halten.[603] Solche Auftritte waren durchaus nicht ohne eigenes Risiko für den Vortragenden, bestand hierbei doch immer die Gefahr, sich selbst zu infizieren.[604]

Allerdings antwortete Grabower auf eine Frage von Ernst Kantorowicz, warum er nicht mehr Vorträge halte, auch, dass viele ihn aufgrund seiner Vergangenheit nicht gern als Vortragenden sehen würden, wofür Grabower selbst volles Verständnis hätte, er aus diesem Grund auch schon im Juni 1942 bei Edelstein verleumdet worden wäre.[605] Interessant ist also, dass bereits zu dieser Zeit deutliche Kritik über Grabowers Verhalten als Leiter des jüdischen Arbeitseinsatzes in Lohhof aufgekommen zu sein scheint. Grabowers Antwort klingt so, als hätte sich nicht nur der Münchener Herr, sondern sogar eine Anzahl von Menschen gegen ihn ausgesprochen. Die genauen Anschuldigungen dieser Bewohner gegen Grabower scheinen jedoch nicht überliefert zu sein. Laut Grabower besaßen die Zuständigen der Freizeitgestaltung zudem eine gewisse Abneigung ihm gegenüber.[606] Dabei kamen die Vorträge Grabowers beim Publikum gut an, wofür die Aufzeichnungen von Manes über Grabower sprechen und auch der Brief einer Zuhörerin, den sie Grabower nach einem Vortrag schrieb, stützt diesen Eindruck. In diesem betonte die Frau, dass sie aus seinem Vortrag viel mitgenommen habe, weil dieser ihr vor allem den Charakter und den Mensch Grabower nähergebracht habe.[607]

In Grabowers Nachlass befindet sich eine Liste mit den Themen, über die er Vorträge in Theresienstadt gehalten hat:[608]

---

wollte, zumindest zu diesem Zeitpunkt noch nicht aus. Die diesbezügliche Korrespondenz zwischen Stahl und Grabower ist auch in: „Wenn im Amte", S. 100 abgedruckt.

[602] Zettel diesbezüglich vom 25.10. (eine Jahresangabe fehlt), in: BArch, N 1856/60.
[603] Aktenvermerk 139.) vom 29.04.1944, in: BArch, N 1856/57.
[604] So auch Utitz, „Ethik nach Theresienstadt", S. 55.
[605] Aktenvermerk 139.) vom 29.04.1944, in: BArch, N 1856/57. Grabower schrieb einige Namen falsch. Ernst Kantorowicz (Grabower schreibt Kantorowitsch) war ebenfalls Jurist. Er fand seinen Tod in Auschwitz. Quelle: „Wenn im Amte", S. 103.
[606] Beispiel in Aktenvermerk 176.) vom 08.05.1944, in: BArch, N 1856/57. Auch hier bleibt der Grund für diese Abneigung, mangels weiterer Angaben durch Grabower, offen.
[607] „Schreiben vom 20.07. (Jahresangabe fehlt) an Grabower (Absender nicht zu entziffern)", in: BArch, N 1856/60.
[608] „Eigene Vorträge", in: BArch, N 1856/7. In dem Ordner BArch, N 1856/59 sowie BArch, N 1856/60 befinden sich einige Stichpunkte und Skizzen zu den einzelnen Vorträgen. Eine Aufzählung von Vorträgen befindet sich auch in BArch, N 1856/60. Auch abgedruckt in: „Wenn im Amte", S. 29.

1. Berlin + München
2. Nah- und Fernziele i. d. Geschichte
3. Steuerprobleme während des Krieges
4. 30 Jahre Verwaltungspraxis[609]
5. Über den Sinn unseres Hierseins
6. Politik und Steuern
7. Wie kam es zum Nat. Soz.
8. Deutsche und Juden[610]
9. Sinn der Geschichte[611]
10. Schattenbilder des Ungeschehenen
11. Steuerliche Wirtschaftskontrolle
12. Faust
13. Was lehrt uns die Antike[612]
14. Ethik und Politik
15. Goethe in Briefen und Gesprächen
16. Kultur und Zivilisation[613]
17. Ein Herr nennt nicht [sic!]
18. Geschichtliche Vergleiche
19. Prophezeiungen
20. Was gibt uns das Evangelium?
21. Große deutsche Historiker
22. Volkswirtschaftliche Vorträge
23. Juden, Antisemitismus und mein Leben
24. Menschliche und sachliche Typen i. meiner Lebenszeit
25. Psychologie der Masse[614]

Zusätzlich hielt er in seiner Zeit in Theresienstadt in einem kleinen Kreis von vorwiegend jüdischen „Exzellenzdamen" aus Wien etwa 65 Bibelstunden ab.[615]

---

[609] Grabower sprach am 18.11.1943 mit den Mitarbeitern der Arbeitszentrale über dieses Thema („Was lernen wir aus 30 Jahren Verwaltungspraxis"). Zettel hierzu in: BArch, N 1856/60.

[610] Diesen Vortrag hielt Grabower auch nach dem Krieg und bekam als eine Rezession, dass dieser Vortrag nicht früh genug hätte kommen können. Grabower selbst hatte nach dem Krieg zunächst gezögert, über dieses Thema zu sprechen. Quelle: „Die Mittwochvorträge", in: BArch, N 1856/7. Handschriftliche Stichpunkte und tiefergehende Erläuterungen zu diesem Thema befinden sich im Ordner: BArch, N 1856/60.

[611] Diesen Vortrag – allerdings betitelt mit „Von Sinn und Ziel d. Geschichte" – hielt Grabower wahrscheinlich am 26.12. (eine Jahresangabe fehlt). Zettel diesbezüglich in: BArch, N 1856/60.

[612] Diesen Vortrag sollte Grabower u.a. am 03.02., 06.03., 09.03. und 15.03.1944 halten. Mitteilungen über diesen Vortrag befinden sich im Ordner BArch, N 1856/59.

[613] Diesen Vortrag hielt Grabower u.a. Ende Juli 1944. Ein Zettel hierzu sowie Stichpunkte zum Inhalt des Vortrages befinden sich im Ordner BArch, N 1856/59.

[614] Stichpunkte zu diesem Vortrag befinden sich im Ordner BArch, N 1856/59.

[615] „Brief von Grabower an Dorn vom 21.08.1953", in: BArch, N 1856/61. Auch abgedruckt

Grabower beschrieb hierzu, dass Bewohnern wie ihm in der Zeit in Theresienstadt, in der sie in jeder Minute den Tod erwarten mussten, die Religion und die kulturellen Dinge des Lebens am meisten halfen.[616]

Des Weiteren traf sich Grabower seit November 1942 jeden Sonntagnachmittag mit neun anderen Bewohnern im kleinen Kreis in einem Raum einer Röntgenärztin, um sich gegenseitig Vorträge zu halten.[617] Im Frühjahr 1945 wurden acht von diesen Mitgliedern abtransportiert.[618]

6. Die Befreiung Theresienstadts

Viele der Dokumente, die aus der Lagerzeit noch existieren, wurden durch Zufall oder Geschick einiger Bewohner vor der Vernichtung durch die Nationalsozialisten bewahrt. Bereits im Dezember 1944 hatten die Bewohner des Ghettos den Befehl erhalten, alle amtlichen Aufzeichnungen im Zusammenhang mit den Transporten der SS auszuliefern.[619] Im April 1945 wurden alle gefundenen Materialien beschlagnahmt und mit dem Archiv des RSHA, welches sich seit Sommer 1943 im Ghetto befand, verbrannt.[620]

Nicht nur das Rauchverbot, das viele Juden das Leben gekostet hatte, wurde aufgehoben, sondern auch die dänischen Juden wurden in einer von Felix

---

in: „Wenn im Amte", S. 228 f. Im Ordner BArch, N 1856/60 befinden sich Aufzählungen von besprochenen Versen.

[616] „Material für ein Judenbuch", (keine Seitenangabe), in: BArch, N 1856/63.

[617] „Brief von Grabower an Fischer vom 14.01.1949", in: BArch, N 1856/50. „Brief von Grabower an Dorn vom 21.08.1953", in: BArch, N 1856/61. „Brief von Grabower an Kueßner vom 17.04.1957", in: BArch, N 1856/86. Diese Briefe sind auch abgedruckt in: „Wenn im Amte", S. 158, 193 und 228 f. Interessant ist auch ein Schreiben von Grabower vom 17.01.1945, in dem er angab, dass alle bei ihm befindlichen Bücher und Privatgegenstände nicht mehr ihm selbst, sondern der Leiterin der Röntgenabteilung Lilli Prokorny gehören würden, da er ihr im September 1944 das Eigentum hieran übertragen hatte. Quelle: BArch, N 1856/7. Zur näheren Beziehung zwischen Grabower und Prokorny ist nichts bekannt.

[618] „Brief von Grabower an Kueßner vom 17.04.1957", in: BArch, N 1856/86. Auch abgedruckt in: „Wenn im Amte", S. 193.

[619] *Adler*, „Theresienstadt 1941–1945", S. 198. *Polák*, „Tatsachen und Zahlen", in: „Theresienstadt" vom Rat der jüdischen Gemeinden in Böhmen und Mähren, S. 54 f.

[620] Museum Theresienstadt. *Adler*, „Theresienstadt 1941–1945", S. 198. Vgl. auch *Brenner*, „Ich überlebte in Theresienstadt", S. 34. *Murmelstein*, „Theresienstadt – Eichmanns Vorzeige-Ghetto", S. 244. Polák schrieb: „Alle schriftlichen Aufzeichnungen über Transporte, alle Akten und Statistiken werden gesammelt und verbrannt. Alle Bilder und Zeichnungen, die die Häftlinge in ihren Quartieren, Arbeitsstätten und anderen Räumlichkeiten aufgehängt haben, werden auf ihre Eignung hin geprüft: Alle Abbildungen, die in irgendeiner Weise nachteilig für die Nazis sind, werden vernichtet." Quelle: *Polák*, „Das Lager" und „Tatsachen und Zahlen", in: „Theresienstadt" vom Rat der jüdischen Gemeinden in Böhmen und Mähren, S. 47, S. 54 f. Resi Weglein berichtete, wie alle Akten der Toten und der Deportierten in der Magdeburger Kaserne vernichtet werden sollten und das Feuer tagelang brannte, streng überwacht von der SS. Quelle: *Weglein*, „Als Krankenschwester im KZ. Theresienstadt", S. 80.

Kersten eingeleiteten Aktion mit Autobussen nach Schweden gebracht und somit aus dem Lager befreit.[621]

Paul Dunant, der bereits am 21.04.1945 zum zweiten Mal Theresienstadt besuchte und sich zu diesem Zeitpunkt abermals von den Propagandamaßnahmen der Nationalsozialisten blenden ließ, übernahm am 02.05.1945 den Schutz des Ghettos und der „Kleinen Festung". Zuvor hatte er von Prag aus mit der SS über die Lage der Ghettobewohner verhandelt, besuchte das Lager am 30.04.1945 erneut und überzeugte die Nationalsozialisten davon, das Ghetto unter die Obhut des Roten Kreuzes zu stellen.[622] Jedoch brachte die SS in der „Kleinen Festung" auch noch nach der Ankunft von Dunant Menschen um, während sich im Ghetto an die Vereinbarung gehalten wurde.[623] Am 05.05.1945 zog die SS aus Theresienstadt ab.[624] Beim Abrücken vernichteten sie nicht, wie von dem Großteil der Inhaftierten erwartet, die gesamte Bevölkerung, sondern gaben lediglich ein paar Gewehrschüsse ab. Einige Schüsse trafen das Röntgenzimmer, das bereits leer war. Zudem feuerten sie auch einige Granaten, wobei eine davon einen österreichischen Oberst tötete.[625] Am Abend des 08.05.1945 rollten die ersten Truppen der Roten Armee durch Theresienstadt, welche mit Jubel begrüßt wurden, jedoch direkt weiter Richtung Prag zogen. Erst am nächsten Tag, am 09.05.1945, zogen die Russen ins Ghetto ein.[626] Am 10.05.1945 wurde einem russischen Offizier von Dunant das Kommando über das Lager übergeben und Jiří Vogel übernahm die Leitung der Selbstverwaltung.[627] Über die allgemeine Rechtslage im Ghetto nach der Befreiung erklärte Vogel am 20.05.1945 auf einer Sitzung des Arbeitsausschusses, dass die Rechtslage noch ungeklärt, aber alles Gewohnheitsrecht sei und er das Amt einer Art von Leiter innehabe.[628]

Murmelstein trat als Judenältester von seinem Amt zurück und wurde durch einen provisorischen Rat ersetzt. Leo Baeck wurde zum Vertreter der deutschen, Alfred Meissner vertrat die tschechischen, Eduard Meijers die hollän-

---

[621] *Adler*, „Theresienstadt 1941–1945", S. 204, 858. Kersten war der Arzt von Himmler.

[622] Alle Belege in: Museum Theresienstadt. *Adler*, „Die verheimlichte Wahrheit", S. 143, 355. *Adler* „Theresienstadt 1941–1945", S. 208, 215. *Benz*, „Theresienstadt", S. 200, 213.

[623] *Adler*, „Theresienstadt 1941–1945", S. 215. *Murmelstein*, „Theresienstadt – Eichmanns Vorzeige-Ghetto", S. 264.

[624] *Benz*, „Theresienstadt", S. 269. Als letzter SS-Mann verließ Karl Rahm drei Tage später das Ghetto. Die abrückenden Truppen der Nationalsozialisten fuhren noch bis zum Nachmittag des 08.05.1945 durch das Lager. Quelle: Museum Theresienstadt.

[625] Belege in: Aktenvermerk 1297.) vom 09.05.1945, in: BArch, N 1856/57. „Material für ein Judenbuch", (keine Seitenangabe), in: BArch, N 1856/63. Vgl. auch *Adler*, „Theresienstadt 1941–1945", S. 217, der ebenfalls hiervon berichtete. Laut Adler starb auch ein holländischer General bei dem gleichen Angriff. Adler beschrieb diese Granate jedoch als eine russische Granate. Zu den Sorgen der Bewohner auch *Spies*, „Drei Jahre Theresienstadt", S. 88.

[626] Belege in: Aktenvermerk 1297.) vom 09.05.1945, in: BArch, N 1856/57. Museum Theresienstadt. *Adler*, „Theresienstadt 1941–1945", S. 217.

[627] *Adler*, „Theresienstadt 1941–1945", S. 217. *Murmelstein*, „Theresienstadt – Eichmanns Vorzeige-Ghetto", S. 280.

[628] Aktenvermerk 1321.) vom 20.05.1945, in: BArch, N 1856/57.

6. Die Befreiung Theresienstadts

schen und Heinrich Klang die österreichischen Juden.[629] Das Ghetto wurde am 11.05.1945 vom tschechischen Nationalrat formal aufgelöst und dieser beauftragte MUDr. Karel Raška mit der schrittweisen Liquidierung. Die erste große Rückführung aus Theresienstadt führte am 23.06.1945 nach Krakau. Jedoch lehnten viele Juden den Rücktransport in ihre Heimatländer ab und beantragten stattdessen eine Auswanderung nach Übersee.[630]

Aufgrund der Flecktyphusepidemie, die sich rasant in Theresienstadt und dann auch in den angrenzenden Dörfern ausbreitete, wurde die Reparation kurzzeitig unterbrochen und eine Quarantäne über das Lager verhängt.[631] Die Reparation der unterschiedlichen Volksgruppen im Lager wurde von den jeweils zuständigen Nationen und Organisationen übernommen. Erst im November des gleichen Jahres verließen die letzten Männer Theresienstadt, nachdem die Aufräumarbeiten abgeschlossen waren.[632]

Die „Kleine Festung" wurde nach der Befreiung unter anderem als Lager für deutschstämmige Personen genutzt, die dort auf Abschiebung, Entlassung oder Transfer zu einer anderen Stelle warten mussten.[633] In der „Kleinen Festung" lebten dann nicht nur Nationalsozialisten, sondern auch deutschstämmige Bewohner aus umliegenden Gebieten wie Prag und Nordböhmen, die nach dem Krieg vertrieben worden waren.[634]

Im Februar 1948 wurden die letzten Gefangenen an die Behörden in Leitmeritz übergeben.[635] Im Frühherbst 1945 wurde die Kaserne in Theresienstadt vom tschechischen Militär bezogen und die Zivilbevölkerung folgte in den darauffolgenden Jahren. Zwei Jahre nach Ende des Grauens im Jahre 1947 war Theresienstadt wieder eine bewohnte Stadt.[636] Erst in der zweiten Hälfte der 1990er-Jahre wurde die militärische Nutzung der Stadt zum ersten Mal seit ihrer Existenz vollständig aufgegeben.[637]

---

[629] Belege in: Aktenvermerk 1269.) vom 03.05.1945, in: BArch, N 1856/57. *Manes*, „Als ob's ein Leben wär", S. 467.

[630] Alle Belege in: Museum Theresienstadt.

[631] *Adler*, „Theresienstadt 1941–1945", S. 218. *Starke*, „Der Führer schenkt den Juden eine Stadt", S. 160–162. *Weglein*, „Als Krankenschwester im KZ. Theresienstadt", S. 91 ff. In Grabowers Nachlass befindet sich ein Impfausweis, in dem eine Impfung gegen Flecktyphus eingetragen ist. Es scheint auch, als hätte er eine Blattern-Erkrankung durchstehen müssen. Quelle: BArch, N 1856/7. Zu den Flecktyphuszahlen und Todesfälle im Allgemeinen im Lager auch: YV, O.64, Item ID: 3687782.

[632] Belege in: *Adler*, „Theresienstadt 1941–1945", S. 217 f.

[633] *Adler*, „Theresienstadt 1941–1945", S. 218 f. *Benz*, „Theresienstadt", S. 204, 213 ff. *Feuß*, „Das Theresienstadt-Konvolut", S. 6 f., verweist auf *Poloncarz 1997*, S. 9.

[634] *Benz*, „Theresienstadt", S. 213 f.

[635] Zu diesem Zeitpunkt befanden sich in Theresienstadt vor allem SS-Angehörige und Funktionäre der deutschen Besatzungsverwaltung, die der Justiz überstellt werden sollten. Ab Mai 1945 waren in Theresienstadt um die 4.000 Menschen inhaftiert. Quelle: *Benz*, „Theresienstadt", S. 214 f., dieser verweist auf *Marek Poloncarz*, Ein unterlassenes Kapitel, S. 326 f.

[636] Belege in: *Adler*, „Theresienstadt 1941–1945", S. 219.

[637] *Debold-Kritter/Fliessbach*, „Terezín/Theresienstadt", S. IX, 1.

7. Grabowers letzte Wochen im Ghetto

Wie Grabower die Befreiung erlebt hat, ist nicht bekannt. Jedoch ergriff er nicht die erste Gelegenheit, um nach der Befreiung des Ghettos aus Theresienstadt abzureisen, sondern bot Vogel freiwillig an, noch länger zu bleiben und bei der Abwicklung zu helfen.[638] Auf Wunsch der Lagerleitung blieb er somit noch zwei Monate nach der Befreiung bis zum Juli dort.[639] Die Jüdische Selbstverwaltung hatte am 07.05.1945 dazu aufgerufen, dass freiwillige Arbeiter bei der Bewältigung der zahlreichen Probleme, die durch die Ankunft der Evakuationstransporte aus den anderen Lagern entstanden waren, helfen sollten.[640] Diese Transporte trafen ab dem 20.04.1945 in Theresienstadt ein und beherbergten zumeist halbtote, kranke und ausgehungerte Menschen.[641] Spätestens durch die Ankunft der Evakuationstransporte wurden auch den letzten Bewohnern von Theresienstadt die Augen über das Grauen im Osten geöffnet.[642] Am 13.06.1945 vermerkte Grabower in seinen Aufzeichnungen, dass ein Ghettobewohner furchtbare Daten über den Terror, den die Nationalsozialisten verursacht hatten, mitgeteilt hätte.[643]

Am 20.04.1945 erhielt Grabower einen Bescheid, dass er für den Transport in die Schweiz vorgesehen war, aufgrund dessen stellte er Ende April 1945 einen Ausreihungsantrag beim Ältestenrat.[644] Baeck hatte ihn zuvor auf die Transportliste gesetzt. Grabower begründete seinen Ausreihungsantrag unter anderem damit, dass er es vor seinem Gewissen nicht verantworten könne, ins Ausland zu reisen, nachdem Tausende von „Rassegenossen" in einem derartig kläglichen Zustand in Theresienstadt angekommen waren und aus körperlichen und seelischen Gründen eine derartige Bevorzugung weit mehr verdient hätten und

---

[638] BArch, N 1856/7. Aktenvermerk 1505.) vom 29.06.1945, in: BArch, N 1856/57.

[639] Aktenvermerk 1499.) vom 01.07.1945, in: BArch, N 1856/57. „Material für ein Judenbuch", S. 29, in: BArch, N 1856/63. Vgl. „Aufruf der Leitung der Selbstverwaltung", in: BArch, N 1856/7.

[640] Museum Theresienstadt. Vgl. auch „Schreiben an alle Mitarbeiter der Verwaltung Theresienstadt vom 23.05.1945", in: YV, O.64, Item ID: 3687739.

[641] Museum Theresienstadt. YV, O.64, Item ID: 3687787. *Adler*, „Theresienstadt 1941–1945", S. 211.

[642] *Adler*, „Theresienstadt 1941–1945", S. 211. Hájková beschreibt, dass die meisten Ghettobewohner nicht wussten, was mit den aus Theresienstadt Deportierten geschah, sie allerdings die Ahnung hatten, dass es ihnen im Osten weit schlechter gehen würde als in Theresienstadt. Quelle: *Hájková*, „Prisoner Society in the Terezín Ghetto 1941–1945", S. 247, 290.

[643] Aktenvermerk 1453.) vom 13.06.1945, in: BArch, N 1856/57.

[644] „Schreiben an Grabower vom 20.04.1945", „Schreiben von Grabower an den Ältestenrat vom 22.04.1945" und „Schreiben von Grabower an Baeck vom 23.04.1945", in: BArch, N 1856/7 und BArch, N 1856/55. Aktenvermerk 1238.) und 1240.) vom 21.04.1945, in: BArch, N 1856/57. Die Schreiben von Grabower an Baeck vom 23.04.1945 sowie das Schreiben vom 20.04.1945 sind auch in: „Wenn im Amte", S. 126 f. abgedruckt. Beate Meyer nennt auch als weiteren Grund dafür, dass jüdische Funktionäre eine Auswanderung ablehnten, dass sie meinten „aushalten zu müssen". Quelle: *Meyer*, „Tödliche Gratwanderung", S. 133.

er sich sonst Vorwürfe machen würde. Zudem wies er darauf hin, dass er es für fairer halten würde, wenn „Glaubensjuden" oder „Vollrassenjuden" den Vorzug beim Transport genießen würden, zu denen er nicht zähle. Darüber hinaus habe er es auch schon vor seiner Deportation nach Theresienstadt, trotz Rückendeckung eines seiner Minister, abgelehnt, ins Ausland zu gehen, weil er das Schicksal seiner „Rassegenossen" bewusst teilen wollte, umso mehr, weil er jahrzehntelang durch die Entwicklung der Verhältnisse weniger Gelegenheit hatte, mit ihnen zusammen zu leben. Als weiteren Grund nannte er, dass er sich möglichen Angriffen von denjenigen, die er in seinem Amt verurteilt hatte, nicht durch die Abreise entziehen wollte, denn darin sah er auch ein Interesse der Allgemeinheit. Vor allem wollte er nicht in sein eigenes Schicksal eingreifen. Hinzu kam, dass er seinen Schweizer Freunden nicht zur Last fallen wollte. Grabowers Begründung wirkt kalkuliert. Es scheint, als wäre es (zeitweise) durchaus eine bewusste Entscheidung von ihm gewesen, sich von anderen Juden fernzuhalten und auch sonst fehlen in seinen Dokumenten Äußerungen, die eine derartige Sympathie mit anderen Juden bzw. einen derartigen Wunsch von Grabower stützen würden. Ihm wurde von einem Ghettobewohner sogar vorgeworfen, den Ausreihungsantrag lediglich aufgrund seiner deutsch-nationalen Gesinnung gestellt zu haben. Auch hatte die Nichte von Leo Baeck bereits in Februar 1945 zu Grabower gesagt, dass er bei einem möglichen Transport nicht teilnehmen solle, da diese Teilnahme „Volljuden" vorbehalten werden müsse.[645]

Grabower ergriff auch nach der Befreiung des Lagers nie die Flucht, obwohl ihn einige Bekannte kurz nach der Befreiung dazu aufforderten, mit ihnen zu gehen und blieb unter anderem auch deshalb in Theresienstadt, weil er an ein Ereignis aus dem Oktober 1918 dachte, bei dem er nicht auf seinem Posten ausgeharrt hatte und sich deshalb immer Vorwürfe machte.[646] Von welchem Ereignis Grabower hier spricht, ist nicht bekannt.

Es ist auch zu erwähnen, dass sich bezüglich der angekündigten Transporte im April Angst breitmachte, da viele Juden der Meinung waren, dass diese Züge sie nicht sicher in die Schweiz, sondern in ihren sicheren Tod bringen würden.[647]

---

[645] Alle Belege in: „Schreiben von Grabower an Baeck vom 23.04.1945", in: BArch, N 1856/7 und BArch, N 1856/55. Auch abgedruckt in: „Wenn im Amte", S. 126 f. Aktenvermerk 1000.) und 1244.) vom 03.02. und 23.04.1945, in: BArch, N 1856/57.

[646] Aktenvermerk 1303.) vom 10.05. und Aktenvermerk 1407.) vom 06.06.1945, in: BArch, N 1856/57.

[647] *Adler*, „Die verheimlichte Wahrheit", S. 105 f. *Brenner*, „Ich überlebte in Theresienstadt", S. 32. *Polák*, „Das Lager", in: „Theresienstadt" vom Rat der jüdischen Gemeinden in Böhmen und Mähren, S. 46. Ähnliches in: *Weglein*, „Als Krankenschwester im KZ. Theresienstadt", S. 78 f. Bereits am 05.02.1945 fuhr ein Transport mit 1.200 Ghettobewohnern in die Schweiz, der dort sicher eintraf. Diese Auserwählten wurden vom Chef des Prager „Zentralamtes für die Regelung der Judenfrage", Hans Günther und Karl Rahm, ausgesucht. Der geplante Transport im April 1945 in die Schweiz sollte ein „Prominententransport" darstellen, wurde jedoch nicht ausgeführt. Quelle: *Benz*, „Theresienstadt", S. 198 f., 269., dieser verweist auf *Miroslav Kárný*, „Geschichte des Theresienstädter Transports in die Schweiz, Februar

Diese Befürchtung kann auch nicht als ganz unrealistisch abgetan werden, zumal Dunant zumindest von dem Transport, der am 19.04.1945 angekündigt wurde, nichts wissen durfte.[648] Angeblich war auch die Vergasung der restlichen Ghettobewohner auf der „Kleinen Festung" am 15.05.1945 geplant, auch andere Möglichkeiten für die Vernichtung der Ghettobewohner und Inhaftierten der „Kleinen Festung" standen laut unterschiedlichen Berichten im Raum.[649]

a) Hilfe bei den Liquidierungsarbeiten und seine Tätigkeit als Leiter des männlichen Arbeitseinsatzes

Bereits Ende Januar 1945 meldete sich Grabower zur freiwilligen Barackenarbeit. Hierfür hackte er den tief gefrorenen Boden, arbeitete in Asche und trug schwere Bretter.[650] Auch hieran zeigt sich, dass Grabower sich nicht scheute, hart anzupacken und, statt nur am Schreibtisch zu dirigieren, selbst körperliche Arbeit ausführte.

Grabower bat Baeck Anfang Mai 1945, schnellstmöglich zu den Liquidierungsarbeiten herangezogen zu werden, da er glaubte, auf diesem Gebiet einige Erfahrung zu haben. Karl Basch scheint zumindest ein Teil des Grundes für die freiwillige Meldung von Grabower gewesen zu sein. Er teilte Grabower am

---

1945", in: Judaica Bohemiae XXVII (1991), S. 4–16 und „Kaltenbrunners Reise nach Theresienstadt und der Prominententransport im April 1945", in: Theresienstädter Studien und Dokumente 2000, S. 66–85. Vgl. auch „Wenn im Amte", S. 122. Vgl. zu dem Transport vom 05.02.1945 auch: YV, O.64, Item ID: 3687834.

[648] *Adler*, „Die verheimlichte Wahrheit", S. 109f. *Adler*, „Theresienstadt 1941–1945", S. 206f. *Murmelstein*, „Theresienstadt – Eichmanns Vorzeige-Ghetto", S. 273f. Am 19.04.1945 kam der Befehl, dass ein Transport mit 600 Prominenten und wenige Tage danach ein Transport mit Handwerkern zusammengestellt werden sollte. Der erste Transport sollte in ein neutrales Land führen, der zweite zur Arbeit im Reich. Laut Polák hätte der Prominententransport in ein Lager nach Österreich führen sollen, in dem die Prominenten für spätere Verhandlungen der Nationalsozialisten als Geiseln gehalten werden sollten. Es gelang angeblich, Dunant von den Transporten zu informieren, der diese unterband. Quelle: *Polák*, „Das Lager", in: „Theresienstadt" vom Rat der jüdischen Gemeinden in Böhmen und Mähren, S. 48f.

[649] *Benz*, „Theresienstadt", S. 198, 269. Laut Benz begann der Bau einer Gaskammer in einem unterirdischen Gang beim Leitmeritzer Tor im Februar 1945. Auch in: *Chládková*, „Ghetto Theresienstadt", S. 47. *Fuchs*, „Der Bau von Gaskammern in Theresienstadt", in: „Theresienstadt" vom Rat der jüdischen Gemeinden in Böhmen und Mähren, S. 331 wird der Bau von Gaskammern thematisiert. *Goldschmidt*, „Die Geschichte der evangelischen Gemeinde Theresienstadt 1942–1945", S. 10. Auch Utitz spricht von einem Gaskeller, der sich im April 1945 im Bau befunden haben soll. Quelle: *Utitz*, „Ethik nach Theresienstadt", S. 39. Vgl. auch *Hájková*, „Prisoner Society in the Terezín Ghetto 1941–1945", S. 296. Grabower selbst schrieb ebenfalls von solchen Gaskammern und betonte, dass ihm diese im Mai 1945 sogar gezeigt worden seien, wobei er diese nicht betreten habe. Quelle: „Schreiben von Grabower an Schottelius vom 19.04.1954", in: FZH 376-21, Schriftverkehr 1949–1956. „Wenn im Amte", S. 187. Vgl. auch Aktenvermerk 1299.) vom 10.05.1945, in: BArch, N 1856/57, der sich hierauf beziehen könnte. Überreste von der Gaskammer sind auch heute noch zu sehen.

[650] Aktenvermerk 896.) vom 29.01. und Aktenvermerk 988.) vom 31.01.1945, in: BArch, N 1856/57.

02.05.1945 mit, dass es dessen Pflicht sei, sich bei Baeck für die Liquidierungsarbeiten zur Verfügung zu stellen.[651]

Zudem regte Grabower bei Murmelstein an, zu Beginn der Liquidierung für alle schwebenden Arbeits- und Verwaltungssachen Amnestie zu gewähren und in einem Rundschreiben deutlich zu machen, dass jeder dort zu arbeiten habe, wo er hingestellt werde, wobei Ausreden wie Krankheiten nicht vom Arbeitsantritt entschuldigen sollten und bei Zuwiderhandlungen harte Strafen verhängt werden würden.[652]

Seit dem 15.05.1945 war Grabower nicht mehr als Arbeitsrichter tätig, sondern in gleicher Funktion als Leiter des männlichen Arbeitseinsatzes.[653] Hier hatte er vor allem mit der Aufgabe zu kämpfen, die Männer auf die unterschiedlichen Arbeitsgebiete aufzuteilen und sich hierbei die nötige Autorität zu verschaffen.[654] Grabower beschrieb in seinem Tagesbericht vom 15.06.1945, dass der schlimmste Aspekt seiner Tätigkeit im Referat in den letzten Wochen des Lagers die Tatsache gewesen sei, dass alle Augenblicke Menschen hereinkommen, für die er teils zuständig, teils nicht zuständig sei. Zudem kannten ihn die meisten nicht und die Arbeit mit den verschiedenen Nationalitäten stellte sich als schwierig dar.[655]

Auch die Befreiung des Ghettos änderte nichts an Grabowers Sichtweisen. Er war weiterhin streng und pflichtbewusst und weigerte sich, zugesteckte Lebensmittel oder dergleichen anzunehmen. Daher wollte er auch bis zum letzten Tag seiner Tätigkeit bei Verstößen gegen dieses Verbot mit verschärfter Haft für die Häftlinge vorgehen. Er sah es als Würdelosigkeit an, wenn die Häftlinge bettelten.[656]

Laut Wolfgang Benz herrschte im Ghetto ein „Fraternisierungsverbot", die befreiten Ghettobewohner sollten nicht in näheren Kontakt mit den neuen deutschen Gefangenen treten.[657] Grabower beschrieb, dass nicht nur die deutschen Juden, sondern auch einige tschechische Bewohner erschraken, da sie Mitleid mit den Gefangenen hatten. Als die Nachricht eintraf, dass deutsche Kriegsgefangene nach Theresienstadt gebracht werden würden, waren viele

---

[651] „Schreiben von Grabower an Baeck vom 02.05.1945", Blatt 00012, in: BArch, N 1856/55. Aktenvermerk 1261.) und 1271.) vom 02.05. und 04.05.1945, in: BArch, N 1856/57.

[652] „Schreiben von Grabower an Baeck vom 02.05.1945", Blatt 00012, in: BArch, N 1856/55. „Schreiben von Grabower an Murmelstein vom 01.05.1945", in: Židovské muzeum v Praze, „Pracovní soud v Terezíně – varia", aufgerufen unter: https://collections.jewishmuseum.cz/index.php/Detail/Object/Show/object_id/134090 [Stand: 11.03.2021].

[653] Aktenvermerk 1314.) vom 19.05.1945, in: BArch, N 1856/57. Siehe auch „Schreiben von Grabower an Baeck vom 10.05.1945", in: BArch, N 1856/7.

[654] Vgl. z.B. Grabowers Aufzeichnung vom 13.06.1945 und weitere Zettel vom Juni 1945 zu diesem Thema, in: BArch, N 1856/7.

[655] Belege in: Aktenvermerk 1466.) vom 15.06.1945, in: BArch, N 1856/57. In BArch, N 1856/7 befinden sich einige Listen über die Einteilung der Häftlinge zur Arbeit.

[656] Belege in: Aktenvermerk 1467.) und 1472.) vom 16.06.1945 und Beispiele Aktenvermerk 1391.) vom 04.06. oder Aktenvermerk 1401.) vom 06.06.1945, in: BArch, N 1856/57.

[657] *Benz*, „Theresienstadt", S. 204.

Ghettobewohner laut Grabower betrübt darüber, dass den Deutschen ein Teil des Unglücks, was sie hatten durchmachen müssen, nicht erspart blieb. Schadenfreude oder Kritik an der Vergangenheit gegenüber den neuen Häftlingen lagen Grabower und seinen Leidensgenossen fern. Als Grabower zu Baeck sagte, dass sie sich jetzt rächen würden, erschrak dieser zunächst, bis Grabower ihn aufklärte, dass er damit meinte, dass diese Rache in größter Menschlichkeit und Gerechtigkeit bestehen müsse.[658]

Als ein Häftling Grabower am 22.06.1945 flüsternd darauf hinwies, dass es an einer bestimmten Stelle im Lager Mehl zu holen gäbe, wies ihn Grabower ab und meinte, dass er als alter preußischer Beamter auf soetwas nicht eingehen werde.[659] Er stellte zudem sofort Nachforschungen an und leitete Untersuchungen ein, als er erfuhr, dass deutsche Häftlinge in der Küche Fleisch erhalten hatten.[660] Grabower drohte den Häftlingen an, dass er auch nur bei einem kleinsten Verdacht einer „Schweinerei" wie Diebstahl, dies sofort dem Kommandanten der „Kleinen Festung" melden würde.[661]

Obwohl Grabower keine Transportgefahr oder ähnliche Repressalien durch die Nationalsozialisten mehr zu befürchten hatte, griff er weiterhin streng durch. Vermutlich kam an dieser Stelle wieder sein preußisches Beamtenblut zum Vorschein. Vielleicht wollte er verhindern, dass das Lager noch unstrukturierter und chaotischer wurde, als es nach der Ankunft der Evakuationstransporte und der Befreiung des Lagers sowieso schon der Fall war. Andererseits versuchte Grabower zu unterbinden, dass Aufseher Häftlinge schlugen, wenn ihm dies zu Ohren kam. Aufseher sollten zwar streng, nicht jedoch handgreiflich sein.[662] Er vertrat somit durchgängig bis zum Schluss seiner Verfolgung die Meinung, dass mit den Häftlingen bzw. seinen Schützlingen zwar streng verfahren werden sollte, körperliche Gewalt jedoch keine Lösung und inakzeptabel sei.

Auch als Leiter des männlichen Arbeitseinsatzes hatte Grabower mit Bestechungsversuchen zu kämpfen und schrieb Vogel am 09.06.1945 folgendes:

„Als Leiter des männlichen Arbeitseinsatzes habe ich zum ersten Mal in diesen drei Jahren eine Stellung, in der ich Kräfte auf Anforderung ausgebe. Es ist erschütternd, zu

---

[658] Alle Belege in: „Material für ein Judenbuch", S. 25, in: BArch, N 1856/63. Jedoch waren auch gegenteilige Reaktionen der Fall. So meinte ein Ghettobewohner zu Grabower, als er Gefangene zur Arbeit führte: „Den Nazischweinen muss man es ordentlich zeigen." Quelle: Akteneintrag 1373.) vom 30.05.1945, in: BArch, N 1856/57.

[659] Aktenvermerk 1497.) vom 22.06.1945, in: BArch, N 1856/57. Bezüglich einer Gurke auch Aktenvermerk 1495.) vom 21.06.1945, in: BArch, N 1856/57.

[660] „Ungekennzeichneter Zettel (beginnt mit 1. Ein unerhörter Vorgang …, befindet sich auf der Rückseite vom Zettel vom 15.06.1945)", in: BArch, N 1856/7.

[661] „Ungekennzeichneter Zettel (beginnt mit Bemerkungen 1. Beim gestrigen Abendappell)", in: BArch, N 1876/7. Ähnliches auch auf der Rückseite des Berichts vom 22.06.1945, in: BArch, N 1856/7.

[662] Beispiel in Aktenvermerk 1384.) vom 03.06. oder 1510.) vom 02.07.1945, in: BArch, N 1856/57.

sehen, wie mir für diesen rein dienstlichen Akt – weit häufiger als ich es je gedacht oder befürchtet hatte – Privatbelohnungen in Essenssachen angeboten werden. Ich habe immer befürchtet, dass es so ist und insbesondere Dr. Eppstein darauf hingewiesen. Man kann von Menschen, die jahrzehntelang in rein individualistischem Denken erzogen sind, dann schwer etwas verlangen, wenn man diese Praxis, die man in Deutschland mit Schmiergeldern bezeichnete, und gegen die ich auch schon in Deutschland ankämpfte, stillschweigend duldet. Vielleicht ist es aber politisch im Hinblick auf die spätere Geschichtsschreibung in Theresienstadt klug, noch heute in einem energischen kurzen Erlass dieses Schmiergelderunwesen in irgend einer [sic!] Weise kategorisch abzulehnen. Vielleicht mit der frommen Lüge, dass es sich nur in einigen wenigen Fällen findet, dass aber auch diese verschwinden müssen."[663]

Am 24.05.1945 bat Grabower jedoch um seine Ablösung aus dem Amt, nachdem Vogel ihm mehrfach Mangel an Initiative und Schnelligkeit vorgeworfen hatte und er von Robert Prochnik angefahren worden war. Grabower schlug sogar einen Nachfolger (einen energischen Fabrikbesitzer) für sich vor. Er äußerte hierbei auch den Wunsch, seine frühere arbeitsgerichtliche Tätigkeit als Referent des Sekretariats wie bisher fortsetzen zu dürfen. Falls dies nicht möglich sein sollte, wollte er der Maschinentischlerei überwiesen werden.[664]

Eine derartige Versetzung fand nicht statt. Vogel meinte zu Grabower, dass bei allen die Nerven blank liegen würden und er solche Kommentare nicht zu ernst nehmen dürfte.[665] Auch Grabower merkte, dass die Stimmung im Lager sehr angespannt war und so schrieb er in seinen Tagesberichten, dass seine Tätigkeit in den letzten Tagen des befreiten Ghettos für ihn die schwierigste war, die er im Ghetto leisten musste, da es jederzeit zu einer „politischen Explosion" kommen könne.[666]

b) Gefühl von innerer Ruhe und Zukunftsgedanken

Am 03.05.1945 setzte sich Grabower erstmalig wieder an die römische Steuergeschichte, weil er hierfür das erste Mal, seitdem er in Theresienstadt lebte, die notwendige Ruhe verspürte.[667] Am 27.05.1945 wurde Grabower bewusst, dass er nach der Rückkehr nach Deutschland wieder in seiner alten Tätigkeit aktiv werden könnte, da die von den Nationalsozialisten verordnete Zwangspensionierung nicht mehr galt.[668] Daher fing er auch wieder an, Dokumente mit „Reichsrichter am Reichsfinanzgerichtshof" zu signieren.[669]

---

[663] „Schreiben von Grabower an Vogel vom 09.06.1945", in: BArch, N 1856/7.
[664] Belege in: „Schreiben von Grabower an Vogel vom 24.05.1945", in: BArch, N 1856/7. Akteneintrag 1348.) vom 23.05.1945, in: BArch, N 1856/57.
[665] Rückseite vom „Schreiben von Grabower an Vogel vom 24.05.1945", in: BArch, N 1856/7. Aktenvermerk 1352.) vom 23.05.1945, in: BArch, N 1856/57.
[666] Aktenvermerk 1519.) vom 04.07.1945, in: BArch, N 1856/57.
[667] Aktenvermerk 1281.) vom 04.05.1945, in: BArch, N 1856/57.
[668] Aktenvermerk 1364.) vom 27.05.1945, in: BArch, N 1856/57.
[669] Siehe „Zeugnis für Käthe Levin", in: BArch, N 1856/7.

Den ersten Spaziergang zum knapp vier Kilometer entfernten Leitmeritz beschrieb Grabower, aufgrund der ganzen hervorgerufenen Gefühle und der verlorenen drei Lebensjahre, als qualvoll.[670] Dennoch plante er einen Besuch in Prag. Dafür bat er Vogel Ende Juni 1945 um ein Urlaubswochenende.[671] Vogel lehnte diesen Antrag jedoch mit der Begründung ab, dass Grabower kein Tschechisch spreche[672] und sich aufgrund seiner Schwerhörigkeit nicht hinreichend verständigen könnte, zudem war zu diesem Zeitpunkt der Antisemitismus in Tschechien am Steigen.[673] Jedoch erlaubte Vogel Grabower für zwei Tage nach Hause zu fahren. Hierfür ließ sich Grabower von Vogel versichern, dass ihm in dieser Zeit keine gute Stellung weggenommen werden würde.[674] Ob und wie diese Reise nach München stattgefunden hat, ließ sich aus Grabowers Dokumenten nicht erschließen.

In einen Brief vom 08.06.1945 an Margarete Boethke schrieb Grabower, dass sie sich beim Reichsfinanzhof in München erkundigen sollte, ob er dort wieder arbeiten könnte. Er betonte hierbei auch, dass ihm eine Anfrage aus dem Reichsfinanzhof natürlich lieber wäre, als dort selbst um eine Stelle zu bitten. Er schloss den Brief – wie schon andere Schreiben an Boethke zuvor – mit der Versicherung ab, dass er in den schweren Jahren nichts getan habe, was er nicht vor seinem Gewissen, vor dem Andenken seiner Mutter und vor seinem hohen Richterthron verantworten könne.[675] Grabower erhielt zunächst keine Antwort und machte sich zunehmend Sorgen, was in weiteren Briefen an Boethke zu erkennen ist.[676] Boethke befand sich anscheinend beim Kriegsende nicht mehr in München, sondern in Mecklenburg,[677] was Grabowers Kommunikationsprobleme erklären könnte. Aus den Briefen ist auch zu entnehmen, dass Boethke nach dem Tod seiner Mutter, eine Art Familienersatz für Grabower war.[678]

---

[670] Aktenvermerk 1475.) vom 17.06.1945, in: BArch, N 1856/57.

[671] Aktenvermerk 1489.) vom 20.06. und Aktenvermerk 1496.) vom 21.06.1945, in: BArch, N 1856/57.

[672] Trotz ihres gezwungenen Zusammenlebens lernten nur wenige Erwachsene etwas Tschechisch und auch andersherum war das Interesse gering. Quelle: *Adler*, „Theresienstadt 1941–1945", S. 309.

[673] Aktenvermerk 1489.) vom 20.06. und Aktenvermerk 1496.) vom 21.06.1945, in: BArch, N 1856/57.

[674] Aktenvermerk 1505.) vom 29.06.1945, in: BArch, N 1856/57.

[675] „Brief von Grabower an Margarete Boethke vom 08.06.1945", in: BArch, N 1856/7. Auch abgedruckt in: „Wenn im Amte", S. 130.

[676] Vgl. auch „Schreiben von Grabower an die Israelitische Kultusgemeinde vom 11.06.1945", „Brief von Grabower an Frau und Herr Proesler vom 22.06.1945" und „Brief von Grabower an Margarete Boethke vom 08.06.1945", in: BArch, N 1856/7. Letzter auch abgedruckt in: „Wenn im Amte", S. 130.

[677] „Wenn im Amte", S. 28. Vgl. auch „Karte von Haslinger an Grabower vom 08.10.1944", in: BArch, N 1856/7. Auch abgedruckt in: „Wenn im Amte", S. 120.

[678] „Brief von Grabower an Margarete Boethke vom 08.06. sowie vom 22.06.1945", in: BArch, N 1856/7. Erster auch abgedruckt in: „Wenn im Amte", S. 130. In einem Brief an Karl

Am 09.07.1945 fuhr Grabower dann mit dem zweiten und letzten Transport von Theresienstadt nach München zurück nach Hause.[679]

c) Ein Buch über Theresienstadt

Der ebenfalls inhaftierte Alfred Katz gab Grabower am 03.05.1945 eine Einführung für das Sammelwerk „Theresienstadt was wir erlebten und lernten" zur Durchsicht. Katz war ehemaliger Verlagslektor beim Ullstein Verlag. Grabower nannte ihm zwar viele Namen von Bewohnern des Ghettos, wollte jedoch selbst in dem Werk nicht namentlich genannt werden. Er war zudem nicht erfreut darüber, dass Katz, der erst kurz vor Ende des Krieges in das Ghetto kam, nun ein Buch hierüber verfassen wollte und nahm an, dass es hierbei nur um Geld oder Wichtigtuerei von Seiten von Katz gehe oder zumindest nach außen hin danach aussehen würde. Grabower betrachtete es außerdem als Gemeinheit, das von ihnen in Theresienstadt erlittene Grauen als ein interessantes Lesebuch verkaufen zu wollen. Diese Bedenken teilte Grabower Katz jedoch bei einem erneuten Gespräch nicht mit.[680]

Auch weit nach dem Krieg im Jahr 1956 und 1962 schrieb Grabower, dass er beispielsweise das Buch von H. G. Adler über Theresienstadt zwar kennen, es jedoch nicht schätzen würde und er nach der Lektüre ein schlechtes Gewissen hätte, dass er selbst nichts zu dem Thema veröffentlicht hatte. Als Grund hierfür gab er grobe Fehler an zwei von ihm geprüften Stellen an, ohne hierbei ins Detail zu gehen. Den Vortrag, den Adler nach dem Krieg hielt und dem Grabower beiwohnte, bewertete er als „akademisch in Ordnung, hätte aber unendlich viel mehr aus der ganzen Sache machen können."[681] Möglich ist, dass er die

---

Basch nach dem Krieg schrieb Grabower, dass der Großteil seiner Verwandten bereits im Krieg (unklar, ob er hiermit (nur) den 2. Weltkrieg meinte, es scheint, als hätte er auch schon zuvor wenig lebende Verwandte gehabt) umgekommen und nur noch ganz wenige seiner Verwandten am Leben seien. Quelle: „Schreiben von Grabower an Karl Basch am 14.11.1945", in: BArch, N 1856/58. Zudem scheint er in einem Fragebogen in Theresienstadt angegeben zu haben, dass er niemanden (wahrscheinlich meint er damit Familie) in Deutschland hätte. Was aus der Sicht der reinen Blutsverwandtschaft stimmen mag, jedoch hatte er in Margarete Boethke eine Art Familienersatz gefunden, zu der er nach der Befreiung zurückkehren wollte. Quelle: Aktenvermerk 1357.) vom 26.05.1945, in: BArch, N 1856/57. Vgl. auch „Material für ein Judenbuch", S. 11, in: BArch, N 1856/63.

[679] „Schreiben von Grabower an Isner vom 29.12.1946", in: BArch, N 1856/58. „Brief von Grabower an Dorn vom 21.08.1953", in: BArch, N 1856/61. Auch abgedruckt in: „Wenn im Amte", S. 228 f. Anscheinend meldete er sich am 11.07.1945 in München wieder zurück. Quelle: „Anmeldung bei der polizeilichen Meldebehörde" und „Schreiben des Oberfinanzpräsidenten für Grabower bzgl. einer Kohlezulage vom 24.09.1945", in: BArch, N 1856/58.

[680] Alle Belege in: Aktenvermerk 1279.) vom 04.05. und Aktenvermerk 1292.) vom 07.05.1945, in: BArch, N 1856/57. Eine Seite (wohl die Einführung) von Katz` Werk befindet sich im Ordner BArch, N 1856/7. Auch abgedruckt in: „Wenn im Amte", S. 128.

[681] Belege in: „Brief von Grabower an Fritz vom 17.07.1962", in: BArch, N 1856/86. „Schreiben von Grabower an Schottelius vom 31.12.1955 und 09.03.1956" und „Schreiben von Schottelius an Grabower vom 20.02.1956", in: FZH 376-21, Schriftverkehr 1949–1956. Adler

persönlichen Wertungen von Adler, die in dem Buch deutlich werden, nicht immer teilte. Aus ähnlichen Gründen kritisierte auch Emil Utitz das Werk von Adler und merkte an, dass dessen Buch zum Teil als geistig und sittlich überheblich herüberkomme.[682] Zudem habe sich Adler im Lagerleben eher zurückgehalten und könne daher kein gerechtes Urteil fällen, weil er selbst nicht die ganze Schwere des folgenreichen Entscheidens am eigenen Körper verspürt habe, wie die Judenältesten, z. B. „Letzten Endes riskierte man bei jeder Entscheidung den eigenen oder den Tod anderer."[683]

Auf meine Nachfrage hin bestätigte Tomáš Fedorovič von der Gedenkstätte Theresienstadt jedoch, dass das Werk von Adler immer noch als eins der Standardwerke über Theresienstadt zählt, jedoch einige Aussagen kritisch hinterfragt werden müssen.[684]

Für Grabower war Manes derjenige, der der Berufenste für ein Buch über Theresienstadt war: „Wäre Manes noch am Leben, so würde er mit seiner ungeheuren Energie, seinen weltweiten Beziehungen und seiner kaufmännischen Tüchtigkeit eine wissenschaftliche Feststellung dessen, was wirklich in Theresienstadt geschehen ist, zusammenbringen."[685]

In dem Buch „Als ob's ein Leben wär" wurden Manes Eindrücke aus der Zeit in Theresienstadt nach dem Krieg abgedruckt.

---

trat durch Herbert Schottelius nach 1956 mit Grabower in Kontakt und sichtete das Material, das Grabower der Forschungsstelle überlassen hatte.

[682] *Utitz*, „Ethik nach Theresienstadt", S. 115 ff. Auch Benz lobt zwar Adlers Buch in Hinblick auf das Detailreichtum, schreibt jedoch auch: „so ungerecht, ja oft denunziatorisch ist sein Urteil über viele Akteure." Quelle: *Benz*, „Theresienstadt", S. 220.

[683] *Utitz*, „Ethik nach Theresienstadt", S. 119.

[684] Ähnliches auch in: *Hájková*, „Prisoner Society in the Terezín Ghetto 1941–1945", S. 12 f.

[685] „Brief von Grabower an Dorn vom 09.09.1953", in: BArch, N 1856/61. Vgl. auch „Brief von Grabower an Schottelius vom 12.01.1954", in: BArch, N 1856/7 und FZH 376–21, Schriftverkehr 1949–1956. Auch abgedruckt in: „Wenn im Amte", S. 185 f. „Brief von Grabower an Marx vom 03.08.1952", abgedruckt in: „Wenn im Amte", S. 183.

IX. Grabowers Umgang mit den Erlebnissen

1. Reflexion – Grabowers Haltung zu seinen Erlebnissen

Susanna Schrafstetter schreibt in ihrem Buch „Flucht und Versteck", dass es so scheint, als hätte Grabower „die Zeit der Verfolgung als eine kurze, abnormale Unterbrechung" seines Lebens rationalisiert.[1] Jedoch zeugt seine bereits beschriebene Abneigung, Bilder von sich anfertigen zu lassen, doch von tieferen Narben. Nach den Grauen, die er durchstehen musste, lebte Grabower deutlich zurückgezogener und schränkte seine sozialen Beziehungen ein.[2] Auf die Bitte eines Corpsbruders, dass er einem gewissen Herrn Lippold (anscheinend ebenfalls ein Corpsbruder) seinen Nachruf (vermutlich meint er hier beruflichen Nachruf) schicken solle, betonte Grabower, dass er seine Verfolgung durch die Nationalsozialisten nicht mit in den Nachruf aufgenommen hätte, da es sich hierbei um seine höchstpersönliche Angelegenheit handeln würde.[3] In einem Brief an Julius Spanier im Februar 1948 schrieb Grabower, dass er sich oft an die vielen Mithäftlinge in Theresienstadt erinnere, die nach ihrem Abtransport aus dem Ghetto in den Gaskammern den Tod fanden.[4] Zudem betonte er im Januar 1954, dass er sich seine eigenen Unterlagen aus der Zeit seiner Inhaftierung nicht mehr angesehen hätte, da ihn diese Dokumente zu sehr aufregen würden.[5]

Wie Schrafstetter richtig beschreibt, wurde Grabowers nationalkonservativer Patriotismus, trotz der Schrecken der NS-Zeit, auch während dieser Zeit und nach Ende des Krieges nicht geschmälert.[6] Dies bezeugen folgende Aussagen: „Ich hätte die beinahe zehn Jahre bestimmt nicht durchgestanden, wenn ich nicht stets auch in den Lagern Milbertshofen, Lohhof und im KZ Theresienstadt das Gefühl gehabt hätte, für Deutschland zu arbeiten."[7]

---

[1] *Schrafstetter*, „Flucht und Versteck", S. 67 f.
[2] „Wenn im Amte", S. 7.
[3] „Brief von Grabower an Lippold vom 20.08.1956", in: BArch, N 1856/3.
[4] „Wenn im Amte", S. 35.
[5] „Brief von Grabower an Schottelius vom 12.01.1954", in: BArch, N 1856/7 und FZH 376–21, Schriftverkehr 1949–1956. Auch abgedruckt in: „Wenn im Amte", S. 185 f.
[6] „Material für ein Judenbuch", in: BArch, N 1856/63. *Schrafstetter*, „Flucht und Versteck", S. 67.
[7] „Abschrift vom Schreiben von Grabower an das Bayrische Finanzministerium München vom 04.12.1956", in: BArch, PERS 101/010046, fol. 1.

Er betonte:

„Wir Älteren liebten dieses Deutschland, in dem wir aufgewachsen waren und wir liebten es auch, als wir in Theresienstadt waren. Das Wort eines jüdischen Freikorpskämpfers in Milbertshofen, der zum Abtransport bestimmt war, liegt mir heut noch im Ohr: ‚Wenn es nochmal nötig wäre, würden wir es wieder tun (d. h. uns wieder einem Freicorps anschliessen)', wobei es ihm im Augenblick nicht zum Bewusstsein kam, dass man uns gar nicht haben wollte."[8]

Auch im Jahr 1953 erinnerte sich Grabower an die Zeit seiner Verfolgung zurück und schrieb an das befreundete Ehepaar Grünbaum, das nach Chile emigriert war, dass sie damals ahnten, was ihnen bevorstand, auch wenn sie dank der Liebe zu Deutschland nicht glaubten, dass es so schlimm werden würde.[9] In seinen Aufzeichnungen beschrieb Grabower wiederholt diesen Gewissenskonflikt, in dem er sich zur Zeit des Nationalsozialismus, vor allem in Theresienstadt, befand. Ein Konflikt zwischen Vaterlandsliebe und Reflexion der schrecklichen Ereignisse, die durch die Führung Deutschlands hervorgerufen wurden.

Auch in seinen Berichten über diese Zeit wird deutlich, wie viel ihm sein Vaterland bedeutete. Wie stark Grabowers Patriotismus war, zeigt auch seine kritische Reaktion auf einen Vortrag von Leo Baeck, den dieser in Theresienstadt im März 1945 über die Aufklärung hielt. Grabower kritisierte, dass Baeck „in geradezu schamloserWeise [sic!] die deutsche Kultur, der er doch viel zu verdanken hat, totschweigt. Klopstock, Lessing, Goethe hat er überhaupt kaum erwähnt, dafür die Engländer beweihräuchert und die Französische Revolution gelten lassen." Zudem sei Baeck auf die Emanzipation der Frau und der Juden, als unheilvolle Folgen der Aufklärung, nicht eingegangen.

Grabowers Patriotismus war von einem derartigen Ausmaß, dass er ihn auch als einer der Gründe nannte, warum er, als es noch möglich war, nicht ins Ausland emigrierte. Er wollte sich dadurch unter anderen den negativen Äußerungen über sein Vaterland entziehen, welche er jedoch als sachlich voll berechtigt bezeichnete. Diesen Grund hatte Grabower damals nicht bei seinem Rückstellungsantrag für den Schweizertransport aus Theresienstadt angegeben.

Für Grabower war auch klar, dass das Misslingen des Attentats vom 20. Juli – in dessen Zuge auch Johannes Popitz umkam – für Deutschland nichts Schlechtes bedeutete. Diese Meinung vertrat er jedoch allein aus Angst vor einer zweiten Dolchstoßlegende. Eine Zeit ähnlich der nach dem Ersten Weltkrieg war für Grabower nicht wünschenswert.[10]

---

[8] „Material für ein Judenbuch", (keine Seitenangabe), in: BArch, N 1856/63.
[9] „Brief von Grabower an Grünbaum vom 15.02.1953", in: BArch, N 1856/86. „Wenn im Amte", S. 157.
[10] Alle Belege in: Aktenvermerk 1150.) vom 13.03.1945, in: BArch, N 1856/57. „Material für ein Judenbuch", (keine Seitenangabe), in: BArch, N 1856/63.

1. Reflexion – Grabowers Haltung zu seinen Erlebnissen

Er war überrascht und beschämt, als er herausfand, dass die meisten der Deutschen beteuerten, nichts von den Taten der Nationalsozialisten mitbekommen zu haben. Als er nachfragte, ob sie nicht den „Judenstern" gesehen hätten, bekam er laut eigener Aussage nur ein sehr zögerliches Bejahen.[11] Für ihn sah es so aus, dass der Großteil der Deutschen den Fragen, von denen sie nicht aufs Unmittelbarste betroffen wurden, gleichgültig gegenüberstehen und daher mit der jeweils herrschenden Meinung mitgehen würden.[12]

Grabower schrieb in seinem „Material für ein Judenbuch":

„Je mehr ich mir aus den Jahren 1933 bis 1939 und 1945 ein Urteil über viele Nationalsozialisten bilden konnte, fasste ich es in die Worte zusammen, die ich in einem Briefe der Kaiserin Friedrich an ihre Mutter vom 27.IX.1888 über Bismarck fand [...]: ‚Mann aus dem Mittelalter mit den Ansichten und Grundsätzen jener dunklen Tage, als die Meinung des Stärkeren auch immer als die bessere genommen wurde, als alles Menschliche, Moralische, Fortschrittliche und Zivilisatorische für töricht und lächerlich und ein christlich liberaler Geist für unpraktisch galt.'"[13]

Allerdings lehnten es anscheinend auch viele, die selbst früher für Deutschland gekämpft hatten und Patrioten waren, ab, an die Verbrechen der Nationalsozialisten zu glauben. Grabower selbst beschrieb, wie er beim Ersten Weltkrieg ausschließlich das Gefühl von der Verteidigung des Vaterlandes gehabt hatte. Aus dem gleichen Gefühl heraus war er auch der Auffassung, dass sich kein Kriegsteilnehmer für seine Teilnahme schämen sollte. Wenn die Soldaten ihre Pflicht erfüllten, so war das für ihn in Ordnung. Der Krieg war seiner Meinung nach nicht Selbstziel oder Mittel zum Zweck, sondern die Soldaten führten lediglich Befehle aus. Hierzu schrieb Grabower, der selbst mit Leib und Seele Soldat gewesen war: „Soweit es nicht unsere Schuld ist, dürfen wir kein Schuldgefühl haben". Bei einem Vortrag über das Thema des Wiederauflebens des Nationalsozialismus im Finanzamt Bad Neustadt (Saale) führte er aus, dass es ihm vollkommen fernliege, etwas zu kritisieren, was die Menschen in der Hitlerzeit gemacht hätten, er jedoch das Mitläufertum, also das „Fähnchen in den Wind Gehalte" verurteilen würde. Er betonte: „Wenn szt. einer aus Überzeugung zur Partei gegangen ist, heute aber sagt, daß er nie von seinem Tun überzeugt gewesen sei, so finde ich das für schlecht."

---

[11] „Material für ein Judenbuch", S. 12, in: BArch, N 1856/63. Zu der Einstellung der nicht jüdischen Bevölkerung zu den Juden in der Nachkriegszeit in Deutschland schreibt Grossmann treffend: „Unter der Abwehrhaltung der Deutschen lauerte, wie Juden ahnten, eine gewisse Scham, die zu einer tiefen Abneigung gegen jüdische Überlebende führte, weil sie deren Erinnerungen als ständigen Affront und Mahnung an die deutschen Verbrechen und Verluste empfanden. Untereinander witzelten die Juden: ‚Die Deutschen werden uns niemals verzeihen, was sie uns angetan haben.'" Quelle: *Grossmann*, „Juden, Deutsche, Alliierte", S. 71.
[12] Maschinenschriftlicher Zettel im Aktenordner Juden-Christen 15.IX.54, in: BArch, N 1856/7.
[13] „Material für ein Judenbuch", S. 8, in: BArch, N 1856/63. Grabower gibt als Quelle: „Ponsonby, Sir Frederic, die Briefe der Kaiserin Friedrich, Berlin 1936 S. 276" an.

Dennoch hatten Grabower und diejenigen Bewohner von Theresienstadt, die eine ähnliche Meinung wie er vertraten, das Gefühl, „dass Hitlers Sache, trotz aller Torheiten und Schlechtigkeiten von Versailles, nicht die gerechte Sache, insbesondere im Verhältnis zu uns war."[14]

Diese Aussagen Grabowers sind dahingehend interessant, weil gerade dieses stumpfe Gehorchen bzw. der Obrigkeitsgehorsam den Nationalsozialisten bei ihrer Schreckensherrschaft half. Das „reine Ausführen" der Soldaten kostete tausenden Menschen das Leben und verharmlost die Handlung Einzelner bei den Verbrechen.

2. Grabower über den Antisemitismus

Grabower zitierte in seinem „Material für ein Judenbuch" die Worte Goethes: „Völker, sagt Goethe, ändern sich nicht, ausser durch Vermischung oder Verpflanzung'". Grabower stimmte dieser Aussage grundsätzlich zu.

Er, der selbst als „Dreivierteljude" von den Nationalsozialisten kategorisiert worden war, betonte, dass er es für von Grund auf falsch hielt, Menschen nach Mischverhältnissen, wie die Nationalsozialisten sie benutzten, einzuordnen: „Solch Mischungsverhältnis ist für die Atommasse z. B. wichtig, nicht für Menschen." Grabower notierte:

„Dass die rein zahlenmässige Ausrechnung des Hundertsatzes aus verwaltungsmässigen Gründen, aus Gründen der Klarheit erforderlich ist, kann natürlich nicht darüber hinwegtäuschen, dass sie der Sache nicht immer gerecht wird. Die Einwirkung des Blutes ist nicht nur mengenmässig, sondern auch qualitativ von besonderer Bedeutung. In diesem Sinne ist zu verstehen, dass jüdisches Blut noch bis zur zehnten Generation sich bemerkbar macht, und dass die Diskriminierung im Buche Cora viel strenger ist, als die der Nürnberger Gesetze. Denkt man an das, was Goethe im Faust II über die Mütter sagt […] oder denkt man an die Worte Napoleons I: jeder Mensch soll die Religion behalten, in der er von seiner Mutter erzogen worden ist, so wird man die Durchschlagskraft des mütterlichen Blutes unverhältnismäßig höher schätzen."

Grabower identifizierte sich selbst nie mit dem Judentum und es gab Zeiten, wie beispielsweise während seiner Militärzeit oder den Jahren in Nürnberg, in denen er sich nahezu ausschließlich in „arischer" Umgebung aufhielt. Allerdings gab es auch Phasen seines Lebens, in denen er lediglich mit Juden Umgang pflegte, wie beispielsweise in der Zeit des Nationalsozialismus bis zum Sommer 1939.[15] In seiner Zeit am Französischen Gymnasium sowie an der IHK und der Zeit im Reichsfinanzministerium waren die Gruppen gemischt.

---

[14] Alle Belege in: „Ausführungen des Herrn Oberfinanzpräsidenten anläßlich seines Amtsbesuches am 10.12.1947", in: BArch, N 1856/7. „Wenn im Amte", S. 187.

[15] Alle Belege in: „Material für ein Judenbuch", Einleitung, S. 20, 27 f., in: BArch, N 1856/63. Wobei hier natürlich fraglich ist, ob er zu dieser Zeit eine andere Wahl gehabt hätte.

2. Grabower über den Antisemitismus

Der Einführung des „Judensterns" stand Grabower ablehnend gegenüber. Er schrieb von einer großen Sorge in Anbetracht der Einführung eines Kennzeichens für die Juden. Als Kennzeichen erwarteten viele Juden anfangs jedoch nicht den „Judenstern", sondern den bereits im Mittelalter verwendeten „Judenhut". Grabower teilte seine Vermutungen mit seinen Leidensgenossen in Lohhof. Für seine Aussage, dass er denke, dass die Frauen – wie schon im Mittelalter – von dem Tragen eines Kennzeichens entbunden werden könnten, wurde er von den Arbeiterinnen in Lohhof ausgelacht.[16] Zwei Tage nach diesem Vorfall trugen die jüdischen Arbeiter und Arbeiterinnen in Lohhof den „Judenstern".[17] Dieser wurde am 18.09.1941 an die Mitarbeiter der Flachsröste verteilt.[18] Gemäß der „Polizeiverordnung über die Kennzeichnung der Juden" mussten alle Jüdinnen und Juden im Deutschen Reich, die älter als sechs Jahre waren, ab September 1941 einen gelben Stern an ihrer Kleidung befestigen, wobei der Stern die Aufschrift „Jude" trug und an der linken Brustseite festgenäht werden musste. Diese Kennzeichnung hatte auch das Ziel, die jüdische Bevölkerung von den Nichtjuden zu isolieren, was eine Voraussetzung für die geplanten Deportationen war.[19] An der Stelle, an der die Kriegsteilnehmer des Ersten Weltkrieges zuvor ihre Auszeichnung des Eisernen Kreuzes trugen, war nun der „Judenstern" befestigt.[20] Für Grabower, als stolzer Träger dieser Auszeichnung, muss dies ein besonderes Übel dargestellt haben, zumal er sich nicht mit dem Judentum tiefergehend identifizierte. Nach dem Krieg äußerte er gegenüber Hugo Fritz Berger[21], dass das Tragen des „Judensterns" an der Stelle, wo zuvor seine Abzeichen befestigt waren, das Fürchterlichste gewesen sei, was er je erlebt habe.[22] Jedoch betonte er auch, dass er – wie laut seinem Empfinden auch viele andere – sich durch dieses Kennzeichen nicht diskriminiert fühlte, sondern sich lediglich für Deutschland schämte.[23] Grabower beschrieb, dass er den Stern mit

---

[16] Alle Belege in: „Material für ein Judenbuch", S. 11, 27, in: BArch, N 1856/63.

[17] Eintrag vom 18.09.1941, Tagesberichte I, S. 36, in: BArch, N 1856/51. „Material für ein Judenbuch", S. 11, in: BArch, N 1856/63.

[18] Eintrag vom 18.09.1941, Tagesberichte I, S. 36, in: BArch, N 1856/51. Die Kosten von 20 Pfennig pro Stern mussten die Juden selbst zahlen. Quelle: *Strnad*, „Flachs für das Reich", S. 72.

[19] *Meyer*, „Tödliche Gratwanderung", S. 123.

[20] „Material für ein Judenbuch", S. 11, in: BArch, N 1856/63.

[21] Hugo Fritz Berger (1887–1971) war u. a. Ministerialdirektor. Quelle: „Berger, Hugo Fritz", aufgerufen unter: https://www.bundesarchiv.de/aktenreichskanzlei/1919-1933/0000/adr/adrag/kap1_2/para2_119.html [Stand: 30.12.2020].

[22] „Brief von Berger an Prugger von 1953", in: BArch, N 1181/58, fol. 1.

[23] „Material für ein Judenbuch", S. 11 f., in: BArch, N 1856/63. Allerdings berichtete Grabower auch davon, dass die Polinnen in Lohhof zwar das „P" gerne trugen, während sie das Tragen des „Judensterns" ablehnten. Er schlussfolgerte daraus, dass sich die Mehrzahl der Polinnen ausschließlich als Polinnen und nicht als Jüdinnen fühlten. Quelle: „Schreiben von Grabower an Mugler ‚aufgrund der telefonischen Ermächtigung vom 24.02.1942 nachmittags 4 Uhr'", in: BArch, N 1856/51. Auch abgedruckt in: „Wenn im Amte", S. 86. Die Polinnen waren aufgrund des sog. „Polenerlasses" gezwungen neben dem „Judenstern" auch ein „P" in einem gelben Viereck zu tragen. Quelle: *Strnad*, „Flachs für das Reich", S. 107.

einer Art selbstverständlichem Stolz trug, unter anderem auch, um die Reaktion der Bevölkerung hierauf zu sehen.[24]

Eine ähnliche Einstellung hatte auch Gerty Spies: „Dann bekamen wir gesagt, daß wir den gelben Judenstern abnehmen sollten. Warum, dachte ich (ich hatte gelernt, ihn als Orden zu sehen)."[25] Zu diesen Aussagen passen die letzten Zeilen eines Gedichts des Wieners Hugo Rechnitzer, das dieser 1939 oder 1940 unter dem Titel „Der Judenstern" verfasste:

„Drum Jude, trage stolz Dein Ehrenzeichen
Und blicke kühn der Welt ins Angesicht.
Die finstern Tage werden schließlich weichen,
Dein Stern führt Dich aus finstrer Nacht zum Licht."[26]

Wie viele andere Betroffene beschrieb Grabower unterschiedliche Reaktionen auf seinen „Judenstern": Die meisten Menschen, die er traf, sahen einfach weg, wenn sie den „Judenstern" erblickten. Jedoch machte Grabower auch negativere Erfahrungen. So drohte ihm ein Jugendlicher mit erhobener Faust, als er das Kennzeichen sah. Grabower beschrieb dieses Zusammentreffen als eins seiner erschütterndsten Erlebnisse. Auch ein Mann, dem Grabower begegnete, reagierte negativ auf das Kennzeichen, indem er zornig „Ein Jid" rief, als er Grabower erblickte. Der Stern beeinträchtigte Grabower auch in seinem Alltag. So wurde er von drei Unteroffizieren, nachdem sie seinen Stern auf der Brust sahen, des Kupees in einem Zug in Richtung Lohhof verwiesen. Auch als Grabower nach Ostern 1942 mehrfach eine Telefonzelle aufsuchte, um sich bei seiner „Tante" zu melden, wurde er von den Anwohnern verraten und von einem Polizisten des Ortes verwiesen. Abgesehen von diesen Vorfällen betonte Grabower jedoch, dass er ansonsten keinerlei Negatives aufgrund des Sternes erleben musste.[27] Allerdings nannte er in seinen Tagesberichten in Lohhof noch weitere Beispiele für derartige Vorkommnisse, wie das erneute Verweisen aus dem Kupee eines Zuges, abschätzige Bemerkungen und Blicke sowie höhnisches Lachen.[28] Auch hier fällt abermals auf, dass Grabower teilweise unterschiedliche Angaben über bestimmte Ereignisse traf. Es scheint, als hätte Grabower seine Aussagen dem Adressaten angepasst.

Es gab aber auch erfreuliche Reaktionen auf den Anblick des „Judensterns". So wurde Grabower in Milbertshofen mehrfach von den dort lebenden Arbei-

---

[24] „Material für ein Judenbuch", S. 13, in: BArch, N 1856/63.
[25] Spies, „Drei Jahre Theresienstadt", S. 153.
[26] Zitiert nach: „Der Judenstern", aufgerufen unter: https://steinedererinnerung.net/wp-content/uploads/Text_Judenstern.pdf [Stand: 30.12.2020].
[27] Alle Belege in: „Material für ein Judenbuch", S. 13 f., in: BArch, N 1856/63. Grabower beschrieb, dass ihm sehr wohl bewusst sei, dass er bzgl. der Diskriminierung und des „Judensterns" lediglich seine eigenen Erfahrungen und Eindrücke wiedergebe und dies keine Verallgemeinerung darstellen solle, in: „Material für ein Judenbuch", S. 11, in: BArch, N 1856/63.
[28] Tagesberichte I, S. 63, in: BArch, N 1856/53.

tern begrüßt und von einer jüngeren Frau angehalten, die ihm ihr Frühstück schenken wollte.[29] Ein ihm bekannter aktiver Reichsrichter kam auf Grabower zu, als dieser auf dem Nachhauseweg auf den Zug wartete und blieb bis zur Abfahrt bei ihm stehen, obwohl Grabower zu ihm sagte: „um des Himmels willen sehen Sie mein Zeichen nicht". Hierauf antwortete der Reichsrichter betont laut: „das ist mir ganz egal".[30] Im Januar 1942 wurde Grabower auf einer Brücke von einer Frau angesprochen, die ihm die Hand reichte und ihm sagte: „Ich will Ihnen nur die Hand geben, weiter nichts, wie ich denken viele."[31] Auch sonst berichtete Grabower von freundlichen und mitleidsvollen Blicken der Bevölkerung. Teilweise brachten die Menschen durch Grüßen oder Ähnliches ihre Sympathie mit Grabower zum Ausdruck.[32]

Als weiteres prägendes Erlebnis in Bezug auf den Antisemitismus nannte Grabower die Lebensmittelausgabe in München. Diese blieb Grabower als besonders negatives Erlebnis im Gedächtnis. Er musste mit den anderen Juden aus seiner Umgebung in einem eigens dafür bestimmten Laden einkaufen gehen, der von einer Frau mit Parteiabzeichen geführt wurde. Er hatte bei der Lebensmittelausgabe jedes Mal ein ungutes Gefühl, weil er immer die Sorge hatte, sich nicht beherrschen zu können und etwas zu tun, woraufhin er sofort abgeführt worden wäre. Die Juden erhielten mit ihrer Lebensmittelkarte deutlich weniger als die deutsche Bevölkerung. Magarete Boethke versorgte Grabower jedoch ausreichend mit Lebensmitteln, sodass diese Benachteiligung ihn nicht sonderlich beeinträchtigte. Nach Kriegsende besuchte Grabower den Laden im Jahr 1950 erneut. Dieser war zwar im Krieg zerstört worden, jedoch befand er sich nun – samt derselben Ladeninhaberin – nur ein paar Meter weiter. Auch bei diesem Besuch (Grabower war zu diesem Zeitpunkt bereits Oberfinanzpräsident) kamen die alten Angstgefühle wieder hoch.[33]

Die Konfrontation mit dem Antisemitismus fing für Grabower nicht erst mit der Machtergreifung der Nationalsozialisten an. Auch schon vor der Machtergreifung musste er mit antisemitischen Situationen zurechtkommen. In seinen Erinnerungen schätzte er den unter den Nationalsozialisten erlebten Antisemitismus als deutlich geringer ein als den, den er im jugendlichen Alter zwischen zehn und achtzehn Jahren erlebt hatte.[34] Grabower berichtete immer wieder von dem deutlichen Antisemitismus, den er in seiner Jugend von 1889 bis

---

[29] „Material für ein Judenbuch", S. 15, in: BArch, N 1856/63.
[30] Eintrag vom 23.09.1941, S. 63, in: BArch, N 1856/53. Ähnlich auch „Bestätigung von Grabower für Däubler vom 23.08.1945" oder „Bestätigung von Grabower für Koppe vom 23.10.1945", in: BArch, N 1856/50.
[31] Eintrag vom 12.01.1942, Tagesberichte II, S. 33, in: BArch, N 1856/51. Vgl. auch: „Material für ein Judenbuch", S. 15 in: BArch, N 1856/63.
[32] Eintrag vom September/Oktober 1941, S. 643 f., in: BArch, N 1856/53.
[33] Alle Belege in: „Material für ein Judenbuch", S. 25a, in: BArch, N 1856/63.
[34] „Brief von Grabower an Dorn vom 09.09.1953", in: BArch, N 1856/61. Vgl. auch „Wenn im Amte", S. 13.

1901 verspüren musste. Was genau in diesen Jahren vorgefallen ist, darauf geht er nicht ein. Zu dieser Zeit befand er sich in Berlin auf dem Französischen Gymnasium, in dem er mit seiner jüdischen Herkunft nicht allein war.[35]

Jedoch schrieb er in einem anderen Dokument, dass er nur zweimal in seiner Jugend Antisemitismus spürte. Diese beiden Aussagen stimmen somit nicht überein. Auch an diesem Beispiel zeigt sich, dass Grabower gegenüber verschiedenen Personen und in unterschiedlichen Dokumenten nicht immer übereinstimmende Aussagen traf. Die beiden von Grabower beschriebenen Vorfälle waren folgende: Einmal wurde er von einer Bekannten (die nichts von seinen jüdischen Vorfahren wusste) in einen Tennisclub zum Vorspielen eingeladen. Er spielte zusammen mit einem jüdischen Mädchen vor. Die Bekannte teilte Grabower mit, dass er – trotz seiner deutlichen Unterlegenheit – ausgewählt wurde, da das Mädchen jüdischer Herkunft sei. Grabower kehrte nicht in diesen Club zurück. Er empfand diesen stillen, gesellschaftlichen Antisemitismus als deutlich gefährlicher und bei weitem wirkungsvoller als den „Radauantisemitismus". Jedoch trat er anscheinend nicht offen gegen solche Diskriminierungen auf und beschränkte sich auch hier auf weniger eindeutige Gesten, wie das Fernbleiben von der Veranstaltung.

Als weiteren Zwischenfall berichtete Grabower, dass der Major, der für Grabower bei der Wahl zum Reserveoffizier bürgte, ihn aufforderte, sich von seinen jüdischen Verwandten fernzuhalten. Nachdem Grabower ihm darlegte, dass eine solche Forderung unmöglich sei, bestand er jedoch nicht weiter darauf.[36]

Auch auf Grabowers Privatleben wirkte sich der Antisemitismus aus. Er war zweimal verheiratet. Jedoch entstanden aus beiden Ehen keine Kinder. Das lag daran, dass er selbst keine Kinder bekommen wollte, obwohl er eine kinderlose Ehe als keine ansah. Die Entscheidung, keine Kinder zu bekommen, entstammte seinen Erlebnissen vor allem in den Jahren 1899 bis 1901 und er wollte nicht, dass seine Kinder (die ebenfalls jüdisches Blut in den Adern haben würden) das Gleiche erleben sollten wie er.[37]

a) Grabower über den Antisemitismus nach dem Kriegsende

Am 09.05.1945 ließ sich Grabower den „Judenstern" abnehmen, da dieser von kaum einem mehr getragen wurde.[38]

---

[35] Auch nach tiefergehenderen Nachforschungen beim Französischen Gymnasium ließ sich die genaue Natur diese Vorfälle nicht klären. Allerdings gab es vor Grabowers Zeit im Jahr 1882 in Verbindung mit dem Gymnasium einen antisemitisch geprägten Prozess wegen Beleidigung des Schulleiters durch das „Deutsche Tageblatt". Quelle: Archiv des Französischen Gymnasiums Berlin – Sammlung-Velder.

[36] Alle Belege in: „Material für ein Judenbuch", S. 14, 23, in: BArch, N 1856/63.

[37] „Brief von Grabower an Berger vom 03.07.1962", in: BArch, N 1181/46, fol. 1. Wenn im Amte, S. 24.

[38] Aktenvermerk 1297.) vom 09.05.1945, in: BArch, N 1856/57. Vier Tage zuvor beschrieb er, wie sich viele Ghettobewohner den Stern von der Kleidung rissen und hierbei Aussagen

2. Grabower über den Antisemitismus

Zu diesem Ereignis schrieb er in seine Tagesberichte:

„Eine symbolische Handlung, die Antwort auf Mittwoch den 9. Mai 1900 und auf Mittwoch den 9. Mai 1901. Ich schreibe das auf, um festzustellen, dass mir jedwedes Gefühl befriedigter Rache oder ähnliches vollkommen fern liegt. Man könnte von der imanenten [sic!] Gerechtigkeit der Geschichte, die der Halbjude Gambetta bekannt hat, sprechen, an meinem Einzelfall dokumentiert. Ich wiederhole, es liegt mir das vollkommen fern. Die Entwicklung der Zukunft liegt in den Geschehnissen vom 9. Mai 1900 und 1901, die Geschehnisse heute stellen sich nach meiner gefühlsmässigen Auffassung und nach meiner intellektmässigen Beurteilung der Geschichte als eine Unterbrechung jeder Entwicklung dar. Sie wird die übliche Ewigkeit in politischen Dingen dauern, in 25 oder 30 Jahren sind die Sterne wieder da. Ich betone, dass ich dies nicht gern zitiere, aber all diese furchtbaren Erfahrungen seit dem 3. April 1941 sprechen dafür."[39]

1962 betonte Grabower in einem Brief, dass „der Antisemitismus oder besser die Judenablehnung frisch und flott marschiert."[40]

Um diesen neuen Antisemitismus zu verhindern und vor ihm zu warnen, hielt Grabower seine Vorträge. Als Oberfinanzdirektor bemühte er sich zudem immer wieder, mit jüngeren Menschen in Diskussion über den Nationalsozialismus zu treten. Daher ist fragwürdig, warum er wollte, dass seine Tagesberichte teilweise erst nach seinem Tod oder dem Tod seiner Frau veröffentlich werden durften. Auch aus diesen hätten Lehren über den Antisemitismus gezogen werden können. Vermutlich bestand für ihn die Sorge, wie einige andere leitende jüdische Persönlichkeiten, als Kollaborateur bezichtigt zu werden, oder anderweitig Kritik für sein Handeln zu erfahren. In seinen Dokumenten klingt eine solche Furcht vor allem durch die Sorge, Zeugnisse über seine Tätigkeit zu erlangen, als auch in seinen Rechtfertigungen für gewisse Handlungen durch.

Er versuchte dagegen mehrfach erfolglos seine Erlebnisse anderweitig zu veröffentlichen.

Grabower wiederholte des Öfteren, dass er der Meinung sei, dass Theresienstadt in der Geschichtsschreibung der Juden und Antisemiten eine weit größere Rolle spielen werde als zu der damaligen Zeit angenommen. Dies hatte er bereits im Jahr 1943 in Briefen an Eppstein erwähnt. Eine Begründung für diese Aussage bietet er jedoch nicht. Ob er sich hierbei beispielsweise auf die Propagandamaßnahmen, die in Theresienstadt von den Nationalsozialisten so erfolgreich erprobt wurden oder aber auf die Jüdische Selbstverwaltung bezieht, wird nicht ersichtlich.

---

trafen, die vom „Hass gegen das Judentum" zeugten. Quelle: Aktenvermerk 1283.) vom 05.05. 1945, in: BArch, N 1856/57.

[39] Aktenvermerk 1297.) vom 09.05.1945, in: BArch, N 1856/57. Möglicherweise bezog sich Grabower bezüglich der Geschehnisse von 1900/19001 auf die „Konitzer Mordaffäre". Diese war von Vorurteilen und Antisemitismus geprägt. Quelle: *Deutsch*, „Konitz Affair", aufgerufen unter: https://www.jewishencyclopedia.com/articles/9458-konitz-affair [Stand: 19.02.2021].

[40] „Brief von Grabower an Berger vom 03.07.1962", in: BArch, N 1181/46, fol. 1.

Grabower schrieb auch, dass ein in 10 oder 20 Jahren einsetzender zweiter Antisemitismus die unter anderem von ihm geschilderten Grausamkeiten gegen die Juden dazu verwenden werde, um die Entrechtung der Juden auch mit dem Beispiel der vorgeschilderten Unterdrückung zu belegen. Genau hiergegen versuche er mit seinen Vorträgen vorzugehen, um einen erneuten Ausbruch des Antisemitismus zu verhindern.[41] Für Grabower waren „sachlich, wissenschaftliche Feststellungen" über die Erlebnisse in Theresienstadt besonders wichtig, um diesen eventuell neu aufkommenden Antisemitismus zu verhindern. Er betonte daher gegenüber Herbert Dorn, dass etwas gegen ein erneutes Erstarken des Antisemitismus getan werden müsse. Grabower war der Meinung, dass der Nationalsozialismus sich nach 1945 zwar zurückgezogen hätte, große Kreise des deutschen Volkes jedoch weiterhin beherrschen würde und noch genauso mächtig wie vor und nach 1933 sei. Für ihn war klar: „Was aber so lange besteht, kann nicht von heute auf morgen verdrängt werden; zumal, wenn es immer neue Nahrung erhält." Er begründete die Möglichkeit des Aufkommens eines neuen Antisemitismus unter anderem damit, dass es wirtschaftlich problematisch für Deutschland werden könnte, dass viele Juden nach den Erlebnissen Deutschland den Rücken gekehrt und emigriert waren. Diese Aussage stützte er auf das Argument, dass viele deutsche Unternehmen durch jüdische Lehren beeinflusst worden seien. Grabower sah die Gefahr in der Rückkehr des Antisemitismus somit darin, dass zwar die Generation, die das Kriegsende erlebte und die folgende Generation weniger antisemitisch eingestellt seien, das läge aber daran, dass sie weniger mit Juden konfrontiert werden würden. Falls es aber zu einer Rückkehr der ausgewanderten Juden und ihrer Nachfahren kommen würde, würden diese aufgrund ihrer Tüchtigkeit erneut den Neid und die Abneigung gegen sich hervorrufen.[42]

In den 60er-Jahren mehrten sich laut Grabower die antisemitischen Äußerungen vor allem im privaten Bereich. Als Beispiel für den wiederaufkommenden Antisemitismus beschrieb Grabower, wie die Tochter eines hohen Beamten zu seiner Ehefrau Christine und einer jüdischen Frau eines anderen Oberfinanzpräsidenten sagte: „Scheußlich, zu allen guten Stunden haben die Juden die Tennisplätze belegt". Als weiteres Beispiel nannte Grabower einen Fall, in dem sich ein Mädchen gegenüber zwei Frauen abfällig über Juden geäußert hatte. Die beiden Frauen widersprachen ihr nicht, obwohl die eine Jüdin und die andere mit einem Juden verheiratet war. Grabower schrieb: „Leider reagierte keine der beiden Damen." Grabower handelte dennoch in vielen vergleichbaren Situationen ähnlich. Er trat trotz seiner eigenen Erfahrungen nicht offen gegen solche Diskriminierungen auf, sondern zeigte seinen Protest hiergegen weniger

---

[41] Alle Belege in: Aktenvermerk 195 a.) (Streng geheim!), in: BArch, N 1856/57.
[42] Alle Belege in: „Brief von Grabower an Dorn vom 09.09.1953", in: BArch, N 1856/61. „Material für ein Judenbuch", Einleitung, S. 10, in: BArch, N 1856/63.

offenkundig, indem er zum Beispiel aus einem Club austrat, in dem sich Mitglieder antisemitisch ihm gegenüber, jedoch – nichtsahnend von Grabowers persönlichem Leben – nicht gegen ihn gerichtet, geäußert hatten. Er beschrieb jedoch auch, dass ihm bewusst sei, dass jüngere Juden, anders als er, deutlicher gegen solche Äußerungen vorgegangen wären.[43]

Ein Aspekt der Nachkriegszeit, der Grabower besonders mitnahm, war auch, dass Hans Globke die rechte Hand von Konrad Adenauer wurde. Hans Josef Maria Globke, war von 1953 bis 1963 Chef des Kanzleramtes und zudem einer der Mitverfasser der Nürnberger Rassengesetze. Grabower hielt Adenauers Wahlsieg für besonders gefährlich und äußerte sich in Briefen kritisch über ihn.

Zudem war er generell mit der Gesamtentwicklung Deutschlands nach 1945 unzufrieden, unter anderem, weil es der jüngeren Generation nur noch ums Geld und Vergnügen gehen würde und viele versuchten ohne Rücksicht auf andere voran zu kommen.[44]

b) „Material für ein Judenbuch"

Grabower selbst widmete sich nach dem Zweiten Weltkrieg der „Judenfrage" in Deutschland. Im Jahr 1952 diktierte er seiner Frau Christine seine Erinnerungen, die er als Jude gemacht hatte.[45]

Im Nachlass Grabowers befindet sich auch ein Ordner (BArch, N 1856/63) mit „Material für ein Judenbuch". Leider sind die Seiten durcheinander und die Nummerierung scheint nachträglich hinzugefügt worden zu sein, doppelt sich oder fehlt. Teilweise ist der Text lückenhaft. Grabower unterteilte seine Arbeit in zwei Hauptteile. Der erste Teil sollte einen kurzen Überblick geben, wer die geistigen Väter des Nationalsozialismus insbesondere in seinem Verhältnis zum Judentum waren. Der zweite Teil sollte eine möglichst vollständige Zusammenfassung eigener Erfahrungen Grabowers darstellen.[46]

---

[43] Alle Belege in: „Brief von Grabower an Dorn vom 09.09.1953", in: BArch, N 1856/61 und „Material für ein Judenbuch", S. 3, in: BArch, N 1856/63.

[44] Belege in: „Brief von Grabower an Dorn vom 09.09.1953", in: BArch, N 1856/61. „Brief von Grabower an Grünbaum vom 15.02.1953", in: BArch, N 1856/86. Auch: „Brief von Grabower an Berger vom 13.11.1953", in: BArch, N 1856/86 und BArch, N 1181/46, fol. 1. *Wagener*, „Braun gefärbtes Kanzleramt: Der Fall Globke", aufgerufen unter: https://www.dw.com/de/braun-gef%C3%A4rbtes-kanzleramt-der-fall-globke/a-19395498 [Stand: 07.10.2020]. Grabower über Adenauer: „In der Zwischenzeit schüttele ich planmässig und regelmässig meinen Kopf über Herrn Adenauer, dessen Methoden gegenüber dem Bundestag mich ein ganz klein wenig an Otto und Adolf erinnern." oder „Diktatorenart von A.". Siehe „Brief von Grabower an Münch" und „Brief von Grabower an Voigt vom 02.06.1952", in: BArch, N 1856/86.

[45] „Brief von Grabower an Dorn vom 09.09.1953", in: BArch, N 1856/61. Es handelte sich hierbei um ca. 150 Seiten. Grabower schrieb hierzu: „Natürlich müßte solch ein absolut objektiver Bericht irgendwie veröffentlicht werden." Vgl. auch „Wenn im Amte", S. 13. Grabower und Christine heirateten offiziell erst im Jahr 1955, siehe „Heiratsurkunde", in: BArch, N 1856/49.

[46] „Material für ein Judenbuch" S. 20, in: BArch, N 1856/63.

Zwar war Grabower der Meinung, dass ein objektiver Bericht, wie der seinige, unbedingt veröffentlich werden müsste, jedoch fragte er sich bei seiner Arbeit auch, ob es zu diesem Zeitpunkt überhaupt ein deutscher Verlag wagen würde, die etwa 150-seitige Arbeit abzudrucken oder ob er sich hierfür besser an einen amerikanischen Verlag wenden müsse. Er sah Letzteres für wahrscheinlicher an, da die Deutschen, um das Jahr 1953, in dem Grabower dieses Vorhaben in die Tat umsetzen wollte, seiner Meinung nach, nichts mehr über Antisemitismus wissen wollten.[47]

In diesen Dokumenten schrieb er unter anderem:

„Ist es zeitgemäss sich mit der Judenfrage zu befassen? Ist es nicht klüger quieta non movere und froh darüber zu sein, dass es keine grossen Prozesse um jüdische Persönlichkeiten gibt, dass keine Demonstrationen um Filme stattfinden, die irgendwie mit der Zeit des Nationalsozialismus zu tun haben und dass seit Monaten Zerstörungen jüdische Friedhöfe unterblieben sind? Dieser Frage wäre ohne Bedenken zu bejahen, wenn die antijüdische (denn darum handelt es sich, nicht um den vagen Begriff des Antisemitismus) Weltanschauung neuesten Datums wäre. Denn was nur kurze Zeit besteht, kann auch binnen kurzem vergehen. Je länger eine Bewegung vorhanden ist, desto tiefer haben sich ihre Wurzeln eingegraben und desto schwerer ist sie zu bekämpfen. Zu allen Zeiten und an allen Orten ist dort, wo Juden in grösserer Anzahl zusammen waren, eine antijüdische Reaktion festzustellen. Doch ist das keine typische jüdische Erscheinung. Des Öfteren sagten mir z. B. Infanterieoffiziere, der einzelne Reiteroffizier sei ein netter Kerl, aber mehrere zusammen seinen schwer zu ertragen. [...] Die Menge ist, worauf Lebon [sic!] hinweist, nicht die Summe der Einzelnen mit der Zusammensetzung der guten und schlechten Eigenschaften dieser Einzelnen, sondern sie ist ein aliud; sie ist, um ein oft gebrauchtes Beispiel aus meinem Fachgebiet zu bringen, der steuerpflichtigen Körperschaft vergleichbar, die auch etwas Selbstständiges und nicht die Summe der Einkommensteuerpflichtigen ist. Es ist, als ob die Menge den Individuen, aus denen sie sich zusammensetzt, den Mut gibt ihren schlechten Eigenschaften freien Lauf zu lassen."

Mit seiner Arbeit versuchte Grabower zu beweisen, dass eine antijüdische Bewegung immer vorhanden gewesen sei, auch wenn sie nicht immer offen zu Tage treten würde:

„Wie aber Krankheiten, die man nicht behandelt, in der Regel sich verschlimmern und dann plötzlich ausbrechen, so gilt das auch für politische und kulturelle oder antikulturelle Bewegungen, es sei denn die Krankheiten und die Bewegungen sind nicht vital genug und gehen ein. Ist diese Ausnahme nicht gegeben, so können nur durch Erörterung, Belehrung, Erziehung Gefahren der Eruption vermieden werden. Dass es sich hier um eine Erziehungsarbeit von Jahrhunderten handelt, ergibt sich aus dem Gesagten."

Er beschrieb, dass diese Frage in den Nachkriegsjahren nicht mehr ganz so wichtig war, da es deutlich weniger Juden in Deutschland gäbe und diese nicht aktiv am politischen oder öffentlichen Leben teilnehmen würden. Allerdings sei

---

[47] Belege in: „Brief von Grabower an Boettcher vom 18.08.1952", in: BArch, N 1856/5. „Brief von Grabower an Dorn vom 09.09.1953", in: BArch, N 1856/61.

die Auseinandersetzung hiermit auch in Ruhezeiten förderlich, um für die Krisenzeiten vorzusorgen.

Als Vergleich zog Grabower wieder das Finanzwesen heran:

„Es ist klüger in ruhigen Zeiten eines verhältnismäßigen Gleichgewichts vorzusorgen, als bis zu Krisenzeiten, die doch immer wieder kommen, zuzuwarten und dann zweifelhafte Massnahmen ergreifen zu müssen, die aus der Not des Augenblicks geboren werden. Der Versuch einer derartigen Auseinandersetzung ist aber umso notwendiger, als ein grosser Teil von gefährlichen, aufreizenden Schlagworten gegen die Juden geschichtlicher und systematischer Prüfung nicht stand hält, und als es für die Zukunft der Juden gut ist, sich mit den gegen sie erhobenen Vorwürfen sachlich und objektiv auseinander zu setzen."[48]

3. „Persilscheine"

In Grabowers Nachlass befindet sich ein Aktenordner (BArch, N 1856/50) mit Anfragen für entlastende Bescheinigungen (den sogenannten „Persilscheinen"), seinen Antwortschreiben und ausgestellten Bestätigungen. Hierbei unterteilte er die Dokumente in erteilte Bestätigungen und die Gesuche, die er ablehnte. 60 Namen befinden sich auf der Liste von erteilten Bescheinigungen, unter ihnen auch die bekannter Nationalsozialisten.[49] Trotz dieser stattlichen Anzahl an erteilten Bestätigungen, betonte Grabower in seinen Bestätigungsschreiben immer wieder, dass er nur in wenigen Fällen einer Bitte um Fürsprache entsprochen habe und auch nur dort, wo er eine solche vor seinem Gewissen verantworten konnte. Er schrieb, dass er bei der Abgabe von Persilscheinen überaus vorsichtig sei und viele Bitten bereits abgelehnt habe.

Ablehnende Bescheide erteilte Grabower, z. B. mit dem Hinweis, dass er nur denjenigen Bestätigungen erteilen konnte, mit denen er längerfristig zusammengearbeitet hatte oder mit denen er kameradschaftlich oder menschlich verbunden war und er alle gleichbehandeln und keine Ausnahme machen würde. Hierzu betonte Grabower auch, dass er den Grad der Bekanntschaft nicht zu weit dehnen wollte, um den Wert der abgegebenen Bestätigungen nicht zu schwächen.[50]

Im Folgenden werden lediglich diejenigen Bestätigungsschreiben bzw. Bitten um die Abgabe eines solchen, in Augenschein genommen, die für Grabowers Lebensweg als besonders wichtig anzusehen sind oder deren Empfänger bzw. Bittsteller mehrfach Erwähnung in seinen Berichten finden.

---

[48] Alle Belege in: „Material für ein Judenbuch", S. 1–3, in: BArch, N 1856/63.
[49] Liste mit den ausgestellten Bestätigungen in: BArch, N 1856/50.
[50] Alle Belege in: „Beispiel in seiner Bestätigung für Priester vom 12.06.1946" oder „Bestätigung für Wagner vom 01.10.1945", „Brief von Grabower an Wahl vom 30.11.1945" oder „Schreiben von Grabower vom 02.01.1946 bzgl. Herrn Kosiol" sowie „Schreiben von Grabower an Hefner vom 21.01.1946", „Schreiben von Grabower an Weidemann vom 02.04.1946" und „Schreiben von Grabower an Harzmann vom 21.06.1946", in: BArch, N 1856/50.

a) Hans Heinrich Lammers

Hans Heinrich Lammers war Chef von Hitlers Reichskanzlei und bat wohl beim ersten angedrohten Transport Hitler selbst und das zweite Mal, als Hitler nicht mehr darauf einging, Himmler, die Deportation von Grabower zu verhindern. Im Wilhelmstraßen-Prozess wurde Lammers zu 20 Jahren Haft verurteilt. Jedoch musste auch er, wie viele andere Nationalsozialisten, nicht die komplette Haftstrafe absitzen. Seine Strafe wurde 1951 zunächst auf zehn Jahre reduziert und kurz darauf wurde er begnadigt. Grabower sprach sich nach dem Krieg für ihn aus und gab zu dessen Gunsten eine eidesstattliche Versicherung ab.[51]

b) Graf Schwerin von Krosigk

Auch über den Reichsfinanzminister Johann Ludwig Graf Schwerin von Krosigk berichtete Grabower Positives. Graf Schwerin von Krosigk wuchs in einer Familie auf, die auf Pflichtgefühl, Pünktlichkeit und protestantische Religion Wert legte und diese Ideale vertrat er auch später in seinem Leben. Er war deutschnational und monarchistisch eingestellt. Von Krosigk stand zwar der DNVP ideologisch nah, blieb jedoch parteilos, wurde aber auch ohne Parteiaufnahmegesuch im Jahr 1937 mit dem Goldenen Parteiabzeichen und der damit verbundenen Sondermitgliedschaft der NSDAP ausgezeichnet. Von 1932 bis 1945 war er Reichsfinanzminister.[52]

Anfang Oktober 1914 lernte Grabower Graf Schwerin von Krosigk kennen und war lange Zeit mit ihm zusammen im Reichsfinanzministerium tätig, wobei er jedoch nur in wenigen Fällen persönlich mit ihm zu tun hatte. Im Frühjahr 1934 sagte Graf Schwerin von Krosigk zu einer Freundin von Grabowers Mutter, dass er ihn im Reichsfinanzministerium leider nicht mehr halten könne, ihn aber nicht vergessen werde.[53] Dies könnte darin gründen, dass Graf Schwerin von Krosigk sich die Aufgaben im Reichsfinanzministerium mit Fritz Reinhardt teilen musste und Reinhardt für die Personalangelegenheiten zuständig war.[54] Von Krosigk selbst musste dem Kabinett am 31.03.1933, aufgrund

---

[51] Alle Belege in: „Eidesstattliche Erklärung von Grabower für Lammers vom 08.07.1948", in: BArch, N 1856/50. Auch abgedruckt in: „Wenn im Amte", S. 174. Vgl. auch „Wenn im Amte", S. 57, 174.

[52] Alle Belege in: „Wenn im Amte", S. 170. *Goehrke*, „In den Fesseln der Pflicht", S. 35, 37. *Woitkowski*, „Graf Schwerin von Krosigk", in: „Die Reichsfinanzverwaltung im Nationalsozialismus", S. 246–248. Zu Krosigks politischer Einstellung auch: *Mehl*, „Das Reichsfinanzministerium und die Verfolgung der deutschen Juden", S. 11, 105.

[53] Belege in: „Bestätigung von Grabower für Graf Schwerin von Krosigk vom 05.02.1947", in: BArch, N 1856/50. Auch abgedruckt in: „Wenn im Amte", S. 170.

[54] Auf die Stellenbesetzung im Reichsfinanzministerium hatte Reinhardt aufgrund von Krosigk keinen entscheidenden Einfluss. Vgl. *Mehl*, „Das Reichsfinanzministerium und die Verfolgung der Deutschen Juden 1933–1943", S. 22, 25, 27. *Schöpf*, „Fritz Reinhardt", in: *Friedenberger/Gössel/Schönknecht*, „Die Reichsfinanzverwaltung im Nationalsozialismus",

persönlicher Intervention Hitlers, Reinhardt für den Posten des Staatssekretärs im Finanzministerium vorschlagen.[55]

Angeblich traf Schwerin von Krosigk auch die Aussage: „Hände weg von Grabower!". Er soll zudem gegen den Willen der Partei durchgesetzt haben, dass Grabower im Frühjahr 1934 an den Reichsfinanzhof versetzt wurde.[56] Von Krosigk schrieb in seinen Memoiren über Grabowers Schicksal folgendes:

> „Im Ministerium brauchte ich auf Grund des Beamtensäuberungsgesetzes nur wenige Änderungen vorzunehmen. Entlassungen wegen ‚politischer Unzuverlässigkeit' kamen so gut wie gar nicht vor. Dagegen mußte ich einige jüdische Beamte, auch wenn sie als ‚alte' Beamte oder als Kriegsteilnehmer gegen Entlassung geschützt waren – das änderte sich erst durch die Nürnberger Gesetze –, aus dem Ministerium versetzen, wo sie nicht bleiben konnten. Besonders schwer wurde mir die Trennung von dem Ministerialrat Grabower, einem als Menschen wie als Beamten hervorragenden Mann. Er hatte die Betriebsprüfung aufgezogen und vorbildlich organisiert. Er ging als Reichsfinanzrat nach München. Während des Krieges versuchte ich, ihn unter Hinweis auf seine Verdienste im Ersten Weltkrieg – er hatte den ‚Hohenzollern' – und auf seine Leistung als Beamter zu schützen. Einige Male gelang es, aber schließlich wurde er doch nach Theresienstadt gebracht. Nach Kriegsende fand er als Oberfinanzpräsident von Nürnberg eine angemessene Position."[57]

Hans-Peter Woitkowski schreibt hierzu:

> „Die für die Zeit vor dem In-Kraft-Treten der Nürnberger Rassegesetze anführbaren Einzelfälle, bei denen – wie z.B. im Falle Rolf Grabowers – durch Versetzung auf weniger exponierte Stellen eine zumindest zeitweilige Weiterbeschäftigung gelang, blieben Episode; das Zusammenwirken von Graf Schwerin von Krosigk und Fritz Reinhardt, der eifrig die ‚interne Nazifizierung' der Finanzbehörden betrieb, funktionierte ohne nennenswerte Konflikte reibungslos bis 1945."[58]

Von Krosigk soll Grabower wiederholt vor der Deportation in ein Konzentrationslager geschützt haben. Er sprach angeblich bei Heydrich vor, dass Gra-

---

S. 254. *Von Krosigk*, „Memoiren", S. 160 ff. Krosigk reiste von einem Oberfinanzpräsidium zum anderen und entschied selbst über die Durchführung des Berufsbeamtengesetzes vor Ort, „um Unfug zu verhindern und eine einheitliche Durchführung zu sichern". Von Krosigk betonte, dass Reinhardt seine Personalpolitik, bei der er grundsätzlich die Eignung und nicht die Parteizugehörigkeit entscheiden ließ, gegenüber der Kanzlei der Partei abdeckte. Quelle: *von Krosigk*, „Staatsbankrott", S. 198 f.

[55] *Goehrke*, „In den Fesseln der Pflicht", S. 43. *Von Krosigk*, „Memoiren", S. 160 f. *Von Krosigk*, „Staatsbankrott", S. 198 f., auch hier betonte Krosigk, der lieber Dieter Oertzen als Staatssekretär gehabt hätte, aber dass er mit Reinhardt nicht „schlecht ausgekommen" sei.

[56] Belege in: „Bestätigung von Grabower für Graf Schwerin von Krosigk vom 05.02.1947" und „Schreiben von Grabower für Krosigk vom 02.04.1950", in: BArch, N 1856/50. Erstes abgedruckt in: „Wenn im Amte", S. 170.

[57] *Von Krosigk*, „Memoiren", S. 165 f.

[58] *Woitkowski*, „Lutz Graf Schwerin von Krosigk", in: *Friedenberger/Gössel/Schönknecht*, „Die Reichsfinanzverwaltung im Nationalsozialismus", S. 247. Vgl. auch *Mehl*, „Das Reichsfinanzministerium und die Verfolgung der Deutschen Juden 1933–1943", S. 21.

bower Ostern 1942 aus dem Transport genommen werden solle.[59] Allerdings war es anscheinend auch Graf Schwerin von Krosigk, der sich schließlich mit der Evakuierung von Grabower einverstanden erklärte, allerdings – laut Grabower – nur aufgrund einer Intervention des Generals Daluege[60].[61] Grabower vermutete trotzdem, dass er es auch Graf Schwerin von Krosigk zu verdanken hatte, dass er, völlig ohne sein eigenes Zutun, in Theresienstadt zum „Prominenten A" ernannt wurde.[62] Er charakterisierte von Krosigk nach dem Krieg als einen grundanständigen Menschen, der christliche Werte vertrat und auch den Schwachen in wirtschaftlicher Beziehung half.[63]

Hans Luther schrieb über Krosigk: „Er war ein Idealist innerhalb der nationalsozialistischen Masse, der sogar noch wenige Tage vor dem endgültigen Zusammenbruch sicher nur aus Pflichtgefühl gegen Deutschland, den Posten des Reichsaußenministers auf sich nahm."[64]

Grabower war nicht der einzige Jude, dem von Krosigk half. Dieser verhielt sich gegenüber einzelnen Juden durchaus hilfsbereit, wenn er direkt um Hilfe gebeten wurde.

Er handelte – laut Mehl – auch in der Judenpolitik „strukturell opportunistisch", indem er mit unterschiedlichem Erfolg versuchte, auf administrativem Weg oder durch fachliche Einwendungen einige nationalsozialistische Vorhaben, wie z. B. das Reichsbürgergesetz, abzumildern. Mehls Urteil über Krosigk fällt wie folgt aus: „Er versuchte, schlimme Entwicklungen mit administrativen Regelungen abzumildern, ohne das Unrecht als solches direkt anzugreifen und somit echten politischen Widerstand zu leisten." Er fasst zusammen:

„An der Judenpolitik der ersten Jahre des Dritten Reiches wirkte er nur am Rande mit, wobei seine Teilnahme an den Vorarbeiten zum Berufsbeamtengesetz von 1933 und an der Durchführung der ‚Säuberungen' in der Finanzverwaltung noch die markantesten Aktivitäten in dieser Hinsicht waren. Seine Handlungsstrategie des ‚strukturellen Opportunismus', die als Versuch eines Konservativen zur mäßigenden Einwirkung auf Hitler sein politisches Handeln prägte, hinderte Schwerin-Krosigk bis zuletzt daran,

---

[59] Belege in: „Bestätigung von Grabower für Graf Schwerin von Krosigk vom 05.02.1947" und „Schreiben von Grabower für Krosigk vom 02.04.1950", in: BArch, N 1856/50. Erstes auch abgedruckt in: „Wenn im Amte", S. 170.

[60] Kurt Daluege war u. a. SS-Obergruppenführer und Generaloberst der Polizei und übernahm nach dem Attentat auf Heydrich dessen Posten als stellvertretender Reichsprotektor im Protektorat. Nach dem Krieg wurde er hingerichtet. Quelle: „Kurt Daluege", aufgerufen unter: http://www.ghetto-theresienstadt.de/pages/d/daluegek.htm [Stand: 08.09.2020].

[61] „Bestätigung von Grabower für Franz Willuhn am 02.11.1946" und „Bestätigung von Grabower für Graf Schwerin von Krosigk vom 05.02.1947", in: BArch, N 1856/ 50. Auch abgedruckt in: „Wenn im Amte", S. 170 bzw. 172.

[62] „Bestätigung von Grabower für Graf Schwerin von Krosigk vom 05.02.1947" und „Schreiben von Grabower für Krosigk vom 02.04.1950", in: BArch, N 1856/50. Auch abgedruckt in: „Wenn im Amte", S. 170.

[63] „Schreiben von Grabower für Krosigk vom 02.04.1950", in: BArch, N 1856/50.

[64] Zitiert nach: „Wenn im Amte", S. 171.

echten Widerstand zu leisten; er gehörte weder dem Kreisauer Kreis noch dem Umkreis der Männer des 20. Juli an."[65]

Graf Schwerin von Krosigk wurde am 23.05.1945 verhaftet und im „Wilhelmstraßen-Prozess" in Nürnberg zu zehn Jahren Haft verurteilt, wobei er 1951 vorzeitig entlassen wurde.[66] Die amerikanischen Richter hatten ihn 1949 in Nürnberg bezüglich der Anklagepunkte „Kriegsverbrechen" und „Verbrechen gegen die Menschlichkeit" mehrheitlich für schuldig gesprochen. Im Entnazifizierungsverfahren wurde er in die „Kategorie 3" der „Minderbelasteten" eingestuft, sodass er seine Pension in voller Höhe erhalten konnte. Von Krosigk verstarb am 04.03.1977 mit 89 Jahren. An der Beerdigung nahm auch Hitlers Nachfolger als Reichspräsident, Karl Dönitz, teil.[67]

Nach dem Krieg verbot Grabower, als er Oberfinanzpräsident war, den Ankauf von Krosigks Buch für die Bibliothek in Nürnberg. Fritz Reinhardts Bücher zum Steuerrecht verbot er im Gegensatz hierzu nicht. Der Grund dafür lag vermutlich in dem steuerrechtlich wertvollen Inhalt von Reinhardts Büchern. Im Jahr 1949 betonte Grabower, dass „wir das Gute nehmen, wo wir es finden und daß die Reinhardt-Bücher viel des Guten enthalten." Die Gerüchte, dass er als Oberfinanzpräsident solche Bücher für seinen Arbeitskreis ablehnte, entsprachen somit in ihrer Vollständigkeit nicht der Wahrheit.[68]

Sowohl von Krosigk als auch Lammers setzten sich für Grabower vermutlich hauptsächlich deshalb ein, weil er in ihren Augen in erster Linie kein Jude, sondern ein deutsch-nationaler Patriot war.[69] Vor allem Schwerin von Krosigk vertrat ähnliche Ansichten wie Grabower. Auch von Krosigk war ein pflichttreuer Preuße, konservative Werte, der Staatsdienst und die Kirche waren wichtige Faktoren in seinem Leben.[70] Er war ebenfalls davon überzeugt, dass seine Untergebenen die Pflicht hätten, ihre Überzeugungen offen auszusprechen, gerade auch, wenn sie von seinen Ansichten abwichen. Dies stellte in seinen Augen keine reine Disziplinlosigkeit, sondern eine Pflicht dar. Nach dem Krieg behauptete von Krosigk wiederholt, dass er aus reinem Pflichtgefühl gehandelt hatte. Als Schlusswort bei seinem Prozess nach dem Krieg betonte er daher,

---

[65] Alle Belege in: *Mehl*, „Das Reichsfinanzministerium und die Verfolgung der Deutschen Juden 1933–1943", S. 21, 23 f., 105.

[66] „Wenn im Amte", S. 170. *Woitkowski*, „Lutz Graf Schwerin von Krosigk", in: *Friedenberger/Gössel/Schönknecht*, „Die Reichsfinanzverwaltung im Nationalsozialismus", S. 249, der auf *Robert M. Kempner/Carl Haensel*, „Das Urteil im Wilhelmstraßen-Prozess" verweist. Der amtliche Wortlaut der Entscheidung im Fall Nr. 11 des Nürnberger Militärtribunals [...], Schwäbisch-Gmünd 1950, S. 53, 182 ff., 237 ff. verweist. Vgl. auch *Goehrke*, „In den Fesseln der Pflicht", S. 78 ff., 87, 90.

[67] Alle Belege in: *Goehrke*, „In den Fesseln der Pflicht", S. 40, 59, 91, 96.

[68] Belege in: „Schreiben von Grabower an Hartz vom 14.11.1949", in: BArch, N 1856/93. „Brief von Grabower an Berger vom 08.06.1952", in: BArch, N 1181/46, fol. 1.

[69] Ähnliches: *Strnad*, „Flachs für das Reich", S. 92. Ähnliches auch bzgl. Ritter Franz von Epp bzgl. Rudolf V., näher beschrieben in: *Schrafstetter*, „Flucht und Versteck", S. 63–67.

[70] *Goehrke*, „In den Fesseln der Pflicht", S. 97, 99.

dass „er sich auch als Minister nicht als Politiker, sondern als Beamter gesehen" hatte und ein Beamter seinem Land lebenslänglichen Dienst schulden würde. Er habe im Krieg zudem lediglich für sein Vaterland gearbeitet.[71] Eine Aussage, mit der sich auch Grabower identifizieren konnte. Vermutlich ist daher sein Urteil zu Krosigk so milde ausgefallen. Das gegenseitige Eintreten lässt sich somit durch beruflichen und wertbezogenen Respekt erklären.

c) Franz Richard Mugler

aa) Muglers Tätigkeit in der NS-Zeit und seine Verurteilung

Ein besonderes Interesse scheint Grabower an dem Schicksal von SA-Obersturmführer Franz Richard Mugler gehabt zu haben. Die Bemühungen um Mugler gehen deutlich über das hinaus, was Grabower für die anderen Bittsteller getan hat.

Franz Mugler war während der Kriegszeit in der Münchner „Arisierungsstelle" tätig. Dort war er unter anderem für die Errichtung und Kontrolle sämtlicher Münchener Lager für die Juden zuständig und für Arbeitseinsatz, Entmietung und Wohnkontrollen verantwortlich.[72] Zudem stellte sich Mugler unter anderem an wichtige Verkehrsknotenpunkte, um die Einhaltung der Verordnungen gegen die Juden zu kontrollieren. Schon vor seinem Eintritt in die NSDAP 1930 war er aktiver Sympathisant und als „fanatischer Anhänger der NSDAP lange vor der Machtübernahme" bekannt. Er galt somit als einer der „Alten Kämpfer" und hatte dadurch gute Kontakte zu führenden Persönlichkeiten im Staat. Mugler war auch an Gewalttaten gegen Gegner der Partei beteiligt.[73] Nach dem Krieg versuchte er jedoch seine Rolle im System der Nationalsozialisten zu relativieren.[74]

Nachdem er von ehemaligen Gepeinigten erkannt und in Moosburg, dem Internierungslager für nationalsozialistische Täter, inhaftiert worden war, wurde Mugler 1948 in seinem Spruchkammerverfahren und in einem anschließenden Sammelverfahren gegen die Angestellten der „Arisierungsstelle" als Hauptschuldiger verurteilt.[75] Bereits ab 18.10.1945 befand sich Mugler in „Automatikhaft".[76]

---

[71] Alle Belege in: *Goehrke*, „In den Fesseln der Pflicht", S. 84. *Von Krosigk*, „Memoiren", S. 165.
[72] Belege in: *Strnad*, „Flachs für das Reich", S. 37, 40. *Strnad*, „Zwischenstation ‚Judensiedlung'", S. 51, der auf VN Franz Mugler vom 14.11.1949: StAM. StAnw 17856/2 verweist. Strnad geht hier auch tiefer auf die Biografie Muglers ein.
[73] Alle Belege in: *Strnad*, „Flachs für das Reich", S. 38, 40. Er verweist auf die eidesstattliche Erklärung Herrn Meiers vom 13.02.1947 und das Schreiben des öffentlichen Klägers der Hauptkammer Cham/Opf. vom 13.09.1948, in: StAM: SpKA 1222 Franz Mugler.
[74] Vgl. z. B. „Brief von Mugler an Grabower vom 28.09.1948", in: BArch, N 1856/50.
[75] *Strnad*, „Flachs für das Reich", S. 42.
[76] „Kammerbeschluss Spruchkammer X München Betreff: Haftüberprüfung vom 26.10. 1948", in: BArch, N 1856/50.

1949 wurde er vor dem Landgericht München wegen Grausamkeiten und Körperverletzungen in jüdischen Lagern angeklagt, bestritt die Taten im Wesentlichen, wurde als Hauptschuldiger eingestuft und zu zehn Jahren Arbeitslager und 14 Monaten Gefängnis sowie einem Berufsverbot von 20 Jahren verurteilt.[77] Hiervon musste er jedoch, wie viele verurteilte Nationalsozialisten, nur einen kleinen Teil der Strafe verbüßen und wurde bereits 1952 aus der Haft entlassen.[78]

bb) Grabowers Beziehung zu Mugler

Grabower lernte Mugler am Tag seiner Einreihung in den jüdischen Arbeitseinsatz in München am 03.04.1941 kennen und hatte bis zu seiner Deportation nach Theresienstadt über ca. 14 Monate hinweg fast täglich mit ihm Kontakt. Es soll auch unter anderem Mugler gewesen sein, dessen Bemühungen es Grabower zu verdanken hatte, Leiter des jüdischen Arbeitseinsatzes in Lohhof zu werden, und angeblich setzte sich Mugler auch für Grabowers Verbleib in Deutschland ein.[79] Als Leiter des jüdischen Arbeitseinsatzes musste Grabower Mugler bei dessen Besuchen in Lohhof begleiten.[80]

Für seinen Einsatz bei der Leitung der Zwangsarbeit wurde Grabower von Mugler, der mit seiner Arbeit zufrieden war, laut eigener Aussage „anständig" behandelt.[81] Bei den anderen Juden war Mugler hingegen als „Fronvogt der Juden" und „Judenschreck" bekannt und für sein hartes Durchgreifen ihnen gegenüber berüchtigt.[82] Er galt als einer der von den Juden meist gefürchtetsten Menschen in München.[83] Vor höhergestellten jüdischen Persönlichkeiten wie Grabower schien er aber einen gewissen Respekt zu haben und konnte sich ihnen gegenüber auch von einer menschlicheren Seite zeigen.[84]

Grabower betonte deutlich, dass er nie gesehen hätte, wie Mugler jemanden in Lohhof schlug und erinnerte sich auch nicht daran, dass dieser jemals seine

---

[77] „Brief von Vetter an Grabower vom 22.07.1949", „Brief von Mugler an Sachs vom 14.10. 1950" und „Brief von Mugler an Grabower vom 07.02.1951", in: BArch, N 1856/50. „Wenn im Amte", S. 175.

[78] „Brief von Mugler an Grabower vom 20.08.1952", in: BArch, N 1856/86. *Strnad*, „Flachs für das Reich", S. 42. Inwieweit Grabower und Mugler nach dessen Entlassung in Kontakt blieben, ergibt sich aus den vorgefundenen Dokumenten nicht.

[79] Belege in: „Bestätigung von Grabower für Mugler vom 06.08.1946", in: BArch, N 1856/50. Vgl. auch „Brief von Grabower an Dorn vom 21.08.1953", in: BArch, N 1856/61. Auch abgedruckt in: „Wenn im Amte", S. 176 f., 228 f.

[80] „Brief von Grabower an Mugler vom 30.04.1950", in: BArch, N 1856/50.

[81] *Schrafstetter*, „Flucht und Versteck", S. 248.

[82] *Strnad*, „Flachs für das Reich", S. 40. Dieser verweist auf: eidesstattliche Erklärung Alfred Hartmann vom 15.09.1947; eidesstattliche Erklärung Berthold Lehmann vom 20.09. 1947, beide in: SpKA 1222 Franz Mugler.

[83] *Strnad*, „Flachs für das Reich", S. 37. Dieser verweist auf: eidesstattliche Erklärung Paul Eber vom 22.09.1947, in: StAM: SpKA 1222 Franz Mugler.

[84] *Strnad*, „Flachs für das Reich", S. 41.

Stimme gegen die Juden erhoben hätte.[85] Mugler habe ihn jedes Mal anständig und wohlwollend behandelt und ihn auch mehrfach gefragt, ob er die körperliche Arbeit, aufgrund seiner knapp sechzig Jahre, auch aushalte. Zudem sprach Mugler Grabower mit „Herr Doktor" an. Grabower wiederholte mehrfach, dass die Älteren im Lager, soweit er sich erinnern könnte, die Meinung vertraten, dass Mugler sie anständig behandelt hätte, solange sie ihre Arbeiten zufriedenstellend erledigten. Er sei – im Gegensatz zum Hauptsturmführer (hiermit meinte Grabower wohl Wegner) – um das körperliche Wohlergehen und die Verhütung von Überanstrengung besorgt gewesen und habe es an „positiver Fürsorge gegenüber unserer Gesamtheit nicht fehlen" lassen. Ende Juni 1941 schlug Mugler Grabower sogar Urlaub vor, welchen dieser jedoch ablehnte.[86] Dieser Vorschlag scheint jedoch nicht von Mugler selbst zu stammen, sondern wurde von Max Sesselmann angeregt.[87] Hier besteht erneut Unklarheit, wer der eigentliche Initiator war und welche Person letztlich zu Grabowers Begünstigungen beigetragen hat.

Des Weiteren soll Mugler den Bitten von Grabower, als Leiter des jüdischen Arbeitseinsatzes, nicht ablehnend gegenübergestanden haben, sondern half angeblich bei der Erwirkung von Kälteurlaub im Winter 1941/1942 und sah beim Barackenbau und deren Einrichtung nach dem Rechten. Zudem habe er bei Streitigkeiten zwischen Grabower und dem Betriebsmeister Steiner vermittelt, wobei diese arrangierte Aussprache von Mugler – laut Grabower – wie zwischen zwei Gleichberechtigten und nicht einem „Arier" und einem Juden ausgeführt wurde.[88] Grabower schrieb sogar, dass er wusste, dass seine Stellvertreterin in Lohhof, Irmgard Spiegelberg, dieselbe Meinung über Mugler gehabt hatte, wie er selbst.[89]

Immer wieder betonte Grabower, dass Mugler ihn in jeder Weise menschlich behandelt hätte und ihm vor seiner Deportation telefonisch von Herzen alles Gute wünschte. Mugler versicherte ihm sogar, dass er ihn nach etwa vier Wochen wieder zurückkommen lassen würde, damit er mit Grabower über die Fabrik sprechen könne. Zudem betonte Mugler 1951 in einem Brief an Grabower, dass er gegen die Deportationen der Juden gewesen sei. Als Grund nannte Mugler jedoch kein Mitgefühl, sondern weil er dadurch wertvolle Arbeitskräfte verlor, die zu diesem Zeitpunkt schlecht zu ersetzen waren.[90] Mugler riet Grabower

---

[85] „Brief von Grabower an Mugler vom 30.04.1950", in: BArch, N 1856/50.
[86] Alle Belege in: „Bestätigung von Grabower für Mugler vom 06.08.1946", in: BArch, N 1856/50. Auch abgedruckt in: „Wenn im Amte", S. 176 f.
[87] „Bestätigung von Grabower an Sesselmann vom 14.03.1948", in: BArch, N 1856/50. Auch abgedruckt in: „Wenn im Amte", S. 159.
[88] Belege in: „Bestätigung von Grabower für Mugler vom 06.08.1946", in: BArch, N 1856/50. Auch abgedruckt in: „Wenn im Amte", S. 176 f. „Aktenvermerk über den dritten Besuch Obstf. Mugler und Railing vom 23.07.1941", in: BArch, N 1856/53.
[89] „Brief Grabower an Mugler vom 30.04.1950", in: BArch, N 1856/50.
[90] Alle Belege in: „Bestätigung von Grabower für Mugler vom 06.08.1946" und „Brief von

3. „Persilscheine" 241

jedoch auch, als dieser ihn fragte, ob er drei alte Männer entlassen könne, weil sie immer krank sein, dies nicht zu tun, da eine Evakuation bevorstehe und die Menschen, die in Lohhof arbeiten, hiervon geschützt wären.[91] Eine Aussage, die für Mugler erhebliche Konsequenzen hinter sich hätte ziehen können.

Des Weiteren soll Mugler einmal verhindert haben, dass Grabower zusammen mit anderen Leidensgenossen bei ihrer harten Arbeit in Milbertshofen fotografiert wurde.[92] Grabower berichtete jedoch auch gegenteiliges Verhalten von Mugler. So schrieb er, dass Mugler ihn bei höheren Besuchern gerne vorführte, wenn er oberkörperfrei im Graben arbeitete und Mugler seine Begleiter hierbei darauf hinwies, dass Grabower vor seinem Zwangsruhestand die Position eines Richters innegehabt hatte. Grabower dachte dabei immer an die Worte des jungen Goethe, als ihn seine Mutter anlässlich eines Besuches der Kaiserin von Russland zu sich rief und er dieser Aufforderung nicht nachkam: „Sagen Sie der Kaiserin, ich sei kein wildes Tier".[93] Dieses Verhalten Muglers lässt sich wohl damit erklären, dass er selbst in der Vergangenheit beruflich deutlich weniger erfolgreich als Grabower gewesen war und seine hierdurch hervorgerufenen Minderwertigkeitskomplexe durch solche Verhaltensweisen zu kompensieren versuchte. Durch den Nationalsozialismus stand er sozial und beruflich nunmehr über den Juden, von denen viele gebildeter und beruflich erfolgreicher gewesen waren als er selbst.

Grabower wurde wegen seines Verhaltens und seiner Einstellung bzgl. Mugler auch kritisch als „willfährige[r] Handlanger"[94] Muglers bezeichnet. Er telefonierte sogar auf der Privatleitung mit Mugler, was für einen Juden zum damaligen Zeitpunkt nicht üblich war.[95] Auch teilte er Mugler in einem Schreiben mit, dass die Hälfte der polnischen Jüdinnen trotz „jüdischen Verhaltens" (Grabower bezog sich hier auf die Sprache und die Bewegungen der Frauen) keinen „jüdischen Gesichtsausdruck" hätten und sie zum großen Teil in ähnlicher Weise feindlich gegen Deutschland eingestellt seien, wie er es auch bei den französischen Kriegsgefangenen beobachtet habe.[96] Diese aus Eigeninitiative getroffene Aussage hätte die Deportation oder andere Konsequenzen für die Genannten bedeuten können, was Grabower bewusst gewesen sein musste. Es

---

Mugler an Grabower vom 07.02.1951", in: BArch, N 1856/50. Erstes auch abgedruckt in: „Wenn im Amte", S. 176 f.

[91] Eintrag vom 15.02.1942 (nicht genau erkennbar, könnte auch der 16.02. sein), Tagesberichte II, S. 56, in: BArch, N 1856/51.

[92] „Bestätigung von Grabower für Mugler vom 06.08.1946", in: BArch, N 1856/50. Auch abgedruckt in: „Wenn im Amte", S. 176 f.

[93] „Maschinenschriftliches Blatt, S. 17", in: BArch, N 1856/7.

[94] Zitiert nach *Schrafstetter*, „Flucht und Versteck", S. 250. Schrafstetter verweist auf: Weiner an Staatsanwalt Woerle, 14.07.1949, StAM, Stanw. 17856.

[95] Eintrag vom 11.08.1941, Tagesberichte I, S. 9 und 21.02.1942, Tagesberichte II, S. 61, in: BArch, N 1856/51.

[96] „Schreiben von Grabower an Mugler ,aufgrund der telefonischen Ermächtigung vom 24.02.1942 nachmittags 4 Uhr'", in: BArch, N 1856/51.

ist möglich, dass hier seine nationale Gesinnung zum Vorschein trat. Allerdings ist in seinen sonstigen Aufzeichnungen nicht zu erkennen, dass Grabower die Polinnen als minderwertiger als die Münchener Frauen betrachtete. Er setzte sich ebenfalls für die polnischen Arbeiterinnen, unter anderem auch gegenüber den deutschen Frauen, ein.

Aufgrund von Grabowers Bestätigung wurde Mugler von der Liste der Kriegsverbrecher gestrichen und statt nach Kornwestheim nach Moosburg gebracht.[97] Grabower versuchte mehrfach, das Verfahren von Mugler zu beschleunigen und bot neben seinen schriftlichen Bestätigungen für Mugler sein persönliches Erscheinen bei Verhandlungen an.[98] Er besuchte Mugler sogar in der Haft.[99] Sein Einstehen für Mugler begründete er mit: „Gefühle der Menschlichkeit und der persönlichen Dankbarkeit gegenüber Mugler, der ohne mich zu kennen und ohne natürlich einen Vorteil davon zu haben, mir in der Zeit vom 3.IV.1941 bis Mitte Juni 1942 unendlich viel geholfen hat".[100]

Diesen Satz wird Grabower bewusst in das Schreiben eingefügt haben, womöglich ohne selbst an dessen absolute Richtigkeit zu glauben, um Muglers Chancen auf eine mildere Bestrafung zu erhöhen. Die genauen Beweggründe Muglers lassen sich heutzutage nicht mehr klären. Einen eigenen Vorteil zog Mugler durch die Bemühungen Grabowers als Leiter des jüdischen Arbeitseinsatzes definitiv. Indem Grabower die Produktion der Flachsröste steigerte und die Arbeiterinnen streng unter Kontrolle hatte sowie Befehle Muglers zuverlässig ausführte, wirkte sich dies auch vorteilhaft für Mugler aus. Reine Nächstenliebe und Sympathie für Grabower wird nicht der ausschlaggebende Grund für Muglers Handeln gewesen sein. Sein „anständiges" Verhalten gegenüber Grabower begründete sich wahrscheinlich eher durch die Arbeitseinstellung Grabowers und dessen patriotische Einstellung zu Deutschland. Während einige Juden, vor allem in Betrieben, die der Kriegswirtschaft dienten, versuchten die Erzeugnisse zu manipulieren,[101] betonte Grabower mehrfach, dass er sich in der Flachsröste so sehr bemühte, weil es dem Vaterland helfen würde. Er versuchte die Produktion der Flachsröste zu optimieren und trat energisch gegen Boykottversuche der anderen Zwangsarbeiter ein. Grabower zweifelte Muglers Autorität nicht an und ordnete sich ihm unter. Mugler, der nicht zur gebildeten Schicht gehörte, wird dieses Verhalten geschmeichelt und bestätigt haben. Auch die beidseitige Teilnahme im Ersten Weltkrieg und Grabowers offenes Zuschautragen seines Patriotismus könnte ein Faktor gewesen sein, der die beiden Männer verband.

---

[97] „Brief von Mugler an Grabower vom 12.06.1948", in: BArch, N 1856/50.
[98] „Schreiben von Herf an Grabower vom 09.09.1948" bzw. „Grabower an Herf 19.09.1948 und 07.11.1948", in: BArch, N 1856/50.
[99] „Brief von Grabower an Sachs vom 15.04.1951", in: BArch, N 1856/50.
[100] „Brief von Grabower an Herf vom 07.11.1948", in: BArch, N 1856/50.
[101] Beispiel: Mitteldeutscher Rundfunk, „KZ Mittelbau-Dora: Zwangsarbeit für die ‚Wunderwaffe'", aufgerufen unter: https://www.mdr.de/zeitreise/ns-zeit/mittelbau-dora122.html [Stand: 14.03.2020].

Zudem scheint Grabower mit Mugler die Leidenschaft für Kultur geteilt zu haben, so war Mugler vor Kriegsanfang Inhaber eines Lichtspieltheaters und Unternehmer für Kulturfilme (allerdings wenig erfolgreich).[102]

cc) Grabowers Bittgesuche zugunsten von Mugler

Um Mugler zu helfen, schrieb Grabower auch andere ehemalige Zwangsarbeiter und Verfolgte des Nationalsozialismus an, ob diese nicht ebenfalls als Entlastungszeugen für Mugler bürgen würden. So fragte er beispielsweise in einem Brief am 16.06.1948 Julius Spanier und betonte in diesem Schreiben erneut, dass Mugler ihn selbst immer anständig behandelt hätte und „wir in unserem engeren Kreise, der leider nicht mehr am Leben ist, immer gesagt haben, Mugler benimmt sich anständig." Zudem bezeichnete Grabower einige erhobene Vorwürfe gegen Mugler als nachweislich falsch und bat Spanier, falls dieser denselben Eindruck wie Grabower von Mugler hätte, eine Bestätigung zu dessen Gunsten abzugeben. Allerdings fügte Grabower auch hinzu, dass Spanier diesen Brief als nicht geschrieben erachten solle, falls er gegenteilige Erinnerungen an Mugler habe, da jede Person unterschiedlich auf andere Menschen wirken könne. Spanier stellte keine Bestätigung für Mugler aus, da sich dieser seinen Erinnerungen nach „in einigen Fällen nicht schön benommen hat."[103]

Einen weiteren Brief adressierte Grabower an den Ministerialdirektor Heinrich Brunner. Hierin betonte Grabower, dass er die zehn Jahre Haft für Mugler im Verhältnis zu der milden Bestrafung von einigen Größen des Nationalsozialismus für ungerecht halte. Brunner bestätigte zwar Grabowers Aussage, dass Mugler sich menschlicher als beispielsweise Wegner zeigte, er Muglers Verhalten jedoch nicht als echt einschätzen würde. Als weitere Gründe für seine ablehnende Antwort nannte Brunner, dass Mugler „sich für diese Sklavenhalterrolle hergab und dass er in seinem Wagen förmliche Jagden nach Opfern für Milbertshofen und die Widenmayerstrasse veranstaltete". Zudem waren Gerüchte im Umlauf, dass Mugler Menschen, die zu ihm in die Dienststelle kommen mussten, schlecht behandelte. Vor allem die Rolle Muglers als Wohnungsreferent die er brutal ausführte und die Vielzahl an Entmietungen von Juden, hielt Brunner davon ab, diesem ein positives Zeugnis zu erteilen. Dass Mugler unter den Betroffenen besonders gefürchtet und gehasst war, stand für Brunner fest. Er betonte, dass er für andere ehemalige Nationalsozialisten eine solche Bestätigung abgegeben habe, aber er eine solche für Mugler nicht mit seinem Gewissen ausmachen könnte.[104]

---

[102] Belege zu Muglers Leben in: *Strnad*, „Flachs für das Reich", S. 38–40.
[103] Alle Belege in: „Brief von Grabower an Spanier vom 16.06.1948", in: BArch, N 1856/50.
[104] Alle Belege in: „Brief von Grabower an Brunner vom 07.05.1951" und „Brief von Brunner an Grabower vom 13.05.1951", in: BArch, N 1856/50.

Der ebenfalls angefragte Leo Strauss lehnte eine Bestätigung für Mugler ebenso ab. Als Grund nannte er, dass Mugler sich „eifrig in die Dienste des Dritten Reiches gestellt hatte."[105]

Auch Fritz Ganz weigerte sich, ein Bestätigungsschreiben für Mugler zu verfassen und vertrat eine ähnliche Meinung wie Strauss.[106]

Trotz alldem bescheinigte Grabower Mugler einwandfreies Benehmen und nannte ihn sogar ein „armes Hascherl".[107] Ein Grund dafür, warum Grabower sich nach dem Krieg in dem beschriebenen Maße für Mugler einsetzte, könnte gewesen sein, dass er mit Mugler durch die Arbeit in der Flachsröste deutlich mehr und engeren Kontakt als mit anderen Nationalsozialisten gehabt hatte. Womöglich hat er dadurch andere Charakterzüge von Mugler miterlebt oder konnte dessen Handeln besser nachvollziehen. Muglers „anständiges" Benehmen wird Grabower vermutlich an dem durchschnittlichen Verhalten anderer ihm bekannter Nationalsozialisten gemessen haben. Während diese, wie Wegner, Grabower wie jeden anderen Juden behandelten und misshandelten, hob Mugler Grabower möglicherweise aus der Masse hervor. Insgesamt war Grabowers Beziehung zu Mugler eine andere als die der meisten Münchener Juden.

Vielleicht ist das auch ein Grund, warum Grabower – trotz Kenntnis der Anschuldigungen anderer Juden gegen Mugler – betonte, dass er auch nach reiflicher Überlegung dennoch bei seinem Standpunkt bleiben würde.[108] Wegner hingegen verweigerte Grabower eine entlastende Bestätigung.

Grabower hatte zudem auch Erfolg bei seinen Gesuchschreiben und so bestätigte auch der Zollrat Berthold Lehmann Mugler ebenfalls ein anständiges und wohlwollendes Verhalten ihm gegenüber.[109] Auch Albert Rosenthal und Rudolf Picard sprachen sich für Mugler aus. Rosenthal resümierte, dass Mugler ihm immer freundlich begegnet sei, ihn bei seiner Wohnungssuche unterstützt und sich keiner Übergriffe schuldig gemacht hatte. Auch Picard erinnerte sich an Muglers korrekte Verhaltensweise ihm gegenüber und wurde ebenfalls niemals Zeuge von Handgreiflichkeiten gegenüber Juden durch diesen.

Picard ging sogar noch weiter und schrieb:

„Mein Eindruck war vielmehr, dass sein forsches Auftreten nur in Begleitung seines Vorgesetzten Wegner zu erkennen war. Es ist wohl möglich, dass die Leute vor ihm Angst hatten infolge seines Aussehens und seiner rauhen Wesensart, berechtigt war diese Angst bei Mugler ab [sic!] sicher nicht."[110]

---

[105] „Brief von Strauss an Grabower vom 26.11.1948", in: BArch, N 1856/50.
[106] „Brief von Ganz an Grabower vom 12.11.1948", in: BArch, N 1856/50.
[107] „Wenn im Amte", S. 175. *Schrafstetter*, „Flucht und Versteck", S. 248, die auf Zeugenaussage Rolf Grabower 16.12.1948, StAM, Stanw. 17856 verweist.
[108] „Brief von Grabower an Herf vom 29.08.1948", in: BArch, N 1856/50.
[109] „Brief von Lehmann an Grabower vom 28.11.1948", in: BArch, N 1856/50.
[110] Belege in: „Brief von Mugler an Grabower vom 29.08.1948" und „Brief von Grabower an Herf vom 19.09.1948" sowie „Abschriften der Schreiben von Picard und Rosenthal an Mugler", in: BArch, N 1856/50.

Da Picard und Rosenthal als Ärzte eine gehobene Stellung unter den Juden hatten, könnte auch hier die Beobachtung zutreffen, dass sich Mugler gegenüber leitenden Persönlichkeiten durchaus freundlicher zeigen konnte. Grabower war somit mit seiner Einschätzung von Mugler nicht vollständig allein.

Auch die Zeitzeugin Judy Rosenberg schrieb, dass sie sich an den Namen „Mugler" erinnern könnte und sie, soweit die Erinnerungen reichen, nie von ihm misshandelt wurde. Allerdings betonte sie auch, dass ihrer Meinung nach zu viele „Persilscheine" erteilt worden seien und dass dies einer der Gründe war, weswegen sie Deutschland verlassen habe und nach Kanada emigriert sei.[111]

dd) Muglers manipulative Art

Mugler schrieb Grabower nach dem Krieg mehrere Briefe und versuchte unter anderem, ein Gnadengesuch für sich selbst zu erwirken. Er ging hierbei sehr taktisch vor. Seine Charakterzüge, die vielleicht als manipulativ und listig beschrieben werden könnten, schimmern in diesen Briefen durch. Er schmeichelte Grabower wiederholt, um ihn zu bestimmten Handlungen zu motivieren und um sein Wohlwollen zu gewinnen. So behauptete er, dass ihm die ihm gegenüber wohlgesonnene Haltung Grabowers und die dadurch wiederhergestellte Ehre mehr bedeuten würde als ein Gnadenerlass.[112] Es ist denkbar, dass Mugler mit dieser Aussage versuchte, Grabower dazu zu bewegen, genau einen solchen schnellstmöglich herbeizuführen, ohne direkt darauf zu beharren. Außerdem überredete er Grabower, sich für die Einstellung seiner Nichte in die Steuerverwaltung einzusetzen.

Dass Mugler manipulative Züge gehabt hat, deutet sich auch in seinem Schreiben vom 04.07.1951 an Grabower an. Dort versuchte er, an Grabowers Ehrgefühl als Oberfinanzpräsident zu appellieren, um so weitere Bemühungen von ihm zu erwirken. So erläuterte er, dass Eichstätt – wo er zu diesem Zeitpunkt inhaftiert war – unrentabel sei und dass es in der finanziellen Situation des Staates unverantwortlich wäre, Menschen wie ihn weiterhin in Haft zu belassen.[113] Zudem benutzte er bewusst schmeichelnde Ausdrücke wie „Männer mit derartig hervorragenden, edlen Charakterzügen wie gerade Sie – mein Lieber Herr Doktor".[114]

Für den Charakter Muglers ist vor allem seine Vorgehensweise in Bezug auf Grabowers Bücher bezeichnend. Nach Muglers Aussage hatte ihm ein Bekann-

---

[111] E-mails von Judy Rosenberg vom 28.05 und 06.06.2020.
[112] Belege in: „Brief von Mugler an Sachs vom 14.10.1950", „Brief Grabower an Sachs vom 28.01. und 10.02.1951" und „Brief von Mugler an Grabower vom 07.02., 08.04., 26.04. und 23.09.1951", in: BArch, N 1856/50.
[113] Alle Belege in: „Brief von Mugler an Grabower vom 08.04. und 04.07.1951", in: BArch, N 1856/50.
[114] „Brief Mugler an Grabower vom 07.02.1951 und 08.04.1951 oder vom 12.06.1948", in: BArch, N 1856/50.

ter namens Geisser den Namen desjenigen Beamten des Oberfinanzpräsidiums verraten, der sich die Bibliothek Grabowers nach dessen Entmietung angeeignet hatte.[115] Grabower fragte mehrfach bei Mugler nach, ob er ihm denjenigen Mitarbeiter nennen könne. Hierbei betonte er die Wichtigkeit dieser Information, da er hoffte, Bücher, die sich schon lange im Familienbesitz befanden oder viele Anmerkungen von ihm beinhalteten und nach deren Verbleib er schon jahrelang geforscht hatte, wieder zu erlangen.[116] Mugler vertröstete Grabower wiederholt, obwohl er behauptete, dass er schon damals zu sich selbst sagte, dass er unbedingt für die Rückführung der Bibliothek Grabowers sorgen wolle. Als Grund für die Verweigerung, den Namen des Bücherbesitzers zu nennen, gab er an, dass Grabower diesen auch kennen würde und Mugler seinen Bekannten nicht verraten wolle. Er machte Grabower daher den Vorschlag, dass er in seinem Osterurlaub die Angelegenheit bezüglich der Bibliothek regeln würde. Falls Grabower jedoch schon früher an seine Bücher gelangen wollte, sollte er sich für einen Sonderurlaub für Mugler einsetzen.[117] Grabower schien an diesem Verhalten nichts Alarmierendes zu finden. Zumindest wird dies aus den Briefen und dem wiederholten Einsetzen für Mugler nicht deutlich, obwohl er beispielsweise vom Ministerialdirektor des Bayerischen Staatsministeriums für Sonderaufgaben, Camill Sachs, auf Muglers manipulative Art und mögliche Hintergedanken hingewiesen wurde. Sachs warnte Grabower im Kontext zu seinen abhanden gekommenen Büchern vor dem „bestimmt sehr hinterhältigen Mugler". Er war der Meinung, dass Mugler nur bluffe und erst Anhaltspunkte geben müsse, damit ihm Glauben geschenkt werden könne. Zudem führte Sachs als Begründung für die Ablehnung eines Gnadengesuches für Mugler von der zuständigen Stelle die Schwere der Vorwürfe gegen Mugler und seine schlechte Führung im Lager an.[118]

---

[115] „Brief von Mugler an Grabower vom 07.02. und 23.09.1951", in: BArch, N 1856/50. In seinem Brief vom 23.09.1951 berichtete Mugler, wie er demnächst dem Oberfinanzpräsidenten Johann Rauch einen Besuch abstatten und dabei hoffentlich die Bücherangelegenheit erledigen werde. Ob Rauch hierbei nur der Mittelsmann war oder selbst derjenige war, der die Bücher von Grabower besaß, wird nicht deutlich.
[116] „Brief von Grabower an Mugler vom 28.01.1951" und „Brief Grabower an Sachs vom 15.04.1951", in: BArch, N 1856/50. Laut dem Brief vom 15.04. hatte Grabower ähnliche Aussagen über den Verbleib seiner Bücher von einer anderen Quelle vier Jahre zuvor schon gehört. Das mag auch der Grund gewesen sein, warum er Mugler in diesem Punkt Vertrauen schenkte.
[117] Alle Belege in: „Brief von Mugler an Grabower vom 07.02.1951", in: BArch, N 1856/50.
[118] Alle Belege in: „Brief von Sachs an Grabower vom 19.04.1951", in: BArch, N 1856/50. Grabower unterstrich zwar den Teil des Briefes, in dem es um die Hinterlistigkeit von Mugler ging. Die Bemerkungen von Sachs scheinen jedoch sein Vertrauen an Mugler nicht geschwächt zu haben.

d) Franz Steiner

In Lohhof geriet Grabower anfangs mit dem Röstmeister Franz Steiner aneinander, der an der Arbeitskraft der Juden zweifelte. Nachdem Grabower ihn von der Tüchtigkeit der Jüdinnen überzeugt hatte, war Steiner, laut Grabower, ein durchaus angenehmer Vorgesetzter, der sich nie an den Arbeitern vergriff, sondern sogar ab und an den Arbeitern Lob aussprach. Grabower war sogar so überzeugt von Steiner, dass er Mugler vorschlug, diesen, der mittlerweile durch Intrigen aus dem Betrieb ausgeschieden war, dort wieder einzusetzen. Hierbei hegte er die Hoffnung, dass Steiner dadurch die in der Flachsröste verbliebenen Juden als wohlwollender Vorgesetzter schützen könnte. Als sich Steiner nach seiner Entlassung von Grabower verabschiedete, war er besonders freundlich und sprach ihm den „Dank des Vaterlandes" aus. 1946 erteilte Grabower Steiner einen „Persilschein".[119]

e) Max Sesselmann

Auch Max Sesselmann erhielt eine Bestätigung von Grabower.[120] Sesselmann setzte sich, obwohl er Grabower nicht persönlich kannte, auf Bitten seiner Nachbarn – der Familie Arlt – für ihn ein, als er am 03.04.1941 in den jüdischen Arbeitseinsatz eingereiht wurde.[121] Tatsächlich tauchte Sesselmanns Name in Bezug auf Grabowers Rettungen mit am häufigsten auf. Sesselmann selbst war Nationalsozialist und gehörte bereits 1919 der antisemitischen Thulegesellschaft an.[122] Er ließ sich die Personalakte von Grabower vom Reichsminister der Finanzen geben und wandte sich laut Grabower an die „Adjutantur des Reichsstatthalters von Bayern des bayerischen Ministerpräsidenten"[123] und dann an den Hauptsturmführer Wegner. Hierdurch konnte er erreichen, dass Grabower Mitte Juli 1941 aus den Erdarbeiten in Milbertshofen herausgenommen und zum Leiter des jüdischen Arbeitseinsatzes in der Flachsröste „befördert" wurde. Sesselmann sprach auch bei Mugler vor, auf dass dieser Grabower Urlaub in

---

[119] Alle Belege in: „Bestätigung von Grabower für Steiner vom 11.05.1946", in: BArch, N 1856/50. Eintrag vom 27.08., 29.08. und 09.09.1941, Tagesberichte I, S. 20, 23, 30 und „Bericht von Grabower an Mugler vom 17.06.1942", in: BArch, N 1856/51. Letzter auch in BArch, N 1856/7.
[120] „Bestätigung von Grabower für Sesselmann vom 14.03.1948", in: BArch, N 1856/50. Auch abgedruckt in: „Wenn im Amte", S. 159.
[121] „Brief von Sesselmann an Grabower vom 07.03.1948" und „Bestätigung von Grabower für Sesselmann vom 14.03.1948", in: BArch, N 1856/50. Auch abgedruckt in: „Wenn im Amte", S. 159f.
[122] *Strnad*, „Flachs für das Reich", S. 88.
[123] Zu diesem Zeitpunkt war Franz Ritter von Epp Reichsstatthalter in Bayern und er hatte in dieser Funktion Ludwig Siebert als Ministerpräsident von Bayern ernannt. Diese blieb bis November 1942 in seinem Amt. Quelle: „Kabinett Siebert (1933–1942)", aufgerufen unter: https://www.historisches-lexikon-bayerns.de/Lexikon/Kabinett_Siebert_(1933–1942) [Stand: 31.12.2020]. Vgl. auch *Strnad*, „Flachs für das Reich", S. 88f.

der Flachsröste anbot. Obwohl zu diesem Zeitpunkt bereits eine Führeranordnung existierte, wonach alle „Pg.", die sich für „Nichtarier" einsetzten, dem Hauptquartier zu melden waren, bemühte sich Sesselmann mehrfach persönlich darum, dass Grabower nicht in den Osten deportiert wurde. Sesselmann soll nach seinen Bemühungen um Grabower, laut Aussage von Wegner, auf dieser Liste gestanden haben.

Auch bei den Bestrebungen, Grabower als „Halbarier" anerkennen zu lassen, wirkte Sesselmann mit. Laut eigener Aussage war Grabower zudem nicht der einzige Verfolgte, für den sich Sesselmann einsetzte.[124]

f) Georg Lohner

Am 8./9. November 1938 wurden viele Münchener Juden während der Pogrome in den Abendstunden abgeholt und in die Konzentrationslager deportiert. Hierfür wurde eine Liste mit den betroffenen Juden angefertigt. Auch Grabowers Name stand auf dieser Liste, was er zu dem Zeitpunkt jedoch nicht wusste. Er erlangte von der Deportation der Juden erst Tage später Kenntnis. Grabower wurde nur deshalb nicht in das Konzentrationslager Dachau abtransportiert, weil der Blockleiter Georg Lohner sich weigerte, Grabowers Deportationsbefehl zu übermitteln. Lohner, der seit 1937 Parteigenosse war, kannte Grabower noch aus der Zeit beim Reichsfinanzhof, wo er als Amtsgehilfe tätig war. Grabower revanchierte sich, indem er beim Entnazifizierungsverfahren für Lohner einstand. Als Abschlusssatz fügte Grabower bei Lohners Bestätigung sogar hinzu: „Ich verbürge mich dafür, daß Lohner dem neuen Staate mit Leib und Seele ein ergebener und treuer Beamter sein wird."[125]

g) Franz Willuhn

Mit Franz Willuhn war Grabower in derselben studentischen Verbindung. Zudem hatte Grabower mit Willuhn auch beruflichen Kontakt. Willuhn arbeitete im Wirtschaftsministerium und ab März 1933 in der Reichskanzlei. Dort war er derjenige, mit dem Grabower wirtschaftliche Fragen erörtern konnte. Trotz drohender Konsequenzen besuchte Willuhn Grabower auch weiterhin in München und berichtete ihm zudem, dass er nicht freiwillig in die Partei eingetreten sei. Auch Willuhn setzte sich dafür ein, dass Grabower zunächst nicht deportiert wurde. Hierfür suchte er einflussreiche Personen, wie Lammers, auf, um diesen auf Grabowers Schicksal aufmerksam zu machen und zum Handeln zu animieren. Er scheint sich auch gegen Grabowers Entlassung im Jahr 1936 aus-

---

[124] Alle Belege in: „Brief von Sesselmann an Grabower vom 07.03.1948" und „Bestätigung von Grabower für Sesselmann vom 14.03.1948", in: BArch, N 1856/50. Auch abgedruckt in: „Wenn im Amte", S. 159f.

[125] Alle Belege in: „Bestätigung Grabower für Lohner vom 18.10.1945", in: BArch, N 1856/50. „Material für ein Judenbuch", S. 21, in: BArch, N 1856/63. „Wenn im Amte", S. 34.

gesprochen zu haben. 1946 stellte Grabower ihm eine Bestätigung für seine Hilfeleistungen aus.[126]

h) Kurt Otto Vahlensieck

Diplom-Landwirt Kurt Otto Vahlensieck war einer der beiden Direktoren der Flachsröste Lohhof GmbH.[127] Am 02.06.1945 wurde er verhaftet, weil er bei ihm arbeitende Juden schlecht behandelt haben soll.[128] Grabower schrieb vor der mündlichen Verhandlung, dass Vahlensieck ihm gegenüber immer höflich und korrekt aufgetreten sei und ihm beispielsweise auch immer einen Sitzplatz angeboten hätte. Zudem hätte Vahlensieck in der Flachsröste geholfen, wo es ihm möglich war, genehmigte auch ab und an einige freie Stunden oder dankte den Arbeitern, die dabei geholfen hatten, einen Brand zu löschen. Immer wenn sich Grabower zu Vorfällen und Anschuldigungen in der Flachsröste zu wehren hatte, ging Vahlensieck auf seine Erklärungen ein. Zudem verteilte Vahlensieck je nach Verdiensten Weihnachtsgratifikationen, obwohl er nach Grabowers Wissen hierzu nicht berechtigt war. Er überwies Grabower 20 RM mit der Aussage, dass er wisse, dass Grabower dieses Geld nicht für sich selbst verwenden würde, er jedoch seine Anerkennung für Grabower ausdrücken wolle. Laut Grabower hätten sich die Arbeiter zu diesen Zeiten keinen besseren Betriebsführer wünschen können. Tatsächlich schilderte Grabower Vahlensieck in seinen Tagesberichten durchweg positiv. Vahlensieck war zu keinem Zeitpunkt Mitglied in der NSDAP und bezahlte beim Hauserwerb, der für ihn zwar erst durch die „Arisierung" möglich war, immerhin den marktüblichen und keinen verringerten Kaufpreis. Die Zwangsarbeiter wurden zudem nicht von der Flachsröste angefordert, sondern wurden dorthin von der „Arisierungsstelle" zugewiesen. Trotzdem ist nicht zu leugnen, dass Vahlensieck durch die Entrechtung der Juden profitierte. Im Mai 1946 wurde Vahlensieck aus der Haft entlassen.[129]

i) Eckhard König

Auch der Assessor Eckhard König war angeblich einer derjenigen Helfer, die Grabower vor den Transporten im November 1941 und im Frühling 1942 bewahrten. König war für eine kurze Zeit Zellenwalter in der Nationalsozialisti-

---

[126] Alle Belege in: „Brief Willuhn an Grabower vom 31.01.1946", „Bestätigung Grabower für Willuhn am 02.11.1946" und „Vorentwurf einer eidesstattlichen Erklärung von Grabower für Lammers", in: BArch, N 1856/50. Die Bestätigung ist auch abgedruckt in: „Wenn im Amte", S. 172. „Brief von Willuhn an Grabower", abgedruckt in: „Wenn im Amte", S. 173.
[127] „Bestätigung von Grabower für Vahlensieck vom 06.06.1946", in: BArch, N 1856/50. Vgl. auch „Bericht von Grabower an Mugler vom 17.06.1942", in: BArch, N 1856/7. Auch Eintrag vom 27.08.1941 und 23.10.1941, Tagesberichte I, S. 20, 56 in: BArch, N 1856/51. Tiefergehend zu Vahlensieck auch: *Strnad*, „Flachs für das Reich", S. 82f.
[128] „Schreiben von Ilse Vahlensieck an Grabower vom 31.05.1946", in: BArch, N 1856/50.
[129] Alle Belege in: „Bestätigung von Grabower für Vahlensieck vom 06.06.1946", in: BArch, N 1856/50. *Strnad*, „Flachs für das Reich", S. 82f.

schen Wohlfahrt gewesen. Er soll Sesselmann angerufen haben, um ihn zu bitten, bei der Gestapo vorzusprechen und die Deportation von Grabower zu verhindern. Für Grabowers Rettung fuhr König innerhalb kurzer Zeit zwischen Berlin und München hin und her und suchte Popitz, Graf Schwerin von Krosigk und Wegner auf. Eine Stunde, bevor die Gestapo Grabower für den Transport im Juni 1942 abholte, ließ ihn König nach München kommen und ans Telefon rufen, um ihm die Entscheidung von von Krosigk mitzuteilen. Auch als Grabower bereits deportiert und in Theresienstadt angekommen war, versuchte König angeblich alles, um ihm zu helfen.

Grabower revanchierte sich mit einem „Persilschein" für Eckhard König.

Erwähnenswert ist auch, dass König selbst einen „Mischling zweiten Gerades" heiratete und dadurch die Aussicht der Verbeamtung und als Rechtsanwalt arbeiten zu können verlor.[130]

j) Liselotte Kueßner

Liselotte Kueßner kannte Grabower seit dem Jahr 1923 und versuchte ebenfalls, ihn vor dem Transport zu bewahren. Auch Kueßner besuchte Grabower weiterhin trotz drohender Konsequenzen in München und schickte ihm Lebensmittel und Bücher nach Theresienstadt, obwohl sie wusste, dass sie dadurch auf die „schwarze Liste" der Nationalsozialisten kommen würde. Diese Liste sollte diejenigen festhalten, die Juden halfen, um sie nach dem „Sieg" zu liquidieren. Am 11.07.1948 gab Grabower eine eidesstattliche Erklärung für Kueßner ab. Interessanterweise äußerte sich Liselotte Kueßner nach Kriegsende wohl unter anderem über Grabower dahingehend, dass, wenn er Vorträge in Theresienstadt halten und hören habe können, das KZ nicht allzu schlimm gewesen sein konnte. Grabower schrieb ihr daraufhin einen für seine Verhältnisse sehr energischen Brief und wies auf die Unmöglichkeit ihrer Aussage hin.[131] Kueßner wird, im Gegensatz zu den anderen Helfern von Grabower, in den im Nachlass befindlichen Dokumenten kaum erwähnt.

k) Hans Wegner

Jedoch erteilte Grabower nicht jedem, der ihn darum bat, einen „Persilschein". So schlug er die Bitte der Schwester von Hans Wegner, für ihren Bruder eine eidesstattliche Erklärung zu seinen Gunsten abzugeben, aus.[132] Hans Wegner war seit 1929 Mitglied in der NSDAP, trat 1930 in die SA ein und stieg dort bis

---

[130] Alle Belege in: „Schreiben von König an Grabower vom 25.11.1945" und „Bestätigung von Grabower für Eckhard König vom 26.11.1945 sowie vom 01.10.1945", in: BArch, N 1856/50. Auch abgedruckt in: „Wenn im Amte", S. 161–163.

[131] Alle Belege in: „Bestätigung von Grabower für Kueßner vom 11.07.1948" und „Brief von Grabower an Kueßner vom 17.04.1957", in: BArch, N 1856/86. Auch abgedruckt in: „Wenn im Amte", S. 193 f.

[132] „Brief von Stör an Grabower vom 14.10.1946" und „Antwort von Grabower auf den

1943 bis zum Sturmbannführer auf.[133] Von seinen Kollegen soll Wegner als „König der Juden" bezeichnet worden sein, der in Personalunion sowohl die Stelle des „Beauftragten der Gauleitung für die Arisierung" sowie die des „Treuhänder[s] gemäß Beschluss des Regierungspräsidenten" innehatte.[134] Es sind zahlreiche gewaltsame Übergriffe auf Juden durch Wegner in seiner Rolle als Mitarbeiter der „Arisierungsstelle" überliefert. Er vermerkte Grabowers Name wohl mehrere Male als erstes in den Evakuationslisten, um ihn damit in den sicheren Tod zu schicken. So soll er Grabower im November 1941 als erstes auf die Liste für den ersten Transport aus München, der nach Riga führte, gesetzt haben. Auch auf den zweiten, letztlich abgesagten, Transport von München Anfang 1942 wurde Grabower, dank Wegner, eingereiht. Für den Transport am Ostersamstag 1942 nach Lublin stand Grabower wieder auf Veranlassung Wegners auf der Transportliste.[135] Grabower war jedoch nicht der Einzige, den Wegner heraussuchte und gezielt auf die Deportationsliste setzte. So ließ Wegner zusätzlich zu den Vorgaben des RSHA bzw. der Gestapo, noch andere, ihm unliebsame Juden, die er aus dem Weg schaffen wollte, in die Transportlisten eintragen.[136] Zudem bedrohte er Grabowers Fürsprecher mit Konsequenzen, wie z. B. einer Verhaftung und einer Anzeige.[137]

Wegner begründete seine Abschiebeversuche damit, dass Grabower für die SS-Dienststelle aufgrund seiner Abstammung, dienstlichen Vergangenheit und damaliger Tätigkeit als Leiter des jüdischen Arbeitseinsatzes bei der Flachsröste

---

Brief von Stör vom 16.10.1946", in: BArch, N 1856/50. Auch abgedruckt in: „Wenn im Amte", S. 178.

[133] *Modert*, „Motor der Verfolgung", in: *Baumann/Heusler*, „München arisiert", S. 166, verweist auf: IfZ, Gm 07.94/8 Bd1: Urteil der 3. Strafkammer des Landgerichts München vom 12. Juli 1949. *Strnad*, „Flachs für das Reich", S. 37.

[134] *Strnad*, „Flachs für das Reich", S. 35. Strnad verweist bzgl. „König der Juden" auf die eidesstattliche Erklärung Fritzi Blümelink vom 24.08.1947, in: StAM: SpKA 1222 Franz Mugler. *Strnad*, „Zwischenstation ‚Judensiedlung'", S. 24. Vgl. auch *Modert*, „Motor der Verfolgung", in: *Baumann/Heusler*, „München arisiert", S. 166.

[135] Alle Belege in: „Bestätigung von Grabower für König vom 26.11.1945", „Bestätigung von Grabower für Mugler vom 06.08.1946" und „Antwort von Grabower auf den Brief von Stör vom 16.10.1946", in: BArch, N 1856/50. Auch abgedruckt in: „Wenn im Amte", S. 162f. bzw. 176–178. „Brief der Israelitischen Kultusgemeinde München an Grabower vom 02.11. 1961", in: BArch, N 1856/61 und vom 21.12.1961, in: BArch, N 1856/86.

[136] *Meyer*, „Tödliche Gratwanderung", S. 298, verweist auf: Sta München, Stanw. 29.499/1-3, 3 Js 67ff./49, Vern. Heinz Meier v. 16.08.1950, o.S., 2. Seite. Auch Karl Stahl äußerte gegenüber seinen Freunden die Vermutung, dass er und seine Ehefrau Luise aufgrund persönlichen Betreibens Wegners im Juli 1942 auf die Deportationsliste gesetzt wurden. Stahl kam nach Theresienstadt, war dort im Ältestenrat tätig, wurde jedoch am 12.10.1944 mitsamt seiner Frau nach Auschwitz deportiert und dort ermordet. Quelle: *Meyer*, „Tödliche Gratwanderung", S. 303 verweist auf: Sta München, Stanw. 29.499/1-3, I Js 67ff./ 49., Vern. Theodor Koronczyk v. 26.09.1950, S. 2, Rücks.; Siegfried Neuland (o.D.), S. 2 und Lt.www.bundesarchiv.de/ge denkbuch.

[137] „Bestätigung von Grabower für König vom 26.11.1945" und „Antwort von Grabower auf den Brief von Stör vom 16.10.1946", in: BArch, N 1856/50. Auch abgedruckt in: „Wenn im Amte", S. 162f. bzw. 178.

als besonders gefährlich galt.[138] Insgesamt beschrieb Grabower Wegner als einen unangenehmen Menschen mit schlechtem Charakter.[139] Wegner wurde 1949 wegen Körperverletzung im Amt zu zwei Jahren Haft verurteilt.[140] Er wurde als Hauptschuldiger kategorisiert.[141]

Der Vorsitzende der Spruchkammer in dem Verfahren führte aus:

„Insbesondere mit den Namen Wegner, Mugler, Schrott verbindet sich noch heute für die geringe Zahl der überlebenden Juden Münchens das Gefühl des Grauens. Diese Betroffenen galten und gelten als Repräsentanten der unmenschlichsten nationalsozialistischen Gewaltherrschaft. Der Befehl auf der Dienststelle [...] zu erscheinen, verbreitete mehr Schrecken als jede Berührung mit der Gestapo."[142]

Ein Jahr später wurde er im Juli 1950 wegen Nötigung verurteilt, wobei er unter Einbeziehung der bereits ergangenen Haftstrafe insgesamt nur zu fünf Jahren Gefängnis verurteilt wurde. 1952 wurde Wegner auf Bewährung entlassen. 1954 erfolgte ein Freispruch vom Vorwurf der Freiheitsberaubung im Amt durch das Landgericht München I.[143]

l) Fritz Reinhardt

Im Jahr 1949 sollte Grabower in dem Entnazifizierungsverfahren gegen den ehemaligen Staatssekretär Fritz Reinhardt aussagen.[144] Dieser war bereits am

---

[138] „Bestätigung von Grabower für König vom 26.11.1945", in: BArch, N 1856/50. Auch abgedruckt in: „Wenn im Amte", S. 162f.

[139] Vgl. „Bestätigung von Grabower für Sesselmann vom 14.03.1948", in: BArch, N 1856/50. Auch abgedruckt in: „Wenn im Amte", S. 159.

[140] Das Landgericht München I verurteilte Wegner am 12.07.1949 zu zwei Jahren Gefängnis wegen 16 Körperverletzungen im Amt (I KMs 9-II/49) und sprach ihn 14.12.1954 von der Anklage wegen eines Verbrechens zur Freiheitsberaubung im Amt in Tateinheit mit räuberischer Erpressung (3 KLs 2/54) wegen der Deportation Julius Hechingers frei. Das Urteil ist laut *Meyer*, „Tödliche Gratwanderung", S. 405, in: Justiz und NS-Verbrechen, Bd. XIII, S. 13, abgedruckt. Quelle: Ebd. *Schrafstetter*, „Flucht und Versteck", S. 249, die auf Kasberger, Hans Wegner und Theodor Koronczyk – zwei Pole des Täterspektrums, in: *Krauss*, „Rechte Karrieren in München: Von der Weimarer Zeit bis in die Nachkriegsjahre", S. 237 verweist. Vgl. tiefergehender zu Hans Wegners Nachkriegsverfahren: *Modert*, „Motor der Verfolgung", in: *Baumann/Heusler*, „München arisiert", S. 174f.

[141] *Modert*, „Motor der Verfolgung", in: *Baumann/Heusler*, „München arisiert", S. 171, 174.

[142] Zitiert nach *Modert*, „Motor der Verfolgung", in: *Baumann/Heusler*, „München arisiert", S. 170, der als Quelle StAM, K 1919 Spruchkammerakte Hans Wegner angibt. Die Spruchkammer München X verhandelte gegen Wegner, Mugler, Schrott und Westermayr gemeinsam. Quelle: Ebd., S. 174 und „Ladung an Grabower von der Spruchkammer vom 29.11.1948" sowie „Schreiben der Spruchkammer X München an Grabower vom 09.12.1948", in: BArch, N 1856/50. Vgl. auch „Wenn im Amte", S. 63.

[143] Belege in: *Modert*, „Motor der Verfolgung", in: *Baumann/Heusler*, „München arisiert", S. 175. *Schrafstetter*, „Flucht und Versteck", S. 250, verweist auf: Urteil, 11.07.1950, StAM Stanw. 17856 und vom 14.12.1954, StAM Stanw. 29499/5.

[144] „Brief der Hauptkammer München-Stadt in München an Grabower bzgl. des Verfahrens gegen Fritz Reinhardt am 24.02.1949" und „Brief von Grabower an die Hauptkammer München-Stadt in München bzgl. des Verfahrens gegen Fritz Reinhardt vom 09.03.1949", in:

23.10.1926 in die NSDAP eingetreten und fungierte unter anderem als „Propagandaleiter II" unter Himmler und Goebbels.[145] Auf Reinhardt geht der § 1 des Steueranpassungsgesetzes vom 16.10.1934 zurück, der besagt: „Die Steuergesetze sind nach nationalsozialistischer Weltanschauung auszulegen."[146] Dieser Paragraph wurde dazu benutzt, steuerliche Vorteile in den Fällen zu versagen, in denen sie sich günstig für Juden ausgewirkt hätten.[147] Reinhardt leitete die Abteilung VI des RFM, deren Referate unter anderem für die Verwaltung eingezogenen und verfallenden Vermögens von ausgebürgerten Juden zuständig waren. Seit 1935 ließ Reinhardt zahlreiche „Finanzschulen" errichten und gab mit den braunen Bänden der „Bücherei des Steuerrechts" ein nationalsozialistisch fundiertes Nachschlagewerk für die Berufspraxis seiner Beamten heraus.[148] Von Krosigk schrieb über Reinhardt: „Politisch war Reinhardt ein Naivling. Er war kritiklos gläubig gegenüber Hitler und der Partei. Wenn Hitler sprach, war für ihn die Sache erledigt. Die Partei war für ihn die höchste Instanz, gegen die es keine Berufung gab."

Jedoch betonte von Krosigk auch, dass er gegenüber Reinhardt mit seiner Einstellung, unter anderem auch mit der Kritik gegenüber der Partei, immer offen und ehrlich war und Reinhardt sich ihm gegenüber loyal verhielt. In Personalsachen haben die beiden Männer sich daher fast immer einigen können.[149]

Grabower erwiderte auf die Anfrage jedoch, dass er sich selbst für befangen und nicht geeignet für die Abgabe eines objektiven Urteils halte und bat stattdessen seinen Vertreter im Amt, zu den Fragen über Reinhardt Stellung zu nehmen.[150] Zur Beantwortung der Fragen bzgl. des Verfahrens griff dieser Stellver-

---

BArch, N 1856/50. In diesem Ordner befindet sich auch eine Abschrift zu dem Verfahren von Reinhardt, in der von Herrn Weltzien, dem Leiter des Landesfinanzamtes Gross-Berlin, Reinhardts Verfehlungen während seiner Zeit im Amt besonders gut beleuchtet werden. Dort steht u.a.: „Zusammenfassend ist zu sagen: Reinhardt war eine der Hauptstützen der Partei, der für den Krieg und das Unglück Deutschlands in erster Linie mitverantwortlich ist und niemals nur als ‚Mitläufer' gelten kann, sondern mit Leib und Seele ‚Aktivist' war."

[145] *Schöpf*, „Fritz Reinhardt", in: *Friedenberger/Gössel/Schönknecht*, „Die Reichsfinanzverwaltung im Nationalsozialismus", S. 253.

[146] Abgedruckt in und zitiert nach: *Friedenberger*, „Die Finanzverwaltung und die Vernichtung der deutschen Juden", in: *Friedenberger/Gössel/Schönknecht*, „Die Reichsfinanzverwaltung im Nationalsozialismus", S. 16, 53. „Brief von Grabower an die Hauptkammer München-Stadt in München bzgl. des Verfahrens gegen Fritz Reinhardt vom 09.03.1949", in: BArch, N 1856/50. In diesem Brief sind noch weitere Punkte aufgezählt, die Reinhardts Stellung im nationalsozialistischen Deutschland beschreiben. *Mehl*, „Das Reichsfinanzministerium und die Verfolgung der Deutschen Juden 1933–1943", S. 36.

[147] *Friedenberger*, „Die Finanzverwaltung und die Vernichtung der deutschen Juden", in: *Friedenberger/Gössel/Schönknecht*, „Die Reichsfinanzverwaltung im Nationalsozialismus", S. 16.

[148] Belege in: *Mehl*, „Das Reichsfinanzministerium und die Verfolgung der Deutschen Juden 1933–1943", S. 105. Vgl. „Brief von Grabower an die Hauptkammer München-Stadt in München bzgl. des Verfahrens gegen Fritz Reinhardt vom 09.03.1949", in: BArch, N 1856/50.

[149] Belege in: *Von Krosigk*, „Memoiren", S. 161.

[150] „Brief von Grabower an die Hauptkammer München-Stadt in München bzgl. des Ver-

IX. Grabowers Umgang mit den Erlebnissen

treter auf Grabowers Wissen und Material zurück. In einer Anlage, bei der nicht sicher hervorgeht, ob er diese mit abgesendet hat, führt Grabower hierzu mit aus:

„Jede Stellungnahme, die ich als überzeugter Vertreter des Gedankens der Versöhnung abgebe, würde die Schattenseiten bewusst oder unbewusst übersehen und dadurch ein falsches Bild ergeben."[151]

Reinhardt wurde im Entnazifizierungsverfahren als Hauptschuldiger eingestuft und zu vier Jahren Arbeitslager verurteilt. Jedoch wurden seine Internierungen in amerikanischen Lagern der Haftzeit angerechnet und somit musste er nicht mehr ins Gefängnis.[152]

---

fahrens gegen Fritz Reinhardt vom 09.03.1949", in: BArch, N 1856/50. Vgl. auch „Schreiben von Grabower vom 07.03.1949", in: BArch, N 1856/50. Vgl. auch „Wenn im Amte", S. 14 f.

[151] Belege in: „Schreiben Grabower vom 07.03.1949" und „Brief von Grabower an die Hauptkammer München-Stadt in München bzgl. des Verfahrens gegen Fritz Reinhardt vom 09.03.1949", in: BArch, N 1856/50. Grabower hatte in dem Schreiben vom 07.03.1949 einen Bibelvers, den er nach dem Wort „Versöhnung" angegeben hatte, mit Grünstift durchgestrichen. Er verweist dort auf das Evangelium Matthäus 5 Vers 44: „Ich aber sage euch: Liebt eure Feinde und betet für die, die euch verfolgen." Vgl. auch „Wenn im Amte", S. 15.

[152] Belege in: *Schöpf*, „Fritz Reinhardt", in: *Friedenberger/Gössel/Schönknecht*, „Die Reichsfinanzverwaltung im Nationalsozialismus", S. 256, der auf Az H/X/415/49 (X/12436/48), StA München, K 1401 verweist.

X. Tätigkeit nach dem Krieg

1. Ernennung zum Oberfinanzpräsidenten

Nach Ende des Krieges und seines Aufenthaltes in Theresienstadt, wirkte Grabower am Neubau der Finanzverwaltung mit.[1] Am 14.08.1945 erhielt er ein Schreiben mit der Information, dass, aufgrund der Aufhebung des Reichsbürgergesetzes vom 15.09.1935 durch das Gesetz der Militärregierung Nr. 1 Art. I Abs. Ig, sein Dienstverhältnis als Reichsrichter in München wieder hergestellt sei und die Gehaltszahlungen ab dem 01.07.1945 folgen würden.[2]

Vom 01.07.1945 bis zum 17.10.1945 war er wieder als Reichsrichter beim Bayrischen Obersten Finanzgerichtshof tätig.[3] Seit dem 24.08.1945 war er vorläufig dem VI. Senat beim Obersten Finanzgerichtshof in München zugeteilt und als Stellvertreter im V. Senat beschäftigt.[4] Ende Oktober 1945 wurde Grabower das Amt des Präsidenten der Oberfinanzdirektion Nordbayern in Nürnberg verliehen.[5] Er blieb in diesem Amt, bis er am 01.04.1952 regulär mit 69 Jahren in den Ruhestand ging.[6] Sein Nachfolger wurde Ludwig Heßdörfer.[7]

---

[1] „Rolf Grabower zum Gedächtnis", in: Umsatzsteuer-Rundschau, Jahrgang 1963, in: BArch, N 1856/1. *Wallner/Birken*, „Architekt der Betriebsprüfung", aufgerufen unter: https://www.datev-magazin.de/2017-06/werte-visionen-2017-06/architekt-der-betriebspruefung/ [Stand: 14.09.2020].

[2] „Abschrift aus Bay. Fin. Min. Nr. 4 067/vom 14.08.1945 (OFH. NR. 319)", in: BArch, PERS 101/010046, fol. 1. „Schreiben des Bayrischen Staatsministers der Finanzen vom 14.08.1945", in: BArch, N 1856/4.

[3] „Schreiben des Präsidenten des Obersten Finanzgerichtshofs bzgl. der Wiedergutmachung; hier Ruhegehaltsnachzahlung an den Oberfinanzpräsidenten Dr. Dr. Grabower vom 27.02.1947", in: BArch, PERS 101/010046, fol. 1.

[4] „Schreiben vom Präsidenten des Obersten Finanzgerichtshofs Schmittmann vom 24.08.1945", in: BArch, N 1856/4. Auch abgedruckt in: „Wenn im Amte", S. 195.

[5] „Ernennungsurkunde – Oberfinanzpräsident" und „Bescheinigung vom 23.10.1945", in: BArch, N 1856/3. Vgl. hierzu auch: „Wenn im Amte", S. 31, 196, 208. „Brief von Grabower an Dorn vom 21.08.1953", in: BArch, N 1856/61. Auch abgedruckt in: „Wenn im Amte", S. 228 f.

[6] „Bestätigung vom Präsidialbüro vom 26.07.1961", in: BArch, PERS 101/010046, fol. 1. „Urkunde vom 31.03.1952", in: BArch, N 1856/49. „Brief von Grabower an Dorn vom 21.08.1953", in: BArch, N 1856/61. Auch abgedruckt in: „Wenn im Amte", S. 228 f. „Wenn im Amte", S. 11. *Banken*, „Hitlers Steuerstaat", S. 68.

[7] Zeitungsausschnitte wie: „Dr. Heßdörfer wurde in sein Amt eingeführt", „Wechsel im Nürnberger Oberfinanzpräsidium" oder „Abschied von Dr. Dr. Grabower" sowie „Schreiben von Dr. Heßdörfer an alle Dienststellen vom 10.04.1952", in: BArch, N 1856/5. Eine Entlassungsurkunde ist in: „Wenn im Amte", S. 222 abgedruckt.

Seit dem Jahr 1948 versuchte Grabower immer wieder, an den alten Reichsfinanzhof (ab 1950 Bundesfinanzhof)[8] zu wechseln, was ihm jedoch nicht gelang, da er in seinem bestehenden Amt als unentbehrlich bezeichnet wurde und daher alle seine Anträge auf Positionswechsel abgelehnt wurden.[9] Aufgrund des Finanzverwaltungsgesetzes von 1950 mussten die Oberfinanzdirektionen Bundes- und Landesaufgaben erfüllen, wodurch die Beamten faktisch zwei Dienstherren unterstellt waren. Grabower wurde aufgrund seines Alters nicht nach § 5 II des Gesetzes über die Finanzverwaltung vom Bund in seinem Amt bestätigt, da die Altersgrenze bei 65 Jahren lag und Grabower diese zu dem Zeitpunkt bereits überschritten hatte (§ 68 Abs. 3 des Deutschen Beamtengesetzes). Über diesen Umstand war Grabower nicht erfreut.[10]

Anfang 1947 beantragte er die Nachzahlung seines Ruhegehaltes vom 01.07.1942 bis zum 30.06.1945 in Höhe seines letzten Gehaltes unter Abzug der Steuern. Er war zur Zeit seiner Zwangspensionierung Beamter der Reichsfinanzverwaltung gewesen, die nach dem Krieg vom Land Bayern treuhänderisch verwaltet wurde und fiel damit unter die Nr. 1 der am 23.01.1946 vom Bayrischen Ministerrat beschlossenen „Gemeinsamen Dienstanweisung sämtlicher Staatsministerien zur Beseitigung nationalsozialistischen Unrechts an Beamten". Da er zum damaligen Zeitpunkt seinen Wohnsitz in Bayern hatte und aufgrund eines typischen nationalsozialistischen Gesetzes beeinträchtigt wurde, hatte er gem. Nr. 1a und Nr. 3 I der Dienstanweisung vom 23.01.1946 einen Anspruch auf Wiedergutmachung.[11]

Am 04.12.1956 erbat er schriftlich beim Bundesfinanzhof in München die Prüfung, ob ihm nach § 9 II BWGöD in der Fassung vom 23.12.1955 (BGBl. I S. 822) eine Entschädigung dafür gewährt werden könne, dass er wegen seiner vorzeitigen Ruhestandsversetzung am 01.01.1936 keine Möglichkeit gehabt hatte, diejenigen Ämter zu bekleiden, die er ohne die Verfolgung erreicht hätte. Grabower bezog sich hierbei auf das mögliche Erlangen des Amtes des Senatspräsidenten beim Reichsfinanzhof.[12]

---

[8] „100 Jahre RFH/BFH" aufgerufen unter: https://www.bundesfinanzhof.de/de/gericht/geschichte/100-jahre-rfh/bfh/ [Stand: 09.11.2020].

[9] „Brief von Grabower an Dorn vom 21.08.1953", in: BArch, N 1856/61. Auch abgedruckt in: „Wenn im Amte", S. 228 f.

[10] Alle Belege in: „Brief von Schäffer an Mayr vom 11.06.1951", in: BArch, N 1856/5. Auch abgedruckt in: „Wenn im Amte", S. 209. „Wenn im Amte," S. 208.

[11] Alle Belege in: „Schreiben Betreff: Wiedergutmachung; hier Ruhegehaltsnachzahlung vom 27.02.1947", in: BArch, PERS 101/010046, fol. 1.

[12] „Abschrift vom Schreiben von Grabower an das Bayrische Finanzministerium München vom 04.12.1956" und „Schreiben Betreff: Wiedergutmachung nat. soz. Unrechts für Angehörige des öffentlichen Dienstes; hier: Oberfinanzpräsident a. D. Professor Dr. Dr. Rolf Grabower, früherer Reichsrichter beim Reichsfinanzhof vom 27.12.1956" sowie „Schreiben des Präsidenten des Bundesfinanzhofs an das Bayrische Staatsministerium der Finanzen vom 06.02.1957", in: BArch, PERS 101/010046, fol. 1.

1. Ernennung zum Oberfinanzpräsidenten   257

Die Rückzahlung der Judenvermögensabgabe beantragte er ebenfalls erfolgreich.[13] Auch die KZ-Lagerentschädigung bekam Grabower zugesprochen.[14]

Am 25.03.1952 wurde Grabower „Das Große Verdienstkreuz des Verdienstordens der Bundesrepublik Deutschland" und am 03.07.1959 der „Bayrische Verdienstorden" verliehen.[15] Er scheint diese Orden angenommen zu haben, obwohl er 1952 aufgrund der Erfahrungen im Nationalsozialismus betonte, dass „die Wiederbelebung des Ordenswesens" noch ein paar Jahre hätte aufgeschoben werden sollen.[16] Im gleichen Jahr schrieb er, dass der Umstand, dass viele Ämter mit alten Nationalsozialisten besetzt seien, für ihn ein Grund sei, keinerlei Orden, die ihm möglicherweise bei seinem Ausscheiden aus dem Amt als Oberfinanzpräsident verliehen werden würden, annehmen zu wollen.[17]

Grabower wurde zudem zum Kurator der „Gesellschaft für christlich-jüdische Zusammenarbeit e.V." gewählt.[18] Laut eigener Aussage versuchte er aufgrund seiner Herkunft „zwischen Juden und Deutschen ausgleichend zu wirken".[19]

Zudem gehörte er zwei Jahre lang dem „Sachverständigenausschuß für die Neugliederung des Bundesgebietes" an, in den er von dem ehemaligen Reichsfinanzminister und Reichskanzler Hans Luther berufen wurde.[20]

---

[13] „Schreiben von Grabower an den Staatskommissar für die Betreuung der Juden in Bayern vom 07.06.1946", in: BArch, N 1856/3. Auch abgedruckt in: „Wenn im Amte", S. 204.

[14] „Brief von Grabower an Grünbaum vom 15.02.1953", in: BArch, N 1856/86. Weitere Dokumente bzgl. Entschädigungen aufgrund seines KZ-Aufenthalts (sowie einige Briefe aus der Nachkriegszeit von Bekannten aus dem Ghetto) befinden sich im Ordner: BArch, N 1856/58. Beispielsweise beschwerte sich Grabower darüber, dass er im Gegensatz zu anderen ehemaligen KZ-Häftlingen, die eine kürzere Zeit als er in Gefangenschaft verbringen mussten, weniger Lebensmittel und andere Vergünstigungen erhielt. Er betonte hierbei, dass er viel für die jüdische Gemeinschaft geleistet hätte und hierfür Zeugnisse vorlegen könnte. Quelle: „Schreiben von Grabower an die Betreuungsstelle für politisch, rassisch und religiös Verfolgte vom 04.11.1947", in: BArch, N 1856/58.

[15] „Verleihungsurkunde – Bayrischer Verdienstorden" und „Verleihungsurkunde – Das Grosse Verdienstkreuz", in: BArch, N 1856/3. Auch abgedruckt in „Wenn im Amte", S. 222. Im Ordner BArch, N 856/5 befinden sich Glückwunschschreiben hierzu sowie auch viele Schreiben bzgl. Grabowers Ausscheiden aus dem Amt des Oberfinanzpräsidenten. „Rundschreiben Nr. 1 vom 20.01.1960", in: BArch, N 1856/61.

[16] „Grabowers Antwort an Werner von Holleben vom 02.06.1952", in: BArch, N 1856/5.

[17] „Schreiben von Grabower an den Staatssekretär Hartmann vom 19.03.1952", abgedruckt in: „Wenn im Amte", S. 219f.

[18] „Brief des Geschäftsführers der Gesellschaft für christlich-jüdische Zusammenarbeit, Dr. Brandlmeier an Grabower vom 24.03.1961", in: BArch, N 1856/61. Auch abgedruckt in: „Wenn im Amte", S. 188.

[19] „Brief von Grabower an Auerbach vom 04.11.1946", in: BArch, N 1856/93. Auch abgedruckt in: „Wenn im Amte", S. 179–181.

[20] „Rolf Grabower zum Gedächtnis", in: Umsatzsteuer-Rundschau, Jahrgang 1963, in: BArch, N 1856/1. „Prof. Dr. Dr. Rolf Grabower", in: BArch, N 1856/49. Siehe auch: BArch, N 1856/17.

2. Grabower über die Entnazifizierung des Beamtentums und seine Grundsätze als Oberfinanzpräsident

Zu Grabowers Zeit in Nürnberg waren über 83 % der Mitarbeiter der Oberfinanzdirektion wegen ihrer Zugehörigkeit zu nationalsozialistischen Gruppierungen von den Amerikanern entlassen worden.[21] Während Grabower selbst im Oktober 1946 noch betonte, dass jeder Mensch ersetzbar sei und auch die Bedarfslage bei der Beurteilung der politischen Zuverlässigkeit nicht die geringste Rolle spielen dürfte,[22] hatte er seine Meinung anscheinend sieben Jahre später geändert und bezeichnete diese Entnazifizierung im Jahr 1953 als „unsagbar dumm".[23] Zu der allmählichen Wiederbeschäftigung der vom Entnazifizierungsverfahren Betroffenen schrieb Grabower, dass dieses Verfahren der Wiederaufnahme politisch absolut geboten und vom menschlichen Standpunkt aus im Interesse der notwendigen Versöhnung richtig sei. Zudem hatte er selbst für seine Ämter in einer Reihe von Fällen aus vollster Überzeugung solche Menschen eingestellt.[24] Interessanterweise hat Grabower einen Paragraphen in einem Brief an Fritz Terhalle[25] handschriftlich durchgestrichen, in dem er erwähnt, dass er eine seiner Hauptaufgaben als Oberfinanzpräsidenten darin sehe, „für die innere Entnazifizierung und innere Entmilitarisierung zu werben und das umso mehr, als gerade viele meiner alten Freunde, Kollegen, Kameraden innerlich weit mehr mit Nationalsozialismus und Militarismus zusammenhängen, als sie es sich vielleicht selber zugestehen."[26]

---

[21] „Brief von Grabower an Dorn vom 21.08.1953", in: BArch, N 1856/61. Auch abgedruckt in: „Wenn im Amte", S. 228 f. „Material für ein Judenbuch", S. 8, in: BArch, N 1856/63.

[22] „Dokument vom 07.10.1946", in: BArch, N 1856/5. Besonders kritisch bzgl. der Wiedereinstellung von ehemaligen Nationalsozialisten äußert sich Grabower in einem (nicht abgesendeten Schreiben) an Müller vom Juli 1947, in: BArch, N 1856/88.

[23] „Brief von Grabower an Dorn vom 21.08.1953", in: BArch, N 1856/61. Auch abgedruckt in: „Wenn im Amte", S. 228 f. Bereits am 24.04.1946 beklagte Grabower sich in einem Gespräch mit einem Amerikaner darüber, dass die Mil. Regierung ihm nicht das nötige Vertrauen entgegenbringen würde und ihm einige seiner guten Mitarbeiter wegnahm. Quelle: „Unterredung vom 24.04.1946", in: BArch, N 1856/5.

[24] „Schreiben von Grabower an den Staatssekretär Hartmann vom 19.03.1952", abgedruckt in: „Wenn im Amte", S. 219 f.

[25] Fritz Terhalle (20.10.1889–08.09.1962) war Professor für Finanzwirtschaft, Volks- und Arbeitswirtschaftslehre und Dekan der Staatswissenschaftlichen Fakultät an der Ludwig-Maximilians-Universität München. Vom Herbst 1945 bis Ende Dezember 1946 war er Finanzminister im Kabinett Dr. Wilhelm Hoegner. Zudem wirkte er im Beirat des Bundesministeriums der Finanzen mit. Quelle: „Prof. Dr. Fritz Terhalle", aufgerufen unter: https://badw.de/data/footer-navigation/personentreffer.html?tx_badwdb_badwperson%5BpartialType%5D=BADWPersonDetailsPartial&tx_badwdb_badwperson%5Baction%5D=show&tx_badwdb_badwperson%5Bcontroller%5D=BADWPerson&tx_badwdb_badwperson%5Bper_id%5D=3154 [Stand: 30.12.2020] und Lütge, „Fritz Terhalle", aufgerufen unter: https://badw.de/fileadmin/nachrufe/Terhalle%20Fritz.pdf [Stand: 30.12.2020].

[26] „Schreiben von Grabower an Terhalle vom Dezember 1946", in: BArch, N 1856/7.

2. Grabower über die Entnazifizierung des Beamtentums 259

Grabowers Sinneswandel stammte wohl daher, dass, als er zum Oberfinanzpräsidenten ernannt worden war, die Organisation der Oberfinanzdirektion und der Finanzämter generell durch die vielen Entlassungen ihrer Beamten erheblich erschwert wurde. Problematisch war auch, dass der Hauptteil der Neueingestellten vor dem Kriegsende in anderen Berufsfeldern tätig war und daher nur geringe Vorkenntnisse in den Fachbereichen an die Finanzämter mitbrachte. Die Probleme, die durch das schlecht ausgebildete Personal auftraten, sprach Grabower auch bei der Befragung der Militärregierung vom 21.02.1949 an und äußerte die Ansicht, dass die Entlassungen vieler bewährter Beamter durch die Militärregierung daher nicht immer förderlich gewesen sei. Zudem waren viele amtliche Dokumente durch oder nach dem Krieg verloren gegangen, es herrschte ein erheblicher Mangel an benutzbaren Räumlichkeiten und Möglichkeiten, mit anderen Ämtern in Kontakt zu treten. Auch die Fortbildungs- und Schulungsmöglichkeiten waren zu diesem Zeitpunkt erheblich eingeschränkt.[27]

Bei einer Befragung durch einen amerikanischen Unteroffizier im Jahr 1947 betonte Grabower: „Je länger der Nationalsozialismus vorhanden ist, desto schwieriger ist seine Bekämpfung."

Auch auf die Frage eines Mitglieds der Militärregierung am 08.02.1949, ob der Nationalsozialismus erneut im Anwachsen sei, antwortete Grabower: „Ja. Zum Teil zu erklären als Reaktion auf das Ruhrstatut, auf die Demontage. Ein Beweis für sein Anwachsen ist die Umstellung der kommunistischen Propaganda, die offenbar auf nazistische Instinkte abgestellt ist."

Für Grabower war Bildung der Schlüssel, jeglichem Fanatismus entgegenzutreten. Aus diesem Grund suchte er unterschiedliche Ämter mehrmals die Woche auf, um dort aufklärend wirken zu können. Für ihn war es wichtig, dass diejenigen, die die Zeit des Nationalsozialismus miterleben mussten, erzieherisch auf die Jüngeren einwirken und diese zum eigenständigen Denken animieren würden. Als besonders gefährlich sah Grabower es an, dass die jungen Menschen in autoritären Systemen nicht lernen würden, sich eine eigene Meinung zu bilden und zu hinterfragen, was ihnen die führenden Personen im Staat vorgeben. Hierin sah er eine Gefahr für einen möglichen wiederkehrenden Antisemitismus.[28] Diese Aussage ist zeitlos und wichtig, jedoch widerspricht sie der be-

---

[27] Alle Belege in: „Unterredung vom 24.04.1946" und „Fragen von der Mil. Regierung vom 21.02.1949", in: BArch, N 1856/5. „Aus der Rede von Friedrich Zietsch, Bayerischer Staatsminister der Finanzen, anlässlich des Amtswechsels in der Oberfinanzdirektion Nürnberg am 01.04.1952", abgedruckt in: „Wenn im Amte", S. 220f. Zu den organisatorischen Problemen und der enormen Arbeitslast durch die Entnazifizierung in Bayern vgl. *Niethammer*, „Die Mitläuferfabrik", S. 181 f. Eine große Zahl der Finanzämter in Bayern war aufgrund der Entnazifizierung im Herbst 1945 zusammengebrochen. Die verbliebenen Beamten ächzten unter der Arbeitsbelastung, die sie nun aufgrund der Entlassung eines Großteils ihrer Kollegen alleine zu tragen hatten.

[28] Alle Belege in: „Etwa einstündige Unterhaltung mit Pretor von der Mil. Regierung Nürnberg vom 08.02.1949", in: BArch, N 1856/5. „Ausführungen des Herrn Oberfinanzpräsi-

reits angesprochenen Behauptung Grabowers, dass die Soldaten, die im 2. Weltkrieg kämpften, sich nicht schämen sollten, da sie nur Befehle ausgeführt hätten. Allerdings verdeutlichte Grabower durch seinen durchgängigen Einsatz für eine bessere Bildung, dass ihm dieser Punkt besonders wichtig war. Er versuchte immer wieder mit dem Thema „Wie kam es zum Nationalsozialismus?" vor allem mit der jüngeren Generation ins Gespräch zu kommen.[29]

Grabower bot den Vertretern der amerikanischen Besatzungsmacht mehrfach an, sich mit ihm über den Umgang mit ehemaligen Nationalsozialisten zu unterhalten und unter anderem mit einem Vortrag über den Nationalsozialismus behilflich zu sein.[30] Auch in Fragebögen der Amerikaner, in denen er seine Ansichten bzgl. politischer Themen und der Zukunft Deutschlands darlegte, bot er mehrfach seine Hilfe an.

So schrieb er im November 1949 auf einem dieser Bögen als Antwort:

„Die zahlreichen Bitten, die ich an die Amerikaner richtete, mich hierüber mit ihnen zu unterhalten, sind mir leider nicht erfüllt worden. Ich bedaure das um so mehr, weil wir uns im KZ immer gewünscht haben, von den Amerikanern oder Engländern befreit zu werden. [...] Es wäre jetzt noch an der Zeit, hier einen grundsätzlichen Wandel eintreten zu lassen."[31]

Zudem behauptete er, dass die jüngeren Arbeiter, die unter Hitler herangewachsen waren „viel nazistischer sind, als man denkt." Schon am 19.02.1946 sagte Grabower zu einem Herrn von der Nachrichtenkontrolle: „Wenn man überhaupt an das Problem der Erziehung des deutschen Volkes ernsthaft herangehen will, so kommt es in erster Linie darauf an, den ‚Führer'-Gedanken im deutschen Volk auszumerzen."

Für Grabower stand fest, dass der Nationalsozialismus keine Erfindung Hitlers sei, sondern einem tieferen geschichtlichen Hintergrund in Deutschland entspringe. Genau aus diesem Grund glaubte er auch nicht, dass dieser durch Sofort- oder Gewaltmaßnahmen in kurzer Zeit ausgelöscht werden könne.[32]

---

denten anläßlich seines Amtsbesuches am 10.12.1947", in: BArch, N 1856/7. „Schreiben von Grabower bzgl. einer Unterredung mit Costrell von der Militärregierung vom 22.05.1947", in: BArch, N 1856/93. Auch abgedruckt in: „Wenn im Amte", S. 205. Vgl. auch „Schreiben von Grabower an Terhalle vom Dezember 1946", in: BArch, N 1856/7 und „Wenn im Amte", S. 207.

[29] „Schreiben an Terhalle vom Dezember 1946", in: BArch, N 1856/7. Ähnliches berichtete er auch in „Material für ein Judenbuch", S. 30, in: BArch, N 1856/63. Diesen Vortrag hielt er bereits im Jahr 1936/1937 vor einem Kreis von Hochschulprofessoren in München, die zwar nicht aufgrund einer jüdischen Abstammung, sondern liberalen Gesinnung aus ihren Ämtern entlassen wurden. Vgl. „Schreiben von Grabower bzgl. einer Unterredung mit Costrell von der Militärregierung vom 22.05.1947", in: BArch, N 1856/93. Auch abgedruckt in: „Wenn im Amte", S. 205. Stichpunkte zu diesem Vortrag befinden sich auch im Ordner BArch, N 1856/7.

[30] „Beantwortung der Fragen von Leppig vom 06.–09.01.1947", in: BArch, N 1856/5.

[31] „Fragen von der Mil. Regierung vom 21.02.1949", in: BArch, N 1856/5. Ein von Grabower ausgefüllter Fragebogen der Military Gonvermnet of Germany befindet sich in „Wenn im Amte", S. 197–200 abgedruckt.

[32] Alle Belege in: „Fragen von Leppig von der Nachrichtenkontrolle vom 19.02.1946", „Be-

2. Grabower über die Entnazifizierung des Beamtentums

Am 02.10.1946 beantwortete Grabower Fragen von Vertretern der amerikanischen Besetzungsmacht zu seiner Reaktion auf die Nürnberger Urteile. Grabower hatte die Verhandlungen verfolgt und war der Meinung, dass diese in gerechter Art stattgefunden hätten. Allerdings empfand er die Urteile als zu milde. Seines Erachtens hätten Neurath, Schacht, Papen, Frank und Fritzsche die Todesstrafe verdient, wobei er seine Ansicht damit begründete, dass die vier erstgenannten zu intelligent gewesen wären, um den Terror der Nationalsozialisten nicht zu durchschauen. Auch für Schirach hätte er die Todesstrafe als gerecht empfunden, „weil seine Wirkungen viel verhängnisvoller sind, als oberflächliche oder mit den deutschen Verhältnissen nicht vertraute Persönlichkeiten annehmen." Zu Speers und Dönitz Urteilen äußerte Grabower keine Bedenken.[33]

Grabower gehörte als Beamter nie einer Partei an.[34] Dadurch, dass er in seinem Amt als Oberfinanzpräsident auch den kommunistischen Strömungen in seiner Belegschaft Gehör schenkte, wurde ihm zwar vorgeworfen, hohe Posten an Kommunisten zu vergeben, laut seiner eigenen Aussage verstand er aber das Parteiwesen nie richtig.[35] Er selbst verstand sich als Demokrat und so beantwortete er auch die Frage innerhalb der Entnazifizierung der Beamten, welche Partei er in der Novemberwahl 1932 und März 1933 wählte, mit „demokratisch".[36] Hierzu ist jedoch auch seine Aussage, die sich beim „Material für ein Judenbuch" befindet, heranzuziehen:

„Anlässlich meines Ausscheidens aus dem Amt als OFP haben mir die Zeitung, die mich kannte, und einige Redner bescheinigt, dass ich ein Demokrat im besten Sinne des Wortes sei. Ich war mir dessen nicht recht bewusst, weil ich den wirklichen Sinn dieses Wortes im Laufe der Jahre von 1945 bis 1952 immer weniger verstanden hatte. Wenn man aber darunter die Achtung vor der Ansicht der Anderen (bis zu dem Moment, in dem die Unterminierung der Staatsform beginnt) und die Beherzigung des Wortes aus Shakespeares ‚Mass für Mass' versteht: dann bin ich wirklich ein Demokrat. Als solcher gestehe ich selbstverständlich Andersdenkenden Antisemitismus und im Rahmen des Gesetzes

---

antwortung der Fragen von Leppig vom 06.–09.01.1947" und „Etwa einstündige Unterhaltung mit Pretor von der Mil. Regierung Nürnberg vom 08.02.1949", in: BArch, N 1856/5. „Grabower in einem (nicht abgesendeten Schreiben) an Müller vom Juli 1947", in: BArch, N 1856/88. „Schreiben von Grabower bzgl. einer Unterredung mit Costrell von der Militärregierung vom 22.05.1947", in: BArch, N 1856/93. Auch abgedruckt in: „Wenn im Amte", S. 205. Vgl. z. B. „Material für ein Judenbuch", S. 2, in: BArch, N 1856/63.
[33] Alle Belege in: „Grabowers Antwort auf die Fragen von Leppig vom 02.10.1946", in: BArch, N 1856/5.
[34] „Schreiben vom 02.03.1946", in: BArch, N 1856/61.
[35] „Material für ein Judenbuch", S. 20, in: BArch, N 1856/63. „Wenn im Amte", S. 207.
[36] „Fragen von Leppig von der Nachrichtenkontrolle vom 19.02.1946", in: BArch, N 1856/5. „Military Government of Germany – Fragebogen", in: BArch, N 1856/49. Auch abgedruckt in: „Wenn im Amte", S. 197–200. Mehr zu Grabowers politischer Einstellung auch in: „Material für ein Judenbuch", S. 3, in: BArch, N 1856/63. Hier schrieb er, dass er für Tradition und Fortschritt einstand.

sich stellende Versuche zu, Art. [sic!] des französischen un § [sic!] der bayrischen Verfassung abzuändern."[37]

Grabower stellte jedoch auch dar, dass seine Idee von Demokratie sich beispielsweise von der der amerikanischen Besatzungsmacht unterscheide:

„Die Demokratie, die in den Familien meiner Vorfahren, insbes. meiner Eltern, seit 150 Jahren vertreten wurde und die auf den Grundsätzen einer tiefen inneren und Herzensbildung, auf Humanität und Toleranz, auf den ethischen Grundsätzen der großen deutschen Dichter und Philosophen beruhte, und die fern war von allem geldlichen Denken und die auch mit der spätkapitalistischen Demokratie, wie ich sie seit Mai 1945 nach meiner Rückkehr aus dem KZ bei den Amerikanern kennenlernte, nicht das geringste zu tun."[38]

Grabower definierte für sich Demokratie wie folgt:

„Das Wesen der Demokratie ist Achtung der menschlichen Persönlichkeit, Achtung der Würde des Nächsten, Verpflichtung ihn nicht zu schädigen, Wille, ihm zu helfen, Wille, schwere Situationen nicht zu komplizieren, sich selbst zurückzustellen hinter dem großen ganzen."[39]

Wie bereits verdeutlicht, lag Grabower die Ausbildung der Beamten besonders am Herzen. Daher hielt er auch nach dem Krieg Vorträge und war für die Errichtung der Finanzschulen in Fürth, Klingenberg und Pappenheim wesentlich mitverantwortlich. Wie Grabower bereits in seiner Zeit in Lohhof betonte, war ihm die Kontrolle seiner Untergebenen wichtig, weswegen er direkt nach Kriegsende alle Finanzämter seines Bezirks besuchte und deren Einrichtung und Organisation inspizierte. Er legte hierbei besonderes Augenmerk auf die Schulung seiner Arbeitskräfte und wollte ihnen das notwendige Werkzeug für ihre Arbeit mitgeben.[40]

3. Wissenschaftliche Tätigkeit nach dem Zweiten Weltkrieg

Nach dem Ende des Zweiten Weltkrieges verfasste Grabower Aufsätze zur steuerlichen Buch- und Betriebsprüfung. Von 1947 bis 1962 war er Mitherausgeber der Zeitschrift „Steuer und Wirtschaft". Als ersten Beitrag wollte Grabower zwei Spalten über die Steuern in Theresienstadt schreiben, den er jedoch selbst mit der Begründung, dass dieses Thema noch nicht zeitgemäß sei, zurückzog.[41]

---

[37] „Material für ein Judenbuch", Einleitung, in: BArch, N 1856/63.
[38] „Fragen von der Mil. Regierung vom 21.02.1949", in: BArch, N 1856/5.
[39] „Ausführungen des Herrn Oberfinanzpräsidenten anläßlich seines Amtsbesuches am 10.12.1947", in: BArch, N 1856/7.
[40] Alle Belege in: „Aus der Rede von Friedrich Zietsch, Bayerischer Staatsminister der Finanzen, anlässlich des Amtswechsels in der Oberfinanzdirektion Nürnberg am 01.04.1952", abgedruckt in: „Wenn im Amte", S. 220 f.
[41] Belege in: „Schreiben von Grabower an Boettcher vom 18.03.1947 sowie vom 05.05.1947",

Zudem arbeitete er als Dozent an der Hochschule für Wirtschafts- und Sozialwissenschaften in Nürnberg und an der Hochschule für Politische Wissenschaften in München.[42] Als Oberfinanzpräsident hatte Grabower Mittwochvorträge eingerichtet und dort 1947 beispielsweise über das Thema von „Deutschen und Juden" referiert. Grabower zögerte zunächst, über dieses Thema zu sprechen. Eine Frau, die diesen Vortrag verfolgte, schrieb jedoch als Resümee, dass Grabower nicht früh genug über dieses Thema in der Öffentlichkeit hätte vortragen können.[43]

Des Weiteren hielt er auch als Gastdozent an der Bundesfinanzakademie in Siegburg vom Gründungsjahr 1951 bis 1956 Vorträge.[44] Seit Oktober 1946 bis zum Jahr 1952 war er als Honorarprofessor für Finanzrecht an der Universität Erlangen tätig.[45] Unter seiner Leitung entstanden im steuerrechtlichen Seminar mehr als 30 Doktorarbeiten zur Steuergeschichte.[46] Dort wurde er auch als der „Kleine Popitz" tituliert.[47] Grabower trat bei seinen Vorträgen schlicht in Jacke und Pullover auf und wurde daher auch von vielen „Professor Pullover" genannt.[48] Selbst 1973 wurde über Grabower noch geschrieben, dass er „vor allem bei den Anwärtern, bei der jüngeren Generation sehr beliebt gewesen" sei.

---

in: BArch, N 1856/5. Letztes ist in: „Wenn im Amte", S. 182 abgedruckt. *Adler/Lehmann*, „Biographisches Handbuch", S. 196.

[42] „Rolf Grabower zum Gedächtnis", in: Umsatzsteuer-Rundschau, Jahrgang 1963 und „Skizze zu Grabowers Lebenslauf" vom 15.03.1963, in: BArch, N 1856/1. „Schreiben von Fendt an Grabower vom 25.06.1954" und „Schreiben der Hochschule für Politische Wissenschaften an Grabower vom 25.11.1958", in: BArch, N 1856/3. Vgl. auch BArch, N 1856/40.

[43] Belege in: „Die Mittwochvorträge", in: BArch, N 1856/7. „Wenn im Amte", S. 241.

[44] „Rolf Grabower zum Gedächtnis", in: Umsatzsteuer-Rundschau, Jahrgang 1963, in: BArch, N 1856/1. Vgl. auch „Brief von Hauser an Grabower vom 28.10.1954", in: BArch, N 1856/3. „Akademische Bundesfinanzschule Siegburg Honorare für Vorträge", in: BArch, N 1856/49. Auch abgedruckt in: „Wenn im Amte", S. 192. Archiv des Französischen Gymnasiums Berlin – Sammlung-Velder.

[45] „Brief von Fendt vom 02.10.1946" und „Schreiben von Schnorr von Carolsfeld vom 04.07.1952", in: BArch, N 1856/3. Letzter auch abgedruckt in: „Wenn im Amte", S. 203. „Schreiben von Grabower an die Juristische Fakultät der Universität Erlangen vom 27.06.1946", „Ernennungsurkunde zum Honorarprofessor vom 02.10.1946" und weiterer Briefwechsel zwischen Grabower und der Universität Erlangen, in: BArch, N 1856/49. „Brief von Grabower an Dorn vom 21.08.1953", in: BArch, N 1856/61. Auch abgedruckt in: „Wenn im Amte", S. 228 f.

[46] „Rolf Grabower zum Gedächtnis", in: Umsatzsteuer-Rundschau, Jahrgang 1963, in: BArch, N 1856/1. Insgesamt hat Grabower etwa 120 Doktorarbeiten betreut und 150 Doktoranden abgelehnt, siehe: „Brief von Grabower an Dorn vom 21.08.1953", in: BArch, N 1856/61. Auch abgedruckt in: „Wenn im Amte", S. 228 f. Unter diesen Arbeiten befanden sich beispielsweise Themen wie: „Die Biersteuer in Bayern", BArch, N 1856/10. In diesem Ordner befindet sich eine Liste von 75 Doktorarbeiten, die Grabower als Doktorvater betreut hat. „Nachlass Grabower – Dissertationen (bei Prof. Grabower vorgelegt)", in: BArch, N 1856/49.

[47] „Wenn im Amte", S. 202. *Wallner/Birken*, „Architekt der Betriebsprüfung", aufgerufen unter: https://www.datev-magazin.de/archiv/architekt-der-betriebspruefung-2185 [Stand: 09.09.2020].

[48] „Wenn im Amte", S. 202. „Zum Leben Rolf Grabowers" in: Umsatzsteuer-Rundschau, Jahrgang 1963, in: BArch, N 1856/1.

264 X. Tätigkeit nach dem Krieg

Als Grund hierfür wird Grabowers menschliche Wärme und sein gütiges Wesen genannt. Ein Brief vom 26.10.1948 zeugt von Grabowers guter Vortragstechnik. Der anonyme Verfasser wurde von einem Bekannten dazu aufgefordert, ein Kolleg bei Grabower anzuhören. Dieser charakterisierte Grabower als einen typischen Beamten, der unter anderem nicht nur offen, sondern auch witzig und gegenständlich sei.[49]

Weiter fuhr der Zuhörer fort:

„Kein abstrakter Problemfiesler, der sich in steuertheoretischer Spekulation verliert, die niemand versteht und vor allem denen kaum jemand folgen mag, sondern Praktiker: Einfache Beispiele, konkrete Zahlen, kurzer Blick auf Zusammenhänge und dann die nächste aktuelle Frage in demselben Stil! Feiner Kerl. ... Hätten wir doch noch mehr solcher Köpfe, die nicht zum Spintisieren, sondern zur ‚Praxis auf geistiger Grundlage' anregen!.. [sic!]".[50]

In der Gedenkschrift zum 100. Geburtstag von Grabower vom 21.05.1983 schilderte Alfons Pausch unter anderem seine ersten Eindrücke von Grabower. Erstmalig erlebte Pausch Grabower am 02.10.1953, als dieser bei einem Abschlusslehrgang für Finanzassessoren an der Bundesfinanzakademie in Siegburg einen Vortrag über das Thema „Klugheitsregeln der Verwaltung" hielt, dem Pausch mit seinen Kommilitonen beiwohnte. Pausch führte aus, wie Grabower zwar „ein Ruf an Weisheit vorausgegangen" sei, über seine Erlebnisse in der Zeit des Nationalsozialismus jedoch nur vage gemunkelt wurde und er keinerlei negative Kommentare in diese Richtung machte. Seine Zuhörer waren zum größten Teil junge Männer, die selbst im Krieg gedient hatten und – wie Pausch beschrieb – selbst erschrocken über die Enthüllungen über den Holocaust waren.[51]

Für Grabower war es auch mit seinen siebzig Jahren noch von Bedeutung, seinen jungen Zuhörern die Klugheitsregeln für das Beamtentum zu predigen

---

[49] Alle Belege in: „Angaben von Zollrat Vitzethum über Rolf Grabower vom 14.01.1973", in: BArch, N 1856/49. „Brief an Grabower vom 26.10.1948", abgedruckt in: „Wenn im Amte", S. 202.

[50] „Brief an Grabower vom 26.10.1948", abgedruckt in und zitiert nach: „Wenn im Amte", S. 202.

[51] Alle Belege in: Umsatzsteuer-Rundschau, Jahrgang 1983, Heft 05, Seite 81. Dieser Artikel befindet sich im Ordner: BArch, PERS 101/010046, fol. 1. *Pausch*, „Lehrmeister Grabower", in: Finanz-Rundschau – Deutsches Steuerblatt, in Verbindung mit dem Fachinstitut der Steuerberater, herausgegeben vom Verlag Dr. Otto Schmidt KG, Köln-Marienburg, 18. (45.) Jahrgang, Köln 8. April 1963, Nummer 10. Zu finden in: BArch, N 1856/48. „Schreiben von Pausch an Grabower vom 05.01.1960", in: BArch, N 1856/49. Zum Vortrag „Klugheitsregeln der Verwaltung" auch BArch, N 1856/49. Pausch war selbst Mitglied der Hitlerjugend und Soldat im 2. Weltkrieg. Er musste an der Ostfront gegen Russland und auf dem Balkan Kriegsdienst leisten und wurde hierbei viermal verwundet. Er befand sich für kurze Zeit in französischer Gefangenschaft. Quelle: „Bundesfinanzakademie Jahresprogramm 2013", aufgerufen unter: https://www.bundesfinanzministerium.de/Content/DE/Standardartikel/Ministerium/Geschaeftsbereich/Bundesfinanzakademie/jahresprogramm-2013.pdf?__blob=publicationFile&v=3 S. 88 f., [Stand: 19.12.2020].

und sie derartig in ihren Beruf einzuführen, dass sie diesen mit Freude und Energie ausüben würden.⁵²

Pausch wandte sich auch beim Aufbau des Steuermuseums in Freudenstadt (später Siegburg; aus diesem ist die Finanzgeschichtliche Sammlung der Bundesfinanzakademie hervorgegangen) an Grabower, mit dem sich ein Schriftwechsel entwickelte. Pausch wurde durch Grabower in seinem Vorhaben, eine Sammlung mit fachgeschichtlichen Schriften aufzubauen, bestärkt, denn dieser war insbesondere auch an den historischen Wurzeln und der Entwicklungsgeschichte der Besteuerung (die „Lehre von Tradition im Steuerwesen" Untertitel zu seiner letzten Arbeit über Bismarck und die Steuern 1963) interessiert.⁵³ Als er starb, war seine Arbeit über Bismarck nahezu fertiggestellt und Christine Grabower bat Pausch, Ergänzungen hinzuzufügen und Geschriebenes zu entziffern, um die Arbeit doch noch zur Vollendung zu bringen.⁵⁴

Bis zu seinem Ableben beschäftigte sich Grabower wissenschaftlich und hielt sich hierfür täglich in der Bibliothek des Bundesfinanzhofs in München auf.

Er pflegte zudem auch regen Kontakt zu Bekannten, ehemaligen Mitarbeitern und Kollegen.⁵⁵

4. Grabower im Ruhestand und sein Privatleben

Mit seinem Ruhestand folgte für Grabower der Umzug zurück nach München.⁵⁶

Jedoch war er kein Mensch, der sich über die Möglichkeit, sich zurückzuziehen und seine Versorgungsbezüge zu genießen freute, obwohl er selbst den Wunsch geäußert hatte, schon zum 01.11.1951 in den Ruhestand gehen zu können. Diesen Wunsch sprach er jedoch anscheinend nur deswegen aus, weil ihm Gerüchte über die Suche nach seinem Nachfolger zu Ohren gekommen waren. Über diese Suche war er nicht informiert worden und er hatte daher die Befürchtung, dass er den Eindruck erwecken würde, an seinem Amt zu hängen und den Weg nicht für jüngere Bewerber freimachen zu wollen. Hierüber war Grabower verärgert, was zu seinem vorzeitigen Ruhestandsgesuch führte.⁵⁷

---

⁵² Umsatzsteuer-Rundschau, Jahrgang 1983, Heft 05, Seite 81. Dieser Artikel befindet sich im Ordner: BArch, PERS 101/010046, fol. 1.
⁵³ Alle Belege in: Umsatzsteuer-Rundschau, Jahrgang 1983, Heft 05, Seite 81. Dieser Artikel befindet sich im Ordner: BArch, PERS 101/010046, fol. 1. „Brief von Grabower an Pausch vom 03.07.1961", in: BArch, N 1856/49.
⁵⁴ „Anruf von Frau Grabower vom 18.03.1963", in: BArch, N 1856/1. Johannes Popitz hatte damals diese Arbeit im Rahmen einer geschichtlichen Abfassung der Finanzverwaltung angeregt.
⁵⁵ Belege in: „Rolf Grabower zum Gedächtnis", in: Umsatzsteuer-Rundschau, Jahrgang 1963, in: BArch, N 1856/1. Vgl. auch „Leih- und Lesesaal-Karte" in: BArch, N 1856/3.
⁵⁶ „Wenn im Amte", S. 13.
⁵⁷ Alle Belege in: „Schreiben von Grabower an Zietsch vom 04.10.1951" und „Schreiben von Zietsch an Grabower vom 18.10.1951", in: BArch, N 1856/5. Auch abgedruckt in: „Wenn

Grabower war stets rastlos und mochte es auch im hohen Alter nicht, ohne Tätigkeit und Aufgaben zu bleiben. Das zeigt sich auch an seinem Versuch, nach der Pensionierung eine für ihn angemessene Aufgabe im öffentlichen Bereich zu finden. Dies gelang ihm jedoch zu seiner Enttäuschung nicht.[58] Daraufhin versuchte er nach seiner Pensionierung wie in der Zeit des Nationalsozialismus, nach dem Spruch von Konfuzius: „Wenn im Amte, arbeite, wenn entlassen, verbirg dich" zu leben.[59]

Grabower war ein Mensch, der sehr gern kulturelle Veranstaltungen besuchte. So befinden sich in seinem Nachlass Listen von Theater-, Opern-, Konzert- und Kinobesuchen und mehrere Aktenordner „Kunstbetrachtungen", in denen er über kulturelle Veranstaltungen und Reisen berichtete. Hierbei arbeitete Grabower das Gesehene vor und nach und hob zumeist die Eintrittskarte, das Programm oder einen Zeitungsausschnitt dazu auf.[60] Zudem ging er zur Bibelstunde.[61]

Am 17.08.1955 heiratete Grabower Marianne Christine Helene Kloß in München.[62] Christine wurde über dreißig Jahre nach Grabower am 14.03.1915 geboren.[63] Sie war die Tochter von Richard Kloß und von Beruf Bildhauerin.[64] Richard Kloß war bis Dezember 1934 Nachfolger von Herbert Dorn als Präsident des Reichsfinanzhofs gewesen. Zusammen mit Grabower verfasste Kloß seit 1928 den Kommentar zur Umsatzsteuer mit.[65] Christine war zudem die

---

im Amte", S. 218. Siehe auch diverse Zeitungsartikel wie „‚Hausklatsch' um Dr. Grabower" und „Dr. Grabower wünscht Ruhestand" sowie „Schreiben von Grabower vom 24.10.1951", in: BArch, N 1856/5.

[58] Belege in: „Schreiben vom 26.02.1953" und „Brief von Grabower an Berger vom 13.03. 1957", in: BArch, N 1856/61. Das Schreiben vom 26.02.1953 ist auch in „Wenn im Amte", S. 224 abgedruckt. „Schreiben von Müller an Grabower vom 24.04.1953", in: BArch, N 1856/86. Auch abgedruckt in: „Wenn im Amte", S. 225. „Wenn im Amte", S. 223.

[59] „Brief von Grabower an Dorn vom 21.08.1953", in: BArch, N 1856/61. Auch abgedruckt in: „Wenn im Amte", S. 228 f.

[60] „Wenn im Amte", S. 47.

[61] „Brief von Grabower an Mayr vom 07.11.1948", abgedruckt in: „Wenn im Amte", S. 216.

[62] „Heiratsurkunde", in: BArch, N 1856/49. „Schreiben von Grabower an das Bay. Staatsministerium der Finanzen vom 11.08.1961", in: BArch, N 1856/61. „Personalbogen", in: BArch, PERS 101/010046, fol. 1.

[63] „Sterbeanzeigen", in: BArch, N 1856/5. „Heiratsurkunde", in: BArch, N 1856/49. „Schreiben von Grabower an das Bay. Staatsministerium der Finanzen vom 11.08.1961", in: BArch, N 1856/61. „Personalbogen", in: BArch, PERS 101/010046, fol. 1. Grabower scheint sich dieses Altersunterschiedes bewusst gewesen zu sein, so schrieb er in einem Brief, dass er zwar ein Bild seiner Frau beilege, dieses aber zurückfordere, da der Altersunterschied groß sei und sie daher nicht wollten, dass andere das Foto zu sehen bekämen. Quelle: „Brief von Grabower an Fritz vom 17.07.1962", in: BArch, N 1856/86.

[64] „Brief von Grabower an Lippold vom 20.08.1956", in: BArch, N 1856/3. „Heiratsurkunde", in: BArch, N 1856/49. Umsatzsteuer-Rundschau, Jahrgang 1983, Heft 05, Seite 81. Dieser Artikel befindet sich im Ordner: BArch, PERS 101/010046, fol. 1.

[65] Belege in: „Wenn im Amte", S. 41.

Witwe von Grabowers altem Schulfreund, dem Landgerichtsdirektor Helmut Lehmann.[66]

Dies war nicht Grabowers erste Ehe. Von 1920 bis 1924 war er bereits mit der Enkelin von Rudolf Virchow, Käthe Claire Virchow, verheiratet.[67] Die Ehe hielt jedoch nicht lang, wurde geschieden und blieb kinderlos.[68]

Am 07.03.1963 starb Grabower kurz vor seinem 80. Geburtstag an den Folgen eines Sturzes, wobei er sich eine schwere Gehirnerschütterung und einen Oberschenkelhalsbruch zuzog.[69] Die Beisetzung am 11.03.1963 auf dem Nordfriedhof in München erfolgte auf seinen Wunsch in aller Stille ohne großes Aufsehen. Christine Grabower entwarf den Grabstein.[70] Sie starb im Alter von 83 Jahren am 10.08.1998 und fand ebenfalls auf dem Nordfriedhof ihre letzte Ruhe.[71]

---

[66] „Brief von Grabower an Dorn vom 21.08.1953", in: BArch, N 1856/61. Auch abgedruckt in: „Wenn im Amte", S. 228 f.
[67] „Schreiben an den Führer und Reichskanzler vom 12.11.1940", in: BArch, N 1856/3. Auch abgedruckt in: „Wenn im Amte", S. 53–56. *Strnad*, „Flachs für das Reich", S. 87.
[68] „Personalbogen", in: BArch, PERS 101/010046, fol. 1. Grabower schrieb in einem Brief an Berger vom 13.03.1957, dass seine erste Frau ihn „ohne ernsthafte Gründe" verlassen hatte. Quelle: Der genannte Brief, in: BArch, N 1856/61. *Strnad*, „Flachs für das Reich", S. 87. Grabower scheint noch bis zum Jahr 1942 seinen Ehering getragen zu haben, denn er berichtete im Januar 1942, dass er diesen bei der Arbeit in der Flachsröste verloren hatte. Quelle: Eintrag vom 08.01.1942, Tagesberichte II, S. 30, in: BArch, N 1856/51.
[69] „Rolf Grabower zum Gedächtnis", in: Umsatzsteuer-Rundschau, Jahrgang 1963 und „Skizze zu Grabowers Lebenslauf" vom 15.03.1963, in: BArch, N 1856/1. „Sterbeurkunde", in: BArch, N 1856/49.
[70] „Skizze zu Grabowers Lebenslauf", in: BArch, N 1856/1. BArch, N 1856/2. „Zeitungsanzeige", in: BArch, PERS 101/010046, fol. 1. Und Umsatzsteuer-Rundschau, Jahrgang 1983, Heft 05, Seite 81, in: Ordner: BArch, PERS 101/010046, fol. 1. Nur zwei Jahre später, am 13.08.1965, starb auch die Mutter von Grabowers Frau Maria Kloß. Sie wurde neben Rolf Grabower beigesetzt. Quelle: „Schreiben vom Präsidenten des Bundesfinanzhofs i.V. Vizepräsident Grieger vom 17.08.1965", in: BArch, PERS 101/010046, fol. 1.
[71] „Sterbeanzeigen" und „Bestattungsanzeigen vom 13.08.1998", in: BArch, N 1856/5.

XI. „Lehrmeister Grabower" – Grabowers Nachlass im Steuerrecht

In seinem Aufsatz „Lehrmeister Grabower" beschrieb Alfons Pausch die Bedeutung Grabowers im Steuerrecht wie folgt:

„Für ihn ist das Steuerrecht oder die einzelne Steuerart kein Tummelplatz der Spezialisten, sondern ein Strom, der aus den Quellen der verschiedensten Wissensbereiche gespeist wird und dorthin überquellend zurückgibt. Er bleibt bei der Betrachtung der Probleme nicht auf der Oberfläche der Gegenwart stehen, sondern setzt sie zu Vergangenheit und Zukunft in Beziehung. […] so ist Grabower unstreitig der bedeutendste Steuerhistoriker aus den Reihen der Finanzverwaltung. […] Den Satz ‚Mehr sein als scheinen', den er aus der Antike und auch aus dem unverbrüchlichen Teil preußischer Tradition an uns weiterzugeben trachtete, hat er im wahrsten Sinne des Wortes vorgelebt. […] Was mir in meiner Studentenzeit die Werke des Rechtsphilosophen Gustav Radbruch waren, das ist mir in der steuerberuflichen Ausbildung und Praxis ‚unser' Grabower geworden: ein Lehrmeister, aus dem die Weisheit eines erfüllten Lebens spricht."[1]

Grabower wurde eine ungeheure Belesenheit, gründliches Quellenstudium und enorme Arbeitskraft bescheinigt.[2] Er setzte sich unermüdlich für eine gerechte Besteuerung ein und verlangte hierbei vor allem Menschlichkeit gegenüber den Steuerpflichtigen.[3]

Als Oberfinanzpräsident wählte Grabower als Neujahrsbotschaft für das Jahr 1951 folgendes:

„Das Gemeinsame zwischen den Menschen, es ist stärker, es liegt tiefer und es bedeutet mehr als das Fremde. Und es gibt keine Kluft, keinen Abgrund, über den nicht Phantasie, Geist und menschliche Tatkraft eine Brücke schlagen kann. Die Brücken zu schlagen, die Gegensätze zu mildern und zur Versöhnung der Geister beizutragen, dazu sind wir heute auf der Welt."[4]

---

[1] *Pausch*, „Lehrmeister Grabower", in: Finanz-Rundschau – Deutsches Steuerblatt, in Verbindung mit dem Fachinstitut der Steuerberater herausgegeben vom Verlag Dr. Otto Schmidt KG, Köln-Marienburg, 18. (45.) Jahrgang, Köln 8. April 1963, Nummer 10. Zu finden in: BArch, N 1856/48.

[2] *Adler/Lehmann*, „Biographisches Handbuch", S. 196.

[3] *Wallner/Birken*, „Architekt der Betriebsprüfung", aufgerufen unter: https://www.datev-magazin.de/2017-06/werte-visionen-2017-06/architekt-der-betriebspruefung/ [Stand: 09.09.2020].

[4] Zitiert aus einem „Schreiben von Gottfried Schmidt vom 31.12.1956", abgedruckt in: „Wenn im Amte", S. 230.

Ein Ausschnitt einer Verfügung von Grabower als Oberfinanzpräsidenten war in einer Zeitung vom 19.01.1949 abgedruckt worden. Seine Arbeit als Oberfinanzpräsident stellte er unter folgende Grundsätze:

„Wir wollen uns zu den Steuerpflichtigen so verhalten, wie wir behandelt zu werden wünschen, wenn wir zu anderen Behörden kommen … Sie müssen die Empfindung haben, daß sie, so sie guten Willens sind, in uns ihren Freund und Berater finden. Es gibt eine Höflichkeit des Herzens. Auch ihr folgt zwanglos die richtige Art des Benehmens. Nur der erfüllt seine Amtspflicht, der sein Amt als Dienst am Steuerpflichtigen auffaßt. Der Steuerpflichtige empfindet sofort, ob er als Mensch behandelt oder als Nummer abgetan wird."[5]

Wie bereits in seinen Berichten von seiner Arbeit in Theresienstadt verdeutlicht, war für Grabower nichts gefährlicher als der „casus per amico", also die Begünstigung von Verwandten, Freunden oder sonstigen Bekannten. Er sah die Bekämpfung dieses Nepotismus, oder wie Grabower es nannte, „Freunderlwirtschaft", als eine Hauptaufgabe der Verwaltung an. Die zweite Hauptaufgabe der Verwaltung sei es, dem Steuerpflichtigen nicht „als Büttel mit erhobenem Zeigefinger" zu begegnen, sondern ihm als Freund und Berater gegenüberzutreten und ihn gerecht zu behandeln. Grabower glaubte zudem nicht an das Sprichwort, dass man nicht gleichzeitig Steuern verwalten und beliebt sein könne, „wenn die Steuerpflichtigen sehen, daß wir uns bemühen, Mensch zu sein, bei der Schwere der Zeit das Harte an der Sache in einer freundlichen Form vorbringen, so wird das zu einer Befriedigung, ja Beruhigung mancher schwer getroffenen Menschen mitbeitragen." Daher habe der Beamte sich so gut zu organisieren, dass er immer genug Zeit für die Steuerpflichtigen habe und diese nicht nur kurz abfertige.[6]

Der Ministerialrat Dengler schrieb am 04.09.1963 über Grabower, dass er die „praktizierende Höflichkeit des Herzens" war und schildert folgendes Beispiel:

„Bei einer Sitzung, als ihm eine Sache großen Ärger verursachte, bat er die Sitzungsteilnehmer, ihn einen Moment alleine zu lassen. Dann hat er auf den Tisch geschlagen, daß die Akten herumschwirrten; seine Sekretärin mußte wieder aufräumen und nach dieser Abreaktion lies [sic!] er die Teilnehmer wieder hereinbitten und sagte: So, jetzt ist mir leichter. Wir können weiter machen. (So vermied er immer, seinen Ärger zu Lasten der Untergebenen abzureagieren)."[7]

---

[5] Ausschnitt dieser Zeitung vom 19.01.1949, in: BArch, N 1856/5. Auch abgedruckt in: „Wenn im Amte", S. 156. „Öffentlicher Vertrag", in: BArch, N 1856/49. Ähnlich in: „Begrüßung von Grabower als Oberfinanzpräsident vom 31.10.1945", in: BArch, N 1856/4 und BArch, N 1856/5.

[6] Alle Belege in: „Begrüßung von Grabower als Oberfinanzpräsident vom 31.10.1945", in: BArch, N 1856/4 und BArch, N 1856/5. Beispiel auch Aktenvermerk 246.) vom 06.06.1944, in: BArch, N 1856/57.

[7] Die Zitate stammen aus: „Zum Leben Rolf Grabowers", in: BArch, N 1856/1. Dengler assistierte Grabower bei Seminaren an der Universität Erlangen und arbeitete auch bei der OFD Nürnberg mit Grabower zusammen.

Es zeigt sich insgesamt, dass sich Grabowers Arbeitsgrundsätze trotz der Geschehnisse in der Zeit des Nationalsozialismus nicht verändert hatten. Vor, während und nach dem Krieg vertrat er die gleichen Grundsätze und Werte.

Irene Wallner und Tobias Birken bezeichnen Grabower in ihrem Aufsatz treffend als den „Architekten der Betriebsprüfung" und sind hiermit nicht die einzigen, die auf Grabowers Bedeutung für diesen Teil des Steuerrechts hinweisen.[8]

Der Dekan der Rechtswissenschaftlichen Fakultät an der Universität zu Köln schrieb beispielsweise am 17.05.1955 an Grabower:

„Die Organisation und die Arbeitsweise des Betriebsprüfungsdienstes ist international vorbildlich geworden und aus unserer Finanzverwaltung nicht mehr wegzudenken. Nicht geringer sind aber Ihre wissenschaftlichen Verdienste um das Steuerrecht. Sie haben mit Ihren seinerzeitigen ministeriellen Kollegen den berühmt gewordenen Großkommentar zur Umsatzsteuer geschaffen und dabei wesentlich zur geistigen Durchdringung dieser Steuer beigetragen, die zur tragenden Säule der Bundesfinanzen geworden ist."[9]

---

[8] *Wallner/Birken*, „Architekt der Betriebsprüfung", aufgerufen unter: https://www.datev-magazin.de/archiv/architekt-der-betriebspruefung-2185 [Stand: 09.09.2020]. Ähnlich auch: *Schöpf*, „Rolf Grabower", in: *Friedenberger/Gössel/Schönknecht*, „Die Reichsfinanzverwaltung im Nationalsozialismus", S. 273 oder „Ehrung Rolf Grabowers – Hörsaal nach ihm benannt", aufgerufen unter: http://www.afz-kw.brandenburg.de/sixcms/detail.php/763684 [Stand: 09.09.2020].

[9] „Schreiben des Dekans der Rechtswissenschaftlichen Fakultät der Universität zu Köln an Grabower vom 17.05.1955", in: BArch, N 1856/3.

XII. Schlussbetrachtung

Will man Grabower an seinen zu Beginn zitierten Grundsätzen messen, müsste man prüfen, ob seine Hände „rein" blieben, ob er durchgängig gerecht, mit objektiver Richtigkeit und menschlicher Rücksicht, immer mit dem Blick auf das Gemeinschaftsinteresse handelte. Vermied er jede kleinliche Härte im Einzelfall?

Ein schwieriges, um nicht zu sagen aussichtsloses Unterfangen.

Zeitgenössische Kritiker, wie die jüdischen Zwangsarbeiterinnen, kritisierten ihn. Sie nahmen die Kriterien aus ihrer Lebensperspektive und haben damit sicher zu Recht ein negatives Urteil gefällt.

Und wir?

Juristische Maßstäbe an seine Judikatur anzulegen wäre sicher ein wenig sinnvolles Unternehmen, weil uns die Voraussetzungen für ein „falsch oder richtig" fehlen.

Und moralisch?

Was Grabowers Zeit in Lohhof angeht, gibt es von Zeitzeugen und Historikern reichlich Kritik.

Wir können beobachten, dass Grabower sich gegenüber den machthabenden Nationalsozialisten wie Franz Mugler höflich verhielt und versuchte, ihre Befehle zufriedenstellend auszuführen, jedoch hatte er als Leiter des Arbeitseinsatzes gar keine andere Wahl, als sich mit Mugler und anderen gut zu stellen und deren Befehlen zu gehorchen, um im Notfall mit Fürsprachen bei eben diesen etwaige Repressalien für die Arbeiterinnen aufzufangen und abzuwenden. Dadurch, dass sich Grabower Respekt oder zumindest einen gewissen Grad an Vertrauen bei den „Ariern" verschaffte, wurde er ernster genommen und seine Vorschläge und Interventionen hatten größeren Erfolg. Besonders interessant ist hierbei, dass Grabower in einem Dokument, das sich in BArch, N 1856/51 befindet, anscheinend die Ziele und das Erreichte von Lohhof zusammengefasst hat. Dort schrieb er: „Erreicht: Vertrauen von M.".[1] Das „M" scheint hier für Mugler zu stehen. Dies stützt die Vermutung, dass Grabower sein Verhalten gezielt an die Wünsche von Mugler und den anderen „Ariern" angepasst hat, um deren Vertrauen zu gewinnen. Das könnte beispielsweise dazu geführt haben, dass weniger Kontrollen durchgeführt wurden oder diese oberflächlicher und

---

[1] Dokument in: BArch, N 1856/51. Besitzt keine Überschrift, beginnt mit „1. Ursprüngliche Absicht".

glimpflicher für die Zwangsarbeiter verliefen. Fest steht, dass es Grabower durch das Vertrauen Muglers in seinen Führungsstil möglich war, die Arbeiterinnen in vielen Situationen zu schützen.

Dennoch hatten Grabowers Handlungen auch negative Folgen. Es musste ihm bewusst gewesen sein, dass, wenn er einzelne Arbeiterinnen aufgrund von Verfehlungen meldete, diese Repressalien zu befürchten hatten. Darüber hinaus zog Grabower auch eigene Vorteile aus dieser guten Beziehung zu den Nationalsozialisten, wie beispielsweise bezüglich seiner Wohnungsangelegenheit, in der er unter anderem Mugler bat, sich für ihn einzusetzen sowie seine bevorzugte Stellung als Leiter des Arbeitseinsatzes in der Flachsröste, für die er von den Erdarbeiten in Milbertshofen entbunden wurde.

Grabower nutzte diese Machtposition jedoch nicht zu Lasten seiner Schützlinge aus. In seinen Tagesberichten ist durchweg zu erkennen, dass er sich für seine Arbeiterinnen einsetzte und versuchte, diese nicht in Gefahr zu bringen, sondern sich bemühte, sie so gut wie möglich vor größerem Übel zu bewahren. Die Drohung, die Frauen zu melden, falls sie keinen „Judenstern" trugen, sowie der strengere Tonfall, damit sie die Regeln befolgten oder ihrer Arbeitspflicht nachkamen, kann auf die steigende Drucksituation zurückgeführt werden, in der Grabower sich befand und die es ihm erschwerte, alle Frauen durchgängig zu schützen. Dies zeigt auch der Kommentar der Münchnerinnen, dass sich Grabower früher wie ein Freund zu ihnen verhalten hätte und nun deutlich strenger durchgreifen würde. Dass Grabower nicht jeder Bitte und jedem Wunsch der Frauen nachkommen konnte, sondern auch die Befehle der Nationalsozialisten befolgen musste, ist offensichtlich, sonst hätte er deren Vertrauen und womöglich damit auch seine Position verloren und hätte sich damit auch nicht mehr für die Arbeiterinnen einsetzen können.

Zudem galt zu diesem Zeitpunkt das Prinzip, dass die führenden jüdischen Funktionäre mit ihren Schützlingen und für diese, für die Einhaltung aller Vorschriften hafteten.[2] Laut Beate Meyer fand insbesondere in München „das Prinzip, die jüdische Gemeinschaft in Gesamthaftung für die ‚Vergehen' einzelner zu nehmen" breite Anwendung.[3] Mithin konnten jüdische Führungskräfte nicht in jeder Situation schützend eingreifen, sondern mussten diese weise wählen und die Risiken abwägen.

In Bezug auf ein rücksichtsvolles Handeln im Interesse der Gemeinschaft ist auch auf Theodor Koronczyk[4] zu verweisen. Dessen Beispiel zeigt, dass der Leiter der jüdischen Kultusgemeinde einem ähnlichen Dilemma wie Grabower

---

[2] *Meyer*, „Tödliche Gratwanderung", S. 345.
[3] *Meyer*, „Tödliche Gratwanderung", S. 293.
[4] Theodor Koronczyk war Leiter der Bezirksstelle der „Reichsvereinigung" und lebte in einer privilegierten Mischehe. Seine Frau war keine Jüdin. Nach Juni 1943 „fungierte er als von der Gestapo eingesetzter Vertrauensmann der Reichsvereinigung der Juden in Deutschland' für München und Oberbayern". Quelle: *Baumann/Heusler*, „München arisiert", S. 44.

ausgesetzt war. Koronczyk versuchte – laut Meyer – „eine problematische persönliche Gratwanderung zwischen vorauseilendem Gehorsam, Stillschweigen gegenüber seinen Glaubensgenossen, unfreiwilliger Unterstützung der Gestapoaktionen oder freiwilliger Teilnahme an solchen, die er nicht hätte verhindern können" zu meistern.[5] Auch Koronczyk drohte seinen Leidensgenossen damit, sie an die Gestapo zu melden, wenn er sie in der Straßenbahn ohne Stern antreffen würde. Seine Strategie, sich gegenüber den anderen Juden wie ein Nationalsozialist aufzuführen sorgte – laut Meyer – zwar nie für schwerere Konsequenzen für seine Schützlinge, erzeugte aber den Eindruck der Verantwortlichkeit für die verhängten Repressalien. Zudem wurde ihm vorgeworfen, eine untergetauchte Jüdin selbst festgenommen und der Gestapo übergeben zu haben.[6] Ein ähnlicher Vorfall ereignete sich auch in der Flachsröste, als Grabower nach einer geflohenen Zwangsarbeiterin fahnden ließ.[7] Das macht Grabower zwar zum Mitschuldigen an der Bestrafung der Geflüchteten, bewahrte aber die Verbleibenden von den meist unmenschlichen Konsequenzen.

Meyer berichtet, wie sich einige jüdische Repräsentanten „wie Feldwebel" verhielten, „um sich bei den Mitgliedern Autorität zu verschaffen und bei der Gestapo den Eindruck der Willfährigkeit aufrechtzuerhalten". Sie führt aus: „Sie passten sich in ihrem Gebaren also der Verfolgerseite an, um nicht als zu weich zu gelten, oder versuchten damit, Auflehnung gegen die Maßnahmen im Keim zu ersticken. Widersetzlichkeit der Mitglieder brachte sie in Probleme, und stets standen ihre eigene Gesundheit und ihr Leben auf dem Spiel, schließlich konnten sie jederzeit in eine Deportation eingereiht werden."[8]

Nach dem Krieg wurden viele leitende jüdische Persönlichkeiten der Kollaboration bezichtigt. Oft klagten Verfolgte darüber, dass sie nicht nur der Willkür der Nationalsozialisten ausgesetzt waren, sondern auch die Leiter in ihren eigenen Reihen fürchten mussten oder ihnen zumindest misstrauten.[9] Es wurden viele Vorwürfe erhoben, warum die Menschen in den leitenden Positionen ihre Macht nicht mehr zum Vorteil ihrer Schützlinge genutzt hätten. Auch Gerty Spies schrieb beispielsweise über ihre Arbeit in der Glimmerwerkstätte in Theresienstadt: „Mit verbissenem Trotz sah ich meinen Chef an, diesen gütigen Menschen, selbst ein Gefangener, der vor der Gestapo für alles einzustehen hatte, was in der Glimmer geschah. Konnte denn auch er nicht helfen?"[10]

---

[5] *Meyer*, „Tödliche Gratwanderung", S. 306. *Schrafstetter*, „Flucht und Versteck", S. 251.
[6] Alle Belege in: *Meyer*, „Tödliche Gratwanderung", S. 305, 404, verweist auf: Sta München, Stanw. 29.499/I-3, I a Js 641/49, Vern. Erna Lauchner v. 02.10.1950, S. 1 und Spruchkammer Karton 939, Vern. Siegfried Neuland, S. 5 pag. 35; ähnlich auch anderen Zeugenaussagen, S. 6, pag. 36.
[7] Siehe hierzu die Anmerkungen zu Elisabeth Kühl.
[8] Belege in: *Meyer*, „Tödliche Gratwanderung", S. 337; ähnlich: S. 345.
[9] Vgl. auch *Hájková*, „Der Judenälteste und seine SS-Männer", in: *Loewy/Rauschenberger*, „Der Letzte der Ungerechten", S. 83 f.
[10] *Spies*, „Drei Jahre Theresienstadt", S. 39.

In dieser Aussage ist der Zwiespalt, mit dem auch Grabower als Leiter des jüdischen Arbeitseinsatzes zu kämpfen hatte, zu erkennen. Wie Meyer zutreffend beschreibt, erfüllten die meisten jüdischen Amtsinhaber „ängstlich buchstabengetreu und manchmal vorwegnehmend alle Anweisungen", andere „versuchten bei der Umsetzung der befohlenen Maßnahmen mitdenkend bis vorauseilend ‚Lösungen' anzubieten, die den betroffenen Juden Erleichterungen verschafften und der Gestapo Arbeit abnahmen", während nur die Wenigsten noch einen Schritt weiter gingen, ihre Kompetenzen überschritten und sich dadurch selbst in Gefahr brachten.[11]

Auch die Aussage des Finanzministers Lenze gegenüber Grabower, dass manche, die Kritik an seiner Person übten, insgeheim selbst gerne an seiner Stelle wären,[12] zeigt, dass es unabhängig davon, wer das Amt als Leiter des Arbeitseinsatzes bekleidet hätte, vermutlich Kritik gegeben hätte.

Grabower musste sich stets um einen Ausgleich zwischen den Interessen des Betriebes, seinen eigenen und jenen der Arbeiterinnen bemühen. Er beschrieb, dass in derartigen Krisenzeiten jeder verantwortliche Beamte nicht nur gegen eine Front, sondern gegen mehrere gleichzeitig zu kämpfen hätte und genau hierin auch seine ausgleichende Tätigkeit liege.[13] Nur dadurch, dass er die Disziplin in der Flachsröste mit einer derartigen Strenge durchsetzte, wurden am Ende Produktionsergebnisse erzielt, die die Nationalsozialisten dazu veranlassten, zumindest einen Teil der Frauen nicht früher zu deportieren. Zudem wuchs die Deportationsgefahr täglich und somit ist nachvollziehbar, dass Grabower Kleinigkeiten, über die er anfangs vielleicht hinweggesehen hatte, nun energisch entgegentreten musste und auch besonders empfindliche Strafen, wie das Postverbot, verhängen musste. Grabower gebrauchte solche Strafen jedoch nie als Schikane, sondern lediglich als Abschreckung oder zum Schutz der anderen Arbeiterinnen und sich selbst. Er versuchte, mit einigen Ausnahmen, wo es möglich war, den Rat von Alice Bendix zu folgen und Probleme und Regelüberschreitungen intern zu regeln, um keine negative Aufmerksamkeit auf seine Arbeiterinnen zu lenken.

So schrieb beispielsweise auch Fritz Regensburger am 10.04.1945 in Theresienstadt folgendes über Grabowers Verhalten als Leiter des Arbeitseinsatzes:

„Ich war von Mitte August 1941 bis April 1942 in der Flachsröste Lohhof bei München als Hilfsarbeiter im dortigen jüdischen Arbeitseinsatz beschäftigt. Der Leiter desselben

---

[11] *Meyer*, „Tödliche Gratwanderung", S. 337. Meyer merkt an, „dass sich auch von den regionalen Repräsentanten der Reichsvereinigung nur wenige dem Amt verweigerten, das viele nicht ganz freiwillig übernommen hatten." Ähnlich wie bei den leitenden Funktionären in der Berliner Zentrale entzogen sich die der Bezirksstellen nur selten der Verantwortung, indem sie untertauchten. „In der Regel erfüllten sie ihre Aufgaben, bis sie ins ‚Vorzugslager' Theresienstadt ‚übersiedelten'." Quelle: *Meyer*, „Tödliche Gratwanderung", S. 338.
[12] Eintrag vom 03.02.1942, Tagesberichte II, S. 46, in: BArch, N 1856/51.
[13] „20. und 21. Wochenbericht vom 29.04.1945", in: BArch, N 1856/56.

– Herr Dr. Dr. Rolf Grabower hat sich dort stets voll und ganz für uns jüdische Arbeitskameraden bei der dortigen Fabrikleitung eingesetzt und hat sich uns gegenüber nur immer als guter Kamerad gezeigt. Er hat es verstanden, uns über die dortige schwere Zeit hinwegzuhelfen. Herr Dr. Dr. Grabower hat auch in der Fabrik manuell mitgearbeitet, insbesondere bei Ausfall von Arbeitskräften. Er hat sich auch mit Erfolg bemüht, uns regelmäßig seelisch durch Mitteilung von Sprüchen aus der Bibel und Profanliteratur zu stärken."[14]

Grabower wurde zu einer Zeit Leiter des Arbeitseinsatzes, in der jeder Einzelne selbst für sein Überleben kämpfen musste und daher auch die Gefahr bestand, dass leitende Positionen im Negativen missbraucht wurden.

Grabowers Zeit in Theresienstadt, zu der deutlich weniger kritische Stimmen vorhanden sind, ist teilweise deutlich negativer zu bewerten. Grabower scheint die Notlage der meisten anderen Ghettobewohner aus den Augen verloren und sich zu streng an seinem früheren Leben und den preußischen Tugenden orientiert zu haben. Eine Reflexion, dass es ihm deutlich besser als den meisten anderen Bewohnern im Ghetto ging und ein hieran angepasstes Verhalten scheint nicht erfolgt zu sein. Es scheint, dass er sein Ziel, kleinliche Härten zu vermeiden, verfehlt hat. Besondere Hilfsdienste sind nicht ersichtlich, auch wenn sie ihm wohl in dem einen oder anderen Fall möglich gewesen wären.

Er nutzte zwar öfter die Phrase „wir sitzen alle im selben Boot"[15], wenn er mit Vorgeladenen sprach. Jedoch ist dies nicht korrekt. Während Grabower als „Prominenter A" zeitweise sogar ein Zimmer für sich allein beanspruchen konnte und ansonsten mit nur wenigen Personen zusammen in einer der besser instand gehaltenen „Prominentenhäuser" in Theresienstadt wohnte, mussten die meisten seiner Vorgeladenen teilweise auf dem Boden oder Strohsäcken, zumeist dicht gedrängt mit vielen anderen in einem kleinen Raum schlafen, in dem es keinerlei Möglichkeit für Privatsphäre oder Ruhe gab. Grabower bekam monatlich Päckchen mit Nahrungsmitteln oder Büchern zugesandt und profitierte auch von Sendungen aus dem Ausland, wie Milchkonserven, mit denen er seine Essensration erheblich verbessern konnte. Ein „Luxus", den die meisten Ghettobewohner nicht hatten und dagegen selbst um heruntergefallenen Abfall kämpften.[16] Während Grabower alleinstehend war und keine näheren Verwandten im Ghetto zu betreuen hatte, fürchteten viele andere Bewohner nicht nur um ihr eigenes, sondern auch um das Leben ihrer Liebsten, denen sie teilweise von ihrer eigenen Nahrungsportion abgaben, damit ihre Chance zu überleben stieg. Grabower verfügte sogar – zumindest gegen Ende der Ghettozeit – über eine Ordo-

---

[14] „Schreiben von Regensburger für Grabower vom 10.04.1945", in: BArch, N 1856/3. Fritz Regensburger kannte Grabower bereits aus seiner Arbeit in München und scheint Anfang 1945 in Theresienstadt eingetroffen zu sein. Quelle: „Schreiben von Regensburger an Grabower vom 26.02.1945", in: BArch, N 1856/7.
[15] Beispiel: Urteil gegen Margarete R. vom 27.04.1945, Blatt 00006; auch Verfahren gegen Otto W. vom 25.05.1944, Blatt 00033, in: BArch, N 1856/55.
[16] Vgl. auch *Spies*, „Drei Jahre Theresienstadt", S. 116.

nanz, die seinen Raum und seine Speisen aufwärmte, damit er es gemütlicher hatte, wenn er von der Arbeit nach Hause kam,[17] während viele auf Diebstähle von Brennmaterial zurückgreifen mussten, um die kalten Jahreszeiten zu überstehen. Dies bedeutet nicht, dass Grabowers Leben im Ghetto ein Einfaches war. Er war ebenfalls inhaftiert, in seinen Freiheiten eingeschränkt und musste Angst davor haben, in den Osten weiterdeportiert zu werden. Allerdings scheint es so, als wäre er sich seiner Sonderstellung und der deutlich besseren Überlebenschancen und Lebensqualität im Gegensatz zu vielen anderen Inhaftierten nicht bewusst gewesen. Zumindest klingt dies in seinen Aufzeichnungen nicht an. Trotz der Vorzüge, die er dank seiner Stellung im Ghetto genoss, und dem Wissen, dass die meisten Ghettobewohner zusammengepfercht lebten, sprach sich Grabower dagegen aus, dass das freigewordene Bett in seinem Zimmer wiederbelegt wird, solange das Bett nicht nötig gebraucht werde, da er es bevorzugte, alleine zu wohnen.[18] Es ist seinen Berichten nicht zu entnehmen, ob er sich nicht in die ärmeren Bewohner hineinversetzen konnte und somit für deren Probleme kein Verständnis hatte, oder ihm die Konsequenzen seines Handelns zwar bewusst waren, er sein eigenes Wohl aber dem der anderen überordnete. Generell spiegeln die Berichte einen Mangel an Empathie wider. Dies könnte natürlich zum Teil daran liegen, dass die Dokumente dienstlichen Charakter besitzen. Grabower versuchte sein Leben im Ghetto so zu gestalten, dass es, so weit möglich, seinem vorherigen glich: Arbeit im Gericht bis tief in die Nacht, Vorträge, Beschäftigung mit wissenschaftlichen Fragen und Diskussionen über wissenschaftliche oder kulturelle Themen. Vermutlich bediente er sich hierbei eines weiteren Grundsatzes, den er sich zum Lebensmotto gemacht hatte und der einem der zwei Bücher, die für ihn einen besonderen Stellenwert hatten, – nämlich Mark Aurels Selbstbetrachtungen – entstammt: „aequam memento rebus in ardius servare mentem" auf deutsch „Denke daran, in schwierigen Situationen Gelassenheit zu bewahren".[19] Diese Vorgehensweise könnte eine Art Ventil gewesen sein, damit Grabower einen klaren Kopf behalten und die Realität des Lagerlebens zumindest zu einem gewissen Grad an sich abprallen lassen konnte.[20] Vielleicht verlor er darüber aus dem Blick, dass es für die meisten anderen deutlich schwerer war, sich dem Lagerleben anzupassen.

---

[17] „Schreiben von Grabower an die Gebäudeleitung" und „Schreiben von Grabower an Frau Pecci vom 19.02.1944", in: BArch, N 1856/7. Zudem beantragte Grabower auch einen elektrischen Schalter in seinem Zimmer, um abends nach der Arbeit sein Essen aufwärmen zu können. Quelle: „Schreiben von Grabower an das Zentralsekretariat vom 09.01.1945", in: BArch, N 1856/7. Aktenvermerk 1046.) vom 19.02.1945, in: BArch, N 1856/57.
[18] Aktenvermerk 1046.) vom 19.02.1945, in: BArch, N 1856/57.
[19] Maschinenschriftlicher Zettel im Aktenordner Juden-Christen 15.IX.1954, in: BArch, N 1856/7. Das zweite Buch war die Bibel.
[20] Mit dieser Haltung war Grabower jedoch nicht allein: Anna Hájková berichtet, wie die Orientierung an die vor der Verfolgung gelebten Werte, wie Mut oder Pflicht, vor allem für die älteren deutschen Ghettobewohner ein Weg war, um ihre neue Lebenssituation besser zu

Für seinen Widerwillen, in der besonderen Lebenssituation im Ghetto Nachsicht walten zu lassen und seine pingelige Genauigkeit wurde Grabower auch von den anderen Ghettobewohnern kritisiert. In seiner Zeit in Theresienstadt scheint es, als hätte er zwar versucht, viele Verfahren mit einer Einstellung, einem Ausgleich oder Vergleich zu beenden und alle ihm zur Verfügung stehenden Wege einzuschlagen, um die Wahrheit über die vorgeworfene Tat herauszufinden, jedoch zeichnete er sich auch dadurch aus, dass er Geschehnisse, die ihm im Vertrauen genannt wurden, an offizielle Stellen weiterleitete und die meisten Hilfegesuche an ihn ablehnte.[21]

Aber nicht nur Grabower, sondern das Rechtssystem in Theresienstadt generell erhielt Kritik. So beschrieb H. G. Adler in seinem Buch „Theresienstadt 1941–1945", dass die Juristen im Ghetto nicht begriffen, dass sie die Rechtsprechung und ihre Urteile an die Lebensbedingungen im Lager anpassen mussten. Dafür hätten sie auch ihre Rechtsauffassungen, die sich zwar in der Zeit vor dem Krieg bewährt hatten, im Ghetto jedoch nicht mehr passten, ändern müssen. Adler betonte, dass das Ghettogericht seine Aufgaben kleinlich ausführte und jede Verurteilung vorschriftsgemäß den Nationalsozialisten meldete. Die Verurteilten wurden (zumindest teilweise) auf die Listen für die nächsten Züge in den Osten gesetzt und damit in den sicheren Tod geschickt. Adler kritisierte zudem, dass auch kleinere Vergehen gemeldet wurden, die disziplinarrechtlich menschlicher und wirkungsvoller hätten bestraft werden können. Die Richter hätten erkennen müssen, dass mit ihrem Handeln zwar der Schein der Gerechtigkeit gewahrt wurde, dies jedoch auf Kosten von Nächstenliebe und Solidarität in der Schicksalsgemeinschaft geschah. Für Adler stand fest, dass die Richter hätten versuchen müssen, die Prozesse auf ein Minimum zu reduzieren, um somit vielleicht viel Unglück zu verhindern. Adler hat allerdings einiges übersehen. So bestand etwa die Pflicht zur Meldung der Verurteilungen.[22] Es scheint, als hätten die jüdischen Verantwortlichen durchaus in Einzelfällen versucht, dass die Nationalsozialisten von bestimmten Verstößen keine Kenntnis erlangten. Dass es hierzu kaum Dokumente gibt, ist wohl der Tatsache geschuldet, dass stets die Möglichkeit bestand, dass Schriftstücke konfisziert wurden. Wie Grabower schrieb, gab es auch unter den Gefangenen Spitzel, die solche Fälle an die Nationalsozialisten weitergeleitet hätten.[23]

Zudem wäre es auffällig gewesen, wenn zu wenig Urteile oder nur die milden Strafen gemeldet worden wären. Die Nationalsozialisten wären diesbezüglich

---

ertragen, sich anzupassen und somit auch länger zu überleben. Quelle: *Hájková*, „Ältere deutsche Jüdinnen und Juden im Ghetto Theresienstadt", in: *Meyer*, „Deutsche Jüdinnen und Juden in Ghettos und Lagern (1941–1945)", S. 214.

[21] Beispiel: Aktenvermerkt 34.) vom 27.03.1944, in: BArch, N 1856/57.
[22] Alle Belege in: *Adler*, „Theresienstadt 1941–1945", S. 455 f.
[23] „Material für ein Judenbuch", (keine Seitenangabe), in: BArch, N 1856/63. Ähnlich auch: *Hájková*, „Prisoner Society in the Terezín Ghetto 1941–1945", S. 47, 62, 88 f.

vermutlich aufmerksam geworden, hätten Nachforschungen angestellt, oder generell härtere Bestrafungen gefordert, womit den Ghettoinsassen nicht geholfen, sondern ihre Situation deutlich verschlechtert worden wäre. Es hätte sogar so weit kommen können, dass der Jüdischen Selbstverwaltung die Möglichkeit der eigenen Aburteilung der Fälle entzogen worden und die Beschuldigten ohne ein Verfahren direkt von den Nationalsozialisten bestraft worden wären. Hinsichtlich der Meldung der Fälle scheint es somit keine bessere Möglichkeit für die jüdischen Verantwortlichen gegeben zu haben.

Der Kritik Adlers, dass nicht die wahren Täter von den Gerichten bestraft wurden, sondern lediglich die kleineren Verbrechen bzw. Vergehen verfolgt wurden, welche besser disziplinarisch hätten geregelt werden können, muss in Hinsicht auf die Privilegienwirtschaft und Korruption zugestimmt werden. Adler schrieb: „Nirgendwo hätten die angewandten Paragraphen des Strafgesetzbuches sorgfältiger bedacht werden müssen. Die allgemeine Korruption und der ständig zu führende Kampf gegen die SS erforderte ein weises Vorgehen der Juristen."[24]

Allerdings war Grabower ein Richter, der gegen diese Ungerechtigkeit aufstand und versuchte, dieser Vorgehensweise entgegenzutreten. Mehrfach merkte er diesen Missstand auch gegenüber seinen Vorgesetzten an. Daher trifft diese Kritik nicht auf ihn zu.

Zu einem gewissen Grad zugestimmt werden muss dagegen der Kritik Adlers, dass auch Grabower bei Verurteilungen die Motive der Beschuldigten teilweise nicht hinreichend, vor allem in Hinblick auf die generellen Lebensumstände im Ghetto, bewertet und abgewogen hat.[25] Viele Verfahren stellte er ein und Haftstrafen erteilte er nur sparsam. Es scheint somit kein größerer Druck oder Kontrolle durch die Nationalsozialisten bezüglich der Art der Verfahrensausgänge gegeben zu haben. Daher erscheint es fraglich, ob Grabower nicht noch mehr Fälle hätte einstellen können.[26] Auf der anderen Seite versuchte Grabower „gerecht" zu handeln und dem Gemeinschaftswohl zu dienen. Er wollte alle Ghettobewohner gleich behandeln, niemand sollte eine Vergünstigung gegenüber den anderen erhalten. Die Bestrafung diente im Ghetto unter anderem als Abschreckung und sollte Verhaltensweisen, die der Gemeinschaft schaden konnten, verhindern. Zudem überwog der Prozentsatz an milderen Strafen deutlich. Grabower bemühte sich auch, durch Zurechtweisungen und Erläuterungen Rechtsfälle und ihre Konsequenzen zu verhindern.

Adler warf des Weiteren dem – laut ihm – obersten und angesehensten Richter im Ghetto, Heinrich Klang, einen vollkommenen Mangel an Verständnis für Probleme der Rechtsprechung in einem Lager wie Theresienstadt vor. Er be-

---

[24] Belege in: *Adler*, „Theresienstadt 1941–1945", S. 456.
[25] Vgl. *Adler*, „Theresienstadt 1941–1945", S. 456.
[26] Ob sich unter diesen Einstellungen nicht auch solche Fälle befanden, kann natürlich nicht ausgeschlossen werden.

mängelte, dass Klang auch noch gegen Kriegsende im Mai 1945 an seinem „steifen akademischen Standpunkt" festhielt. Für Adler stand fest: „Der administrative Apparat wurde zum Selbstzweck. Die Beamten konnten gar nicht mehr anders, als in den Absonderlichkeiten eines starren Schemas denken und nahmen sich im Amte oft ungemein wichtig, selbst wenn sie, wie es die Regel war, das Amt nicht als wertvoll empfanden."

Die gleiche Kritik trifft zum Teil auch auf Grabower zu. Selbst als die Befreiung des Lagers unmittelbar bevorstand bzw. sogar schon durchgeführt war, griff Grabower bei seiner Arbeit streng durch und duldete nicht, dass z. B. mit den Gefangenen zu nachlässig umgegangen werde. Auch ihm gelang es nicht, seine Rechtsprechung an die Lagerumstände anzupassen. In der Hinsicht ist Adlers Aussage, dass der Gerichtsapparat starr und die Juristen im Ghetto verknöchert waren, zuzustimmen.[27]

Jedoch trug Grabower gerade durch sein normgetreues Verhalten zur „Gerechtigkeit" in Theresienstadt, einem Ort, an dem Korruption und Vetternwirtschaft regierten, bei. Durch seine Vorgehensweise förderte er die Rechtssicherheit in Theresienstadt und versuchte „gerechte" Urteile zu fällen. Er ließ sich hierbei nicht von Interventionen oder Bestechungsversuchen beirren. Jeder Beschuldigte erhielt die Strafe, die für ihn nach dem Gesetz vorgesehen war. Das Abweichen von im Ghetto verbreitetem Fehlverhalten, bedeutete auch gleichzeitig eine Eigengefährdung für Grabower. In einer solchen Lebenslage, in der es um das blanke Überleben geht, werden viele Menschen zu Einzelkämpfern. Im Gegensatz zu vielen anderen Amtsinhabern ließ sich Grabower trotz der widrigen Umstände nicht zur Bestechlichkeit und Korruption hinreißen, sondern versuchte, sich an den Gesetzen zu orientieren und jeden Ghettobewohner, unabhängig von der sozialen Stellung, gleich zu behandeln. Damit konnten sich die Beschuldigten sicher sein, dass Rechtssicherheit besteht und zumindest, wenn es keine anderweitigen Interventionen von Murmelstein o. ä. gab, ein an den Ghettogesetzen orientiertes Urteil zu erhalten.

Grabower hat die Privilegiertenwirtschaft und Korruption, Bestechlichkeit und Unregelmäßigkeiten immer wieder aufs Neue kritisiert und versucht, hierüber mit den anderen Ghettobewohnern in einen Dialog zu kommen. Er war machtpolitisch jedoch nicht einflussreich genug, um dahingehend wirklich etwas verändern zu können. Seiner Kritik und Verbesserungsvorschlägen wurden von den führenden Männern in vielen Fällen kein Gehör geschenkt. Vor dem Hintergrund, dass Kritik an den leitenden Personen im Ghetto ein erhöhtes Risiko nach sich zog, von diesen auf die Transportlisten gesetzt zu werden, steht zur Diskussion, ob von Grabower hätte mehr verlangt werden können. Zumal er, im Bewusstsein, dass seine Anmerkungen nicht das nötige Gehör fanden, versuchte, durch seine Vorträge, bei denen stets viele Zuhörer anwesend

---

[27] Alle Belege in: *Adler*, „Theresienstadt 1941–1945", S. 404, 456.

waren, diese Punkte an die Ghettobewohner weiterzutragen und sie zum selbstständigen Denken und zum Diskutieren zu animieren. Diese Vorträge stellten für Grabower somit den besten Weg dar, um seine Kritik doch noch publik zu machen und damit eventuell Verbesserungen erreichen zu können. Grabower nahm die Missstände somit nicht einfach hin. Es ist bei ihm der starke Wille zu erkennen, das Lagerleben für die Bewohner zu verbessern und rechtssicherer zu gestalten. Insofern muss ihm neben der rein juristischen positiven Bewertung auch ein Handeln zum Wohle der Gemeinschaft zugestanden werden, selbst wenn er darüber in vielen Einzelfällen seine anderen Ideale verletzte.

Da es sich bei den Berichten von Grabower über seine Zeit in Lohhof und Theresienstadt um Tagesberichte und nicht um Tagebücher handelt, ist Persönliches seltener zu lesen, im Vordergrund steht seine Arbeit. Auch von seinem täglichen Leben im Ghetto berichtete er kaum. Essenholen, Ungezieferplagen, Gefühle, das sind Themen, mit denen sich Grabower in den Berichten nicht auseinandersetzt. Dass Grabower die Nationalsozialisten in diesen Aufzeichnungen nicht tiefergehend kritisiert hat und sich auch sonst mit politischen Äußerungen zurückhielt, lag vermutlich daran, dass immer die Gefahr bestand, dass Tagebücher konfisziert und gelesen werden konnten. So schrieb Resi Weglein diesbezüglich: „Tagebücher durften nicht geführt werden."[28] Gerty Spies berichtete unter anderem davon, dass Hans Friedländer, der keinen Hehl daraus machte, im „Prominentenhaus" Tagebuch zu schreiben, abtransportiert wurde und sie beschrieb auch selbst, dass das Schreiben immer gefährlicher wurde und Kontrollen und Hausdurchsuchungen zunahmen.[29]

Trotz dienstlichen Charakters seiner Aufzeichnungen ist die Hauptquelle dieser Arbeit – der Nachlass Grabowers – subjektiv. Seinen Berichten ist zu entnehmen, dass er sich darüber bewusst war, dass nach der Befreiung über Theresienstadt und das Handeln der dort Inhaftierten geurteilt werden könnte und eine solche Beurteilung zumeist negativ ausfallen würde.[30]

Das mag einer der Gründe sein, warum Grabower in seinen Berichten versuchte, seine Handlungen zu rechtfertigen, aber auch einer der Gründe, warum der Nachlass kritisch betrachtet werden muss.

Für unser Urteil sollte die Bemerkung von Wolfgang Benz maßgeblich sein: „Ein moralisches Urteil über diese Symptome des Lagerlebens steht keinem zu, denn mit Kategorien der Moral freier Menschen ist die Existenz in der Zwangsgemeinschaft nicht zu messen."[31]

---

[28] *Weglein*, „Als Krankenschwester im KZ. Theresienstadt", S. 43. Ähnlich: *Glass*, „Jeder Tag in Theresin ist ein Geschenk", S. 9.
[29] *Spies*, „Drei Jahre Theresienstadt", S. 63 f., 70.
[30] Vgl. beispielsweise „Schreiben von Grabower an Vogel vom 09.06.1945", in: BArch, N 1856/7.
[31] *Benz*, „Theresienstadt", S. 227. Hierzu passt ein Goethespruch, den Grabower am 09.08. 1941 vorgetragen hatte: „Beurteile niemand, bis Du an seiner Stelle gestanden hast." „Erste Sammelverfügung vom 11.08.1941", in: BArch, N 1856/51. Das Zitat stammt von: *Goethe J. W.*,

Für die Frage, ob Grabower nach dem „Dritten Reich", nach Krieg und Theresienstadt, immer noch der Grabower der Lebensregeln und Grundsätze, denen er zu Beginn der Ereignisse huldigte, war, betrachtet man am besten sein Verhalten bezüglich der Ausstellung der Persilscheine.

Susanna Schrafstetter kritisiert, wie durch derartige Entlastungsschreiben überzeugte Nationalsozialisten und „verdiente ‚Parteigenossen' zu Widerstandskämpfern oder Helfern von Juden" mutierten und die Zahl der angeblichen Helfer in die Höhe schoss. Es existierte zu dieser Zeit regelrecht ein Schwarzmarkt für solche Bestätigungsschreiben, ehemalige Nationalsozialisten boten vormals Verfolgten Geldsummen an und es waren unzählige „Persilscheine", die angeblich stattgefundene Hilfsdienste bestätigten, im Umlauf. Nicht wenige Juden waren bereit, solche „Persilscheine" auszustellen: „Manchmal aus Dankbarkeit, manchmal gegen Bezahlung, manchmal aber auch aus einer gewissen Verachtung heraus."

Problematisch war, dass viele Verfahren erst Jahre nach der Verfolgung stattfanden.[32] Viele Opfer waren nicht mehr am Leben, emigriert oder verarbeiteten noch das ihnen angetane Trauma. Zudem waren viele wichtige Dokumente von den Nationalsozialisten vernichtet worden.

Maximilian Strnad schreibt in seinem Buch „Flachs für das Reich" treffend, dass die Erteilung der „Persilscheine" einen schalen Beigeschmack hätte, da Grabower die Verhaltensweisen der von ihm bescheinigten Personen während der Zeit des Nationalsozialismus und vor allem im Fall von Mugler, auch die zahlreichen Berichte über dessen Handlungen, bekannt waren.[33]

Grabowers Motive für Ausstellung oder Nichtausstellung eines Persilscheins sind schwerlich auf einen gemeinsamen Nenner zu bringen. Es scheint, dass sein Interesse am einzelnen Charakter den Ausschlag gab. Es ist seinen Dokumenten nicht zu entnehmen, dass er im vermeintlichen Gemeinschaftsinteresse zum Beispiel in Hinblick auf die durch die Entnazifizierung von Beamten entstehenden Probleme in der Verwaltung handelte. Die Personen, die er entlastete, haben danach keinen besonderen Mehrwert für die Gesellschaft erbracht bzw. aus seinen Aufzeichnungen wird nicht ersichtlich, dass diese Überlegung für ihn von Relevanz war. Die Erteilung der „Persilscheine" war für ihn rein privater Natur und er hatte nur den jeweiligen Einzelfall im Blick. Insofern handelte er also hier eher aus einem subjektiven Gefühl der „Dankbarkeit", als seine Leitsätze objektive Richtigkeit, Gerechtigkeit und Gemeinschaftsinteresse zu verfolgen.

Durch das Erteilen dieser Bestätigungen wurden jedoch schädigende Handlungen von überzeugten Nationalsozialisten relativiert. Immerhin hat Gra-

---

„Briefe. An Charlotte von Stein, 1. Juni 1781". Quelle hierfür: *Schefter*, https://www.aphorismen.de/zitat/80498 [Stand: 16.10.2020].

[32] Alle Belege in: *Grossmann*, „Juden, Deutsche, Alliierte", S. 184. *Schrafstetter*, „Flucht und Versteck", S. 231, 235, 244.

[33] *Strnad*, „Flachs für das Reich", S. 91 f.

bower solche Bescheinigungen auch an hohe Funktionäre des Nationalsozialismus – wie Lammers oder von Krosigk – erteilt, jedoch nur an diejenigen, die ihm persönlich geholfen und sein Leben gerettet haben und sich damit auch selbst Repressalien oder zumindest Unannehmlichkeiten aussetzten. Flüchtige Bekannte oder Personen, mit denen er seit dem Anfang der Verfolgung keinen engeren Kontakt hatte, erteilte er trotz Bitten keine Bescheinigung. Diesbezüglich war er streng und ließ sich nicht überreden oder bestechen.

In den Bestätigungsschreiben beschrieb er zudem nur solche Hilfsdienste und Charaktereigenschaften, die er persönlich erlebt hatte und versuchte nicht das Verhalten der Bittsteller in Bezug auf andere Verfolgte oder im Allgemeinen zu relativieren.

Dennoch erteilte Grabower, trotz Kenntnis von Unrechtshandlungen dieser Personen, die Entlastungsschriften, in denen er zudem bewusst auf seine eigene Verfolgung und soziale Stellung nach dem Krieg als Oberfinanzpräsident hinwies, um somit seiner Bestätigung über den eigentlichen Inhalt hinaus noch weiteren Nachdruck zu verleihen. Durch seine Position als Oberfinanzpräsident in Nürnberg, seine vorangegangene berufliche Tätigkeit als Richter und vor allem seine jüdische Herkunft und der dadurch erlebten Verfolgung in der Zeit des Nationalsozialismus hatte eine Bestätigung von Grabower in solchen Entnazifizierungsverfahren besonders viel Gewicht. So berichtet auch Susanna Schrafstetter: „Gerade die Aussagen jüdischer Überlebender konnten in den Spruchkammerverfahren entscheidend für die Entlastung oder Belastung der Angeklagten sein."[34] Dies war Grabower bewusst. Er begann oder schloss seine Bestätigungsschreiben meist mit der Auskunft, dass er selbst Verfolgter des Nationalsozialismus und Inhaftierter im KZ gewesen sei. Zudem betonte er teilweise, dass er nur in Ausnahmefällen eine Bestätigung abgeben würde, da er sich der Bedeutung dieser bewusst sei.[35] Grabowers Bestätigungsschreiben waren zum Teil sehr ausführlich und hoben sich damit von den durchschnittlichen Erklärungen ab.[36] Dies lässt sich zum einen mit Grabowers preußischem Gedankengut, vor allem seinem Pflichtgefühl, erklären. Ihm wurde von diesen Personen in einer Notlage geholfen und somit fühlte er sich obligiert, sich zu revanchieren und diese nun ebenfalls in einer Notsituation zu unterstützen. Das einige Helfer, wie Vahlensieck oder Mugler, im Gegensatz zu den meisten anderen wie König, Sesselmann oder Willuhn, vor allem den eigenen Vorteil bei den Hilfeleistungen für Grabower im Blick hatten, scheint ihn nicht zu einer Unterscheidung zwischen diesen Hilfsdiensten und damit auch seinem Einstehen für diese Personen nach Kriegsende animiert zu haben. Hier differenzierte er nicht,

---

[34] *Schrafstetter*, „Flucht und Versteck", S. 232, 244.
[35] Beispiele in: „Bestätigungsschreiben für Willuhn vom 02.11.1946", „Bestätigungsschreiben für Reitmeyer vom 07.12.1946" oder „Bestätigungsschreiben für Schachinger", in: BArch, N 1856/50.
[36] „Wenn im Amte", S. 6.

sondern betonte fälschlich, dass auch sie keinen eigenen Nutzen aus ihren Hilfsdiensten ihm gegenüber gezogen hätten. Seine Bestätigungsschreiben stellen bewusst lediglich die Aspekte dieser Hilfen dar, die die Empfänger in ein positives Licht rückten, um ihre Wirkungskraft nicht abzumildern.

Auch entzog sich Grabower nach dem Krieg deutlicheren Stellungnahmen gegen ihm bekannte Nationalsozialisten, unter anderem bezüglich Fritz Reinhardt. Als jüdischer Steuerexperte und Leiter eines Oberfinanzpräsidiums, der selbst unmittelbar von Reinhardts Handlungen betroffen war, hätte Grabower noch viel mehr zu einem Verfahren gegen diesen beitragen können.

Was den Antisemitismus generell betrifft, kann in Grabowers Berichten erkannt werden, dass er sich in bestimmten privaten Situationen nicht entschieden gegen diesen gewandt hat. Allerdings war er mit diesem Verhalten in der Nachkriegszeit nicht allein. Viele Verfolgte hatten zunächst Hemmungen, im noch von der Zeit des Nationalsozialismus geprägten Nachkriegsdeutschland, laut auszusprechen, welche Ungerechtigkeiten sie hatten erleben müssen und traten somit dem immer noch existierenden Antisemitismus nicht entgegen. Viele mussten die traumatischen Erlebnisse und persönlichen Erfahrungen erst einmal selbst verarbeiten.

Jedoch setzte Grabower sich aktiv nach dem Krieg dafür ein, über Antisemitismus aufzuklären und suchte den Dialog, vor allem mit der jüngeren Generation, diesbezüglich. Er versuchte zudem, seinen jungen Zuhörern und seinen Untergebenen bestimmte Werte wieder näher zu bringen und sie zum eigenständigen Denken zu animieren.

Fragt man sich abschließend, wie es Grabower gelang, die Zeit des Nationalsozialismus zu überleben, dann wird man zunächst auf seine einflussreichen Freunde und Bekannte verweisen. Diese waren der Grund, dass er zunächst als Leiter des jüdischen Arbeitseinsatzes in der Flachsröste eingesetzt und somit zeitweilig von Milbertshofen und den beginnenden Transporten geschützt war. Dann wurde er als Privilegierter nach Theresienstadt deportiert, anstatt in einem der anderen Lager im Osten interniert und vermutlich dort auch ermordet zu werden. Die Wahrscheinlichkeit, dass Grabower in einem anderen Lager genauso lange wie in Theresienstadt überlebt hätte, ist gering.[37] In Theresienstadt wurde Grabower, anders als die meisten Ghettobewohner, aufgrund seiner Helfer als „Prominenter A" eingestuft und unterlag hierdurch erheblich besseren Bedingungen, die es ihm erleichterten am Leben zu bleiben. Auch Pakete, die seine Freunde ihm von außerhalb des Lagers zusandten, verbesserten seine Lage im Gegensatz zu vielen anderen Theresienstädtern erheblich. Er überlebte somit, weil er – um auf den Spruch aus der „Vedem" zurückzukommen – „Vita-

---

[37] Das Ghetto Theresienstadt wurde besser behandelt als z.B. das Ghetto Lodz oder Izbica. Die Reichsvereinigung und ihre Bezirksstellen durften das Ghetto mit Bettgestellen, Matratzen, Werkzeugen etc. ausstatten. Quelle: *Meyer*, „Tödliche Gratwanderung", S. 196f. Sie verweist auf: CJA, 2 B 1/3, AN K 62, Rücksprache im RSHA v. 07.10.1942, S. 5, Punkt 10 und 11.

min B" hatte. Dies bedeutete jedoch nicht, dass Grabower mit den Nationalsozialisten kollaborierte, sich bei diesen anbiederte oder korrupt war. Den Hauptteil von Grabowers Fürsprechern hatte er vor seiner Verfolgung im Zusammenhang mit seiner Tätigkeit im Reichsfinanzministerium oder durch die Corps Masovia und seiner Leistungen im Ersten Weltkrieg kennengelernt. Diese Bekannten waren zum Teil, wie Johannes Popitz oder Schwerin von Krosigk, keine absoluten Befürworter des Antisemitismus und die meisten sahen in Grabower vermutlich nicht einen Juden, sondern vielmehr einen tüchtigen patriotischen preußischen Beamten, weswegen sie ihm halfen.[38] Er überzeugte diese Helfer nicht durch Bestechungen oder Ähnlichem, sondern durch seine Arbeitsmoral und seine „preußischen" Eigenschaften, wie sein ausgeprägtes Pflichtbewusstsein. Sein Fleiß und seine Arbeitsleistungen waren es, die ihn unter den einflussreichen Männern bekannt machten und somit das Knüpfen von Verbindungen ermöglichten, die am Ende sein Leben retteten. Seine nationalsozialistischen Helfer wie Lammers, scheinen erst durch Bindeglieder wie Popitz, Sesselmann oder Willuhn, tätig geworden zu sein und hatten somit keine engere Verbindung zu Grabower.

---

[38] Ähnliches: *Strnad*, „Flachs für das Reich", S. 91 f. Vgl. auch *Schrafstetter*, „Flucht und Versteck", S. 245, die auf Strnad verweist. Ähnliches auch bzgl. Ritter Franz von Epp bzgl. Rudolf V., in: *Schrafstetter*, „Flucht und Versteck", S. 63–67.

Appendix

Auswertung der einzelnen Wochenberichte

Grabowers Wochenberichte sind an den Judenältesten (zu dem Zeitpunkt Benjamin Murmelstein) adressiert. Ob es sich hier um die Originale handelt, die er tatsächlich Murmelstein übergeben und diese von ihm zurückerhalten hat (auf einigen Berichten steht handschriftlich „Bitte um Rückgabe nach Erledigung") oder es sich hier lediglich um einen Entwurf für Grabowers Akten handelt (auf dem dritten Wochenbericht steht handschriftlich „Handexemplar von Grabower"), ist nicht durchgängig zu erkennen. Die Blätter wurden nachträglich nummeriert. Die Schriftstücke sind teilweise nicht in der richtigen Reihenfolge in den Ordner abgelegt worden und zwischen ihnen befinden sich vereinzelt andere Dokumente, wie beispielsweise ein Schreiben von Grabower an Baeck oder ein allgemeines Schreiben des Zentralsekretariats von Robert Prochnik vom 26.10.1944 bezüglich des geplanten Transportes vom 28.10.1944. Auch Ausschnitte von Einberufungslisten liegen zuweilen zwischen den einzelnen Wochenberichten. Teilweise hat Grabower auf diesen Namen von Personen unterstrichen oder mit Haken versehen. Hierbei könnte es sich um Personen gehandelt haben, die wegen einer Tat beschuldigt oder in eine solche verwickelt waren, jedoch aufgrund eines bereits vollzogenen oder direkt anstehenden Transportes nicht mehr belangt bzw. befragt werden konnten/sollten.

Die einzelnen Wochenberichte sind wie folgt aufgebaut (wobei der 1. Wochenbericht sich vom Aufbau erheblich von den anderen unterscheidet und daher bei der Analyse des Aufbaus der Wochenberichte nicht mit einbezogen wird): Unter der Überschrift „A bzw. I. Arbeitsrichter-Sachen" folgt die Aufzählung der arbeitsgerichtlichen Fälle, mit denen sich Grabower in der jeweiligen Woche befasst hat. Es werden die mutmaßlichen Aktenzeichen z. B. A 10, der Nach- und Vorname der betroffenen Personen (Mustermann, Max), deren Kennnummer im Ghetto, Adresse im Ghetto (z. B. Wallstr. 8/64 oder Langestr. 5/236), der Beruf oder das Berufsfeld (z. B. Glimmer, Betreuerin, Landwirtschaft, Kleiderkammer) sowie der Ausgang des Verfahrens (z. B. Einst., TBR, Haft etc.) aufgeführt.

Danach folgen unter „B." bzw. „II." die Verfahren, mit denen Grabower als Verwaltungsrichter zu tun hatte. Abschließend fügte Grabower einige Bemerkungen bezüglich des betreffenden Wochenberichtes oder allgemeine Anmerkungen hinzu.

Bei der Auswertung wurde wie folgt vorgegangen: Bei jedem einzelnen Wochenbericht wurde die Fallzahl getrennt in Arbeits- oder Verwaltungssachen ausgerechnet und die Ergebnisse der einzelnen Fälle herausgeschrieben, kategorisiert und zusammengezählt, um somit einen Überblick zu erhalten, welchen Ausgang die Verfahren bei Grabower als Richter hatten.

Wenn die vorgeworfene Tat angegeben ist, wurde diese ebenfalls aufgenommen. Zudem wurden einzelne Fälle, die von den anderen abwichen, gesondert aufgeschrieben. Nach dem letzten Wochenbericht folgt ein Gesamtüberblick über die erzielten Ergebnisse sowie eine Auswertung aller Wochenberichte, bezogen auf die Häufigkeit der einzelnen Verfahrensausgänge.

Die Auswertung soll lediglich einen Überblick über die Arbeit Grabowers als Richter bieten. Die ausgearbeitete Tabelle wurde anhand der in dem Ordner BArch, N 1856/56 aufgefundenen Dokumente erstellt. Die Wochenberichte sind teilweise nur unvollständig erhalten, schwer leserlich und möglicherweise nicht die abschließenden Dokumente. Es lässt sich teilweise nicht nachprüfen, ob sich seine letztlich getroffenen Urteile mit diesen Listen decken, da diese nicht mehr erhalten sind. Die meisten Wochenberichte beinhalten handschriftliche Anmerkungen, Unterstreichungen oder Häkchen. Nicht alle handschriftlichen Ergänzungen konnten entziffert werden. Bei dieser Auswertung wurde sich vor allem an den maschinenschriftlichen Angaben orientiert und die handschriftlichen Anmerkungen wurden zur Ergänzung herangezogen. Diese könnten von Grabower selbst stammen, oder aber teilweise auch von Heinrich Klang, dem Grabower als Leiter des Rechtswesens regelmäßig ein Aktenexemplar der Wochenberichte nach der Durcharbeitung zur Kenntnis vorgelegt hatte.[1] Klangs Kürzel/Unterschrift befindet sich auf einigen Wochenberichten. Die Häkchen könnten bedeuten, dass er mit Grabowers geplanter oder bereits vollzogener Entscheidung einverstanden war. Da es sich vorliegend um Berichte handelt, die einen Überblick über die Verfahrensausgänge der einzelnen Wochen geben sollen, ist anzunehmen, dass Grabower diese Listen erst, nachdem er die Urteile fertig gestellt hatte, an Klang und die anderen Stellen zur Kenntnisnahme geschickt hat.

1. Wochenbericht vom 07.12.1944

Der erste Wochenbericht wurde von Grabower – im Gegensatz zu den nachfolgenden – nur handschriftlich als ein solcher bezeichnet. Auch der Aufbau unterscheidet sich sehr von den folgenden. Grabower unterteilte diesen Bericht in Strafen[2] und nennt noch nicht die Berufe der beschuldigten Personen oder die

---

[1] „Schreiben von Grabower an Baeck vom 29.03.1945", in: BArch, N 1856/56. Klang bat Grabower um das Zuschicken der Wochenberichte. Quelle: Aktenvermerk 1103.) vom 03.03. 1945, in: BArch, N 1856/57.

[2] D.h. Grabower listete unter I. Strafen 1. Haftstrafen, 2. Dekadenstrafen 3. Tagesbrotra-

Taten, die ihnen vorgeworfen wurden. Es ist zudem fraglich, ob bei diesem Wochenbericht nicht mindestens eine Seite fehlt, da keinerlei Angaben zu Grabowers Tätigkeit als Verwaltungsrichter gemacht werden. Auch die Bemerkungen Grabowers, die er bei den restlichen Wochenberichten am Ende anfügt, sowie eine Unterschrift von Grabower fehlen. Die ausgewerteten Zahlen stimmen bis auf die der Einstellungen und der Fälle insgesamt mit den Angaben von Grabower im Aktenvermerk vom Dezember 1944 überein.[3] Dort sind elf Fälle mehr als auf dem im Nachlass befindlichen Wochenbericht verzeichnet. Diese Zahl deckt sich mit der Abweichung bei den eingestellten Fällen. Somit ist davon auszugehen, dass mindestens ein Blatt von diesem Wochenbericht im Nachlass fehlt. Grabower schrieb, dass er, nach dem Abschicken an die interessierten Abteilungen, selbst keine Abschrift des Berichtes behalten hatte,[4] was das Fehlen der Seite(n) erklären könnte.

Dieser Wochenbericht wurde an Leo Kohn (Z.S. = Zentralsekretariat), Robert Weinberger (A.Z. = Arbeitszentrale) und an Rudolf Freiberger (WAP = Produktionsabteilung, die eine Unterabteilung der Wirtschaftsabteilung war)[5] und nicht – wie es sonst der Fall war – an den Judenältesten adressiert. Als Absender wird „Der Arbeitsrichter Gr./Fe." angegeben.

Arbeitsrichter:

Insgesamt: 96
Einstellung: 46
Entzug der TBR (Tagesbrotration): 39
Entzug der WMK (warme Mittagskost): 2
Entzug der TBR plus WMK: 2
Dekadenstrafe: 5 (1x 1 Monat, 1x 2 DK, 3x 1 DK)
Haftstrafe: 2 (1x 3 Tage, 1x 8 Tage)

2. *Wochenbericht vom 16.12.1944*

Im 2. Wochenbericht berichtete Grabower, dass er insgesamt 90 Fälle zu entscheiden hatte. Hiervor waren 65 Fälle Arbeits- und 25 Fälle Verwaltungsstreitigkeiten. Dieser Wochenbericht richtete sich an den Judenältesten. Als Ausstel-

---

tion plus warme Mittagskost, 4. Warme Mittagskost, 5. Tagesbrotration und jeweils die dazugehörigen Fälle auf.

[3] Aktenvermerk 793.) vom 07.12.1944, in: BArch, N 1856/57.
[4] Aktenvermerk 793.) vom 07.12.1944, in: BArch, N 1856/57.
[5] „Freiberger, Dr. Rudolf", aufgerufen unter: http://www.ghetto-theresienstadt.de/pages/f/freibergerr.htm [Stand: 12.11.2020]. „Produktionsstätten im Theresienstädter Ghetto", aufgerufen unter: http://www.ghetto-theresienstadt.de/pages/p/produktionsstaetten.htm [Stand: 12.11.2020]. In Grabowers Dokument wird Weinbergers Vorname mit Ludwig angegeben. Möglicherweise lieg der Grund darin, dass Weinbergers vollständiger Namen Robert Ludvík Weinberger lautete. Quelle: „Robert Ludvík Weinberger", aufgerufen unter: https://www.pamatnik-terezin.cz/prisoner/te-weinberger-2 [Stand: 12.03.2021].

ler ist wieder „Gr./Fe." angegeben. Grabower unterzeichnete diesen Wochenbericht mit seinem Kürzel „Gr.". Er schrieb, dass unter Bezugnahme auf den 1. Wochenbericht ab dem 03.12.1944 regelmäßig jeden Sonnabend ein Bericht über die Arbeiten der Woche vorgelegt werden solle. Die Zwischenberichte, von denen bis zu diesem Zeitpunkt bereits sechs erstattet worden waren, sollten nebenher angefertigt werden. Ob Grabower diese Berichte lediglich mündlich erteilte oder sie nicht mehr erhalten sind, ist mir nicht bekannt.

Arbeitsrichter:

Insgesamt: 65 Fälle
Einstellung: 38
Entzug der TBR: 14
Entzug der TBR plus Entzug einer warmen TK: 2
Sonstiger Entzug von Nahrungsmitteln: 3 (1x 2/3 Monatzubuße; 1x 1/3 Monatzubuße in Kombination mit einem strengen Verweis; 1x 3 TGB[6])
Haftstrafe: 1 (für 3 Tage)
Verweis: 1 (streng, als Kombination mit der Monatzubuße)
Krank[7]: 2
Aussetzung: 3
Ungeklärter Fall[8]: 1 (Beim Aktenzeichen A 163 steht vgl. A 121. Allerdings befindet sich der Fall mit dem Aktenzeichen A 121 nicht auf der vorliegenden Liste.)

Einer Verurteilten erteilte Grabower die Strafe des Entzugs von 1/3 Monatszubuße. Hierzu schrieb er, dass die Frau ein Fall für sich sei. Sie war zunächst in der Zentralwäscherei und dann bei der Rübenernte tätig und hatte das Gefühl, ungerecht behandelt zu werden. Er war der Überzeugung, dass sie nach gutem Zureden und erhaltener Strafe ihre Pflicht einsehen und erfüllen werde.

Einen Fall stellte Grabower mit dem Hinweis ein, dass es sich um „Prophylaxe" gehandelt hätte und er versucht habe, dem Beschuldigten auszureden, eine geplante Dummheit gegen eine andere Person zu begehen. Bei einer Ghetto-

---

[6] Bei dieser Abkürzung bin ich mir nicht ganz sicher, was sie bedeutet. Vom ersten Eindruck würde ich meinen, dass sie für Tagesbrot steht. Jedoch gab es daneben noch die TBR (Tagesbrotration). Der Entzug einer TGB wurde von Grabower deutlich seltener verhängt als der Entzug einer TBR. Möglicherweise könnte das Wort Ration darauf hindeuten, dass hiermit die Ration gemeint ist, die die Ghettobewohner für mehrere Tage erhielten. Nach mehreren Berichten erhielten die Ghettobewohner Brot für mehrere (ca. drei) Tage ausgeteilt, das sie sich dann selbst einteilen mussten. TGB könnte dann das Brot sein, dass für einen einzigen Tag bestimmt war. Gegen diese Annahme spricht jedoch, dass der Entzug einer Tagesbrotration (Brot für mehrere Tage) milder sein sollte als der einmalige Entzug der warmen Mittagskost.

[7] Grabower schlug vor, dass die Arbeiter, die sich krankmeldeten, eine Bestätigung vom Kontrollarzt erbringen sollten. Quelle: Aktenvermerk 1106.) vom 03.03.1945, in: BArch, N 1856/57.

[8] Hiermit sind die Fälle gemeint, die nicht einordnen/entziffern/deuten werden konnten. Es sind also nicht solche Fälle, die durch Grabower ungeklärt blieben.

bewohnerin handelte es sich ebenfalls um eine prophylaktische Maßnahme. Sie war krank, konnte aber den Vorschriften nach aus nicht näher beschriebenen Gründen nicht „U" (wahrscheinlich arbeitsunfähig) geschrieben werden.

Verwaltungsrichter:

Insgesamt: 25 Fälle
Einstellung: 14 (Bei einem Fall handelte es sich wahrscheinlich um die Frage, ob die Beschuldigte berechtigt war, ihren Doktortitel zu tragen. Bei den meisten Fällen handelte es sich um Verstöße gegen die Melde- oder Übernachtungsvorschriften.)
Entzug der TBR: 5 (ein Mann war als Kutscher mit Pferden im „Vergasungsbez."; Verstoß gegen die Melde- oder Übernachtungsvorschriften [einmal in Kombination mit einem Verweis]; wegen unerlaubten Entfernens von Stockbetten[9])
Sonstiger Entzug von Nahrungsmitteln: 5 (1x 1/3 Jahreszubuße, weil der Beschuldigte, der früher als Leichenträger beschäftigt war, nicht arbeiten wollte und die Vorschriften bei der Entnahme von Damenschuhen nicht beachtete; 1x 1 Monat Jahreszubuße wegen Verstoßes gegen die Übernachtungsvorschriften; 1x Entzug warmer Tageskost aufgrund des Verstoßes gegen die Übernachtungsvorschriften; 1x 3 TGB, als Grund wird eine Drohung genannt und 1x TGB wegen des Verstoßes gegen die Meldevorschriften)
Verweis: 2 (wegen Verstoßes gegen die Melde- oder Übernachtungsvorschriften; 1x in Kombination mit dem Entzug einer TBR.)

3. Wochenbericht vom 25.12.1944

Auch dieser Wochenbericht ist an den Judenältesten adressiert. Als Absender sind die Kürzel „Gr./L." angegeben. Der Wochenbericht scheint nicht vollständig erhalten zu sein. So finden sich keine Angaben zu den Gründen der Bestrafungen oder zu Grabowers Tätigkeit als Verwaltungsrichter. Außerdem fehlt seine Unterschrift. Zudem scheint der nachfolgende Zettel in den Akten seine Bemerkungen zu diesem Wochenbericht insgesamt zu thematisieren und fängt mit „Nummer 2." an. Somit muss zumindest eine Seite von diesem Wochenbericht fehlen.

Arbeitsrichter:

Insgesamt: 44 Fälle
Einstellung: 38
Entzug der TBR: 3
Entzug der WMK: 1
Haftstrafe: 1 (10 Tage Haft für eine Glimmerin)
Ungeklärter Fall: 1 (A 184 ist unleserlich)

---

[9] Laut Adler bestanden diese Stockbetten aus zwei- oder dreistöckigen Gestellen aus Brettern und Latten für vier oder auch mehr Personen. Es wurden Matratzen oder Strohsäcke auf diese Gestelle gelegt. Solche Stockbetten standen in den meisten Unterkünften. In den Krankenzimmern und bevorzugten Wohngelegenheiten gab es Einzelbetten. Mit der Stadtverschönerung wurden auch die Schlafgelegenheiten verbessert. Quelle: *Adler*, „Theresienstadt 1941–1945", S. LIV.

4. Wochenbericht vom 30.12.1944

Auch bei diesem Wochenbericht scheint es so, als würden Seiten fehlen. Die üblichen Bemerkungen sind nicht vorhanden. Interessant ist jedoch, dass es von der Seitennummerierung nahtlos mit dem 3. Wochenbericht weitergeht (die Wochenberichte sind von dem jüngsten (20. + 21.) zum ältesten (1.) in dem Aktenordner sortiert). Es ist daher anzunehmen, dass die Nummerierung der Seiten erst nachträglich erfolgt ist und zu dem Zeitpunkt der Nummerierung, sei es noch zu Lebzeiten durch Grabower selbst oder aber bereits nach seinem Tod, die Seiten bereits fehlten. Bei diesem Bericht fehlt auch der Grund für die Bestrafungen.

Arbeitsrichter:

Insgesamt: 58 Fälle
Einstellung: 42
Entzug der TBR: 15 (davon alle Glimmer, außer zweimal Hundertschaft und ein Beschäftigter in der Drainagewerkstatt)
Entzug von Dekaden: 1 (2 Dekaden)

Verwaltungsrichter:

Insgesamt: 26 Fälle
Einstellung: 15 (2x weil die Bewohner zum Quarantänebesuch verpflichtet waren)
Entzug der TBR: 8
Haftstrafe: 1 (für 2 Tage)
Verweis: 2

5. Wochenbericht vom Januar 1945[*]

Die Qualität dieses Wochenberichtes ist besonders schlecht, er scheint jedoch vollständig erhalten zu sein. Die Leserlichkeit war somit stark beeinträchtigt. Auch dieser Wochenbericht war an den Judenältesten adressiert. Handschriftlich wird um die Rückgabe nach Erledigung gebeten. Grabowers Unterschrift befindet sich auf der letzten Seite. Nachdem Leo Kohn Grabower am 05.01.1945 darum gebeten hatte, in den Wochenberichten auch den Grund für die Bestrafung zu nennen,[11] wird dieser ab dem 5. Wochenbericht in den meisten Fällen angegeben. Durch diesen Wunsch Kohns wird deutlich, dass die Wochenberichte zumindest zum Teil von den adressierten Stellen gelesen wurden.

---

[*] Datum nicht weiter leserlich, könnte 03.01. oder 13.01. sein.
[11] Aktenvermerk 942.) vom 05.01.1945, in: BArch, N 1856/57.

Arbeitsrichter:

Insgesamt: 35 Fälle
Einstellung: 24
Entzug der TBR: 7 (wegen unentschuldigten Fehlens bei Arbeit/Zusatzarbeit)
Haftstrafe: 1 (für 1 Tag wegen Nichteinhaltung der Bereitschaft[12])
Ungeklärter Fall: 1 (Dort steht siehe V 189, dieser wurde zu einer Arbeitshaftstrafe [Dauer unleserlich] einschließlich zwei Verdunklungstagen wegen schwerster Verletzung der Übernachtungsvorschriften und Fernbleibens von der Arbeit verurteilt. Ob der arbeitsrechtliche Fall hiermit in Verbindung steht und der Beschuldigte die gleiche Bestrafung erhalten hat, ist nicht eindeutig erkennbar.)
In zwei Fällen befand sich die Akte noch beim Judenältesten.

Verwaltungsrichter:

Insgesamt: 28 Fälle
Einstellung: 8 (Interessanterweise waren zwei dieser Fälle auf Weisung des Zentralsekretariats bisher in der Schwebe gehalten worden, weil die Dienststelle „der Angelegenheit ihr Augenmerk zugewendet hatte". Weitere Hinweise zum Tatvorwurf gegen die beiden Frauen enthält der Wochenbericht nicht.)
Entzug der TBR: 6 (wegen Absägens von Stockbetten; Verletzung von Übernachtungsvorschriften)
Entzug einer Tageskost: 1 (wegen ungebührlichen Benehmens im Kaffeehaus)
Haftstrafe: 7 (wegen Verletzung der Meldungspflicht [1 Tag Haft/12 Tage für die Zimmerälteste, wobei es sich bei beiden Fällen um eine Angelegenheit handelte, in der zwei Frauen geflohen waren]; wegen ungebührlichen Verhaltens im Kaffeehaus [2 Tage Haft]; wegen antisemitischen Bemerkungen am Postschalter [1 Tag Arbeitshaft]. Wegen schlechter Behandlung von Körben und Koffern musste ein Mann aus der Transportkolonne 2 Tage in Haft in Kombination mit dem Entzug warmer Tageskost. Ein Tapezierer musste wegen schwerster Verletzung der Übernachtungsvorschriften und Fernbleibens von der Arbeit in Haft [Die Anzahl der Hafttage ist nicht leserlich, jedenfalls sollten 2 Tage in Dunkelhaft vorgenommen werden und es handelte sich um eine Arbeitshaft.]. Eine Frau wurde wegen schweren Verstoßes gegen die Übernachtungsvorschriften zu einer Haftstrafe verurteilt [Auch hier ist die Anzahl der Tage nicht zu erkennen. Es handelte sich um Arbeitshaft.].)
Entschuldigung: 4 (zweimal wegen Anrempelei und zwei wegen „Häckelei")
Ungeklärter Fall: 2 (Beim Fall V 145 steht „Taschner. Verletzung d. Meldevorschrift", jedoch keine Angabe zum Ausgang des Verfahrens. Bei V 180 ist das Ergebnis des Verfahrens nicht leserlich, könnte „Einst." bedeuten.)

Zu den beiden Haftstrafen bezüglich der schweren Verstöße gegen die Übernachtungsvorschriften war laut Grabowers Anmerkung ein Begnadigungsantrag laufend, handschriftlich ist „abgelehnt" daneben geschrieben worden.

---

[12] Es gab einen Bereitschaftsdienst bei der Hundertschaft. Die Arbeiter mussten während ihrer Bereitschaft an freien Tagen auf Abruf stehen und während der möglichen Arbeitszeit in ihren Quartieren erreichbar sein. Quelle: *Adler*, „Theresienstadt 1941–1945", S. XXXIII.

6. Wochenbericht vom 16.01.1945

Arbeitsrichter:

Insgesamt: 121 Fälle
Einstellung: 94
Entzug der TBR: 24 (wegen „Drückebergerei"; wegen Fehlens am Arbeitsplatz; wegen Weggehens vom Arbeitsplatz)
Dekadenentzug: 2 (2x 1 DK, einmal wegen Arbeitsabsenz)
Haftstrafe: 1 (3 Tage wegen vorzeitigen Weggangs von Arbeit)

Verwaltungsrichter:

Insgesamt: 35 Fälle
Einstellungen: 8
Entzug der TBR: 3 (wegen Verstoßes gegen Übernachtungsvorschriften; wegen Öffnens der Mansarde[13])
Entzug WMK: 2
Sonstiger Entzug von Nahrungsmitteln: 9 (1x „Privatstenogramm auf Poetk." geringste Verpflegungskategorie für 1 Monat, alle Zubußen und 2 „Brotfass." + 1 „Brotf."; 2x das Gleiche nur mit 2 Brotfassung.; 4x wegen „Zensurversehens" Entzug sämtlicher Zubußen, 1/2 Mon. 1 Brotfassung, niedrigere Verpflegungskategorie, 2x wegen der Übertretung von Übernachtungsvorschriften)
Barzahlung: 2 (monatliche Zahlungen wegen Verstoßes gegen Übernachtungsvorschriften)
Haftstrafe: 3 (je 3 Tage wegen „Holzversehens")
Vergleich: 8 (wegen Schimpfereien)

7. Wochenbericht vom 23.01.1945

Dieser Wochenbericht fällt recht kurz aus. Vor allem als Verwaltungsrichter hatte Grabower lediglich 5 Fälle zu verhandeln. Auch seine Bemerkungen sind knapp und bringen keine tiefergehenden Erkenntnisse.

Arbeitsrichter:

Insgesamt: 37 Fälle
Einstellung: 20 (1x mit dem Zusatz „geistig nicht normal")
Entzug der TBR: 11 (wegen Fehlens bei der Arbeit; Zulassens von Schwarzarbeit; früheren Weggehens von der Arbeit/Zusatzarbeit)
Dekadenentzug: 5 (2x 1 DK wegen Weggehens von der Arbeit ohne Abmeldung; 1x 1 DK, weil früher von der Arbeit gegangen; 2x 2 DK, weil zu spät zur Arbeit gekommen)
Haftstrafe: 1 (eine viertägige Haftstrafe wegen Fehlens an 25 Tagen)
Abgabe an eine andere Stelle: 1 (Die Angelegenheit eines Schuhmachers bezeichnete Grabower als eine grundsätzliche Frage der Heimschwarzarbeit, weswegen er sie an die Arbeitszentrale abgab.)

---

[13] Eine Mansarde (auch Kumbal) war ein kleiner abgetrennter Raum auf dem Dachboden. Dieser wurde meistens illegal als Wohnraum genutzt. Quelle: *Adler,* „Theresienstadt 1941–1945", S. XLIV.

Verwaltungsrichter:

Insgesamt: 5 Fälle
Einstellung: 2
Entzug der TBR: 1 (wegen Verrichtung der Notdurft am Hof)
Entzug der WMK: 1 (wegen Schikane der Zimmerkameraden)
Haftstrafe: 1 (für 14 Tage wegen bezahlter Schwarzarbeit eines Kappenmachers)

8. Wochenbericht vom 29.01.1945

Dieser Wochenbericht war für den Judenältesten, die Arbeitszentrale, WAP und die Akten bestimmt. Das Wort „Akten" ist unterstrichen, was darauf hindeutet, dass es sich zumindest bei diesem Wochenbericht um das Exemplar handelt, welches Grabower dazu bestimmt hatte, zu seinen Akten zu legen. Als Aussteller sind die Kürzel „Gr./L." zu erkennen.

Arbeitsrichter:

Insgesamt: 25 Fälle
Einstellung: 21
Entzug der TBR: 1 (wegen vorzeitigen Verlassens der Arbeit)
Dekadenentzug: 1 (1 DK wegen unentschuldigten Fehlens)
Prämienentzug: 1 (für einen Monat wegen Disziplinwidrigkeit)
Haftstrafe: 1 (drei Tage in Kombination mit einem Tag Entzug der WMK, weil ein Zimmerältester nicht zum Barackenbau antrat)

Verwaltungsrichter:

Insgesamt: 18 Fälle
Einstellung: 3
Entzug der TBR: 3 (wegen Beleidigung der Raumwirtschaft[14]; des Tragens einer Tasche im Dienst als Gemeindewachfrau; Verstoßes gegen Übernachtungsvorschriften)
Entzug der WMK + WAK: 2 (wegen Missbrauchs von Postkarten)
Prämienentzug: 1 (für einen Monat für einen Menagepartieführer[15])
Vergleich: 1 (wegen Beleidigung)
Ausgleich: 7
Ungeklärter Fall: 1 (V 241, dort steht „Bericht in Kohlensache" und kein Urteil)

---

[14] Die Stelle in der jüdischen Selbstverwaltung, die den Bewohnern ihr Quartier zuwies. Die Raumwirtschaft war u.a. für Umsiedlungen in andere Ubikationen oder der Zuteilung von Betriebsräumen zuständig. Quelle: *Adler*, „Theresienstadt 1941–1945", S. XLVIII.
[15] Menage = gekochte Mahlzeit. Entstammt der österreichischen Militärsprache. Menagedienst = „Funktionäre, die Abschnitte der ‚Essenkarten' entfernten und durch laute Ansage an die Köche, die Ausgabe des Essens veranlaßten." Die Bewohner holten oft nicht nur für sich, sondern gleich für mehrere Personen das Essen. Daher war es Aufgabe des Menagedienstes, die Anzahl der Portionen laut zu verkünden. Adler beschrieb, wie mit der Zeit bei jeder Essensausgabe zwei jüdische Funktionäre vor Ort waren und die abgetrennten Essenkartenabschnitte aufgehoben und verrechnet werden mussten. Quelle: *Adler*, „Theresienstadt 1941–1945", S. XLV.

9. Wochenbericht vom 05.02.1945

Arbeitsrichter:

Insgesamt: 50 Fälle
Einstellung: 34
Entzug der TBR: 11 (wegen Fehlens bei Arbeit/Zusatzarbeit; unpünktlichen Dienstantritts; vorzeitigen Weggehens im R. D.; Fehlens beim Barackenbau)
Dekadenentzug: 4 (je 1 DK, wegen vorzeitigen Weggehens oder Fehlens bei der Arbeit)
Haftstrafe: 1 (für 8 Tage Arbeitshaft, wegen disziplinwidrigen Verhaltens beim Barackenbau, allerdings mit dem Zusatz „noch nicht rechtskräftig")

Verwaltungsrichter:

Insgesamt: 18 Fälle
Einstellung: 3
Beigelegt: 2
Entzug der TBR: 8 (wegen Verletzung von Übernachtungsvorschriften; Besitzes ablieferungspflichtiger Gegenstände; Ofenmanipulation; Krachs in der Wärmestube; „Hausdrache")
Dekadenentzug: 1 (urspr. 8 Tage Haft umgewandelt in 3 Dekaden wegen schweren Verstoßes gegen die Übernachtungsvorschriften)
Ausgleich: 3
Abgabe an öffentlichen Ankläger: 1 (wegen Ofenmanipulation)

10. Wochenbericht vom 12.02.1945

Arbeitsrichter:

Insgesamt: 43
Einstellung: 35
Entzug der TBR: 4 (wegen vorzeitigen Verlassens des R. D.; Fehlens bei der Zusatzarbeit; als Ordnungsstrafe; weil Vorladung nicht gefolgt)
Entzug der WMK: 1 (wegen Fehlens bei der Zusatzarbeit)
Dekadenentzug: 1 (3 DK wegen Undiszipliniertheit)
Haftstrafe: 1 (für drei Tage Arbeitshaft wegen unentschuldigten Fehlens an mehreren Tagen)
Ungeklärter Fall: 1 (A 560, hier fehlt die Angabe zum Tatvorwurf und Urteil)

Verwaltungsrichter:

Insgesamt: 15 Fälle
Einstellung: 8
Entzug der TBR: 1 (wegen Verstoßes gegen Übernachtungsvorschriften)
Entzug der WMK: 1 (wegen leichtsinnigen Umgangs mit Asche)
Entzug einer WMK in Kombination mit Entzug einer WAK: 4 (wegen Schimpfereien; unfreundlichen Verhaltens gegenüber der Gebäudeleitung; verbotenen Besuches der Schleuse)
Ausgleich: 1

Bei vier Fällen besprach sich Grabower mit der Arbeitszentrale, beschränkte sich mit deren Zustimmung auf eine Verwarnung und stellte das Verfahren ein. Die betroffenen Personen waren zwar nicht zur Zusatzarbeit erschienen, es traf sie jedoch keine Schuld, da sie erst vor einigen Tagen nach Theresienstadt gekommen seien. Diese Bewohner ließ er sogar noch in der Nacht vorführen, wahrscheinlich um diese Angelegenheit so schnell wie möglich abzuarbeiten.

11. Wochenbericht vom 19.02.1945

Arbeitsrichter:

Insgesamt: 100 Fälle
Einstellung: 64
Entzug der TBR: 16 (als Ordnungsstrafe; wegen Schwarzarbeit; Verspätung zur Arbeit; Nichtmeldung zur Arbeit; Weglaufens von der Arbeit; Nichteinhaltung von Dienststunden; Fehlens bei der Arbeit)
Entzug der WMK: 3 (wegen Fehlens bei der Arbeit bzw. Zusatzarbeit)
Entzug der WMK und drei Tage später einer warmen Abendkost: 9 (wegen Fehlens bei der Arbeit; Zuspätkommens zur Arbeit; Fernbleibens von der Zusatzarbeit)
Dekadenentzug: 1 (3 DK wegen Fehlens, gleicher Fall wie die TBR als Ordnungsstrafe)
Haftstrafe: 8 (24 Stunden Arbeitshaft wegen Fehlens im R.D.; 1 Tag Arbeitshaft bzw. 3 Tage Haft wegen Weglaufens von der Arbeit; 1–3 Tage Haft wegen Fehlens bei der Arbeit)

Verwaltungsrichter:

Insgesamt: 21 Fälle
Einstellung: 5
Entzug der TBR: 5 (wegen Schimpfereien in der Raumwirtschaft; Verstoßes gegen Übernachtungsvorschriften [Hier befindet sich zweimal der Vermerk, dass die Strafe nach dem 1. März zu vollziehen sei.])
Entzug der WMK in Kombination mit Entzug der WAK: 7 (wegen asozialen Verhaltens im Zimmer; wegen Verstoßes gegen Übernachtungsvorschriften [Hierbei steht explizit, dass zwischen dem Entzug der WMK und WMA ein dreitägiger Zwischenraum liegen und diese Strafe ab dem 1. März vollstreckt werden sollte. Solche Angaben haben sich bisher in noch keinem Wochenbericht befunden.])
Haftstrafe: 1 (drei Tage wegen schweren Verstoßes gegen Übernachtungsvorschriften)
Ausgleich: 3 (wegen Zimmerzankes)

12. Wochenbericht vom 28.02.1945

Arbeitsrichter:

Insgesamt: 120 Fälle
Einstellung: 98 (einmal mit der Anmerkung „will sich die Arbeit selbst aussuchen"; viermal hatten die Personen die Arbeit vorzeitig verlassen, hierzu schrieb Grabower „ausführliches Einstellungsurteil". Fünf Frauen fehlten ohne eigene Schuld in der Kleiderkammer und wurden daher lediglich belehrt.)

Entzug der TBR: 18 (wegen [unentschuldigten] Fehlens; nach Hause Gehens nach Ambulanz; Ausnutzens der „Sokolowna-Nacht",[16] um noch am nächsten Tag zu fehlen; unentschuldigten Verlassens der Zusatzarbeit; unrechtmäßigen Ausnutzens der Transportnacht. Ein Mann im mobilen Männereinsatz wurde „wegen Wortführung bei Arbeitsverweigerung" mit Entzug von TBR bestraft. Anscheinend begründete er seine Verweigerung mit der Argumentation, dass die Arbeit zu schwer sei. Allerdings hatte er diese noch nicht einmal versucht.)
Entzug der WMK und drei Tage später Entzug einer warmen Abendkost: 3 (wegen Verweigerung der Zusatzarbeit; wegen unentschuldigten Fehlens)
Dekadenentzug: 1 (2 DK wegen Fehlens)

Verwaltungsrichter:

Insgesamt: 13 Fälle
Einstellung: 1
Entzug der TBR: 4 (wegen asozialen Benehmens; unerzogenen Benehmens beim Alarm; Verstoßes gegen die Übernachtungsvorschriften)
Entzug der WMK und drei Tage später einer warmen Abendkost: 1 (wegen Zersägens eines Bettes)
Dekadenentzug: 2 (1x 3 DK, die Strafe wurde jedoch durch Haft ausgeglichen; 1x 2 DK)
Ausgleich: 4 (wegen Zanks; zwei Beteiligte baten um Entschuldigung und machten Zukunftsversprechungen)
Abgabe an öffentlichen Ankläger: 1

13. Wochenbericht vom 07.03.1945

Arbeitsrichter:

Insgesamt: 72 Fälle
Einstellung: 46
Entzug der TBR: 19 (wegen Fehlens bei der Arbeit)
Entzug der WMK: 1 (wegen Fehlens bei der Arbeit)
Entzug der WMK in Kombination mit Entzug der WMA: 2 (wegen Fehlens bei der Arbeit)
Dekadenentzug: 1 (2 DK wegen Verstoßes gegen die Arbeitsdisziplin bei der Zimmerreinigung)
Haftstrafe: 2 (2 bzw. 3 Tage Haft wegen Fehlens bei der Arbeit)
Verweis: 1 (strenger Verweis)

Verwaltungsrichter:

Insgesamt: 21 Fälle
Einstellung: 11 (Eine hiervon war ein Mann, der Grabower beschuldigt hatte, hart genug zu sein, um Verbrennungsurteile auch gegen Hexen zu vollziehen.)

---

[16] Die Sokolovna (Grabower schrieb sie mit w) war ein Vereinshaus in Theresienstadt. Bis 1944 befand sich dort ein Krankenhaus. Es wurde durch die Verschönerungsaktion in ein Theater- und Vortragssaal umgewandelt. Quelle: „Sokolovna", aufgerufen unter: http://www.ghetto-theresienstadt.de/pages/s/sokolovna.htm [Stand: 08.12.2020]. Vgl. auch *Adler*, „Theresienstadt 1941–1945", S. LII.

Entzug der TBR: 1 (wegen Verstoßes gegen die Meldevorschriften)
Entzug der WMK in Kombination mit dem Entzug von warmer Abendkost drei Tage später: 1 (wegen Verstoßes gegen Übernachtungsvorschriften)
Dekadenentzug: 1 (2 DK wegen übler Bemerkung über „Kartoffelinkorrektheiten")
Haftstrafe: 1 (6 Tage wegen Verstoßes gegen die Übernachtungsvorschriften. Es wurde anscheinend eine Beschwerde bei der Berufungskammer eingelegt und das Verfahren war noch nicht abgeschlossen.)
Ausgleich: 6 (u. a. wegen Streits im Zimmer und um Essschalen)

In zwei Fällen hatten Gebäudeleiter TBR entzogen, wofür sie laut Grabower zwar nach außen hin, jedoch intern nicht berechtigt waren.[17]

Grabower fasste zusammen, dass der Monatsbericht im Februar recht interessante Ergebnisse hervorgebracht habe: 357 Arbeitssachen sind bei ihm im Februar eingegangen. 37 davon waren unerledigt, 239 Einstellungen, 81 Strafen, wobei von diesen Strafen 46 Entzüge der TBR, Entzüge von 1 DK, 3 von 2 DK, 2 von 3 DK und 4 Entzüge von WMK, 12 Entzüge von WMK in Kombination mit Entzug von WAK und 9 Haftfälle waren. Tatsächliche stimmen die Zahlen mit der Auswertung der Wochenberichte annähernd überein. Werden die unerledigten Fälle abgezogen, die folgerichtig nicht in der Liste der abgeurteilten Fälle aufgetaucht sind, ergibt sich höchstens eine Differenz um die zehn, meistens geringer.

Außerdem seien laut Grabower 68 Verwaltungssachen im Februar eingegangen, von denen 10 unerledigt, 7 durch Ausgleich erledigt, 19 eingestellt und 32 bestraft worden seien. Von diesen 32 Strafen wurden 14 mit dem Entzug der TBR, 1 Entzug der WMK, 12 Entzüge der WMK in Kombination mit Entzug der WAK, Entzüge von 1x 2 DK und 2x 3 DK bestraft. Es wurde eine Haftstrafe erteilt und ein Fall wurde an den öffentlichen Ankläger abgegeben. Auch hier finden sich nur minimale Abweichungen, sogar in geringerer Skala als beim Arbeitsrichter, zu den ausgewerteten Berichten. Diese Differenz lässt sich damit erklären, dass einige Fälle nachträglich abgeändert oder ergänzt wurden und sich möglicherweise nicht immer die endgültigen Dokumente in Grabowers Nachlass befinden. Die nahezu Übereinstimmung der Zahlen (WMK beispielsweise komplette Übereinstimmung), zeugt jedoch auch davon, dass die ausgewerteten Wochenberichte und die erarbeitete Auswertung zumindest einen groben Überblick über Grabowers tatsächliche Arbeit als Richter im Ghetto bieten.

---

[17] Grabower könnte hiermit gemeint haben, dass die Gebäudeältesten zwar nach den Verordnungen berechtigt waren eine solche Strafe zu verhängen, dies intern jedoch zu Zuständigkeitsschwierigkeiten führte. Die Grenzen bzgl. der Kompetenzen der einzelnen Stellen in der jüdischen Selbstverwaltung waren teilweise schwimmend. Grabower schrieb auch von einem Fall, in dem ein Gebäudeleiter einer Frau die TBR entzog, ohne die Bewohnerin vorher anzuhören. Aktenvermerk 1129.) vom 09.03.1945, in: BArch, N 1856/57.

14. Wochenbericht vom 13.03.1945

Auch bei diesem Wochenbericht ist es fraglich, ob dieser vollständig erhalten ist. Es fehlen die sonst üblichen Bemerkungen am Ende des Berichts.

Arbeitsrichter:

Insgesamt: 52 Fälle
Einstellung: 31
Entzug der TBR: 13 (wegen Nichtantritts der Arbeit; Fehlens bei der Arbeit)
Entzug der WMK: 5 (wegen Fehlens bei der Arbeit; Nichtantritts der Arbeit)
Entzug der WMK und dann drei Tage später der warmen Abendkost: 1 (wegen Fehlens bei der Arbeit)
Monadenentzug: 2 (wegen vorzeitigen Verlassens der Arbeit; 1x Entzug einer Monade plus 2 Sonderdekaden der Gebäudeleitung. Diese Frau war anscheinend die Anstifterin dafür, dass sie und eine andere Frau die Arbeit vorzeitig verlassen hatten.)

Verwaltungsrichter:

Insgesamt: 11 Fälle
Einstellung: 6
Entzug der TBR: 1 (wegen Verstoßes gegen Alarmvorschriften)
Dekadenentzug: 1 (1 DK wegen Verstoßes gegen Übernachtungsvorschriften; Dieser Fall steht mit dem Fall, in dem die Haftstrafe erteilt wurde, in Verbindung. Möglicherweise haben sich einen Mann und eine Frau unerlaubterweise nachts die Schlafmöglichkeit geteilt.)
Haftstrafe: 1 (5 Tage, weil von Mitternacht bis 10 Uhr in fremder Ubikation)
Ausgleich: 1
Schreiben eines Entschuldigungsbriefes: 1

15. Wochenbericht vom 20.03.1945

Arbeitsrichter:

Insgesamt: 78 Fälle
Einstellung: 58
Entzug der TBR: 11 (wegen Fehlens bei der Arbeit/Zusatzarbeit)
Entzug der WMK: 3 (wegen Fehlens bei der Arbeit)
Monadenentzug: 2 (1x wegen Fehlens an mehreren Tagen und „ohne Sinn für Idee der Gemeinschaft"; 1x Monade plus Raumverbot wegen Disziplinwidrigkeit)
Haftstrafe: 2 (1x fünf Tage Arbeitshaft in Kombination mit dem Entzug einer WMK, wegen vorzeitigen Verlassens der Hundertschaft bei der Arbeit und unanständige Bemerkungen; 1x 1 Tag Arbeitshaft in Kombination mit dem Entzug einer WMK)
Verweis: 2 (wegen Fehlens bei der Arbeit)

Verwaltungsrichter:

Insgesamt: 29 Fälle
Einstellung: 7 (zweimal aufgrund von Falschmeldungen)

Entzug der TBR: 1 (wegen Verstoßes gegen die Übernachtungsvorschriften)
Entzug der WMK: 8 (wegen Ungehorsams; wegen Mitnahme von Inventar aus der Bäckerei)
Dekadenentzug: 3 (1x 1 DK wegen Unsauberkeit des Zimmers; 1x 2 DK wegen Undiszipliniertheit und Drohung; 1x 1 DK und Pflicht zur Entschuldigung wegen Undiszipliniertheit und ungehöriger Bemerkungen eines Heimleiters)
Haftstrafe: 1 (3 Tage Arbeitshaft, wegen disziplinwidrigen Verhaltens in der Hundertschaft, allerdings mit dem Zusatz „noch nicht rechtskräftig")
Zahlung: 1 (1 Entzug einer Monatsauszahlung wegen Ungehorsams eines Krankenpflegers)
Ausgleich: 4 (1x wegen Zimmerkrachs)
Ermahnung: 5 (wegen Verstoßes gegen Meldevorschriften; ungebührlichen Benehmens; Zimmerkrachs)

16. *Wochenbericht vom 29.03.1945*

Handschriftlich steht auf der ersten Seite des Wochenberichts: „Herrn Leiter des Rechtswesens. Für Entscheidung (unleserlich) nach Kenntnisnahme wäre ich ihnen dankbar. Ich darf besonders auf S 5 [sic!] hinweisen. Grabower 2/4".

Arbeitsrichter:

Insgesamt: 78 Fälle
Einstellung: 38
Entzug der TBR: 15 (wegen Fehlens bei der Arbeit; Nichtantritts der Arbeit)
Entzug der WMK: 4 (wegen Fehlens bei der Arbeit; auf den Kommentar hin, dass so etwas nur unter Juden möglich sei, nachdem der Frau bereits ein Verweis für das Fehlen bei der Arbeit erteilt wurde. Grabower wies die Frau deutlich zurecht.)
Dekadenentzug: 2 (1x 1 DK wegen Fehlens bei der Arbeit; 1x 2 DK wegen „Fuschi-Arbeit")
Haftstrafe: 6 (1x 1 Tag Arbeitshaft in Kombination mit dem Entzug der WMK wegen Fortlaufens von der Arbeit; 1x 8 Tage Arbeitshaft in Kombination mit dem Entzug der WMK wegen Fehlens von acht Tagen; 1x 3 Tage Arbeitshaft in Kombination mit dem Entzug einer WMK; 2x 1 Tag Arbeitshaft in Kombination mit dem Entzug der WMK wegen Nichtantritts zur Strafarbeit bzw. Arbeit; 1x 3 Tage Arbeitshaft wegen Arbeitsverweigerung beim Straßenbau)
Verweis: 10 (wegen Fehlens bei der Arbeit; Nichtmeldens zur Arbeit; nicht sorgsamen Behandelns von Werkzeug)

Grabower verzeichnete zudem vier Falschmeldungen, aufgrund derer nichts zu veranlassen war.
Zudem seien am 27.03. bis 29.03.1945 etwa 80 ungarische Arbeiterinnen aus dem Transport IV/16 überprüft worden. In 65 Fällen sei ein Protokoll aufgenommen worden, in 7 Fällen sei eine Tagesbrotration entzogen worden und in 8 weiteren Fällen sei ein Verweis erteilt worden. Untersuchungen waren noch in 8 Fällen im Gange. Ein Fall führte zum Entzug einer WMK, weil die Frau üble Bemerkungen über Juden traf. Grabower bezeichnete diese Aktion als absolut

notwendig, um den Frauen zu verdeutlichen, dass sie ihre Pflicht für die Gesellschaft zu erfüllen haben. Die Verhandlungen wurden mit einem Dolmetscher geführt und Grabower erhoffte sich eine prophylaktische Wirkung.[18]

Verwaltungsrichter:

Insgesamt: 42 Fälle
Einstellung: 10
Entzug der TBR: 10 (wegen Verstoßes gegen die Übernachtungsvorschriften; disziplinwidrigen Verhaltens; Verstoßes gegen die Meldevorschrift; Unsauberkeit; Verhaltens bei Luftalarm; Unterlassens einer Meldung durch eine Zimmeraufsicht)
Entzug der WMK: 5 (wegen Inkorrektheiten beim Ubikationswechsel; Verstoßes gegen die Meldevorschriften; Verstoßes gegen Übernachtungsvorschriften; verspäteter Abgabe einer Zusatzkarte und inkorrekte Bemerkungen, wobei dieser Fall mit einer Ermahnung kombiniert wurde; fahrlässiger Behandlung der Schlüssel als Beschließerin der Diätküche)
Dekadenentzug: 6 (1x 1 DK wegen Verstoßes der Meldevorschrift; 1x 1 DK als Ordnungsstrafe wegen ungebührlichen Verhaltens vor Gericht. Dieser Fall wurde an den öffentlichen Ankläger abgegeben. 1x 1 DK wegen der Aussage „polnische Chutzpe"; 1x 2 DK wegen Betretens eines verbotenen Weges; 1x 1 DK wegen Verstoßes gegen Aufsichtspflichten als Leiter der Diätküche; 1x 2 DK wegen Verstoßes gegen Meldevorschriften)
Haftstrafe: 1 (1 Tag Arbeitshaft in Kombination mit Entzug der WMK, weil ein Mann der Gemeindewache einen Häftling ohne Aufsicht ließ)
Verweis: 4 (wegen Unsauberkeit; Verstoß gegen Absperrvorschriften)
Ausgleich: 2
Ermahnung: 3 (wegen Verhaltens bei Luftalarm; verspätetes Abgeben einer Zusatzkarte und inkorrekte Bemerkungen, diese Ermahnung wurde mit dem Entzug einer WMK kombiniert)
Abgabe an Schlichter: 1
Abgabe an den öffentlichen Ankläger: 1 (Der gleiche Fall, in dem sich eine Frau ungebührlich vor Gericht verhalten und daher eine Ordnungsstrafe in Höhe von 1 DK erhalten hatte.)
Ungeklärter Fall: 1 (V 371, keine Angaben zum Tatvorwurf oder Urteil)

Grabower merkte an, dass er viele Gemeinsamkeiten zwischen den eingetroffenen Ungarinnen und den „arischen" Ukrainerinnen aus der Flachsröste Lohhof sehe und er damals gelernt habe, dass die Frauen freundliche Behandlung als einen Ausdruck der Schwäche sehen und sich Faulheit und Mangel an Aufrichtigkeit bei den meisten der Frauen wiederfinden würden. Zudem sei die hohe Kinderanzahl der Ungarinnen auffällig und die Frauen „ersticken einen durch Redeschwall". Die Anzahl der religionslosen und Menschen ohne jüdischen Vornamen erschien ihm bei den Neuankömmlingen auffallend hoch. Diese An-

---

[18] Diese Fälle sind nicht mit in die Übersicht eingerechnet worden.

gaben tätigte er, da er diese nicht nur für die arbeitsrechtlichen Beziehungen als wichtig empfand.

17. Wochenbericht vom 04.04.1945

Arbeitsrichter:

Insgesamt: 38 Fälle
Einstellung: 28
Entzug der TBR: 5 (wegen Fehlens bei der Arbeit)
Entzug der WMK: 1 (wegen Fehlens unter erschwerten Umständen)
Dekadenentzug: 1 (2 DK „arbeitsfaul")
Haftstrafe: 1 (1 Tag Arbeitshaft, weil ein Mann, während der Wachzeit in der Nacht, auf einem bequemen Stuhl gesessen hatte)
Verweis: 2 (1x wegen Fehlens bei der Arbeit, 1x weil ein Mitglied aus der Wirtschaftswache seinen Posten verlassen hatte)

Verwaltungsrichter:

Insgesamt: 15 Fälle
Einstellung: 6 (Wobei eine Frau sich selbst wegen Spitzelverdachts angezeigt hatte, der nicht erwiesen wurde.)[19]
Entzug der TBR: 2 (1x wegen Verstoßes gegen Meldevorschriften; 1x wegen Ausklopfens von Decken zu verbotener Zeit)
Dekadenentzug: 1 (2 Dekaden wegen einer Bemerkung über Juden)
Haftstrafe: 2 (1x 1 Tag Arbeitshaft wegen Ausspuckens; 1x 3 Tage Haft für unerlaubte Küchenbesuche und unvorschriftsmäßiges Benehmen gegen Vorgesetzte mit Hinweis „Entlassung Suspendierung noch nicht rechtskräftig")
Verweis: 1 (wegen Nichtleistens von Rechtshilfe einem anderen Beamten gegenüber und Unterlassens der Legitimation)
Ausgleich: 3

18. Wochenbericht vom 11.04.1945

Arbeitsrichter:

Insgesamt: 137 Fälle
Einstellung: 119 (1x aufgrund „geistiger Insuffizienz")
Entzug einer TBR: 8 (wegen Fehlens am Arbeitsplatz; Nichtanmeldens beim R.D.; Weggehens ohne Abmeldung. Ein Fehlen an mehreren Tagen wurde relativ mild mit Entzug der Tagesbrotration bestraft, da es durch missverständliche Auffassung eines Auftrages starke Milderungsgründe gab.)
Entzug einer WMK: 2 (1x weil dem Befehl einer Gebäudeleiterin, sich nach dem Arbeitseinsatz zu erkundigen, nicht Folge geleistet wurde; 1x wegen Weglaufens)
Dekadenentzug: 2 (1x 2 DK wegen „Faulheit und Frechheit"; 1x 1 DK wegen Fehlens am Arbeitsplatz)

---

[19] Dieser Fall befindet sich bei den Urteilen/Verfahren im Ordner BArch, N 1856/55: „S., Hedwig vom 04.04.1945".

Verweis: 2 (1x in Kombination mit Probezeit für einen R.D.; 1x wegen Fehlens bei der Arbeit)
Ungeklärter Fall: 1 (A 1095. Dort steht „Beschwerde über Entzug von Zusatz", sonst werden keine Angaben zum Ausgang des Verfahrens getroffen.)
Nichts zu veranlassen: 3 (da Hausrevision)

Verwaltungsrichter:

Insgesamt: 35 Fällen
Einstellung: 16
Entzug der TBR: 4 (wegen Nichtbefolgung der Wagenanordnung; Besitzes von verbotenen Gegenständen; 1x ließ eine Zimmeraufsicht nicht ganz wertlose Gegenstände ohne eingehende Prüfung der Eigentumsverhältnisse auf den Bunker schaffen)
Entzug der WMK: 2 (wegen Verstoßes gegen die Luftschutzvorschriften; Nichtkennens des Rundschreibens 195 durch einen Hausverwalter)
Ausgleich: 5 (2x zivilrechtlicher Streit über Lebensmittelgeschäft)
Rüge: 1 (wegen einer Kompetenzüberschreitung und ihrer Folgen bei dem Leiter der Entwesung[20])
Ermahnung: 2 (1x ernste Ermahnung, weil nicht legitimiert; 1x Verstoß gegen Meldevorschriften)
Entscheidung durch das Sekretariat: 3 (2x über die rechtliche Behandlung eines Paketes; 1x über Schwerkriegsbeschädigtenzubuße)
Ungeklärter Fall: 2 (V 479 und V 480. Hierbei handelte es sich um einen Kofferstreit. Der Ausgang dieser Verfahren ist nicht in dem Bericht angegeben.)

19. Wochenbericht vom 17.04.1945

Arbeitsrichter:

Insgesamt: 19 Fällen
Einstellung: 13
Entzug der TBR: 2 (wegen Fehlens am Arbeitsplatz)
Entzug der WMK: 1 (wegen Nichtarbeit)
Sonderfall: 3 (Zwei Personen waren Teil des dänischen Transportes und hatten somit das Ghetto verlassen.[21] In einem anderen Fall wurde ein Ausreihungsantrag mit der Gebäudeleitung wegen der drei kleinen Kinder verabredet.)

Verwaltungsrichter:

Insgesamt: 19
Einstellung: 8

---

[20] Die Entwesung war eine Unterabteilung für Desinfektion im Gesundheitswesen in der Jüdischen Selbstverwaltung. Entwesungsbad = Entlausungsbad. Quelle: *Adler*, „Theresienstadt 1941–1945", S. XXXVII.

[21] Am 15.04.1945 verließen die dänischen Juden mit Bussen des schwedischen Roten Kreuzes das Ghetto. Quelle: *Benz*, „Theresienstadt", S. 199, 269. *Starke*, „Der Führer schenkt den Juden eine Stadt", S. 158f. Vgl. auch: „Dänen-Transport 14.04.1945", in: YV, O.64, Item ID: 3687834.

Entzug der TBR: 3 (1x in Kombination mit „Aussiedlung" wegen asozialer Gesinnung; 1x wurde das Worte „polnischer Jude" in einem despektierlichen Sinn gebraucht; 1x wegen des Bürstens von Schuhen auf der gerade frisch gewaschenen Stiege vor der Inspektion)
Entzug der WMK: 2 (1x wegen Besitzes verbotener Gegenstände mit dem Zusatz: „im übrigen [sic!] an Erhebungsgruppe weitergegeben"; 1x ebenfalls wegen Besitzes verbotener Gegenstände. Die milde Bestrafung erklärt sich dadurch, dass das stärkere Vergehen durch die VVV [Verordnung gegen Versorgungsvergehen][22] geahndet wurde.)
Haftstrafe: 1 (30 Tage Arbeitshaft und eine TBR, wegen Versteckens vor dem Arbeitertransport)
Vergleich: 1
Ausgleich: 1
Entschuldigung: 1
Sonderfall: 8 (2x Einreihung in den dänischen Transport und damit endete wahrscheinlich auch das Verfahren. In sechs Fällen wurden Verstöße gegen das Passieren ohne Durchlassschein angezeigt, wobei Grabower in seinem Bericht darauf hinwies, dass das Material zu diesen Meldungen aus eben diesen Durchlassscheinen entnommen wurde, folglich welche existiert haben müssen. Da Grabower diese Verfahren nicht explizit als eingestellt kennzeichnete, werden diese als Sonderfälle gelistet).
Grabower merkte an, dass der Entzug der TBR bei Fassung auf 4 Tage dahingehend aufzufassen sei, dass nur ¼ der Ration entzogen werde. Darüber bestünde Einstimmigkeit aller Beteiligten.

20. und 21. Wochenbericht vom 29.04.1945

In dem Aktenordner befindet sich eine Art Vordruck mit handschriftlichen Zusätzen und ein überarbeitetes Dokument. Letzteres dient vorliegend als Grundlage der Analyse. Es sind erstmalig zwei Wochenberichte in einem Bericht zusammengefasst. Eine Trennung zwischen den Fällen aus der 20. und 21. Woche erfolgte nicht.

Arbeitsrichter:

Insgesamt: 74 Fälle
Einstellung: 43 (Unter anderem erfolgte in zwei Fällen eine Einstellung nur, nachdem die Frauen sich nach Überredung bereit erklärt hatten, ihre Arbeit als Glimmerinnen doch noch anzutreten.)
Entzug der TBR: 5 (wegen Fehlens bei der Arbeit; wegen Disziplinlosigkeit und Nichtarbeit)
Entzug der WMK: 9 (wegen Fehlens; Nichtarbeit; Arbeitsverweigerung; Weglaufens; 2x eigenmächtigen Verlassens der Uniformschneiderei[23] durch Glimmerin)
Dekadenentzug: 1 (2 DK, weil eine Krankenschwester die Arbeit verweigert hatte, wobei ein ausführliches Urteil wegen der Besonderheit des Falles auch an die Ghettowache geschickt wurde)

---

[22] Abgedruckt in: YV, O.64, Item ID: 3687734.
[23] Grabower schrieb „Uniformschneiderin". Aufgrund des Kontextes wird er Uniformschneiderei gemeint haben.

Haftstrafe: 1 (1 Tag in Kombination mit der Streichung der WMK aufgrund von Arbeitsverweigerung einer Glimmerin)
Verweis: 6 (1x wegen Weglaufens von der Arbeit; 1x wegen Fehlens bei der Marketenderwarenerzeugung; 1x wegen Fehlens. Ein Mann wurde bestraft, der mit acht anderen Arbeitskameraden in der Entwesung arbeiten sollte, jedoch waren alle von dieser Arbeit aus sachlichen Gründen befreit worden. Es erfolgte daher in allen, außer dem vorliegenden Fall, eine Einstellung. Warum genau dieser Mann, im Gegensatz zu den anderen acht Personen, mit einem Verweis bestraft wurde, ist dem Bericht nicht zu entnehmen. 1x wegen Weglaufens und Lügens, die Strafe fiel nur aufgrund der Fürbitte der Partieführerin so milde aus.)
Entschuldigung: 1 (wegen Äußerung)[24]
Überweisung an den Kontrollarzt[25]*:* 1
Sonderfall: 5 (Die Meldung stellte sich als unrichtig heraus, daher musste nichts unternommen werden. 4x Belehrung. In diesen Fällen wurde mit Rücksicht auf die subjektiven und objektiven Umstände von einer Bestrafung abgesehen und stattdessen Belehrung durch Beispiel gegeben.)
Ungeklärter Fall: 1 (A 1428, dort steht lediglich „prophylaktisch")
Zu I. Lustig, einer Glimmerin, vermerkte Grabower, dass sie eine der Wenigen war, die sich sehr geschickt bei der Verhandlung anstellten, da sie nur kurze Antworten gab und „es dauerte eine geraume Zeit bis ich merkte, dass sie mehrere Pferde zu laufen hat; sie ins GW übernommen und soll dort zur Schneiderwerkstatt abkommandiert werden." Lustigs Name taucht bereits im 1. Wochenbericht auf. Dort wurde sie mit dem Entzug einer Tagesbrotration bestraft, wobei der Grund für die Bestrafung nicht angegeben ist. Zudem schrieb Grabower unter drei Fälle, in denen Verfahren gegen drei Männer aus dem Männereinsatz eingestellt wurden, dass es sich hier um einen der interessantesten und schwierigsten Fälle handelte, die er je erlebt hätte.

Verwaltungsrichter:

Insgesamt: 24
Einstellung: 3
Entzug der TBR: 7 (wegen nächtlichen Passierens ohne Durchlassschein; Verstoßes gegen Übernachtungsvorschriften; Leuchtens trotz Verbot; Verstoßes gegen Vorschriften der Transportleitung; Nichtbeachtens von Quaranränevorschriften)
Entzug der WMK: 3 (wegen Verlustes von Gepäck; Unachtsamkeit betreffend einer Zusatzkarte; nächtlichen Passierens ohne Durchlassschein [mit dem Hinweis auf einem ähnlichen Fall, der mit TBR bestraft wurde und dem Zusatz „da als Mann verantwortlich"]; wegen Passierens ohne Durchlassschein und Weglaufens)
Haftstrafe: 2 (Zwei Männer wurde wegen Verstoßes gegen Quaranränevorschriften zu 30 Tagen Arbeitshaft unter Anrechnung von 2 Tagen Untersuchungshaft plus WMK in der dritten Woche bestraft. Zudem ist der Hinweis „Eingreifen der Dienststelle" zu lesen.)

---

[24] Grabower geht nicht näher auf die Art der Äußerung ein.
[25] Grabower befahl, dass Kranke, die nicht arbeiten können, zum Kontrollarzt geschickt werden. Dieser sollte eine rote Eintragung in die Arbeitsausweise machen. Quelle: Aktenvermerk 1106.) vom 03.03.1945, in: BArch, N 1856/57. Weiteres hierzu: „Kontrolle der durch Krankheiten verursachten Absenzen. Richtlinien für die Leiter und die Arbeitsberichtsführer der Arbeitsstätten vom 03.04.1944", in: YV, O.64, Item ID: 3687795.

Ausgleich: 3 (2x wegen Tausches einer Jacke)
Verweis: 2 (1x wegen Unverschämtheit zum Hausverwalter; 1x „dumm gutmütigen Verhaltens bei Transport" für einen Gemeindewachmann)
Verweisung an andere Stelle: 1
Abgabe an andere Stelle: 1 (wegen Zubußefrage abgegeben, jedoch nennt Grabower nicht die Stelle, an die der Fall abgegeben wurde)
Sonstiges: 2x nichts zu veranlassen (1x wegen Gepäckverlustes; 1x da es sich um eine zivilrechtliche Frage handelte)
Ungeklärter Fall: 1 (V 532 „zivilrechtliche Streitigkeit", jedoch ohne Hinweis, ob der Fall an eine andere Stelle abgegeben oder eingestellt wurde)

Nachwort

Im vergangenen Jahr wurde 1700 Jahre jüdisches Leben in Deutschland gefeiert. In seiner Rede zum Auftakt des Festjahres betonte der Bundespräsident Frank Walter Steinmeier, dass der Antisemitismus auch im 21. Jahrhundert weiterhin ein Problem darstellt und in den letzten Jahren wieder am Erstarken ist.[1] Die Auseinandersetzung mit der Vergangenheit des Nationalsozialismus bleibt einer der wichtigsten Aspekte solchen Tendenzen entgegenzutreten. In einer Zeit, in der die Mehrheit der Bevölkerung diese Vergangenheit jedoch nicht mehr persönlich erlebt hat, erscheint die Beschäftigung mit einzelnen Lebensgeschichten, wie der Grabowers, ein erfolgversprechender Weg, diese Schwierigkeiten zu überwinden.

In Grabowers Nachlass befinden sich viele interessante Dokumente und sein Leben und Wirken sind mit dieser Arbeit, aufgrund der Fülle des Materials und der von mir gewählten Schwerpunktsetzung, noch nicht abschließend zusammengefasst. Ich ermutige daher zu weiteren Arbeiten zu seiner Person. Der Nachlass enthält unter anderem noch interessante Aspekte zu den Themen Antisemitismus (Grabower schrieb auch über dessen Entstehung) und zum Steuerrecht (Grabower hatte unter anderem auch über die Steuern in Theresienstadt geschrieben, siehe: Schreiben vom 13.12.1942 in: BArch, N 1856/7). Vor allem seine Leistungen im Steuerrecht sowie Erläuterungen in seinen Dokumenten zu diesem Thema bilden eine ausreichende Grundlage für eine weitere eigenständige wissenschaftliche Arbeit. Tatsächlich wurde Grabowers steuerliches Wirken im Gegensatz zu den anderen Abschnitten seines Lebens bisher am gründlichsten untersucht und es existieren zu diesem Thema bereits einige Aufsätze und andere Schriften, wie den Fußnoten zu entnehmen ist. Vor allem Alfons Pausch hat sich dieses Themas angenommen. Es wäre jedoch erstrebenswert, Grabowers Rolle aus steuerrechtlicher Sicht – unter anderem auch in Bezug zum heutigen Steuerrecht – mithilfe des Nachlasses noch weiter zu erforschen.

---

[1] „1.700 Jahre jüdisches Leben in Deutschland", Rede von *Frank Walter Steinmeier* vom 21.02.2021 in Köln, aufgerufen unter: https://www.bundespraesident.de/SharedDocs/Reden/DE/Frank-Walter-Steinmeier/Reden/2021/02/210221-1700-Jahre-juedisches-Leben.html [Stand: 27.02.2021]. „Politisch motivierte Kriminalität (PMK) – rechts –", aufgerufen unter: https://www.bka.de/DE/UnsereAufgaben/Deliktsbereiche/PMK/PMKrechts/PMKrechts_node.html#doc121714bodyText2 [Stand: 27.02.2021].

1. Lohhof heute

„Enjoy" steht (Stand Januar 2020) mit Graffiti an der Wand des Bahnhofes Lohhof gesprüht.[2] „Enjoy" (zu deutsch „etwas genießen, an etwas Spaß haben, sich an etwas erfreuen") ein Wort, mit dem die dortigen Zwangsarbeiter ihre Zeit in der Flachsröste wohl kaum beschrieben hätten.

Beim Besuch vor Ort konnten mir willkürlich gewählte Passanten auf die Frage, wo sich die Flachsröste befände und, ob sie mehr darüber wüssten, weder alt noch jung Auskunft erteilen. Auf dem Gelände der Flachsröste befindet sich heute ein Elektrotechnikbetrieb. Auf Nachfrage beim Pächter wurde mir erklärt, dass es auf dem Gelände, (zu dem mir kein Zutritt gewährt wurde) keinerlei Erinnerungen, zum Beispiel in Form von Gedenktafeln, an diese Zeit gäbe. Heute sind zumindest noch Teile einiger Gebäude (wie von einem kleinen Bunker und von dem Hauptgebäude) aus der Zeit der Flachsröste erhalten.[3]

Die Geschichte dieses Ortes scheint erst in den letzten Jahren aufgearbeitet zu werden. Im Jahr 2010 wurde ein Forschungsprojekt „Zwangsarbeit bei der Flachsröste Lohhof GmbH in der NS-Zeit" von der Stadt Unterschleißheim auf den Weg gebracht, in dessen Folge durch Strnad viele bis dahin unbekannte Quellen zu dem Thema gesammelt wurden und das Buch „Flachs für das Reich" entstand.[4] Auch das Carl-Orff-Gymnasium setzte sich in den vergangenen Jahren vermehrt für die Erinnerung an die Flachsröste ein und arbeitete zusammen mit dem Stadtarchiv-München, dem Medienzentrum München und dem Forum Unterschleißheim sowie der FOS-Unterschleißheim eine App für das Handy aus.[5] Mittels dieser App können Interessierte einen Rundgang durch Lohhof unternehmen, bei dem sie viele wichtige Informationen zu der Thema-

---

[2] Abbildung 1 im Anhang.

[3] E-mail von Florian Froese-Peeck vom Projekt Denkmal Lohhof der Stadt Unterschleißheim vom 18.12.2020. Diese Teile sind teilweise umgebaut oder versteckt. Maximilian Strnad informierte mich freundlicherweise, dass das Hauptgebäude der Flachsröste mit seinem charakteristischen Turm zum heutigen Zeitpunkt noch steht, auch wenn das Gebäude inzwischen stark überformt ist. Zudem ist auch noch der Bunker vorhanden, der ebenfalls „saniert" wurde und nun als Lager genutzt wird. Quelle: E-mail von Maximilian Strnad vom 30.12.2020. Vgl. auch *Strnad*, „Flachs für das Reich", S. 129.

[4] *Strnad*, „Flachs für das Reich", S. 7.

[5] „Actionbound zur ehemaligen Flachsröste Lohhof", aufgerufen unter: https://www.denkmal-lohhof.de/actionbound/ [Stand: 12.09.2020]. „Flachsröste Lohhof", aufgerufen unter: https://www.carl-orff-gym.de/aktivitaeten/projekte/pseminare/flachsroeste-lohhof/ [Stand: 12.09.2020]. „Zwangsarbeit in der Flachsröste Lohhof", aufgerufen unter: https://de.actionbound.com/bound/flachsroeste?setlang [Stand: 27.02.2021]. Vgl. zu den Bemühungen der letzten Jahre bzgl. der Aufklärung über die Geschichte der Flachsröste auch: *Strnad*, „Flachs für das Reich", S. 127–130.

tik der Flachsröste erhalten.⁶ Der Bau eines Denkmals befindet sich zurzeit in der Umsetzung.⁷

2. Theresienstadt heute

Ich selbst habe Theresienstadt Anfang Oktober 2019 und Anfang Juli 2020 besucht. Landschaftlich ist Terezín schön gelegen. Die Stadt selbst wirkt jedoch auf den ersten Blick trist und trostlos.⁸ Es scheint ein hoher Leerstand zu herrschen und auf den Straßen sind, wenn überhaupt, Touristen und kaum Einheimische zu sehen. Eine mich bedrückende Stille lag über der Stadt, die nur durch den Lärm, der sie durchfahrenden Autos, durchbrochen wurde. Es existiert lediglich ein einziges Hotel, für weitere Einkehrmöglichkeiten und Lebensmittelkauf sollte in die umliegenden Städte ausgewichen werden. In den angrenzenden Orten zeigt sich ein anderes Bild. Lachende Leute sind unterwegs und betreten Läden oder Restaurants, die sich aneinanderreihen. Die Häuser und Wege sind gepflegt. Die Bedrücktheit, die über Terezín liegt, ist für mich wenige Kilometer weiter nicht mehr spürbar. Über Terezín scheint – zu einem gewissen Grad vermutlich gewollt – der Schatten der Vergangenheit zu liegen.

Jedoch wird auf die Gedenkstätten Wert gelegt, die sehr sauber und ordentlich gehalten werden. Die Ausstellungen und Erinnerungsstätten sind mit viel Personal besetzt, und es ist deutlich zu erkennen, dass hier viel Mühe investiert wurde. Heute klären Mitarbeiter in einer Führung durch das ehemalige Gefängnis über die Verbrechen auf. Einige der Räumlichkeiten sind noch vorhanden und können betreten werden. Mit dem Erwerb einer Eintrittskarte sind sowohl die „Kleine Festung" als auch die anderen Ausstellungen in Terezín zugänglich.

Allerdings ähneln meine Eindrücke auch denen von Wolfgang Benz in seinem Buch „Theresienstadt", S. 233 f., 243 f. Selbst nachdem ich mich in die Thematik von Theresienstadt eingelesen hatte, fiel es mir, trotz Karten und Hilfe von Tomáš Fedorovič, schwer, ein Bild vom damaligen Ghetto zu zeichnen. Während einige Aspekte des Ghettos, wie die künstlerischen Tätigkeiten und das Kinderheim, deutlich hervorgehoben werden, rücken andere in den Hintergrund. Es ist nachvollziehbar, wenn viele Besucher, vor allem der jüngeren Generation, die Geschichte des Ghettos daher durch den erstmaligen Besuch, auch aufgrund der Fülle der Eindrücke nicht vollständig greifen können. Auslöser

---

⁶ „Flachsröste Lohhof", aufgerufen unter: https://www.carl-orff-gym.de/aktivitaeten/projekte/pseminare/flachsroeste-lohhof/ [Stand: 12.09.2020].
⁷ Email von Florian Froese-Peeck vom Projekt Denkmal Lohhof der Stadt Unterschleißheim vom 18.12.2020. Ebenfalls Telefonat mit Strnad vom 21.02.2021. Laut Strnad wird das Denkmal vermutlich im Herbst 2021 fertiggestellt.
⁸ Diese Eindrücke entstammen Besuchen Anfang Oktober 2019 und Anfang Juli 2020.

hierfür ist vor allem die Entwicklung Theresienstadts nach der Befreiung des Ghettos, in der zunächst für lange Zeit weniger Wert auf die Erhaltung der Geschichtszeugnisse gelegt wurde.[9] Das ist besonders betrüblich, da die Geschichte Theresienstadts auf weitere Aspekte der Judenverfolgung aufmerksam machen und ein ergänzendes Bild zu der Geschichte von Auschwitz zeichnen kann, welches – aus meiner eigenen Erfahrung – leider als einziges Lager den mir bekannten jungen Menschen heute noch tiefergehend etwas sagt. Allerdings arbeiten heutzutage die Mitarbeiter des Museums besonders intensiv daran, diese Versäumnisse der Vergangenheit aufzuholen. Ich selbst habe durch diese Arbeit und vor allem durch die Beschäftigung mit dem Ghetto Theresienstadt viel Neues über den Holocaust gelernt und hoffe, dass das Interesse für Theresienstadt und für das Thema allgemein in der nächsten Zeit, vor allem bei den jüngeren Generationen, steigt. Durch die Beschäftigung mit dieser Vergangenheit können Lehren für die Zukunft gezogen werden, um gegebenenfalls rechtzeitig einer Wiederholung entgegenzuwirken.

---

[9] Mehr zu der Entwicklung nach der Befreiung des Ghettos in: *Benz*, „Theresienstadt", S. 233–246.

Anhang

I. Quellengrundlage

Der Hauptteil des Materials für diese Arbeit entstammt Grabowers Nachlass, der im Bundesarchiv in Koblenz archiviert ist, sowie seiner dort ebenfalls befindlichen Personalakte. Vor seinem Tod hatte Grabower der finanzgeschichtlichen Sammlung der Bundesfinanzakademie gesammelte und aufbewahrte Dokumente, Briefe und andere Schriftstücke aus seinen Lebzeiten hinterlassen. Nach dem Tod Grabowers stand seine Frau Christine in Korrespondenz mit Alfons Pausch, überließ der steuergeschichtlichen Sammlung der Bundesfinanzakademie viele berufliche Dokumente von Grabower, aber auch von ihrem Vater Richard Kloß und vermachte nach ihrem eigenen Tod der Bundesfinanzakademie die gesamte Bibliothek ihres Mannes und ihres Vaters. Pausch versuchte bereits um das Jahr 1963 eine Biografie über Grabower zusammenzustellen, jedoch scheiterte dieses Vorhaben aus finanziellen Gründen. Er war derjenige, der wichtige Materialien zu Grabower zusammentrug und gezielt Kontakt mit den Grabowers hielt. Pausch suchte aus dem Nachlass Grabowers die für die Bundesfinanzakademie wichtigen beruflichen Dokumente zusammen. In seinem Artikel „Oberfinanzpräsident Prof. Dr. Dr. Rolf Grabower zum Gedenken an seinen 100. Geburtstag am 21.05.1983" bietet Pausch einen Überblick über die Dokumente, die er aus Grabowers Nachlass gesammelt hat.[1] Es ist auch ihm zu verdanken, dass der Nachlass so umfangreich erhalten ist. Pausch verstarb im Jahr 2012.[2]

Auszüge aus dem Nachlass sind ebenfalls in dem bereits erwähnten Materialband „Wenn im Amte, arbeite, wenn entlassen, verbirg dich" abgedruckt. Auf Nachfrage teilte mir Harald Kollhammer von der Bundesfinanzakademie im

---

[1] Belege in: „Brief von Pausch an Christine Grabower vom 15.05.1963", „Schreiben vom 04.10.1965" und „Schreiben vom November 1966", in: BArch, N 1856/1. „Brief von Pausch an Christine Grabower vom 17.09.1964", „Bücherliste für Nachlass Grabower" und „Nachlaß Kloß/Grabower", in: BArch, N 1856/49. Umsatzsteuer-Rundschau, Jahrgang 1983, Heft 05, S. 81. Dieser Artikel befindet sich im Ordner: BArch, PERS 101/010046, fol. 1.

[2] „Bundesfinanzakademie Jahresprogramm 2013", aufgerufen unter: https://www.bundesfinanzministerium.de/Content/DE/Standardartikel/Ministerium/Geschaeftsbereich/Bundesfinanzakademie/jahresprogramm-2013.pdf?__blob=publicationFile&v=3 S. 88, [Stand: 25.08.2020].

Bundesministerium der Finanzen im Oktober 2019 mit, dass die finanzgeschichtliche Sammlung in Brühl die vorhandenen Exponate des Steuermuseums an das Deutsche Zollmuseum in Hamburg und die gesammelten Werke der historischen Bibliothek aus Brühl an die neu errichtete Bibliothek des Bundesfinanzhofs in München abgegeben habe. Aus München wurde der Nachlass im Frühjahr 2020 nach Koblenz in das Bundesarchiv überführt, wo er sich bis zum heutigen Zeitpunkt befindet. Im März 2020 konnte ich den Nachlass, dank der Hilfe von Annegret Neupert, in Koblenz einsehen. Dieser war zu diesem Zeitpunkt aufgrund der Umzüge noch nicht vollständig archiviert und nur teilweise in Stehordnern sortiert. Der Großteil der für diese Arbeit besonders interessanten Dokumente befand sich wahrscheinlich noch in den Originalpappheftern aus der Zeit von Grabower. Abgesehen von einigen Beschädigungen durch das Ablegen in Klarsichtfolien und dem sog. „Zahn der Zeit", befindet sich der Nachlass in einem durchaus passablen Zustand. Dank Annegret Neupert war es mir auch möglich, das Magazin des Bundesarchivs zu besichtigen und mir dort die Ordner anzuschauen, die auf mich aufgrund ihrer Unberührtheit den Eindruck erweckt haben, zumindest zum Teil zuvor auch für den Materialband „Wenn im Amte, arbeite, wenn entlassen, verbirg dich" eine untergeordnete Rolle gespielt zu haben. Dieser Materialband stellt einen Grundriss des kompletten Lebens Grabowers dar, während diese Doktorarbeit vor allem auf sein Leben während seiner Verfolgung fokussiert ist und einen Schwerpunkt auf seine berufliche Tätigkeit in dieser Zeit setzt. Ich hatte somit das Glück, einen noch nicht tiefergehend bearbeiteten Nachlass von Grabower analysieren zu können. Deshalb beruht diese Arbeit weniger auf Sekundärquellen, sondern ist größtenteils auf die Originaldokumente aus dieser Zeit gestützt. Das ist jedoch auch der Grund, warum diese Arbeit etwas umfassender als ursprünglich geplant wurde und ein deutlicher Schwerpunkt gesetzt werden musste.

Im Bundesarchiv in Koblenz befinden sich zum einen eine Personalakte von Grabower (BArch, PERS 101/010046, fol. 1) sowie die Aktenordner, die zu seinem Nachlass gehören (BArch, N 1856/1–BArch, N 1856/63, Stand März 2020;–BArch, N 1856/99, Stand November 2020). Die für diese Arbeit nicht relevanten Ordner in Grabowers Nachlass enthalten seine Arbeiten zu den Römischen Steuern (BArch, N 1856/25–37), zu Bismarck (BArch, N 1856/21–24) sowie einige andere kulturelle oder wissenschaftliche Arbeiten, wie Doktorarbeiten seiner Schüler (BArch, N 1856/10–12), die zwar ebenfalls interessant, jedoch für diese Arbeit nicht weiterführend waren.

Des Weiteren befanden sich im Bundesarchiv in Koblenz einige noch nicht archivierte Dokumente zu Grabower (Stand: Anfang März 2020). Diese habe ich mit Annegret Neupert durchgesehen und auf ihre Verwertbarkeit für diese Arbeit überprüft. Die hiervon ausgewählten Akten wurden durch Frau Neupert archiviert und mir zugänglich gemacht. Unter den nicht archivierten Dokumenten befand sich unter anderem ein Haushaltsbuch von Grabowers Mutter.

I. Quellengrundlage

Es ist davon auszugehen, dass bei einem intensiven Durcharbeiten aller Dokumente in diesem Nachlass weitere interessante Erkenntnisse zu dieser Zeit gezogen werden können und sich ein derartiges Unterfangen lohnen würde.

Kurz vor meinem zweiten Besuch im Bundesarchiv in Koblenz Ende November 2020 wurde der Nachlass endgültig archiviert. Daher konnte ich die bis dahin noch nicht archivierten Dokumente durcharbeiten. Zu diesem Zeitpunkt war diese Arbeit jedoch inhaltlich bereits weitestgehend abgeschlossen. Daher beziehen sich meine Quellenangaben und Ausführungen zum Zustand des Nachlasses auf die Aktenlage vom März 2020. Sie wurden um neue Erkenntnisse und zusätzliche Quellen ergänzt.

Am 02.07.2020 habe ich in der Dienststelle des Bundesarchivs in Berlin-Lichterfelde die dort befindliche Personalakte von Grabower eingesehen (BArch, R 3001/57797, fol. 1.). Diese enthielt jedoch nur einige wenige Blätter zu Grabowers Ausbildungszeit vor dem Ersten Weltkrieg.

Im Deutschen Zollmuseum in Hamburg befinden sich zudem nur Einzelstücke zu Grabower. Hierbei handelt es sich wahrscheinlich um die Exponate, die bei einer Ausstellung verwendet wurden und auf die auch in den Ordnern im Bundesarchiv Koblenz hingewiesen wird, zum Beispiel Ernennungs-/ Entlassungsurkunden sowie ein Heft mit dem Titel „Grabower und der Aufbau der Betriebsprüfung – Veröffentlichter Vortrag. Die Grundsätze der steuerlichen Buch- und Betriebsprüfung, Berlin 1928". Diese Dokumente waren für meine Arbeit nur nachrangig interessant. Bei der Beschaffung dieser Informationen gilt mein besonderer Dank Kerstin Schuster vom Deutschen Zollmuseum.

Eine weitere wichtige Quelle für diese Arbeit war das Museum in Theresienstadt. Direkt zu Beginn meiner Recherchearbeit verbrachte ich im Oktober 2019 zwei Tage in Theresienstadt und besichtigte die dortigen Ausstellungen. Ein zweiter Besuch fand, aufgrund der plötzlich eintretenden Pandemie und deren Konsequenzen, erst im Juli 2020 statt. Mein ganz besonderer Dank gilt Tomáš Fedorovič, der sich mit mir in Theresienstadt getroffen und mir zusätzlich weitere Quellen zu Grabower und der Rechtsprechung im Ghetto genannt hat.

Auch aus vielen Büchern und Aufsätzen, unter anderem von H.G. Adler, Wolfgang Benz, Anna Hájková, Philipp Manes, Beate Meyer, Susanna Schrafstetter, Maximilian Strnad u.v.m konnte ich wichtige Informationen für diese Arbeit ziehen. Durch die Lektüre dieser Werke habe ich vor allem viele Hintergrundinformationen zum Leben in dieser Zeit gewonnen. Weitere hilfreiche Quellen werden in den Fußnoten und im Quellenverzeichnis genannt. Jedes Buch bzw. jeder Aufsatz hat einen anderen Schwerpunkt, führt neue Gesichtspunkte an, hinterfragt andere Themen kritisch und bringt auch die persönliche Einstellung des Autors zu den Geschehnissen und ihren Teilnehmern zur Geltung. Dadurch entstand ein Flickenteppich aus Informationen, mit dem ich arbeiten konnte.

Ein größeres Problem stellte die Informationsbeschaffung zu der Rechtsprechung in Theresienstadt dar, die im Vergleich zu den anderen Abschnitten von Grabowers Leben deutlich bescheidener beschrieben ist.

Trotzdem stellte sich die Quellenlage insgesamt als durchaus dankbar dar. Glücklicherweise konnte ich auf die meisten Bücher durch die Bibliotheken der Humboldt-Universität zugreifen und habe die für diese Arbeit besonders wichtigen Werke selbst erworben. Ein geplanter Besuch in Auschwitz und eine Reise nach Jerusalem in das Yad Vashem fielen leider der „Corona-Pandemie" zum Opfer.

Innerhalb der meisten Ordner im Nachlass fehlt eine eindeutige Ordnung. Zum Großteil befinden sich, vor allem in den erst vor kurzem archivierten Ordnern, lose Blätter, welche nicht nummeriert sind. Die Seiten, die nummeriert sind, sind teilweise durcheinander, doppelt oder zwischen ihnen liegen noch andere nicht nummerierte Blätter. Daher habe ich es beim Zitieren als nicht zweckdienlich angesehen, bei solchen Ordnern die Seitenzahlen als Quellen anzugeben, sondern lediglich den Ordner sowie einen beschreibenden Identifikationszusatz für das einzelne Dokument hinzugefügt, sodass die einzelnen Dokumente in kurzer Zeit nachgeschlagen werden können. In einigen Ordnern befinden sich Duplikate und einige Dokumente sind in unterschiedlichen Varianten, beispielsweise mit Zusätzen oder Durchstreichungen, vorzufinden. Es werden in solchen Fällen nicht immer alle Ordner, in denen sich das gleiche Dokument bzw. Dokumente mit identischem oder ähnlichem Inhalt befinden, sondern der Ordner, in dem das Dokument als erstes aufgefunden wurde oder in dem sich das Original befindet, zitiert. Teilweise war nicht erkennbar, ob Grabowers Dokumente das Endprodukt waren und damit beispielsweise auch eingereicht/abgesendet wurden (z.B. an den Judenältesten) oder dies lediglich Entwürfe waren und er die Schriftsätze trotzdem in seinen Akten aufbewahrt hat.

Die meisten Dokumente sind mit der Schreibmaschine gefertigt worden. Es befinden sich jedoch auch handschriftliche Dokumente (wie z.B. die Feldpost aus dem Ersten Weltkrieg von Grabower an seine Mutter) in den Ordnern. Leider sind diese Dokumente teilweise so unleserlich oder in Stenographie geschrieben, dass es mir und auch hinzugezogenen Helfern aus älteren Generationen nicht möglich war, einzelne Dokumente vollständig zu entziffern. Die Notizen, die für diese Doktorarbeit als besonders wichtig erschienen, konnten jedoch zumindest thematisch eingeordnet und sinngemäß erschlossen werden.

Um die Lesefreundlichkeit zu erhöhen und das Nachschlagen von Quellen zu vereinfachen, wurde, wenn es Überschneidungen gab, neben dem Originalfundort im Nachlass von Grabower, zusätzlich die Seite aus dem Materialband „Wenn im Amte, arbeite, wenn entlassen, verbirg dich", angegeben, auf der dieses Dokument abgedruckt ist. Hierbei wird zuerst die Originalquelle zitiert.

Insgesamt erfolgte die Angabe der Fußnoten nach der alphabetischen Reihenfolge. Die Ordner aus dem Bundesarchiv wurden ihren Zahlen nach aufsteigend zitiert. Wenn förderlich, wurden mehrere Quellen in der Fußnote angegeben, um dem Leser die Möglichkeit zu geben, das Thema in verschiedenen Werken nachzuschlagen und somit die Informationszufuhr zu erhöhen. Um die Anzahl der Fußnoten in einem ansprechenden leserfreundlichen Rahmen zu halten, wurden diese zum Teil thematisch zusammengefasst.

Des Weiteren wird darauf hingewiesen, dass in dieser Arbeit mit Hinsicht auf die Geschlechtergleichberechtigung an den relevanten Stellen zum Erhöhen der Leserfreundlichkeit und Förderung des Leseflusses ausschließlich die männliche Variante der Wörter verwendet und beim (mehrmaligen) Nennen einer Person auf die Angabe des Titels und des Vornamens verzichtet wurde. Rechtschreibfehler in Zitaten wurden nicht verbessert, sondern originalgetreu wiedergegeben und auch die alte Rechtschreibung wurde hier beibehalten.

Die abgedruckten Fotos stammen aus dem Materialband „Wenn im Amte, arbeite, wenn entlassen, verbirg dich" und lagen mir im Original im Bundesarchiv in Koblenz vor oder entstammen direkt dem Nachlass. Teilweise wurden sie auch bei Ortsbesuchen von mir erstellt.

II. Fotografien und Bilder

1. Lohhof Januar 2020

Abbildung 1: Bahnhof von Lohhof. Aufgenommen im Januar 2020.

2. Dokumente aus dem Ghetto Theresienstadt

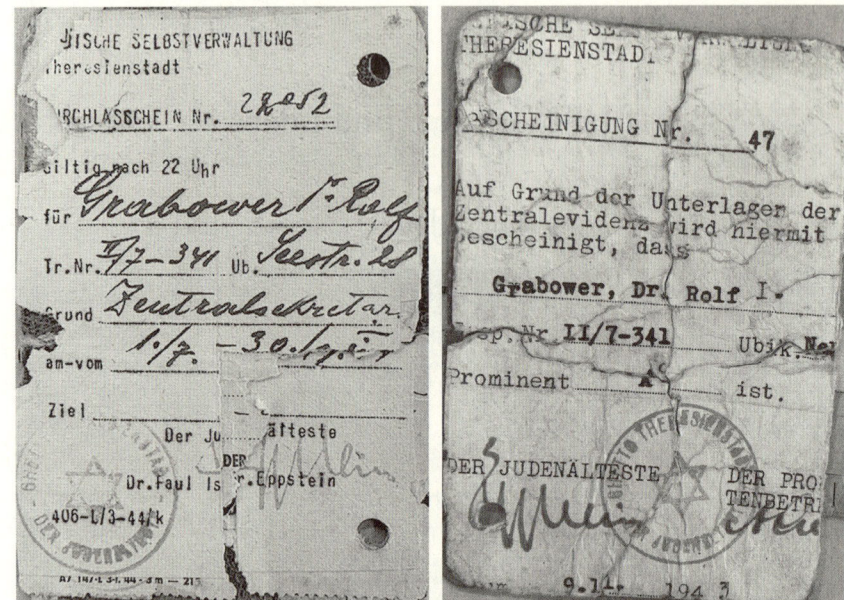

Abbildung 2: Durchlassschein und Bescheinigung der „Prominentenstellung". Quelle: BArch, N 1856/7.

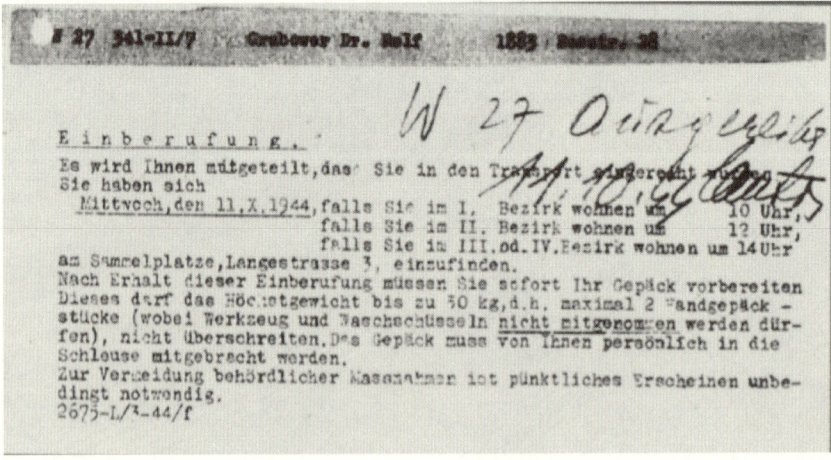

Abbildung 3: Einberufung für den Transport am 11.10.1944. Quelle: BArch, N 1856/7.

3. Grabowers Aufenthalts-/Wohnorte im Ghetto

Trsp. Nr. 341/II-7 | 390 | Ind. 1204 | P

Name: G r a b o w e r Dr. | Vorname: Rolf I. | Reg. Nr.

Geb.-Dat. 21.5.1883 | Geb.-Ort Berlin | Stand gesch. | Staatszugeh. DR.

Religion | Beruf Reichsrichter a.D. | Letzte Wohnadresse München Mauerkirchenstr.22

Wohnung in Theresienstadt:

Mg.62/63	29.11.Neueg.8
23.6.Kv.10	43 6.12.Seestr.28
21.10.Qu 408	44 13.6. Rathausg.1
Neueg.8	19.6. Bahnhofstr.25
43 13.11.Parkstr.12/74	20.6.Seestr.28

Anmerkung: Prominent | Gestorben | Abgegangen

A6/133-V 3-XII. 43-120m-2982-160

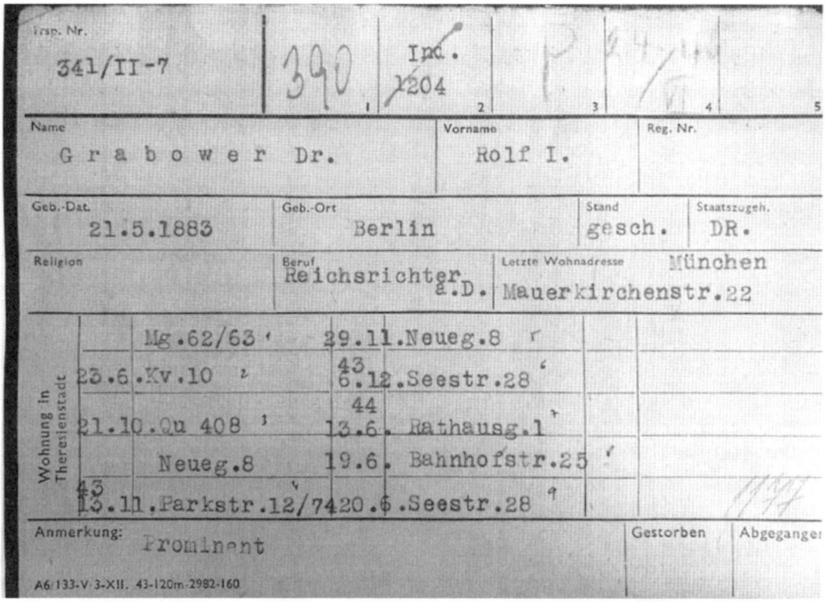

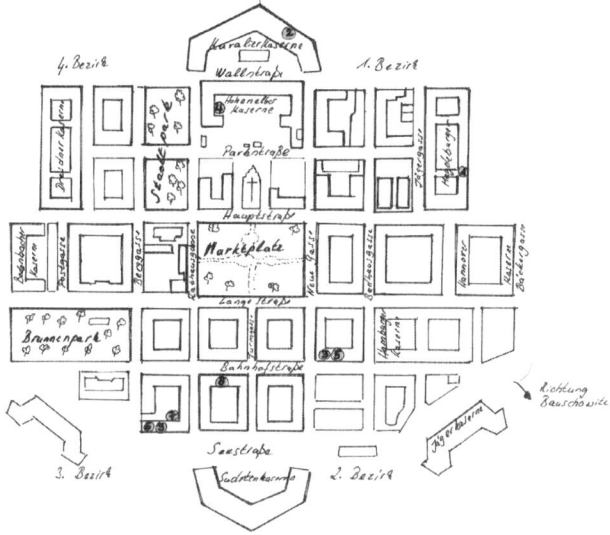

Abbildung 4: Orte, an denen Grabower offiziell im Ghetto gewohnt hat. Quelle: NA Prag, OVS, Kartei 10, Schachtel Nr. 10, durch Herrn Fedorovič zugänglich gemacht.

Abbildung 5: Karte von Theresienstadt mit den eingezeichneten Wohnorten von Grabower. In Anlehnung an Kartenmaterial aus dem Museum Theresienstadt – Památník Terezín (Terezín Memorial).

4. Dokumente zur Rechtsprechung

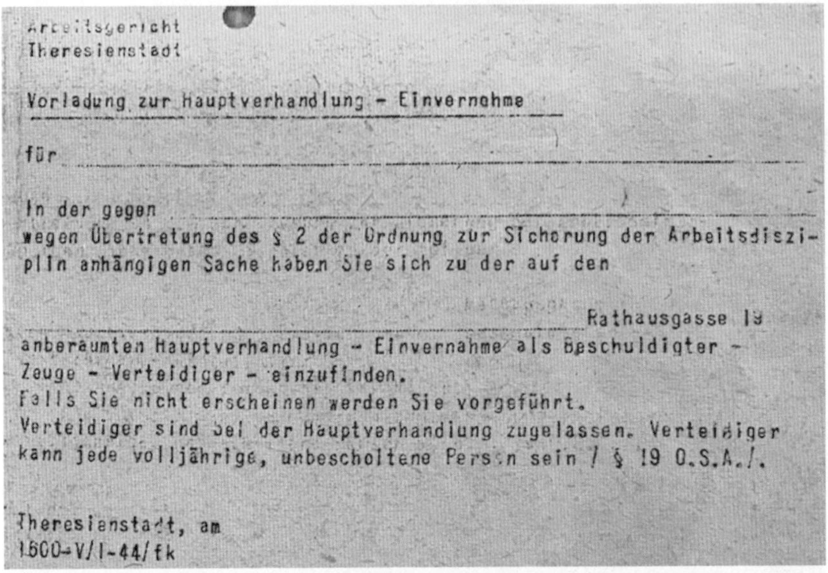

Arbeitsgericht
Theresienstadt

Vorladung zur Hauptverhandlung - Einvernahme

für

In der gegen
wegen Übertretung des § 2 der Ordnung zur Sicherung der Arbeitsdisziplin anhängigen Sache haben Sie sich zu der auf den

Rathausgasse 19
anberaumten Hauptverhandlung - Einvernahme als Beschuldigter -
Zeuge - Verteidiger - einzufinden.
Falls Sie nicht erscheinen werden Sie vorgeführt.
Verteidiger sind bei der Hauptverhandlung zugelassen. Verteidiger
kann jede volljährige, unbescholtene Person sein / § 19 O.S.A. /.

Theresienstadt, am
1500-V/1-44/fk

Abbildung 6: Vorladung zur Hauptverhandlung. Quelle: BArch, N 1856/55.

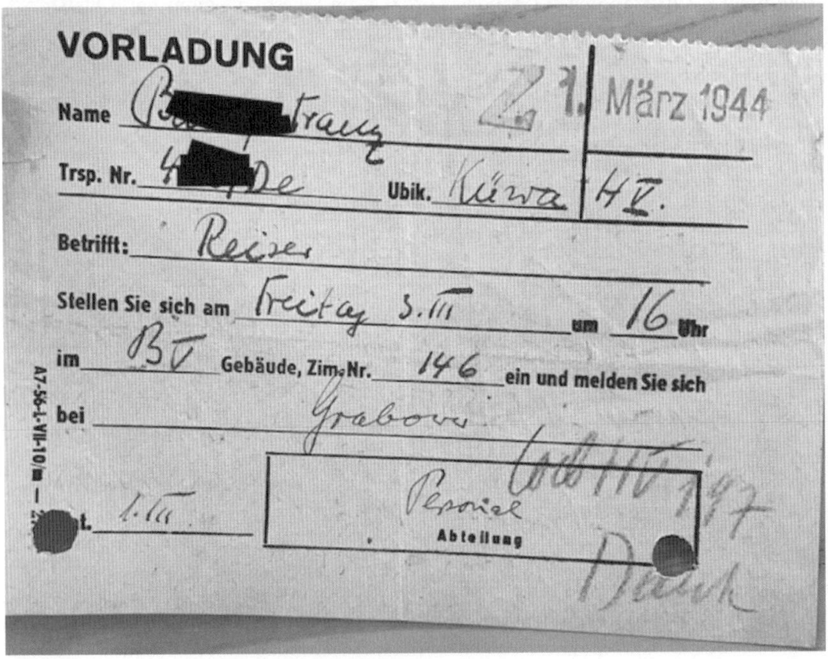

Abbildung 7: Vorladung. Quelle: BArch, N 1856/7.

5. Einzelne Verfahren

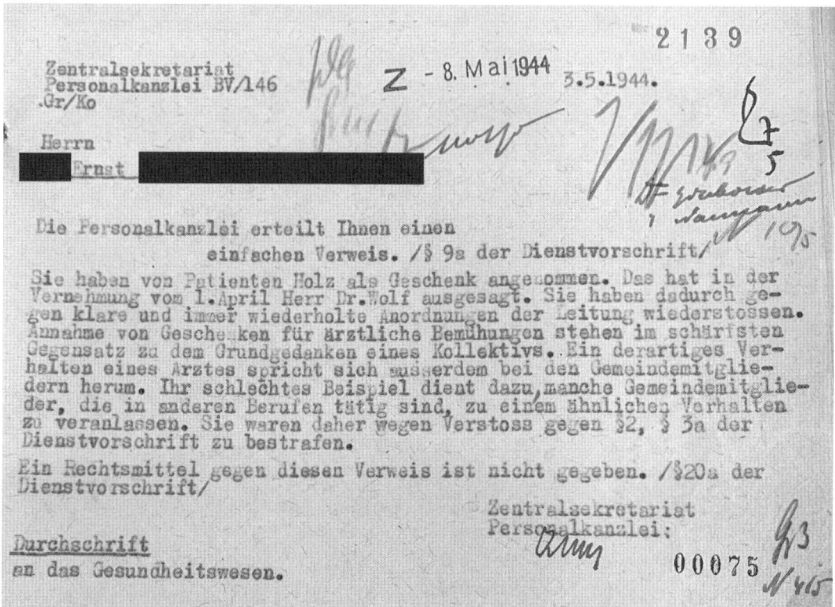

Abbildung 8: Verfahren gegen Ernst S. Quelle: BArch, N 1856/55.

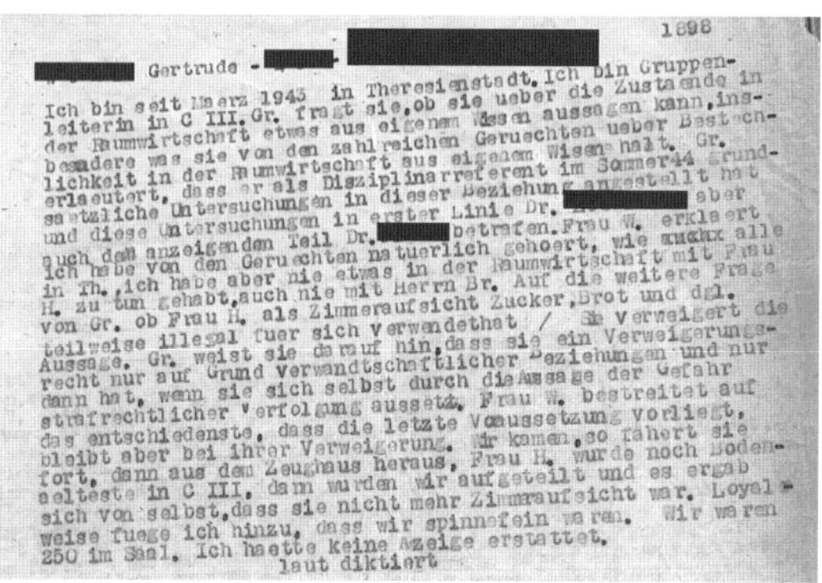

Abbildung 9: Zeugenaussage von Gertrude W. Quelle: BArch, N 1856/55.

Zentralsekretariat
Personalkanzlei BV/146
Gr/Ko

Z 3. JUNI 1944
26.5.1944.

Herrn
Fritz ▮▮▮▮▮,

Die Personalkanzlei stellt das Verfahren gegen Sie ein. /§ 12a der Dienstvorschrift/

Anlässlich der Aussiedlung von CIII haben Ihre Frau und Ihre Schwiegermutter eine Unterbringung im Raume 113 des Hauses L 227 gefunden, die wesentlich besser ist, als zum Beispiel die Unterbringung im angrenzenden Zimmer 112; sie übertrifft bei weitem die Unterbringung der Mehrzahl der Frauen in ähnlichen Alters- und Arbeitslagen. Ihr Vorgesetzter, der Unterabteilungsleiter Dr. Lövinger, übernimmt für diese Massnahme die volle Verantwortung. Damit scheiden Sie aus der disziplinaren Verfolgung der Angelegenheit aus.

Im Zuge der Vernehmungen haben Sie dem die Vernehmungen leitenden Beamten einen Kalender zu schenken versucht, mit der Begründung, dass dieser Beamte keinen habe. Die P.K. hat lange erwogen, ob sie diszipliniar strafen soll oder ob sie es als so schwer ansehen soll, dass sie die Angelegenheit dem Strafgericht übergibt. Einer der Krebs-

./. 00035

schäden der internationalen Wirtschaft waren die sogenannten "Schmiergelder" und die ihnen entsprechenden Präsente. Sie haben den Versuch gemacht, derartige Machenschaften auf den Verkehr unter Beamten und noch dazu auf den Verkehr zwischen dem Beschuldigten und dem untersuchenden Beamten zu übertragen. Dieser Versuch ist schmutzig und eines Beamten unwürdig. Die P.K. hat trotzdem davon abgesehen Ihr Verhalten zu ahnden. Wenn der Vorgang als solcher auch schmutzig ist, so braucht es die Gesinnung, aus der Sie gehandelt haben, noch nicht notwendig zu sein. Die P.K. ~~▮▮▮▮▮▮▮▮▮▮▮▮▮▮▮▮▮▮▮▮▮~~ weiss, dass das Eindringen in die Grundsätze der Beamtenethik nicht leicht ist und beschränkt sich auf die Mahnung, sie mögen in Ihrem und im Gesamtinteresse versuchen in diese Grundsätze ~~einzudringen~~.

Zentralsekretariat
Personalkanzlei:

Durchschlag
an die Innere Verwaltung.

Abbildung 10: Verfahren gegen Fritz P. Quelle: BArch, N 1856/55.

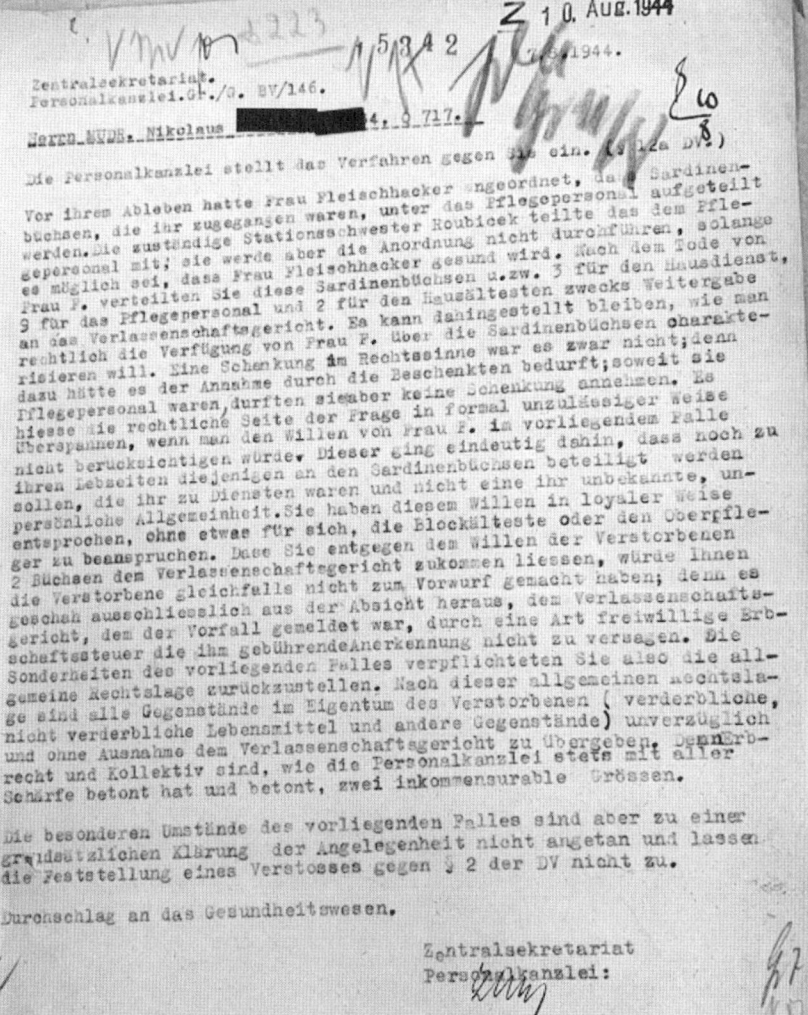

Abbildung 11: Verfahren gegen Nikolaus F. Quelle: BArch, N 1856/55.

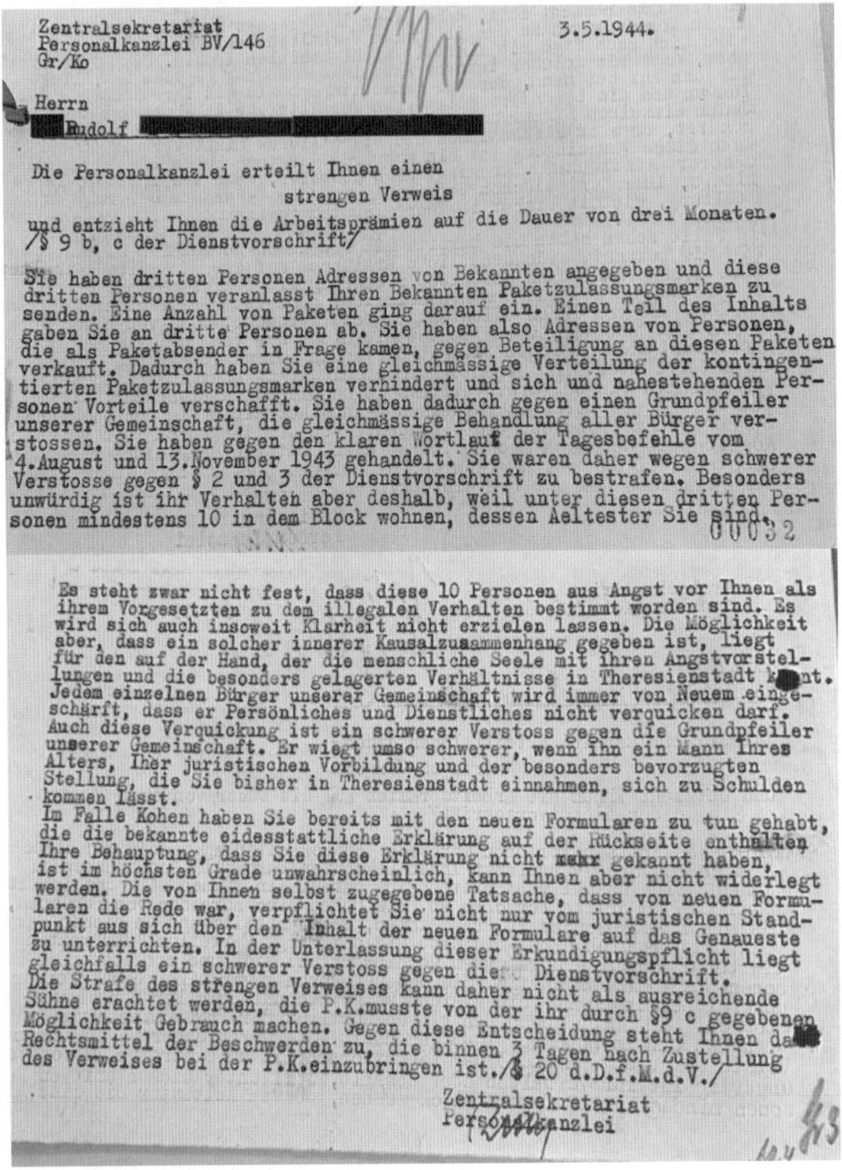

```
Zentralsekretariat
Personalkanzlei BV/146                                    3.5.1944.
Gr/Ko


Herrn
 Rudolf ▓▓▓▓▓▓▓▓▓▓▓▓▓▓▓▓▓▓▓

Die Personalkanzlei erteilt Ihnen einen
                 strengen Verweis
und entzieht Ihnen die Arbeitsprämien auf die Dauer von drei Monaten.
/§ 9 b, c der Dienstvorschrift/

Sie haben dritten Personen Adressen von Bekannten angegeben und diese
dritten Personen veranlasst Ihren Bekannten Paketzulassungsmarken zu
senden. Eine Anzahl von Paketen ging darauf ein. Einen Teil des Inhalts
gaben Sie an dritte Personen ab. Sie haben also Adressen von Personen,
die als Paketabsender in Frage kamen, gegen Beteiligung an diesen Paketen
verkauft. Dadurch haben Sie eine gleichmässige Verteilung der kontingen-
tierten Paketzulassungsmarken verhindert und sich und nahestehenden Per-
sonen Vorteile verschafft. Sie haben dadurch gegen einen Grundpfeiler
unserer Gemeinschaft, die gleichmässige Behandlung aller Bürger ver-
stossen. Sie haben gegen den klaren Wortlaut der Tagesbefehle vom
4.August und 13.November 1943 gehandelt. Sie waren daher wegen schwerer
Verstosse gegen § 2 und 3 der Dienstvorschrift zu bestrafen. Besonders
unwürdig ist ihr Verhalten aber deshalb, weil unter diesen dritten Per-
sonen mindestens 10 in dem Block wohnen, dessen Aeltester Sie sind.
```

Es steht zwar nicht fest, dass diese 10 Personen aus Angst vor Ihnen als
ihrem Vorgesetzten zu dem illegalen Verhalten bestimmt worden sind. Es
wird sich auch insoweit Klarheit nicht erzielen lassen. Die Möglichkeit
aber, dass ein solcher Kausalzusammenhang gegeben ist, liegt
für den auf der Hand, der die menschliche Seele mit ihren Angstvorstel-
lungen und die besonders gelagerten Verhältnisse in Theresienstadt kennt.
Jedem einzelnen Bürger unserer Gemeinschaft wird immer von Neuem einge-
schärft, dass er Persönliches und Dienstliches nicht verquicken darf.
Auch diese Verquickung ist ein schwerer Verstoss gegen die Grundpfeiler
unserer Gemeinschaft. Er wiegt umso schwerer, wenn ihn ein Mann Ihres
Alters, Ihrer juristischen Vorbildung und der besonders bevorzugten
Stellung, die Sie bisher in Theresienstadt einnahmen, sich zu Schulden
kommen lässt.
Im Falle Kohen haben Sie bereits mit den neuen Formularen zu tun gehabt,
die die bekannte eidesstattliche Erklärung auf der Rückseite enthalten.
Ihre Behauptung, dass Sie diese Erklärung nicht mehr gekannt haben,
ist im höchsten Grade unwahrscheinlich, kann Ihnen aber nicht widerlegt
werden. Die von Ihnen selbst zugegebene Tatsache, dass von neuen Formularen die Rede war, verpflichtet Sie nicht nur vom juristischen Standpunkt aus sich über den Inhalt der neuen Formulare auf das Genaueste
zu unterrichten. In der Unterlassung dieser Erkundigungspflicht liegt
gleichfalls ein schwerer Verstoss gegen die Dienstvorschrift.
Die Strafe des strengen Verweises kann daher nicht als ausreichende
Sühne erachtet werden, die P.K.musste von der ihr durch §9 c gegebenen
Möglichkeit Gebrauch machen. Gegen diese Entscheidung steht Ihnen das
Rechtsmittel der Beschwerden zu, die binnen 3 Tagen nach Zustellung
des Verweises bei der P.K.einzubringen ist./§ 20 d.f.M.d.V./

                                        Zentralsekretariat
                                        Personalkanzlei

Abbildung 12: Verfahren gegen Rudolf E. Quelle: BArch, N 1856/55.

6. Theresienstadt Juni 2020

Abbildung 13: Magdeburgerkaserne. Aufgenommen im Juni 2020.

Abbildung 14: Hohenleber Kaserne. Aufgenommen im Juni 2020.

Abbildung 15: Neuegasse Nr. 8. Aufgenommen im Juni 2020.

Abbildung 16: Seestraße Nr. 28. Aufgenommen im Juni 2020.

II. Fotografien und Bilder 329

Abbildung 17: Rathausgasse Nr. 1. Aufgenommen im Juni 2020.

Abbildung 18: Bahnhofstraße Nr. 25. Aufgenommen im Juni 2020.

III. Quellen- und Literaturverzeichnis

1. Archive und Bestände

Bundesarchiv (BArch) – Standort Berlin: Personalakte von Grabower: BArch, R 3001/ 57797, fol. 1.
Bundesarchiv (BArch) – Standort Koblenz: Personalakte von Grabower: BArch, PERS 101/010046, fol. 1.
ebd. Aktenordner, die zu seinem Nachlass Grabower gehören: BArch, N 1856/1 – BArch, N 1856/99, (Stand November 2020)
ebd. Nachlass Berger: BArch, N 1181/46, fol. 1 und BArch, N 1181/58, fol. 1.
Archiv des Französischen Gymnasiums Berlin: Sammlung-Velder
Forschungsstelle für Zeitgeschichte in Hamburg: Archivsignatur: 376–21, Schriftverkehr 1949–1956

2. Ausstellungen und Museen

Museum Theresienstadt – Památník Terezín (Terezín Memorial)

3. Literatur und gedruckte Quellen

Adelsberger, Lucie, Auschwitz. Ein Tatsachenbericht. Das Vermächtnis der Opfer für uns Juden und für alle Menschen, 3. Auflage, Lettner-Verlag GmbH, Berlin 1960
Adler, Hans Günther, Die verheimlichte Wahrheit. Theresienstädter Dokumente, J.C.B. Mohr (Paul Siebeck), Tübingen 1958
ders., Theresienstadt 1941–1945. Das Antlitz einer Zwangsgemeinschaft, 3. Auflage, Wallstein Verlag, Göttingen 2018
Banken, Ralf, Hitlers Steuerstaat. Die Steuerpolitik im Dritten Reich, Walter de Gruyter GmbH, Berlin/Boston 2018
Barkow, Ben/Leist, Klaus (Hrsg.), Philipp Manes – Als ob's ein Leben wär. Tatsachenbericht. Theresienstadt 1942–1944, 2. Auflage, Ullstein, Berlin 2005
Baumann, Angelika/Heusler, Andreas (Hrsg.), München arisiert. Entrechtung und Enteignung der Juden in der NS-Zeit, C.H. Beck Verlag oHG, München 2004
Behrend-Rosenfeld, Else R., Ich stand nicht allein. Leben einer Jüdin in Deutschland 1933–1944, C.H. Beck'sche Verlagsbuchhandlung (Oscar Beck), München 1988
Benešová, Miroslava/Blodig, Vojtěch/Poloncarz, Marek, Die Kleine Festung Theresienstadt 1940–1945. Für die Gedenkstätte Theresienstadt, 1996 Verlag V Ráji, Prag 1996

Benz, Wolfgang, Theresienstadt. Eine Geschichte von Täuschung und Vernichtung, Verlag C. H. Beck, München 2013

Brenner, Ernst, Ich überlebte in Theresienstadt. „Mit meiner Vergangenheit lebe ich". Memoiren von Holocaust-Überlebenden, Heft 2, Jüdischer Verlag im Suhrkamp Verlag, Berlin 2006

Bundesministerium der Finanzen (Hrsg), Wenn im Amte, arbeite, wenn entlassen, verbirg dich. Prof. Dr. jur. Dr. phil. Rolf Grabower in Zeugnissen aus der finanzgeschichtlichen Sammlung der Bundesfinanzakademie. Ein Lesebuch und Materialband, Bundesministerium der Finanzen, Bonn 2010

Chládková, Ludmilla, Ghetto Theresienstadt, Verlag Naše vojsko, Gedenkstätte Terezín 1991

Debold-Kritter, Astrid/Fliessbach, Gabriele (Hrsg.), Terezín/Theresienstadt. Vergegenwärtigung von Stadtgeschichte. Festungs-, Stadt- und Baupläne der Planstadt des 18. Jahrhunderts. Eine Ausstellung der Technischen Universität Berlin, Schinkel-Zentrum für Architektur, Stadtforschung und Denkmalpflege 28. Juni bis 10. Juli 2004, herausgegeben von: Prof. Dr. phil. Astrid Debold-Kritter und Dipl.-Geogr. Gabriele Fliessbach, Schinkel-Zentrum für Architektur, Stadtforschung und Denkmalpflege und Kartographie Verbund, Fakultät VII Technische Universität Berlin, Berlin 2004

Dieckmann, Christoph/Quinkert, Babette (Hrsg.), Im Ghetto 1939–1945. Neue Forschungen zu Alltag und Umfeld, Wallstein Verlag, Göttingen 2009

Felsmann, Barbara/Prümm, Karl, Kurt Gerron – Gefeiert und gejagt. Das Schicksal eines deutschen Unterhaltungskünstlers, Reihe Deutsche Vergangenheit Nr. 63, Edition Hentrich, Berlin 1992

Feuß, Axel, Das Theresienstadt-Konvolut. Altonaer Museum in Hamburg, Norddeutsches Landesmuseum, Dölling und Galitz Verlag, Hamburg 2002

Friedenberger, Martin/Gössel, Klaus-Dieter/Schönknecht, Eberhard (Hrsg.), Die Reichsfinanzverwaltung im Nationalsozialismus. Veröffentlichungen der Gedenk- und Bildungsstätte Haus der Wannsee-Konferenz, Edition Temmen, Bremen 2002

Goehrke, Klaus, In den Fesseln der Pflicht. Der Weg des Reichsfinanzministers Lutz Graf Schwerin von Krosigk, Verlag der Wissenschaft und Politik, Köln 1995

Goldschmidt, Arthur, Geschichte der evang. Gemeinde Theresienstadt. Das Christliche Deutschland 1933 bis 1945, Evangelische Reihe: Heft 7, Furche-Verlag, Tübingen 1948

Grossmann, Atina, Juden, Deutsche, Alliierte. Begegnungen im besetzten Deutschland, Wallenstein Verlag, Göttingen 2012

Hagemann, Harald/Krohn, Claus-Dieter (Hrsg.), Biographisches Handbuch der deutschsprachigen wirtschaftswissenschaftlichen Emigration nach 1933, Adler/Lehmann, Band 1., K. G. Saur, München 1999

Hájková, Anna, The Last Ghetto – An Everyday History of Theresienstadt, Oxford University Press, New York 2020

Hanke, Peter, Zur Geschichte der Juden in München zwischen 1933 und 1945, Stadtarchiv München, München 1967

Jensen, Hans, Der Madagaskar-Plan. Die beabsichtigte Deportation der europäischen Juden nach Madagaskar, Langen Müller in der F. A. Herbig Verlagsbuchhandlung GmbH, München 1997

Loewy, Ronny/Rauschenberger, Katharina (Hrsg.), „Der Letzte der Ungerechten". Der „Judenälteste" Benjamin Murmelstein in Filmen 1942–1975, Wissenschaftliche Reihe des Fritz Bauer Instituts, Band 19, Campus Verlag GmbH, Frankfurt am Main 2011

Löw, Andrea/Bergen, Doris L./Hájková, Anna (Hrsg.), Alltag im Holocaust. Jüdisches Leben im Großdeutschen Reich 1941–1945, Schriftenreihe der Vierteljahreshefte für Zeitgeschichte Band 106, Oldenbourg Verlag, München 2013

Mehl, Stefan, Das Reichsfinanzministerium und die Verfolgung der deutschen Juden 1933–1943, Berliner Arbeitshefte und Berichte zur Sozialwissenschaftlichen Forschung Nr. 38, Berlin Juli 1990

Mehring, Reinhard (Hrsg.), Ethik nach Theresienstadt. Späte Texte des Prager Philosophen Emil Utitz (1883–1956), Wiederveröffentlichung einer Broschüre von 1948 mit ergänzenden Texten, Verlag Königshausen & Neumann GmbH, Würzburg 2015

Meyer, Beate (Hrsg.), Tödliche Gratwanderung. Die Reichsvereinigung der Juden in Deutschland zwischen Hoffnung, Zwang, Selbstbehauptung und Verstrickung (1939–1945), Wallenstein Verlag, Göttingen 2011

dies., Deutsche Jüdinnen und Juden in Ghettos und Lagern (1941–1945). Lodz. Chelmno. Minsk. Riga. Auschwitz., Theresienstadt Metropol Verlag, Berlin 2017

Müller-Wesemann, Barbara (Hrsg.), Martha Glass – „Jeder Tag in Theresin ist ein Geschenk". Die Theresienstädter Tagebücher einer Hamburger Jüdin 1943–1945, Ergebnisse Verlag GmbH, Hamburg 1996

Murmelstein, Benjamin, Theresienstadt. Eichmanns Vorzeige-Ghetto, Czernin Verlag, Wien 2014

Nagel, Anne C., Johannes Popitz (1884–1945). Görings Finanzminister und Verschwörer gegen Hitler. Eine Biographie, Böhlau Verlag GmbH & Cie, Köln/Weimar/Wien 2015

Niethammer, Lutz, Die Mitläuferfabrik. Die Entnazifizierung am Beispiel Bayerns, Verlag J. H. W. Dietz Nachf., Bonn 1982

Rakebrand, Johanna, Grabower/Popitz: Zwei uneindeutige Deutsche, Myops 30/2017, Verlag C. H. Beck, München 2017

Schmitt, Michael, Der Reichsfinanzhof und seine Rechtsprechung in steuerlichen Angelegenheiten jüdischer Bürger 1933–1945, Hagener Juristische Beiträge Band 2, Münsterscher Verlag für Wissenschaft, Münster 2017

Schrafstetter, Susanna, Flucht und Versteck. Untergetauchte Juden in München – Verfolgungserfahrung und Nachkriegsalltag, Wallenstein Verlag, Göttingen 2015

Spies, Gerty, Drei Jahre Theresienstadt, Chr. Kaiser Verlag, München 1984

Spoerer, Mark, Zwangsarbeit unter dem Hakenkreuz. Ausländische Zivilarbeiter, Kriegsgefangene und Häftlinge im Deutschen Reich und im besetzen Europa 1939–1945, Deutsche Verlags-Anstalt GmbH, Stuttgart/München 2001

Starke, Käthe, Der Führer schenkt den Juden eine Stadt, Haude & Spenersche Verlagsbuchhandlung, Berlin 1975

Strnad, Maximilian, Zwischenstation „Judensiedlung". Verfolgung und Deportation der jüdischen Münchner 1941–1945, Oldenbourg Verlag, München 2011

ders., Flachs für das Reich. Das jüdische Zwangsarbeitslager „Flachsröste Lohhof" bei München, Volk Verlag, München 2013

von Goethe, Johann Wolfgang, Wilhelm Meisters Lehrjahre, Hamburger Lesehefte Verlag, Husum/Nordsee 2015

von Krosigk, Lutz Graf Schwerin, Staatsbankrott. Die Geschichte der Finanzpolitik des Deutschen Reiches von 1920 bis 1945, geschrieben vom letzten Reichsfinanzminister, Musterschmidt Göttingen, Frankfurt/Zürich 1974

ders., Memoiren, Seewald Verlag, Stuttgart 1977

Voß, Reimer, Steuern im Dritten Reich. Vom Recht zum Unrecht unter der Herrschaft des Nationalsozialismus, Verlag C.H. Beck, München 1995

ders., Johannes Popitz (1884–1945). Jurist, Politiker, Staatsdenker unter drei Reichen – Mann des Widerstands, Peter Lang, Frankfurt am Main 2006

Weglein, Resi, Als Krankenschwester im KZ Theresienstadt. Erinnerungen einer Ulmer Jüdin. Die NS-Zeit in der Region Ulm/Neu-Ulm. Vorgeschichte, Verlauf, Nachgeschichte. Eine Schriftenreihe des Dokumentationszentrums Oberer Kuhberg Ulm e.V., Hausgegeben von Silvester Lechner, Band 2, Silberburg-Verlag, Stuttgart 1988

4. Onlinequellen und -datenbanken (Stand 03/2021)

Actionbound GmbH, Zwangsarbeit in der Flachsröste Lohhof, online unter: https://de.actionbound.com/bound/flachsroeste?setlang [Abruf: 27.02.2021]

Alice Salomon Hochschule Berlin, Die Familie Kempinski, online unter: https://www.verwobenegeschichten.de/menschen/familie-kempinski/ [Abruf: 13.09.2020]

Aus- und Fortbildungszentrum Königs Wusterhausen, Ehrung Rolf Grabowers – Hörsaal nach ihm benannt, online unter: http://www.afz-kw.brandenburg.de/sixcms/detail.php/763684 [Abruf: 09.09.2020]

BAYregio GmbH, Unterdießen, Oberdießen, Dornstetten, online unter: https://www.bayregio.de/unterdiessen/ [Abruf: 08.09.2020]

Bayrische Akademie der Wissenschaften, Prof. Dr. Fritz Terhalle, online unter: https://badw.de/data/footer-navigation/personentreffer.html?tx_badwdb_badwperson%5BpartialType%5D=BADWPersonDetailsPartial&tx_badwdb_badwperson%5Baction%5D=show&tx_badwdb_badwperson%5Bcontroller%5D=BADWPerson&tx_badwdb_badwperson%5Bper_id%5D=3154 [Abruf: 30.12.2020]

Birken, Tobias/Wallner, Irene, Architekt der Betriebsprüfung, Datev-Magazin, 17.05.2017, online unter: https://www.datev-magazin.de/2017-06/werte-visionen-2017-06/architekt-der-betriebspruefung/ [Abruf: 07.09.2020]

Buchheim, Regine, Leider kein Einzelfall, online unter: https://www.sueddeutsche.de/kolumne/palandt-leider-kein-einzelfall-1.4154375 [Abruf: 27.02.2021]

Bundesarchiv, Berger, Hugo Fritz, online unter: https://www.bundesarchiv.de/aktenreichskanzlei/1919-1933/0000/adr/adrag/kap1_2/para2_119.html [Abruf: 30.12.2020]

Bundesfinanzhof, 100 Jahre RFH/BFH, online unter: https://www.bundesfinanzhof.de/de/gericht/geschichte/100-jahre-rfh/bfh/ [Abruf: 09.11.2020]

Bundesfinanzministerium, Bundesfinanzakademie Jahresprogramm 2013, online unter: https://www.bundesfinanzministerium.de/Content/DE/Standardartikel/Ministerium/Geschaeftsbereich/Bundesfinanzakademie/jahresprogramm-2013.pdf?__blob=publicationFile&v=3 S. 88, [Abruf: 25.08.2020]

Bundeskriminalamt, Politisch motivierte Kriminalität (PMK) – rechts –, online unter: https://www.bka.de/DE/UnsereAufgaben/Deliktsbereiche/PMK/PMKrechts/PMKrechts_node.html#doc121714bodyText2 [Abruf: 27.02.2021]

Bundespräsidialamt, 1.700 Jahre jüdisches Leben in Deutschland. Rede des Bundespräsidenten Frank Walter Steinmeier zum Festjahr vom 21.02.2021 in Köln, online unter: https://www.bundespraesident.de/SharedDocs/Reden/DE/Frank-Walter-Steinmeier/Reden/2021/02/210221-1700-Jahre-juedisches-Leben.html [Abruf: 27.02.2021]

Bundeszentrale für politische Bildung, Geltungsjude, online unter: https://www.chotzen.de/bibliothek/glossar/geltungsjude [Abruf: 24.03.2021]

Carl-Orff-Gymnasium, Flachsröste Lohhof, online unter: https://www.carl-orff-gym.de/aktivitaeten/projekte/pseminare/flachsroeste-lohhof/ [Abruf: 12.09.2020]

Deutsch, Gotthard, Konitz Affair, online unter: https://www.jewishencyclopedia.com/articles/9458-konitz-affair [Abruf: 19.02.2021]

European Holocaust Research Infrastructure, Heinrich Klang, the court system in the Theresienstadt ghetto, Jewish Museum in Prague, Terezín Collection, inv. no 343, online unter: https://early-testimony.ehri-project.eu/document/EHRI-ET-JMP020 [Abruf: 22.10.2020]

Forschungsbüro, Elfte Verordnung zum Reichsbürgergesetz, online unter: http://www.ns-quellen.at/gesetz_anzeigen_detail.php?gesetz_id=4410&action=B_Read [Abruf: 25.09.2020]

ebd., Verordnung über die Behandlung feindlichen Vermögens, online unter: http://ns-quellen.at/gesetz_anzeigen_detail.php?gesetz_id=13810&action=B_Read [Abruf: 25.09.2020]

Forum Unterschleißheim, Actionbound zur ehemaligen Flachsröste Lohhof, online unter: https://www.denkmal-lohhof.de/actionbound/ [Abruf: 12.09.2020]

Französisches Gymnasium Berlin, Geschichte des Französischen Gymnasiums, online unter: https://web.archive.org/web/20151117023835/http://schulcms.fg-berlin.de/WebObjects/FranzGym.woa/wa/CMSshow/1064384 [Abruf: 24.08.2020]

Freier, Thomas, Statistik und Deportation, online unter: http://www.statistik-des-holocaust.de/list_ger_bay_420404.html [Abruf: 08.09.2020]

Gedenk- und Bildungsstätte Haus der Wannsee-Konferenz, Protokoll und Dokumente, online unter: https://www.ghwk.de/de/konferenz/protokoll-und-dokumente [Abruf: 12.11.2020]

Hájková, Anna, Prisoner Society in the Terezín Ghetto 1941–1945, online unter: https://tspace.library.utoronto.ca/bitstream/1807/97111/4/Hajkova_Anna_201311_PhD_thesis.pdf [Abruf: 16.11.2020]

Holocaust.cz, Walter Unger, online unter: https://www.holocaust.cz/en/database-of-victims/victim/35301-walter-unger/ [Abruf: 13.09.2020]

Jochem, Gerhard/Rieger, Susanne, Liste der Münchener Opfer der Schoa von O bis Z, online unter: http://www.rijo.homepage.t-online.de/pdf/de_mu_ju_muelist4.pdf [Abruf: 08.09.2020]

Kraus, Anette, Die Verschleierung der Vernichtungsmaschinerie, Kalenderblatt/Archiv, 24.11.2016, online unter: https://www.deutschlandfunkkultur.de/vor-75-jahren-kz-theresienstadt-errichtet-die.932.de.html?dram:article_id=372203 [Abruf: 21.10.2020]

Kulturverein Schwarzer Hahn e.V., Daluege, Kurt, Ghetto Theresienstadt – Lexikon – Personen, online unter: http://www.ghetto-theresienstadt.de/pages/d/daluegek.htm [Abruf: 08.09.2020]

ebd., Dessauer, Dr. Heinrich, Ghetto Theresienstadt – Lexikon – Personen, online unter: http://www.ghetto-theresienstadt.de/pages/d/dessauerh.htm [Abruf: 12.03.2021]

ebd., Freiberger, Dr. Rudolf, Ghetto Theresienstadt – Lexikon – Personen, online unter: http://www.ghetto-theresienstadt.de/pages/f/freibergerr.htm [Abruf: 12.11.2020]

ebd., Glimmerverarbeitung, Ghetto Theresienstadt – Lexikon – Ereignisse, online unter: http://www.ghetto-theresienstadt.de/pages/g/glimmer.htm [Abruf: 29.09.2020]

ebd., Produktionsstätten im Theresienstädter Ghetto, Ghetto Theresienstadt – Lexikon – Örtlichkeiten/Einrichtungen, online unter: http://www.ghetto-theresienstadt.de/pages/p/produktionsstaetten.htm [Abruf: 12.11.2020] *ebd.*, Utitz, Prof. Dr. Emil, Ghetto Teresienstadt – Lexikon – Personen, online unter: http://www.ghetto-theresienstadt.de/pages/u/utitze.htm [Abruf: 12.11.2020]

ebd., Vedem, Ghetto Teresienstadt – Lexikon – Ereignisse, online unter: http://www.ghetto-theresienstadt.de/pages/v/vedem.htm [Abruf: 27.09.2020]

ebd., Vogel, Dr. Jiří, Ghetto Teresienstadt – Lexikon – Personen, online unter: http://www.ghetto-theresienstadt.de/pages/v/vogelj.htm [Abruf: 03.09.2020]

Lütge, Friedrich, Fritz Terhalle, online unter: https://badw.de/fileadmin/nachrufe/Terhalle%20Fritz.pdf [Abruf: 30.12.2020]

Miedel, Marion, Piaski – erstes Ziel der Deportation von Menschen jüdischen Glaubens aus Regensburg im April und September 1942, Stolpersteine Regensburg, online unter: http://www.stolpersteine-regensburg.de/Piaski.pdf [Abruf: 08.09.2020]

Mitteldeutscher Rundfunk, KZ Mittelbau-Dora: Zwangsarbeit für die „Wunderwaffe", online unter: https://www.mdr.de/zeitreise/ns-zeit/mittelbau-dora122.html [Abruf: 14.03.2020]

Památník Terezín, Členění židovské samosprávy v Terezíně a jména osob zodpovědných za jednotlivé úseky v roce 1942, online unter: https://collections.jewishmuseum.cz/index.php/Detail/Object/Show/object_id/138160 [Abruf: 11.03.2021]

ebd., Osvald Retter, online unter: https://www.pamatnik-terezin.cz/vezen/te-retter-osvald [Abruf: 11.03.2021]

ebd., Robert Ludvík Weinberger, online unter: https://www.pamatnik-terezin.cz/prisoner/te-weinberger-2 [Abruf: 12.03.2021]

ebd., The Terezín Memorial – Database of politically and racially persecuted persons, online unter: https://www.pamatnik-terezin.cz/database [Abruf: 12.03.2021]

Reichnitzer, Hugo, Der Judenstern, online abgerufen: https://steinedererinnerung.net/wp-content/uploads/Text_Judenstern.pdf [Abruf: 30.12.2020]

Rittenauer, Daniel, Kabinett Siebert (1933–1942), publiziert am 12.08.2020, Historisches Lexikon Bayerns, online unter: https://www.historisches-lexikon-bayerns.de/Lexikon/Kabinett_Siebert_(1933–1942) [Abruf: 31.12.2020]

Schefter, Thomas, Goethe, J. W., Briefe. An Charlotte von Stein, 1. Juni 1781, online unter: https://www.aphorismen.de/zitat/80498 [Abruf: 16.10.2020]

Stahleder, Helmuth, Judensiedlung Milbertshofen, Von Allach bis Zamilapark, online unter: https://www.muenchen.de/rathaus/Stadtverwaltung/Direktorium/Stadtarchiv/Publikationen/Von-Allach-bis-Zamilapark/Einleitung-Geschichte/Bezirk11.html [Abruf: 08.09.2020]

Steine & Minerale, Glimmergruppe, online unter: https://www.steine-und-minerale.de/atlas.php?f=2&l=G&name=Glimmergruppe [Abruf: 16.02.2021]

Stiftung Historische Kirchhöfe und Friedhöfe in Berlin-Brandenburg, Zvi Hirsch Zamoscz, online unter: https://www.wo-sie-ruhen.de/friedhoefe?stadt=5&friedhof=22 [Abruf: 23.10.2020]

Universität Wien, Gedenkbuch für die Opfer des Nationalsozialismus an der Universität 1938. Robert Prochnik, online unter: https://gedenkbuch.univie.ac.at/?id=index.php?id=435&no_cache=1&person_single_id=5428[Abruf: 26.11.2020]

Wagener, Volker, Braun gefärbtes Kanzleramt: Der Fall Globke, Themen/Deutschland, 16.07.2016, online unter: https://www.dw.com/de/braun-gef%C3%A4rbtes-kanzleramt-der-fall-globke/a-19395498 [Abruf: 07.10.2020]

Wikipedia, Corps Masovia Königsberg zu Potsdam, Wikipedia – Die freie Enzyklopädie, online unter: https://de.wikipedia.org/wiki/Corps_Masovia_K%C3%B6nigsberg_zu_Potsdam#Mitglieder_des_Corps [Abruf: 07.09.2020]

III. Quellen- und Literaturverzeichnis 337

ebd., Rolf Grabower, Wikipedia – Die freie Enzyklopädie, online unter: https://de.wikipedia.org/wiki/Rolf_Grabower [Abruf: 04.09.2020]

Yad Vashem Jerusalem, O.64 Theresienstadt Collection, online unter: https://documents.yadvashem.org/index.html?language=en&search=global&strSearch=O.64&GridItemId=3687734 [Abruf: Oktober-Dezember 2020]

ebd., Item ID: 3685529: YV, „Tagesbefehle (Orders of the Day), Nos. 1–150, issued by the Aeltestenrat (Council of Elders) in the Theresienstadt Ghetto, 15 December 1941–15 June 1942", O.64 Theresienstadt Collection, [Abruf: 11.10.2020]

ebd., Item ID: 3685530: YV, „Tagesbefehle (Orders of the Day) Nos. 1–200 and Sonder Tagesbefehle (Special Orders of the Day) issued by the Aeltestenrat (Council of Elders) in the Theresienstadt Ghetto, 15/12/1941–14/08/1942", O.64 Theresienstadt Collection, [Abruf: 11.10.2020]

ebd., Item ID: 3685531: YV, „Tagesbefehle (Orders of the Day) Nos. 201–431 and Sonder Tagesbefehle (Special Orders of the Day) issued by the Aeltestenrat (Council of Elders) in the Theresienstadt Ghetto, 27/08/1942–10/04/1944", O. 64 Theresienstadt Collection, [Abruf: 11.10.2020]

ebd., Item ID: 3685532: YV, „Tagesbefehle (Orders of the Day) Nos. 262–424 and Sonder Tagesbefehle (Special Orders of the Day) issued by the Aeltestenrat (Council of Elders) in the Theresienstadt Ghetto, 06/12/1942–20/03/1944", O.64 Theresienstadt Collection, [Abruf: 11.10.2020]

ebd., Item ID: 3685533: YV, „Orders of the Day (Tagesbefehle) Nos. 210–423 and Special Orders of the Day (Sonder Tagesbefehle) issued by the Aeltestenrat (Council of Elders) in the Theresienstadt Ghetto, published 26 April 1942–16 March 1944", O.64 Theresienstadt Collection, [Abruf: 11.10.2020]

ebd., Item ID: 3687668: YV, „Overview of the history of the Theresienstadt Ghetto, 1941–1943, written by Otto Zucker, 31 December 1943", O.64 Theresienstadt Collection, [Abruf: 12.10.2020]

ebd., Item ID: 3687671: YV, „Documentation regarding the selection of an appropriate site for concentrating the Jews of Bohemia and Moravia, and the planning of the nature of the place, September-October 1941", O.64 Theresienstadt Collection, [Abruf: 11.10.2020]

ebd., Item ID: 3687672: YV, „Report regarding the activities of various departments of the Juedischen Selbstverwaltung (Jewish self-government) in the Theresienstadt Ghetto, 1943", O.64 Theresienstadt Collection, [Abruf: 11.10.2020]

ebd., Item ID: 3687706: YV, „Documentation gathered in the Theresienstadt Ghetto regarding activities of the Ältestenrat (Council of Elders) Zentralsekretariat (central secretariat), 1941–1945", O.64 Theresienstadt Collection, [Abruf: 11.10.2020]

ebd., Item ID: 3687712: YV, „Documentation gathered in the Theresienstadt Ghetto regarding the activities of the Post und Verkehr (Postal and Transport) Department of the Ältestenrat (Council of Elders), 1941–1945", O.64 Theresienstadt Collection, [Abruf: 10.10.2020]

ebd., Item ID: 3687734: YV, „Documentation gathered in the Theresienstadt Ghetto regarding judicial system activities in the ghetto, 1942–1945", O.64 Theresienstadt Collection, [Abruf: 14.10.2020]

ebd., Item ID: 3687739: YV, „Documentation collected in the Theresienstadt Ghetto regarding the activities of two Aeltestenrat (Council of Elders) Residence departments, Raumwirtschaft (Residential Matters) and Gebäudeverwaltung (Residential Conditions), and the Matrik und Beerdigungswesen (Department for Registration of

Inmates) of the Abteilung für Innere Verwaltung (Department of Internal Administration), 1942–1945", O.64 Theresienstadt Collection, [Abruf: 10.10.2020]

ebd., Item ID: 3687782: YV, „Documentation gathered in the Theresienstadt Ghetto regarding the activities of the Zentralstand (Department for Daily Calculation of the Number of Inmates) in the Zentralevidenz (Central Registry) of the Aeltestenrat (Council of Elders) Abteilung für Innere Verwaltung (Department of Internal Administration), 1941–1945", O.64 Theresienstadt Collection, [Abruf: 11.10.2020]

ebd., Item ID: 3687787: YV, „Documentation gathered in the Theresienstadt Ghetto regarding activities of the Zentralevidenz (Central Registry) of the Aeltestenrat (Council of Elders) Abteilung für Innere Verwaltung (Department of Internal Administration), 1941–1945", O.64 Theresienstadt Collection, [Abruf: 11.10.2020]

ebd., Item ID: 3687795: YV, „Documentation gathered in the Theresienstadt Ghetto regarding the activities of the Altestenrat (Council of Elders) Arbeitszentrale (Labor Office), 1941–1945", O.64 Theresienstadt Collection, [Abruf: 11.10.2020]

ebd., Item ID: 3687834: YV, „Documentation gathered in the Theresienstadt Ghetto regarding the activities of the Aeltestenrat (Council of Elders) Transportabteilung (Transport Department), 1941–1945", O.64 Theresienstadt Collection, [Abruf: 11.10.2020]

ebd., Item ID: 3688340: YV, „Collection of biographies of prominent people who were inmates in the Theresienstadt Ghetto, written by the Juedischen Selbstverwaltung (Jewish self-government), 01 January 1944", O.64 Theresienstadt Collection, [Abruf: 22.12.2020]

ebd., Item ID: 3688369: YV, „Documentation regarding the trial held against Dr. Karl Löwenstein, the head of security services in the Theresienstadt Ghetto, 1943", O.64 Theresienstadt Collection, [Abruf: 11.10.2020]

ebd., Item ID: 3688388: YV, „Documentation regarding the visit of the International Red Cross delegation and the Danish Government in the Theresienstadt Ghetto, 23 June 1944", O.64 Theresienstadt Collection, [Abruf: 08.10.2020]

ebd., Item ID: 3688391: YV, „Protocols of meetings held by Karl Rahm, the commandant of the Theresienstadt Ghetto and Dr. Benjamin Murmelstein, the Chairman of the Aeltestenrat (Council of Elders), 02 January-05 May 1945", O.64 Theresienstadt Collection, [Abruf: 13.10.2020]

ebd., Item ID: 3688392: YV, „Copy of the sentence handed down against Karl Rahm, the last commandant of the Theresienstadt Ghetto, 30 April 1947", O.64 Theresienstadt Collection, [Abruf: 07.10.2020]

ebd., Item ID: 3688744: YV, „Lists of 1,313 Jews deported on Transport Nos. II/1-II/24, II/27-II/32 mainly from Munich, but also from Wuerzburg, Nuremberg and Regensburg to the Theresienstadt Ghetto, 04/06/1942–20/01/1944", O.64 Theresienstadt Collection, [Abruf: 07.10.2020]

ebd., Item ID: 3690850: YV, „Overview of the history of the Theresienstadt Ghetto, 1941–1943 written by Otto Zucker", O.64 Theresienstadt Collection, [Abruf: 08.10.2020]

ebd., Item ID: 3690851: YV, „Report regarding the activities of the various departments of the Jewish Self-Government in the Theresienstadt Ghetto prepared for the Ghetto Headquarters, 1942", O.64 Theresienstadt Collection, [Abruf: 08.10.2020]

ebd., Item ID: 3690855: YV, „Report regarding the activities of the various departments of the Jewish Self-Government in the Theresienstadt Ghetto, 1943", O.64 Theresienstadt Collection, [Abruf: 08.10.2020] *ebd.*, Item ID: 3690856: YV, „Report regarding the activities of the various departments of the Juedischen Selbstverwaltung (Jewish Self-Government) in the Theresienstadt Ghetto, 1944", O.64 Theresienstadt Collection, [Abruf: 08.10.2020]

ebd., Item ID: 3690863: YV, „Report submitted by the Transport Department of the Aeltestenrat (Council of Elders) Department of Internal Administration in the Theresienstadt Ghetto regarding the arrangements for transports within the ghetto and the transports themselves, 1941–1942", O.64 Theresienstadt Collection, [Abruf: 08.10.2020]

ebd., Item ID: 3690941: YV, „Documentation gathered by Hermann Weisz in the Theresienstadt Ghetto: Album No. 6 – Arbeitszentrale (the Labor Department), 1941–1944", O.64 Theresienstadt Collection, [Abruf: 08.10.2020]

ebd., Item ID: 3733343: YV, „Statistical surveys regarding the transports that arrived in and departed from the Theresienstadt Ghetto, and the distribution of the ghetto inmates according to their citizenship, undated", O.64 Theresienstadt Collection, [Abruf: 08.10.2020]

ebd., Item ID: 3733347: YV, „Documentation collected by Zeev Scheck regarding the fate of Jacob Edelstein, the first Chairman of the Aeltestenrat (Council of Elders) in the Theresienstadt Ghetto, and Paul Eppstein, the second Aeltestenrat Chairman, 1946–1963", O.64 Theresienstadt Collection, [Abruf: 08.10.2020]

ebd., Item ID: 3733337: YV, „Currency scrip (ghetto money) from the Theresienstadt Ghetto, 1943", O.64 Theresienstadt Collection, [Abruf: 08.10.2020]

Židovské muzeum v Praze, Návrh na členění židovské samosprávy v Terezíně, DOCUMENT.JMP.SHOAH/T/2/A/2a/037/001, online unter: https://collections.jewishmuseum.cz/index.php/Detail/Object/Show/object_id/130467 [Abruf: 11.03.2021]

ebd., Poručenský soud v Terezíně – varia, DOCUMENT.JMP.SHOAH/T/2/A/4a/169/001, online unter: https://collections.jewishmuseum.cz/index.php/Detail/Object/Show/object_id/134091 [Abruf: 11.03.2021]

ebd., Pracovní soud v Terezíně – varia, DOCUMENT.JMP.SHOAH/T/2/A/4a/168/001, online unter: https://collections.jewishmuseum.cz/index.php/Detail/Object/Show/object_id/134090 [Abruf: 11.03.2021]

ebd., Trestní soud v Terezíně – varia, DOCUMENT.JMP.SHOAH/T/2/A/4a/170/001, online unter: https://collections.jewishmuseum.cz/index.php/Detail/Object/Show/object_id/134092 [Abruf: 11.03.2021]

5. Ungedruckte Quellen

Dokumentarfilm „Mischling"
von Jason Oberlander, directed by Stephen Wallen, ed. Jason Oberlander und Kelvin Chen.
Dieser Film wurde im Jahre 2019 bei mehreren Veranstaltungen in Deutschland gezeigt. Es fand eine anschließende Fragerunde mit Judy Rosenberg und Jason Oberlander statt. Der Film wurde mir dankenswerterweise von dem NS-Dokumentationszentrum in München nach Rücksprache mit Jason Oberlander zugänglich gemacht.

Namensverzeichnis

Adenauer, Konrad 231
Adler, Hans Günther 88, 113, 119, 136, 158, 184, 202, 219, 220, 279, 280
Arlt, Hans 73, 247
Auerbach, Philipp 2, 3

Bachmayer, Hermann 46, 58, 71
Baeck, Leo 84, 88, 123, 143, 154, 178, 186, 194, 196, 197, 210, 212, 213, 214, 215, 216, 222, 287
Bainberg, Syma 50
Ballin, ? 32
Basch, Karl 109, 206, 214, 219
Baschko, Zebi Hirsch 7
Becker, Enno 20
Behrend-Rosenfeld, Else 44
Bendix, Alice 44, 45, 276
Berger, Hugo Fritz 20, 225
Berger, Max 132
Blume, Wilhelm von 10
Blumenreich, ? 52
Blümich, Walter 29, 30
Boethke, Margarete 73, 101, 218, 219, 227
Böhme, Horst 79
Brenner, Ernst 161
Brunner, Heinrich 243
Burger, Anton 86, 87, 92, 132, 139
Buttmann, Rudolf 31

Cepelak, Josef 95

Daluege, Kurt 236
Dengler, ? 52, 270
Dessauer, Heinrich 129
Dieterich, A. 14, 15
Dodalová, Irene 94, 95
Dönitz, Karl 237, 261
Dorn, Herbert 2, 36, 44, 112, 190, 230, 266

Duckesz, Eduard 7
Dunant, Paul 94, 210, 214

Edelstein, Jakob 60, 81, 87, 88, 104, 186, 195, 207
Edelstein, Mirjam 88
Eichmann, Adolf 79, 84, 89
Epp, Franz Xaver Ritter von 70, 237, 247, 286
Eppstein, Henriette 51
Eppstein, Paul 86, 87, 88, 101, 182, 183, 186, 190, 191, 193, 206, 217, 229

Finkenzeller, Josef 47
Fontane, Theodor 52
Frank, Hans 261
Frank, Karl Hermann 79
Fraustädter, Ernestine 6
Freiberger, Rudolf 289
Frič, Ivan 95, 96
Friedländer, Hans 282
Fritzsche, Hans 261
Froszt, ? 144

Ganz, Fritz 244
Gerron, Kurt 95, 97
Gierke, Otto von 10
Globke, Hans Josef Maria 231
Godlevski, Norbert 75
Goebbels, Joseph 96, 253
Goerdeler, Carl Friedrich 22
Goethe, Johann Wolfgang von 47, 52, 54, 68, 99, 151, 185, 192, 205, 208, 222, 224, 241
Goldschmidt, Käthe 199
Göring, Hermann 24
Götz, ? 165, 166
Grabower, Christine 42, 230, 231, 265, 266, 267, 313

Grabower, Gertrud 5, 7, 8
Grabower, Jakob 6
Grabower, Max 5, 7, 8
Gregory, Karl Freiherr von 79
Grimm, ? 198
Grube, Werner 60
Günther, Hans 79, 86, 87, 96, 97, 213

H., Edith 169
Hamburger, Rosalia 6, 7
Haslinger, Margarete 101
Hassell, Ulrich von 22
Hechinger, Julius 59, 60, 61, 62, 252
Heims, Elisabeth 42, 43, 61, 66, 68
Henningsen, Eigil Juel 91
Heßdörfer, Ludwig 255
Heydekampf, F. von 91
Heydrich, Reinhard 78, 79, 235, 236
Himmler, Heinrich 24, 94, 95, 210, 234, 253
Hindenburg, Paul von 181
Hirschberger, ? 174
Hirsch, Judith 72
Hitler, Adolf 22, 24, 31, 32, 96, 190, 224, 234, 235, 236, 237, 253, 260
Höber, Wilhelm 45, 47, 50, 51, 55, 63, 64, 65, 72
Hofer, Hans 97
Holleben, Ernst von 13, 15, 16
Hübschmann, Walter 31, 37
Hvass, Frants 90

Janowitz, Leo 102
Jellinek, Georg 10
Jessen, Jens 22
Jöckel, Heinrich 78
Josef II., Kaiser 77

Kafka, Franz 97
Kaltenbrunner, Ernst 96
Kantor, ? 117
Kantorowicz, Ernst 207
Katz, ? 137, 145
Katz, Alfred 219
Kersten, Felix 210
Kien, Peter 94
Klang, Heinrich 117, 130, 140, 172, 178, 179, 184, 187, 191, 206, 211, 280, 288

Klopstock, Friedrich Gottlieb 222
Kloß, Maria 267
Kloß, Richard 18, 21, 266, 313
Knobloch, Charlotte 60
Kohn, Leo 187, 188, 193, 289, 292
Konfuzius 53, 266
König, Eckhard 15, 37, 101, 249, 250, 284
Koronczyk, Theodor 61, 274
Kueßner, Liselotte 250
Kühl, Elisabeth 51
Kupka, Vladimír 77

Lammers, Hans Heinrich 31, 37, 76, 234, 237, 248, 286
Laozi 53
Lehmann, Berthold 244
Lehmann, Erna 45, 46
Lehmann, Helmut 267
Lehner, Otto 94
Lessing, Gotthold Ephraim 222
Levin, Käthe 140, 198
Levy, Kurt 102, 177
Lippold, ? 221
Liszt, Franz von 10
Lohner, Georg 248
London, Friedrich 5, 6
London, Helene 6
London, Ludwig 6
Löwenstein, Karl 91, 139, 193
Löwith, Hugo 112
Luther, Hans 194, 236, 257

Manes, Philipp 77, 82, 85, 93, 106, 131, 132, 136, 199, 200, 201, 202, 203, 204, 207, 220
Maria Theresia, Königin 77
Mark Aurel, Kaiser 278
Maurer, Gerhard 79
Meijers, Eduard 210
Meissner, Alfred 177, 194, 210
Meissner, Ludwig 178
Merzbach, Ludwig 107, 143, 167, 169, 191, 193, 194
Mezger, Curt 59
Mosse, Martha 128
Mugler, Franz Richard 36, 43, 49, 55, 62, 65, 67, 68, 69, 71, 238, 239, 240, 241, 242, 243, 244, 245, 246, 247, 252, 273, 274, 283, 284

Munk, Erich 164
Murmelstein, Benjamin 80, 81, 88, 92, 107, 114, 115, 116, 119, 122, 131, 132, 134, 135, 136, 137, 139, 143, 149, 153, 155, 174, 177, 180, 186, 187, 188, 189, 190, 191, 193, 196, 201, 204, 210, 215, 281, 287

Nestroy, Johann 53
Neumeyer, Alfred 37, 59, 60
Neurath, Konstantin van 261

Oertzen, Dieter 235
Oesterreicher, Erich 198

Papen, Franz von 16, 261
Pausch, Alfons 42, 98, 264, 265, 269, 309, 313
Pečený, Karel 95
Pfeuffer, Johann 61
Picard, Rudolf 244, 245
Planck, Erwin 22
Popitz, Cornelia 24
Popitz, Johannes 17, 18, 19, 20, 21, 22, 23, 24, 25, 29, 52, 68, 145, 180, 194, 222, 250, 265, 286
Prochnik, Robert 102, 149, 177, 217, 287
Prokorny, Lilli 209

Rahm, Karl 86, 88, 97, 161, 187, 210, 213
Railing, Hugo 59
Raška, Karel 211
Rauch, Johann 246
Rechnitzer, Hugo 226
Redlich, ? 165
Redlich, Egon 165
Regensburger, Fritz 276, 277
Reinhardt, Fritz 22, 29, 30, 234, 235, 237, 252, 253, 285
Retter, Osvald 117, 172
Rosenberg, Judy 72, 245, 339
Rosenthal, Albert 244, 245
Rosenthal, Ernst 113
Rossel, Maurice 91

Sachs, Camill 246
Schachinger, Franz 37, 70, 76
Schacht, Hjalmar 261

Schaumburg-Lippe, Adolf II. Fürst von 14
Schliesser, Karel 107, 182
Schmitt, Carl 24
Schmoller, Gustav von 10
Schollweck, Anton 45, 57
Schottelius, Herbert 2, 110, 220
Schrage, ? 199
Schrott, Ludwig 55, 64, 66, 252
Schwarz, Magdalena 56
Schwarzschild, Lotte 47
Schwerin von Krosigk, Lutz Graf 16, 22, 25, 29, 100, 234, 235, 236, 237, 238, 250, 253, 286
Seidl, Siegfried 86
Seldte, Franz 16
Sesselmann, Max 16, 36, 37, 73, 240, 247, 248, 250, 284, 286
Spanier, Julius 42, 56, 61, 85, 221, 243
Speer, Albert 261
Spiegelberg, Irmgard 43, 57, 65, 240
Spier, Jo 96
Spies, Gerty 55, 92, 158, 161, 199, 226, 275, 282
Stahl, Karl 59, 61, 143, 194, 206, 251
Stahl, Luise 251
Starke, Käthe 199
Stein, Heinrich Friedrich Karl Reichsfreiherr vom und zum 22
Stein, Richard 164
Steiner, Franz 56, 62, 72, 240, 247
Steinmeier, Frank Walter 309
Strauss, Leo 244

Terhalle, Fritz 258
Thoma, Ludwig 64

Unger, Walter 190
Utitz, Emil 97, 99, 101, 105, 107, 109, 117, 130, 133, 134, 140, 150, 182, 186, 201, 202, 205, 214, 220

Vahlensieck, Kurt Otto 44, 56, 61, 67, 68, 69, 70, 71, 249, 284
Virchow, Käthe Claire 23, 267
Virchow, Rudolf 267
Vogel, Jiří 197, 210, 212, 216

Weglein, Resi 89, 119, 204, 282, 334
Wegner, Hans 34, 38, 45, 46, 55, 62, 240, 243, 244, 247, 250, 252
Weil, Alfred 59, 71
Weil, Erwin 72
Weinberger, Robert 198, 289
Weiss, ? 158
Westermayr, Richard 16, 55, 252
Wilke, Karoline Luise 6

Willuhn, Franz 37, 76, 248, 284, 286
Wolfram von Wolmar, Wolfgang 79
Woloski, ? 194

Zamoscz, Zvi 7
Zehetbauer, Josef 32
Zelenka, František 96
Zucker, Otto 81, 87, 167, 177, 186, 191, 193

Sachregister

Ältestenrat 86, 87, 88, 89, 92, 115, 124, 128, 130, 176
Antisemitismus 115, 154, 218, 224, 227, 228, 229, 230, 259, 285, 309
Arbeitsgericht 121, 122, 123, 193
Arbeitslager 33, 34, 38, 40, 41, 75, 103, 254
Arbeits- und Verwaltungsrichter 109, 126, 147, 150, 196
Arbeitszentrale 106, 122, 124, 198, 297
Arbeitszeugnisse 195
Arisierungsstelle 33, 34, 36, 37, 39, 40, 41, 44, 45, 55, 61, 62, 64, 238
Aufbaukommando 81
Ausbildung 5
Auschwitz 62, 83, 85, 87, 93, 133, 189
Automatikhaft 238

Beamte 1, 27, 29, 58, 66, 101, 124, 141, 143, 146, 151, 155, 162, 168, 169, 177, 182, 183, 191, 198, 206, 216, 235, 238, 256, 259, 261, 262, 264, 270, 276, 281, 286
Berg am Laim 35, 40
Berufung 118, 120, 123, 125, 174
Bestechlichkeit 152, 281
Betriebsprüfung 18, 19, 235, 262, 271, 315
Bibel 8, 52, 99, 277, 278
Bundesarchiv 313, 314
Bundesfinanzakademie 263, 313

Corps Masovia 9, 14, 286

Dekadenentzug 158, 160
Deportation 61, 67, 70, 89
Der Führer schenkt den Juden eine Stadt 96
Detektivabteilung 116, 121, 127, 128
Dienstgericht 118, 124, 162

Dienststrafen 124
Disziplinarreferat 106, 184
Disziplinarstrafen 125
Dreivierteljude 6, 27, 224
Durchlassschein 193, 305, 320

Einstellungen 147, 148
Entnazifizierung 258, 259, 261
Entnazifizierungsverfahren 37, 42, 237, 248, 252, 254, 258, 284
Evakuationslisten 251
Evakuationstransporte 212

Finanzgeschichtliche Sammlung 265
Finanzverwaltungsgesetzes 256
Flachsröste Lohhof 36, 38, 39, 41, 42
Flecktyphus 171, 211
Fluchtversuche 99
Französische Gymnasium 5
Fraternisierungsverbot 215
Freunderlwirtschaft 270

Gefälligkeitshandlungen 168
Gefängnis der Jüdischen Selbstverwaltung 119
Gefängnisordnung 118
Gemeinschaftsgefühl 172
Gesetz zur Wiederherstellung des Berufsbeamtentums 25, 27, 29
Gewohnheitsrecht 210
Ghettobank 120
Ghettobücherei 97, 199
Ghettogericht 93, 116, 117, 121, 125, 131, 188, 279
Ghettoisierung 33, 34
Ghetto Piaski 75
Glimmerarbeit 161
Gruppenhaftstrafen 155

Haftstrafen 118, 123, 135, 148, 155, 159, 174, 178
Heimeinkaufsverträge 84, 85
Herbsttransporte 83, 103, 184, 189, 193
Hierarchien 187
Höflichkeits- und Unhöflichkeitswoche 152
Hundertschaft 103, 105, 106, 200, 293

Judenälteste 80, 86, 87, 88, 104, 115, 190, 204
Judensiedlung Milbertshofen 33, 35, 40
Judenstern 64, 68, 73, 89, 223, 225, 226, 228, 274
Jüdische Selbstverwaltung 86, 114, 116
Jüdisches Siedlungsgebiet 91
Jugendgericht 126
Juristenkränzchen 206

Kleine Festung 78, 211
Kollaboration 275
Kommentar zur Umsatzsteuer 266
Korruption 130, 135, 140, 150, 186, 280, 281
Kriegsdienste 14

Lebensaufgabe 1
Leitbild 140
Leiter des jüdischen Arbeitseinsatzes 41, 44, 46, 60, 68, 71, 239, 247, 276, 285
Leiter des männlichen Arbeitseinsatzes 163, 215, 216
Liquidierungsarbeiten 214
Lohhof 310

Mangelernährung 98
Material für ein Judenbuch 231
Mischling 16, 43, 72, 250, 339
Mitläufertum 223
Mittwochvorträge 263
Morgenspruch 53

Nebenstrafen 125, 126, 159, 177
Nürnberger Urteile 261

Oberfinanzpräsident 1, 18, 30, 149, 181, 227, 235, 237, 245, 255, 256, 257, 259, 261, 263, 270, 284, 313

Objektivität 117, 143, 184
Oktobertransporte 189
Ordnungsstrafen 125

Patriotismus 221, 222, 242
Persilscheine 233, 245, 283
Personalkanzlei 104, 106, 124, 128, 162, 163, 181, 185
Polizeistrafordnung 118
Postentzug 66
Privateigentum 120
Prominentenhäuser 100, 204, 277
Prominentenstatus 88, 100, 101
Prominenter A 100, 101, 165, 277, 285
Prominenter B 101
Propaganda 90, 93, 94, 95, 97, 98, 199, 210
Protektionswirtschaft 152
Protektorat Böhmen und Mähren 75, 78, 79, 114

Rabbiner 7, 88
Rasse 27
Rauchverbot 135, 209
Rechtsmittel 120, 125, 126, 129, 163, 164, 167, 173, 174, 178
Rechtsschutz 146
Rechtssicherheit 64, 145, 146, 165, 166, 184, 192, 281
Rechtssystem 162, 176, 183, 184, 279
Reichsbürgergesetz 236, 255
Reichsfinanzhof 22, 27, 29, 73, 196, 197, 200, 218, 235, 248, 256, 333
Reichsfinanzministerium 16, 17, 19, 21, 24, 27, 32, 234, 286, 333
Reichspogromnacht 30, 31
Reserveoffizier 13, 228
Ruhestand 28, 29, 255, 265

Sabotage 65
Schleusen 130, 133, 134
Schlichtungsstelle 129
Schmiergelder 141
Schutzhaft 115
Schwarze Liste 250
Soldatentum 14
Steuergerechtigkeit 19
Steuern im alten Rom 30, 31
Steuerrecht 19, 206, 237, 269, 271, 309

Strafgerichtsbarkeit 115, 119
Strafrichter 146, 175

Tagesbefehl 89, 130
Tagesberichte 41, 42, 43, 44, 69, 98, 106, 282
Tagesbrotration 122, 158, 160, 169, 177, 178, 179, 289, 290
Theresienstadt 76, 79, 90, 311, 321
Transportabteilung 89
Transportliste 70, 89, 190, 212, 251, 281

Umsatzsteuer 5, 17, 18, 21, 23, 194, 264, 271
Urteile 110, 111, 113, 114, 115, 116, 120, 123, 130, 136, 162, 163, 188, 194, 279, 281, 288

Vedem 134
Vermögensdelikte 131
Verordnung gegen Versorgungsvergehen 126
Verordnung über die Behandlung feindlichen Vermögens 85

Verpflegungskategorie 102, 108
Verschönerungsaktion 92, 93
Verteidiger 120, 123, 125, 129
Verwahrungshaft 123
Volljuden 84, 153, 213
Vorträge 21, 183, 185, 187, 197, 198, 199, 201, 202, 203, 205, 207, 229, 263, 282
Vortragsreihen 200
Vorzugslager 90, 276

Wannseekonferenz 84
Weisungen 179
Wilhelmstraßen-Prozess 237
Wochenberichte 1, 111, 147, 156, 172, 176, 287, 288

Zensur 63
Zentralsekretariat 178
Zeugnisverweigerungsrecht 172
Zimmerältester 98, 105, 150
Zivilgerichtsbarkeit 120
Zuständigkeitsproblematiken 180
Zwangsarbeit 33, 34, 38, 39, 200

Beiträge zur Rechtsgeschichte des 20. Jahrhunderts

herausgegeben von
Hans-Peter Haferkamp, Joachim Rückert, Christoph Schönberger
und Jan Thiessen

Die Schriftenreihe *Beiträge zur Rechtsgeschichte des 20. Jahrhunderts* (BtrRG) wurde 1988 gegründet. Sie hat sich dank ihrer methodischen und thematischen Offenheit als wichtiges Forum für Forschungen zu Recht und Rechtsgeschichte des 20. Jahrhunderts etabliert. Aufgenommen werden Arbeiten zur Geschichte des Zivil- und Strafrechts, zum öffentlichen Recht und Sozialrecht, zur Geschichte der Rechtswissenschaft und der Justiz. Unweigerlich standen zunächst Unrecht und Recht des Nationalsozialismus im Vordergrund, aber bald kamen Wirtschafts- und Arbeitsrecht der Weimarer Zeit ebenso hinzu wie die zentralen Rechtsfragen der Nachkriegszeit beider deutscher Staaten. Zur Geschichte der Rechtswissenschaft haben zahlreiche Studien über Leben und Werk einflussreicher Juristen beigetragen.

ISSN: 0934-0955
Zitiervorschlag: BtrRG

Alle lieferbaren Bände finden Sie unter *www.mohrsiebeck.com/btrrg*

Mohr Siebeck
www.mohrsiebeck.com